Research on
International Finance Theory in the 20th Century:
A Review of Theory Development

20世纪国际金融理论研究：
进展与评述（修订版）

主编◎王爱俭

中国金融出版社

责任编辑：王效端　王　君　刘宏振
责任校对：张志文
责任印制：丁淮宾

图书在版编目（CIP）数据

20 世纪国际金融理论研究：进展与评述（20 Shiji Guoji Jinrong Lilun Yanjiu：Jinzhan yu Pingshu）／王爱俭主编 . —修订本 . —北京：中国金融出版社，2013. 12
ISBN 978 - 7 - 5049 - 7194 - 4

Ⅰ. ①2…　Ⅱ. ①王…　Ⅲ. ①国际金融—研究　Ⅳ. ①F831

中国版本图书馆 CIP 数据核字（2013）第 255753 号

出版
发行　**中国金融出版社**

社址　北京市丰台区益泽路 2 号
市场开发部　（010）63266347，63805472，63439533（传真）
网 上 书 店　http：//www. chinafph. com
　　　　　　　（010）63286832，63365686（传真）
读者服务部　（010）66070833，62568380
邮编　100071
经销　新华书店
印刷　保利达印务有限公司
尺寸　185 毫米×260 毫米
印张　27. 5
字数　602 千
版次　2013 年 12 月第 1 版
印次　2013 年 12 月第 1 次印刷
定价　59. 00 元
ISBN 978 - 7 - 5049 - 7194 - 4/F. 6754
如出现印装错误本社负责调换　联系电话（010）63263947

编委会名单

主　编：王爱俭

副主编：孟　昊　林　楠

参编人员：（按章节编写排序）

王爱俭	孟　昊	林　楠	王璟怡	林文浩	张湧泉
姚　莉	唐以今	王　岩	张全旺	黄树青	刘忠燕
张　惠	张智峰	于学伟	王学龙	邓黎桥	刘建鹏
马　欣	梁　迪	严　彬	孙　旭	林章悦	马　娜

修订版前言

《20 世纪国际金融理论研究：进展与评述》自 2005 年出版至今已有 8 年多的时间。在第一版的基础上，经过一年多的努力，新版修订工作终于完成。本书围绕开放条件下的货币金融问题展开，内容涉及汇率理论的起源、发展及最新理论研究动向，国际收支理论，国际储备理论以及不同历史条件下的国际货币体系理论等。本书主要是为读者追溯国际金融理论百年发展的演变轨迹、了解 20 世纪国际金融理论发展及其新趋势提供便利，为相关政策探讨（主要涉及国际政策协调、汇率制度选择以及中国当前热点国际金融问题等）提供理论支撑。回顾近十年来的发展，国际金融理论研究的发展趋势主要体现在三个方面：

第一，强调微观基础以及研究方式的综合性。将主流的微观或宏观经济学分析范式（衡量标准或福利效果评价等坐标系）应用到开放条件下的经济背景之中，从而使新开放经济宏观经济学（New Open – Economy Macroeconomics）成为研究新的工作母机。进入 20 世纪 80 年代以来，在国际上，跨时均衡分析方法的不断发展，导致对国际金融问题的分析更多地融入微观基础。Obstfeld 和 Rogoff（1995）开辟了新开放经济宏观经济学的时代，成为现代国际金融理论新的发展方向。此外，随机的新开放经济宏观经济学以及 REDUX 模型的混沌分析的不断发展，要求综合应用经济学、工程学、信息学等方法，更为深入地探讨国际金融问题。

第二，理论研究紧跟前沿发展。伴随各国金融开放与改革创新，国际金融研究在自身的理论和实证方法上不断深入。新的国际金融理论不断突破传统分析框架，引入新的变量。在实证分析中，计量经济学和统计学工具被广泛使用，这些新的统计技术和计量技术为联立方程的模型构建提供了全新手段。在现实领域，全球经济不平衡、汇率制度的选择与转换、均衡汇率以及汇率定价等方面的研究成为当前国际金融研究的主要课题。

第三，后危机时代国际金融热点频出。伴随新国际金融危机的爆发，国际金融领域又发生了一系列重大的新变化。各国之间货币汇率博弈日益激烈复杂，全球经济再平衡任重而道远，金融危机下各国反思金融监管的顺周期性，构建宏观审慎政策框架日益紧迫。当前中国已成为全球第二大经济体、第一大贸易国和第一大外汇储备国，人民币国际化也迎来广阔前景。国际金融危机催生了金融领域重大变革，构建国际金融新秩序需要在梳理经典理论基础上进一步进行创新。

伴随着层出不穷的国际金融新问题，诸多学者在原有的理论基础上，深入挖掘，提炼出许多具有时代意义的新的研究成果，向国际金融理论不断注入新的活力，这正是我们决定再版的主要原因之一。为此，我们希望构建一个相对完整、有序的国际金融理论体系，通过向读者呈现一席内容丰富、逻辑清晰、条理分明的理论盛宴，让读者在详细了解国际金融理论百年演进的同时，客观评价各个理论，启发读者对国际金融相关领域的思考。

在此背景下，在悉心听取了读者反馈的意见与建议之后，我们进行了新版的修订工作。在本次修订中，在主体结构框架不作大调整的基础上，结合 20 世纪末以来国际金融领域的理论热点与研究动态，我们在原有各章中分别加入新的理论和评述，以期让读者拥有一个更加完善的国际金融理论知识储备。同时，另增加两章新内容，分别是：第一章导论，主要是对国际金融理论整体发展脉络的梳理，便于读者对国际金融理论的整体把握；第十六章，主要介绍 21 世纪初经济全球化背景下国际金融理论的新进展，尤其是 2008 年国际金融危机后国际金融审慎监管与协调探索的研究梳理。参与本书修订的主要人员是邓黎桥、刘建鹏、马欣、梁迪、严彬、孙旭、林章悦、马娜。孟昊、林楠、王璟怡、林文浩协助我对修订稿进行了审校。

虽然编者借修订之机进行了内容的精练与丰富，但限于编者水平，书中仍会存在疏漏、错误之处，恳请读者批评指正，并提出宝贵意见。

王爱俭

二〇一三年八月

第一版前言

在经济学的诸多范畴中，"金融"一词中的"金"是指货币资金，"融"是指信贷融通，金融就是货币流通和信贷活动的统称。顾名思义，国际金融也就是国际间货币流通和信贷活动的统称。第二次世界大战前，国际经济往来还比较少，国际金融学研究的范畴主要是国际贸易所产生的国际汇兑问题。第二次世界大战后，随着科学技术的飞跃发展，生产力的迅猛提高，交通和通信设施的日新月异，国际经济活动以惊人的速度发展起来，而任何一种国际经济活动的进行，都离不开货币流通和信贷活动，换句话说，都离不开国际金融交易。正因为如此，国际金融交易的增长速度超过了几乎所有其他与国际经济有关的各部门的增长速度。第二次世界大战后，国际贸易的增长速度大大超过了世界生产的增长速度，而国际金融交易的增长速度又大大超过了国际贸易的增长速度。国际金融业务的空前发展，使国际金融学的研究范围不断扩大。

（一）

国际金融学不同于开放宏观经济学，因为它研究的是开放经济中的货币金融问题。国际金融学关注的是内外均衡的相互关系以及外汇供求及相对价格——汇率问题、外汇市场与国际收支均衡问题，它的出发点是整个宏观经济，而研究视角却落在金融问题上。

历史上，国际金融学曾经长期依附于国际贸易学，而 20 世纪金融的国际化进程彻底改变了这种状况，私人对外直接投资以及各国经济货币化的发展将国际金融问题摆到了一个前所未有的位置。纵观整个 20 世纪，人们对国际金融问题研究的热情逐渐升温，对各种国际金融现象内在规律的把握和探究也逐渐深入。20 世纪的百年，国际金融学经历了一个总结、发展和成熟的过程，人们对汇率、国际收支、货币体系、国际投资等问题的认识逐步形成体系。

传统的国际金融理论研究的内容包括五个方面：汇率理论、国际收支理论、外国直接投资理论、国际储备理论、国际货币制度，随着各国经济的开放和金融全球化进程的加快，需要更多地从全球的视角认识国际金融问题，包括汇率理论、货币危机理论等。另外，随着将信息经济学引入国际金融理论研究，国际金融理论出现了一些新发展，以下将对此进行概要的介绍和评述。近年来国际金融学理论发展很快，尤其是 20 世纪 80 年代以来，跨时均衡分析方法的发展，导致对国际金融问题的分析更多地融入微观基础。自从 1995 年奥伯斯特菲尔德和罗格夫的著名论文《再论汇率动态变化》发表以来，开辟了"新开放经济宏观经济学"的时代，成为国际金融学新的发展方向。现代国际金融学的发展主要体现在两个方面：第一，主流的微观或宏观经济理论被更多地应用到国际经济的背景中；第二，研究者运用理论和经验方法更深层次地探讨国际经济的一些古典问题。

（二）

新世纪经济和社会发展的一系列新变化，使国际金融学本身的内容发生了很大变化，也给我国国际金融学科的建设和发展带来了新的环境和新的挑战。我认为，当代国际金融的学科特点可以体现为以下几点：

1. 既有较为独立的学科体系，又与相关学科广泛交叉。国际金融学曾经长期从属于国际贸易学，即在国际贸易教材中顺带讨论一些国际金融方面的问题。这主要是因为当时各国间的联系以商品贸易为主，国际间的货币流通仅以商品流通的对应物出现。第二次世界大战后，以美元为中心的国际货币体系（即布雷顿森林体系）取代了国际金本位制，因而出现人为进行制度安排的方式来规定国际收支均衡的形式与调节机制等问题，使国际金融问题开始具有一定的独立性。国际金融理论与国际贸易理论并列进入国际经济学当中，主要研究以美元为中心的国际货币体系及其相关问题。20 世纪 70 年代后，国际间资本流动的规模迅速扩大，其流量远远高于贸易量，且流动越来越具有自身独特的运动规律，对国际收支均衡，乃至国内经济的均衡产生着深刻的影响，使得国际金融与国际贸易相脱离而独立。20 世纪 80 年代后，学术界开始出现了国际金融学方面的专门著作，各国大学开始设置国际金融学方面的课程。从此，国际金融学成为一门独立的学科。当代的国际金融学研究继承了视野不断拓展、内容不断丰富的历史发展特征，积极把各学科的最新研究成果吸收到国际金融学科体系当中，成为一门与数学、法学、计量经济学、统计学、金融工程学等学科高度交叉的新型学科。

2. 以宏观分析为主，但有二元分化的趋势。目前的国际金融学主要是从开放经济的角度研究货币金融问题，更多的是侧重于从外部的宏观均衡来展开的，即围绕着国际货币体系安排和国际金融市场机制阐述汇率和国际货币资金流动的问题。因此，对国际金融理论的介绍是与宏观经济学一脉相承的，在研究方法上以宏观定性分析为主。但是，近年来国际金融学的一系列发展大大充实了国际金融的微观分析内容，从国际金融市场中微观交易主体的行为入手进行研究成为国际金融研究的一大趋势。国际金融学的最新进展在很大程度上体现为微观金融的迅猛发展。因此，无论是大金融学，还是国际金融学都存在着二元分化的趋势。要求我们在人才培养的过程中，课程体系的设置、教学内容的安排都要注意国际金融学这一新的发展趋势。

近年来，迅猛发展的经济全球化和金融国际化潮流凸显了优化国际金融专业人才培养的需求。经济全球化将带来经营集约化、组织集团化、业务活动和资本流动国际化、筹资渠道和投资方向多元化以及企业运作方式复杂化等，越来越多的企业将以集团经营、跨国经营和股份化经营为主。要想高效率地从事和参与经济全球化背景下的各项经济活动和业务，必须具备国际金融知识，而作为国际金融专业的大学生必须具备良好的、适应国际化需求的知识结构。相关的专业知识与技能、对各国文化背景的了解、多国语言交流能力等，这对国际金融的人才培养模式提出了新的更高的要求。

在市场经济条件下，人才市场调节机制将逐步完善。经济与社会发展对人才需求的数量、层次、质量。类别的差异将很快通过人才市场反映出来，进而要求高等院校必须主动地面向人才市场，灵活、机动地培养社会需要的人才。这就要求我们：（1）优化整合国际金融理论课程教学。理论的讲授和介绍是每一个学科教学的前提和基础，国际金融学也不例外。我们主张将目前在各高校流行使用的《国际金融学》改为《国际金融理论》，该门课程应当主要围绕开放经济下的国际资金流动问题而展开。重点研究在不同历史条件下的国际货币体系理论、汇率理论、国际资本流动理论、国际储备理论等，从而揭示一国经济开放条件下的金融活动的规律。这部分是本学科研究的核心。需要注意的是，这部分不宜过多地引入宏观经济学方面的理论和方法，以避免与宏观经济学形成不必要的重复。（2）重视把握学科前沿，加大学科发展与教材建设的结合力度。学科的最新发展动态不能及时地补充到教材当中，是我国教材、教学建设中存在的一个重要问题，国际金融教学也是如此。近 10 年来，国际金融理论发展非常迅猛，尤其是在汇率决定理论、汇率制度选择理论、国际经济政策协调理论、国际金融监管理论，以及国际金融市场理论等方面的研究大大拓展了国际金融学的内容体系，而目前我国所出版的国际金融学教材很少将这些进展囊括进去。因此，加快教材建设，加大学科发展与教材建设的结合力度是当务之急。首先应当考虑在研究生教材建设方面作出一些尝试。

（三）

细心的读者不难发现，本书写作的一个重要的目的，不是简单地介绍现代国际金融理论的各个方面，而是把重点放在追溯国际金融理论发展演变的轨迹上，所以这本书的内容体系比较完整，几乎涉及现代国际金融理论的各个方面，能给读者一个国际金融运行的条件、机制、传导和货币政策运作的整体框架。本书的一大特点就是，不是简单地陈述国外的国际金融理论，而是重在提出自己的评述意见，其中不乏可圈可点之处。

本书在体系和内容上具有以下明显的新意和特色：

1. 逻辑性强。本书把汇率理论作为国际金融体系的起点，然后逐章介绍国际收支理论、通货膨胀理论、国际储备理论、国际投资理论、跨国银行业务及其管理理论、国际金融创新理论、国际货币体系理论等，这种编排逻辑性强，体系也较为完整。

2. 理论层次和学术水平较高。书中对国际收支、汇率的决定与调整、国际资本流动、国际金融创新、国际货币体系理论等做了深入的研究和论述。在分析过程中，采用了定性分析和定量分析相结合的方式，又注重通过数学演算、经济计量模型的几何图形等定量分析手段对国际金融理论和业务进行清晰而准确的描述。

3. 内容新。尤其是 20 世纪 90 年代以来外汇交易的方式、汇率制度的改革、国际金融市场的演变、国际资本流动的特征、跨国银行的扩展、国际金融工具的创新、国家风险的管理、西方发达国家国际金融地位的变化和区域货币一体化趋势等，使读者可以了解到当代国际金融领域中最新的理论研究成果和国际金融业务。

4. 洋为中用。国际金融始于西方发达国家，我们研究和介绍西方发达国家的国际金融理论，目的在于取其精华、弃其糟粕、为我所用。

总之，我国涉外金融业务蓬勃发展，国际金融研究成果喜人。我们期待着有更多的专家学者在国际金融领域著书立说。在评价西方国际金融学说的同时，研究和建立适应我国市场经济条件下的国际金融理论体系，形成具有中国特色的国际金融学。

参与本书编写的人员如下：第一、二章：王爱俭、张湧泉；第三章：王爱俭；第四章：姚莉；第五章：唐以今；第六章：王岩；第七、八章：张全旺；第九章：孟昊；第十章：黄树青；第十一章：刘忠燕、张惠；第十二章：王爱俭、张智峰；第十三章：于学伟；第十四章：王学龙。全书结构设计与总纂由王爱俭负责，张全旺为本书做了大量的资料收集与部分资料的翻译工作。

王爱俭
2005 年 3 月 25 日

目　录

第一章

导论——国际金融理论发展脉络

　　国际金融学属于国际经济学的分支，曾长期依附于国际贸易学，在不断发展和不断取得进步的过程中，才日渐形成一门框架完整、体系完善的独立的学科。有关国际金融的定义并没有统一的标准，按照《新帕尔格雷夫货币金融大辞典》对国际金融学的经典阐述，国际金融"涉及与国际市场相关的经济中随时间推移的实际收入决定和消费配置。'外部平衡'对于国际金融具有重要意义……由于经济间的连锁性质通过历史事件发生变化，外部平衡的要求也要相应改变。国际金融是研究在各种条件下，可以达到外部均衡的政策和市场力量。"在经济日益全球化的背景下，金融领域的国际化、自由化、一体化日趋明显，不断变化的世界经济形势带来了层出不穷的新问题。如何在面对不甚稳定的国际货币体系的同时，通过政策和市场的力量维护自身内外均衡，是现今世界各国迫切寻求解决的难题，这也使得国际金融成为整个经济科学的研究热点。从历史的发展来看，一个国家从封闭的经济体开始，到逐渐与其他国家开展交流活动，再到世界各国相互联系形成经济的一体化，都离不开国际金融的参与，并且在整个过程中，国际金融的重要性逐步增强，地位逐渐提高。国际金融学的形成体现了历史与逻辑的统一，随着历史的持续推进与演化，国际金融的理论研究发展至今主要分为五个阶段。

一、17 世纪或更早到 19 世纪中叶：早期国际金融学说的建立

　　早期国际金融学说是整个国际金融理论的源头，现代国际金融理论的很多内容都要从这里追溯起。早期国际金融学说只是理论问题的初探。由于这段时期内实行的是贵金属本位制，汇率决定的基础只可能是铸币平价，因而汇率决定问题并不被看做是重要的问题。同样，通货膨胀国际传递的分析也是简单且不成熟的。但是在国际收支调节的研究中，形成了对后来较有影响的理论。

　　考察早期国际金融理论的起点应当从重商主义开始。虽然在此之前的西欧中世纪，一些学者对货币兑换问题、借贷和融资等问题有所涉猎，但这些观点都是零散地分布于他们的言论中，并不成系统。15 世纪至 17 世纪的重商主义既是对资本主义产生方式最早的理论研究，又是关于国际贸易和国际金融活动的最早的理论阐述。重商主义者认为，获得货币财富的真正源泉是发展对外贸易，因为商人可以通过对外贸易将商品输出国外，换回金银，从而增加国内的货币存量。基于此，重商主义者认为，国家要想繁荣

必须开展对外贸易，并且在对外贸易中，必须遵守多卖少买、多收入少支出的原则，以求得贸易顺差。然而，在如何保持顺差的问题上出现分歧，因而出现了以货币差额论为代表的早期重商主义和以贸易差额论为代表的晚期重商主义之区别。

18 世纪中期，英国古典政治经济学代表人物大卫·休谟（David Hume），把货币数量说应用到国际收支分析中，提出了著名的价格—现金流动机制。这种静态均衡分析认为，当国际收支出现顺差时，货币供应量增大，物价上扬，导致贸易差额恶化，最终顺差终止。休谟认为只要世界各国相互保持贸易关系，则一国的对外贸易的货币收支不平衡将自动调节，使各国的贵金属出现均衡分配。休谟的国际收支分析在外汇理论与一般经济理论之间建立了联系，揭示了汇率在调节各国货币供应量差异方面起着重要的作用，从而在汇率和价格，以及国际收支和汇率变动之间建立了有机的联系。

时至 19 世纪初，英国经济学家亨利·桑顿（Henry Thornton）于 1802 年出版的《对大不列颠纸币信用的性质和后果的研究》一书揭开了以金价与汇率为主题的"金块论战"的序幕。以博赞克特（B. Bosanguet）为代表的反金块主义者站在英格兰银行一边，支持英格兰银行 1797 年停止银行券兑换黄金的做法，否认当时存在的纸币发行过多、纸币已经贬值的客观事实，他们在理论上的依据主要来源于"汇价由一国国际收支状况决定"的论点；以李嘉图（David Ricardo）为代表的金块主义者则主要从黄金市场价格高过金币官价的事实出发，认为衡量通货是否贬值的尺度始终是黄金，汇率也是由通货的含金量所决定的。李嘉图提出金本位制理论，主张恢复金本位制，并为此据理力争。

从方法论上说，早期国际金融学说的学者着重于规范分析和演绎分析，这与当时经济学的发展水平相适应。从特征上说，首先，早期国际金融学说的若干理论观点，并不是当时的学者纯粹从理论的角度进行研究所得出的结果，而主要是在围绕经济政策问题展开的争论中所得出的结果；其次，早期国际金融学说是在西欧封建主义解体和资本主义兴起时期内，为适应国际经济往来的日益发展而形成的资产阶级国际金融学说，它与当时的贵金属本位制度密切相关。

二、19 世纪后半期到 20 世纪 30 年代：早期国际金融学说向现代国际金融理论的过渡阶段

相对于 17 世纪至 19 世纪中叶期间世界政治经济的和平发展，过渡阶段这几十年间的国际形势发生了翻天覆地的变化。这一时期，西方经济大体上经历了两个阶段，第一阶段是经济持续增长阶段，即从 19 世纪后半期到第一次世界大战为止，虽然其间也发生过经济危机，但规模都较小，对各国的经济并没有造成太大威胁；第二阶段是两次世界大战期间这一阶段，经过第一次世界大战之后短暂的经济恢复期，1929 年的资本主义经济危机随之爆发，一战和大萧条引发的经济动荡促使学者们深化了国际金融理论的发展。

过渡阶段伊始，瓦尔拉斯（Walras）和马歇尔（Alfred Marshall）相继对国际金融理论分析方法进行创新，颠覆了传统分析范式，推进了学说思路的拓展。19 世纪 70 年代，边际主义的奠基人瓦尔拉斯与杰文斯（W. Stanley Jevons）、门格尔（Carl Menger）一

起，实现了古典经济学分析法向现代西方经济学分析法的转变。瓦尔拉斯以其创立的一般均衡理论为基础，分析了汇率决定问题，这在当时独具特色。在论证了汇率的一般均衡条件之后，他还指出汇率之间的全面平衡经常受到干扰，需要通过汇票的套购活动使其恢复平衡。到了20世纪初，马歇尔采用微观经济的局部均衡分析方法，通过演绎推理首次提出了"弹性"这一著名概念，为国际收支弹性理论及其他国际金融学说的创建作出了历史性贡献。此外，马歇尔把国际收支宏观分析与国内经济微观分析相结合的分析方法对今天分析国际经济的国内微观机制也有借鉴意义。

随着第一次世界大战的爆发以及之后大萧条的冲击，金本位制由盛行逐渐转向崩溃，各国竞相放弃金本位制，采取浮动汇率，并采用以邻为壑的竞争性汇率贬值政策。因此，当时的学者在研究国际金融时，都结合了从金本位向不兑换纸币制度的实际进行探讨，汇率理论的研究成为学者关注的焦点。在此背景下，20世纪20年代，瑞典经济学家卡塞尔（Karl Gustav Cassel）正式提出购买力平价理论。虽然在这之前已有学者零散地提出过类似理论，但卡塞尔却是首次将购买力平价理论系统表述出来，并将其发展成为一个可操作的理论。卡塞尔对购买力评价理论所做的经验检验与理论分析的方法，直到今天仍被人们运用，其影响力可见一斑。紧接着，凯恩斯（John Maynard Keynes）在1923年出版的《货币改革论》一书中系统阐述了汇率决定的利率平价理论，书中凯恩斯把汇率经济从实物部门转向货币部门的研究，说明了远期汇率取决于两国货币的相对收益。利率平价理论具有很高的实践价值，被作为指导公式广泛应用于交易之中，也成为现代西方汇率理论的基础之一。这一阶段重要的汇率理论还包括1927年法国巴黎大学教授阿夫塔里昂（A. Aftalion）提出的汇兑心理说。他在《货币、物价与汇兑》一书中，根据边际效用价值论的观点对汇率的决定及其变动的原因做了另一种解释。阿夫塔里昂认为，汇率取决于外币的供给与对外币的需求，而个人对外币的需求则出于个人对国外商品和劳务的某种欲望，这就是汇率决定的效用原理。

与此同时，过渡阶段时期中国际间的资本流动问题突出，短期投机资本大行其道，国际短期资本流动规模空前，引起各国政府的重视。因此，国际资本流动机制、国际债务清偿能力、国际资本流动与经济周期的关系等等问题受到经济学界的广泛关注。20世纪30年代，俄林（Bertil Ohlin）对国际资本流动理论作出了创造性贡献。俄林认为，资本的国际流动实质上就是借贷两国生产的调整，流动的结果必定是两国生产和收入的变化。不仅如此，伴随着资本的国际流动，借贷两国的贸易条件也会发生相应的变化。一般地说，资本流入国的价格将上升，资本流出国的价格将下跌，于是前者收入增长，后者收入减少，这就会影响到两国的出口商品价格。资本流入国的出口商品价格的上升和资本流出国出口商品价格的下降，既反映了贸易条件的变化，又会促使两国的资源配置发生变化。同时期，金德尔伯格（Charles Poor Kindleberger）在1937年出版的《国际短期资本流动》一书，在资本的国际流动方面提出了不少新颖的见解。他除了分析国际短期资本流动对货币供给的影响和对一国国际收支调节的影响之外，还重点考察了经济周期的同步性与国际短期资本流动的关系。

除了国际资本流动理论以外，国际收支的动态均衡理论的产生与发展，也是20世纪 30 年代西方国际金融理论领域内的一个重要进展。哈罗德（Roy Forbes Harrod）出版于 1933 年的《国际经济学》一书，实际上是他关于国际收支动态均衡理论的较早的表述。他认为国际收支调节的途径从国内因素分析，无非是调节生产要素报酬或调节生产要素使用率，这两种调节途径都将影响国内的就业水平和收入水平，进而影响国内的消费与投资。这样，哈罗德就把国际收支均衡问题同国内收入均衡问题结合在一起了。他的分析方法和通过分析得到的结论，在很多地方与之后发展起来的国际收支调节的吸收理论是一致的。

需要特别指出的是，在这一阶段的研究中，凯恩斯对国际金融理论的探索较为全面，主要反映在其著作《货币改革论》、《劝说集》和《货币论》内。除了著名的利率平价理论，凯恩斯在国际金融领域的研究还包括以下内容：（1）货币制度方面，在第一次世界大战后英国出现大量失业和通货膨胀的局势下，凯恩斯主张放弃金本位制，要求政府运用财政政策和货币政策调节经济，保证国内的就业稳定和价格稳定。凯恩斯揭示了金本位制与纸币本位制下物价水平与汇率之间的关系，从而要求保持国内充分就业和价格稳定的目标，实行独立的国内货币政策以调节经济。（2）在均衡问题方面，凯恩斯于 1930 年出版的《货币论》提出，完整的经济均衡要求国内与国际同时实现均衡，并在如何保持国内外均衡问题上阐述了自己的见解。（3）在国际货币体系初步构想方面，凯恩斯认为，各国应首先管理好本国货币，下一步是发展具有变动汇率的国际体系，最后是使之成为有管理的国际货币体系。

19 世纪后半期至 20 世纪 30 年代的国际金融理论，是在继承休谟、李嘉图等人理论的基础上的进一步发展。无论是瓦尔拉斯与马歇尔的创新分析方法、卡塞尔的购买力平价理论、金德尔伯格的国际短期资本流动理论，还是哈罗德的国际收支均衡理论、凯恩斯的国际金融理论，都属于从早期国际金融学说向现代国际金融理论过渡阶段的研究成果，它们在国际金融学说史上起着承上启下的作用。它们既在一定程度上反映了当时国际商品流动和国际资本流动的实际情况，表明了西方经济学界对当时发生的种种国际经济现象的看法或政策设计，又为现代西方金融学说的发展作了理论上的准备和方法论上的准备。

过渡阶段国际金融理论的特征有：第一，作为当时实际经济情势的反映，国际金融理论将资本流动这一因素纳入了研究的范畴，分析了资本流动尤其是短期资本流动对国际收支、汇率以及国内经济的影响，俄林、金德尔伯格等人均在资本流动理论上作出重要贡献；第二，一战和大危机所导致的金本位制的崩溃使得学者们将注意力转向浮动汇率制的研究，对汇率稳定问题的关注程度是以前任何时期都不能比拟的，过渡阶段汇率决定理论的发展同样不可忽视，购买力平价说、利率平价说、汇兑心理说对之后现代汇率理论的产生做了重要铺垫；第三，与历史条件相联系的研究主要集中在浮动汇率制背景下对汇率政策调节的研究，对经济尤其是对外汇的直接管制政策的分析，在各国采取以邻为壑的汇率政策的情况下对各国经济的依存性及政策协调的可能性所进行的探索三个方面。

三、第二次世界大战到 20 世纪 70 年代：现代国际金融理论的发展阶段

现代国际金融理论相比起早期国际金融学说以及过渡阶段的国际金融理论来说，有了质的飞跃，不仅在原有的国际金融理论上进行了发展和深化，而且开辟了新的研究领域，形成了新的国际金融理论体系。

在国际金融理论深化方面，第二次世界大战到 20 世纪 70 年代是国际收支调节理论繁荣发展形成体系的重要阶段。1937 年，琼·罗宾逊（Joan Robinson）在马歇尔局部均衡分析的基础上，深化了弹性的范畴，系统考察了汇率变动对进出口的影响，正式提出著名的国际收支弹性理论。罗宾逊的弹性理论适合当时西方各国政府制定政策的需要，也在理论上弥补了古典国际收支调节理论失效后西方国际收支调节理论上的空白。此后，阿巴·勒纳（Abba Ptachya Lerner）和梅茨勒（L. Metzler）先后对国际收支弹性论作出补充，创设了著名的"马歇尔—勒纳条件"和"罗宾逊—梅茨勒条件"，形成弹性理论的核心论点。20 世纪 40 年代，马柯洛普（Fritz Machlup）把卡恩（Kahn）首先提出并经凯恩斯发展的乘数理论运用到国际经济领域内，为乘数论的创建作出了重要贡献。乘数论阐述了对外贸易与国民收入之间的关系，以及各国经济通过进出口相互影响的原理，对理解现实经济状况有一定的启发意义。到了 20 世纪 50 年代，欧洲国家正处于二战结束后的经济恢复时期，国际收支问题得不到有效解决。西德尼·亚历山大（Sidney S. Alexander）以凯恩斯的宏观国民收入均衡论为基础，建立了国际收支调节的吸收论。吸收论揭示了国际收支与宏观经济之间的关系，提出用增加总收入和减少总吸收的办法来解决国际收支问题，具有很强的政策实践意义。20 世纪 70 年代是国际收支货币分析理论流行的时期，其主要代表人物有哈里·约翰逊（H. G. Johnson）、弗兰克尔（Jacob A. Frenkel）、蒙代尔（Robert A. Mundell）等。当时西方国家通货膨胀问题日益严重，货币主义学派抬头。货币论解释了各国国际收支之间的联系以及国际收支的自动调节过程，它把国际收支作为整体来对待，提出货币供应量和货币政策的变化是一国国际收支失衡的主要原因，认为国际收支本质上是货币现象。货币论主张控制货币供应量的增长并实行国际货币合作，这种政策建议迎合了当时一些西方国家政府的需要。

在开辟新的国际金融研究领域方面，20 世纪 60 年代戈德史密斯（Raymond W. Goldsmith）的金融结构论、70 年代爱德华·肖（Edward S. Shaw）金融深化论和罗纳德·麦金农（Ronald I. McKinnon）的金融抑制论，全面论述了各种金融变量的变化及金融制度变革对经济发展的影响，探索发展中国家促进经济发展应采取的金融政策，形成了系统的金融发展理论。与此同时，针对 70 年代的通货膨胀问题，以蒙代尔、约翰逊为代表的通货膨胀国际传递的货币论应运而生。国际传递货币论是一个具有浓厚古典货币理论色彩的世界性通货膨胀理论，它在一定程度上反映了古典货币理论在现代经济学中的延续。此外，瑞典学派第三代代表人物林德伯克（Assar Lindbeck）对于通货膨胀的国际传递机制的研究也引起了当时学术界的重视。林德伯克模型分析了国外通货膨胀对一国国内通货膨胀影响的传递机制问题，大大拓展了通货膨胀的国际传递路径理论。

特别地，在现代国际金融理论的发展阶段中，布雷顿森林体系下的各国外部问题被

提出并受到广泛关注。围绕布雷顿森林体系而展开的探讨主要有三个方面：内外均衡理论、国际货币改革构想，以及固定汇率与浮动汇率的争论。

詹姆斯·爱德华·米德（James Edward Meade）在这一阶段提出了系统的内外均衡理论，并在其著作《国际收支》中进行了详细阐述。米德提出，一国如果只立足于本国的经济利益，其经济政策目标有两个：内部均衡和外部均衡。内部均衡指通过控制总需求水平而使本国经济处于充分就业、通货稳定的状态，外部均衡是指通过控制总需求水平而使本国的国际收支处于平衡状态。要同时达到内外均衡两个目标，政策冲突通常是不可避免的，为了避免政策冲突，需要进行政策搭配。米德认为在自由贸易和生产要素自由流动不受干扰的情况下，浮动汇率制度下可以实现外部均衡，实现国际收支均衡的政策手段要比直接管理国际收支项目的控制手段优越。米德主张通过建立积极的国际经济合作，对各国实行的各项经济政策进行监督，促使各国实行"可调整的自由放任"政策，建立自由的经济秩序。斯旺（Swan）进一步研究了内外均衡冲突，并提出了用支出增减政策和支出转换政策解决内外均衡冲突的思想，这一思想被称为斯旺模型。

罗伯特·特里芬（Robert Triffin）有关国际货币体系改革理论与政策的基本构想，体现在他 1960 年出版的《黄金与美元危机：自由兑换的未来》一书中。在美元的地位还相当稳固的 20 世纪 50 年代末，特里芬就预言以美元为主导的布雷顿森林体系终将崩溃，并提出了著名的"特里芬难题"。60 年代至 70 年代爆发了三次美元危机，导致布雷顿森林体系解体，特里芬预言得到证实。特里芬关于国际货币体系改革方案的核心是在国际储备中用国际货币基金组织的余额取代外汇储备余额。他认为，国际货币基金组织的余额在各方面完全等同于黄金，能够在国际支付中被广泛使用与接受，并能自由兑换。特里芬指出，实行外汇储备国际化改革后的国际货币基金组织的业务主要有三项，即存款、放款以及清算活动。当时许多学者把对国际货币体系改革的注意力放在实行固定汇率与浮动汇率何者为优的争论上，特里芬则主张改革国际货币储备，使外汇储备国际化，这种改革主张在当时无疑是一种全新的思想。

1944 年建立的布雷顿森林体系并不像凯恩斯所预言的那样完美无缺，由于汇率不能及时调整，有些国家常常出现外汇危机。面对现实，越来越多的经济学家如弗里德曼（Milton Friedman）、米德等着手抨击布雷顿森林体系，主张以较为自由的浮动汇率制来取代固定汇率制。60 年代，关于固定汇率制度与浮动汇率制度哪一个更适合采用的争论达到高潮。固定汇率和浮动汇率的争论的主题起初是汇率制度同国际收支、货币流量的相互效应问题。到了 60 年代末 70 年代初，由于资本主义世界陷入滞胀困境，论战的焦点开始转入汇率制度同国内充分就业、价格稳定以及经济增长的相互关系问题。此外，财政政策和货币政策在什么样的货币体制下效应更大的问题也受到普遍重视。

在国际金融理论发展的第三阶段，现代国际金融理论在方法论上愈加关注宏观经济运行问题，把国际金融活动尽可能纳入宏观经济运行的范围内进行分析，加强了现代国际金融理论同一般经济理论之间的联系；同时，在研究过程中，试图更多地考虑存量分析，存量分析与流量分析相结合的分析方法逐渐被学者们采用。现代金融理论的发展阶段在理论上的特征有两个：第一，如前所述，第二次世界大战以来国际金融活动的实践与理论发展有着紧密的联系，因而现代金融理论的应用性质十分强烈，对理论的评价越来越多地强调其政策意义；第二，现代金融理论在此阶段带有较大程度的西方一般经济理论的学派色彩，如国际收支调节的弹性理论带有新古典学派的色彩，国际收支调节的吸收理论带有凯恩斯学派的色彩，而国际收支调节的货币理论则带有货币学派的色彩等等。

四、20 世纪 70 年代到 20 世纪末：国际金融理论不断丰富、内容不断完善

20 世纪 70 年代以后的国际金融进入了理论不断丰富、内容不断完善的阶段。布雷顿森林体系崩溃后，牙买加体系随之建立，在新的国际货币体系下，各国自行安排汇率。于是，国际货币体系形成了以浮动汇率制度为主，多种汇率制度并存的混合局面。此外，以欧洲美元市场为中心的国际货币市场的出现，改变了传统的国与国之间的金融投资和借贷关系的格局，使国际金融的性质和规模都发生变化，汇率在新的国际货币市场上的确定和波动，具有新的特点。在此背景下，汇率理论空前发展，取得了许多重要的研究成果。

资产市场说在 20 世纪 70 年代后期成为现代汇率理论的主流，与传统汇率理论相比，资产市场说强调资本流动在汇率决定中的作用。弹性的货币分析模型是弗兰克尔和比尔森（J. Bilson）根据卡甘（Cagan）的货币需求函数、货币市场均衡条件以及购买力平价理论推导而来，表明本国与外国的国民收入水平、利率水平和货币供给水平通过各自对物价水平的影响而决定汇率水平。黏性的货币分析模型于 1976 年由多恩布什（Rudiger Dornbusch）在《预期和汇率动态》一文中提出，该模型揭示了浮动汇率制度下各国汇率水平剧烈波动的原因，开创了汇率动态学的理论分支。多恩布什的研究继承和发展了蒙代尔、弗莱明（J. M. Flemming）的理论，被称为 M－F－D 模型，构成了开放宏观经济学的基本分析框架。随后，布兰森（Branson）提出了汇率的资产组合模型，该模型假定本币资产与外币资产是不完全替代物，从而需要对本币资产与外币资产的供求平衡在两个独立的市场上考察，扩展了资产市场说的范围。

汇率决定的新闻分析法、混沌分析法，实际汇率决定的跨时均衡分析法以及新开放宏观经济学是这一时期汇率决定理论的新进展。新闻分析法是汇率决定的资产市场分析方法和理性预期假说相结合的产物。在理性预期因素分析占据着越来越重要的地位的研究形势下，新闻模型的提出与实践具有重要的理论价值。保罗·德格劳威（Paul De Grauwe）与汉斯·杜瓦赫特（Hans Dewachter）提出了利率决定的混沌货币模型。混沌模型的基本思想是假定经济代理人是异质的，他们之间的相互作用在汇率的形成中引入了非充分的非线性，从而使得外汇市场上的混沌运动成为可能。混沌模型的建立丰富了人们对汇率行为的认识，其分析方法为制定有效的汇率管理政策提供了新的思路。跨时均衡分析方法的建立使得汇率理论融入更多的微观基础，它提供了一个理论分析框架，能够分析重要的与外部均衡相互关联的政策问题、外部的持续性和均衡的实际汇率，这些都是和一国经济所面临的跨时均衡相联系得到的。20 世纪末，新开放宏观经济学的产

生和发展成为国际金融理论的新的发展方向。奥伯斯特菲尔德（Obstfeld）和罗格夫（Rogoff）1995年在其论文《再论汇率动态变化》中研究了汇率决定的动态一般均衡模型，其分析融入了微观经济基础、名义价格刚性和不完全竞争，成为开辟新开放宏观经济学时代的重要标志。

从20世纪70年代末开始，贯穿整个阶段的欧洲一体化成为国际货币体系理论的重点。作为最优货币区理论的成功实践，欧洲货币一体化进程在国际金融的历史上留下了浓墨重彩的一笔。欧元的诞生是20世纪末21世纪初国际金融领域的重大事件，其不仅发展了多元化的国际货币体系，也为国际货币体系的改革提供了可借鉴的思路。欧盟发展至今所留下的宝贵经验具有重要的划时代意义。而随着新兴国家的崛起以及欧洲一体化的推进，汇率制度安排问题也成为这一时期研究的热点，由此提出了原罪论、中空论、浮动恐惧论等汇率制度选择理论。汇率制度转换理论则是把汇率制度选择问题的研究从静态视角扩展到动态视角，研究一国经济发展和制度变迁时汇率制度如何实现调整过程的理论。通过对汇率制度之间转换的动因分析、路径选择、时机、影响问题的研究，汇率制度转换理论为汇率制度的研究开辟了新的视野。

20世纪90年代以来，信息技术迅速发展，资本流动频繁化、金融体制混业经营、金融资产证券化等新趋势，金融活动呈现全球化、虚拟化特征，金融风险也日益凸显。金融全球化的发展使得国与国之间的经济相互依存性越来越高，因此，一国金融风险被激发后很容易牵连到其他国家，从而演变为大规模的货币危机。从1992年英镑危机，到1994年墨西哥金融危机，再到1997年亚洲金融危机，这些事件促使国际金融学者深入研究危机的产生机制和传播机制，由此发展了重要的国际金融理论分支——国际金融危机理论，其最重要的成果是第二、第三代货币危机模型的建立，同时也推动了金融危机预警理论的形成，提出了著名的FR概率模型、STV横截面回归模型以及KLR模型。伴随着货币危机的频繁发生，国际资金流动造成的内外均衡问题更加突出，当代开放经济条件下内外均衡与国际政策协调问题变得更加复杂，而这也成为国际金融领域的发展前沿。

总之，20世纪最后30年，国际金融理论的丰富是伴随着特定的历史事件发生的。这段时期内，传统的国际金融理论在解释现实经济问题时有所局限，因而才有了汇率制度转换理论、最优货币区理论、三代危机理论等国际金融理论的提出。这一时期在方法论上十分注重模型的定量分析法，并强调实证分析的意义。在特征上：首先，国际金融理论更加强调国际间的政策协调影响与区域合作，在金融创新方面主要体现在衍生品市场的产品创新；其次，将信息经济学引入到国际金融理论研究，博弈论被用于货币危机理论、中央银行外汇市场的干预和国际汇率政策协调等的研究中，并成为汇率理论新兴的发展方向；再次，新闻模型、混沌模型、跨时均衡模型等作为新的分析工具被用于对汇率及其变动进行解释和预测中，突破了传统的理论范畴；最后，行为金融学的兴起对传统国际金融理论提出挑战，包括对理性人假说提出的质疑以及在此基础上对有效市场假说、现代资产组合理论、资产定价模型提出的挑战等等。

五、21 世纪初：国际金融理论迈向新的篇章

进入 21 世纪，国际金融领域的研究重心发生变化，对于开放的宏观经济学与国际政策协调理论、发展中国家金融开放等问题的综合研究构成了国际金融理论重要的研究内容，尤其是 2007 年全球金融危机以来，对全球失衡背景下国际金融调整的研究、对金融危机理论的探讨、对宏观审慎监管和系统性风险管理的研究等，又推动了国际金融学领域的进一步发展。总的来说，21 世纪初的国际金融理论发展主要有以下三个方面。

第一，全球经济失衡理论的提出。在国际货币基金组织总裁拉托（Rodrigo Rato）于 2005 年提出"全球经济失衡"概念之后，国际收支的全球经济失衡理论随之建立。拉托指出，21 世纪初全球经济失衡的主要表现是：美国经常账户赤字庞大、债务增长迅速，而日本、中国和亚洲其他主要新兴市场国家对美国持有大量贸易盈余。国际收支的全球经济失衡理论主要讨论了全球经济失衡的形成机制：汇率政策机制和投资储蓄机制。该理论将全球经济失衡的形成归因于发达国家的外部因素，即亚洲新兴国家的汇率政策、储蓄率和投资额等。国际收支的全球经济失衡理论尚处于建立的初期阶段，并没有形成系统的理论体系，但从实际操作意义上来说，该理论为发达国家扭转国际收支逆差局面提供了必要的探索与可行性分析。

第二，金融危机与预警理论的延伸。危机理论一直都在推陈出新，2000 年，保罗·克鲁格曼和哈佛大学的阿吉翁（Aghion）在已有的三代成熟货币危机模型上建立起来第四代货币危机理论。该理论认为，如果本国企业部门的外债水平越高，资产负债表效应越大，经济出现危机的可能性就越大。而在美国次贷危机爆发之后，学者们开始重新审视新型金融危机的特征表现及其内在机理，努力探索危机发生的根源与传导机制，为危机模型的更新积累理论基础。金融危机预警理论在 21 世纪初也有了新的发展。库玛尔（Kumar）、莫斯（Moorthy）和帕拉丁（Perraudin）于 2003 年提出 Simple Logit 模型。Simple Logit 模型考察了利率调整引起的汇率的大幅度下跌以及货币贬值幅度超过以前水平这两种金融危机定义情况下危机发生的可能性。该模型完善了金融预警体系，进一步提高了金融危机预警模型的预测能力。

第三，国际金融领域下金融防范与金融监管理论成为开放宏观经济主要的研究热点。随着金融风险管理理论与实践的快速发展，特别是 2008 年全球金融危机和 2009 年欧洲主权债务危机的爆发，宏观审慎金融监管理论的提出受到了世界各国的响应与追捧。宏观审慎监管的核心是从宏观的、逆周期的视角采取措施，防范由金融体系顺周期波动和跨部门传染导致的系统性风险，维护货币和金融体系的稳定。作为危机后国际金融监管改革的核心内容，国际社会强化宏观审慎的努力已取得积极进展，初步形成了可操作的政策框架。同时，国际监管的协同性在金融危机之后得到了显著增强。新一轮金融危机推动了巴塞尔委员会对现行银行监管国际规则的重大改革，2010 年，巴塞尔委员会发布了一系列国际银行业监管新标准，统称为第三版巴塞尔协议（Basel Ⅲ）。Basel Ⅲ体现了微观审慎监管与宏观审慎监管有机结合的监管新思维，按照资本监管和流动性监管并重、资本数量和质量同步提高、资本充足率与杠杆率并行、长期影响与短期效应

统筹兼顾的总体要求，确立了国际银行业监管的新标杆。

　　对 21 世纪初以前的国际金融进行理论溯源是有意义的。梳理国际金融理论脉络，可以帮助我们更好地了解国际金融理论与政策发展过程，更深入地理解国际金融理论现状，强化理论认知，并帮助我们把握国际金融理论未来的发展趋势。在本章中，我们只是把 21 世纪初以前主要的国际金融理论按历史逻辑进行了梳理，我们将在后面各章中对国际金融理论作更为详尽的叙述。本书将在汇率理论、国际收支理论、国际资本流动理论、国际投资理论、国际货币体系理论、国际储备理论、国际通货膨胀理论、开放经济条件下内外均衡与国际金融政策协调理论、国际金融创新理论、国际金融危机理论、国际金融监管理论等方面进行深入的评述。

第二章

汇率理论（上）

　　汇率理论是国际金融理论体系中的核心理论。汇率是不同货币之间兑换的比率或比价，也可以说是用一种货币表示的另一种货币的价格。汇率决定理论是说明一国货币与另一国货币的兑换比率如何决定的理论。自货币产生以来，由于各国、各地区的货币不同，在商品和货币的流通过程中，不可避免地要涉及两国货币的兑换问题。

第一节　汇率理论的百年演进

　　20 世纪的百年，人类的生产和生活方式发生了根本性的变化，产业重新划分，财富重新分配，资源在各国间不断转移，导致国际经济格局和货币制度随之不断变迁，从而对汇率制度、汇率实践产生了重大影响。汇率理论始终是随着世界经济环境的变化，经济发展的需要而不断发展的。从历史来看，早期的汇率理论反映了 20 世纪初期世界经济交往的简单性，现代汇率理论则是随世界商品市场与资本市场的迅速变化而不断获得发展和完善的。以下我们就将以历史的视角，把汇率理论在 20 世纪的发展分为五个阶段来加以回顾与评述，以期能粗线条地勾勒出其百年变迁的演进轨迹。

一、1913 年以前的汇率理论

　　在 1913 年第一次世界大战爆发之前，贵金属是世界通用货币。因此，金币或银币的重量和纯度就成为各国币值决定的天然依据。在这一时期，各国经济学家对汇率理论的研究已经有一定的深度，但国际收支调节理论在早期的国际金融学说中占据了突出的位置。从重商主义到古典学派政治经济学这一时期的经济学家们并没有提出关于汇率理论系统而统一的观点，但是，他们的许多观点都成为现代汇率理论的渊源。如重商主义者马林斯（Gerrard Malynes）对汇率变化与货币流动关系的阐述、大卫·休谟和斯密（Adam Smith）对汇率对进出口作用的阐述、李嘉图对影响货币价值变动因素的分析、西斯蒙第（Sismondi）关于不同形式的金本位制度下汇率变化问题的论述等。尤其需要指出的是，1752 年英国经济学家大卫·休谟在其名著《论贸易差额》中提出的"价格—铸币流动机制"实质上是最早的汇率决定理论之一，亦是国际金融学说的发端之一。休谟从货币数量的角度阐释了对外贸易与国内经济的关联及其运行机制，强调了汇率在调节各国货币供应量差异方面的作用，因而成为汇率理论的先驱。

19 世纪末期，国际金本位制度正式形成。国际金本位制度的核心是黄金充当货币制度的价值标准，各国货币单位均规定法定含金量，两种不同货币之间的比价（汇率）由其各自的含金量之比——铸币平价决定。实际汇率围绕铸币平价根据外汇供求的变化上下波动，其波动幅度受到黄金输送点的限制。黄金的自由铸造、自由兑换、自由输出入既决定了国际金本位货币制度的稳定性，又抵消了汇率持续上升或下降的压力，将其维持在既定幅度以内，所以国际金本位制度是一种严格的固定汇率制度。金本位制时期盛行的汇率决定理论是由英国学者戈逊（G. L. Goschen）于 1861 年较为完整地提出的国际借贷说。该学说认为，汇率是由外汇市场上的供求关系决定的。而外汇供求又源于国际借贷。国际借贷分为固定借贷和流动借贷两种。前者是指借贷关系已形成，但未进入实际支付阶段的借贷；后者是指已进入支付阶段的借贷，而只有流动借贷的变化才会影响外汇的供求。戈逊把金本位制度下汇率变动的原因归结为国际借贷关系中债权与债务的变动，成为汇率决定理论的先驱，他所提出的汇率决定问题成为后来整个 20 世纪经济学家们对汇率理论研究的主要课题之一。

19 世纪后半期是资本主义由自由竞争阶段向垄断阶段过渡和垄断资本主义确立的时期，资本的输出是这一时期资本主义的特征。相应地，与资本输出联系在一起的一些问题如国际资本流动机制、国际资本流动与经济周期的关系等为经济学家们所关心。第一次世界大战爆发前的几十年，也是金本位制逐渐崩溃和不兑换纸币制度逐渐被各国所接受的时期，经济学家们对汇率理论的研究在继承休谟、李嘉图等理论的基础上，结合了从金本位制向不兑换纸币制度过渡的实际来进一步深入。这一时期汇率理论研究的代表人物有边际革命的奠基人、一般均衡理论的创立者瓦尔拉斯，他运用一般均衡方法分析了汇率决定问题。瓦尔拉斯提出，当任一地区对任何别的地区的汇率等于这两个地区各自对任何第三个地区的汇率之间的比率时，就可以实现汇率之间的全面均衡。同时，瓦尔拉斯还指出了汇率由于受到干扰而脱离一般均衡条件时的自动平衡机制，其分析方法和观点都是开创性的。

二、1913—1944 年的汇率理论

1913 年第一次世界大战的爆发，导致各国终止银行券与黄金的自由兑换，禁止黄金出口，这标志着盛行了约 30 年的国际金本位制的瓦解。1922 年西方主要国家在意大利召开了世界货币会议，会议建议实行节约黄金使用的金汇兑本位制度。随之 1924 年德国率先建立金汇兑本位制，世界各国纷纷效仿，最终建立了以美元、英镑和法国法郎为中心的不受单一货币统治的金汇兑本位制。然而，随后 1929—1933 年的世界性经济危机彻底冲垮了金汇兑本位制，世界各国开始普遍实行完全不兑换的纸币本位制。此后直到 1944 年布雷顿森林体系形成的这一段时期内，国际货币体系处于无序阶段。浮动汇率制度居于主导地位，汇率波动频繁，各国争相实行竞争性汇率贬值政策，即"以邻为壑"。

1913 年以后，随着第一次世界大战的结束，国际资本流动已有相当规模，对西方各

国国际收支均衡及其国家间的依存与联系产生着愈来愈重要的影响。对此，各国经济学家给予了高度关注。1923 年英国剑桥学派的创始人马歇尔提出了进口需求弹性的概念，1937 年英国经济学家琼·罗宾逊在马歇尔微观经济学和局部均衡分析方法的基础之上，从国内、国外供给的需求，进口和出口两个方面分别考察了在进、出口供求弹性不同的条件下一国汇率变动对进出口双方的影响，并着重研究了一国采取本币贬值政策时进出口供求弹性对于调节国际收支平衡的作用。1922 年瑞典学者卡塞尔出版了《1914 年以后的货币与外汇》一书，系统地阐述了汇率决定的购买力平价学说。该理论指出：两种货币间的汇率取决于两国货币各自所具有的购买力之比（绝对购买力平价说），汇率的变动也取决于两国货币购买力的变动（相对购买力平价说）。

购买力平价说由卡塞尔系统加以总结和阐述以后，在很长一段时间内决定着人们对汇率行为特别是长期汇率变动的认识。但随着 20 世纪 20 年代各主要国家的宏观经济局面相对稳定，国际资本流动加快，人们开始意识到购买力平价说忽略了国际资本流动的缺陷。凯恩斯于 1923 年首次系统地阐述了汇率决定的利率平价理论。该理论认为，套利性的短期资本流动会驱使高利率货币在远期外汇市场上贴水，而低利率货币将在远期外汇市场上升水，并且升贴水率等于利率差异。后来，英国学者艾因其格（Paul Einzig）于 1931 年和 1937 年分别对凯恩斯的观点进行了补充，提出了利率平价的"互交原理"，揭示了即期汇率、远期汇率、利率、国际资本流动之间的相互影响。利率平价学说从资金流动的角度指出了汇率与利率之间的密切关系，有助于正确认识现实外汇市场上汇率的形成机制，但限于当时的认识水平，凯恩斯所系统阐述的套补的利率平价说主要被人们用来解释远期差价的决定，而没有在国际资本市场中用这一价格机制来分析即期汇率的决定，当然也就动摇不了购买力平价说的统治地位。

1927 年法国学者阿夫塔里昂运用奥国学派的边际效用理论提出了汇率决定的"汇兑心理说"。该理论指出：人们之所以需要外国货币，是为了满足欲望，如满足购买、支付、投资、外汇投机、资本外逃等需要，这种欲望使外国货币具有价值的基础。因此，外国货币的价值不依从任何规则，而是取决于外汇供求双方对外币边际效用所作出的主观评价。这一理论为后来心理预期引入汇率理论分析开了先河。

两次世界大战之间的 30 年间，汇率制度选择理论也有所发展。在 1929 年世界性经济危机爆发之前，经济学家们对汇率制度的看法虽然也分为两派，但其焦点在于是否应当恢复金本位制度，并没有对浮动汇率制度进行充分的理论分析。1929 年的世界性经济危机彻底使各国努力恢复金本位制度的愿望破灭，各国进入了实际上的浮动汇率时代。这一次经济危机不仅打破了各主要工业国短暂的经济稳定，也使一度活跃的国际资本流动重新趋于沉寂。随之兴起的货币集团（英镑集团、美元集团、法郎集团）之间严格的资本流动管制使国际资本流动趋于停滞，并一直持续到第二次世界大战结束。在此期间，支持固定汇率制度的凯恩斯提出了最早的均衡汇率思想，主张根据均衡汇率来确定各国的货币平价，使之成为后来建立布雷顿森林体系的理论先导。

国际金融其他领域的研究在这一时期也有了很大进展。如马歇尔和哈罗德等的国际收支理论、金德尔伯格的资本流动理论等。这些理论对汇率理论的发展也起到了一定的推动作用。

三、1944—1973 年的汇率理论

随着布雷顿森林体系所确立的固定汇率制度逐步建立，汇率决定机制的现实需要受到了严重的削弱，经济学家们将研究兴趣转移到了国际收支理论方面。对于汇率问题，主要探讨的是汇率贬值的贸易收支或国际收支效应，如吸收分析法、弹性分析法、货币分析法等，汇率决定理论一度陷入沉寂。

这一期间的汇率决定理论主要是从国际收支均衡的角度来阐述汇率的调节，即如何由政府来确定适当的汇率水平。有关这些方面的汇率决定理论统称为国际收支说，而它的早期形式就是国际借贷学说。国际收支说通过说明影响国际收支的主要因素，进而分析了这些因素如何通过国际收支作用到汇率上。国际收支说指出了汇率与国际收支之间存在的密切关系，有利于全面分析短期汇率的变动和决定，是关于汇率决定的流量理论。这一时期有影响的汇率理论主要有局部均衡分析的弹性论、一般均衡分析的吸收论、内外均衡分析的蒙代尔—弗莱明模型以及注重货币因素在汇率决定中重要作用的货币论。1948 年，梅茨勒发展了琼·罗宾逊的货币贬值对一国贸易收支影响的观点，提出了汇率变动对贸易收支的影响与进出口商品的需求弹性和供给弹性密切相关的理论，被称为"罗宾逊—梅茨勒条件"。马歇尔、勒纳、罗宾逊等人开创性的工作为现代汇率政策理论的形成奠定了基础。

1951 年，米德（Meade）在其名著《国际收支》中最早提出了开放经济条件下内外均衡的问题，并指出了经济政策协调的重要性，从而引起众多经济学家的关注。同时，米德提出可变的汇率制度在实现外部均衡方面具有优越性，成为浮动汇率制度理论的早期研究者。1952 年，荷兰经济学家丁伯根（Jan Dinbergen）提出了著名的"丁伯根法则"，给出了汇率政策与其经济政策搭配使用的基本原则。1955 年，澳大利亚经济学家斯旺提出了著名的斯旺曲线，指出支出增减和支出转换政策搭配实现内外均衡的观点，提供了在开放经济条件下运用汇率政策的理论模型。1968 年，蒙代尔提出了"政策指派"和"有效市场分类原则"，从而奠定了在开放经济条件下进行各种经济政策协调以实现内外均衡的理论基础。

20 世纪 50 年代后，各主要工业国逐渐放松了外汇管制，欧洲货币市场逐渐兴起，国际资本流动获得了较大的发展。20 世纪 60 年代，美元在外汇市场上经受了数十次大规模的冲击，最终需要国际社会共同采取挽救措施才使美元的固定汇率得以维持。国际资本流动对汇率决定的影响力逐渐显现了出来。由于布雷顿森林体系下汇率不能及时调整，造成许多国家经常出现外汇危机。基于此，经济学家们（如米德、弗里德曼）提出布雷顿森林体系结合了固定汇率制度和浮动汇率制度各自最坏的特点，应当实行更加自由的浮动汇率制度。于是，围绕支持还是反对布雷顿森林体系的问题，形成了两个独立的派别，以及大量的研究成果。以金德尔伯格为代表的学者主张实行固定汇率制度，以弗里德曼为代表的派别主张浮动汇率制度，蒙代尔则提出"最适度货币区理论"，以固定汇率制度的最佳实行范围为主要研究内容，试图将固定汇率制度和浮动汇率制度的优

点加以结合。由此，汇率制度选择理论开始逐渐发展起来，成为这一时期汇率理论研究的主要问题。

20世纪60年代末和70年代初以后，由于主要资本主义国家都经历了严重的"滞胀"，国内经济问题开始困扰各国的经济学家，因此，汇率理论的研究转入研究汇率制度同国内充分就业、价格稳定以及经济增长之间相互关系的问题。此外，财政政策和货币政策在什么样的汇率制度下效应更大的问题也受到了普遍的重视。

四、1970—1990年的汇率理论

固定汇率制维持至20世纪70年代后，随着美国国际收支赤字的不断加大，国际资本流动趋势的增强，终于无法为各国中央银行所维系。虽然几经努力，固定汇率制至1973年终告彻底崩溃，各主要国家陆续采取了浮动汇率制。在浮动汇率制下，汇率出现大幅度的振荡，给各国经济带来了很大的冲击。各种汇率理论如汇率制度选择理论、汇率决定理论、汇率政策理论等如雨后春笋般开始涌现。资本流动、预期等因素被进一步考虑到汇率理论模型当中。

各国经济学家们结合新的经济理论对利率平价说进行了进一步的发展和补充。反映在三个方面：一是相对于套补的利率平价理论，人们更强调非套补的利率平价理论，以反映资本的投机性交易而非保值性交易在即期汇率决定中日显重要这一事实；二是在非套补利率平价说中引入关于预期形成机制的各种假说；三是进一步阐述了套补利率平价与非套补利率平价的相互关系；四是引入新的计量分析工具对利率平价进行检验。

世界经济进入20世纪70年代以后，"滞胀"严重困扰着各国政府，凯恩斯主义经济理论逐渐失去了其统治地位，货币主义占据了主流。与此相适应，汇率理论也更多地体现出货币主义色彩。随着国际金融市场一体化的空前发展和国际资本流动的大量增加，经济学家们的注意力也更多地集中在资本项目上。资产市场说在20世纪70年代后期成了汇率决定理论的主流。与传统的理论相比，汇率的资产市场说更强调了资本流动在汇率决定理论中的作用，汇率被看做是资产的价格，其大小由资产的供求来决定。依据本币资产和外币资产可替代性的不同，资产市场说可分为货币分析法和资产组合分析法。货币分析法假定本币资产与外币资产两者可完全替代，而资产组合分析法假定两者不可完全替代。在货币分析法内部，依据对价格弹性假定的不同，又可分为弹性价格货币分析法与黏性价格货币分析法。

弹性的货币分析模型由卡甘的货币需求函数及货币市场均衡条件及购买力平价理论三者导出。它表明，本国与外国的国民收入水平、利率水平及货币供给水平通过各自对物价水平的影响而决定汇率水平。黏性的价格货币分析模型也称做超调模型，于1976年由多恩布什在其著名论文《预期和汇率动态》中提出。该理论认为商品市场和资本市场的调整速度是不同的，商品市场价格水平具有黏性的特点，这使得购买力平价在短期内不能成立，经济存在着由短期平衡向长期平衡的过渡。在超调模型中，由于商品市场价格黏性的存在，当货币供给一次性增加以后，本币的瞬时贬值程度大于其长期贬值程度，这一现象被称为汇率的超调。这一理论解释了浮动汇率制度下各国汇率水平剧烈波

动的原因，开创了汇率动态学的理论分支。多恩布什的研究继承和发展了蒙代尔、弗莱明的理论，被称为"蒙代尔—弗莱明—多恩布什教义"，构成了开放宏观经济学的基本分析框架。

1977 年，布兰森提出了汇率的资产组合模型。与货币模型相比，这一理论的特点是假定本币资产与外币资产是不完全替代物，风险等因素使非套补的利率平价不成立，从而需要对本币资产与外币资产的供求平衡在两个独立的市场上进行考察。该理论将本国资产总量直接引入了模型。本国资产总量直接制约着对各种资产的持有量，而经常账户的变动会对这一资产总量造成影响。这样，这一模型就将流量因素与存量因素结合起来。

随着计量经济学的快速发展，汇率理论的实证检验逐渐盛行起来，大量的实证研究被运用于对几大汇率理论的检验。实证结果表明弹性价格汇率理论大致可以解释汇率的决定和变动。如弗兰克尔（Frenkel，1976）采用 20 世纪 20 年代至 70 年代中期的数据实证研究了货币弹性价格汇率模型在马克/美元汇率中的应用，并且发现该理论对实际汇率变动有很强的解释能力。与货币模型相比，实证研究证券组合理论的相对较少，其主要原因是难以搜集到与理论模型相适应的研究数据。资产组合理论模型中要求有两国的非货币资产数据，但这类精确数据很难采集。布兰森（1977）等把经常项目下的国外资产存货近似于外国资产，进而对多个汇率时间序列进行分析以验证组合平衡汇率模型，发现该模型的表现较差，主要表现在参数估计值通常不显著。

由于汇率的剧烈波动对世界经济和贸易的不利影响，到了 20 世纪 80 年代中期，经济学家们开始积极讨论在主要货币之间确定汇率目标区以代替浮动汇率体系，由此产生了汇率目标区理论。对汇率目标区理论作出重要贡献的是以威廉姆森（Williamson，1985）和克鲁格曼（Paul Krugman，1989，1991）为代表的一群经济学家们，他们系统地研究了汇率在目标区内的变化，旨在为各国的宏观经济政策和汇率政策协调寻找到一种机制。由于实证检验的结果较差，克鲁格曼本人和斯文森（Svensson，1992）、克诺特（Knot，1999）、米勒（Miller，1991）等又进一步扩展了汇率目标区模型。

固定汇率制度下货币危机的爆发原因和传播、扩散机制也是这一时期经济学家研究的重要问题。从 20 世纪 70 年代末和 80 年代初拉美国家的金融危机开始，以克鲁格曼、奥伯斯特菲尔德等为代表的经济学家对固定汇率制度下货币危机的爆发原因和传播、扩散机制进行了研究。其中以克鲁格曼 1979 年阐述的由于基本因素而导致的货币危机理论、奥伯斯特菲尔德 1986 年的预期自致型货币危机理论最具代表性。

自 20 世纪 70 年代中期理性预期理论逐渐开始流行后，到 80 年代中期在汇率研究中引入"理性预期"作为分析工具已经相当流行。理性预期学派的代表人物穆斯（Muth，1976）和巴罗（Robert J. Barro，1978）都分别提出了引入预期因素的汇率分析模型。此外，在 1973 年麦金农和肖（Shaw）分别独立地提出"金融抑制论"和"金融深化论"之后，发展中国家汇率制度的选择逐渐成为经济学家关注的焦点之一。如 1976 年美国经济学家布莱克发表了《浮动汇率世界中欠发达国家的外汇政策》一文，针对发展中国家的汇率及汇率政策阐述了自己的观点和主张。同时，他还综合了汇率决定的流量和存量观点提出了综合平价说①。

五、20世纪90年代后汇率理论的新发展

20世纪90年代以来，国际经济发展一体化的步伐明显加快，世界各国经济的对外开放成为不可阻挡的趋势，国际间经济政策协调与合作不断加强，汇率理论的研究进入了一个全新的发展时期。

20世纪90年代以后，蒙代尔—弗莱明模型因缺乏微观分析基础而受到普遍质疑，与此同时，新开放宏观经济学作为新一代的研究方法越来越受到学术界的瞩目。1995年，以奥伯斯特菲尔德和罗格夫等人为代表的经济学家创造性地将名义黏性和不完全竞争纳入动态一般均衡模型当中，将跨期最优方法导入汇率理论研究当中，为开放宏观经济学体系创建了一个具有微观基础的新的分析框架。汇率的跨期分析法表明了在虚拟经济与实体经济相互背离而又相互影响的新的历史条件下，经济理论在分析框架的同一性上所能达到的新的高度，也体现了汇率决定理论中存量观点与流量观点这两大传统思路在发展中的新趋势，即寻求在更高层次上的融合。值得指出的是，这不仅是汇率决定理论新的发展方向，而且也表明了国际金融学科发展的一个重要特征，即在虚拟经济与实体经济之间关系日益复杂的情况下，更强调分析视角的综合性，逐渐向开放宏观经济学或国际宏观经济学方向靠拢。

20世纪90年代以后，由于各自不同的原因，许多金融市场都不同程度地经历了严重的金融危机，如1992年的欧洲货币体系危机、1994年的墨西哥金融危机，1997年的东南亚金融危机更是导致了波及全球的金融动荡。这使人们重新开始认识我们所生活的这个世界。世界进入了一个新的阶段：各种因素通过金融而非实物贸易综合作用于全球经济系统。全球经济关系发生了本质的变化，传统经济系统中的环境逐渐变成系统的一部分，许多传统意义上的外生变量变成了内生变量。经济学家们开始思考：汇率作为连接各国货币的桥梁，其决定也应该从系统的角度来加以思考，而不能片面地分析；同时，随着自然科学的发展而不断发展的当代系统理论提供了以混沌理论为代表的一系列描述非线性运动的有效方法，这为揭示系统内各相关因素的非线性作用奠定了理论基础。所以，利用当代系统科学的非线性理论来分析汇率的决定理论成为当代汇率理论的研究方向之一。

从总体来讲，当代固定汇率制下的汇率理论的新发展主要体现在把汇率调整融入到政府政策优化分析的框架中进行研究。浮动汇率制下的汇率理论的新发展主要体现在将现代经济学的最新发展应用到汇率理论研究中，如将预期、不完全信息、博弈论、有效市场理论、GARCH模型、行为金融学理论等引入到对汇率的分析当中。

汇率主要由外汇市场供求来决定，近年来，对外汇市场微观结构理论的研究进入了新的阶段。对外汇市场的应用性研究，主要围绕着有效市场是否成立的问题而展开。有效市场的最初概念是由法玛（Fama）于1965年提出的，用于对商品市场和资本市场的

---

① 陈岱孙、厉以宁：《国际金融学说史》，北京，中国金融出版社，1991。

研究，后来又被其他经济学家引入外汇市场。在一个有效的外汇市场上，即期汇率和远期汇率必须充分地反映所有相关和可能得到的信息，投资者不可能赚得超额利润，均衡价格是在完全信息条件下形成的。但是，实证检验拒绝了有效市场的假说，学者们从外汇市场的"投机泡沫"（Speculative Bubbles）、"比索问题"（Peso Problem）、"风险贴水"（Risk Premium）和"新闻模型"（News Model）等来解释检验外汇市场的有效性的失败。针对有效市场不能成立的现状，经济学家们在多个方面对原来的制约条件进行了修正，如私有信息的作用、非同类市场交易者的影响、市场交易机制的功能等［见普拉蒂和维勒尔（Perraudin and Vilale），1996；伊维斯和里斯（Evans and Lyons），2002；瑞摩（Rime），2001；维勒尔（Vitale），2000；等等］。

20 世纪 90 年代以后，新兴市场的货币危机、转轨经济国家的经济体制改革、欧元诞生等使得汇率制度的选择再次成为研究的热点。这一时期汇率制度选择理论主要围绕经济结构特征与汇率制度选择［如普尔森（Poirson），2001；沃尔夫（Wolf），2001］、经济冲击与汇率制度选择［如尤斯托米（Yoshitomi），2000；沃尔夫，2001］、政府信誉与汇率制度选择［如马森（Masson），1999；弗兰克尔，2000］、经济绩效与汇率制度选择［如高斯（Ghosh），1997；爱德华兹（Edwards），1999］等方面而展开。在此基础上，关于汇率制度选择的几个假说被提出，即"原罪论"［汉斯曼（Hausmann），2000］、"中间制度消失论"［奥伯斯特菲尔德，1995；罗格夫，1995；萨蒙（Summer），2000；费雪（Fischer），2001］、"害怕浮动论"［卡尔沃（Calvo）；瑞哈特（Reinhart），2000］等。与此同时，对汇率制度转换的理论（也称为退出战略）研究也逐步展开［如艾肯格林（Eichengreen）和马森（Masson），1998 年为国际货币基金组织所做的报告］。

回首汇率理论在 20 世纪的百年变迁，汇率决定理论、均衡汇率理论、汇率制度选择理论、汇率政策理论等等犹如一颗颗璀璨的珍珠闪烁在经济理论的历史长河中。在经济全球化、金融国际化的今天，可以预见，汇率理论在经济学发展中的位置和作用必将进一步突出和强化。

第二节 古典汇率决定理论

在 20 世纪汇率理论的发展过程中，汇率决定理论和汇率政策理论占据了主要地位。本章将主要围绕汇率决定理论展开，汇率政策理论的内容将在后续的章节中加以介绍。

综观 20 世纪汇率理论的发展历程，我们发现，汇率决定理论在汇率理论的发展过程中不但清晰地表现出一条演进主线，而且还推动了其他汇率理论的提出和演进。可以说，汇率决定理论代表着 20 世纪汇率理论的主要成果和发展方向。

一、购买力平价说

购买力平价说是瑞典经济学家卡塞尔于 1922 年提出的，并在《1914 年以后的货币与外汇》一书中加以完整阐述的。该学说认为，一国货币的对外汇率主要是由两国货币在其本国所具有的购买力决定的，两种货币购买力之比决定了两国货币的兑换比率。购买力平价有两种形式，即绝对购买力平价与相对购买力平价。前者说明某一时点上汇率的决定，后者说明一段时间内汇率的变动规律。

购买力平价说在以下的假设条件下成立：（a）市场完全竞争，商品价格呈完全弹性，市场一切要素之变化均能及时反映到商品价格的变化之中；（b）本国和外国的价格体系完全相同；（c）不考虑运输成本、保险及关税等交易费用。

购买力平价理论包括绝对购买力平价理论和相对购买力平价理论两种：

（一）绝对购买力平价说

绝对购买力平价说的公式为：$S = \dfrac{P}{P^*}$，式中 S 为汇率，以本币表示的单位外币，即直接标价法。P 和 P^* 分别表示本国和外国的综合物价水平。绝对购买力平价表明汇率是一个取决于两国相对价格的名义变量。当本国的价格水平相对上升时，本币购买力相对下降，即本币贬值，则汇率就下跌。相反，当本国的价格水平相对下降时，本币购买力相对上升，即本币升值，则汇率就上升。这就是绝对购买力平价所揭示的汇率与货币相对购买力或相对价格水平之间的经济关系。

（二）相对购买力平价说

假定绝对购买力平价分别在 t_0 和 t_1 时刻都能成立，则有：$\dfrac{S_1 - S_0}{S_0} = \pi - \pi^*$，式中 S_0 和 S_1 分别表示基期 t_0 时刻和 t_1 时刻的汇率水平，π 和 π^* 分别表示基期 t_0 时刻和 t_1 时刻的通货膨胀率。相对购买力平价说表明汇率变化率等于同期本国与外国的通货膨胀率之差。也就是说汇率的变化率与两国物价水平的相对变化成比例。

二、利率平价说

利率平价理论是由英国著名经济学家凯恩斯于 1923 年提出的。他认为汇率变动与两国相对利差有关，投资者根据两国利差大小以及对未来汇率的预期进行投资选择，以期获取收益或防范风险。因此，为远期外汇市场提供了一种套期保值或投机的方法。

利率平价暗含着这样一些假设：（a）国与国之间资本能够完全自由流动，没有任何资本控制；（b）存在着有效的外汇市场；（c）不考虑交易成本；（d）本国和外国的金融资产可以根据到期的时间和风险完全替代。

利率平价理论可以分为抛补的利率平价说、非抛补的利率平价说和远期汇率模型。

（一）抛补的利率平价说

抛补的利率平价说建立在这样的假设基础之上：金融市场比较发达，金融工具完备，没有交易成本和资本管制，本国证券和外国证券完全替代，有充足的套利资金，可以利用两国利率之差在即期外汇市场和远期外汇市场同时进行反向操作来套取利差。

抛补的利率平价说公式为：$\rho = i - i^*$，ρ 表明汇率的升贴水率，i 表示甲国金融市场上一年期债券的投资收益，i^* 表示乙国金融市场上一年期同种债券的投资收益。

抛补的利率平价表明汇率的远期升贴水率等于两国的货币利率之差。如果本国利率高于外国利率，则远期汇率必将升水，这意味着本币在远期将贬值；如果本国利率低于外国利率，则本币在远期将升值。也就是说，汇率的变动会抵消两国间的利率差异，从而使金融市场处于平衡状态。

（二）非抛补的利率平价说

非抛补的利率平价说是指投资者在进行没有抛补的外汇投资时所获得的收益等于没有汇率风险时所获得的收益，即等于预期获得的收益。

非抛补的利率平价说公式为：$E\rho = i - i^*$，$E\rho$ 表示预期的汇率远期变动率。它的经济含义是：预期的汇率远期变动率等于两国货币利率之差。当非抛补的利率平价成立时，如果本国利率高于外国利率，则意味着市场预期本币在远期将贬值。再例如，当非抛补的利率平价成立时，如果本国政府提高利率，则当市场预期未来的即期汇率并不因之发生变动时，本币的即期汇率将上升。

（三）远期汇率模型

远期汇率模型主要由特森（S. Tsiang, 1959）、戈鲁贝尔（H. Gruber, 1963）、斯托尔（H. Stoll, 1968）、沃费克尔和维利特（Officer and Willett, 1970）及哈斯（Haas, 1974）等人建立，该模型假定投资者是规避风险的，用一条向下倾斜的外汇市场套利者超额需求曲线代替了传统利率平价理论中的完全弹性的需求曲线，假设远期汇率由套利活动和投机者预期的将来即期汇率决定。该模型把远期外汇市场的所有交易活动抽象为三种情况：（1）纯粹的套利活动；（2）纯粹的投机活动；（3）商业套汇活动。

远期汇率模型的一般公式为：$\rho = \alpha + \beta_1 \dfrac{1+i}{1+i^*} S + \beta_2 S^e$，该式由两部分组成：一部分是由利率平价决定的汇率 $\rho^* = \beta_1 \dfrac{1+i}{1+i^*} S$，另一部分是市场对即期汇率的预期 S^e，这不仅显示了套利在远期汇率决定中的作用，而且体现了投机者和商业套利在远期汇率决定中的作用。

三、国际收支说

国际收支说最早的理论基础是早期的国际借贷说。英国学者戈逊在其1861年出版的《外汇理论》一书中，阐述了关于汇率的学术思想。指出外汇汇率取决于外汇的供给和需求，而外汇供需则产生于本国与外国之间的借贷关系，所以国际借贷是引起汇率变动的主要因素。这一理论第一次系统地解释了国际借贷关系中外汇供求的变动对汇率的短期影响。

国际借贷说问世后的几十年间，正值国际金本位制度盛行之时，西方各国汇率在黄金输送点内稳定波动的实践，相当程度地印证了戈逊的这一学说。但是囿于历史条件，国际借贷说未能进一步揭示和阐释汇率决定的基础以及影响汇率的其他重要因素。

第二次世界大战之后，随着凯恩斯主义宏观经济分析方法的广泛运用，很多学者运用凯恩斯模型来说明影响国际收支的主要因素，进而分析了这些因素如何通过国际收支作用到汇率，从而形成了国际收支说的现代形式。1981年，美国经济学家 V. 阿尔吉

（V. Alger）在其出版的著作中对这一理论作出了进一步的改进与深化，形成了新凯恩斯主义的汇率理论，是凯恩斯主义的国际收支理论在浮动汇率制度环境下的新进展。

国际收支说假定汇率完全自由浮动，政府不对外汇市场进行任何干预。

国际收支说的基本公式为

$$BP = f(Y, Y^*, P, P^*, i, i^*, e, Ee_f) = 0 \qquad (2.1)$$

如果将汇率之外的其他变量均视为已给定的外生变量，则汇率将在这些因素的共同作用下变化至某一水平，从而起到平衡国际收支的作用。

具体来说，本国经常账户收支的影响因素主要有本国国民收入、外国国民收入、本国价格水平、外国价格水平以及即期汇率。资本账户收支则主要取决于本国利率、外国利率以及对未来汇率变化的预期。汇率将在上述因素的共同作用下变化至某一水平，所以影响均衡汇率变动的因素主要有：国内外国民收入、国内外价格水平、国内外利息率以及对未来汇率的预期。

国际收支说在戈逊朴素思想的基础上，运用凯恩斯的宏观经济分析方法，从外汇市场供求流量的变动，将影响国际收支的重要因素纳入均衡汇率分析。解释了国际收支与汇率之间的密切关系，在理论上论证了良好的国际收支状况对于汇率稳定和币值稳定的重要意义。尤其是在资本流动日趋国际化的现代经济中，国际收支说的理论观点对于发展中国家资本账户的开放与管理，更具现实意义。

第三节 现代汇率理论

20世纪70年代，许多经济学家从货币数量、货币供求、资产市场均衡的分析角度阐释汇率的决定问题，创建了颇具影响力的资产市场说，其主要代表人物有哈里·约翰逊、罗伯特·蒙代尔、多恩布什和弗兰克尔等。资产市场说之所以迅速成为现代汇率理论的主流学说，有其历史必然性。其一，自20世纪70年代以来，汇率制度的多样化、频繁的国际资本流动、心理预期等因素愈来愈对汇率的变动产生重大影响，在这样的现实状况中，资产市场说格外重视金融资产市场均衡对汇率变动的影响，在相当程度上揭示了现代金融发展对汇率决定的影响。其二，资产市场说通常被称为汇率决定的存量模型，其将国内外的商品市场、货币市场和证券市场融为一体，将汇率看成是资产市场中的一种价格，认为汇率是存量因素而不是流量因素。作为一种资产价格，汇率变动反映了市场对该资产价值评价的变化，加上预期因素的重要影响，在很少甚或没有交易发生的情况下，汇率亦会发生频繁的、大幅度的变动。其三，资产市场说创立于布雷顿森林体系解体、牙买加体系问世的国际货币体系的变革时期，其不同于国际收支流量分析的论证方法很具有操作性，为金融机构和跨国公司进行汇率预测提供了有价值的分析依据。所以资产市场说一经提出，立即引起西方经济学界、政府决策部门和国际金融组织的广泛关注。

汇率决定的资产市场说包括黏性价格模型、弹性价格模型和资产组合模型。

一、黏性价格模型

多恩布什（1976）的黏性价格模型比较复杂。在模型中，他假设购买力平价在长期内成立，并保留了一般货币模型中的本国与外国的广义货币数量方程式，以及本国与外国具有相同结构参数的假设，同时保留了无抛补利率平价。他完成的创造性的工作如下：

1. 黏性的价格调整方程

$$p_t - p_{t-1} = \delta(d_t - y_t) \tag{2.2}$$

式中，p_t 为 t 时点的价格水平；p_{t-1} 为 $t-1$ 时点的价格水平；d_t 为 t 时点的商品需求；y_t 为 t 时点的实际产出，所有小写字母均表示变量的自然对数形式；δ 为系数。式（2.2）表明价格差，即通货膨胀率（$p_t - p_{t-1}$），与总需求和实际产出缺口，即商品超额需求（$d_t - y_t$）成比例，超额需求越大，通货膨胀率越高。式（2.2）实际上是著名的菲利普斯曲线的一种表达式，当超额需求等于零时，商品市场均达到均衡，这时通货膨胀率为零。

2. 总需求方程，即总需求是实际收入、利率和实际汇率的函数：

$$d_t = \gamma y_t - \sigma i_t + \omega(s_t - p_t + p_t^*) \tag{2.3}$$

式中，s_t 为 t 时点的即期汇率；i_t 为 t 时点的本国利率；p_t^* 为 t 时点的外国的价格水平，其他变量的含义与式（2.2）相同，小写字母表示变量的自然对数形式（但利率除外），γ、σ 和 ω 为系数。公式表明：实际产出越高，总需求越大；利率越低，投资越多，总需求越大；实际汇率越低（在直接标价法中汇率的数值越大），本国商品的国际竞争力就越强，外国对本国商品的需求就越大，因此总需求也越大。

3. 为了使方程有解，多恩布什又增加了第 3 个方程，即汇率预期方程：

$$E_t s_{t+1} - s_t = \alpha(\bar{s}_t - s_t) \tag{2.4}$$

式中，s_t 为 t 时点的即期汇率；$\bar{s}_t$ 为 t 时点由购买力平价决定的长期均衡汇率；$E_t s_{t+1}$ 为 t 时点预期的 $t+1$ 时点的即期汇率，小写字母表示变量的自然对数形式；α 为系数。公式表明在短期内即期汇率可能会偏离均衡汇率，但即期汇率的变化趋势是向长期均衡汇率收敛。因此，预期汇率与即期汇率的差额（$E_t s_{t+1} - s_t$）一定与长期均衡汇率和即期汇率的差额（$\bar{s}_t - s_t$）成比例。

在此基础上通过代数运算，多恩布什得出了他的汇率模型：

$$s_t = b_0 + b_t(m_t - m_t^*) + b_2(y_t - y_t^*) + b_3(p_{t-1} - p_{t-1}^*) \tag{2.5}$$

式中，b_i（$i=0$，1，2，3）为系数，具体含义为：

与一般货币模型相比，黏性价格模型的显著特点是：汇率除了取决于相对货币供应量和相对实际产出之外，还与前期的物价水平有关。

同时得出汇率超调方程为

$$s_t - \bar{s}_t = -\frac{1}{\alpha\lambda}(p_t - \bar{p}_t) \tag{2.6}$$

式中，$\bar{s}_t$ 和 $\bar{p}_t$ 为 t 时点长期均衡汇率和均衡价格水平；s_t 和 p_t 为 t 时点的即期汇率和价格水平；$-1/\alpha\lambda$ 为系数。公式表明：即期汇率对均衡汇率的偏离程度 $(s_t - \bar{s}_t)$，与商品价格对其均衡价格的偏离程度 $(p_t - \bar{p}_t)$ 成比例。价格偏离越大（价格黏性越大），汇率偏离也越大；当价格偏离等于 0，即价格呈完全弹性时，汇率偏离也等于 0，这时就不存在汇率超调了。

二、弹性价格模型

弹性价格模型是弗兰克尔（1976）和比尔森（1978）两人根据一般货币模型的基本假设推导而成，而不像黏性价格模型那样对一般货币模型进行重大改变。所谓弹性价格，是指在一般货币模型假设价格具有完全弹性的条件下，购买力平价无论在短期内还是长期内都能成立。

弹性价格模型的基本假设为：第一，垂直的总供给曲线；第二，稳定的货币需求；第三，购买力平价成立。分析的中心是，汇率可以自由调整，以反映各种因素对汇率水平决定的影响。

弹性价格模型的基本公式为

$$\ln s = \alpha(\ln y^* - \ln y) + \beta(\ln i^* - \ln i) + (\ln m_t - \ln m_t^*) \tag{2.7}$$

从式（2.7）中可以看出，本国与外国之间的实际国民收入水平、利率水平以及货币供给水平通过影响各自的物价水平，最终决定了汇率水平。这样，弹性货币分析法就将货币市场上的一系列因素引进了汇率水平的决定之中。引入预期之后，弹性价格模型可以写成：

$$s_t = [1/(1+\beta)](Z_t + \beta E_t e_{t+1}) \tag{2.8}$$

该式表示即期汇率水平是即期的经济基本面状况（例如即期的货币供给）、国民收入水平（用 Z_t 表示）以及对下一期预期的汇率水平（用 $E_t e_{t+1}$ 表示）的函数，所以对下一期汇率水平的预期直接影响到即期汇率水平的形成。

三、资产组合分析法

汇率的资产组合分析法形成于 20 世纪 70 年代，美国普林斯顿大学教授布兰森（W. Branson）对此进行了最系统、最全面的阐述。

资产组合理论认为汇率是由所有金融资产（包括货币资产）存量结构平衡所决定的，风险的存在意味着两国的利差等于汇率的预期变化加上随时间变化的风险收益，这种包括风险收益的理论是资产组合理论的显著特征。

资产组合分析法的基本假设为：（1）国外利率给定；（2）本国居民持有三种金融资产：本国货币、本国有价证券、外国金融资产。投资者的总财富为

$$W = M + B + sF \tag{2.9}$$

式中，M 为本国货币；B 为本国有价证券；F 为外国金融资产；s 为直接标价法下的汇率。

资产组合的基本模型为

$$s_t = c_0 + c_1(m_t - m_t^*) + c_2(y_t - y_t^*) + c_3(p_{t-1} - p_{t-1}^*) + c_4(\omega_t - \omega_t^*) + c_5\rho$$

$$\tag{2.10}$$

式中，s 为即期汇率；m 为货币供应量；y 为实际产出；p_{t-1} 为前期价格水平；ω 为财富，带星号的为外国变量，所有变量均为自然对数形式；ρ 为风险收益；c_i 为系数。

与多恩布什模型相比，资产组合模型增加了两国相对财富和风险收益两个重要因素，除此之外，相对货币供应量、相对实际产出和前期相对价格对汇率的影响程度也发生了变化。

第三章

汇率理论（下）

随着浮动汇率制成为各国汇率制度的主流，外汇市场上的汇率水平变动非常频繁，传统的汇率理论显然不能解释汇率的这种易变性。经过 20 多年的研究，汇率理论又增添了新的内容，它们不再仅仅关注均衡汇率水平的决定，而是对汇率决定的过程进行了更为细致的研究。

第一节　汇率决定理论的最新进展

20 世纪 70 年代末至 80 年代初，汇率决定理论的发展主要依托于两个新的思想。这两个新的思想分别是：（1）资产市场分析方法。它把外汇市场看做是一种资产市场，这意味着汇率是一种资产价格，从而汇率的决定和其他资产价格的决定之间有相似的特点。然而在 70 年代以前，外汇市场被看做是一个普通的商品市场，汇率是由外汇市场上外汇的供求平衡决定的。（2）理性预期假说。它假定经济代理人利用所有的信息，包括体现在经济学家所使用的经济模型中的信息。在汇率决定理论中，这两种新的思想不是彼此孤立的。根据资产市场分析方法，汇率的决定和对汇率未来变化的预期紧密相关。任何关于未来汇率预期的改变，都会立即引起现在汇率的变化。

一、新闻模型

在资产市场分析方法中，预期是决定汇率的一个重要因素。预期的方式有外推性预期、适应性预期和理性预期等，把资产市场分析方法中的预期看做是理性预期，实际上是对资产市场分析方法的一种理论扩展。正是这种扩展导致了汇率决定的"新闻"分析方法的产生。依据汇率决定的资产市场分析方法的一般理论模型，在理性预期假定下就能够推导出汇率决定的"新闻"分析方法的一般理论模型。因而，从理论上讲，汇率决定的"新闻"分析方法是汇率决定的资产市场分析方法和理性预期假说相结合的产物。

所谓"新闻"，是指那些令经济代理人感到意外的或未预见到的，并且能够引起他们对汇率的预期值进行修正的任何新的信息。"新闻"分析方法的主要目标在于分析"新闻"对汇率的冲击，从而说明浮动汇率制下汇率频繁变动或不稳定的原因。"新闻"

分析方法的思想来源于宏观经济学中对理性预期论的检验。理性预期经济学家根据他们的理论推导出了宏观经济政策"无效"的结论。这一命题的实质是，只有预料到的政策才是有效的。1977 年巴罗通过将货币增长率分为预料到的和未预料到的两部分，用计量经济学的方法检验了货币政策对就业水平的影响。其结论是，货币政策中未预料到的部分能够影响就业水平，而预料到的部分则不能。这种实证检验对理性预期理论提供了有力的支持。尽管其结论不久便受到了挑战，但他的这种利用"新闻"检验理性预期的方法，很快在汇率的研究中被许多经济学家所接受。

可以说汇率决定的"新闻"分析方法在依据基本经济变量中未被预料到的部分来解释汇率的变动方面，在一定程度上是成功的。但是，"新闻"分析方法不能解释那种存在于汇率运动中的，与基本经济变量的运动不一致的自我强化的汇率运动——投机泡沫现象。

汇率决定的"新闻"分析方法是汇率决定的资产市场分析方法和理性预期假说相结合的产物。从"新闻"模型的推导过程中可以明显看出这一论断的正确性。1973 年穆萨首先给出了一个简单的描述汇率决定的资产市场分析方法的模型：

$$s_t - E_{t-1}(s_t) = \sum_{j=0}^{\infty} b^j [E_t(x_{t+j}) - E_{t-1}(x_{t+j})] \tag{3.1}$$

式（3.1）就是汇率决定的"新闻"模型的一般表达式。式中，$E_t(x_{t+j}) - E_{t-1}(x_{t+j})$ 表示现在（t 时期）对于基本经济变量 x_{t+j} 的预期中，在前一个时期（$t-1$ 时期）没有被预见到的部分，即"新闻"或"惊人事件"。所以式（3.1）的右边是关于未来经济变量的"新闻"加总。而式（3.1）的左边是现在（t 时期）的即期汇率中在前一个时期（$t-1$ 时期）所没有预见到的即期汇率的变化。"新闻"模型表明，未预见到的即期汇率的变化是由基本经济变量的"新闻"引起的。"新闻"模型的这一论断具有重要的理论价值。它为借助实际汇率数据而发现的几个明显的汇率运动的经验规则提供了理论说明。

二、汇率决定的混沌理论

运用混沌分析法研究汇率的行为必须弄清楚两个最基本的问题：一是是否能给出一个合理的具有混沌特征的汇率决定模型；二是在实际的汇率时间序列中能否找出混沌存在的证据。前一个问题是理论性的，后一个问题是实证性的。1990 年，比利时经济学家保罗·德格劳威和汉斯·杜瓦赫特一起，开利用混沌理论研究汇率之先河，提出了一个汇率决定的混沌货币模型。1993 年，他们又和马科·艾布雷茨（Mark Embrechts）合作，共同出版了《汇率理论：外汇市场的混沌模型》一书。此书对上述两个基本问题进行了较为系统和全面的论述，从而把汇率决定的混沌分析法提升到了一个较高的研究水平。

保罗·德格劳威等的汇率决定的混沌模型，其基本思想是假定经济代理人是异质的（技术分析者和基础分析者），他们分别使用不同的有限的信息集合。正是它们之间的相互作用在汇率的形成中引入了非充分的非线性，从而使得外汇市场上的混沌运动成为可能。保罗·德格劳威等首先给出了一个简单的汇率混沌模型，然后对这一简单模型进行扩展，又提出了一个更切合实际的汇率的混沌货币模型。

（一）简单的汇率决定的混沌模型

$$s_t = [s_{t-1}f(s_{t-1},\cdots,s_{t-N})^{m_t}(s_{t-1}^*/s_{t-1})^{a(1-m_t)}]^b \tag{3.2}$$

$$m_t = 1/[1 + \beta(s_{t-1} - s_{t-1}^*)^2] \tag{3.3}$$

s_t 代表 t 时期的汇率，b 是投机者用来贴现未来汇率的因子，m_t 是 t 时期给予技术分析者的权数，$1-m_t$ 是 t 时期给予基础分析者的权数，s_t^* 为均衡汇率，β 是决定技术分析者的权数下降的速度，同时，他还测度基础分析者对均衡汇率估计的准确程度。β 越高意味着基础分析者对均衡汇率估计的准确程度越高，即他们的估计很少有偏差。结果导致一个相对小的市场汇率对均衡汇率的偏离将会引起基础货币分析者在市场上有着强大的影响力。当 β 降低时，则相反。

以上模型表明，在假定代理人是异质的情况下，汇率有可能呈现混沌运动状态，从而为把现代混沌理论应用于汇率的理论与实践开启了大门。例如混沌系统所具有的对初始条件的敏感性特征，可用来说明现实中预测汇率的困难；混沌系统的内在随机性波动，可用来阐明汇率决定的"新闻"模型的困惑，因为"新闻"模型无法解释在没有"新闻"发生时汇率的明显波动。该模型的缺点是没有详细说明决定汇率的基本经济变量的结构，只是简单地概括这一结构并把它当做是外生的，从而割裂了汇率与基本经济变量之间明显存在的相互联系。为了克服这种缺陷，保罗·德格劳威等又提出了汇率决定的混沌货币模型。

（二）汇率决定的混沌货币模型

$$s_t = z_t^\varphi s_{t-1}^{\phi_1} s_{t-2}^{\phi_2} s_{t-3}^{\phi_3} s_{t-1}^{*\phi_4} \tag{3.4}$$

$$\varphi = (1/c)\phi \tag{3.5}$$

$$\phi = \frac{1}{1 + \dfrac{1+k}{(1+k)c}} \tag{3.6}$$

$$z_t = M_{st}Y_t^{-\alpha}P_{t-1}^\varepsilon，其中，\varepsilon = 1/(1 + k) \tag{3.7}$$

$$\phi_1 = \phi[1 + \gamma m_t - \alpha(1 - m_t)] \tag{3.8}$$

$$\phi_2 = -2\phi\gamma m_t \tag{3.9}$$

$$\phi_3 = \phi\gamma m_t \tag{3.10}$$

$$\phi_4 = \phi_\alpha(1 - m_t) \tag{3.11}$$

目前，汇率决定的混沌分析法尚处于发展的早期阶段。尽管它的批评者认为，那些导致产生混沌的参数的值，在实际经济中可能是不合理的，然而这种方法具有重要的理论意义和实践意义。（1）传统的汇率理论主要关注的是汇率的稳定状态，而汇率的混沌模型使人们认识到汇率的周期性和混沌运动状态也是可能的，从而丰富了对汇率行为的认识。同时它还告诉我们貌似随机的、复杂的汇率现象，在本质上其形成的机制可能是确定的、简单的。（2）混沌分析法提供了一种利用纯内生的方式来解释汇率波动的方法，这种方法无须求助于外部的随机性，从而克服了利用"新闻"模型解释汇率波动的困难。（3）混沌模型并不否认外部冲击对汇率的影响，而是说明这种冲击的效应依赖于决定汇率的经济系统本身的性质。在一个高度稳定的能够迅速回到均衡状态的系统中，外部冲击的效应是很小的。而在一个对初始条件敏感依赖的混沌系统中，一个很小的冲击所造成的影响会很大，使汇率不再回到原来的运动轨道上。（4）混沌行为在长期内的不可预测性与传统的理性预期假说不相容，从而使理性预期假说这种一直支配汇率研究的思想变成了一个构建汇率模型的非常不稳定的基础。（5）从实践的角度看，混沌分析法为制定有效的汇率管理政策、利用可能的混沌控制方法提供了一种新的思路。

三、实际汇率决定的跨时分析法

20 世纪 80 年代初，实际汇率决定的跨时分析法开始兴起，其主要代表人物有：奥伯斯特菲尔德、斯文森与拉金（Svensson&Razin，1981），以及爱德华兹等。实际汇率决定的跨时分析法流行的主要原因有两条：一是理性预期思想的传播。1961 年穆萨在其论文中指出，要想建立关于经济代理人的最优化模型，必须假定经济代理人利用所有可能获得的信息。这意味着经济代理人的决策还依赖于他们对未来事件的预期，因而经济代理人的最优化行为应当是包括现在和未来所有时期在内的最优化行为。二是 20 世纪 80 年代初，经济学家们普遍认识到，由经常项目的不平衡（伴随着顺差或逆差）和资本流动所引起的资源在不同国家间的跨时配置是推动汇率变化的重要力量，这一过程需要建立模型加以说明。

实际汇率决定的跨时均衡模型有各种各样的具体表现形式。在最简单的模型中，所有国家生产一种相同构成的（复合）可贸易商品；另有一些模型至少区分两种商品，但是，所有的商品都是可贸易商品；在第三类模型中，商品的种类包括可贸易商品和不可贸易商品。下面我们介绍爱德华兹的实际汇率决定的跨时均衡模型，它是目前最流行的一种实际汇率决定的跨时均衡模型。

均衡实际汇率决定的一般模型由方程（3.12）至方程（3.20）组成，这里出口商品的世界价格被用做价值标准。

$$R(1,p,q,V,K) + \delta \tilde{R}(1,\tilde{p},\tilde{q},\tilde{V},K+1) - I(\delta) - T - \delta \tilde{T}$$
$$= E[\pi(1,p,q),\delta \tilde{\pi}(1,\tilde{p},\tilde{q}),W] \tag{3.12}$$

$$G_X + p^* G_M + q G_N + \delta^*(\tilde{G}_X + \tilde{p}^* \tilde{G}_M + \tilde{q}\tilde{G}_N)$$
$$= \tau(E_p - R_p) + \delta^* \tilde{\tau}(E_{\tilde{p}} - \tilde{R}_{\tilde{p}}) + b(NCA) + T + \delta^* T \tag{3.13}$$

$$R_q = E_q + G_N \tag{3.14}$$

$$\tilde{R}_{\tilde{q}} = E_{\tilde{q}} + \tilde{G}_N \tag{3.15}$$

$$p = p^* + \tau \tag{3.16}$$

$$\tilde{p} = \tilde{p}^* + \tilde{\tau} \tag{3.17}$$

$$\delta \tilde{R}_k = 1 \tag{3.18}$$

$$P_T^* = \gamma P_M^* + (1-\gamma)P_X^*, \tilde{P}_X^* = \gamma \tilde{P}_M^* + (1-\gamma)\tilde{P}_X^* \tag{3.19}$$

$$(P_x^* = \tilde{P}_x^* = 1)$$

$$RER = (P_T^*/P_N), \tilde{RER} = (\tilde{P}_T^*/\tilde{P}_N) \tag{3.20}$$

上述方程中的符号含义如下：$R(\ )$、$\tilde{R}(\ )$ 表示在时期 1 和时期 2 内的收益函数，它们关于每一个价格的偏导数等于相应的供给函数；p、$\tilde{p}$ 为在时期 1 和时期 2 内的进口商品的国内相对价格；q、$\tilde{q}$ 为在时期 1 和时期 2 内的非贸易品的相对价格；V、$\tilde{V}$ 为在时期 1 内的资本以外的生产要素的向量；K 为在时期 1 内的资本存量；$I(\ )$ 为在时期 1 内的投资；δ^* 为世界贴现因子，δ 为国内贴现因子；p^*、$\tilde{p}^*$ 为在时期 1 和时期 2 内进口的世界相对价格；τ、$\tilde{\tau}$ 为在时期 1 和时期 2 内的进口关税；T、$\tilde{T}$ 为在时期 1 和时期 2 内的总的税收；G_X、G_M、G_N、$\tilde{G}_X$、$\tilde{G}_M$、$\tilde{G}_N$ 为政府在时期 1 和时期 2 内所消费 X、M 和 N 的数量。$E(\ )$ 为跨时支出函数；$\pi(1,p,q)$、$\tilde{\pi}(\ )$ 为假定位似和时间可分开的情况下的价格指数；W 为总福利；NCA 为在时期 2 内私人部门的无利息的经常项目；P_M^*、P_X^*、$\tilde{P}_M^*$、$\tilde{P}_X^*$ 为在时期 1 和时期 2 内的名义世界价格；P_N、$\tilde{P}_N$ 为在时期 1 和时期 2 内的非贸易品的世界价格；P_T^*、$\tilde{P}_T^*$ 为在时期 1 和时期 2 内的贸易品的世界价格；RER、$\tilde{RER}$ 为在时期 1 和时期 2 内的实际汇率。

方程（3.12）是对私人部门的跨时预算约束，表明用国内价格表示的收入的现值必须等于私人部门支出的现值。方程（3.13）是对政府的跨时预算约束。它表明政府支出的贴现值必须等于政府税收的现值。方程（3.14）和方程（3.15）是在时期 1 和时期 2 内非贸易品的均衡条件。方程（3.16）和方程（3.17）详细说明了进口商品的国内价格、进口的世界价格和关税之间的关系。方程（3.18）描述投资决策，表明利润最大化的企业将一直增加资本存量，直到资本的边际收益等于其边际成本为止。方程（3.19）是贸易品价格指数的定义。方程（3.20）把实际汇率指数定义为国内贸易品相对于非贸易品的价格。方程（3.12）至方程（3.20）充分描述了该经济外部和内部之间的跨时的均衡。

根据上述均衡实际汇率决定的一般模型，可以分析各种外生变量的变化所引起的均衡实际汇率的变动，它不仅可以说明宏观经济政策和实际汇率之间的关系，而且可以用于在实际汇率错配情况下的贬值调整后的效果分析。

以上是我们对 20 世纪主要汇率理论的简要介绍，需要指出的是，自 20 世纪 80 年代以后，随着经济学家们对传统模型的进一步扩展和对外汇市场微观经济主体行为的深入研究，汇率决定理论的发展速度大大超过了从前。经济全球化和金融深化对世界经济的影响极其深远，使得汇率波动的影响因素日益多样性和复杂化，研究汇率决定理论的路依旧很漫长。

四、新开放宏观经济学理论

在汇率理论中融入越来越多的微观基础是当前汇率决定研究领域的一大趋势，继跨时均衡分析法之后，新开放宏观经济学作为新一代研究方法，受到越来越多学者的关注。1995 年，奥伯斯特菲尔德和罗格夫发表的《汇率动态回顾》（*Exchange Rate Dynamics Redux*）一文开辟了新开放宏观经济学的时代，他们在动态一般均衡模型中融入了不完全竞争和名义黏性的假定以及更多的微观基础，这些都使得模型分析更加贴近实际，相较于蒙代尔—弗莱明的一代母机模型，奥伯斯特菲尔德等人建立了开放宏观经济学分析的新工作母机模型（Workhorse Model）。

新开放宏观经济学在动态开放宏观模型中融入了微观经济学经济主体最优化理论，它将价格黏性分为不同的形态来分析宏观经济动向，指导政策调控。新开放宏观经济学分析法关于汇率解释的内容体现在基本模型——PTM 模型中。所谓 PTM（Pricing to Market），指当市场处于分割状态的时候，出口商可以根据不同的进口地而制定不同的价格，并且，他们既可以选择价格用出口国货币表示，称为生产者货币定价（Producer Currency Pricing，PCP）；又可以选择用进口国货币表示，称为当地货币定价（Local Currency Pricing，LCP）。因此，由定价原则的不同可将 PTM 模型分为两类：PCP – PTM 模型和 LCP – PTM 模型。

（一）PCP – PTM 模型

奥伯斯特菲尔德和罗格夫假定出口商品的价格用出口国货币表示，因而短期内名义汇率的变化必然会反映在进口国消费物价上。该模型得出了三个结论：

1. PCP 条件下，浮动汇率帮助实现相对价格的调整。浮动汇率的重要作用是能够充分实现支出转换功能，当一国受到实际冲击时，汇率的浮动性能够使得价格在国家之间进行相对调整，而无须国内价格变动。根据 PCP 原则，在国内价格具有黏性的条件下，当国内实行扩张的货币政策导致本币贬值的时候，本国出口商品的外币价格因本币贬值而降低，进口商品的本币价格因本币贬值而升高，从而达到支出转换的目的，提高本国经济福利水平。

2. 理论上的最优货币政策，是允许汇率对实际劳动生产率的国际相对变动而作出相应的浮动，以实现工资的自由调整。但是由于产品市场和要素市场都是垄断型的，因而最优的货币政策只是有限的帕累托最优。

3. 提出了三种汇率，分别是最优浮动、麦金农的世界货币主义、最优固定。最优浮动是允许汇率因实际劳动生产率变动而变动的汇率；世界货币主义即两国既使汇率固定，又使按照汇率加权平均的货币供应量固定；最优固定是指通过调整货币供应量以应对经济冲击，保持汇率不变。在面临非预期的实际冲击情况下，最优浮动优于最优固定，而最优固定优于世界货币主义。汇率浮动的最优货币政策是完全自主实现的，国际间的货币政策协调没有必要。之后，奥伯斯特菲尔德对这一结论做了修正，新的模型加入了不完全国际资本市场的条件，使得国际间的货币政策合作成为可能。

总的来说，PCP – PTM 模型的定价原则肯定了汇率的支出转换效应，并且肯定了浮动汇率优于固定汇率，最优货币政策应该令汇率成为反映实际经济因素变化的工具，以替代价格波动。

（二）LCP – PTM 模型

LCP 最早由德弗雷克斯（Devereux，1996）提出，并首先运用到模型中。按照 LCP 原则，本国企业在国内出售商品时以本币定价，对于出口到国外的商品则以外币定价。因为国内和国外的价格是分割的，所以浮动汇率并不能实现最优相对价格的调整。此时，汇率的浮动变化对国内价格的影响为零，汇率失去了支出转换的作用。这一改变使得 LCP – PTM 模型的政策含义有别于 PCP – PTM 模型。

德弗雷克斯建立了一个综合随机动态模型，该模型比较了 PCP 和 LCP 条件下，价格制定、均衡汇率、均衡消费水平以及最优货币政策的不同。在 PCP 条件下，厂商最优价格只反映单位劳动成本上固定的利润加成以及风险溢价，经济中存在价格黏性，因而最优货币政策应是利用浮动汇率的支出转换效应调整相对价格纠正价格黏性；在 LCP 条件下，出口厂商选择两个价格，一个是国内价格，以本币表示，一个是国外价格，以外币表示，本币价格仍旧表现为单位劳动成本上的固定加成。汇率失去了调整作用，与最优货币政策失去关联，均衡汇率不会因经济冲击而受到影响。在最优固定汇率下，实现本国福利的最大化。最优货币政策也是自主性的，货币合作与非合作的均衡解一致。

总的来说，LCP – PTM 模型的定价原则使得汇率无法实现相对价格的调整，因而更倾向于最优固定汇率，且一国的货币政策可以相对独立于汇率。

五、外汇市场微观结构理论

外汇市场微观结构理论是市场微观结构理论和汇率理论的有机结合，由于市场微观结构理论研究的是金融资产价格的发现、形成过程以及运作机制，因此外汇市场微观结构理论与传统的宏观汇率理论的分析视角有所差异。外汇市场微观结构理论的代表人埃文斯（Evans）和莱昂斯（Lyons）重点分析了指令流（Order Flow）对汇率的决定作用。指令流是指给定交易时段的净买入或卖出指令。在此基础上，埃文斯和莱昂斯建立了混合汇率模型，公式如下：

$$S_t = f(i, m, u) + g(x, v, u) + \varepsilon_t \qquad (3.21)$$

模型中，S_t 代表 t 时期的汇率；$f(i, m, u)$ 代表宏观经济因素，其中 i、m、u 分别表示利率、货币供应量、其他影响因素；$g(x, v, u)$ 代表微观市场因素，其中 x、v、u 分别表示指令流、外汇交易商库存、其他影响因素。

模型主要利用两国利差来度量宏观经济因素，用指令流来度量微观市场因素。结果显示，汇率波动与指令流显著相关。原因在于，信息是分散的，而信息融入价格需要以指令为载体。信息融入即期汇率存在三种可能的传导机制：第一种是公开信息的瓦尔拉斯价格形成机制，第二种是公开信息以指令为载体融入汇率，第三种是私人信息通过指令融入汇率。

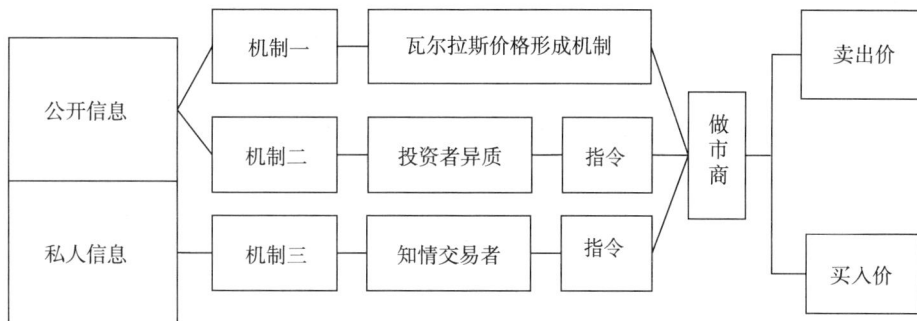

图 3 – 1　信息融入即期汇率的传导机制

对于第一种机制，在瓦尔拉斯价格形成机制中，市场参与者拥有同质的信息，即对汇率决定因素有共同认知，且对汇率决定因素产生变化的新信息的反应是一致的。这一假设在实际操作过程中难以成立，因为市场参与者是存在差别的，他们对新信息的反应也由于个体的差异而有所不同。因此，第一种机制对汇率的影响程度有限。

对于第二种机制来说，公开信息条件下，投资者异质性特征使得市场参与者预期不一致，导致存在大量买卖双方交易者，因而市场指令增多、汇率波动加大，两者之间具有显著的正相关关系。在信息公开集中阶段，市场交易随之频繁，所以，公众信息的出现改变了市场指令密度和汇率的变化。

对于第三种机制，市场存在私人信息，该信息不能被市场上的所有参与者知晓，并且私人信息比公开信息更能准确地预测价格的未来趋势。在外汇市场上，中央银行的干预行为是私人信息存在的典型例子，央行的干预通常通过某些特定的做市商进行，这使得路透交易系统在现实央行干预的信息时具有一定时滞。

瓦尔拉斯价格形成机制认为市场出清价格应该是单一的均衡价格，而现实中外汇市场上巨额外汇交易量和多重汇率同时存在，外汇市场微观结构分析解释了这一问题。当市场参与者对分散的信息存在不同的预期和反应时，这一差异性就使得外汇市场上同时出现大量的买入指令和卖出指令，外汇交易额随之大量增加。此外，由于市场上存在私人信息，做市商具有信息不对称风险，在与知情交易者交易时容易遭受损失，因而会报出有差价的买入和卖出价格以弥补这一风险。再者，交易较少时指令流的信息含量相对较低，此时做市商未必会按常规报价，这就导致了与其他做市商的汇率差异。综上所述，从微观视角分析，短期汇率波动受外汇市场参与者行为的影响较大。

六、均衡汇率理论

20 世纪 80 年代之后，均衡汇率理论得到较大发展，随着均衡汇率理论的研究日渐成熟，均衡汇率在其决定和实现过程中，既要分析内外部均衡同时实现的条件，又要分析均衡汇率差的实现对宏观经济的影响。总体来说，目前均衡汇率理论中具有影响力的主要有宏观经济均衡分析方法的均衡汇率理论、基本因素均衡汇率理论（FEER）、行为均衡汇率理论（BEER）、国际收支均衡汇率理论（BPEER）、自然均衡汇率理论（NATREX）以及均衡实际汇率理论（ERER）。宏观经济均衡分析方法的均衡汇率理论的斯旺模型将在开放经济条件下内外均衡与国际金融政策协调理论一章中加以说明。

（一）基本因素均衡汇率理论（FEER）

威廉姆森 1983 年提出的基本因素均衡汇率理论（Fundamental Equilibrium Exchange Rate）首次在均衡汇率决定因素中引入资本账户，FEER 将宏观经济的内部均衡定义为充分就业与低通胀水平，将宏观经济的外部均衡定义为可持续性的资源净流动，而将均衡汇率定义为宏观经济内外均衡同时实现时的实际有效汇率。FEER 的均衡汇率概念表明均衡汇率由中长期变量决定，而不取决于决定短期均衡的变量。

在引入资本账户之后，威廉姆森 FEER 理论中的宏观外部均衡的核心就变成资本账户与经常账户之和为零，以此作为判断国际收支平衡的标准。决定经常账户的因素有国内需求、国外需求、实际有效汇率，而资本账户余额的中期均衡值通常是由主观判断获得的，它考虑了一系列相关经济因素。由此得到的实际有效汇率如下：

$$R = R(\overline{Y_d}, \overline{Y_f}, \overline{KA}) \tag{3.22}$$

式中，$\overline{Y_d}$、$\overline{Y_f}$ 与 $\overline{KA}$ 分别代表国内需求、国外需求和资本账户余额的均衡值。由此得到的实际有效汇率，使得经常账户余额与资本账户余额相等，并且该资本账户余额是合理的且可持续的。这样的实际有效汇率就是与宏观经济内外均衡相适应的均衡汇率，即FEER。

（二）行为均衡汇率理论（BEER）

行为均衡汇率理论（Behavioral Equilibrium Exchange Rate）中均衡汇率的定义为通过计量经济学方法建立起实际有效汇率跟与其相关的基本经济变量之间的行为关系，最终取得的汇率估计值即为均衡汇率。行为均衡汇率理论的实际有效汇率表达式如下：

$$R_t = \alpha L_t + \beta M_t + \gamma S_t + \varepsilon_t \tag{3.23}$$

式中，L、M、S 分别表示具有长期、中期以及短期暂时性影响的基本变量向量，α、β、γ 分别表示简约参数向量，ε_t 表示随机干扰项。

BEER 假定非套补利率平价成立，Clark 和 MacDonald（1998）首先对非套补利率平价公式变形，得到实际有效汇率的决定因素为不可观察的汇率预期（反映了影响实际汇率的长期因素，一般受到贸易条件、巴拉萨—萨缪尔森效应、净国外资产等因素的制约）、国内外利率差（反映了影响实际汇率的中期因素）以及风险贴水；然后假定风险贴水中随着时间变动的部分是国内外政府相对债务规模的函数。根据上述推导，得到BEER 的表达式：

$$BEER = f(i - i^*, debt / debt^*, tot, tnt, nfa) \tag{3.24}$$

式中，$i - i^*$ 表示国内外利差，$debt$、$debt^*$ 表示国内外政府债务规模，tot 表示贸易条件，tnt 表示巴拉萨—萨缪尔森效应，nfa 则表示净国外资产。

（三）国际收支均衡汇率理论（BPEER）

国际收支均衡汇率理论（Balance of Payments Equilibrium Exchange Rate）类似于BEER，均衡汇率的决定基础都是通过计量经济学方法建立单一方程而得到。但 BPEER 与 BEER 是有区别的，行为均衡汇率理论中的实际有效汇率为经过名义汇率调整的国内外物价总指数的相对比，而国际收支均衡汇率理论的实际有效汇率为经过名义汇率调整的国内外贸易品价格指数相对比；行为均衡汇率理论以非套补利率平价为基础，国际收支均衡汇率理论以国际收支恒等式为基础。因而，行为均衡汇率理论下的均衡汇率被定义为与市场预期相一致的实际汇率水平，国际收支均衡被定义为与经常账户均衡相一致的实际汇率水平。BPEER 的表达式为

$$BPEER = f(Y, Y^*, nfa, i - i^*) \tag{3.25}$$

式中，Y、Y^* 分别表示国内外需求；nfa 表示净国外资产；$i - i^*$ 表示国内外利差。

（四）自然均衡汇率理论（NATREX）

自然均衡汇率理论（Natural Real Exchange Rates）是在 FEER 基础上加以修正而成的，在不考虑周期因素、热钱流动、外汇市场干预的条件下，NATREX 下的均衡汇率是

由基本经济因素决定的能使国际收支实现均衡的中期实际汇率。该均衡汇率是一种移动均衡概念，会随着内生和外生基本经济因素的变动而变动。

NATREX 的假设如下：（1）经济产出处于潜在产出水平，产品市场和货币市场均处于均衡状态；（2）当权政府不干预外汇市场，且不考虑投机资本的影响。根据这些假设，自然均衡汇率理论主要以国民收入账户恒等式 $I - S + CA = 0$（I 代表投资、S 代表储蓄、CA 代表经常账户余额）为分析基础。投资、储蓄和经常账户余额都是在潜在产出水平下的均衡值。在国内外均衡同时实现时的实际汇率即为 NATREX 模型下的均衡汇率。由于一国投资和储蓄的决定因素是本国当前资本、财富存量以及对外净负债，当这些存量指标发生变动时，自然均衡汇率也就变成了移动均衡。只有在长期内经济达到长期均衡状态，经济基本要素和实际资产存量相对保持稳定的时候，自然均衡汇率才能保持不变。

自然均衡汇率理论得出四个主要结论：（1）生产能力和储蓄率这样的经济基本因素可以用来解释实际汇率的变动趋势。对小国来说，影响实际汇率波动的经济基本因素还包括贸易条件、世界利率等。（2）自然均衡汇率的变化与内外生基本经济因素的变化相一致，现实中的实际汇率会不断对移动均衡实际汇率进行调节。（3）一国外债对自然均衡汇率的长期影响与外债的用途有关，若用于消费，那么实际汇率会先升值后逐渐贬值，若用于生产性投资，那么实际汇率会在逐渐贬值后再升值（假设该国变为净债权人）。（4）利用货币或贸易政策来改变贸易品供求并不能有效改善经常账户余额，而改变投资与储蓄差额的做法能取得不错的效果。

（五）均衡实际汇率理论（ERER）

均衡实际汇率理论（Equilibrium Real Exchange Rate）区别于其他均衡汇率理论的地方在于它考虑到了发展中国家宏观经济中的一些显著特征，诸如外汇管制、贸易限制和交易管制等。按照爱德华兹（1989）的定义，均衡实际汇率是非贸易品和贸易品的相对价格，假如其他相关变量（如税收、贸易条件、商业政策、资本流动和技术等）的值可持续，那么经济将会实现内外部同时均衡。内部均衡是指当非贸易品市场现在和将来出清时的状态，外部均衡是指当现实和未来经常账户平衡同长期可持续的资本流相一致时的状态。

均衡实际汇率理论的假设条件众多，具体如下：（1）开放经济小国，市场上的商品有进出口品和非贸易品，本国生产出口品和非贸易品，消费进口品和非贸易品；（2）存在双重汇率，固定汇率适用于商品交易，浮动汇率适用于金融交易；（3）本国居民既持有本币又持有外币，私人部门持有一定数量外币；（4）政府收入来源于非扭曲的税收和国内信贷创造，消费进口品和非贸易品；（5）政府和私人不能对外借债，也不存在国内的公共债务；（6）存在进口关税，关税收入以非扭曲的方式又传回给公众；（7）以外币表示的出口价格是固定的，且等于单位 1；（8）起初存在有效的资本控制，之后放松资本控制；（9）存在完全预期。

在上述假定下，均衡实际汇率理论构造了包括资产决定、需求部门、供给部门、政府部门和外部部门等五个部分的 16 个方程。当非贸易品市场出清、外部部门实现均衡

（即国际储备变动、经常账户余额、货币存量变动均为零）、财政政策可持续（政府支出等于无扭曲的税收收入）以及资产组合实现均衡这四个条件同时成立时，经济处于稳定状态。此时，汇率达到了长期可持续均衡状态，并得出长期均衡实际汇率模型。根据推导出的模型，长期均衡实际汇率是由贸易条件、政府消费、贸易壁垒、技术进步、资本流动等基本经济因素共同决定的函数。

$$ERER = f(tot, ngc, btt, tec, caf, u) \tag{3.26}$$

式中，tot 表示贸易条件；ngc 表示政府部门消费非贸易品占 GDP 比重；btt 表示贸易壁垒；tec 表示技术进步；caf 表示资本流动；u 表示其他基本经济变量（如投资占 GDP 比重）。

七、巴拉萨—萨缪尔森效应

巴拉萨—萨缪尔森效应（Balassa – Samuelson Hypothesis，BSH）是 1964 年首先由巴拉萨（Beal Balassa）在《购买力平价学说的重新评估》一文中提出的。此后不久，萨缪尔森（Paul Samuelson）也在其论文《贸易问题理论短论》中提出了类似的观点。该假说将国民经济生产部门划分为贸易部门（制造业）和非贸易部门（服务业），该理论认为两个国家劳动生产率的不同决定了两个国家相对价格之间的差异。由于非贸易部门的生产力增长低于贸易部门，因而使得实际汇率的变化直接反映出一国贸易部门与非贸易部门生产力增长的相对差异，对于经济快速增长的国家来说，相应地实际汇率也随之上升。因此，巴拉萨—萨缪尔森效应实际上强调了生产力的增长对实际汇率起到了决定性的作用。

巴拉萨—萨缪尔森效应的主要观点是：拥有较高经济增长率的国家，其工资增长率也会越高，工资的增长也同时带动了实际汇率的上升。具体地，当贸易部门的生产率迅速提高时，其工资增长率也随之提高，由于国内的劳动力可以自由流动，因此所有产业的工资水平呈现平均化的趋势。在这种情况下，即便非贸易部门的生产率增长较慢或无增长，贸易部门工资水平的上升也将带动非贸易部门工资的增长，这将进一步引起非贸易品相对贸易品的价格上升。此时假定贸易品的价格是一定的，在固定汇率制度的条件下，相对价格的上升必将引起非贸易品的价格上涨，因而总体物价水平上涨；在浮动汇率制度的条件下，为了稳定物价水平，名义汇率将会升值，无论如何实际汇率都会升值。

定义 E_i 为名义汇率，即一单位的外国货币所能表示的本国货币的数量。e^R 代表国内外同一篮子商品的交换比率。假设本国的贸易伙伴国为 b，则可以近似地将两国之间的实际汇率表示为国内生产总值价格指数的比率，$P^Y(P^N, P^T)$ 和 $P_b^Y(P_b^N, P_b^T)/E_i$。其中，P^N 和 P^T 的上标表示非贸易品与贸易品。

$$e^R = \frac{P^Y(P^N, P^T)}{P_b^Y(P_b^N, P_b^T)/E_i} = E_i \frac{P^Y(P^N, P^T)}{P_b^Y(P_b^N, P_b^T)} \tag{3.27}$$

上式表示名义汇率与实际汇率之间的关系。为了进行下一步的推导，首先需要强调几个假设条件：第一，假设 $E_i = 1$ 即国内外的价格均以共同货币单位表示。第二，假设在国内生产总值中非贸易品所占的比例为 θ，且国内外相等。第三，用 C—D 函数表示价格水平。第四，贸易品均适用一价定律，即 $P^T = P_b^T$。在上述四条假设前提下，实际汇率可表示为

$$e^R = \frac{(P^N)^\theta (P^T)^{1-\theta}}{(P_b^N)^\theta (P_b^T)^{1-\theta}} = \left(\frac{P^N}{P_b^N}\right)^\theta \tag{3.28}$$

由上式可以得到建立在以上四个假设前提下的结论，即国内外非贸易品的价格对实际汇率起着决定性的作用。为了进一步对生产率和实际汇率的关系进行解释，假设只存在劳动投入和工资成本，用 A^T 和 A^N 分别表示国内贸易部门和非贸易部门的劳动生产率，用 A_b^T 和 A_b^N 分别表示国外贸易部门和非贸易部门的劳动生产率，由劳动的边际产品价值相等可以得到以下等式：

$$W = A^T P^T = A^N P^N, W_b = A_b^T P_b^T = A_b^N P_b^N \tag{3.29}$$

由于贸易品满足一价定律即 $P^T = P_b^T$，因此可以得到 $W/W_b = A^T/A_b^T$，即国内外的相对工资水平取决于贸易品的相对劳动生产率。在国内外非贸易部门劳动生产率相同（$A^N = A_b^N$）的情况下，则有

$$\frac{P^N}{P_b^N} = \frac{A^T}{A_b^T} \tag{3.30}$$

结合第二个式子，可推导出以下等式：

$$e^R = \left(\frac{A^T}{A_b^T}\right)^\theta \tag{3.31}$$

根据巴拉萨—萨缪尔森效应，贸易部门具有较高生产率的国家，其实际汇率升值。上述推导过程清晰地呈现出了巴拉萨—萨缪尔森效应的逻辑关系，在贸易品满足一价定律的假设下，实际汇率由国内外非贸易部门的相对价格决定。在只考虑劳动投入和工资成本的情况下，假设国内外非贸易部门的劳动生产率相等，由劳动的边际产品价值相等可以得到非贸易部门的相对价格取决于贸易部门的相对生产率，因此，贸易部门的相对生产率决定着实际汇率的高低。

第二节　汇率制度选择与转换理论

一、汇率制度选择理论

20 世纪 80 年代，由于许多国家通货膨胀率高涨，固定汇率成为学术界关注的热点，学者们认为一国的通货膨胀率可以通过对一种名义锚保持承诺并维持公信力来得以降低，从而稳定汇率。后来，随着危机的不断出现，人们关注的焦点渐渐转移，从汇率的可持续性、从危机预防的角度分析在国际资本高速流动条件下发展中国家汇率制度安排问题成为学者们的新的关注对象。从现在汇率理论的发展来看，有关汇率决定的理论没有突破，而有关汇率制度的选择却出现了一些新的探索。下面介绍一些有影响的理论。

（一）原罪论（Doctrine of the Original Sin）

加州大学伯克利分校的 Barry Eichengreen（1994）和哈佛大学的 Ricardo Hausmann（1999）最早提出了原罪论。该理论认为，新兴国家的金融市场比较脆弱，会出现两种情况，一种是该国的货币不能用于国际借贷，另一种是在国内本国的金融部门不愿意放长期贷款。所以企业在融资时会面临两难的境地：从外国借贷会导致货币不匹配，而从国内借贷则会造成借短用长的期限不匹配。这便是原罪，后果是企业无论是面临汇率浮动还是利率变动时，都会造成自身成本上升，出现经营困难，从而整个金融部门和整个经济都会受到影响。另外，在汇率政策和货币政策方面，如果货币不匹配的现象出现，那么政府就希望汇率固定，但如果汇率无法自由浮动，就不能通过汇率的适当贬值来减少投机冲击；如果存在期限不匹配，政府也不能提高利率来保卫货币，在投机冲击时，面对金融崩溃也只能坐以待毙。因此，在原罪条件下，固定汇率制和浮动汇率制都会出现问题，在有些国家，美元化成为最好的解决办法。

（二）害怕浮动论（Fear of Floating）

马里兰大学的 Guillermo A. Calvo 教授和 Carmen M. Reinhart 教授于 1999 年和 2000 年提出了害怕浮动论。该理论指出存在这样一种现象，有些国家虽然实行的是弹性汇率制，却将其汇率维持在对某一货币（通常为美元）的一个狭小幅度内，这体现出这些国家对汇率的大幅度波动存在一种长期的害怕。目前，相关的实证研究已经证明，全球（包括发达国家）普遍存在害怕浮动的现象，这一理论也因此受到人们的重视。害怕浮动这一现象存在的主要原因是，新兴的发展中国家不愿意本国货币升值，因为货币升值会使本国的国际竞争力降低，导致这些国家所作出的贸易出口多元化的努力受到损害；同时，这些国家也不希望本国的货币贬值，因为进口会因此受到伤害。针对这一现象的主要政策建议为：害怕浮动是合理的，它体现了发展中国家本身的结构性问题，包括产品结构、出口结构等，美元化依然是最好的解决办法。

（三）中间制度消失论（The Hypothesis of The Vanishing Intermediate Regime）

加州大学伯克利分校的 Barry Eichengreen 于 1994 年和 1998 年提出了中间制度消失论，该理论又称为两极汇率制度论（Two Poles Theory of Exchange Rate Regime）或中空汇率制度理论（Hollowing out Theory of Exchange Rate Regime）。该理论认为自由浮动或是具有非常强硬承诺机制的固定汇率制才是唯一可持久的汇率制度，存在于两种制度之间的中间制度都正在消失或应当消失。主要原因为，如果国际资本自由流动，那么货币稳定和货币独立是不可能同时实现的，相似于"铁三角理论"，一国如果选择汇率稳定就要放弃货币主权，如果要坚持货币独立就必须放弃汇率稳定。这一理论对现在各国的汇率制度选择是一个挑战。

（四）退出战略（Exit Strategy）

亚洲金融危机出现之后，制度退出战略成为了一个重要的研究领域，该理论主要研究一个国家应如何退出现有的钉住汇率制度，选择更合理的制度。1998 年 Barry Eichengreen 和 Paul Masson 在 IMF 的一份报告中提出三个结论：第一，在高通胀的国家，弹性汇率制应当在实行钉住汇率制度之后不久就开始使用；第二，外汇市场比较平静或者大量资本流入的时期是较为理想的退出时机；第三，如果危机已经出现，那此时就属于被动退出，行动需要迅速，同时采取配套措施，以防本币过度贬值。上述结论是一种对过去经验的总结，是对未来选择汇率退出机制的国家的一种战略建议。

二、汇率制度转换理论的提出

长期以来，经济学家们对汇率制度的选择问题进行了深入的研究和探讨，特别是 20 世纪 90 年代之后，新兴市场经济国家所经历的货币危机和欧元诞生等一系列事件使得汇率制度选择的问题再次成为研究的热点，逐渐形成了原罪论（Doctrine of the Original Sin）、中空论（Hollowing – out or two Poles）、浮动恐惧论（Fear of Floating）等著名假说。正如沈国兵（2003）所指出的那样，经济学家们大都从静态局部均衡的角度，依据有限的影响因素对汇率制度选择的问题展开讨论，忽视了汇率制度变换的动态性，因而其结论的科学性和可靠性就受到了很大程度的制约。汇率制度转换理论正是把汇率制度选择问题的研究从静态视角扩展到动态视角，通过对汇率制度之间转换的动因分析、路径选择、时机、绩效等问题的研究，为我们汇率制度的研究开辟了一个新的视野。

汇率制度转换问题这一名词最早是由马森[①]（2000）在一篇论文中提出的，马森指出，现实中，每一个特定的汇率制度只可能满足一个国家在一定时期内的需要，汇率制度和其他的经济政策一样并非是一旦选择就永远不变的，各国都在频繁地改变着汇率制度（自愿的或者非自愿的）。进一步地，马森以两种不同的汇率制度分类方法为基础，运用马尔可夫链和转换矩阵计算了固定汇率、浮动汇率、中间汇率三种汇率制度的转换概率。

汇率制度转换理论是研究一国经济发展和制度变迁时汇率制度如何实现调整过程的理论。汇率制度的转换理论不等同于传统意义上的汇率制度的选择理论。汇率制度选择往往是建立在比较静态的基础之上，而汇率制度转换则是一种动态的过程；汇率制度的选择仅仅是转换的目标和结果，而汇率制度转换则是汇率制度选择后转变的过程。同时两者又紧密相连甚至相互包含，选择是转换中的选择，转换的行为即构成了选择的要件。因此，在研究汇率制度的转换理论时，要考虑到汇率制度的选择，同时又要用发展、动态的眼光看待这一进程，完成汇率制度的选择，实现汇率制度的转换。

汇率制度转换的模式可以分为两大类：第一类是被迫转换型（Disorderly Exit），指的是货币当局迫于外汇市场压力或危机事件而转换其汇率制度；第二类是自发型（Orderly Exit），指的是货币当局出于长期的经济政策考虑，自发地转换其汇率制度。第二类的汇率制度又分为以下四种类型：（1）自发转换到更加浮动的汇率制度，包括从任何固定的汇率制度转向浮动汇率制度、从硬的钉住汇率制度转向软的钉住汇率制度、从爬行钉住转向爬行带钉住、扩大原有的浮动区域四种具体的类型。（2）自发进入到更少浮动的汇率制度，包括以上四种具体的类型。（3）自发进入到其他不能以浮动性衡量的汇率制度，指的是汇率的浮动性增加与否不能确定，包括两种软的钉住汇率制度之间的转

---

① Paul Masson, *Exchange Rate Regime Transitions*, IMF working paper, 2000.

换（如两种传统的钉住汇率之间的转换，以及固定汇率制度与爬行钉住汇率制度之间的转换）。（4）自发进行相同汇率制度下的汇率调整。

三、汇率制度转换理论的体系

汇率制度需要一定的稳定性，但不是一成不变的，随着一国经济发展状况的变化和经济体制的变迁，汇率制度往往要作出调整。汇率制度转换理论所描述的对象，即汇率制度的转换行为就是在原先适应制度的现实条件发生变化后其自身进行的相应调整。转换过程中的汇率制度会像一般事件所具有的性质那样发生、发展、存在和结束，因此转换过程本身也必然存在原因、方向、策略和影响，本文遵从事物发展客观规律的标准，将 20 世纪 90 年代以后汇率制度转换理论的发展从逻辑顺序角度分成如下几个类别。

（一）汇率制度转换的动因论——单一因素与双重影响

关于汇率制度转换动因的研究最早是从将汇率制度与货币危机结合起来的国际收支危机模型开始的。早期货币危机的频繁爆发使得人们对货币危机如何导致汇率制度的重新安排产生了浓厚的兴趣，因此诞生了第一、二代货币危机理论。第一代货币危机模型的代表人物是克鲁格曼（1979）、弗勒德和迦伯（Robert P. Flood & Peter M. Garber，1984）。其中克鲁格曼认为当一国的基本经济要素（如货币政策和财政政策等）不能和汇率制度相匹配时，国内借贷的增长速度会大大超过货币需求，再加上货币供给量不变等因素就会使得有限的外汇储备快速丧失；投机者在预期汇率制度即将崩溃时会卖出本币，这又加重了储备的流失，并最终导致了汇率制度的转换。其后弗勒德和迦伯对克鲁格曼提出的模型进行了扩展与简化，并通过线性模型估计出了汇率转换的确切时点。第二代货币危机理论的主流代表人物是奥伯斯特菲尔德。他认为货币危机的产生原因不是国内的经济政策，而是由于汇率制度转换预期的自我实现造成的。一国政府可以通过利率政策获得储备以维持汇率平价，但当政府使用这一政策时会加强市场的贬值预期，引起投机者抛售本币。这无形中加重了政府维持汇率的负担，如此循环下去，当政府维系汇率的成本高于收益时，便会自行放弃平价，形成汇率制度的转换。

20 世纪 90 年代以后发生的货币危机的新特点使得经济学家们不得不重新考虑他们对汇率制度转换原因的看法。越来越多的经济学家们认为汇率制度的转换不仅仅是货币危机单纯冲击的产物，而是银行危机通过货币危机传导或是与货币危机两种因素共同作用的结果。

首先是银行危机导致货币危机进而引起汇率制度转换的研究，其中按银行危机的发生原因又可以分为道德危机、国际流动性不足和政策原罪等观点。麦金农和皮尔（McKinnon & Pill，1998b）从道德危机的角度考量了这种关系。他们认为资本市场开放的国家可以使用国内国外两种货币进行借贷存在着两种风险，其中信用风险来自于银行系统的道德危机，由于对中央银行保护的预期，银行系统总是会倾向于超额借贷并向公众传递一个经济形势良好的信号；货币风险来自于银行系统内部，当超额借贷的外汇头寸大到银行系统自身难以轧平时，任何负面的经济信号都会导致银行危机和货币危机的连锁反应并发生汇率制度的转换。常和维拉索（Chang & Velasco，1998）则从银行体系的脆弱性、汇率危机和货币政策的关系角度分析了这一问题，指出新兴市场危机产生的主要根源在于银行系统的国际流动性不足。国际流动性不足是指一国银行系统国际资产期限和国际负债期限的不匹配，更准确地说，如果一国潜在的短期外币债务超过了它即时可获得的外币数量，那么该国银行系统就处于流动性不足的状态。汇率制度决定了这种流动性危机的宏观经济效应，并会使汇率制度朝着有利于解决这一不足的方向转换。多马科和皮尔亚（Domac & Peria, 2000）从一国本身的政策角度出发，实证检验了一国汇率制度本身导致银行危机发生的可能性、银行危机发生的成本以及危机持续的时间等问题。经验结果显示，危机的存续期与采用何种汇率制度并没有很大的关联。采用更加浮动的汇率制度会增加发展中国家发生银行危机的可能性，但如果这种国家发生危机，则不需要承受较高的损失成本；而更加固定的汇率制度可以减少银行危机发生的可能性，但是一旦发生危机将会遭受重大损失，所以汇率制度的转换是一国政府在承受危机后权衡利弊进行抉择的结果。

其次是外国货币危机传导至国内银行危机进而引起汇率制度转换的研究，艾肯格林和罗斯（Eichengreen & Rose, 1997）从实证角度运用了宏观经济的框架以及 1975 年到 1992 年间 100 个发展中国家的数据分析了外部因素（外国利率和经合组织国家增长率）在导致银行危机方面的作用，指出外国利率上升客观上形成了对中央银行的外部冲击，中央银行为了维持利率平价，将会动用外汇储备进行干预，导致了外汇储备的流失。如果不对这种流失进行干预，则将导致信贷紧缩、银行危机、汇率制度转换等一系列问题。

最后是银行危机和货币危机相互交织共同促成汇率制度转换的研究。卡明斯基和莱因哈特（Kaminsky & Reinhart, 1999）研究了 1970 年到 1995 年几十个国家的 76 次货币危机和 26 次银行危机，得出了几个结论：首先，在 19 世纪 70 年代金融市场高度管制的情况下，国际收支和银行危机并没有明显的联系。19 世纪 80 年代以后，随着世界上许多地区金融市场的部分放开，银行危机和货币危机才越走越近。一般来说，银行方面问题的出现总是要早于货币危机。反过来说，货币的外逃又加重了银行危机，形成了恶性循环，并且货币的崩溃才会导致银行危机的全面爆发，引起汇率转换。其次，虽然银行危机总是先于货币危机，但它并不是货币危机的直接原因。二者发生的直接原因在于经济的萧条，至少在正常的经济增长条件下，贸易条件的恶化、汇率的高估、信贷成本的增加都会增加危机出现、汇率转换的可能性。

（二）汇率制度转换的路径选择论——走向两极与趋向中间

20 世纪 90 年代后，1994 年墨西哥危机，1997 年以泰国、印度尼西亚、韩国为代表的东南亚危机，1998 年俄罗斯和巴西危机以及 2000 年阿根廷和土耳其危机相继爆发，这些危机无不伴随着汇率的调整和汇率制度的变革。从对这种变革的研究情况来看，经济学界对于汇率制度的转换动因判断基本一致，但在它的转换路径问题上还存在分歧，分歧的焦点集中在两极与中间汇率制度上。

两极的观点称为两极论，也叫做"中间汇率制度消失论"或者"中空论"，是学术界对于发展中国家汇率制度转换问题的主流观点。这一观点的提出者一般认为是艾肯格林（Eichengreen，1994，1998），此后还有奥伯斯特菲尔德和罗格夫（1995）。他们认为，在金融开放环境中唯一可以持久的汇率制度是自由浮动汇率制和固定汇率制，介于两者之间的中间性汇率制度都正在或应当消失。其依据是在国际资本自由流动的条件下，一国货币当局不可能同时实现货币稳定和货币独立，与"三元悖论"相似，一国要么选择汇率稳定而放弃货币主权，要么放弃汇率稳定而坚持货币独立。但是这一论调的两极观点，固定汇率与浮动汇率孰优孰劣一直使得经济学家们争论不休。综观这些争论，不难发现固定汇率制的优点正是浮动汇率制的缺点，而浮动汇率制的优点正是固定汇率制的缺点。不同的汇率制度和宏观经济政策还是需要根据不同的经济环境和要求来作出抉择。

中间汇率制度论者则认为两极论的观点过于极端，起码在一段时间内不可能实现两极汇率制度，因此主张走中间路线。布朗森（William H. Branson，2001）考察了发展中国家的中间汇率制度，认为在钉住篮子货币的情况下，能够稳定实际有效汇率是中间汇率制优于两极汇率制的一个方面，并建议使用同一货币篮子并具有相似贸易特征的国家应该使用管理浮动制。同样，本纳西和克尔（Agnes Benassy – Quere and Benoit Coeure，2001）认为发展中国家不情愿使用两极汇率制度是由于货币当局在稳定发展和反通货膨胀两个宏观经济目标之间进行利弊权衡的结果，并指出汇率的最佳水平取决于经济结构、所面临冲击的性质、货币当局的偏好和通货膨胀预期的持久性。威廉姆森（2000）在其著作《现行市场的汇率制度：回归中间选择》中对两极论者关于国际资本市场中的所有国家都应该极化其汇率制度的观点提出了挑战，指出虽然中间汇率制度存在一些缺点，比如缺少透明度，增加了不同国家不同目的的机会行为的风险，易于发生危机等，但通过对中间汇率制度的局部设计和改良仍旧可能减弱、抵消甚至消除某些劣势。总之，中间汇率制度的支持者紧紧抓住了两极论过于角点化的弱点，提出无论是实行完全的固定汇率制度还是实行完全的浮动汇率制度都不可避免地存在各自制度的天然缺陷，实行两极之间的中间汇率制才是最优选择。不过这一论调也并不是十全十美的。单从20世纪90年代以来的货币危机频繁发生于实行此类制度的国家这一点来看，中间汇率制度在集固定汇率制度与浮动汇率制度优点于一身的同时，也拥有了两种制度的缺陷。

（三）汇率制度转换的时机论——成本分析与信号警示

经济学界对于汇率制度转换时机问题的研究主要是从两方面展开的，侧重理论研究的选择了汇率制度转换的成本收益分析，而侧重实证研究的选择了数学工具来解决对转换时机进行量化的难题。

国际货币基金组织1998年的研究报告首先从理论角度系统论述了汇率制度的转换时机问题。这份报告指出，如果在资本流动比较充分的时期改变较为稳定的汇率制度更有可能获得成功，并且一个国家在改变现行汇率制度之前，应该强化它们的财政政策和货币政策。但这份报告没有涉及转换汇率制度最困难的方面，即汇率的政治经济和宏观经济调整，这一问题的核心是政策当局总是趋向于短期内的政策稳定，而不考虑汇率水平将来的严重变化。爱德华兹（2000）提出维持钉住汇率制度最大的收益就是它使得通货膨胀的预期降低，同时使得可贸易商品的价格得到控制；而依赖钉住汇率制度比较大的成本是通货膨胀惰性的存在使得实际汇率上升，降低了国家的竞争能力。一个国家最为合适的汇率制度转换时机就是维持钉住汇率制度的边际收益等于边际成本的时点。如果退出发生在外汇市场平静和汇率升值时，可逐渐推行新的较有弹性的汇率制度。如在危机情况下被迫退出的话，则应该迅速采取行动，同时还需要采取一些搭配政策，如紧缩性的货币政策和财政政策及执行一系列的经济改革政策，来防止过度贬值和轮番贬值。克雷和马里昂（Klein & Marion，1994）认为钉住汇率制度存续时间的长短取决于实际汇率失调的经济成本以及货币贬值的政治成本之间的利弊权衡。他们检验了 16 个拉丁美洲国家以及牙买加的钉住汇率数据，得出了两个结论：首先，当关心国家竞争地位的一国政府决定钉住汇率制度的存续期时，不仅要考虑到实际汇率的失调程度，而且要考虑到经济结构。经济结构影响着给定的汇率失调成本的大小。其次，钉住汇率制并不是一劳永逸的汇率制度，其总是作为中间过渡的一种形式，因此在其短暂的存续周期里，要特别关注其施行的开始阶段。两人的实证经验表明，这一制度的变化往往发生于头几个月中。

还有一部分经济学家从实证角度对汇率制度转换的时机问题进行了探讨。马森（2000）指出汇率制度像其他经济政策一样不会一劳永逸，并且历史经验表明，无论处于主动抑或是被动，汇率制度的更迭总是频繁地发生于国家之间。具体到一个国家的汇率制度转换时机时，他指出，只有当确认了将不再使用钉住汇率制来抵御通货膨胀时才会转换汇率制度，而通常转换的结果是两极汇率制度中的一极，而中间汇率则可以作为地区整合战略的一部分加以选择。马森最大的功绩是采用了一种新的方法，即转换矩阵。这种方法假定了汇率选择的动态过程可以被形容为马尔可夫链，并且一个特定国家选择一种汇率制度的可能性仅仅取决于其在最近一个时期内所作出的选择。储幼阳（2004）同样是运用实证方法采用了 Logistic 和 Logit 两个模型研究了汇率制度转换的时机和出路问题，得出中国目前的"硬钉住浮动汇率制度"是合理的结论。他认为，从人民币汇率制度转换的实证情况来看，人民币汇率制度转换的概率不到 50%，特别是汇率制度巨变的概率在 20% ~ 40%，所以根据 1990—2002 年世界上发生汇率制度转换国家的实证模型检验，人民币汇率制度目前没有转变的必要，短期内保持不变是理想选择。

（四）汇率制度转换的影响论——制度绩效与宏观匹配

汇率制度最本质的功能是安排用于调节一国国际收支失衡的汇率水平，各国政府都希望运用汇率工具使失衡的国际收支恢复平衡，通过本币汇率的下调扩大出口，缩减进口，使贸易收支以至国际收支逆差缩小，甚至出现顺差。所以，汇率制度的转换首先会对其自身的功能绩效，即汇率的国际收支调节作用产生影响。拉兹和鲁宾斯坦（Assaf Razin & Yona Rubinstein，2004）研究了汇率制度转换与国际收支调节效应的关系，认为汇率制度转换的国际收支调节效应可以通过两条渠道来反映。一是通过贸易和金融等部门直接促进，这有些类似于最优货币区理论，即通过汇率制度的转换，减少汇率波动的压力，进而更合理地保持国际收支的短期平衡，为国际贸易提供一个良好的外部环境，稳定国际投资者对国内经济的信心。二是通过减少货币危机的可能性来间接促进。发生在一个国家内的大规模的外汇投机和国际资本流动往往是在一国经济出现问题而造成汇率波动的条件才形成的。汇率制度的转换在一定程度上可以缓解该国国际收支的长期不平衡和汇率错位的现实情况，从而间接反映汇率制度的国际收支调节效应。他们又从实证角度检验了他们的结论。一是汇率制度转换确实影响了危机发生的可能性：通过从浮动制度转换到钉住制度，货币危机发生的可能性增加了30%。二是如果忽略危机发生的可能性，汇率政策转换的作用几乎可以忽略不计。这也就是说，汇率制度转换的功能绩效主要是通过第二条渠道，即降低危机发生的可能性来发挥效用的。

　　汇率制度转换不仅会影响其自身的功能绩效，而且作为货币政策的一个重要方面，还会存在和其他宏观经济变量相匹配的问题，所以还要考虑到制度转换对于国内经济的影响，其中按照不同的宏观经济变量又可分为经济增长、通货膨胀和波动性三个方面。

　　首先来看汇率制度转换对经济增长的影响。主张向更加固定的汇率制度转换的支持者们认为，更加固定的制度可以减少交易成本，增加贸易额，同时也可以降低利率和不确定性，增加投资，从而促成经济增长。哥若什等人（Atish R. Ghosh、Anne‐Marie Gulde、Jonathan D. Ostry and Holger C. Wolf，1997）在其《名义汇率制度是否起作用》的文章中指出，由于汇率制度和经济增长之间有密切联系，汇率固定可增强信心，因而也会间接促进投资。洛佩兹和梅斯纳（J. Ernesto López‐Córdova and Christopher M. Meissner，2002）运用了一个贸易模型进行实证分析，结果显示实行同一货币制度的国家彼此之间的贸易明显较多。实行金本位制国家之间的贸易数额要比不实行金本位制的国家的贸易数额高30%。证据还显示共同货币总是伴随着贸易流量的倍增，并且还可以说明共同货币和制度安排减少了贸易成本。主张向更加浮动的汇率制度转换的支持者们认为更加浮动的制度可以缓冲冲击，以及稀释冲击带来的影响，因此也会带来较高的经济增长率。耶亚提和斯特曾格（Levy‐Yeyati and Sturzenegger，2003）便认为浮动汇率制可以在经受实际冲击后更加快速有效地进行资源配置，因此更具灵活性，也更具经济增长的潜力。爱德华兹等（Edwards and Levy‐Yeyati，2003）也通过经验分析发现更加浮动的汇率制度有能力消除冲击带来的负面效应，因此会带来较高的经济增长率。

　　其次是汇率制度转换对通货膨胀的影响。主张向更加固定的汇率制度转换的支持者们认为，固定汇率制度及钉住汇率制度可以将固定汇率作为货币政策的名义锚，这就使得通货膨胀的预期降低，同时使得可贸易商品的价格得到控制。同样是哥若什等人在1997年检验了汇率制度与通货膨胀的关系，认为通货膨胀水平在钉住汇率制度下较低并且稳定，表现为较低的货币供给以及较快的货币需求的增长。他们还指出，固定汇率制与低通货膨胀之间密切关联有两个原因：一是纪律（Discipline）效应，解释为政府放弃钉住或者更紧的汇率政策所付出的成本；二是信心效应，解释为可以增强居民的信心，使得居民持有本国货币资产而不是国外资产。而主张向更加浮动的汇率制度转换的支持者则认为，由于浮动汇率制度更多地取决于市场的自由走势，因此往往更需要经济制度的完善和金融机构实力的加强，因此，固定汇率制度所具有的增加制度可信性的优点在这里并不是完全适合。图奈尔和维拉索（Tornell and Velasco，2000）就认为没有一种汇率制度能够取代完善的宏观经济政策的地位。固定汇率制度可能会给公众造成一种短时期内通货膨胀率很低的假象，而且会通过高额的赤字来维持经济增长，一旦这一制度崩溃，那么高通货膨胀就会集中发生，而浮动汇率制由于本身的制度匹配比较健全，出现这种情况的机会就会小很多。

最后是汇率制度转换对汇率波动性的影响。趋向更加固定汇率制度的支持者们承认更加固定的制度在实际有效冲击和名义价格刚性存在的情况下可能会增加汇率的波动性。罗格夫（1999）认为名义汇率水平的波动总是伴随着实际汇率的波动，更为固定的汇率制虽然表面上减少了汇率水平的波动，但实际冲击对于对实际有效汇率敏感的部门的影响是巨大的。主张向更加浮动的汇率制度转换的支持者则认为实际有效汇率的波动性会带来名义汇率的变动，因此其自身的灵活性可以充分地为冲击减震。

四、对汇率制度转换理论的部分实证检验

现实的情况证明了汇率制度转换理论研究的重要性，世界各国的汇率政策都在不断发生着变化。就刚刚过去的 10 年来说，一些国家从固定汇率制度中退出，转而选择浮动汇率制度（如墨西哥于 1994 年、泰国于 1997 年、巴西于 1999 年），一些国家则实行了固定汇率制度（如欧元区国家），另外一些国家则不断调整它们的钉住汇率制度的浮动范围（以色列从 20 世纪 90 年代初开始分几步来扩大它们爬行钉住汇率制度的浮动区间）。

Eichengreen、Rose 和 Wypolsz（1995）指出汇率制度的转换是很特殊的，汇率重估之前各国经济具有一些共同特征：外汇储备的更快速增加，出口增长，更紧缩的货币政策和财政政策以及经常项目的盈余增加。

Klein 和 Marion（1995）以 16 个拉美国家和牙买加在 1950—1991 年的数据为例分析了在决定固定汇率制度转换可能性的因素中，国内宏观经济和政治变量以及钉住美元汇率制度持续时间的重要性。他们以一个"双重的 Logit"模型研究了在真实汇率升值、外汇储备下降、政治制度改变、外贸开放度和汇率制度久期下降的情况下，汇率贬值的可能性。

Rupa Duttagupta 等人（2003）的文章对于汇率制度转换问题研究的贡献在于：（1）从静态分析扩展到动态分析；（2）对于汇率制度转换进行了分类；（3）对于转换类型的决定因素进行了分析，指出经济基本状况、外汇储备、财政状况、贸易开放度、资本项目管制程度、汇率制度持续时间、国际货币基金组织项目等是汇率制度转换类型的决定性因素。

Klein（1997）的文章主要指出了两点：（1）汇率制度转换中的决定因素；（2）指出研究汇率制度转换时，汇率制度维持前期研究的重要性，这一点和投机攻击的研究明显不同。

第三节　20 世纪西方汇率理论评述

回首 20 世纪百年间汇率理论的发展进程，我们可以清楚地看到当代的汇率理论较

百年前取得了巨大的进展，当代的汇率理论远非1900年的经济学家所能想象。认识的规律告诉人们，理论的发展有一定的继承、修正、创新和整合的过程。因此，对汇率理论百年发展进程的梳理有助于我们更加清醒地把握汇率理论未来发展的方向。

一、20 世纪西方汇率理论的演进评述

回顾20世纪汇率理论的继承、修正、整合、创新的过程，我们至少可以梳理出以下几条理论逻辑演进脉络，需要指出的是，对汇率理论的演进脉络的分析可以从多个角度加以审视和考察，结论的多样性仅在于其着眼点不同。

（一）汇率理论的研究视角经历了从以宏观分析为主逐步向以微观分析为主的转变

百年以来，汇率理论的发展始终以经济学的发展为基础和依托。早期的汇率理论散见于各位经济学家的经济学著作当中，各位经济学家对国际收支、国际经济关系等问题也曾思考过，并没有形成较为完整的体系。汇率理论研究在凯恩斯开创宏观经济学之后进入了一个快速发展时期，凯恩斯主义的研究范式引导经济学家们从宏观的视角来思考关于汇率的一系列问题。开放经济条件下经济政策分析的蒙代尔—弗莱明模型是紧紧以凯恩斯主义理论为依托的，凯恩斯主义的兴衰直接影响了汇率理论的研究思路和方法。20世纪70年代后，伴随着凯恩斯主义的衰落，货币主义、新古典宏观、新凯恩斯主义一步步完善和修正着凯恩斯主义微观基础的缺陷，逐渐把对微观经济主体的分析引入到汇率理论的研究中来。可以说，当代的新开放宏观经济学正是以新凯恩斯主义经济学理论为其研究基础的。这一理论体系通过运用微观经济学中的经济主体最优化模型，引入更加贴近实际的名义黏性和垄断竞争假定，把一般均衡模型动态化，从而克服了传统研究的诸多缺陷，揭示了未来汇率理论的发展方向。

汇率理论发展的同时也与金融理论的发展紧密相连。20世纪50年代马柯维茨（Markowitz）开创性的工作使得以微观经济主体的资产选择和风险管理为核心的现代金融理论体系开始逐步建立。到70年代中期，以有效市场假说为基础，以资本资产定价理论和现代资产组合理论为核心的金融理论确立了其在金融经济领域中的正统地位。现代金融学把研究层面逐步转向微观，即立足于经济主体如何进行资产选择及其套利行为又怎样影响资产定价，从而成为指导微观经济主体金融行为的重要依据。金融逐渐由宏观分析为主的货币经济学发展成为以微观分析为主的金融经济学，金融成为经济学中具有完整理论体系的一个分支。伴随着这种变化，与金融问题密切关联或者本身就是一个极为重要金融课题的汇率理论，其分析视角和研究范式也开始发生根本性的变化，也逐渐形成了自身相对独立的理论体系，也把研究视角从宏观逐步转向微观，如对汇率理论微观基础的研究，以及近年来外汇市场的微观结构理论等。这种转变大大提高了汇率理论的应用性，为汇率理论未来的发展注入了新的生命力。

（二）汇率理论通过逐步引入新的分析工具而不断发展和完善

汇率理论是随着其自身分析工具的不断更新和改进而不断发展和完善的。早期的汇率理论以纯粹的经济学原理为依托，其分析工具局限于定性的主观描述。瓦尔拉斯一般均衡分析框架和马歇尔局部均衡分析框架带来了不同的汇率分析思路。基于一般均衡分

析方法，瓦尔拉斯不但提出了自己的汇率决定理论，而且对后来的凯恩斯、米德、蒙代尔直至当代的奥伯斯特菲尔德、罗格夫等人的汇率理论产生了根本性的影响；局部均衡分析方法则影响了诸如琼·罗宾逊、梅茨勒等一批经济学家，形成了国际收支和汇率弹性分析的研究方向。不断创新的分析框架始终为汇率理论研究提供着新的分析工具。基于国内商品和货币市场一般分析的汉森—希克斯模型由蒙代尔和弗莱明等人加以改进，从而成为分析开放经济条件下经济政策运用的有力工具——蒙代尔—弗莱明模型，随后又由多恩布什等人对之进行修改和补充，从而成为"蒙代尔—弗莱明—多恩布什教义"，紧接着新开放宏观经济学家们对其微观基础又进行了补充和完善。正是分析工具本身的不断发展推动着汇率理论研究的不断前进。

1973 年，费雪·布莱克（Fischer Black）和迈伦·斯科尔斯（Myron Scholes）提出了第一个完整的期权定价模型——布莱克—斯科尔斯模型，成为现代金融史上最具革命性的里程碑式成果。资本资产定价模型和套利定价模型的产生，标志着分析型的现代金融和财务理论开始走向成熟。此后，金融学领域中分析技术的发展和理论的突破相得益彰，速度显著加快。金融创新在市场中大量涌现，金融学开始走向工程化阶段。这些都直接带动了汇率理论的发展。随着数学和计量经济学技术的不断推进，现代汇率理论越来越侧重于定量分析，越来越多地运用数学、模型分析方法，对问题进行较严格的科学论证，推动汇率理论研究由定性描述向技术化、实证化方向发展。近年来，协整技术、GARCH 模型技术、VaR 风险管理技术等在汇率研究领域取得了重大进展，并且在我国也已成为经济学家们常用的分析工具。

20 世纪 80 年代后，以现代金融理论为基础，以数学模型为分析方法，与经济学、投资学、数学等交叉的新型学科——金融工程学在西方兴起，这标志着金融学科发展到了工程化的阶段。汇率理论的研究也依托着计算机软硬件、远距离数据传送技术和储存设备的显著改进，进入了一个新的发展阶段。数值计算和仿真技术使得当代对外汇市场上汇率的研究能够利用外汇市场的实时数据进行复杂的在线分析。基于数值计算和仿真技术建立金融产品估价模型方法的引进，大大提高了金融产品创新的速度，对汇率理论的进一步发展既是机遇，同时也提出了严峻的挑战。

（三）汇率理论的发展见证了世界虚拟经济逐步发展和壮大的过程，而这一过程又直接影响着汇率理论的演进

近 100 年来，国际货币制度的变迁和发展对汇率制度产生了重大影响，与此相适应，在各个时期出现了大量的汇率决定理论，以解释汇率的决定及其在不同的汇率体系下的变动状态。国际货币制度的百年变迁本身就展示了 20 世纪虚拟经济范畴从小到大、由弱到强的全过程。金币本位——→金块本位——→金汇兑本位——→纸币本位是货币从商品货币到信用货币的演变轨迹，在信用货币逐渐代替自身有价值的商品货币之后，货币就具有了与实体经济既相互联系又相互独立的两重性。从此，作为货币相对价值表现的汇率也发生了根本性的变化。这种变化反过来又影响和制约着汇率理论的进一步发展。

20 世纪初，由于资本主义从自由竞争阶段发展到了垄断阶段，资本输出成为垄断资本的经济需要，因而出现了资本的国际化趋势。同时，商品市场的国际化达到一定程度

后，也需要资本的国际化为之服务。从此，世界市场包含着国际商品市场和国际资本市场两个市场，并且市场结构的变化使资本市场和金融市场的国际化程度不断提高。但是直至 20 世纪 50 年代末，国际资本市场和国内资本市场的联系还是局部的，或者说松散的。到了 60 年代，欧洲货币市场的迅速发展和欧洲债券市场的诞生，宣告了真正意义上的国际金融市场的形成，因为无论从金融工具、金融主体还是从地理范围来看，它均突破了传统国际金融市场的局限性，达到了真正的国际化。70 年代末，国际金融市场融为一体的趋势开始出现。自从 70 年代国际资本市场一体化以来，世界金融格局发生了深刻而显著的变化，这种变化的核心就是全球资本市场的一体化。全球资本市场的一体化导致虚拟经济与实体经济之间距离的拉大，这种变迁使得许多宏观金融问题越来越复杂，越来越难以把握和控制，汇率理论的许多方面需要从全新的视角加以研究。

经济理论研究的轴心从商品价格过渡到资金价格和资产价格，表明虚拟经济成为经济研究的核心，资本市场成为经济和金融运行新的基础和平台。循着这条脉络，汇率决定理论经历了购买力平价说（代表实际商品市场价格）──→利率平价说（开始认识到资金流动的巨大作用）──→资产市场说（开始把汇率作为一种资产价格来分析）的变迁轨迹。这一演进过程本身见证着虚拟经济在 20 世纪发展和壮大的全过程。注重存量因素还是注重流量因素一直代表着不同的汇率理论流派。这些理论从不同的角度对汇率的决定和变动进行了研究，各有优点、相互补充，一起构成了整个汇率决定理论体系。然而，注重存量因素还是注重流量因素本身也反映了经济学家本人看待汇率问题的视角。一方面，汇率是用一种货币表现的另外一种货币的价格，仅属于虚拟经济范畴，从货币属性展开的汇率分析大体上可以归属于存量分析。另一方面，汇率是由反映经济体与外界发生商品与资本流动时兑换比率的变量，这一兑换比率主要取决于实体经济的状况，因此从汇率的实体经济属性展开的分析大体上可以归属于流量分析。汇率决定理论的发展史从某种意义上讲是这两种分析思路相互消长、相互交替、相互影响的历史。存量的观点大致包括购买力平价说、资产市场说等，流量的观点大致包括国际收支说等，综合观点包括综合平价说、汇率的跨期分析法等。需指出的是，汇率的跨期分析法提供了一个汇率分析的统一框架。在此分析框架中，存量平衡的动态调整与流量平衡的长期趋势都得到了说明，从而体现出分析手段在更高层次上的综合性。因此，对虚拟经济与实体经济分析侧重点的不同大致决定了汇率理论的发展轨迹。

历史上，国际金融活动从属于国际贸易和直接投资，虚拟经济与实体经济是携手并进的。自从 20 世纪的最后 10 年以来，虚拟经济活动开始加速发展，其不再直接从属于实体经济，成为总量上超过实体经济，具备自身独立运行机制和运动规律的经济形态，现代经济成为虚拟经济与实体经济双轮驱动的新经济（王爱俭，2003）。世纪之交的汇率理论研究必须正视这一经济现实，从新的视角重新思考汇率问题。

二、20 世纪西方主要汇率决定理论简评

20 世纪西方汇率理论的研究取得了巨大的进展，但是，近年来汇率剧烈波动、货币危机频繁爆发的现实告诉我们，没有哪一种汇率决定理论能够完美地解释当今世界的汇

率波动。经济学家们普遍承认，只有将各种汇率决定理论综合起来，才能对现实给予较为合理的解释。因此，我们必须对各种汇率决定理论的优缺点有一个清醒的认识和梳理。

（一）购买力平价说

购买力平价说提出之后，曾引起极大的轰动，人们对它给予了极高的评价，同时对该理论的争论从来也没有中断过。

1. 对购买力平价说的实证检验。对购买力平价说的实证检验主要从两个方面展开，一是从计算实际汇率方面展开（例如国际货币基金组织根据双边贸易加权法平均计算出世界各国的综合实际汇率，即实际有效汇率，并在《国际金融统计》中定期加以公布）；二是从计量经济学的角度对购买力平价的公式加以验证。

从近年来的实证检验结果看，要么完全否定了购买力平价，要么认为购买力平价成立。如多恩布什（1980）利用图表展示了 20 世纪 70 年代价格上涨率与汇率变化的偏差，并认为无论是在短期内还是长期内，购买力平价都不能很好地成立。萨缪尔森（1964）认为：如果购买力平价不是地道的诡辩，那么它就是一种误导，是夸大其词的教义。汉尔姆斯（Holmes）也指出：通过数据的验证，卡塞尔自己也对购买力平价产生怀疑。弗兰克尔（1980）和盖恩伯格（Genberg，1980）采用 1920—1970 年月度数据检验结果表明购买力平价能够成立。彼格特和斯威尼（Pigott and Sweeney，1981）的检验结果认为：在短期内汇率与两国通货膨胀率之差呈统计学分布，长期内购买力平价拟合较好。贝利和塞洛弗（Baillie and Selover）、帕特尔（Patel）、阿德勒和莱曼（Adler and Lehmann，1983）等人的研究结果基本上也支持这种观点。

2. 购买力平价说的贡献。综合来说，近几十年来对于购买力平价理论的检验大多数对于购买力平价说不利。尽管如此，购买力平价的理论价值和长期预测价值都受到广泛的关注和重视，特别是当一国处于高通货膨胀的情况下，在实现物价稳定和汇率稳定时，购买力平价说常常成为各国制定金融政策的重要依据。购买力平价理论在汇率决定理论的发展史中占据着重要的地位。具体来讲，其理论价值体现在如下一些方面：

（1）在所有的汇率理论中，购买力平价说是最有影响的。它是从货币的基本功能角度分析货币的交换问题，符合逻辑、易于理解。同时它的表达方式也最为简洁、明了。

（2）购买力平价并不是一个完整的汇率决定理论。例如，对于汇率与价格水平之间的因果关系，即究竟是相对价格水平决定了汇率，这是汇率决定了相对价格水平，或两者同时被其他变量所外生决定，并没有在购买力平价理论中阐述清楚，直至今天还存在着很大争议。另外，对于购买力平价说的前提——一价定律存在与否，也存在着巨大争议。

（3）购买力平价的理论意义还在于，它开辟了从货币数量角度对汇率进行分析之先河。汇率作为一国货币的对外价格，既受到各种货币因素的作用，同时也对宏观经济与实际经济的各种变化作出反应，这就产生了对汇率进行分析的两种最为主要的研究角度。

3. 购买力平价说的缺陷

（1）购买力平价说认为汇率变动完全取决于两国货币的购买力，也就是说，只有物价影响汇率，其他因素的变化对汇率没有直接影响，而实际情况并非如此。许多宏观经济因素的变化都将导致汇率波动，如货币供给、利率、财政政策、国际收支等，除此之外，技术分析、心理因素以及政治、军事冲突等突发性事件也会对汇率变动产生重大影响。因此将物价作为决定汇率的唯一因素是不完整的。

（2）商品价格对外部冲击的反应程度，相对于金融市场价格来说要慢得多，因此实际中经常出现汇率和价格变化方向相背离的现象。当有重大经济消息公布时，往往也就是市场汇率大幅度偏离购买力平价的时候，汇率变化及时而价格变化滞后，随着时间的推移，价格与汇率的变化速度差异将逐步缩小。于是相对价格的随机效应就显得相对不重要了，这也就是购买力平价说的长期适应性比短期适应性要好的重要原因。

（二）利率平价说

利率平价说从理论上说明了远期汇率取决于两国货币的相对收益，具有很高的实践价值，被作为指导公式广泛应用于交易之中，外汇交易中大银行基本上就是根据各国间的利差来确定远期汇率的升贴水额。尽管如此，经济学家们对利率平价说的争论也一直在持续着。

1. 对利率平价说的实证检验。对利率平价说的实证检验主要从三个方面展开。

对抛补的利率平价检验最有名的是弗兰克尔和利维兹（Frenkel & Levich，1975）的工作。他们利用 3 月期的国库券利率检验利差和远期汇率是否相等，结果表明抛补的利率平价说能够较好地成立。另外，布兰森（Branson，1969）、马斯滕（Marston，1976）、克桑德和莱因（Cosander & Laing，1981）、弗兰蒂尼和维克曼（Fratianni and Wakeman，1982）的回归检验结果支持抛补的利率平价。泰勒（Taylor，1987，1989）对此提出了不同意见。

对非抛补利率平价的实证研究更多地体现在对外汇市场有效性假说的检验上，哈茨和托尼德（Hacche and Townend，1981）、卡比和奥伯斯特菲尔德（Cumby and Obstfeld，1981）、戴维德森（Davidson，1985）、卢比斯科（Loopesko，1984）的研究均拒绝了非抛补的利率平价说。另外，卡比和奥伯斯特菲尔德（1984）、米什金（Mishkin，1984）分别利用不同国家、不同时间区域的数据检验了实际利率平价，得出了实际利率平价也不成立的结论。

远期汇率模型本身存在的一些不足使得对该理论实证检验难以得到令人信服的结果。其原因有两个：（1）参数 α_i 无法确定，而只能靠估计；（2）对将来即期汇率的预期 S^e，预期适当与否将直接影响到远期汇率。在一些实证研究中，由于对这两个因素作出了不同的假设，因而得到的结果也不一样，如斯坦和托尔（Stein and Tower，1967）、布莱克（Black，1970）、凯特伯格（Caterburg，1975）、比斯托克（Beenstock，1978）以及斯坦（Stein，1980）等，这些实证结果，有些是支持远期汇率模型的，有些则反对。基于这个问题，到目前为止，对该理论的评价仍然褒贬不一。

2. 利率平价说的贡献

（1）利率平价说从资金流动的角度指出了汇率与利率之间的密切关系，有助于正确认识现实外汇市场上汇率的形成机制。由于现实的外汇市场上资金流动非常迅速而频繁，使得利率平价（主要是抛补的利率平价）的前提始终能够较好地成立，具有较为坚实的分析基础。

（2）利率平价说与其他汇率决定理论之间存在着一种相互补充的关系，因此常常作为一种基本的关系式而被应用在其他汇率决定理论的分析当中。

（3）利率平价说具有特别重要的政策意义。利率与汇率之间的互动关系为中央银行对外汇市场进行灵活的调节提供了有效的途径。

（4）远期汇率模型比传统的利率平价模型更加全面，是对传统利率平价理论模型的一个扩展，放松了利率平价的严格假设，区分了外汇市场上三种类型的交易，从远期外汇的需求和供给的均衡来考察远期汇率的决定，而不是仅仅通过套利关系来考察，这是一个研究视角的创新，在一定程度上弥补了利率平价说的缺陷。

3. 利率平价说的缺陷

（1）抛补的利率平价没有考虑交易成本。然而，交易成本是影响套利收益的一个重要因素。如果考虑各种交易成本，国际间的抛补套利活动在达到利率平价之前就会停止。

（2）抛补利率平价假定不存在资本流动障碍，资金在国际间具有高度的流动性，即资金能不受限制地在国际间流动。但事实上，在国际资本流动高度发达的今天，也只有少数国家才存在完善的远期外汇市场，资金流动基本上不受政府的限制。

（3）抛补利率平价还假定套利资金规模是无限的，套利者能不断进行抛补套利，直到利率平价成立。但实际上，能够用于抛补套利的资金往往是有限的，使得现实中套利活动受到极大的限制。

（4）非抛补利率平价成立有一个假设前提，就是非抛补套利者为风险中立者。但如果投资者为风险厌恶者的话，就会要求对持有外币资产有一个额外的风险补贴，这必将导致非抛补利率平价不成立。

（三）国际收支说

国际收支说的研究是和国际收支理论的研究紧密结合在一起的，因此，本部分内容的详细评述更多地将在下一章加以体现。

1. 国际收支说的贡献

（1）国际收支说是带有浓厚凯恩斯主义色彩的汇率决定理论，是凯恩斯主义的国际收支理论在浮动汇率制度下的表现形式。它指出了汇率与国际收支之间的密切关系，有利于全面分析短期内汇率的变动与决定。

（2）尽管国际收支说还不能被视为完整的汇率决定理论，但它应是进行更深入分析时可以利用的一种工具。

（3）由于国际收支说将国际收支所引起的外汇供求流量当成了决定短期汇率水平及其变动的主要因素，因此，该理论应是一种关于汇率决定的流量理论。

2. 国际收支说的缺陷

（1）国际收支说对各变量如何影响汇率的分析是在其他变量不变的条件下进行的。而实际上，这些变量之间存在着复杂的关系，从而它们对汇率的影响是难以简单确定的。

（2）汇率预期的难以估计性，导致国际收支说的实际应用价值受到影响。

（3）国际收支说并没有形成完整的理论体系，其以外汇市场的稳定性为假定前提，但在现实经济中，外汇市场的稳定性并不是一个普遍的常态，尤其是在不完善的外汇市场中，外汇供求的真实情况往往被扭曲或掩盖，因而这一假设前提与现实的背离，动摇了国际收支说分析的根基。

（4）国际收支说的后期发展主要是基于凯恩斯主义的宏观经济理论，所以，国际收支说既未能消除其所依据理论的缺陷，又未能形成独立的理论体系，以至于进一步背离了开放条件下的现实状况。

（四）资产市场说

总体来说，汇率决定的资产市场说可以分为货币分析方法和资产分析方法两大类型，以下我们将分别予以评述。

1. 对资产市场说的实证检验。20 世纪 70 年代中期至 80 年代初，经济学家们一边致力于建立和扩展资产市场模型，一边又致力于从计量经济学的角度对弹性价格货币模型、黏性价格货币模型、资产组合模型进行实证检验。1983 年以前的实证检验核心是检查由这些汇率决定模型所得到的缩减形式的计量经济模型是否能够和样本内的经验数据很好地吻合。从总体来看，20 世纪 70 年代以前的汇率数据通常支持汇率决定的弹性和黏性货币模型，而 70 年代以后的数据检验结果基本显示不符合两类货币模型。另外，胡普尔和默顿（Hooper and Morton，1983）利用美元有效汇率进行实证检验的结果支持资产组合模型，而哈茨和汤恩纳德（Hacche and Townend，1983）利用英镑的有效汇率对同一模型进行实证检验，则得出了相反的结论。

1983 年，米兹和罗格夫提出评价汇率决定模型的标准不能局限于是否能够很好地与样本内的实际数据相符合，更重要的标准是这些模型的样本外的预测能力。米兹和罗格夫（1983，1991）发现，三种资产市场汇率模型的预测能力并不明显地胜过随机游走模型。然而，另外一些实证结果得出资产市场模型预测效果较好的结论。吴（Woo. Wing T.，1985）利用滞后内生变量的模型对美元和马克验证弹性货币模型时，发现其比随机游走模型具有更强的预测能力；索曼纳斯（Somanath，1986）也发现了同样的结论；斯纳西和斯瓦米（Schinasi and Swamy，1989）运用内生变量滞后模型验证黏性货币模型时，发现其预测能力超过了随机游走模型。

2. 资产市场说的贡献。从总体的实证结果来看，资产市场模型的预测能力要比随机游走模型强，这基本上形成了一个公认的观点。另外在理论发展上，资产市场模型的贡献也是突出的：

（1）货币模型将购买力平价这一形成于商品市场上的汇率决定理论引入到资产市场上，将汇率视为一种资产价格，从而抓住了汇率这一变量的特殊性质，在一定程度上符合资金高度流动的客观事实，为现实生活中汇率的频繁变动提供了一种解释。

（2）货币模型引入了诸如货币供给量、国民收入等经济变量，分析了这些变量的变动对汇率造成的影响，从而较购买力平价在现实分析中得到更广泛的运用。

（3）超调模型在货币模型的框架内展开分析，但它又采用了商品价格黏性这一被认为更切合实际生活的分析方法，对开放经济条件下的宏观经济作了较为全面、系统的描述。

（4）超调模型首次涉及了汇率的动态调整问题，从而创立了汇率理论的一个重要分支——汇率动态学，成为汇率理论中一个相对独立的研究领域。

（5）资产组合分析法既区分了本国资产和外国资产的不完全替代性，又将经常账户这一流量因素纳入了存量分析之中，从而将汇率模型对各种因素的综合程度提高到了前所未有的程度，使原有的各种理论都能较好地融入到这一模型之中。

（6）资产组合分析法由于较好地符合了现实中本国资产与外国资产的不完全替代性，对政策效应的研究更为细致，为许多国家的政府决策提供了全新的依据。

3. 资产市场说的缺陷

（1）货币模型以购买力平价为理论前提，事实上，无论在长期还是短期，均没有充分证据证明购买力平价的成立，这使得货币模型对现实的解释能力大打折扣。

（2）货币模型假定货币需求是稳定的，这一点在实践中存在争议；另外，货币模型假定价格水平具有充分弹性，这一点受到了众多研究者的批评。

（3）超调模型是建立在货币模型分析的基础之上的，因此它也具有与货币模型相同的一些缺陷，例如忽略了对国际收支流量的分析，而国际收支账户的变化经常会影响到货币需求，进而影响汇率。

（4）超调模型较为复杂，在选择计量检验的方式上存在困难；另外，现实生活中引起汇率变动的货币性和非货币性因素太多，也增大了对超调模型进行计量检验的难度，从而在一定程度上影响了这一理论的实践性。

（5）资产组合模型过于复杂，运用其进行分析必须建立在许多假定前提之下，这使得它的运用受到许多限制，另外，该模型中的某些变量极难获得统计数据，这使得实证分析格外困难。

（6）资产组合模型虽然引入了流量因素，但是并没有对流量因素本身进行更为专门的分析，而一国的经常账户是受各种因素影响的，是在经济发展中不断调整的，并不能简单地以它在长期内必然平衡而回避经常账户状况本身的分析。从这个意义上讲，它仅是流量因素汇率理论的一个过渡性的模型。

（五）有效市场假说

总体来说，外汇市场是否是一个有效市场的问题在经济学家中仍然存在着较大争议，不同的经济学家运用不同的方法对外汇市场的效率进行了检验，但是无论从理论的角度还是实证检验的角度来看，都不能得出明确的结论。

1. 对有效市场假说的实证检验。有效市场说在现代金融理论中得到了广泛的实证检验，其检验结果有很多都是自相矛盾的。经济学家们对外汇市场有效性的检验主要从两个方面展开：一是检验即期外汇市场的有效性；二是检验远期外汇市场的有效性。

早期检验即期外汇市场有效性的研究是检验汇率变动的随机性，卡比和奥伯斯特菲尔德（1981）检验偏离非抛补利率平价关系的随机性，其结果拒绝了汇率随机行走；马森（1984）对浮动汇率制度下主要货币的汇率进行时间序列分析，表明仍然很难否定随机行走。另外一种检验即期外汇市场有效性的方法是检验筛选交易规则的利润性，在此方面，普尔（Poole，1967）、杜利和萨法（Dooley and Shafer，1983）、利维兹（1985）的检验结果均没有得出一个一致的结论。

对于远期外汇市场有效性的检验，经济学家们从三个方面展开了研究：阿利伯（Aliber，1974）、盖地和杜菲（Giddy and Dufey，1975）、卡尔哈甘（Kolhagen，1975）、利维兹（Levich，1979）、弗兰克尔（1979）等对预测误差进行了分析，实证结果表明，均值误差倾向于较小，预测误差序列无关，外汇市场相对有效；法玛（1984）、弗鲁特和理查德（Froot and Richard，1990）利用即期汇率和远期汇率的回归分析来验证外汇市场的有效性，实证结果拒绝了外汇市场有效的假设；汉森和郝迪瑞克（Hansen and Hodrick）对远期汇率预测误差的正交性进行了检验，结果进一步拒绝了有效市场假说。

2. 有效市场假说实证检验效果较差的原因分析

（1）有效市场假说假定没有信息成本，如果考虑信息成本的因素，均衡价格就不可能反映所有信息。

（2）斯蒂格利茨（1983）指出，外汇市场具有动态特征，投机市场不可能在每一个时点都是有效的，从动态的角度看，市场无效也是发现和传播信息过程的一部分。

（3）交易成本、投机泡沫和风险贴水的存在也是均衡价格中不能包含所有得到的信息的一个重要原因。

（4）另外，即使市场上信息是有效的，关于将来资产价格的预期也是不确定的，因此将来的价格也是不确定的，这种不确定性也意味着不可能确定影响金融资产价格的信息哪些是重要的。

（六）新闻模型

汇率决定的"新闻"分析法反映了汇率的本质特点，汇率是一种资产价格，是在资产市场上决定的，具有易变性和不可预见性，因而具有一定的合理性。但是，像所有的汇率决定模型一样，其在实证检验中的表现并不能令经济学家们完全满意。

1. 对汇率决定新闻模型的实证检验。近年来，经济学家们对汇率决定新闻模型进行实证检验的研究成果较多，基本可以分为支持者和反对者两类：

一些经济学家的检验结果表明汇率波动和新闻出现无关，即汇率波动是内生的如：歌德哈特（Goodlhart，1989）；一些经济学家运用协整技术的检验结果拒绝了宏观经济基本因素与汇率之间存在长期均衡关系的假设，如：稗利和索拉沃（Baille and Selover，1987）；一些经济学家基于调查研究的实证结果表明，模型中的理性预期假设是不合适的，如：艾伦和泰勒（Allen and Taylor，1989）、弗兰克尔和弗鲁特（Frankel and Froot，1988）；霍夫曼等人（Hoffman and Schlagenhaufl，1985）的研究结果表明，货币供给、实际收入、通货膨胀和利率的新闻效果非常模糊，解释力低下。

麦克唐纳（1985）用自回归模型研究浮动汇率制下 20 年的情况，其结果显著地支持新闻模型；爱德华兹（1982）运用自回归的方法得出弹性价格新闻模型有效的结论；鲍门霍夫和科特威哥（Bomhoff and Korteweg，1983）运用时间序列方法也得出了新闻模型有效的结论。

总之，现有的研究成果表明，"新闻"分析能够部分地解释汇率波动。但是现实中的汇率波动幅度比根据"新闻"理论模型回归得到的汇率波动幅度更大、频率更高。"新闻"变量不能完全解释汇率波动。

2. 新闻模型不能完全解释汇率波动的原因分析

（1）"新闻"变量不能完全包括所有的未预期信息。影响汇率变动的"新闻"很多，既有经济性的，也有大量非经济性的，后者一般很难进行量化，例如市场谣言和政府公告等。所以，此类信息一般被摒弃在"新闻"模型的变量范围之外。但有时恰恰是这种不可量化的"新闻"对汇率的影响超过了可以量化的因素，所以就削弱了"新闻"对汇率易变性的解释力。

（2）外汇市场上存在"理性泡沫"，从而使汇率偏离由基本经济因素所决定的均衡汇率水平之后继续维持这种状态。例如，20 世纪 80 年代中期美元曾经过度升值，虽然当时的市场参与者都认为美元高估的情形不会维持太久，但事实是这种状况持续了两年多。但在这种情况下，尽管美元高估，持有美元也是理性的。因为，只要泡沫能够持续下去，持有美元的收益必然可以补偿泡沫破灭的损失。

（3）"比索问题"影响了"新闻"理论对较大的汇率变动的分析和预测能力。所谓"比索问题"，是指虽然人们已经预期到决定汇率水平的基本因素将会发生很大的变化，但是由于基本因素变化是一个重大事件，立即发生变化的概率很小，所以在一定的时期内并没有发生，在这种情况下，预期的汇率变动方向和实际的汇率变动方向刚好相反。

尽管"新闻"模型理论并不完善，它仍然反映了汇率作为资产价格的本质特点——新闻的不可预期性导致了汇率的不可预期性和易变性，对汇率波动具有一定的解释力。近年来，对于"新闻"模型的实证研究成果不断涌现，一个趋势是，涉及的"新闻"种类不断增加；研究手段日益精湛；提出问题的角度更加多样化。随着这种实证性研究的进一步发展，人们对汇率运动中"新闻"模型所扮演的角色将会有一个更加清楚的认识。

（七）混沌模型

混沌理论进一步促进了汇率变动的非线性研究，已经成为汇率理论研究的一个重要分支，但其作为一个新的理论学说，尚需进一步加以完善。

1. 混沌模型的实证检验。利用混沌方法检验实际的汇率数据中是否真的存在混沌运动状态是利用混沌理论分析汇率行为的重点之一，总体来说，经济学家们对混沌理论的实证检验，并没有找到具有统一意见的结论。保罗·德格劳威等人对美元、德国马克、英镑、日元之间的汇率进行了混沌检验，结果是在美元对日元、美元对英镑的市场上存在混沌，而在美元对马克的市场上并没有发现混沌存在的依据；拉姆赛和袁（Ramsey and Yuan，1989）运用大样本证明，即使使用 2 000 个观测数据，仍倾向于支持发现混沌的偏差，即实际上不存在混沌。利用不同的研究方法检验混沌理论，得出的结果迥然相异。例如，巴斯克（Milael Bask，1998）和琼森（Jansson，1997）运用不同的利雅普夫指数估计方法，使用相同的瑞典克朗对美元汇率的数据，分别得出了存在混沌和不存在混沌的结论。

2. 混沌模型的贡献。尽管混沌模型在实证检验中的表现不尽如人意，但是混沌模型的提出依然是汇率决定理论的一个重大进展。

（1）汇率混沌的分析方法是汇率理论研究方法上的一种突破，它为理论经济学家和计量经济学家提供了一种研究汇率的新视角。

（2）在混沌模型的构建中，融入了宏观基本因素分析和外汇市场的技术分析，更加客观地反映了外汇市场上的实际情况，它不仅强调宏观基本因素在汇率决定中的重要性，也同样考虑到外汇市场交易者的实际行为，这也是汇率理论研究上的一个突破。

（3）该模型突破了传统宏观经济结构模型的决定，从理性预期转向非理性预期或不完全信息的分析。

（4）由于外汇市场汇率变动显示出高频特征，汇率的线性特征越来越弱，非线性变化越来越明显，通过混沌模型建立非线性的方程来描述汇率变动的复杂性可能也是对现实世界复杂性的一种精确反映。

3. 混沌模型的缺陷

（1）混沌模型并没有传统的宏观经济结构模型那样政策含义明确，但是由于对初始条件敏感，对于混沌过程在很短的时间内预测还是可行的，长期内的预测效果较差。

（2）模型没有融入中央银行的干预分析。在外汇市场中，中央银行的干预对外汇市场的有效性和汇率变动有决定性的影响，排斥中央银行干预是混沌模型的一大缺陷。

（3）任何一种汇率决定理论都只是在特定前提下和特定阶段具有解释力，混沌模型也不例外。

（八）实际汇率决定的跨时分析法

实际汇率的过度波动，尤其是在实际汇率发生错配（Misalignment）的情况下，将会造成重大的福利损失。因此，实际汇率决定一直是汇率理论研究的一个重点。20 世纪 80 年代初实际汇率决定跨时分析法提出之后，大大拓宽了汇率理论研究的视野，促进了汇率理论的深入发展。

1. 对实际汇率决定跨时分析法的实证检验。爱德华兹（1989）从实证的角度考察了一些发展中国家实际汇率决定的过程，目的是验证该理论模型是否得到经验的支持，他利用 12 个国家的数据对其计量方程进行了回归分析，回归分析的结果基本上支持他理论分析的观点[1]。结果显示，短期的实际汇率运动对名义的和实际的扰动都作出反应，宏观经济的不稳定性是实际汇率波动的主要原因。另外，他对智利和哥伦比亚实际汇率变动情况的考察发现，实际汇率曲线的波动反映了当时基本决定因素的冲击。因此，从

---

① Sebastian Edwards，*Real Exchange Rates，Dvealuation，and Adjustment——Exchange Rate Policy in Developing Countries*，the MIT Press，1989.

总体来看，实际汇率决定的跨期模型能够比较好地解释现实中实际汇率的波动。

2. 实际汇率决定跨时分析法的理论贡献

（1）均衡实际汇率的决定理论为描述现实的实际汇率运动奠定了基础。它表明，现实的实际汇率是由非货币的基本经济变量（例如贸易条件、关税、政府支出、外汇管制、技术进步等）和与货币有关的名义变量（例如货币政策和财政政策等）共同决定的。尽管在外汇市场上人们买卖外汇使用的是名义汇率，但是对实际汇率的研究仍具有十分重要的意义。

（2）实际汇率的决定理论不仅适用于固定汇率制，而且也适用于浮动汇率制。在固定汇率制下，它可用来判断该国货币是否被高估，分析名义贬值的效果以及国际收支的危机等问题。在浮动汇率制度下，通过实际汇率的变动还可以解释名义汇率变动的原因。另外，实际汇率还反映了一个国家国际竞争力的变化。

（3）这里所讨论的均衡实际汇率决定模型的突出特点是跨时分析方法的运用。这种跨时分析法是在理性预期和完全预见的假定下进行的。在这里，均衡实际汇率不是一个固定的稳定状态，而是一个动态过程。因而，它又是一种动态分析方法。

3. 实际汇率决定跨时分析法的理论缺陷

（1）尽管该均衡实际汇率的决定模型能够说明许多实际的基本因素和货币因素对实际汇率的影响，但是没有把风险报酬的因素考虑在内，而风险报酬通常被认为是影响汇率决定的重要因素。

（2）该模型假定商品的价格能够自由浮动，这一假定与现实中普遍存在的价格黏性并不相符。

（九）新开放宏观经济学

1. 新开放宏观经济学的理论贡献

（1）新开放宏观经济学具有一定的微观基础，正是由于它拥有明确的消费者效用方程、预算约束条件、厂商的生产函数等，并通过假设效用方程参数和资本市场而将微观变量和宏观指标连接起来，因而是一种动态的一般均衡模型。对经济冲击影响的考察是通过在效用函数或生产函数中加入随机变量来实现的，而且还开创性地将名义黏性和不完全竞争纳入模型中来。在同以往的开放宏观经济模型相比较的过程中，我们不难发现，新开放宏观经济学不仅纳入了微观因素，而且还具有动态随机的特点。因此，它在汇率支出转换效应方面的分析，较以往来说是个长足的进步。除此之外，它对如何协调不同国家间的货币政策问题也有着新的想法和建议。

（2）新开放宏观经济学在综合研究经济学最新发展的基础上，开创了解决开放经济中问题的一个新思路。它与传统的理论相比，在汇率变动的支出转换效应方面，研究内容更加丰富，也更为严谨地比较了汇率制度并分析了货币政策。此外，它在帮助我们合理认识支出转换效应、正确评价汇率政策的优劣方面也有着不容忽视的重要意义，它给出我们这样的一个启示：由于不同的微观机制会造成不同的支出转换效应和政策效果，因而需要格外重视价格以及与价格密不可分的一些微观因素。

2. 新开放宏观经济学的理论缺陷

（1）即使新开放宏观经济学的模型可以具体到微观，也无法避免众多模型对实际情况模拟不足的现象。模型有很多不稳定的因素，例如参数设置不尽相同，定价原则存在差异，名义价格黏性、市场结构、消费者效用函数等表现形式不同。某些特定参数对模型来说非常敏感，而且至关重要，但对这些假定的实证研究结论或是不足或是不甚肯定，因此还没有能广泛被接受的模型形式。这在另一方面也充分显示出新开放宏观经济学未来广阔的发展空间以及在汇率变化的支出转换方面持续发展的研究前景。

（2）关于新开放宏观经济学模型给出的最优汇率制度和货币政策都是依赖于模型的具体假设的基础上提出的。例如，LCP—PTM 模型的结论是趋向于稳定的汇率制度，而此时符合福利最大化标准的做法就是要一个国家放弃使用独立的浮动汇率制度和货币政策，代之加入一个货币区，然而这样的模型假定本身就是有待商议的。奥伯斯特菲尔德就此提出了两点质疑：一方面，是大量的数据表明，进口商品在进口的早期阶段的价格表现不同于消费品物价指数，汇率的传递表现非常明显；另一方面，也许不是消费者而是厂商的决定关系着支出转换效应的大小。这或许也提醒了我们，值得更为关注的是新开放宏观经济学的研究方法，而不是研究结论。

（十）外汇市场微观结构理论

1. 外汇市场微观结构理论的贡献。与以现有的宏观经济分析法为基础的汇率理论相比，外汇市场微观结构理论在研究方法和研究角度方面都有显著的不同。它从三个微观层面进行分析，分别是私有信息、市场参与者和交易系统，而这些以往并未受到相应的重视。该理论在市场参与者的信息传递和主体预期的异质性等方面给予我们深刻的启示。举个例子来说，在汇率的微观结构理论中，交易是汇率决定的关键。前面所说的指令流和价差又是最能反应外汇市场交易的两个金融指标，这两个指标从不同的方面与汇率的波动有着密切关系。特别是指令流对中短期汇率的解释水平是传统的宏观模型无法比拟的，而微观结构理论研究也证实了价差与汇率波动之间存在直接比例关系。通过对存货模型的分析可以知道，价差是不断调整的，调整的根据就是各交易商所接收到的买和卖的订单概率。换句话说，当买的订单占多数时就会产生负的存货积累，因此相应的调低价差并增加价差宽度，反之当卖的订单占多数时就会产生正的存货积累从而相应调高价差。目前对该理论的研究已经成为现今汇率理论研究领域的重点，并且一直都在继续。

2. 外汇市场微观结构理论的缺陷。或许微观结构理论在宏观经济层面无法处理的一些问题上，提供了令人相对满意的解决途径，但这并不能否认它所具有的局限性。莱昂斯曾经这样说过，指令流通过信息渠道和持仓控制渠道影响价格，而价差反映了依赖价格交易活动和不确定性的持仓成本。由此可见，上述两个金融指标是相互作用的，正像经济学中的价格和数量一样。目前的微观理论研究表示，相较起传统的宏观经济因子，指令流和价差这对孪生姐妹更能高水平测度汇率的波动，然而由于数据的难于获取以及价差阻碍等因素，目前并没有一个完整而合理的模型能将二者充分融合。此外，纷繁复杂的假设条件以及冗杂难懂的分析方法使得微观结构理论还没有一套统一的理论分析体系。至于客户指令流为何不能为零的说法也众口不一，目前都没有统一的合理解释。

（十一）均衡汇率理论

1. 基本因素均衡汇率理论

（1）贡献：威廉姆森的 FEER 首次把资本账户引入到均衡汇率的决定因素之中，而且研究重点不再是短期周期性因素与暂时性因素，取而代之的是基本经济因素，即那些可能在中期持续起作用的经济条件和经济变量。同时，FEER 也开创性地给出了一个简明、系统的均衡汇率计算表达式。

（2）缺陷：①只是一个局部均衡模型，未将货币因素考虑在内。②使用的流量分析方法没有考虑长期存量因素。而诸如债务余额这样的存量指标，由于它会持续影响风险报酬，所以即使是在研究中期均衡汇率时也应该被包括在内。③在基本经济因素对经常账户的影响方面只考虑到单向影响，而忽视了双向影响。由于模型结构的递推性，这样的结果就是实际汇率和国内、国外产出与本国的资本账户余额之间相互独立，不符合实际情形。④对于基本经济要素以及资本账户的中期均衡值的设定上带有较大的主观色彩。⑤模型过于理想化，不能充分应用于实践操作中。

2. 行为均衡汇率理论

（1）贡献：相对于 FEER 来说，BEER 在考虑到中期基本经济因素的基础上，还将短期暂时性因素与长期基本经济因素囊括在内，因而在分析汇率波动方面更具备一定的现实意义。由于 BEER 将汇率失调划分成了三个不同的部分，而这无疑有益于判别汇率失调的性质从而区别应对，因而可操作性更强。此外，BEER 在 FEER 基础上的另一大改进就是将存量因素引入到了均衡汇率的决定因素当中。

（2）缺陷：①同基本因素均衡汇率理论一样，行为均衡汇率理论对短期变量，特别是中长期基本经济因素的划分也具有较强的主观性。②就方法本身而言，由于行为均衡汇率理论也是通过给定外生变量的办法来估计均衡汇率的，因而它也不是均衡汇率的决定理论，更加无法给出均衡汇率的动态调整过程。③行为均衡汇率理论是一种不完备的局部均衡分析方法，它只考虑到资本市场的均衡，并没有考虑到货币市场的均衡。④由于行为均衡汇率理论运用计量经济学中的协整方法来定义均衡汇率，因而其计算结果对模型方程的设定具有较强的敏感性，并且容易出现多重解，而理论本身并不能对这种情况给出合乎逻辑的经济解释。⑤行为均衡汇率理论由于并没有对内外均衡同时实现的相关要求，因而它与基本因素均衡汇率理论有着本质的区别。

3. 国际收支均衡汇率理论

（1）贡献：BPEER 集众家之所长，吸收各路优点，扬长避短。与 FEER 相比，它将存量因素引入到均衡汇率的决定因素中。与 BEER 相比，它从国际收支恒等式出发，有效规避了 BEER 的均衡汇率不要求内外均衡同时实现的问题出现。

（2）缺陷：①与上述两大理论命运相同的是，BPEER 关于基本经济因素的判断上也存在着强烈的主观性。②由于 BPEER 也是通过给定外生变量的方法来估计均衡汇率，因而它也不是均衡汇率的决定理论，也无力解释均衡汇率的动态调整过程。③BPEER 并没有将货币、资本市场考虑在内，因而也是一种不完备的局部均衡分析方法。

4. 自然均衡汇率理论

（1）贡献：①是在一般均衡框架下的均衡汇率的决定理论，可以给出均衡汇率中长期的调整过程；②将存量和流量因素综合考虑在内，更具合理性；③考虑了资本账户和经常账户的相互影响，因而不是递推的。

（2）缺陷。NATREX 是一种中期均衡汇率，它并不考虑周期性因素、投机性资本流动和国际储备变动（外汇市场干预）这样的情况，因此其结论是针对中长期的动态调整过程，并不能为政策提供短期指导意义。

5. 均衡实际汇率理论

（1）贡献：①均衡实际汇率理论由于主要针对发展中国家的现实状况，因而该理论中的实际汇率并不是通常所说的经过名义汇率调整之后的物价之比所决定的实际有效汇率，而是被定义为贸易品对非贸易品的相对价格。②均衡实际汇率理论根据发展中国家的现实状况，开创性地全面考虑了一些政策性变量对均衡汇率动态调节机制的影响，其中包括平行汇率、贸易限制、交易管制以及资本流动等。由于均衡实际汇率理论充分地将发展中国家转型经济的特点考虑在内，因而它更加适用于测度发展中国家的均衡汇率以及评价现实汇率的失调程度。

（2）缺陷：①均衡实际汇率理论在实际汇率计算的过程中，它不仅要选择基期，更要划分贸易品与非贸易品，这无疑为该理论染上了较强的主观判断性。②正如前所述，均衡实际汇率理论主要针对发展中国家的现实状况，而这就代表着其前提假设一般是贸易条件不变，因而它不具备适合大国经济的前提条件。

（十二）巴拉萨—萨缪尔森效应

巴拉萨—萨缪尔森效应在分析均衡汇率中有很重要的作用，其主要贡献有以下几点：

1. 巴拉萨—萨缪尔森效应改变了以往汇率研究中关于实际汇率长期不变的结论。该理论假定一价定律只在贸易品部门成立，所以实际汇率将在非贸易品价格上升时系统性偏离卡塞尔的购买力平价水平。巴拉萨—萨缪尔森效应首次从理论角度清晰地阐明了实际汇率背离 PPP 的原因，并推论出生产率差异与现实中上述背离之间存在的系统性联系，即非贸易品的相对价格是由两部门相对劳动生产率决定的，由于一价定律只在贸易品部门成立，但整体物价指数的计算中包含非贸易品价格，因此，实际汇率将偏离购买力平价下的实际汇率水平。

2. 巴拉萨—萨缪尔森效应将经济增长与实际汇率升值联系在一起。它阐述了国内外贸易品部门相对生产率走势影响实际汇率变动的传导机制，是实际汇率变动的供给面研究，这使得该理论很快在研究经济增长与实际汇率之间关系的基本分析框架中占有一席之地。由于巴拉萨—萨缪尔森效应探讨了经济增长与货币升值之间的联系，所以这一理论的成果成为了研究经济快速增长国家的实际汇率升值问题的理论依据，同时，它对于货币汇率在经济快速增长国家的决定问题提供了重要的实践指导。

三、汇率理论的未来发展展望

当代汇率理论的发展让人目不暇接，在过去的 20 多年中，对资产市场和未来预期的深入分析和进一步拓展，成为汇率决定理论研究的主流。金融国际化导致新的金融现象出现，货币的自由兑换和金融资产的多样化导致了汇率决定问题的复杂化，计量技术与经济学进一步融合必将推动汇率理论向前发展。综合来看，汇率理论未来的发展将朝着以下几个方向展开。

（一）寻找汇率决定的新因素

20 世纪 80 年代初期，在对传统的汇率决定模型的实证检验中，许多经济学家发现，传统的汇率决定模型用于实证检验时，变量之间存在着严重的自相关问题。他们认为，产生这种情况的原因很可能是传统的汇率决定模型忽略了一些重要的经济变量对汇率决定的影响，从而使得传统的汇率决定模型不能圆满地解释浮动汇率制度下的汇率行为。一些经济学家试图将经常项目、财富、风险等因素纳入汇率决定模型，但是，即使加上这些变量，模型与事实的符合程度并未得到明显的改善。因此，从 20 世纪末期开始，许多经济学家将一些新的因素纳入汇率决定模型，并在更深的层次上研究汇率与决定汇率的基本经济因素之间的关系。

一些经济学家分析了一个相互依赖的经济中财政政策对汇率决定的影响，将财政政策作为一个重要的变量纳入汇率决定模型，他们认为，一个大的工业化国家财政政策的变动会产生国际传递，改变其他国家的投资和储蓄状况，从而对其他国家的经常项目、实际利差和汇率产生影响，分析了经合组织国家之间财政政策的相互作用，发现财政政策是影响汇率变动的一个重要因素。

另外一些经济学家在研究中发现，在 80 年代国际债务危机期间，许多债务国的实际汇率都大幅度降低，他们认为产生这种情况的原因在于债务危机使得债务国的资产吸引力下降，较小的资本流出和经常项目赤字都会导致巨大的实际贬值，因此汇率变动在很大程度上反映了国家偏好的变化。他们认为这种相对国家偏好的变化系统地反映在黄金价格上，因为黄金是一种"无国界的资产"，如果货币供给对黄金价格的影响可以被分离出来，那么黄金价格变动的余值就可以用来解释和预测汇率变动的余值，计量经济学检验在很大程度上支持了这一观点，这同时也说明，黄金价格是影响汇率变动的一个重要因素。

（二）改进计量经济学方法

现代汇率决定理论发展的一个重要方向就是改进计量经济学方法。一些汇率经济学家认为，汇率决定的资产市场分析法之所以不能解释现实的汇率运动，是因为没有找到合适的检验方法，因此，改进计量经济学方法有助于提高汇率决定的各种分析法对现实汇率运动的解释能力。

一些经济学家认为，提高汇率决定模型的解释能力必须估量模型的结构，传统的汇率决定模型用于计量经济学检验时所用的是单一方程的缩减式模型，更好的汇率决定模型应该是联系方程模型，他们将联系方程模型用来检验和预测实际的汇率运动，获得了一定程度的成功。联系方程的结构模型优于单一方程的缩减式模型，并且能够更好地揭示汇率、利差、实际和预期的通货膨胀差对各种外生冲击的反应。

另外一些学者则认为，单一方程的缩减式模型之所以不能解释现实的汇率运动，是因为所采用的模型都是一国或两国模型，因此，正确的汇率决定模型应该是多国一般均衡模型。这种多国模型中最著名的是美国联邦储备系统的模型，用这种模型来检验和预测短期汇率的运动，获得了一定程度的成功。

还有一些经济学家寻找一些新的计量经济学技术来推导和估算汇率决定模型中的经济变量，试图将基本经济因素对汇率变动的方差的影响分离出来，并希望能找到一些新的统计推断技术。这些新的方法包括向量自回归（VAR）、条件异方差回归（ARCH）等方法。

（三）建立新的汇率决定模型

由于现有的各种汇率决定分析方法不能圆满地解释浮动汇率制度下的汇率行为，一些经济学家将研究的重点转向建立新的汇率决定模型，这些新模型建立的出发点不同于传统的汇率决定模型，建立新模型的努力主要表现在两个方面：

一是分析实际因素对汇率决定的影响，探讨汇率决定模型的微观经济基础，传统的汇率决定模型主要分析了基本经济因素对汇率决定的影响，而新的汇率决定模型则重点分析了实际因素对汇率决定的影响，从而引起了对汇率决定的微观经济基础的关注。根据这种模型，商品供给的变化（比如劳动生产率提高）、商品需求的变化（比如偏好的变化）以及预期将来的经济发展都会对现在消费、投资、经常项目等实际因素产生影响，从而改变均衡状态下的相对价格，进而影响实际汇率。这种汇率决定模型基本上都是在一个跨时期的优化框架下建立的均衡汇率模型。

二是探讨外汇市场上预期的形成，建立汇率决定的非线性模型。由于传统的汇率决定模型不能完全解释和预测汇率运动，一些经济学家开始探讨汇率决定模型中汇率方程的形式。他们认为，以前的汇率决定模型之所以预测效果很差，是因为这些模型都是线性模型，而现实的汇率运动是一种非线性的方式与一些基本的宏观经济变量发生联系，因此，汇率运动是一种非线性汇率效应。在建立非线性模型的过程中，经济学家通过对外汇市场上微观经济决策行为的调查，发现了大量的非理性预期行为，这样就从根本上否认了以理性预期假说为基础的线性汇率模型。20世纪80年代末期以后，非线性汇率决定模型成为研究的一个热点。

总之，从现代汇率决定理论今后的发展方向看，今后的汇率决定理论将更加注重对外汇市场参与者汇率预期的调查，对汇率决定的微观分析（包括外汇市场结构、外汇交易者的行为分析）将成为汇率决定理论的一个重要方向。在注重微观分析的同时，今后还将集中于对长期均衡汇率模型的研究，在这一领域，新的方法将考虑到财政政策、产业组织等因素，在重新估量资产市场模型结构的基础上，在更深层次上对整个经济结构进行系统分析。当然，不管是对汇率决定进行微观分析还是改进原有的资产市场模型或建立新的汇率决定模型，更新、更实用的计量经济学方法都将得到广泛应用。我们相信，随着汇率决定理论的深入发展，人们对汇率运动的认识将更加深入。

第四章

国际收支理论

国际收支是一国对外开放的窗口，它不仅综合地反映一定时期内该国与外国贸易和非贸易往来及资本流动情况，而且还制约着其对外开放的程度与国内经济增长的速度。因而，如何对国际收支进行调节，历来为西方经济学家们所重视。鉴于国际收支对于一国的国民收入和宏观经济具有举足轻重的影响，因而各国均把国际收支平衡作为重要的宏观经济目标。然而，由于国际收支结构及其影响因素的复杂性和多变性，国际收支失衡是一种经常性的存在。数百年来，出于对国际收支及其失衡现象的关注，西方经济学界逐步形成了以不同经济学流派理论为基础的关于国际收支失衡调节途径的论述——国际收支理论。作为国际金融学说的重要组成部分，国际收支理论试图在不同的假设前提下，从不同的角度与层面阐述针对特定环境因素所引起的国际收支失衡的调节机制，其沿革历程折射着不同历史时期国际经济活动的背景及其运行特征，反映着国际金融实践及政策制定对理论指导的客观需求。

第一节 国际收支理论的百年演进

20 世纪以来，经济学家们关于国际收支理论的研究取得了巨大的进展，回顾其理论演进历程有助于在总结前人经验的基础上，把握国际收支理论前沿，推动国际收支理论研究向前发展。我们认为，20 世纪以来，国际收支理论的研究大致可以划分为四个阶段：理论萌芽阶段、理论准备阶段、理论形成阶段、理论发展阶段。

一、20 世纪初期：国际收支理论的萌芽阶段

20 世纪初期是国际收支理论的萌芽阶段。对国际收支活动进行了最初的研究的是形成于 15—16 世纪的重商主义者，他们关于国际收支的研究与主张成为重商主义学说的重要内容。重商主义者认为，获得货币财富的真正源泉是发展对外贸易。国内商业虽有益处，但它不过是使一部分人获利而另一部分人亏损，并没有增加一国的财富，只有对外贸易才是国家获取货币财富的真正源泉。他们首次使用了贸易顺差这一名词，但是在如何保持顺差的问题上他们之间存在分歧，由此重商主义者的国际收支理论分为早期重商

主义与晚期重商主义、货币差额论和贸易差额论。

15 世纪到 16 世纪中叶是早期重商主义时期，英国的约翰·海尔斯是货币差额论的重要代表人物。他认为在对外贸易中为了保持贸易顺差，应注意不要向外国人购买超过自己国家向外国卖出的东西，要设法将货币留在国内，不使货币流向国外。马林斯是货币差额论的另一个坚决支持者，他支持政府对货币的管制，主张禁止金银块的出口，以便将货币保留在国内。

从 16 世纪下半期到 17 世纪是晚期重商主义时期。晚期重商主义以贸易差额论为代表，代表人物为英国的托马斯·孟（Thomas Mun），他在《英国对外贸易财富》一书中系统地阐述了贸易差额论的原则和实施途径。认为必须使货币投入流通，才能取得更多的货币，主张一国在进行贸易时，保持在对外贸易总量上处于顺差状态。

米尔顿也是贸易差额论的代表人物，他以首次提出"贸易平衡"这一名词而著称。他认为，为了明确贸易是否有利，首先应该了解进口货物与出口货物的关系，应该计算出盈利，并将国家的贸易量列入"贸易结算表"，以显示一个国家和另一个国家间的商业在数量上的差额，争取做到出超并防止入超。他的"贸易结算表"就是今天"国际收支平衡表"的雏形。18 世纪中期，货币数量说风靡一时，英国经济学家大卫·休谟是把货币数量说应用到国际收支分析方面的先驱者，据此他提出了著名的"价格—铸币流动机制"，从而为国际收支理论作出了奠基性的贡献。

休谟认为，在金本位制度下，当一国的国际收支发生较长时期的不平衡时，汇率的变动、黄金的流动、货币流通数量的增减及物价的升降等因素，将导致进出口额的变化，从而促进国际收支自动恢复平衡。根据"价格—铸币流动机制"的调节机理，当一国出现国际收支逆差时，黄金势将外流，国内物价水平下降，从而出口增加、进口下降，逆差状况得以改善，国际收支恢复平衡。同理，当一国出现国际收支顺差时，相反的自动调节过程会使国际收支恢复平衡。休谟的结论是，一国的国际收支不平衡是暂时的，无须进行人为调整，经济内部存在的自动调节机制可促使国际收支自动恢复平衡。

休谟的国际收支分析以货币数量论为理论依据，其"价格—铸币流动机制"建立在完全竞争、自由贸易、价格具有弹性、国际收支直接表现为货币储备量变动的基础之上，因此，基本符合资本主义自由竞争时期的经济及货币制度环境中的现实状况。所以，直至 20 世纪初期，尤其是在国际金本位制度盛行的年代里，"价格—铸币流动机制"在西方国家备受推崇。其政策意义在于，政府无须过于担忧国际收支逆差所导致的黄金外流，亦无须施行人为的冲销政策，在自由放任的经济环境中，只要一国的商品生产数量、劳动数量和技术水平不变，通过货币量、价格、黄金的变动，必然促进国际收支自动恢复平衡。尽管囿于历史条件的限制，"价格—铸币流动机制"存在明显的缺陷，但其在外汇理论与一般经济理论之间建立了联系，对国际收支理论乃至国际金融学说的发展具有重大影响。

二、20 世纪初—20 世纪 30 年代：国际收支理论的准备阶段

重商主义者关于财富和对外贸易的评论是国际收支理论分析的萌芽；休谟的"价

格—铸币流动机制"首次系统地提出了国际收支调节的理论思路。但是休谟的这种从货币量变动到国内物价变动再到贸易差额变动的推理，需要一个基本的前提条件，这就是进出口弹性条件。休谟没有就此进行进一步深层次的分析，这个问题后来由马歇尔、勒纳、罗宾逊夫人等加以解决。

19 世纪后半期至 20 世纪 30 年代的几十年间，是国际收支理论探索的过渡或准备阶段。一些著名学者的研究成果为现代国际收支理论沿革作出了重大贡献。在资本主义自由竞争的这一历史时期，相继发生了货币制度的历史性更替、世界性经济危机等重大事件，促使西方国家对与国际经济活动有密切关系的国际收支及其均衡状况愈加关注，进而在客观上推进了学说思路的拓展与分析方法的创新。

马歇尔是 19 世纪末 20 世纪初最著名的西方经济学家、剑桥学派的创始人。马歇尔所处时代仍是各国普遍采用金本位制度、国际收支不平衡问题不十分突出的时期，但马歇尔在国际收支理论研究方面也取得了显著的成就。在关于国际收支失衡及其调节途径的研究中，马歇尔最重大的成果之一是利用扎实的数学功底，采用微观经济的局部均衡分析，通过演绎推理首次提出了"弹性"这一著名概念，为国际收支弹性理论及其他国际金融学说的创建作出了历史性贡献。除了弹性含义的创建及其应用以外，马歇尔还基于金本位制度下对外贸易差额产生的原因、资本和劳务的国际收支效应以及国际收支平衡的条件与调节机制等进行了多层面的阐释。另外，马歇尔把国际收支宏观分析与国内经济微观分析相结合的分析方法对今天分析国际经济的国内微观机制也有借鉴意义。受历史条件、理论信仰的影响，虽然马歇尔还未能以更广阔的视野观察和分析国际收支本身及其所隐含的各种经济现象，其理论学说存在欠缺和不合理的成分，但他的学术贡献毫无争议地奠定了其在西方国际金融学说发展史中的历史地位。

瑞典学派的维克塞尔、俄林则分别对国际收支的平衡途径提出了独到的见解。维克塞尔认为一个完整的国际收支平衡表除了包括贸易收支项目外，还应包括非贸易收支项目。此外，他还提出了在国际收支出现逆差时，使之恢复平衡的若干途径。俄林在国际收支理论方面的成就集中在其对于平衡国际收支因素的论述。俄林提出，国际收支包括在一定时期内（通常是一年）必须结清的全部国际交易，它必须同一定时期的国际债务的平衡严格区别开来。俄林把影响国际收支的因素归结为五种类型，认为它们在国际收支平衡中的作用各不相同，并存在紧密的联系。

宏观经济学的创始人凯恩斯著名的宏观经济思想，对现代国际收支理论的创建同样具有奠基性的作用。凯恩斯的宏观经济理论及其方法，为现代国际收支理论体系走向成熟奠定了基础，当代主要的国际收支理论和凯恩斯宏观经济学说有着千丝万缕的联系。如国际收支调节的吸收论即以凯恩斯的宏观经济思想为理论依据，认为国际收支与国民经济运行密切相关，并将国际收支均衡提升至宏观经济目标范畴，为各国决策者制定宏观经济政策提供了理论依据。国际收支调节的乘数论是凯恩斯乘数理论在开放经济条件下国民收入决定的分析与应用，该学说论证了在汇率和价格不变的条件下，收入变动在国际收支调整中的作用。阐释了对外贸易与国民收入的关系，以及进出口贸易对不同经济体产生相关影响的传递途径。另外，凯恩斯还提出了如何将国外因素引入国际收支均衡分析，国际收支失衡的利率调节等一些具体的国际收支理论。

国际收支动态均衡理论的产生与发展，是 20 世纪 30 年代西方国际金融理论领域内的一个重要进展，著名的英国经济学家哈罗德为这一理论的完善付出了努力。1933 年，哈罗德出版了《国际经济学》一书，从国际经济关系的角度提出了国际收支均衡理论思想，划分了国际收支的具体内容，阐述了简单条件下的国际收支均衡以及调节机制。在此基础上，他进一步论述了引入活期存款和国际资本流动因素之后的国际收支均衡及其调节机制。尽管哈罗德的研究在总体上略显简单，但其通过对不同因素影响条件下国际收支均衡的分析，指出调节生产要素报酬或调节生产要素使用率是调节国际收支的主要国内途径；由于两种调节途径均会影响国内就业和收入水平，进而将引起国内消费与投资的变化。哈罗德在研究中，首次将国际收支均衡分析与国内均衡联系在一起，充实了国际收支吸收论的内容。

1937 年，美国经济学家金德尔伯格基于对国际经济问题深入广泛的研究，在其《国际短期资本流动》一书中，论述了国际短期资本流动对一国货币供给的影响及国际收支调节的过程。他认为长期推崇的"价格—铸币流动机制"已不适用于纸币流通制度和汇率自由浮动的现实经济环境。进而，他从界定货币供给含义入手，分析了国际短期资本流动对输出国和输入国货币供给的影响，认为黄金流动、汇率变化和国际短期资本流动均可作为调节国际收支的手段。金德尔伯格的理论贡献在于，论证了国际资本流动对国际收支的重要影响，在当时资本在生产要素跨国流动中所占比重及影响日益扩大的开放条件下，金德尔伯格在 20 世纪 30 年代的研究成果大大丰富了国际收支理论的内容。

总体来说，从 19 世纪后半期至 20 世纪 30 年代的几十年间，经济学家们尽管在国际收支的某些领域有比较精确的分析或发表过独到的见解，但第二次世界大战之前的国际收支理论仍然是不系统和不完整的。但是，这些研究为现代国际收支理论的发展作出了承上启下的历史性贡献，为后来经济学家的研究奠定了分析基础。

三、20 世纪 30 年代—20 世纪 70 年代：国际收支理论体系的形成阶段

20 世纪 30 年代至 70 年代是国际收支调节理论繁荣发展形成体系的阶段。这一阶段，国际收支开始从国际贸易理论中独立出来。西方经济学家对国际收支进行了深入广泛的研究，提出了国际收支、国际收支均衡及其调节理论的概念逻辑体系，并运用实证分析和规范分析揭示国际收支的内在本质和规律，系统阐述国际收支均衡机制及其状态。这一时期国际收支调节理论研究涌现出了五大流派：弹性论、吸收论、货币论、乘数论和结构论。

现代国际收支理论形成于 20 世纪 30 年代以后，尤其是自第二次世界大战以来国际经济和国际金融活动实践有着极为紧密的互动联系。国际货币体系的构建与变迁、国际资本流动的加剧等等，促使经济学家们在吸取前人研究成果的基础上，针对新的国际经济秩序和发展环境，对国际收支的决定及其调节机制进行了更加深入、系统和有针对性的理论探索，从而使国际收支理论趋于系统和完善，且更具有应用价值。

20 世纪 30 年代，国际金本位制度彻底宣告瓦解，许多国家汇率剧烈波动，各国纷

纷推行竞争性的贬值政策，提高对外经济扩张的实力。与此同时，西方各国在经历1929—1933 年的世界性经济大萧条之后，国家干预经济的呼声日益高涨。实践呼唤着理论创新，凯恩斯主义政府干预经济理论逐步替代了传统经济理论。国际收支理论的研究，也不可避免地打上了这个时代的烙印。

1937 年，英国经济学家琼·罗宾逊在其《就业理论论文集》一书的《外汇》篇中，以马歇尔的局部均衡分析理论为基础，扩展、深化了弹性的范畴，从国内、国外供给的需求，进口和出口两个方面分别考察了在进、出口供求弹性不同的条件下，一国汇率变动对进出口双方的影响，以及一国推行货币贬值政策时进出口需求弹性和进出口供给弹性对国际收支的作用，从而正式创建了国际收支调节的弹性论。

1944 年，美国经济学家阿巴·勒纳在关于汇率与货币贬值的研究中，对国际收支弹性论作出了进一步的补充，从而创设了著名的"马歇尔—勒纳条件"。该理论论述了汇率变动影响国际收支的条件，成为国际收支弹性论的核心观点。1948 年，另一位美国经济学家 L. 梅茨勒在《国际贸易理论》一书中，对罗宾逊夫人的理论学说进行了进一步的修订和补充，进而形成了弹性论中的又一个核心论点，即"罗宾逊—梅茨勒条件"，至此，弹性论的理论体系趋于系统和完善。

弹性论过于严格的假定前提以及建立在微观经济学基础上的局部均衡分析，使得其在宏观经济变量复杂多变且与国际收支状况紧密相连的经济实践中的应用价值大打折扣。20 世纪 40 年代，随着凯恩斯宏观经济学的日趋兴盛，经济学家们开始将国际收支调节的理论研究扩展到宏观经济层面。1943 年，马科卢普在其《国际贸易与国民收入乘数》一书中，将凯恩斯的乘数理论运用到国际经济学领域，为乘数论的创建作出了重要贡献。此外，哈罗德等人对乘数论的形成与完善也作出了建设性的贡献。

1952 年，西蒙尼·亚历山大在发表的名作《贸易平衡的贬值效应》中，首次系统地提出了吸收论的理论学说，马科卢普对吸收论进行了建设性的修订和补充。与乘数论相仿，吸收论也基于凯恩斯的宏观经济理论，以凯恩斯的国民收入方程式为分析起点，强调收入水平和支出行为的变化对国际收支的重要影响。吸收论将对国际收支的价格和收入调整纳入分析框架，从而提出了货币贬值与需求管理相结合的国际收支调节的理论学说及政策主张。

国际收支的弹性论、乘数论和吸收论都没有涉及国际资本流动对国际收支调节的影响，或仅将资本流动因素置于较次要的位置，因而有较大的理论不足。随着 20 世纪六七十年代以弗里德曼为代表的货币主义的兴起，展现全新理论思维的国际收支的货币分析法逐步产生，成为当代最重要的国际收支调节理论之一。美国芝加哥大学的哈里·约翰逊、雅格布·弗兰克尔，以及芝加哥大学教授罗伯特·蒙代尔、国际货币基金组织研究人员波拉克等经济学家均对国际收支货币论的构建做了一些开创性的工作。可以说，货币论是货币主义经济学理论在国际经济学领域内的延伸。

国际收支结构论的研究，散见于 20 世纪 50 年代和 60 年代的西方经济学文献中。作为比较成熟和系统的独立学派，结构论是作为国际货币基金组织国际收支调节规划的对立面于 20 世纪 70 年代形成的。赞成结构论的经济学家，大多是发展中国家或发达国家中从事发展问题研究的学者。因此，结构论的理论渊源同发展经济学密切相关。结构论在英国十分活跃。英国萨塞克斯大学发展研究院院长保尔·斯蒂芬（Paul Stephen）、英国海外发展署的托尼·克里克（Tony Klick）、英国肯特大学的瑟沃尔（A. Thirwall），以及英国曼彻斯特大学的一批经济学家，都是结构论的积极倡导者和支持者。

国际收支的政策配合理论最早由米德于 20 世纪 60 年代初首先提出，蒙代尔（1963）和弗莱明（1962）根据凯恩斯经济学形成了蒙代尔—弗莱明模型，70 年代又将希克斯（J. Hicks）的 IS – LM 分析法引入到国际收支中来，将商品市场均衡、货币市场均衡与国际收支均衡有机结合起来，分析宏观经济政策变动对国内经济和国际收支的影响。随着后来经济学家们对这一理论模型的扩展和补充，最终形成了开放宏观经济学的基本分析框架。

四、20 世纪 80 年代以后：国际收支理论的发展阶段

20 世纪 80 年代以来，国际收支调节理论的最新发展主要是引入时间偏好、理性预期和跨时动态模拟对吸收论和货币论进行修正和扩展。

英国国家经济研究规划局和波利斯特大学比特（Willen H. Buiter）于 1981 年在国际收支吸收基础上引进了消费时间偏好和叠代模型（Overlapping Generations）。他假定：（1）世界经济由两个国家组成。（2）每一个国家存在竞争性的商品市场和要素市场，两国之间的技术、规模、要素禀赋和市场结构不存在差异，两国买卖双方价格中不存在税收、津贴和其他人为的附加因素。（3）每个国家有限寿命的居民的消费时间分为工作时期消费与退休时期消费两个阶段，偏向工作时期多消费则称时间偏好高，反之，偏向退休时期少消费则称时间偏好低。（4）影响国际收支和国际借贷唯一的决定性因素是消费时间偏好。在上述假定的基础上，比特从有限寿命的居民的消费时间偏好角度考察国际收支与本国财富积累资本形成、国内总收入与总支出之间的关系，提出一定时期的贸易收支是该时期国内总产出与国内吸收的差额。国内吸收是国内居民工作时期消费加上退休时期消费和国内资本形成之和。而国际收支的经常账户盈余可看成本国的对外净投资，对外净投资则是国内财富积累多于国内资本形成的结果。

哈佛大学的萨克斯（Jeffrey Sachs）教授在 1982 年提出，国际收支经常账户是居民和企业跨时预见行为的结果，是当前经济变量对未来经济变量的函数，而不是出口和进口需求变化的函数的判断。他认为在经济环境变化中的宏观经济调节，在很大程度上受到经济主体跨时选择和跨时预见行为的限制。当经济主体面临临时预算约束时，改变当前债务的决定意味着改变未来消费的可能性，这种决定并不仅仅根据当前经济变量而将取决于关键经济变量全部未来路径的预期。当一个经济变量改变经常账户时，也会影响将来的消费、价格和产量。财政政策的改变不仅会引起经常账户的暂时变化，也可能导致其长期变化。而在政策变化效应分析中经常忽视这些未来变化。萨克斯认为，从总体来看，外部平衡或经常账户为零并不是有效的政策目标，居民的福利是通过经常账户对外在变量冲击的盈亏调节中得到改善的。

哈佛大学的利普汤（Lipton. D）和萨克斯教授于 1983 年在其模型中假设经济主体具

有充分的预见性，并且两个国家的商品和债券可以在两国间进行充分的流动和替代，进而把国际收支与国内储蓄、资本积累、经济增长、技术进步联系起来，对两国国内的资本存量、本国居民拥有的外国债券、商品的相对价格以及人力财富等多个经济变量进行"Multiple Shooting"的动态模拟，预测和判断经济变量干扰变化产生的结果以及考察各种经济变量的变化路径。模型强调了资产市场的跨时、跨过干扰的重要功能，以及它对指导企业和居民进行资源跨时有效配置的作用。模型阐述了开放宏观经济中非线性关系及经济变化的传递机制，揭示了平衡预算财政政策的国际效应以及在开放经济中一国改善生产技术如何影响生产、资本积累以及国际收支。

澳大利亚的阿盖和默利在 1985 年提出迄今已有大量关于冲销可行性研究方面理论的文献，但对经济变量的冲销效应研究的文献极其少见。他们采用金融部门证券平衡模型，在假定国内居民拥有本国货币、本国债券和外国债券这三种形式资产的基础上，考察在开放经济运行中通过利率水平和结构变化，进行了国际收支盈余对国内收益产生的冲销效应分析，较系统地阐述了提高本国债券利率可冲销国际收支盈余对国内的影响。同时，还深入研究了调整债券利率、增加债券的销售在一定程度上可冲销货币增长及货币供应量产生的影响；盈余预算可冲销新增投资对国内经济的影响等问题。经济变量之间的冲销效应分析对开放宏观经济政策组合和调控具有一定的指导意义。

加拿大多伦多大学的德弗洛和史横雍于 1991 年，把时间偏好作为内在变量进行新的动态模拟分析，揭示短期经常账户的动态变化主要与世界资本积累相联系。在稳定状态中，债权国家在世界经济增长时期出现经常账户盈余，而债务国家则出现经常账户赤字。通过新的动态路径分析指出经常账户具有非单一调整路径。

美国波士顿大学的默斐在 1989 年采用美国麻省理工学院的多恩布什教授在 1976 年创建的汇率超调模型，并结合产业组织理论在开放宏观经济学中的应用，阐述了汇率动态变化、进口价格与国际贸易收支之间相互作用的关系。多恩布什于 1976 年在资本完全流动，商品市场调整速度慢于资本市场，以及存在理性预期的假设条件下，创立了著名的汇率动态变化理论——汇率超调模型。默斐在多恩布什的模型中引入了进口商品价格及进口商品之间的替代，分析结果表明，由于存在汇率超调以及国内市场进口商品之间的替代，货币扩张对汇率产生更强烈的影响，而货币扩张产生的货币贬值对国际贸易收支的影响和调节作用减弱。这一分析结果解释了美国自 1985 年以来美元贬值对贸易赤字的调节作用比 70 年代同期的调节作用更弱的原因。同时也对货币论中强调国际收支是一种货币现象，政府通过调控国内创造的货币量就可以调节国际收支的观点提出了挑战。

第二节　20 世纪西方主要国际收支理论简述

国际收支调节理论是用以说明一国的国际收支如何进行调节的理论，与国际收支调节问题联系在一起的，有国际收支均衡与失衡的概念、国际收支调节的对策分析、国际收支的政策搭配理论等等。本章将主要介绍国际收支调节的五大理论，关于国际收支政策搭配问题，后面将有专门的章节加以论述。

一、国际收支的弹性分析法

20 世纪 30 年代初各国实行竞争性货币贬值，导致国际金融市场动荡，汇率变化频繁，汇率的这种剧烈波动究竟会给国际收支带来什么样的影响？这个问题引起了经济学家的广泛关注。弹性分析法为此提出了一个比较令人满意的答案。由于当时国际资本流动相对贸易交往来说还比较少，因此，贸易收支几乎是国际收支的全部内容。当一国货币贬值或升值时，立即会引起进出口商品价格的变动和数量的增减。由此可见，汇率变动是影响进出口贸易最直接的因素。正基于此，弹性分析法得到了广泛的运用，几乎成为各国政府试图通过货币升值或贬值来调节贸易收支的主要政策依据。弹性分析法是马歇尔的供给弹性和需求弹性理论在外汇市场中的延伸，最早由英国经济学家琼·罗宾逊于 1931 年提出的。其假设前提是：第一，其他条件保持不变，只考虑汇率变动对进出口商品价格和数量的影响；第二，贸易商品的供给几乎是完全弹性；第三，产出、就业和收支保持不变，因而进出口商品的需求就是这些商品和其替代品价格的函数；第四，没有资本流动，国际收支等于贸易收支。

在这些假设条件下，弹性分析法着重探讨和分析了汇率变动对国际收支的调节作用。从理论上来看，当一国货币贬值时，出口商在国际市场出售等量价值的商品能够换取更多的本国货币，从而使出口商获利增加。同时出口商有可能以更低的价格出口商品，以提高出口商品的国际竞争力，扩大销售市场，从而获得更多的外汇收入和利润。因此，一般来说，货币贬值有利于扩大出口。对进口商来说，由于货币贬值，购买等量价值的进口商品需要支付更多的本国货币，即进口价格上涨，因而有限制进口的趋势。一国货币贬值将有利于扩大出口，限制进口，促进贸易收支的改善。但从实际情况来看，并非如此。许多国家货币贬值之后，不但没有改善贸易收支，反而使贸易收支更加恶化。当然，其他原因是多方面的，但弹性分析理论认为：一国货币贬值能不能改善贸易收支，关键取决于四个弹性，即出口商品的需求弹性、进口商品的需求弹性、出口商品的供给弹性以及进口商品的供给弹性。

在国际市场上，由于买方市场的存在，需求对生产起着重要的引导作用。因此，只有出口商品的需求弹性足够大时，本币贬值才能引起外国对本国商品更大的需求。如果需求弹性很小或无须求弹性，则本币贬值对需求不会产生明显的影响，这意味着货币贬值对增加出口的作用甚微。另外，出口商品的供给弹性也是影响出口的一个重要因素，在需求有较大弹性的前提下，如果出口商品的供给弹性很小，生产能力不能因需求增加而扩大时，货币贬值对出口的刺激作用就会受到严重的制约。由此可见，货币贬值对出口的促进作用要以足够大的出口需求弹性为前提，通过足够大的供给弹性来实现。

同样，进口商品的需求弹性是货币贬值抑制进口的关键。进口商品的需求弹性越大，货币贬值对进口的抑制作用也就越强，如果进口商品的需求弹性很小或无须求弹性，那么货币贬值限制进口的作用就较弱。这时进口同样数量的商品就必须支付更多的本国货币。进口商品的供给弹性对以外币表示的进口商品的价格和进口量有一定的影响。在假定进口商品需求弹性很大的前提下，货币贬值使进口量大幅度下降，这时如果进口商品的供给弹性也较大，则进口商品的供给价格不变或只有轻微的下降。相反，如果供给弹性较小或无供给弹性，则供给者无法及时作出调整，在需求较少的情况下，有可能降低进口商品的供给价格，使货币贬值国获得价格上的好处。这种效果类似于在供给弹性较小的情况下出现的最佳关税。

（一）马歇尔—勒纳条件

从以上的分析可知，如果一国货币贬值的目的旨在改善贸易收支的话，则希望出口商品的需求弹性、进口商品的需求弹性以及出口商品的供给弹性越大越好，而进口商品的供给弹性则越小越好。那么四个弹性值到底满足什么样的条件才能改善贸易收支呢？马歇尔—勒纳条件对此做了完整的回答。

$$\frac{d(TB)}{V_m} = (E_x + E_m - 1)\frac{dR}{R} \tag{4.1}$$

式中，TB 为贸易收支；V_m 为以外币表示的进口额；R 为直接标价法下的汇率；E_x 和 E_m 为出口需求弹性和进口需求弹性。

式（4.1）表明：只要出口需求弹性与进口需求弹性之和大于 1，货币贬值就能够改善贸易收支。这就是著名的马歇尔—勒纳条件。而且两个需求弹性之和越大，贸易盈余就越多。相对而言，供给弹性的变动对贸易收支就没有明显的影响。由于这个条件比较简单，又具有实际意义，因此，在实际中很有发言权。但值得注意的是：（1）实现这一条件必须以前面两个重要假设为前提；（2）这个条件是货币贬值改善贸易收支的充分条件而不是必要条件。也就是说，即使不能满足马歇尔—勒纳条件，货币贬值仍然有可能改善贸易收支。这是因为实际中两个供给弹性不可能为无限大。

在一般情况下，用货币贬值的手段来改善贸易收支，往往在货币贬值前，贸易收支就已经处于不平衡状态。从上式可知，货币贬值前贸易逆差越大，则货币贬值对改善贸易收支的效果就越大。这就是弹性分析法的全部内容，它揭示了货币贬值与贸易收支之间的数量关系。

（二）J 曲线效应

通常情况下，在货币贬值的初期，以本币表示的出口商品价格和出口数量增长较慢，这是因为生产者在货币贬值后调整生产、组织供给需要相当长的一个过程。因此，在货币贬值后的一段时间内出口不会有明显的增加。相反，货币贬值后以本币表示的进口商品的价格会立即上涨。由于既定的生产计划不可能立即调整到位，签订的进口合同必须履行，从而形成了对进口商品的需求刚性，使以本币表示的进口额增加。因此在货币贬值的初始阶段，出口增加较少，而进口增加，这样货币贬值不仅不能改善贸易收支，相反有可能使贸易收支恶化。只有进口惯性消失以后，进口才能受到有效抑制，同时经过一段时间的调整，出口扩大，贸易收支就能得到改善。这个过程就是著名的 J 曲线效应。

在 t_0 至 t_1 时间段内，由于受货币贬值前签订的贸易合同的支配，贸易收支得不到改

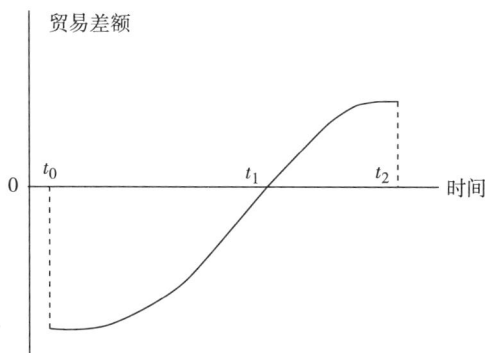

图 4-1 J 曲线效应

善，甚至出现严重恶化。进入 t_1 至 t_2 阶段，新签订的合同开始生效，货币贬值的作用得到发挥，贸易收支逐步得到改善，从逆差逐步转变为顺差。当进入 t_2 阶段后，由于出口增加，进口减少，在产出增长没有完全跟上的情况下，本国商品出现了过度需求，从而导致国内物价上涨，当国内价格上涨到一定程度后，就会完全抵消货币贬值的作用。这时曲线开始走平，甚至向下倾斜，这表明贸易收支开始恶化。

事实上，在实证研究中发现，由于各国的具体情况不同，因此货币贬值改善贸易收支的滞后时间也并不相同。斯博泰勒（E. Spitaller，1984）考察了西方主要工业国家货币贬值改善贸易收支的作用，结果表明，对于大多数国家来说，冲击弹性系数较小，因此，进出口弹性系数之和小于 1，无法满足马歇尔—勒纳条件。这一结果证实了 J 曲线效应的存在。

二、国际收支的乘数论

乘数论认为，在非充分就业、价格稳定、不存在资本跨国流动的假定前提下，进口支出是国民收入的函数，自主性支出的变动通过乘数效应引起国民收入的变动，进而影响进口支出，且影响程度取决于一国边际进口倾向和进口需求弹性的大小以及开放程度的高低。由于乘数论的核心是考察收入变动对国际收支状况的影响，因此，其属于探索国际收支决定因素的收入调整理论的研究范畴。

引入进出口贸易因素后的凯恩斯的国民收入决定模型可以表示为

$$Y = \frac{1}{1 - c + m}(C_0 + I + G + X - M_0) \tag{4.2}$$

式中，Y 表示国民收入；c 表示边际消费倾向；m 表示边际进口倾向；C_0 表示自主性消费；I 表示投资；G 表示政府支出；X 表示出口；M_0 表示自主性进口。尽管对外贸易乘数通常小于封闭条件下的乘数（只要为正），但由于边际储蓄倾向与边际进口倾向之和经常小于 1，所以对外贸易乘数通常仍大于 1。这就意味着扩大出口增加的收入中，总有一部分用于购买本国产品，因而扩大出口会对国民收入的增加产生连锁性的扩张作用。当边际储蓄倾向不变时，对外贸易乘数越大，边际进口倾向越小。这就意味着，外贸乘数较大时，出口增加所引致的进口增加的幅度较大。

简而言之，外贸乘数对一国国际收支的作用体现在两个方面：其一，当出口扩大导致国际收支顺差时，如果外贸乘数较大，则国民收入增幅相应较大，进口增幅相应较小，进而有助于维持国际收支顺差状态；如果外贸乘数较小，则国民收入增幅相应较小，进口增幅相应较大，进而将在较大程度上抵消国际收支顺差。其二，当出口缩减导致国际收支逆差时，如果外贸乘数较大，则国民收入下降较快，进口减幅较小，因而不利于改善国际收支逆差状况；反之，如果外贸乘数较小，则国民收入减幅相应较小，进口减幅相应较大，因而有助于改善国际收支逆差状况。

西方学者根据出口和自主性进口变动所导致的国民收入变动对国际收支的影响效应，与弹性论提出的需求替代效应融合起来，即在弹性分析中加入收入效应的作用，进而将马歇尔—勒纳条件修正为由哈博格等学者创建的"哈博格条件"，即

$$E_m + E_x > 1 + m \tag{4.3}$$

哈博格条件在理论上只适用于小国。而在大国的情况下，由于其收入变化会引致外国收入的相应变化，于是在两个大国发生贸易往来的情况下，一国的进口（出口）是另一国的出口（进口）。因此，当本国的自主性支出增加而导致进口增加时，则贸易伙伴国的出口增长、收入增加，从而贸易伙伴国扩大进口本国商品，因而有助于改善本国的国际收支逆差状况，增加收入。所以，在大国间进行贸易并存在国外回应的情况下，本国的对外贸易乘数会发生相应的变化。当这种国外回应持续性地发生于相互建立了贸易往来关系的多个国家时，其结果很可能是，通过收入反馈机制的作用促进各国经济繁荣，或者由于一国经济衰退引致收入下降及进口缩减，连带性地引起各国经济衰退。在考察大国的货币贬值通过收入变动作用于国际收支时，哈博格条件可进一步修订为总弹性条件：

$$E_m + E_x > 1 + m + m^* \tag{4.4}$$

式（4.4）表明，在进出口供给弹性无穷大的情况下，大国凭借货币贬值改善国际收支状况的有效条件是，其进出口需求弹性之和必须大于 1 加上本国边际进口倾向和贸易伙伴国的边际进口倾向（m^*）。

乘数论开辟了以宏观经济理论为基础，从一般均衡的角度分析国际收支与国民经济相互关系的新思维，故较之弹性论，其更接近于开放条件下的现实经济状况，因而具有一定的实践价值和政策意义。比如，根据乘数论的分析，除了外贸乘数对国际收支的影响效应外，进口需求收入弹性和对外开放程度是另外两个影响国际收支状况的重要因素。由于边际进口倾向（$\Delta M / \Delta Y$）系进口需求收入弹性$\left(\dfrac{\Delta M}{M} \times \dfrac{Y}{\Delta Y}\right)$与开放程度（$M/Y$）的乘积，显然，一国开放程度越高，则进口需求收入弹性越大，边际进口倾向就越大。这一结论启示政府决策者，在具有较高开放程度的条件下，一国施以管理政策有助于调节国际收支。紧缩性财政政策和货币政策的实施降低了收入水平，缩减了进口，进而有助于改善国际收支逆差状况；反之，扩张性财政政策和货币政策的实施提高了收入水平，增加了进口，进而降低了国际收支盈余水平。此外，发生于大国情形下的国外回应

的作用机理，对于开放条件下自由贸易对各国利益的实际影响及其强调国际经济合作与协调的重要性具有一定的启示意义。

三、国际收支调节的吸收论

吸收论又称支出分析法，它是当时在国际货币基金组织工作的西德尼·亚历山大在凯恩斯宏观经济学的基础上于 1952 年提出的。它从宏观经济学中的国民收入方程式入手，着重考察国内总支出（即吸收）与经常项目收支之间的关系，并在此基础上，提出国际收支调节的相应政策主张。其基本公式为

$$TB = Y - A \tag{4.5}$$

式中，TB 为经常项目收支；Y 为国民收入；A 表示国内总支出即对国内资源的总吸收（$A = C + I + G$）。公式表明经常项目收支可表示为国民收入和国内吸收之间的差额。当国内吸收大于国民收入时，就会出现经常项目逆差。因此，要想改善经常项目收支，除了增加收入外，就是减少吸收。但矛盾的是，收入和支出是互相依存的，一方面，各种支出加上净出口构成了国民收入，因此收入取决于支出，并随支出的变化而变化；另一方面，支出又取决于收入，并随着收入的增减而增减。

上式的增量方程为

$$\Delta TB = \Delta Y - \Delta A \tag{4.6}$$

式中，ΔTB 表示国际收支变动情况；ΔY 表示货币贬值对收入产生的直接效应；ΔA 表示货币贬值对吸收产生的变动程度。

式（4.6）表明，（1）当 $\Delta A > \Delta Y$ 时，即当支出增加超过收入增加时，经常项目收支恶化；（2）当 $\Delta A = \Delta Y$ 时，即支出增加等于收入增加时，对经常项目收支没有影响；（3）当 $\Delta A < \Delta Y$ 时，即收入增加超过支出增加时，经常项目收支改善。吸收分析法认为当经济处于非充分就业的情况下，增加支出（吸收），通过凯恩斯乘数，不仅能使收入成倍增长，而且不会导致经常项目逆差。当经济处于充分就业的情况下，产出（或收入）不可能随支出的增加而成倍地增加，这时减少经常项目收支的唯一办法就是减少支出。另外，如果收入的增加是由于外国需求引起的，即外国收入的增加导致本国出口增加，从而引起本国收入的增加，这时本国的经常项目显然会得到改善。

另外，吸收理论认为区分不同的吸收（支出）尤其重要。如果采用某种经济政策把部分进口支出转向购买国内产品，实现支出的转移，尽管总支出没有变化，但能减少进口，刺激出口，增加收入，这就是吸收分析法的支出转移论。吸收分析法认为货币贬值和贸易控制是实现支出转移的有效政策。

（一）货币贬值

一国货币贬值如果能够满足马歇尔—勒纳条件，那么通过改善国内外相对价格条件，就能够使出口增加，进口减少，贸易收支改善。同时出口增加，通过乘数效应引起收入成倍增加，而进口减少，使部门进口需求转为国内需求，刺激产出增加。

（二）贸易控制

贸易控制也能起到与货币贬值同样的效果。弗兰克尔和约翰逊（Frankel, 1983;

Johnson，1976）认为支出转移政策通过把需求从外国商品转向本国商品，以纠正贸易逆差，它的成功不仅在于改善了逆差，还在于提供了额外的产出，以满足增加了的需求。这在经济处于没有充分就业条件下，意义特别重大。因此，吸收分析法和弹性分析法两者紧密联系，互为补充。

四、国际收支调节的货币论

货币论的创始者主要是美国芝加哥大学和英国伦敦经济学院的哈利·约翰逊（Herry Johnson）和他的学生雅格布·弗兰克尔（Jacob Frankel）。货币论的出现同 20 世纪 70 年代在美国兴起的货币主义学说有关系，它是建立在货币主义学说基础上的。它是从货币的角度而不是从商品的角度，来考察国际收支失衡的原因并提出相应的政策主张的。

（一）货币论的假定前提

货币论有三个基本假定：第一，在充分就业的均衡状态下，一国的实际货币需求是收入和利率等变量的稳定函数。第二，从长期看，货币需求是稳定的，货币供给变动不影响实物产量。第三，贸易商品的价格是由世界市场决定的，从长期来看，一国的价格水平和利率水平接近世界市场水平。

（二）基本理论

1. 基本方程

$$R = M_d - D \tag{4.7}$$

根据这一基本方程，货币论简洁而直观地勾画出货币供求状况对国际收支状况的决定性影响。由于国内货币需求由货币的国内部分和货币的国外部分即国际储备这两部分货币供给予以满足，所以，如果货币的国内部分能够适应货币需求的变化而相应变化，则国际储备保持稳定；而当货币的国内部分超过或者不能满足货币需求水平时，就会引致国际储备的相应增减，表现为国际收支的顺差或逆差。国际收支差额等于本国货币需求与货币国内部分的差额。由于货币论所说的国际收支差额完全取决于货币需求与国内信用增长率的对比，因而国际收支是一种与货币供求密切相关的货币现象。

2. 固定汇率制度下的货币调整

$$r = (p^* + y - \delta d)/(1 - \delta) \tag{4.8}$$

这就是货币分析法在固定汇率条件下的流量调节方程。其中，δ 为国内信贷与货币供应量的比率，即 $\delta = D/M^s$，$1 - \delta = RS/M^s$；p^* 为外国的价格水平变化率；y 为本国实际产出变化率；d 为国内信贷变化率；r 为以外币表示的官方储备资产变化率。

当实际产出增长时，对国内货币的需求增加，人们可能会卖出他们的外汇资产。当他们在中央银行兑换本国货币时，官方外汇储备增加，因而货币供给就增加了。这里假设本国居民卖出外币，并不改变外国的利率，也不会导致资本的国际流动。

国内信贷的增长，开始会引起货币的过度供应，但货币需求仍然保持不变，因为它取决于外生变量 p 和 y。只有靠货币供应中的外汇储备的等量减少，才可能实现货币供求平衡，即出现暂时的国际收支逆差。因此，在固定汇率条件下，要减少国际收支逆差就必须降低国内信贷的增长率。

3. 在浮动汇率条件下的货币调整

货币论者认为,在浮动汇率制度下,货币当局无须承担保持汇率稳定的义务。因此,当国际收支出现失衡或汇率波动时,政府无须通过在外汇市场上的操作维持汇率的稳定,国际收支失衡可以由汇率根据市场供求的波动而及时纠正,从而使国际储备保持稳定。例如,当国内货币供给增大导致国际收支存在逆差压力时,在外汇市场上则表现为外汇供不应求,引起外汇汇率上升,国内价格相应上涨,从而吸收超额的货币供给,消除国际收支逆差;反之,当国内存在超额货币需求、国际收支呈现顺差状态时,则本币升值、国内价格水平下降,由此抵消超额的货币需求,促使国际收支顺差消除。总之,在浮动汇率制度下,不会发生储备的国际流动,汇率的变化取决于两国货币增长与实际收入增长的差距是否相等,而两国国际收支顺差或逆差则通过汇率的上升或下降得以消除,即国际收支在汇率波动的自发调节过程中趋于均衡。

(三)货币论的政策主张

第一,所有国际收支不平衡,在本质上都是货币性的。因此,国际收支的不平衡,都可以由国内货币政策来解决。

第二,所谓国内货币政策,主要是指货币供应政策。因为货币需求是收入、利率的稳定函数,而货币供应则在很大程度上可由政府操纵,因此,扩张性的货币政策可以减少国际收支顺差,而紧缩性的货币政策可以减少国际收支逆差。

第三,为了平衡国际收支而采取的货币贬值、进口限额、关税、外汇管制等贸易和金融干预措施,只有当它们的作用是增加货币需求,尤其是提高国内价格水平时,才能改善国际收支,而且这种影响是暂时的。如果在采取干预措施的同时伴有国内信贷扩张,则国际收支不一定能改善,甚至还可能恶化。

总之,货币论的核心是,在国际收支发生逆差时,应注意国内信贷的紧缩。

五、国际收支调节的结构论

国际收支调节的结构论是针对国际收支货币论在解释各国国际收支效果较差的情况下提出的。国际收支调节的结构论并没有形成一个完整的理论体系,但是这一理论的提出为人们认识国际收支问题开辟了一个新的思考方法。

(一)国际收支结构论的基本理论

在国际收支调节的货币论流行的 20 世纪 70 年代中期,国际货币基金组织的理论权威、研究部主任波拉克(J. Polak)将货币论的主要精神运用到国际货币基金组织的国际收支调节规划中,使货币论成为基金组织制定国际收支调节政策的理论基础。

例如,当成员国的国际收支发生困难而向基金组织借款时,成员国必须按照基金组织国际收支调节规划的要求制定相应的调节政策,基金组织则帮助制定并监督调节政策的实施。由于货币论的政策核心是抑制需求,以牺牲国内经济增长来换取国际收支平衡,因此,在国际收支发生普遍困难的 20 世纪 70 年代,众多成员国在执行了基金组织的国际收支调节规划后,经济活动普遍受到压制,有的甚至因过度削减预算和紧缩货币供应量而导致国内经济、社会动荡。

在这种情况下，结构论有针对性地提出，国际收支失衡并不一定完全是由国内货币市场失衡引起的。货币论乃至以前的吸收论都从需求角度制定国际收支调节政策，而忽视了经济增长的供给方面对国际收支的影响。就货币论而言，它实际上是通过紧缩国内名义货币供应量来减少实际需求。就吸收论而言，它实际上是主张通过采取紧缩性财政、货币政策来减少实际需求，减少国内投资需求和消费需求。结构论认为，国际收支逆差尤其是长期性的国际收支逆差既可以是由长期性的过度需求引起的，也可以是由长期性的供给不足引起的。而长期性的供给不足往往是由经济结构问题引起的。引起国际收支长期逆差或长期逆差趋势的结构问题有以下几种表现形式：

1. 经济结构老化。这是指由于科技条件和生产条件及世界市场的变化，一国原来在国际市场上具有竞争力的商品失去了竞争力，而国内资源由于没有足够的流动性，经济结构不能适应世界市场的变化，由此造成出口供给长期不足，进口替代的余地持续减少，结果导致国际收支的持续逆差（或逆差倾向）。

2. 经济结构单一。经济结构单一从两个方面导致国际收支的经常逆差：一是单一的出口商品，其价格受国际市场价格波动的影响，使国际收支呈现不平衡现象。因为，在出口商品多元化的情况下，一种出口商品的价格下降，会被另一种出口商品的价格上升所抵消，整个国际收支呈现平衡状态。而在出口商品单一的情况下，价格在任何程度上的下降，都会直接导致国际收支的恶化。二是由于生产机构单一，经济结构单一，经济发展长期依赖进口，进口替代的选择余地几乎为零。比如一个只生产锡矿的国家，其经济发展所需要的采矿机械、电力设备、交通工具等只能依靠进口。经济发展的速度越高和愿望越强，国际收支逆差或逆差倾向就越严重。

3. 经济结构落后。这是指一国产业生产的出口商品需求对收入的弹性小而对价格的弹性大，进口商品的需求对收入的弹性大而对价格的弹性小。当出口商品的需求对收入的弹性小时，别国经济和收入的相对快速增长不能导致该国出口的相应增加；当进口商品的需求对收入的弹性大时，本国经济和收入的相对快速增长却会导致进口的相应增加。在这种情况下，只会发生国际收支的收入性逆差，不会发生国际收支的收入性顺差，即国际收支的收入性不平衡具有不对称性。当出口商品需求对价格的弹性大时，本国出口商品价格的相对上升会导致出口数量的相应减少；当进口商品需求对价格的弹性小时，外国商品价格的上升却不能导致本国进口数量的相应减少。在这种情况下，货币贬值不仅不能改善国际收支，反而会恶化国际收支。同时，由货币和价格因素引起的国际收支不平衡也具有不对称性。

国际收支的结构性不平衡既是长期以来经济增长缓慢和经济发展落后所引起的，又成为制约经济发展和经济结构转变的瓶颈。如此形成一种恶性循环：发展经济改变结构需要有一定数量的投资和资本货物的进口，而国际收支的结构性困难和外汇短缺却制约着这种进口，从而使经济发展和结构转变变得十分困难。由于国际收支结构性失衡的根本原因在于经济结构的老化、单一和落后，以及经济发展的长期缓慢甚至停滞和经济发展落后，支出增减型政策和支出转换型政策就不能从根本上解决问题，有时甚至是十分有害的。

（二）国际收支调节的结构论者的主张

既然国际收支失衡是由经济结构导致的，那么调节政策的重点就应放在改善经济结构和加速经济发展方面，以此来增加出口商品和进口替代品的数量和品种供应。改善经济结构和加速经济发展的主要手段是增加投资、改善资源的流动性，使劳动力和资金等生产要素能顺利地从传统行业流向新兴行业。经济结构落后的国家要积极增加国内储蓄，而经济结构先进的国家和国际经济组织应增加对经济落后国家的投资，经济结构落后的国家通过改善经济结构和发展经济，不仅能有助于克服自身的国际收支困难，同时也能增加从经济结构先进国家的进口，从而也有利于经济结构先进国家的出口和就业的增长。

第三节　20世纪西方国际收支理论评述

由于20世纪国际收支理论研究的进展主要体现为国际收支调节理论的完善与系统化，因此，我们对国际收支理论的评述也将围绕着国际收支调节理论的演进脉络、理论贡献与缺陷、未来发展展望三部分而加以展开。

一、20世纪西方国际收支理论的演进评述

20世纪中期以后，随着宏观经济学体系的不断完善，国际收支理论逐渐成为宏观经济学不可或缺的一部分。由于其与经济学基础理论的紧密关系，国际收支学说的演进过程带有浓厚的学派特征。各经济学流派分析视角和分析工具的不同，深刻影响着国际收支理论的发展进程。剖析国际收支理论在20世纪的演进脉络，我们认为，以下几点构成了国际收支理论的演进主线。

（一）自由主义与政府干预主义的争议与较量直接影响和支配着国际收支调节理论的演进轨迹

在国际收支调节问题上一直存在着两种对立的理论观点，即自动调节论和政策调节论。至于哪一种理论观点占统治地位，则取决于不同时期社会经济发展的客观需要。

15世纪至16世纪，代表商业资本利益的重商主义占据了当时经济学的主流地位。重商主义者把货币看做财富的唯一形态，认为国家要致富，就必须增加货币，而获得货币财富的唯一源泉是发展对外贸易，因而，在对外贸易中必须遵守多卖少买、多收入少支出的原则，以求得贸易顺差。然而，当时任何一个国家都难以完全凭借商品的竞争力保证贸易顺差，为了促进商业资本的发展，同时也为了从武力上更好地进行海外扩张，掠夺殖民地的财富，加速资本原始积累的进程，重商主义者坚决主张建立统一的封建国家，加强国家对经济生活的干预；在对外贸易上，则主张诉诸贸易保护政策以确保贸易顺差，从而显示出强烈的政策调节论的倾向。

17世纪末到18世纪中叶，随着资本原始积累阶段的逐渐结束，资本主义在对外经济贸易中已具有强大的竞争力，资产阶级开始不再需要那种带有封建残余色彩的国家干

预主义，而是需要自由竞争和自由贸易，所以亚当·斯密的经济自由主义学说应运而生，并取得了主流经济学的地位。与此相适应，在国际收支理论领域，大卫·休谟主张自动调节的"价格—铸币流动机制"风靡一时。按照"价格—铸币流动机制"的基本思想，国际收支均衡的恢复，完全用不着人为的政策干预，在价格机制的自发作用下，国际收支会自动趋于均衡。古典经济学的杰出代表人物大卫·李嘉图，则以比休谟严谨得多的经济学术语，阐述了与休谟观点相似的国际收支自动调节论的思想。在李嘉图之后，西方经济学的重要代表人物约翰·穆勒和阿尔弗雷德·马歇尔在用"相互需求说"或"相互供求说"论证国际价值的过程中，重申了国际收支自动均衡的观点。特别是马歇尔首创的"需求弹性"概念，为"价格—铸币流动机制"锻造了新的重要一环。因为在休谟那里，进出口需求对于价格是被假定为有充分弹性的，而在现实世界中，各类商品的需求弹性是不同的，从而相同幅度的价格变动对进出口流量会产生不同的效应，以致即使在古典金本位制下，贸易平衡问题也比休谟所设想的复杂和困难得多。

休谟的理论是以金本位制的存在和工资、物价的充分弹性为前提的。但是，进入 20 世纪以后，随着资本主义基本矛盾以及各种固有矛盾的不断激化，金本位制的存在基础日益削弱。随着第一次世界大战的爆发，金本位制由于不能适应战争期间增加通货的需要，各国纷纷放弃金本位制，国际金本位制中断运行。第一次世界大战结束后，资本主义世界处于相对稳定时期，各国又相继恢复了金本位制，但所恢复的已不再是原来的金币本位制，而是金块本位制或金汇兑本位制。后两种形式都是削弱了的金本位制，由于其基础极不稳定，所以在 1929—1933 年资本主义世界经济大危机的冲击下很快瓦解和崩溃了。与此同时，"价格—铸币流动机制"发挥作用的另一前提——工资和物价的充分弹性，也由于受到大危机的冲击不存在了。大危机过后，由于政治经济条件的变化，特别是垄断组织和工会力量的强大，工资和物价都呈现出"刚性"的特征。这样，国内货币供给减少所直接引起的是失业增加和产量减少，而不是价格和工资水平的降低，从而有国际收支逆差的国家，一旦货币供给不足就不可能迅速地通过价格水平下降而恢复国际收支平衡。既然传统的国际收支调节理论已不再起作用，那么怎样才能维持一国的外部均衡呢？凯恩斯国家干预主义认为，资本主义市场经济体制存在固有的缺陷，这造成了对商品和劳务的总需求不足并由此引起就业不充分和非自愿失业的存在。但有效需求的不足可以通过增加政府支出、减税和货币供应扩张等措施加以弥补，在达到充分就业以前，这些措施可以刺激产量和就业量的增加，而不会带来通货膨胀。

"凯恩斯革命"对国际收支调节理论产生了深刻的影响，一些经济学家纷纷借助新的经济学原理对传统的国际收支调节理论进行更新或完善。1937 年，琼·罗宾逊系统地提出了国际收支调节的"弹性分析说"。弹性分析说具有明显的不同于"价格—铸币流动机制"的特点：（1）后者以金本位制固定汇率为前提，前者则以金本位制崩溃后的浮动汇率为前提；（2）关于进出口价格变动，在后者看来是由黄金流动引起的，在前者看来则由汇率变动引起的；（3）后者未涉及进出口需求弹性或者说假定是有充分弹性的，前者则把弹性当做汇率变动能否以及如何影响贸易差额的关键。然而，弹性分析说并未完全跳出"价格—铸币流动机制"的窠臼，它仍然把贸易差额平衡看做是自动调节的过程，把调节归结为国际货币体系总问题。所以，弹性分析说还不能算是完全的政策调节论，充其量只是从自动调节论到政策调节论的过渡。

20 世纪 30 年代末 40 年代初，梅茨勒、马柯鲁普等人以凯恩斯主义为理论基础，提出了"外贸乘数说"。这一学说分析的是在汇率和价格不变的条件下，收入变动在国际收支调节中的作用，其基本精神是：进口支出是国民收入的函数，自主性支出的变动通过乘数效应引起国民收入变动，从而影响进口支出。因此，当一国国际收支出现逆差时，可以实行紧缩性财政、货币政策，降低国民收入，以减少进口支出，改善国际收支；反之，当一国出现国际收支顺差时，可以实行扩张性财政、货币政策，提高国民收入，以增加进口支出，减少国际收支顺差。这种通过收支变动来调节国际收支的效果，取决于一国边际进口倾向的大小，亦即取决于进口需求收入弹性的大小和对外开放程度的高低，因为边际进口倾向为进口需求收入弹性与开放程度之积。一国的开放程度越高，进口需求收入弹性越大，那么一定规模的紧缩政策对国际收支的改善程度也就越高。显然，外贸乘数说具有明显的凯恩斯主义特征，是典型的国际收支政策调节论。50 年代初，詹姆斯·米德和西德尼·亚历山大等人创立了国际收支调节的"吸收分析说"，这时，凯恩斯主义才真正占领了国际收支理论研究的阵地。吸收分析说以凯恩斯国民收入方程式为依据，明确地把一国对外贸易与整个国民经济活动有机联系起来，鲜明地体现了凯恩斯理论宏观分析的特征。

在 20 世纪 50 年代至 60 年代末的近 20 年时间里，以吸收分析说为代表的政策调节论支配了西方国际收支调节理论。60 年代末 70 年代初，西方各主要资本主义国家经济进入了滞胀并存的困境，凯恩斯主义对此束手无策而不得不让位于新自由主义，在国际收支理论领域，罗伯特·蒙代尔、哈利·约翰逊等人则创立了一种新的国际收支调节理论——"货币分析说"。货币分析说本质上是一种自动调节论，它认为国际收支纯粹是货币现象，即货币需求和货币供给之间的关系，是决定国际收支的关键因素。当一国对货币余额的需求超过了货币供给的存量时，就会出现国际收支的盈余；反之，当一国货币供给超过货币需求时，就会出现国际收支赤字。在长期内，国际收支会自动趋于均衡，因为在有国际收支盈余的地方，外国资金就会流入，结果该国的货币供给量会随之增加，达到一定程度就会同货币需求相平衡，于是国际收支就会恢复均衡；反之，在国际收支赤字的地方，随着本国货币的外流，总的货币存量会减少到所希望的货币余额水平，货币市场的存量达到均衡，于是国际收支赤字自动得到纠正。

从以上的论述我们可以看出，国际收支理论的发展经历了自动调节—政策调节—自动调节的演进过程，经济学理论中自由主义与政府干预主义的较量直接影响和支配着国际收支调节理论的演进轨迹，成为国际收支理论发展的一条主线。

（二）国际收支理论的演进与西方经济均衡理论的发展密切相关

由于国际收支理论的国际收支调节机制的变化还与西方经济均衡理论的发展有密切关系。西方经济均衡理论或者均衡观的发展使得均衡概念具有动态性和层次性，均衡的动态性表现为从微观局部均衡到宏观一般均衡；从某一时点的静态均衡到跨时的动态均衡；从短期均衡到长期均衡；从流量均衡到存量均衡；从均衡到非均衡。均衡的层次性则可把均衡状态分为：（1）仅仅指可度量的相互关联的经济变量的数值相等（进口等于出口）的初级均衡状态；（2）指一组相互关联的经济变量之间的因果关系和相互协调而形成的内在稳定的某种态势的较高级、复杂的均衡状态；（3）指相互关联的经济变量的协调与社会目标相一致的价格判断，即暂时经济均衡与长期的经济社会发展目标相一致的高级均衡状态。

在国际收支调节过程中，不同流派所采用的政策主张是不同的，由此国际收支调节政策也随着其调节理论的发展而呈现出相应的演变过程。

在弹性论中，采用的政策工具是货币贬值，汇率政策通过调整汇率引起进出口商品价格的变化，以扩大出口、减少进口，从出口供给和进口需求两个方面转移外部冲击的影响，产生生产和消费的替代效应，进而调节国际收支。货币贬值是单一的针对性很强的政策工具，在进出口商品具有充分需求弹性的条件下能产生预期效应，但货币贬值政策调节国际收支是有条件的，而且货币贬值政策在调节外部均衡时可能导致国内通货膨胀率上升。

在国际收支吸收论中，采用的政策工具主要是财政政策和货币政策，更主张和强调采取宏观财政政策调节国内总需求以实现对外均衡。这种需求管理的财政政策对总收入水平较低的发展中国家的经济发展实际上是很不利的，因为通过减少国内总需求实现对外均衡意味着以牺牲国内经济增长来实现对外平衡，容易导致短期平衡与长期发展之间的矛盾，进而产生内部平衡与外部平衡之间的冲突，甚至陷入国内经济萧条而国际收支赤字的困境。但詹姆斯·米德组合政策调控内外平衡的理论对发展中国家具有一定的指导意义。

在国际收支货币论中，采用的政策工具主要是货币政策，主张通过货币政策调控国内货币供应量影响总需求与总供给，从而实现国际收支均衡或国际储备的稳定。货币论中也存在着通过减少国内货币供应及降低国内需求来实现国际收支均衡的政策倾向。

国际收支弹性论、吸收论与货币论的调节都属于静态均衡的调控。随着开放宏观经济系统的日益复杂多变，影响国际收支均衡及其与国民经济均衡的宏观经济变量呈现动态变化。在这种动态变化的系统中，均衡已不再是行为在某一时点的静态均衡，从一个时点到另一个时点，均衡不断被打破而又不断建立新的均衡，从而产生了一定时点的均衡与整个时期内均衡的关系问题，即暂时静态均衡与长期稳定态均衡之间转移和传递的问题。静态均衡的调控理论和方法已不能适应开放宏观经济的动态系统。自 20 世纪 80 年代以来，国际收支调控理论和政策向跨时动态一般均衡模型转变，国际收支调节政策则注重多种政策组合和搭配。政策的搭配既要考虑动态均衡的移动路径、发展趋势和结果，还要考虑政策的跨时传递效应、经济变量与政策工具之间的冲销效应，力求政策之间配套，以产生积极的互补效应。政策调节还要注意调节环境与条件是否与政策本身配套及相互适应的问题，及时预见分析超调和超调效应，充分预见和估计政策的短期影响和长期效果，讲求政策的跨时效应，以达到政策的预期目的，实现动态的内外均衡、协调发展。

（三）各种国际收支理论在彼此借鉴和吸收的基础上，体现出了一种相互融合、相互渗透的趋势和特点

上述各种国际收支调节理论是西方国际金融理论的核心。实际上，这些理论并不是互不相容的，而是互相补充的，区别只是对同一经济过程描述的方法不同以及强调的重点不同而已。与弹性分析说一样，吸收分析说对货币贬值改善国际收支的效应作了深入分析。但吸收分析说认为，通过货币贬值改善国际收支，是否充分就业，其作用是有所不同的。在非充分就业条件下，货币贬值将使该国出口商品以外币表示的价格下跌，出口增加；使闲置资源流向出口产品生产部门，进一步扩大出口，从而改善国际收支状况。而在充分就业条件下，意味着没有闲置资源可供出口部门增加产量，因而不可能通过扩大出口来改善国际收支，通过货币贬值只会引起进口商品价格上涨，促使国内对进口商品的需求下降，减少进口支出，同时带动出口商品的国内需求下降，使出口也有所增加，这样才能改善国际收支。但是，货币贬值一定要通过紧缩性财政货币政策的配合来抑制国内需求，才能成功地改善国际收支，保持内部和外部的均衡。所以，吸收分析说着重于国内需求水平而不是相对价格水平，着重于货币贬值的收入效应而不是相对价格效应，这是与弹性分析说不同的地方。但是，吸收分析说在分析中仍然离不开弹性理论。因为，供求弹性及贸易品和非贸易品相对价格的变化，全部都影响收入和支出，至于影响到什么程度，则有待于具体分析。但不管怎样，不仅货币贬值的效应取决于供求弹性，而且对货币贬值效应的抑制也取决于相关弹性。这说明吸收分析说不可能替代弹性分析说而独立存在。正因为如此，早在 20 世纪 80 年代以前，吸收分析说的创始人之一亚历山大就企图将吸收分析说与弹性分析说合二为一。货币分析说的主要贡献在于引起人们在国际收支分析中对货币因素的重新重视。自从凯恩斯主义统治西方经济学界后，货币因素就逐渐为人所淡忘。凯恩斯主义在国际收支分析中只强调实际因素，而几乎没有涉及货币因素。货币分析说的兴起，使货币因素在国际收支调节中的作用得到了人们应有的重视。如同以弗里德曼为代表的国内货币主义是从凯恩斯理论出发而与其对抗一样，国际收支调节机制把收入—支出均衡看成是国民经济稳定的基础；而货币分析说则视收入为一定，只将货币存量作为起均衡作用的变量，因而将注意力集中于单一资产——货币持有量的决定上。所以，这两种国际收支调节理论实际上是一枚铜钱的两面：前者强调国内产量的均衡，后者则强调货币供求的均衡。它们之间并不是互相排斥的，而是互相补充的。也正因为如此，货币分析说的重要代表人物弗兰克尔试图将货币分析说与吸收分析说综合起来。自 20 世纪 80 年代以来，西方各种国际收支与调节理论的综合化趋势进一步加强了。一些经济学家甚至企图将汇率理论与国际收支理论调和起来。例如，美国经济学家波印尼克就认为，在短期内，汇率主要取决于货币性的资产市场机制和预期，国际收支的经常项目则决定汇率在一段时期内的演变，而在长期内，汇率则是由货币和实际经济方面的因素共同决定的。这是因为自布雷顿森林体系解体以来，世界经济形势和国际金融形势日益复杂化，以往的任何一种理论都不能充分解释汇率的变动和国际收支的调节。值得重视的是，自 20 世纪 80 年代中期以来，西方主流经济学的发展也出现了各种学说相互渗透、相互融合的趋势。从这个意义上讲，西方国际

收支调节理论的发展方向还是正确的，如果能够吸收各家学说的长处，建立一个综合的模型，使自动调节机制与政策调节机制有机地结合起来，那么，国际收支调节的理论研究就有可能前进一大步了。

二、20 世纪西方主要国际收支理论简评

20 世纪国际收支理论对于人们认识国际收支问题的实质，调节和维护国际收支平衡起到了重要的指导性作用。但是每一种理论的提出天然都是合理性和非合理性的结合体，因此，准确把握每一种国际收支理论的优缺点，将对我们未来更加深刻地认识国际收支问题很有帮助。

（一）对弹性理论的评价

1. 弹性论的贡献

（1）弹性论是在古典国际收支调节理论失效的基础上产生的，是首次基于当时的经济现实背景，通过总结前人对国际收支问题的研究成果，系统地提出了解释国际收支失衡的原因，调节国际收支失衡方法和条件的理论框架，成为现代国际收支研究的理论基础。

（2）弹性论是以微观经济学为基础，从分析汇率变动对进出口商品市场的影响入手，揭示了货币贬值引致进出口商品价格与贸易数量的变化，进而作用于国际收支的调节过程。在 20 世纪 30 年代古典国际收支调节理论严重背离现实经济的情况下，弹性论对于国际收支现象的分析以及政府国际收支调节手段的使用具有一定的理论意义。

2. 弹性论的缺陷

（1）假设条件不合理。第一，该理论对商品价格的弹性仅作了静态考虑，未考虑到货币贬值后进出口商品需求在新价格水平上的弹性。根据西方经济学原理，一种商品的价格越高，其弹性越大。对进口商品来说，货币贬值后其需求的价格弹性变大；对出口商品来说，货币贬值后其需求的价格弹性变小，但只有在出口商品的竞争对手也降价或实行货币贬值的条件下，这一结论才存在。如果不是严重的区域性或全球性金融危机，一国货币贬值并不会导致其竞争对手也跟着货币贬值。在此种情况下，一国货币的贬值不仅不会导致其出口的需求价格弹性变小，反而会变大。如果一国货币贬值导致其进出口商品的需求价格弹性都变大，那么，就有可能使原先进出口商品的需求弹性之和小于 1 现在变为大于 1，从而改变了马歇尔—勒纳条件的部分结论。第二，该理论仅考虑了货币贬值国贬值对其贸易收支的影响，没有考虑到出口对象国可能采取的降价措施。事实上，一国进出口商品的需求缺乏弹性并不必然导致该国贸易收支恶化，这要视贬值后进出口商品需求弹性的变化和其他国家的反应而定。因此，用弹性分析理论或马歇尔—勒纳条件来指导或制定一国出口政策，风险较大，结果也并不具有必然性。

（2）未考虑到价格调整对弹性进而对贸易收支的影响。在一国进出口商品的需求弹性都很小，同时又出现贸易赤字的条件下，马歇尔—勒纳条件只告诉我们不能做什么，未告诉我们应该做什么，从弹性分析理论本身也推导不出其他任何可行的措施，除了建立关税壁垒，削减进口。实际上，从自由交换的角度看，只要双方愿意交换，交换就总

是对双方有利的，即使出口价格很低、进口价格很高也是如此。如果交换过程中出现一时的贸易赤字，也可通过进出口价格的再调整或货币的贬值、升值来调节供求，进而使贸易平衡和外汇收支差额为零。马歇尔—勒纳条件的不足之处在于它未考虑到价格调整对弹性进而对贸易收支的影响。

（3）传统弹性分析法假设进出口需求函数只是单个货币价格的函数，没有考虑相对价格和实际收入（或实际支出）的影响。

（4）由于存在预算约束，各个市场实际上是相互依赖的，而弹性分析法只是考虑了进出口市场。

（5）与贸易盈余对应的是收入大于支出，即贬值要产生贸易盈余必须相对于收入而言降低支出，而传统弹性分析法没有涉及收入—支出关系。

（二）对吸收论的简要评价

1. 吸收论的贡献

（1）反映了国际收支对于价格变化的反应既取决于供给，也取决于需求，以及整个现实经济情况。指出要正确地分析货币贬值的效应，就要考察国际收支与整个经济的关系。把国际收支当做宏观变量，从而把国际收支与整个国民经济连接起来。这正是国际收支理论研究的正确方向。

（2）国际收支调节的吸收理论指出了弹性理论所忽视的国际收支逆差的货币方面。它推进了弹性理论关于贬值效应的研究，同时又指出，不能仅仅将货币贬值作为应付国际收支逆差的政策工具，而要把货币贬值和通货紧缩相结合。贬值是为了达到这一目的，即国内外需求在国内外产量间的配置与国际收支均衡一致。通货紧缩是为了使国内总需求与国内总供给相适应。因此，它比较清楚地指明了国际收支调整政策的先决条件。

（3）吸收论强调国内需求水平而不是相对价格水平对国际收支的影响，运用了弹性论所忽略的总量分析方法，重视国际收支与国民经济整体的内在联系，拓展了研究思路及分析框架。

（4）依据吸收论所提出的政策主张更加强调宏观经济政策的协调配合，支出增减政策和支出转换政策为处于不同汇率制度下、不同宏观经济运行状况的政府决策部门，提供了政策选择和搭配空间。

（5）吸收论采用了一般均衡的分析方法，较之注重局部均衡分析的弹性论更具科学性和包容性。

2. 吸收论的缺陷。国际收支调节的吸收论除了忽略资源利用效率、过于强调货币贬值的出口扩大效应、分析中基本排除贸易伙伴国的反应等等，其最大的缺陷在于仍然未能超越弹性论、乘数论的局限性，分析框架仍仅仅限于贸易领域，并将贸易收支等同于国际收支，忽略了开放经济条件下资本流动对国际收支及其实现内外均衡目标的重大影响，进而降低了其实用价值。

（三）对乘数论的简要评价

1. 乘数论的贡献

（1）乘数论开辟了以宏观经济理论为依据，从一般均衡的角度分析国际收支与国民经济相互关系的新思维，故较之弹性论，其更接近于开放经济条件下的现实经济状况，因而具有一定的实践价值和政策意义。

（2）乘数论所提出的改善国际收支的哈博格条件比马歇尔—勒纳条件更富有现实意义，因为它考虑了货币贬值通过收入的变动对国际收支所产生的影响，并且出口供给弹性无穷大的假定更接近于非充分就业的现实。

（3）乘数论阐述了对外贸易与国民收入之间的关系，以及各国经济通过进出口途径相互影响的原理，在一定程度上对于我们理解现实经济状况有一定的启发意义。

2. 乘数论的缺陷

（1）由于过分拘泥于凯恩斯乘数原理的分析框架，只考察了进出口贸易收支差额对国际收支的影响，而缺乏对国际资本流动、价格变动、货币量等对国际收支状况具有重要作用的因素分析，因而依然未能克服理论思路和论证过程的局限性和片面性。

（2）未充分就业的假定前提限制了乘数论的适用范围。如果经济已经实现充分就业，出口的增加将引致过度需求，有可能引发需求拉动型通货膨胀。对此，乘数论未能作出进一步的阐释及其政策建议。

（四）对货币论的简要评价

国际收支调节货币理论是当代西方国际收支调节理论中最流行的一种学说。但它的分析重点不在汇率与国际收支的关系上。这种理论侧重于长期国际均衡，强调的是货币均衡对国际收支均衡的重要性。它认为国际收支失衡本质上是货币现象，对货币的需求是存量需求。国际收支逆差代表货币供求之间的不均衡，但经济本身具有最终自我纠正这种不均衡的功能；传统的调节手段只有消除了货币供求存量不均衡时才能成功。

1. 货币论的贡献

（1）国际收支调节的货币论创建于货币主义大行其道的20世纪60年代，可以说是货币主义理论思想在国际经济领域的应用与发展。货币论最大的贡献就在于使货币因素在国际收支的理论研究中受到了应有的重视。

（2）在对国际收支的认识上，货币论较之弹性论和吸收论有着更全面的分析框架。它将国内货币供应总量的变化与国际收支状况作为一个整体，论证了货币供求与国际收支之间的相互影响和相互制约，将国际收支不平衡作为货币供求存量不平衡的结果，强调国际收支差额必将引起货币存量的变化，进而在短期内影响一国的宏观经济。

（3）货币论认为在开放经济条件下有形商品、劳务、资本的跨国流动集中反映了对货币供求进行调整的需要，进而将弹性论、吸收论忽略的国际资本流动因素纳入国际收支调节分析框架，其对长期内国际资本流动的分析不仅独具一格，且具有一定的说服力。

2. 货币论的缺陷

（1）货币并非国际收支失衡及其调节的唯一因素，因为货币市场均衡时，如果对商品过度需求，而且这种需求由国外部门的商业信用来满足，国际收支将出现逆差。在货币市场和资本市场共存的体系中，国际收支的失衡完全可能源于资本市场失衡，并通过资本的流出或流入使国际收支重新恢复均衡，一国的外汇储备可以保持不变，这样，国际收支的调节将不涉及货币余额，很难说货币是国际收支调节的唯一手段。

（2）货币分析论的一个最基本的假设是，货币需求是收入的稳定函数，在长期内可以视做不变的常数，因此货币供给是决定国际收支的唯一力量。由于货币分析理论排斥了一些可能随货币供给变化而导致货币需求变化的因素，如利率，其结论的可行性自然要受影响。如果利率随货币供给量发生大幅度变动，短期内必然影响投资、消费和产量，引起货币需求的变动，不能过分强调长期静态均衡而忽视对短期和中期国际收支均衡的分析。

（3）货币分析理论对国际收支长期均衡的分析，在相当程度上将结论建立在一价定律或购买力平价基础上。由于存在运输成本、贸易障碍、关税及信息不完全等因素，现实经济社会中的一价定律并不完全成立，这种价格偏差传递到国际间货币供给的分配，对各国货币市场的均衡产生影响，就是完全按照货币分析理论关于国际收支的调节措施，现实经济中也会出现政策预期偏差。

（五）对结构论的简要评价

结构论既然是作为传统的国际收支理论特别是货币论的对立面出现的，自然会受到许多批评。对于经济结构单一和落后引起的国际收支困难，结构论者一般认为：所谓结构性失衡实际上是愿望与现实之间的失衡。国际收支困难有两种不同的概念，一种是事先的概念，另一种是事后的概念。事先的概念是指国际收支失衡的压力，而不是指国际收支失衡本身。只要财政政策与货币政策适当，就能避免失衡本身的发生。批评者认为：国际收支制约力是到处存在的，对于维持一国经济长期均衡的发展和世界货币的金融秩序是十分必要的。结构论者所讲的实际上是经济发展问题，而不是国际收支问题。经济发展政策对国际收支失衡的调节，常常是无效的或收效甚微的。另外，要求以提供暂时性资金融通为主的国际货币基金组织向经济结构落后的国家提供长期性国际收支贷款，而同时又不施予必要的调节纪律和恰当的财政、货币政策，犹如把资金填入一个无底洞，既不利于有关国家经济的均衡发展，又违背了基金组织本身的性质和章程，同时也是基金组织在客观上无力做到的。

三、国际收支理论的未来发展展望

通过对 20 世纪西方国际收支理论的回顾，我们认为，目前国际收支理论的研究正处于一个承前启后的历史时期。20 世纪各种国际收支理论流派都兼具历史性和局限性的特点，未来国际收支理论的发展必将在前人研究的基础上，取其精华、弃其糟粕，通过对新的历史时期经济现状的客观、细化分析，建立新的、更加科学的理论模型。

（一）将产生融合各种学派理论观点的综合性国际收支调节理论

前文介绍的几种主要的国际收支理论，可以从不同角度加以概括和分类。从经济的实物面和货币面来区别，价格—铸币流动机制、弹性分析法和吸收分析法都属于对经济的实物面引起的国际收支均衡与不均衡的分析。这里的实物面主要是对外贸易，也就是用商品进出口差额作为判断国际收支均衡与否的标准。国际收支的货币分析方法则是从经济的货币面来分析国际收支是否均衡。就国际收支的调节机制而言，有的理论属于自动调节机制，如价格现金调节机制、价格和利率调节机制、收入调节机制和货币主义的市场调节机制。而有的理论属于政策调节机制，如弹性分析法强调的汇率政策、吸收分析法强调的支出减少政策。从分析方法来看，价格—铸币流动机制、弹性分析法、收入调节机制属于局部均衡分析，吸收分析法和货币主义分析法属于一般均衡分析。

从历史的视角来看，国际收支弹性分析法虽然与价格—铸币流动机制都是从商品进出口进行的分析，但它比后者进步就在于引入了进出口商品的价格供给弹性和价格需求弹性；而且着重分析和强调了政府的汇率政策（主要是货币贬值政策）对贸易商品价格的影响及其在调节国际收支失衡中的作用。国际收支的吸收分析法虽然也是以对外贸易差额作为分析的出发点，但它不是纯粹以贸易品价值量的增减作为判断国际收支均衡与否的标准，而是把对外贸易差额与国内的主要宏观经济变量（总收入和总支出）联系起来，从一个更广的角度研究国际收支。这也正是这一分析法的合理之处。国际收支的货币分析法与以上几种理论不同的是，它不是从商品进出口的角度而是从货币供求角度分析国际收支问题。它把国际收支不平衡看成是货币供求不平衡的表现，因此认为从本质上说，国际收支不平衡是货币现象。

总之，以上各种理论有其合理的一面，也有其不足的一面。或者说，各种理论是从一个侧面而没有从各个侧面分析国际收支问题。而且上述理论往往是以市场经济发达国家或对世界经济有较大影响的经济大国为背景得出的，并不一定完全适合世界上所有国家，特别是我国这种处于经济转轨时期的国家。因此，我们预计，未来国际收支理论将出现一个融合各种理论流派观点、从多个侧面分析国际收支问题的趋势，国际收支理论的研究将显现大融合的新特点。

（二）以往国际收支理论以大国经济为主要研究对象的情况将发生转变

近年来，以中国为代表的广大发展中国家经济崛起的现实，使得更多的经济学的注意力转向转轨经济体和发展中国家的国际收支问题。传统的西方经济学关于国际收支的理论模型，均建立在工业化大国这一假定前提的基础上，传统模型同时也假定，参与交换的国家的所有产品都是可以进行贸易的。但是，对广大发展中国家来说，国际贸易活动的规律却与上述假定相距甚远。发展中国家的突出特点是国内市场很大，存在着大量的与国际交换无关的"非贸易品"，许多发展中国家同时又是开放国，但由于其贸易量占世界市场的比重很小，不能决定其出口产品的国际价格，故被称为"小开放经济"（Small Open Economics）。另外，还有一些国家和地区虽然不属于发展中国家，但由于经济实体较小，其货币政策或汇率变动对世界市场的影响也很小，因而也属于"小开放经济"类型的国家和地区，如新加坡和中国香港等。这说明，传统的国际收支理论有其明显的局限性，对广大发展中国家和"小开放经济"的国际贸易活动，必须采用不同于传统的理论模型来分析。

近年来，国际经济学开始注重这一方面的研究，即研究存在着大量非贸易品、接受由国际市场决定并以固定的外币所表示的产品价格的"小开放经济"中，国际收支发生失衡时的一系列问题。

目前，国际经济学界已经提出了一系列新的模型来解释"小开放经济"国际收支的特殊性。这些模型关于小国变动汇率不能影响国际贸易条件和世界市场价格的假定，实际上已是目前国际经济活动中小国面临的常态。这与经济发展早期世界经济由少数大国或强国所左右的情况相比，已发生了根本的变化。因此，在传统的大国贸易模型中，也应纳入这一概念来加以研究（克鲁格曼在他的最新国际经济学著作中已经开始进行这样的尝试）。这就意味着传统的大国模型也应加以改进和发展。但是，这些模型普遍具有没有从根本上揭示广大发展中国家产生国际收支问题的深层次原因、模型的某些假定的合理性存在争议的问题，因此解释力和影响力都相对较差，未来，发展中国家和转型经济国家的"小国国际收支理论"研究必将进一步深入。

（三）国际收支理论与现实经济状况的结合将更加紧密

我们从 20 世纪国际收支调节理论的演进脉络可以看出，理论的发展总是随着经济发展的不同阶段而加以调整的。但是，经济学家们逐渐发现，虽然我们前面介绍的国际收支理论从不同角度阐述了国际收支失衡的原因及其调节办法，但有些根本性的问题还是没有得到解决。如究竟在什么条件下一国会出现国际收支失衡？究竟有哪些关键因素在影响着一国的国际收支？其确切的数量关系又如何？不仅在理论上是如此，现实情况也不尽如人意。

自 20 世纪 70 年代布雷顿森林体系解体以及世界主要货币实行浮动汇率以来，由于汇率变化剧烈和世界经济动荡，一些国家出现了大量的国际收支顺差，而另外一些国家出现了大量的国际收支逆差。前者由于顺差而不断输出资本，继而成为净债权国；而后者为了弥补逆差而不断吸引资本流入，最终成为净债务国。当前国际收支失衡和国际债务危机已经严重地影响到这些国家经济的发展，导致整个世界经济增长缓慢，贸易摩擦加剧，金融市场动荡。因此，20 世纪 80 年代之后，世界银行和国际货币基金组织就将它们的工作重心从"促进世界各国经济发展"转移到"解决全球国际收支严重失衡和国际债务危机"上，世界各国的经济学家和政策决策者亦积极配合，不懈努力，试图解决这两个困扰各国经济发展的问题。然而，由于影响国际收支和国际债务的因素实在太多、太复杂，而无法将其主要影响因素从众多的因素中分离出来，并在数量上确定它们之间的相互关系，因此无论在理论方法上还是在实践中都未能获得明显效果。

近年来，国际经济学开始更加注重与现实经济的紧密结合，把注意力投向运用日益成熟的计量经济学和计算机技术对国际收支问题进行实证研究，转向存在着大量非贸易品、接受由国际市场决定并以固定的外币所表示的产品价格的"小开放经济"，对多种相关变量与国际收支关系问题的研究，以及更加细化、更加精确的理论模型的建立上。例如对可贸易品和非贸易品的分类、对支出和相对价格的变化与国际收支关系的研究、对非贸易品条件下调节机制等的研究。

第五章

国际资本流动理论

国际资本流动问题是 20 世纪国际金融理论研究的重点之一。在 20 世纪早期，俄林、金德尔伯格的短期资本流动理论以及马科卢普的国际投资乘数论等对国际资本理论的发展作出了重要贡献。第二次世界大战以后，国际资本流动的规模不断扩大，无论是发达国家还是发展中国家都出现了放松资本管制的趋势。这一时期，国际资本流动理论又有了进一步的发展。

第一节 国际资本流动理论的演进

20 世纪以来，国际资本流动理论大致可划分为两个阶段，一是 20 世纪早期至第二次世界大战，二是第二次世界大战后至 20 世纪末。

一、国际资本流动理论的早期阶段

在早期国际金融学说体系中，国际资本流动理论把黄金等贵金属货币是否作为一种国际间流通手段，以及对国际收支产生的影响作为研究对象，提出了重商主义的货币中心论和古典政治经济学的货币数量说。

早期重商主义主张禁止金银的流出，应设法吸收国外货币，因为财富的性质就是金银。晚期重商主义以贸易差额论为代表，主张扩大商品输出、限制商品输入即奖出限入。大卫·休谟作为古典政治经济学的代表人物之一，批评了重商主义者的贸易差额论，而把货币数量说运用到国际资本流动理论和国际收支方面，提出了著名的"价格—铸币流动机制"。随后，李嘉图在休谟的理论基础上，又发展了国际资本流动学说。

20 世纪初，美国经济学家欧文·费雪在李嘉图比较利益理论的基础上，提出了国际资本流动的利率理论模型。该理论认为，在不考虑资金流动中的各种风险因素时，资本在国际间不同金融市场上进行投资的收益率就是这些市场上的利率，各国利率的差异决定了资本在国际间的流动情况，而资本在国际间流动的结果则是消除了各国之间的利率差异，直至本国利率与世界利率水平相等为止。

第二次世界大战结束以前，对国际资本流动的论述主要集中在国际短期资本流动，以及资本流动对一国国民收入有何影响。如金德尔伯格1937年出版的《国际短期资本流动》一书在20世纪国际资本流动的研究中占有重要的地位。在该书中，金德尔伯格首先对国际资本流动的长短期做了界定，然后又引进了货币供给、膨胀和收缩、产业流通和金融流通的概念，在此基础上展开了对国际短期资本流动的分析。金德尔伯格的国际资本流动理论为20世纪国际资本流动理论的研究奠定了基础。《国际短期资本流动》一书也成为研究国际资本流动的一本名著。

瑞典经济学家俄林对影响国际资本流动的短期因素作了分析，如利率因素和汇率因素。此外，俄林还对国际资本流动与生产要素的调整进行了详尽的讨论。俄林认为，资本的国际流动实质上就是借贷两国生产的调整，资本流动必定导致两国生产和收入的变化。不仅如此，伴随资本的国际流动，借贷两国的贸易条件也会发生相应的变化，这将促使两国资源配置发生变化。

在凯恩斯理论盛行的时候，一些学者以凯恩斯理论为基础，提出了不同的宏观经济模型，马科卢普（Fritz Machlup）就是其中的代表之一。马科卢普在1943年出版的《国际贸易与国民收入乘数》一书中，把卡恩首先提出并经凯恩斯发展的乘数理论运用到国际经济领域内，提出了国际投资乘数理论。马科卢普通过不同的模型说明投资是如何使国民收入成倍增长的，他阐明了这样一个观点：资本输入国的国民收入会因资本输入增长，而资本输出国的国民收入则不会由此受到损失。这一理论的出现把国际资本流动问题的研究向前推进了一步。

二、第二次世界大战后的国际资本流动理论侧重于资本管制和放松

第二次世界大战结束以后，无论是发达国家还是发展中国家都实行了较为严格的资本管制。从经济学分析的角度，资本管制的原因可归纳为两大派：一派认为资本自由流动有助于资源的最优配置，增进社会福利，但由于现实经济中存在大量市场失灵或扭曲，所以不得不用另一种扭曲——资本管制来抵消原有扭曲的不利影响，从而实现次优。因此资本管制是一种次优方案。另一派强调恶意投机对金融和经济的损害，认为适当的资本管制是一种最优选择。从政治学角度分析，战后发展中国家对资本流动实施严格的管制源于其奉行的经济发展战略，即进口替代工业化战略。进口替代工业化战略的核心是对本国不具有比较优势的工业部门进行保护和支持，发展中国家对货币金融系统进行了严格管制，以保证把有限的资源纳入政府的控制之下，这其中也包括防止资本外流的资本管制。

在资本管制理论大行其道的时候，仍有一些经济学家探讨资本输出入，特别是资本输入对经济发展的重要意义。1953年，美国发展经济学家纳克斯（Ragnar Nurkse）出版了《不发达国家的资本形成问题》一书，系统地考察了发展中国家的贫困问题，探讨了贫困产生的根源和摆脱贫困的途径。提出了"贫困恶性循环理论"，形成了早期发展经济学的资本形成理论的雏形。钱纳里（Hollis Chenery）和斯特劳特（A. M. Strout）于60年代提出了"两缺口"模型，指出发展中国家引进外资既可弥补外汇缺口，也可弥补投资缺口，因而引进外资对一国的经济发展具有重要意义。

从 20 世纪 70 年代初期开始，发展中国家掀起了一股金融自由化的浪潮。这股浪潮的理论基础就是金融深化论。1973 年，罗纳德·麦金农和爱德华·肖分别出版了两本阐述金融深化的论著：《经济发展中的货币与资本》和《经济发展中的金融深化》。这两本论著系统阐述了金融深化对经济发展的重要作用，其中包括金融对外开放。此后，国际资本流动的规模急剧增加。除了直接投资、银行贷款外，证券投资的规模增长迅速。投资者试图在获利的同时减少风险。托宾—马柯维茨（Tobin－Markowitz）模型认为，同商品的国际贸易一样，金融资产进行交易的话，各国都会获利。到 80 年代，各国放松资本管制的步伐加快。主要原因是世界金融出现一体化的趋势，各国管制的成本在不断增加，而效率不断下降。资本管制失效论认为，资本管制成本的增加特别体现在资本管制导致"寻租"行为，使经济效率低下、福利损失；此外，资本管制还会加大经济调整的成本，而这一切并未导致各国资本流动的减少。

三、20 世纪 70 年代后防范金融风险成为国际资本流动理论的新要素

20 世纪 70 年代中期以来，世界经济形势发生了剧变，电子计算机技术的广泛应用，国际金融市场的长足发展，终于导致了世界范围的放松金融管制浪潮。放松金融管制本身就是一场革命，使得金融创新迅速发展，整体金融产业结构发生变化，发达国家的金融环境得到了极大的改善。全球一体化的金融中心创造出 24 小时连续运转的金融市场，作为国际经济发展过程中起着血液循环作用的金融市场，其蓬勃发展的基础就是金融创新，而金融创新就是金融深化的结果。

国际金融市场的一体化是金融全球化的表现，也是经济全球化的重要组成部分和发展的必然结果，其中资本流动全球化就是特征之一。国际资本流动在经历了 80 年代末的短暂调整后，20 世纪 90 年代，每天都有大量的资本在跨国界流动，且规模日益扩大，同时也增加了金融风险对国内经济冲击的可能性。国际资本流动带来的风险主要表现为：一是货币危机。资本流动改变了外汇市场的供求对比关系，大量货币资本短时间内急剧从某国流出很可能导致该国货币大幅贬值，出现货币危机。二是泡沫经济。国际资本的大量流入会引发国内的"羊群效应"，资产价格被轻易推高，国际资本逆转，金融危机显现。三是银行业危机。银行的高负债运营特性，使其自身具有内在脆弱性。游资流入时，银行资金来源增加，信贷规模扩张；资本流出时，银行为保持必要的流动性，减少或收回贷款，导致企业正常生产难以为继，出现大量呆账、坏账，造成银行资产质量下降。因此，国际资本流动很可能导致银行亏损增加，并引发存款挤提从而诱发金融风险。因此，经济学家们提出了与国际资本流动相关的货币危机理论。

20 世纪 70 年代末，克鲁格曼和奥伯斯特菲尔德及其他一些经济学家利用货币危机模型详尽地分析了投机者是如何冲击一国货币并取得成功的。克鲁格曼（1979）的第一代货币危机模型认为，当一国持续恶化的经济基础无法满足维持固定汇率的要求时，货币危机就会发生。奥伯斯特菲尔德等人在 90 年代提出了第二代货币危机模型。与强调经济基本面因素的第一代货币危机模型不同，第二代模型特别强调预期在货币危机中所起的作用。奥伯斯特菲尔德认为，即使宏观经济基础没有发生变化，投机者如果预期该

国货币将会贬值，大规模的冲击必定导致该国货币贬值，因而这种危机具有自我实现的特征。90 年代发生的欧洲货币体系危机、墨西哥金融危机和东南亚金融危机都是这种货币危机模型的验证。如果投机者精心准备冲击某一国货币，该国中央银行是无能为力的。在这种情况下，实施资本管制是保障发展中国家经济免受冲击、经济能够平稳发展的最佳手段。

第二节　早期有关国际资本流动的论述

以金德尔伯格、俄林为代表的国际资本流动理论学家，结合国际收支、国际贸易、国际投资等研究领域，于 20 世纪初期提出了各自有关国际资本流动的理论学说，成为国际金融理论中早期涉及国际资本流动的重要组成部分。

一、古典的国际资本流动学说起源于重商主义时期

在早期国际资本流动理论中，流传最广的是休谟的"价格—铸币流动机制"理论和李嘉图的现金流量学说。重商主义者认为，在金本位制下，只要世界各国相互保持贸易关系，则一国对外贸易的货币收支差额之盈余或不足将自动调节，使各国的贵金属实现均衡分配。休谟认为，各国贵金属的均衡分配并不是绝对数量上的平均分配，而是指各国所拥有的货币同各国的商品和劳务数量以及工业和技术发展水平之间所保持的比例大致相同。休谟第一次把货币数量论方法用于分析国际资本流动和国际收支方面的平衡问题，并提出了著名的"价格—铸币流动机制"，而李嘉图对休谟解释的国际黄金流动机制提出了相反看法。他认为在典型的金本位制下，只有当输出黄金偿付进口货物比输出其他货币更有利可图时，才会输出黄金。随后，李嘉图在 1809 年《金块的高价》一书中，对其提出的现金流动理论进行了阐述。该理论认为如果货币的价值不随货币数量的增减而变动，则贵金属就不会在国际间进行流动，因而货币数量也就不会得到自动调节。随着国际商品贸易的发展，现金在各国间的大量流动引起了现金输出国货币的减少，导致物价下跌，贸易顺差扩大；而现金输入国的货币增加，物价上涨，出现贸易逆差。在一般情况下，商品交易所需的贵金属以一定的比例按各国的财富状态，也就是按各国所必须支付的数额和频率分配于各国。对由于贸易差额引起的黄金国际间流动，李嘉图在其《政治经济学及赋税原理》一书中写道："当出口商品的价值量不足以抵付进口商品的价值量，就会输出黄金。"无论在哪一个国家，黄金都具有同一价值，各国商品价值不同，必然会引起现金在各国间的流动，而现金在各国间的流动又反过来调节商品的价格和数量。各国间的现金流动数量必须与调节进出口所必需的数量相等，在这种均衡状况下，现金在各国间的流动，从静态条件来考虑，可以使各国的进出口贸易量维持在原有的水平上，黄金在各国间的分配比例将保持不变；从动态条件下来考虑则有很大的不同，由于技术进步等原因使其财富的增长速度高于其他各国时，贸易条件的变化能影响贵金属在各国间的分布和流动状况。

二、费雪的国际资本流动的利率理论模型

20 世纪初，美国经济学家欧文·费雪在李嘉图比较利益理论的基础上，提出了国际资本流动的利率理论模型。该理论认为，在不考虑资金流动中的各种风险因素时，资本在国际间不同金融市场上进行投资的收益率就是这些市场上的利率，各国利率的差异决定了资本在国际间的流动情况，而资本在国际间流动的结果则是消除了各国之间的利率差异，直至本国利率水平与世界利率水平相等时为止。

费雪从分析简单商品的生产入手，把投资行为理解为对货币资本的需求和金融资产的供给，将储蓄解释为对金融资产的需求和货币资本的供给。他认为在资本存量既定的情况下，则一国可以用它来生产现时消费商品，也可用它来生产未来的商品。

在封闭经济条件下，不同个人之间消费的时间偏好是不同的。对于偏好即期消费的个人来说，他可以向那些偏好将来消费的人借款，以扩大自己的当期消费，这便分别形成了资金的借贷方，由此确定了国内信贷市场上的利率。如果一国的即期消费偏好较强，它的市场利率就会相对偏高，当资金不能在各国间自由流动时，不同国家对消费的不同时间偏好会形成不同的国内利率，一国必须按照一定的比例将资本分配于生产现有商品和未来商品活动中。在开放的经济条件下，情况则与前述有所不同。当一国存在着收益率高于外国借款或贷款利率的投资机会，而国内储蓄又不能满足时，在符合经济理性的行为条件下，该国就会在国际金融市场上借款，这样资金就会从偏好将来消费的国家流入偏好即期消费的国家，从而形成了统一的均衡利率。从全球角度看，各国储蓄与投资之间存在的差异分别是由各国不同的时间偏好与资本生产率决定的。经常账户的余额反映了各国投资和储蓄之间的不同差额，实际上是投资与储蓄在全球范围内配置的优化。

费雪在分析了两国利率变动之后，得出以下结论：利率的差异是国际资本流动的基本动因，而国际资本流动的结果则是消除了各国之间的利率差异。他还分析了各国名义利率与实际利率之间的差异，利率结构对国际资本流动的影响等方面的问题。"费雪理论"对分析早期国际资本运动产生了一定的影响，但他同时还承认，由于各国对资本的管制，国际投资风险交易成本等因素的影响，国际投资并不能使各国的利率完全平均化。事实上，费雪的重要假定前提条件是国际资本市场是完全竞争的，资本流入国和资本流出国都是资本价格即利率的接受者，而没有决定利率水平的能力。资本从拥有生产现时商品优势的国家流向拥有生产未来商品优势的国家，这一假定条件与当时及现代的国际资本流动的实践存在较大差异。

与古典理论不同的是，新古典经济学家麦克道格尔（G. D. A. Macdougall）和肯普（M. C. Kemp）则认为，当各国的资本边际生产力存在差异时，资本应从收益率较低的国家流向收益率较高的国家，直到各国的资本边际生产率相同时为止。他们强调指出，不同国家的资本边际生产力的差异以及相应的利息率差异是决定国际资本流动的主要因素。资本在国际上自由流动，也是资本的边际生产力在国际上平均化的过程。它将从总体上提高资本的利用效率，增加整个世界的生产总量，从而提高各国的经济效益。

三、金德尔伯格的短期国际资本流动理论

金德尔伯格的短期资本流动理论分析了资本流动对货币供给和国际收支的双重影响，其主要内容如下。

（一）国际短期资本流动的界定

通常人们把一年以上的资本称为长期资本，而把一年以内的资本称为短期资本。金德尔伯格主张用投资者的目的来区分国际资本流动的长短期。他认为，国际短期流动是这样一种国际间流动资本，它的投资者的意图是在短期内改变资本流动的方向。例如，国际证券投资所引起的资本流动是短期资本流动。按照投资者的动机，金德尔伯格把国际短期资本流动具体分为四类：

（1）由国际收支平衡表中的贸易、资本和其他项目的独立变化所引起的短期资本流动。这被称做平衡型的短期资本流动。（2）由汇率变化或汇率预期变化所引起的短期资本流动。这被称做投机型的短期资本流动。（3）投资者的动机是追求更高的收益。这被称做收入型的短期资本流动。（4）保证本金安全的短期资本流动。这被称做自主型的短期资本流动。

金德尔伯格又根据国际短期资本流动所运用的信用手段，把它分为外国货币、外汇和国外投资三类。

（二）国际短期资本流动对货币供给的影响

金德尔伯格分三步研究了国际短期资本流动对输入国和输出国货币供给的影响。

1. 国际短期资本流动对货币供给的直接影响。几项假定：（1）国际间的资金流动限于商品进出口的需要；（2）实行固定汇率制；（3）有 A、B 两国，B 国的进口大于出口，A 国的出口大于进口，B 国支付 A 国时不借入短期资金。在这些假设下，按不同信用工具进行了分析。

第一种情况：B 国对 A 国的支付使用外国货币，这对于两国的名义国民收入都有影响。比如说，假定 B 国进口商提取在 A 国的存款，支付给 A 国的出口商，这时，A 国的总货币供给不变，产业流通领域内的货币供给增加，金融流通领域内的货币供给减少，货币流通速度加快，经济扩张。假定 B 国的进口商减少活期存款以购买 B 国银行在 A 国的存款，那么 B 国的货币供给将减少。假定 B 国进口商对 A 国出口商的支付是通过 A 国银行在 B 国银行的存款增加进行的，这时 B 国的货币供给量不变，一部分货币由产业流通转入金融流通，对国内经济有紧缩作用，而由于 B 国的一部分存款所有权由本国人手中转移到外国人手中，B 国的收入流通速度将下降；在 A 国，因出口商把外国货币卖给银行，取得本国货币，对国民收入和货币供给也都有直接影响。

第二种情况：B 国对 A 国的支付使用外汇，这样不会同时影响两国的名义国民收入。例如，B 国进口商向 A 国出口商开出远期票据，如果 A 国出口商用此票据向银行贴现，则 A 国货币供给增加，国民收入增加。如果 A 国银行持有此票据直至到期，B 国的货币供给不受影响。只有当票据到期了，B 国进口商实际支付给票据持有人票面载明的款项时，B 国的国民收入才会减少。可见，A 国国民收入的增加和 B 国国民收入的减少

之间有时间差。

第三种情况：B 国对 A 国的支付通过国外投资进行。例如，B 国进口商在 A 国市场卖出证券，以收入支付 A 国出口商，A、B 两国的货币供给可以不受影响，但名义国民收入有可能变动。这是因为，当 B 国进口商在 B 国购买能够在 A 国卖出的证券时，资金由产业流通转入金融流通；而当 B 国进口商在 A 国卖出证券时，资金又由金融流通转入产业流通。这一买进和卖出的结果，将引起 B 国国民收入的减少和 A 国国民收入的增加。

2. 国际短期资本流动对流出国和流入国货币供给的继发性影响。金德尔伯格指出，国际短期资本的流出或流入会减少或增加银行体系的储备，并通过乘数作用影响货币供给。这就是他所说的继发性影响。这种影响的大小取决于法定储备率的高低：储备率高，则对货币供给的影响小；反之影响大。除了法定储备率外，还有两个因素会影响继发性作用的大小：第一，现存的和预期的利润率。银行储备增加之后，货币供给增加，贷款的供给也增加，但这时不一定发生继发性膨胀。要发生继发性膨胀还必须有贷款的需求，决定贷款需求的就是利润率。第二，中央银行的信用政策。中央银行可以根据国内经济发展的需要，通过公开市场业务、贴现率等手段，完全抵消国际短期资本流动或黄金流动引起的收缩和扩张效应。

3. 国际短期资本流动对流出国和流入国货币供给的影响的进一步分析。在进行以上分析时，金德尔伯格假定资金的国际流动仅限于商品进出口的需要，即这时只存在平衡型的短期流动。在此基础上，他又进一步分析了同时存在平衡型、投机型和收入型短期资本流动的情况。假定：B 国进口商可以借入短期资金；A、B 两国的中央银行运用信贷政策维持汇率的稳定；不存在黄金流动；中央银行有能力操纵利率；银行仅持有少量储备。由此得出以下结论：

第一，如果 A 国向 B 国提供商业信贷，那么 A、B 两国的货币供给都不变，国际短期资本流动对货币供给的直接和继发性影响都不存在。当 B 国进口商积聚资金以便到期偿还贷款时，B 国的收入流通速度下降。

第二，如果 A 国增加在 B 国的存款或投资，那么 A 国发生初始膨胀（即直接影响）。如果 A 国商业银行把在国外的资产当做次级储备，就会发生继发性膨胀；B 国虽然在存款所有权转移时货币供给量不变，但交易速度和流通速度将下降。如果 A 国把资金存于 B 国的中央银行，B 国银行储备流失，那将发生继发性收缩。

第三，当 A 国汇率上升时，A 国投机者预期一旦 B 国的贸易收支相抵为盈余，B 国货币的汇率将上升，便会购入 B 国货币，但初始膨胀的效果不变。如果投机者借款购买外汇，那么总货币供给不会减少。当 A 国的中央银行降低贴现率时，A 国发生继发性膨胀。

第四，如果 A 国的中央银行买入外汇，那么在固定汇率制度下，A 国银行的储备增加，将发生初始膨胀和继发性膨胀。

（三）国际短期资本流动对国际收支的影响

金德尔伯格认为，在金本位制和固定汇率制下，国际短期资本流动对国际收支有一定的影响。例如，在纸币的固定汇率制下，国际短期资本流动能够完成对国际长期资本借贷所引起的国际收支不平衡的调节任务，而根本不需要黄金的输出入和汇率的变动。比如说，A、B 两国最初的国际收支都是平衡的，现 A 国从 B 国借入长期资本，这将使 A 国出现国际收支顺差，B 国出现国际收支逆差。而 A 国在借款后，国内会出现经济扩张，A 国进口增加，出口减少，贸易收支出现逆差。此外，国外资本的流入也会导致国内利率的降低，收入型的短期资本会流向 B 国。A 国出现的贸易逆差和资本流出将使 A 国的国际收支顺差逐渐减少。同时，A 国从 B 国借入资金后，B 国将出现收缩，进口会减少，出口会增加，于是国际收支逆差减少。

在金本位制下，既存在黄金流动，又存在短期资本流动，二者在国际收支调节上的作用如何呢？金德尔伯格认为，只有当国外短期资产净额不变时，黄金的输出入才会引起货币供给的直接变化，"价格—铸币流动机制"才是正确的。如果黄金的输入伴随国外短期净资产的减少，货币供给就不会改变。

综上所述，在金德尔伯格的理论体系中，黄金和国际短期资本在国际收支调节中的地位相当。通过引起借款国的膨胀和贷款国的收缩，国际短期资本流动能够使借贷双方的国际收支恢复平衡。因此，黄金流动、汇率变化和国际短期资本流动同样是国际收支调节的手段。

四、俄林将国际资本流动同国际贸易紧密联系起来

俄林以国际贸易和国际资本流动方面创造性的研究成果而著称。他的有关国际资本流动方面的观点主要集中在以下几个方面：

（一）引起国际短期资本流动的因素

俄林论述了由汇率变动和利率变动引起的短期国际资本流动。在金本位制度下，如果对外汇的需求超过了供给，外汇汇率就会提高，这时外国中央银行或私人商业银行就会提取它们在金融中心所拥有的活期存款，从而增加外汇的供给，汇率就会降到金平价水平。如果外汇的供给超过了需求，外汇汇率降低，当汇率低到预期会上涨时，外汇交易商就会购买这种外汇，从而增加对外汇的需求，汇率就会上升到金平价水平。以上是汇率在黄金输送点上下限内波动的情况。如果汇率的波动超过了限制，就会发生黄金流动。

至于利率变动引起短期资本的流动，俄林认为，产生国际收支逆差的趋势，几乎总是和货币市场的银根情况结合在一起。这是因为，外汇的出售消化了一部分现存的信贷而银行又不愿追加贷款，同时，在信贷供给减少的同时，需求却增加了，于是引起银根紧缩，市场利率上升。市场利率的上升导致国外资金流入，外汇市场的供给与需求达到平衡，国际收支得到改善。

（二）国际资本流动与购买力转移

俄林假定只存在两个国家，即借款国 A 和贷款国 B，两国商品交易不存在运输费用和关税等障碍，贸易是自由的。在这种情况下，每个国家都会生产成本最低的商品，然后用于交换。一旦资本从 B 国流向 A 国，总需求的地区分配就发生了变化。A 国会购买

比以前较多的商品，而 B 国购买的较少，所以购买力就从 B 国转移到 A 国。但俄林也指出，实际上国际间购买力的转移比较复杂，因为在商品流动过程中，存在运输成本、关税等一些障碍。

（三）国际资本流动与生产要素的调整

俄林认为，伴随着资本的国际流动，借贷双方的贸易条件都会发生相应变化。一般而言，借款国 A 的生产要素和商品价格都上涨，贷款国 B 的生产要素和商品价格都下降，所以 A 国货物与 B 国货物的贸易条件应该变得对 A 国有利。但贸易条件的变动是否一定有利于 A 国，是不能肯定的。这是因为，尽管从整体上看，需求从别国的生产要素转移到 A 国的生产要素，但从局部来看，A 国出口部门的生产要素的价格不一定上升，从而出口商品的价格也不一定上升，肯定上升的只有 A 国的国内市场价格。因而 A 国国内的生产要素会重新进行调整，如生产要素从出口部门流向国内市场部门，或把新的资本、劳动力、自然资源投入到国内市场部门中。而资本输出国 B 国的调整过程正好与资本输入国 A 国相反，出口各部门的生产将会扩大，国内市场部门的生产将会收缩。

五、马科卢普的国际投资乘数模型

（一）国际资本流动的形式

当时，马科卢普采用的是国际资本运动一词，意指资本在不同国家的流动，因而与我们当今所称的国际资本流动的意义是一样的。他认为国际资本运动有三种形式：自发资本运动、引致资本运动和净资本输出。自发资本运动是指那些不受国际收支平衡表中其他项目变化影响的资本运动，如一国首先提出的借款或贷款。引致资本运动是指由国际收支平衡表上一些项目的变动所引起的资本运动，如贸易差额导致的资本运动。净资本输出是投资或消费减少所形成的自发资本输出减去贸易顺差后的余额。

（二）国际投资乘数模型的建立

马科卢普通过不同的模型说明投资是如何使国民收入成倍增长的。他首先建立了一个不引入储蓄倾向的模型。该模型假定：（1）只有 A、B 两国；（2）A 国的自发投资减少，B 国的自发投资增加；（3）随着投资的增减，有引致的进口或出口发生；（4）两国没有引致储蓄，边际储蓄倾向为零。

同时假设：（1）A 国的自发投资每期减少 100 美元，B 国的自发投资每期增加 100 美元。（2）A 国的边际进口倾向为 0.3，B 国的边际进口倾向为 0.4。

当 A 国由于第一期投资减少 100 美元，第二期进口就要减少 30 美元，消费减少 70 美元。而 B 国在第一期投资增加 100 美元后，第二期会多进口 40 美元，消费增加 60 美元。这样，A 国第二期的国民收入减少额为：100 美元 + 70 美元 − 40 美元 = 130 美元。而 B 国第二期的国民收入增加额为：100 美元 + 60 美元 − 30 美元 = 130 美元，依此类推。A 国的第二期贸易顺差为：30 美元 + 40 美元 = 70 美元，B 国的贸易逆差正好相反，依此类推，最终，A 国的贸易顺差和 B 国的贸易逆差都为 100 美元。

该模型的意义有两个：第一，自发投资的增加会使国民收入不断增加，自发投资的减少会使国民收入不断减少，投资变动引起的国民收入变动的倍数就是投资乘数。第二，A 国收入的下降和 B 国收入的上升会到贸易差额与自发资本变动额相抵时才停止。

马科卢普的第二个模型是在上述模型的基础上引入了边际储蓄倾向。该模型表明，引入边际储蓄倾向后，投资增加能使国民收入成倍增加的结论仍然成立，国民收入增加的程度与边际储蓄倾向的大小密切相关。

第三节　国际资本流动管制理论

资本管制是"次优"还是"最优"，这是国际资本流动发展到 20 世纪中期学者们和政策制定者们所提出的新问题。一方面，资本的国际间流动会带来一定程度的市场扭曲，但已被证实能够促进经济发展，因此管制是一种次优的选择；另一方面，在国内宏观经济基本正常的情况下，国际资本的冲击可能成为一国金融体系崩溃的直接原因，由此管制是政府维持金融稳定的"最优"选择。

一、资本管制的经济学分析

（一）资本管制是一种次优选择

这一类理论认可资本自由流动对经济发展所起的积极作用，但同时认为现实经济中存在大量的"市场失灵"或市场扭曲。如果不能有效地消除这些市场扭曲，则需要用一种市场扭曲对付另一种扭曲，因此资本管制是一种次优选择。现实当中主要有四种扭曲：

1. 名义工资与物价的黏性。根据经济学原理，如果一国的工资和物价是有弹性的，经济就不会出现衰退或通货膨胀。正是由于工资与物价的刚性才使充分就业及物价稳定的目标难以实现。在封闭的经济条件下，政府可以采用稳定的财政政策和货币政策来应付。而在资本自由流动的条件下，旨在稳定经济的货币政策和财政政策将会失效。如为抑制经济过热，一国政府采取高利率政策，但这一紧缩的货币政策吸引了大量的外资流入，反而形成经济扩张的后果；反之，在失业非常严重的情况下，政府采取低利率以刺激经济，但过低的利率不仅没有将资金从储蓄转化为投资，反而推动了资金外流。在封闭经济中，资金将按照货币政策所提供的价格信号运动。可是在开放经济中，由于国际资本流动渠道的存在，资金有可能向相反方向运动，造成货币政策失灵。要想维持财政政策和货币政策的有效性，势必要实行适度的资本控制。

2. 政府对某些行业进行保护。这些保护扭曲了国内商品及劳务的价格，无法使国内产品与国外竞争。在很多发展中国家，由于国家的保护，商品的价格既不反映商品的价值，也不反映供求。在这种情况下，如果国外资金大量涌入，会对发展中国家的民族经济造成很大的冲击。尽管这种冲击有利于国内消除垄断、刺激竞争及提高劳动生产率，但在短期内，冲击过猛会使经济出现剧烈波动，甚至造成政局不稳。同时，对金融业的保护也使得金融业产生了垄断并趋于落后，在这种情况下，如果取消资本管制，脆弱的国内金融体系面临崩溃，最终对一国实物经济的发展造成一定的冲击。

3. 政府对资本收益的征税及通货膨胀税。对资本收益的征税在发展中国家、工业国家和各金融中心都有所不同。离岸金融市场以及许多工业国家对外国储户的利息收入免税。因此，发展中国家对资本收益的征税可能会抵消其资本的高收益率，导致资本外流。此外，很多发展中国家都把通货膨胀税作为一国财政收入的主要来源。由于政府使用通货膨胀税的能力取决于本国居民接受本币的程度，因此，如果不控制资本流动，就必然导致资本外流，减少通货膨胀税的税基。

4. 信息不对称。信息不对称包括两方面的内容：一是有关交易的信息在交易双方之间的分布是不对称的，即一方比另一方占有较多的相关信息；二是交易双方对于各自在信息占有方面的相对地位都是清楚的。这种对相关信息占有的不对称状况导致在交易完成前后分别发生"逆向选择"（Adverse Selection）、道德风险（Moral Hazard）及"羊群效应"（Herding Effect）。

（1）逆向选择。在金融市场上，借款人对于借入资金的投资项目的收益和风险及偿还能力等问题的了解比贷款人多，因而在相关信息的占有方面，借款人处于优势地位而贷款人处于劣势地位，而且双方对于这种情况都是清楚的。由于这种信息劣势的影响，贷款人往往无法对借款人的信用情况和资金偿还能力作出可靠判断，从而也不可能正确地比较众多借款人之间的信用等级，贷款人给债务人的利率是依据企业基本的信用情况。由于信誉高的企业认为银行借款成本过高，就会避免在银行借款。由于信誉高的企业借债越来越少，很多可能产生利润的项目都没有投资。同时，效益差甚至亏损的项目可以获得借款，这种不合理的分配机制就是逆向选择。这就导致金融市场低效率。如果一国在一定时期内，外资大量流入，在信息不对称的情况下，会加大逆向选择，从而导致资源配置的低效率。

（2）道德风险。道德风险主要有两类：一类是由于信息的不对称，债权人不能够了解到借款人把资金是投在风险项目上还是安全性好的项目上。如果借款人比较容易转嫁风险，会将资金投在风险较大的项目上。一旦出现损失，承担的损失比较小。另一类道德风险是投资人知道，一旦出现危机，政府或国际金融机构会给予资金救助，因此在贷款的使用上不是很谨慎。很多西方国家商业银行对发展中国家的贷款就存在一定的道德风险。道德风险为金融危机的发生埋下了祸根。

（3）羊群效应。资本从一国流出的程度可能由于信息的缺乏而扩大，在金融形势紧张的情况下，市场参与者必须迅速依据现有的信息作出决策，是否保持或调整其资产组合。当缺少足够信息时，投资者就会跟随一些大交易商，从而加剧一国资本外逃的程度。

总之，信息不对称轻者会导致无效率，重者会导致成本相当高的金融危机。而资本管制在一定程度上可减少资本的流量，减少金融市场的盲目性。

（二）资本管制是一种最优选择

资本项目的开放使一国在某种意义上成为一片"不设防的国土"。机构投机者凭借其雄厚的财力和广泛的信息，为获得利润可以不择手段。即使宏观经济没有问题，金融体系也较为完善，一旦该国或地区的货币被冲击，该国的经济发展将受到重大损害。

自20世纪70年代以来，克鲁格曼和奥伯斯特菲尔德及其他一些经济学家利用货币危机模型详尽地分析了投机者是如何冲击一国货币并取得成功的。克鲁格曼（1979）的第一代货币危机模型认为，当一国持续恶化的经济基础无法满足维持固定汇率的要求时，货币危机就会发生。恶化的宏观经济基础，如巨大的经常项目赤字、承受过高的短期外债、薄弱的金融体系等会使政府过度扩张信贷，使实际汇率远远高估。投资者在这种情况下合理的选择是用本币购买外币，而固定汇率制要求中央银行以固定的汇率卖出外币。因此，随着宏观经济基础的恶化，中央银行的外汇储备将不断减少。当外汇储备耗尽时，固定汇率制必然崩溃，货币危机也就随之发生。然而存在投机者的时候，汇率崩溃不会等到外汇储备减少到零时才发生。投机者预测中央银行的外汇储备在不断减少，为避免资本损失或牟利，会在中央银行外汇储备耗尽前提前抛售本币买入外币，这将导致该国的外汇储备提前耗尽，汇率崩溃。该模型暗示中央银行抗击这种冲击的能力是有限的。

奥伯斯特菲尔德等人在20世纪90年代提出了第二代货币危机模型。与强调经济基本面因素的第一代货币危机模型不同，第二代模型特别强调预期在货币危机中所起的作用。奥伯斯特菲尔德认为，一些国家之所以选择货币贬值，是因为坚持固定汇率制的预期收益小于为其支付的代价。换言之，政府并不会一味机械地坚持固定汇率制，而是根据坚持固定汇率制的成本收益相机抉择。通常坚持固定汇率制的成本与公众的预期是密切相关的。公众的贬值预期越强，坚持固定汇率制的成本就越高。这是因为根据利率平价公式，一国货币的预期贬值率越高，国内利率水平就越高，从而可能给国内的就业、政府预算和银行部门带来压力。这些压力达到一定水平时，就会迫使政府作出货币贬值的决定。该模型认为，即使宏观经济基础没有发生变化，投机者如果预期该国货币将会贬值，大规模的冲击必定导致该国货币贬值，因而这种危机具有自我实现的特征。90年代发生的欧洲货币体系危机、墨西哥金融危机和东南亚金融危机都是这种货币危机模型的验证。如果投机者精心准备冲击某一国货币，该国中央银行是无能为力的。在这种情况下，实施资本管制是保障发展中国家经济免受冲击、经济能够平稳发展的最佳手段。

二、资本管制的政治学分析

第二次世界大战后，发展中国家对资本流动实施严格的管制源于其奉行的经济发展战略，即进口替代工业化战略，工业化成为发展中国家追求的首要目标。发展中国家的一些经济学家认为，古典经济学家的自由贸易理论不适用欠发达国家，国际贸易本身在历史上阻碍了穷国的发展，而走向工业化最容易的道路就是进口替代。

以普雷维什（R. Prebisch）为代表的发展主义认为，资本主义国家由于技术进步成果传递的不均衡，形成了由工业发达国家构成的中心和被排斥在工业化过程之外的大多数落后国家构成的外围。中心是技术创造者、经济利益获得者和发展的动力，外围则是中心的附庸、原料提供者和技术模仿者。中心向外围出售制造品，外围用农产品和初级产品同中心交换，这就形成了国际贸易的中心—外围格局。由于工业部门生产率的提高快于初级产品生产部门，因而工业制品与农产品的比价对工业品有利。这种贸易条件的不平衡导致中心与外围之间在生产率和收入方面的距离不断扩大。因此，外围国家不可能通过国际贸易获得利益。发展主义认为工业化是外围国家改变经济结构、摆脱依附地位的根本出路，是外围国家经济发展的动力。在工业化过程中，外围国家必须限制国内已能生产的商品进口，以便节省外汇购买进口替代工业化所必需的机器设备和原材料，并最终实现机器设备等生产资料的进口替代。

发展主义还认为，资金不足是发展中国家经济发展的首要问题。资金不足造成投资率低、国民收入水平低下，从而使资本形成能力进一步削弱，国民经济难以实现良性循环。这种僵化的局面只有通过国家的力量才能打破。国家可以一方面进行大规模的直接投资以弥补私人投资的不足，另一方面采取相应的财政政策、货币政策、贸易政策和汇率政策来优先发展工业。正是在这种理论的影响下，拉丁美洲的一些国家率先实施了进口替代发展战略，随后一些亚洲国家和地区也紧随其后，到 20 世纪 60 年代，进口替代已成为发展中国家占主导地位的一种经济发展战略。

进口替代工业化战略的核心是对本国不具有比较优势的工业部门进行保护和支持，通过政府的管制政策扭曲市场价格，使资源流向本国扶持的产业。为此，发展中国家大都采取了以下政策：（1）本币汇率高估。工业发展的物质基础是资本密集型的技术设备。在经济发展的初级阶段，这些比较先进的技术设备大部分需要从国外引进，为降低进口成本，政府需要高估本币价值。（2）低利率政策。在落后经济中，资本是最稀缺的资源。如果听任市场机制发挥作用，利率就会高到使工业的发展在短期内成为不可能。因此，人为地压低利率水平就成为政府实施其发展战略的必然选择。（3）信贷配给和外汇配给。在资本稀缺的条件下，人为的本币汇率高估和低利率水平必然会产生巨大的外汇需求和国内资本需求。解决这一问题的唯一办法是信贷配给和外汇配给。正是在这种经济战略下，发展中国家对货币金融系统进行了严格管制，以保证把有限的资源纳入政府的控制之下，这其中也包括防止资本外流的资本管制。

第四节　放松资本管制的理论

20 世纪中期以后，金融产品、工具不断创新，金融自由化趋势日益明显，国际资本流动的数量和频率也随之增强。传统的国际资本流动理论已无法解释新的世界金融形势，由此产生了以麦金农和肖的"金融深化论"为代表的放松管制论，它们反对金融压制、主张放松资本管制、鼓励利用外资。随着国际资本市场一体化趋势的加强，资本管制失效论也相继提出。

一、20 世纪 70 年代以前的研究强调利用外资

（一）传统福利分析

资本项目开放的传统福利分析与自由贸易类似。与商品贸易不同的是，资本交易只有一种产品：货币。在各国国内资本收益率不一致的情况下，如果允许资本项目开放，

收益率的差异会导致资本的流动，这将使资本的使用效率提高，福利增加。麦克道格尔模型就是这种理论的代表。

该模型的前提条件是：（1）世界是由投资国和受资国组成，资本流动前，投资国由于资本丰富，资本的边际生产力低于受资国；（2）资本是受边际生产力递减法则支配的；（3）两国国内实行完全竞争，资本价格为资本的边际生产力。

该模型指出，产生国际资本流动前，两国各自使用一定数量的资本和劳动力，生产出一定量的商品。由于受资国的资本边际生产力高，资本会从投资国向受资国流动。资本在国际间自由流动后，将使资本的边际生产力在国际上平均化，从而提高资源的利用率，增进全球的生产和福利。麦克道格尔模型表明，允许国际资本流动后，资本流入国和资本流出国均可获利。

（二）纳克斯的恶性循环理论

纳克斯认为，发展中国家之所以贫困不是因为这些国家的资源不足，而是因为这些国家存在贫困恶性循环。贫困循环产生的原因在于资本缺乏，资本形成不足。而资本形成不足的根源是资本的供求不足。

从供给方面看，资本形成存在一个恶性循环：低收入——低储蓄能力——低资本形成——低生产率——低产出——低收入。即由于人均收入水平过低，人们将绝大部分收入用于生活消费，而无钱储蓄，从而导致储蓄水平低。低储蓄能力导致资本稀缺，资本形成不足，而这又使生产规模难以扩大，生产率难以提高。低生产率又引起低经济增长率，低增长率又造成低收入。如此周而复始，形成恶性循环。

从需求方面看，资本形成也存在一个恶性循环：低收入——低购买力——投资需求不足——低资本形成——低生产率——低产出——低收入。低收入意味着低消费和低购买力。

纳克斯认为，产生这两个恶性循环的根本原因是人均收入过低，低收入和贫穷无法创造经济发展所需要的储蓄，而没有储蓄就没有投资和资本形成。结果又导致该国的低收入和持久贫穷。这是一个难以打破的恶性循环。由此，纳克斯得出了一个著名命题：一国穷是因为它穷。

那么走出这一循环的出路何在？利用国外资本推动生产率和实际收入的增长，从而增加国内储蓄。国外资本主要包括两种：外国直接投资和国际借款。外国直接投资多数投在向发达国家出口的初级产品上，而不是投在为国内市场生产的行业上。这个事实受到很多发展中国家经济学家的批评。纳克斯的观点是：外国企业对经济发展的作用不是简单取决于它是为出口还是为国内消费而生产，而是在很大程度上取决于它能够把劳动力的需求和当地资源的需求增加到什么程度，取决于它把多少利润用于国内的再投资。与企业直接投资不同，国际借款可以由政府统筹使用，进行基础设施的建设，从而奠定一国经济发展的基础。纳克斯说日本和澳大利亚是有计划利用国际借款成功的例子。但国际借款容易被用于消费而非投资，这样不利于资本的形成。所以，纳克斯主张对外资的使用必须作出全面计划和预算。

（三）两缺口模型

"两缺口"理论又称"两缺口"模型或"外汇瓶颈论"，是1966年美国经济学家钱纳里（H. B. Chenery）和斯特劳特（A. M. Strout）。在《美国经济评论》上发表题为《国外援助和经济发展》的论文中首先提出的。这一理论旨在阐释发展中国家利用外资来弥补国内资金缺口的经济性问题。钱纳里和斯特劳特依据凯恩斯的国民收入均衡分析和哈罗德—多马模型，认为发展中国家要实现均衡的经济增长，必须积累足够的资本，使资本形成率达到经济发展计划目标所要求的水平。从大多数国家经济发展所走过的道路来看，经济发展主要受到三种形式的约束：一是储蓄约束，即国内储蓄不足以支持投资的扩大；二是外汇约束，即出口收入小于进口支出，有限的外汇不足以支付经济发展所需要的进口支出；三是技术约束，即缺乏必要的技术、企业家和管理人才。钱纳里和斯特劳特重点考察的是储蓄约束和外汇约束，因而他们的研究被称为"两缺口模式"。该模式说明，当经济发展受到储蓄缺口和外汇缺口的限制时，利用外国资本则可以弥补这两个缺口，从而加快发展中国家的发展和增强发展中国家的持续发展能力。

两缺口理论可以用公式来表示：

$$Y = C + I + (X - M) \tag{5.1}$$
$$Y - C = I + X - M$$

由于　　　　　　　　　　$Y - C = S$

所以　　　　　　　　　　$S = I + X - M$

移项　　　　　　　　　　$S - I = X - M$

两边同乘以一个负号：　　$I - S = M - X \tag{5.2}$

$I - S$ 为储蓄缺口，$M - X$ 为外汇缺口。如果等式成立的话，则表明国内储蓄缺口等于外汇缺口，这就是著名的两缺口理论的基本思想。从理论上讲，在一定时期内，一国的储蓄缺口应与外汇缺口相等，宏观经济运行才正常。如果国内储蓄小于投资，则说明国内出现储蓄缺口，需要由贸易顺差（出口大于进口）即外汇缺口来平衡，国内储蓄缺口等于贸易顺差时经济才会出现平衡。但钱纳里和斯特劳特在事前假定，投资、储蓄、进口、出口都是独立变动的，所以储蓄缺口与外汇缺口一般不可能正好相等。因此，需要政府加强宏观政策调控，当国内储蓄缺口大于外汇缺口时，政府必须减少投资或增加储蓄；当外汇缺口大于储蓄缺口时，政府必须实施少进口、多出口的指导性政策。如果利用国外资源，既可以解决外汇缺口，也可以解决国内储蓄与投资的缺口。

钱纳里和斯特劳特的"两缺口"理论，揭示了发展中国家实行经济改革调整经济结构的重要意义，为发展中国家制定开放的宏观经济政策提供了理论依据，对促进发展中国家充分利用外资发挥了重要作用。但"两缺口"理论假定各个变量是独立运动并且不存在任何替代关系的条件，与客观现实经济条件不相符。事实上，"两缺口"理论中的各个变量相互之间存在一定的依存关系，引进外资可以同时影响两个缺口并产生积极作用。钱纳里和斯特劳特虽然指出了发展中国家对外资本总需求量最初取决于投资和储蓄缺口，后来取决于进口缺口。从短期来看，利用外国资本的效果取决于它在解决技术落后以及储蓄和进口短缺问题的作用，具体可以用援助增量所导致的产量增量来衡量。在长期里，由于不可能无限制使用外国资本，发展中国家的经济发展取决于它把增加产量用于增加储蓄以及减少进口与出口缺口的能力。[1]

因此，应当从缺口外部开辟资金来源，如果一国能够利用外资引进国外先进设备和工艺技术，则会对本国经济产生"双重"效应：一是投资增加，引进外资可直接扩大投资供给，不需要通过增加国内储蓄的办法来支付；二是进口增加，外商投资企业生产的商品可在国内直接销售，减少了不必要的中间环节，而且不需要用增加出口换取的外汇来支付。20世纪60年代后期，随着许多发展中国家国内储蓄率的稳步提高，逐渐暴露出两缺口理论的部分观点与现实不相符。随后西方部分学者对这一理论作了进一步的修正和完善，有代表性的是托达罗（M. P. Todaro）等人在钱纳里和斯特劳特的两缺口理论的基础上，提出的四缺口理论模型，增加了政府税收缺口和生产要素缺口（即技术管理及营销技能等方面的内容），并强调指出利用外资先是对弥补后的两个缺口具有特殊的功效。当然，也有部分学者对两缺口理论提出了尖锐的批评，他们甚至认为储蓄缺口并不能成为国际资本流动的决定性因素，因为资本并不一定是从高储蓄率的富国流向低储蓄率的穷国的单方向流动。赫尔希曼认为[2]，对发展中国家来说，资本稀缺固然重要，但这并不是最关键的约束。最关键的约束是发展中国家技术的缺乏，主要表现在缺少必要的技术知识、管理和企业家的才能。为此，在经济发展中，除了储蓄和外汇这两个缺口外，还存在着第三个缺口，即技术、管理和企业家方面的缺口，需要引进国外资源来填补它。在"三缺口"模式的基础上，有些发展经济学家又提出了"四缺口模式"，即增加一个政府开支和税收之间的缺口——"财政缺口"。巴沙和泰勒指出[3]，由于财政缺口，很多公共资本的形成减少，国内投资减少，为此80年代许多发展中国家依靠强迫储蓄或通过征收通货膨胀税来缓解财政负担，这又引起了一系列的问题。

二、20世纪70年代的托宾—马柯维茨模型

随着国际资本流动的加剧，特别是流动中各种风险因素的增多，近些年来资本项目开放的研究重点转向国际金融市场的风险承担和分散作用。托宾—马柯维茨（Tobin – Markowitz）模型认为，如果承担某种风险的价格在国家间是不同的，那么，如果包含这些风险的国际金融资产进行贸易的话，各国将会获利，即都会减少风险。这个原理类似于商品的国际贸易。

设 i_x、i_y 分别为国际金融资产 X、Y 的实际收益，μ_x、μ_y 分别为投资者对资产 X、Y 的预期收益率，资产 X 收益的方差为 σ_{xx}^2，资产 Y 收益的方差为 σ_{yy}^2，两种资产的协方差为 σ_{xy}，相关系数为 P_{xy}。那么，购买两种资产的预期总收益率由两种资产各自的预期收益率及两种资产的购买比例来决定，即：

$$\mu = P_x\mu_x + P_y\mu_y \tag{5.3}$$

①　钱纳里和斯特劳特：《国外援助和经济发展》，原载《美国经济评论》，1996年9月，转载于《现代国外经济学论文选》，中文版，北京，商务印书馆，1984。

②　谭崇台：《发展经济学》，458页，上海，上海人民出版社，1989。

③　陈宗胜等：《新发展经济学》，87页，北京，中国发展出版社，1996。

P_x、P_y 为资产 X、资产 Y 所占的比例，$P_x + P_y = 1$。总收益的方差 σ 由三个因素决定：X 与 Y 的购买比例 P_x、P_y，两种资产的方差 σ^2_{xx}、σ^2_{yy} 及其协方差 σ_{xy}。

$$\sigma^2 = E\left[\left(P_x i_x + P_y i_y\right) - \mu\right]^2 \tag{5.4}$$
$$= P_x^2 \sigma^2_{xx} + P_y^2 \sigma^2_{yy} + 2P_x P_y \sigma_{xy}$$

由于 $\sigma_{xy} = P_{xy}\sigma_{xx}\sigma_{yy}$，所以：

$$\sigma^2 = P_x^2 \sigma^2_{xx} + P_y^2 \sigma^2_{yy} + 2P_x P_y P_{xy}\sigma_{xx}\sigma_{yy} \tag{5.5}$$

该式表明，总收益的方差取决于两种资产的相对比例，两种资产各自收益的方差及两种资产的相关系数。在各种资产的相关程度、收益及其方差既定的情况下，投资者可以通过调整两种资产的购买比例来减少风险。如果两个国家的资产收益不相关，那么，两国投资者通过互相交换一定量的资产，双方均减少了投资风险，在多种资产及多个国家的条件下，这一命题仍然成立。

在托宾—马柯维茨模型中引进风险因素是对资本流动传统分析的一个改变，模型认为，国际金融资产进行交易不是为了获得超额利润，而是为了降低风险，这一点就使得开放资本项目的好处同其从投资获得的福利效应脱钩。这意味着，资本流动后，储蓄和投资即使没有变化，甚至资本项目的流入和流出相等，各国也会从风险资产的交易中获利。托宾—马柯维茨模型反映了战后国际资本流动的新特点。

三、20 世纪 80 年代的资本管制失效论主张开放资本项目

20 世纪 80 年代以来，无论是发展中国家还是发达国家都大幅度地放松对国际资本流动的限制。其理由之一是资本管制的效力已大为降低。

在国际资本市场一体化的情况下，资本管制的效力越来越弱，因而实施资本管制的成本也越来越高。资本管制的成本有两种：一是费用成本，二是管制带来的弊病。管制所带来的弊病主要有：第一，"寻租"行为。安妮·克鲁格在其《寻租社会的政治经济学》一书中曾提出一个竞争性寻租模型。该模型指出，对经济活动的政府管制产生各种形式的租金，而人们常常为这些租金进行竞争，浪费了大量的资源，从而导致经济效率低下、福利损失。以资本管制为例，资本管制为资本项目交易的许可证制创造了一个隐含的市场价值。这种许可证是由负责资本管制的机关根据一系列规则分配给企业和机构的，这就常常使一些人通过行贿等方式来获取许可证的隐含租金，因而导致政治腐败。80 年代，许多发展中国家的宏观经济不稳定，持有国外资产的吸引力因此而增加，致使与许可证相关的"租金"上升[1]。第二，卡明认为[2]，如果资本管制使管理当局以为可以在不治理通货膨胀和国际收支问题的情况下实现名义变量目标（如汇率），则管制就会加大调整经济的成本，而且随着资本管制效力的减弱，不适当的宏观经济政策只有靠加强管制才能持续，结果又加剧了潜在的扭曲。第三，马西森等人认为[3]，资本管制导致

---

① D. J. 马西森等：《资本账户自由化——经验和问题》，中文版，17 页，北京，中国金融出版社，1995。

② 同上书，18 页。

③ D. J. 马西森等：《资本账户自由化——经验和问题》，中文版，17 页，北京，中国金融出版社，1995。

资本外逃增加，有些国家出现经济美元化，从而会使国内货币体系和税基萎缩。80 年代以来，发展中国家资本外逃的数量逐年增加，而且许多发展中国家居民持有的国外资产，无论是以官方汇率还是以黑市汇率计算均已超过其国内金融体系的规模。在资本外逃使一国的投资规模缩减的情况下，许多国家又被迫借外债，从而加重了债务负担，经济处于恶性循环中。而实行资本项目的开放有利于降低上述资本管制的成本，提高经济效率。

四、20 世纪 90 年代的交易成本理论

20 世纪末至 21 世纪初，金融市场全球化的趋势日益明显，国际资本流动也呈现出了一些新的特点，如规模大、多方向以及证券化等，在这些问题上，传统的国际资本流动理论的解释能力受到制约。对此，金（Hak - Min Kim, 1999）利用交易成本模型解释了资本流动全球化的现象，他建立的模型如下：

$$Y_T = Y + Y^* ; Y_T = u(K - I^*) + u^* I^* \tag{5.6}$$

式中，Y_T 代表国内外投资收益的总和；Y 代表国内的投资收益；Y^* 代表国外的投资收益；u 代表预期国内投资收益率；u^* 代表预期国外投资收益率；K 代表国内外投资总和；I 代表国内投资额；I^* 代表国外投资额。在一般的市场条件下，$u = R (1 - C)$；$u^* = R^* (1 - C^*)$，式中，R 代表国内实际利率；R^* 代表国外实际利率；C 代表国内交易成本率；C^* 代表国外交易成本率。由此，可得到

$$Y_T = R(1 - C)(K - I^*) + R^*(1 - C^*)I^* \tag{5.7}$$

国外总投资的边际收益为

$$dY_T/dI^* = R^*(1 - C^*) - R(1 - C) = u^* - u \tag{5.8}$$

由上式可以看出，国外投资的预期收益率与国内投资预期收益率之差即为国外投资的边际收益。金的交易成本模型表明国际资本流动不仅受到国际间利率差额的影响，而且还受到国际间投资的交易成本的制约。在一般的市场条件下，根据交易成本利率可以得到决定国际资本流动方向的九种状态（见表5 - 1）。

表 5 - 1　　　　　　　　　　决定国际资本流动方向的九种状态

(1)	$R^* < R$ 及 $C^* = C$	$dY_T/dI^* < 0$	资本流入
(2)	$R^* = R$ 及 $C^* > C$	$dY_T/dI^* < 0$	资本流入
(3)	$R^* < R$ 及 $C^* > C$	$dY_T/dI^* < 0$	资本流入
(4)	$R^* > R$ 及 $C^* = C$	$dY_T/dI^* > 0$	资本流出
(5)	$R^* = R$ 及 $C^* < C$	$dY_T/dI^* > 0$	资本流出
(6)	$R^* > R$ 及 $C^* < C$	$dY_T/dI^* > 0$	资本流出
(7)	$R^* < R$ 及 $C^* < C$	dY_T/dI^* ?0	资本流动的方向不确定
(8)	$R^* > R$ 及 $C^* > C$	dY_T/dI^* ?0	资本流动的方向不确定
(9)	$R^* = R$ 及 $C^* = C$	$dY_T/dI^* = 0$	无资本流动

资料来源：作者自行整理。

状态（1）和状态（4）表明，在两国的投资交易成本相等的情况下，资本的流向只取决于两国利率的差异。虽然没有将交易成本假设为零，其结果与完善市场条件下的结果相同。状态（2）和状态（5）表明，在两国利率相同的情况下，资本的流向只取决于两国交易成本的差异。这与流量模型相比有根本的差别，在流量模型中，当利差为零时，认为不存在国际资本流动。状态（2）、状态（3）和状态（8）以古典的资本流动为基础假设，表明国内投资的交易成本要低于国外投资的交易成本，因为国内资本的信息获得便利、转移成本较低。状态（5）、状态（6）和状态（7）所设定的情况也符合当代国际资本流动的一些实际情况。即在某些情况下，相比于国内投资，国际投资的交易成本更低。例如，一些发展中国家为了吸引国外资本向外国投资者提供税收优惠，对国内投资者与国外投资者的税收差别对待，使得国内投资的交易成本大于国际投资的交易成本。又如在国内政治经济不稳定的国家，国内投资具有较高风险从而加大了投资交易成本，导致一些发展中国家的资本外逃。在状态（3）和状态（6）中，国际资本的流向是最明显的。而在状态（7）和状态（8）中，资本的流向无法确定。在国内利率大于（小于）国外利率，同时国内投资交易成本也大于（小于）国外投资交易成本的情况下，国内外的投资收益孰大孰小无法判定，因此国际资本流动的方向也不确定。在状态（9）中，国内外的利率和投资交易成本都相同的情况下，国内外投资收益相等，则不会引起国际资本流动。

交易成本理论说明了国际资本流动不仅仅是由国际间的利差引起的，交易成本也是影响国际资本流动的重要因素。一般来说，交易成本主要包括谈判和决策成本、搜寻和信息成本以及执行和监督成本（Dietrich，1999）。在国际投资方面，交易成本主要体现在信息获得成本、资本转移成本、财务成本以及管制成本等。因此，金融工具的创新、通信技术的发展、优惠的税收待遇以及管制的放松等都会降低交易成本，促进国际投资，加速资本的国际流动。

交易成本理论在判断资本流动方向上非常实用且简单明了，但是有些模式化，灵活性不足。然而交易成本理论与其他国际资本流动理论的结合运用可以大大提高其解释力，并且能够突出其易于判断的特点。

第五节　国际资本流动理论评述

国际资本流动理论是现代国际金融学说的基本内容，国际资本流动理论虽然早期没有被作为专门领域进行系统的理论分析，但关于国际资本流动的论述贯穿于国际金融理论之中，并在 20 世纪得到长足的发展。

一、国际资本流动理论遵循世界资本流动的特征而演进

从早期国际金融学说来看，即从 17 世纪或更早一些的 16 世纪后半期开始到 19 世纪，国际资本流动理论与国际收支紧密联系。重商主义者将货币视为唯一财富，主张财富性质就是金银，将货币与金银混为一谈。货币的多少是衡量国家富裕程度的标准，因

此倡导贵金属货币只能单向地往国内流动。此时，商品和资本的流动都是受货币差额论的影响。随着贸易的发展，国际间资本和商品的流动由单向开始朝双向发展，国际资本流动的数量和频率也随之增加。重商主义者的理论也由禁止货币输出转为仅限对外贸易保持出超即可，即贸易差额论。18世纪后期，古典政治经济学代表人物大卫·休谟提出的"价格—铸币流动机制"，也是伴随对自由贸易和资本国际间流动的进一步探讨而出现的。

从上述几节国际资本流动理论的介绍可以看出，整个20世纪国际资本流动研究经历了短期国际资本流动——→资本管制——→资本放松等阶段。费雪的国际资本流动和利率理论、金德尔伯格的国际短期资本流动理论、俄林有关资本国际间流动的论述、马科卢普的国际投机乘数论都是适应当时世界经济环境而提出的。20世纪初期，国际间资本的流动以短期为主，主要随着贸易的发展而产生。随着世界金融自由化、一体化的趋势越来越强，资本的国际间流动发展至资本项目，由此金融风险对各国的威胁增大，尤其是金融市场发达的国家更面临着金融风险的考验。因此，学者们也开始了资本管制是"次优"还是"最优"的争论。资本管制是"次优"选择的支持者认为，资本管制会导致一系列的扭曲，例如信息经济学讨论的"逆向选择"和"道德风险"现象。克鲁格曼和奥伯斯特菲尔德等人认为，为了避免货币危机的发生，可以将资本管制作为一种"最优"选择。

但是，金融自由化的步伐日益加快，各国政府对于资本的管制措施和力度也显得愈加无力，对于放松资本流动管制的研究随之丰富。20世纪70年代前，纳克斯的"恶性循环论"、钱纳里和斯特劳特的"两缺口理论"，都提出了引进外资以发展经济的论调。70年代之后，金融深化和金融压制的理论极大地丰富起来。以肖和麦金农为代表的金融深化论者提出，金融压制不利于发展中国家的国际收支平衡，主张放松资本管制、金融对外开放。此外，众多学者也相继开始资本管制失效论的研究。

二、早期国际资本流动理论以研究短期资本流动为主线

国际资本流动理论研究的早期阶段，主要以短期资本流动为研究重点。在金德尔伯格有关国际短期资本流动理论中，黄金流动、汇率变化和国际短期资本流动都能使借贷两国的国际收支恢复平衡，只不过起的作用不同。金德尔伯格认为，在汇率自由浮动的纸币制度下，黄金流动和国际短期资本流动不一定能发挥作用，汇率的变动成为国际收支调节的主要手段。但在金本位制和固定汇率制下，国际短期资本的流动能够引起借款国的经济扩张和贷款国的经济收缩，从而使借贷双方的国际收支恢复平衡。

总的来讲，金德尔伯格研究短期资本流动时侧重的是研究它的影响，如对货币供给的影响、对一国经济的影响和对一国国际收支的影响。金德尔伯格有关国际资本流动对货币供给的分析是有价值的探索。首先，在严格的假定下进行分析，然后再放宽假设条件。他把短期资本流动对货币供给的影响分为扩张和收缩两方面，具体分析时又分为直接和间接影响。他还将国际资本流动对国际收支的研究推进了一大步。他认为国际短期资本流动也是国际收支调节的手段，从而发展了这一理论。

俄林的国际资本流动理论也是偏重短期研究，他认为资本的国际流动实质上就是借贷两国生产的调整，流动必定导致两国生产和收入的变化。不仅如此，伴随着资本的国际流动，借贷两国的贸易条件也会发生相应的变化，一般地说，资本流入国的价格将上升，资本流出国的价格将下降，于是前者收入增长，后者收入减少。由此就会影响到两国的出口商品价格。资本流入国出口商品价格的上升和资本流出国出口商品价格的下降，既反映了贸易条件的变化，又会促使两国的资源配置发生变化。俄林还认为，两国资源配置的变化很可能引起某种程度的经济混乱（如失业），这就有可能把经济周期的变化同资本在两国的流动直接或间接地联系在一起。

马科卢普的国际投资乘数论发展了凯恩斯理论，他主要阐明的观点是：资本输入国在资本输入后，国民收入会增长，而资本输出国的国民收入则不会由此受到损失。对一些国内投资机会较少而又拥有大量资本的国家，向外输出更为有利。马科卢普的国际资本流动理论不仅在当时具有较强的现实意义，而且对当今各国制定经济政策仍具有指导意义。

但是，马科卢普对资本输出国的资本补偿及资本输入国的偿还问题的分析不够充分。资本输入国通过资本的引入可以促进经济发展，但如果运用不好，也会引起债务问题，20 世纪 80 年代发展中国家的债务危机即说明了这一点。对债务的清偿问题未做进一步的分析是马科卢普理论的一大遗憾，在一定程度上也影响了该理论的实践意义。

三、国际资本流动理论的研究对象和领域进一步拓宽

国际资本流动理论经历了早期的短期资本研究阶段后，进一步拓展至对外直接投资、引进外资等研究领域。

纳克斯的"贫困的恶性循环理论"揭示了发展中国家落后、贫穷产生的根源，提出了利用国外资本、加速资本形成的主张。而"两缺口理论"也提出了引进国外资源、弥补储蓄缺口和外汇缺口、促进经济发展的主张。钱纳里和斯特劳特的"两缺口理论"，揭示了发展中国家实行经济改革调整经济结构的重要意义，为发展中国家制定开放的宏观经济政策提供了理论依据，对促进发展中国家充分利用外资发挥了重要作用。

与马科卢普理论不同的是，这两种理论都对外债的清偿问题做了探讨，特别是纳克斯还提出了提高外债清偿能力的有效手段。这两种理论为发展中国家大力引进外资、发展经济奠定了理论基础。

无论是麦克道格尔模型还是纳克斯的"贫困的恶性循环理论"及钱纳里和斯特劳特的"两缺口理论"，都是从福利角度探讨放松资本管制的利益。随着国际资本流动的加剧，特别是流动中各种风险因素的增多，近些年来资本项目开放的研究重点转向国际金融市场的风险承担和分散的作用。托宾—马柯维茨模型认为，如果承担某种风险的价格在国家间是不同的，那么，如果包含这些风险的国际金融资产进行贸易的话，各国将会获利，即都会减少风险。而托宾—马柯维茨模型是从降低风险的角度提出国际资本自由流动的优势，这是对传统理论的创新，也反映了战后国际资本流动的新特点。

四、资本管制到资本放松的趋势促使国际资本流动理论向前发展

金融深化论从分析发展中国家货币金融的特殊性入手，舍弃了传统货币理论不符合发展中国家国情的内容，系统地论述了货币金融与经济发展的关系，为发展中国家货币金融政策的制定提供了理论上的指导。实际上，金融深化论与西方新自由主义思潮是相吻合的，是经济自由主义在金融理论方面的表现。在金融深化论产生以前，凯恩斯的国家干预思想一直影响着金融界，再加上发展中国家政府把控制金融作为经济发展的战略，因而金融业所受的政府管制是最严的。麦金农和肖所主张的金融体制改革，基本上是取消一切政府和其他人为的对金融机构和市场的管制与干预。因此，金融深化在某种程度上被称为"金融自由化"。但金融深化论过高地估计了金融自由化对经济发展的积极作用，对其副作用估计不足。

尽管金融深化论存在一定的缺陷（这些缺陷在发展中国家金融改革的实践中暴露出来），然而金融深化论的理论和政策既符合当时世界金融自由化的潮流，也在一定程度上符合许多发展中国家金融改革的要求。因此，得到了国际货币基金组织和世界银行的赞同和推广，也得到了许多发展中国家的肯定和采用。在该理论的影响下，部分发展中国家的金融体制改革走向了不同程度的自由化，其中新兴市场国家的步伐迈得更大一些。

从 20 世纪 70 年代末开始，国际资本自由流动加速，导致一些国家出现了货币危机或金融危机，因而货币危机理论应运而生。第一代货币危机模型主要从宏观经济因素探讨货币危机的产生，而第二代货币危机模型则从预期角度探讨货币危机的发生，该模型强调，即使宏观经济基础没有发生变化，投机者如果预期该国货币将会贬值，大规模的冲击必定导致该国货币贬值。两种理论在实践中都得到了验证。

本章从早期国际短期资本流动理论开始谈起，综述了 20 世纪国际资本流动理论的发展脉络。国际资本流动理论按照资本国际间流动的特点而演变，一百年中经历了短期流动——管制——放松管制的历程，并伴随各国资本项目开放速度的加快而向多层次发展。结合金融风险的产生及其防范理论、金融危机理论、国际贸易等理论的新发展，国际资本流动理论也会在新的世纪呈现出全新的面貌。

参 考 文 献

[1] 樊会文、钱南：《费雪及托宾—马柯维茨的国际资本流动理论》，载《世界经济》，1992（5）。

[2] D. J. 马西森等：《资本账户自由化——经验和问题》，中文版，北京，中国金融出版社，1995。

[3] 张斌：《如何评价资本管制的有效性》，载《世界经济》，2003（3）。

[4] 王得祥：《当代国际货币危机理论模型分析》，载《世界经济》，2000（1）。

[5] 孙月：《现代货币危机理论的发展与比较》，载《国际金融研究》，1999（9）。

[6] 陈岱孙、厉以宁：《国际金融学说史》，北京，中国金融出版社，1991。

［7］谭崇台：《发展经济学》，太原，山西经济出版社，2001。

［8］田宝良：《国际资本流动——分析、比较与监管》，北京，中国金融出版社，2003。

［9］叶初生：《国际资本形成与经济发展》，北京，人民出版社，2004。

［10］陈雨露：《国际资本流动的经济分析》，北京，中国金融出版社，1997。

［11］迈克尔·迪屈奇：《交易成本经济学》，中译本第 1 版，北京，经济科学出版社，1999。

［12］Hakmin Kim, 1999. *Globalization of International FinancialMarkets – Cause and Consequences.* Ashgate PublishingLtd. , 1999：143 – 222.

［13］Krugman, p. 1979. *A Model of Balance – of – payments Crises.* Journal of Money, Credit, and Banking, （11）：312 – 325.

第六章

国际投资理论

国际投资理论按照投资者对所投资项目的实际控制程度，可以分为直接投资和间接投资。所谓直接投资是指投资者在东道国建立一个或一个以上的投资实体，并且在投资实体中占有 10% 以上的股份，并对所投入资金的实际运行过程具有足够的影响力或控制权。间接投资是指投资者不直接操纵或影响资金运行过程，例如投资于股票、债券等金融工具。本章主要对国际直接投资理论进行探讨与评价。

第一节　20 世纪国际投资理论的演进

20 世纪是国际投资理论飞速发展的百年，随着国际投资不断发展、投资形式日趋多样化，国际投资理论也在逐步完善，成为世界经济一道亮丽的风景线。20 世纪初至 60 年代，国际资本流动以间接形式为主，投资目的主要是赚取高额利润。此时的国际投资理论是以金融市场的利率为主要出发点进行研究的。20 世纪 60 年代以后，随着跨国公司迅速扩张并成为全球投资主体，直接投资占据了主导地位，国际投资自由化也成为经济全球化的一种客观要求。此时国际投资理论的研究与发展重心也更明确地转向了直接投资，开始从跨国公司的角度对国际投资的动因、方式、效益等进行多元化的综合性分析。从海默的垄断优势论到内部化理论，从产品生命周期理论到小岛清的比较优势论，以及由邓宁的国际生产折中理论到发展中国家的各项适用性新理论，理论研究在顺应时代发展的基础上不断丰富、综合，方法也从单一因素分析转向多元化综合分析。在国际直接投资理论发展的同时，间接投资理论也在更新、丰富，只是它已不再拘泥于国际投资理论，而是形成了国际证券投资组合理论、数理金融理论等。本章主要对国际直接投资理论部分进行阐述，国际证券投资组合部分将在金融市场理论中进行研究。概括起来，20 世纪国际投资理论主要经历了如下演进过程。

一、国际投资理论的早期发展阶段

20 世纪 60 年代是国际投资理论的早期发展阶段。第二次工业革命、国际分工与资本主义国家生产的相对过剩，为国际投资的出现奠定了物质基础，使国际投资从那时起

得以产生并迅猛发展。从国际统计年鉴的数据可以看到：第一次世界大战之前，国际投资额已超过 400 亿美元，国家间的投资方式以证券、债券等间接形式为主。两次世界大战的爆发虽然在一定程度上阻碍了国际投资的发展，但始终没有停滞，仍旧以间接形式不断向前发展，投资主要以赚取高额利润为目的。投资实践的发展迫切要求有相应的理论对其进行诠释与引导。

从重商主义到古典学派政治经济学等早期的经济学家们对国际资本流动产生的原因进行了诸多研究，却没有提出关于国际投资系统而统一的观点，但是他们的许多观点可以被称为现代国际投资理论的思想渊源。早期，亚当·斯密视国际资本流动为不必要或不利，认为资本家更愿意在国内投资是因为国外具有不确定性；马歇尔在 1923 年的《货币、信贷与商业》中支持亚当·斯密的观点，认为"净利润到处都相差无几"，资本国际流动的阻力主要来自国外市场与法律体系的信息匮乏所产生的实际风险成本；李嘉图在其《政治经济与税收原理》中对国际资本从资本丰饶国单向流到资本贫瘠国的原因进行分析；米尔在其《政治经济原理》中认为国际资本流动的一个主要原因在于相对成本水平。早期经济学家们的研究为国际投资理论的产生与发展进行了铺垫。

随着国际投资的不断发展，在凯恩斯经济学与利率平价理论的基础上，学术界将不同国家间利率与汇率的因素作为国际资本在不同国家流动的重要理论依据，早期的国际投资理论也在此背景下应运而生，并被纳入国际资本流动的一般性研究框架之中。

1933 年，纳克斯（R. Nurkse）发表了题为《资本流动的原因和效应》[①] 一文。文章以不同国家的资本利息率不同为出发点，提出产业资本跨国流动理论，研究国际投资的动因。他强调资本流动的直接动因是追求利润，并注意到引起国际资本供求关系变动的产业变动因素。虽然纳克斯的理论对国际直接投资与间接投资没有作出区分，对直接投资概念的分析也不很清晰，但是它分析的对象实际就是国际直接投资，把国际直接投资作为国际资本流动来研究。由于纳克斯关于直接投资动因的观察比以后较长一段时期以国际资本流动为依据的其他理论都更近距离地触及直接投资的本质特征，因此，纳克斯的理论到目前一直被认为是 20 世纪最早涉及国际直接投资的理论和 60 年代后各派学说研究和分析的基点。

由于受经济环境与发展程度所限，纳克斯仅以资本的利息率为中间变量决定资本流动的构想使得研究框架过于简化，并存在一定程度的不完善。如第二次世界大战后，发达国家不仅资本市场发育较充分，而且相互之间的投资在数量上也占优势，这与资本流动总是从资本供给相对丰富的国家流向资本供给相对稀缺的国家的理论并不相符合。这样，随后美国经济学家麦克道格尔发表了题为《对外私人投资的成本与效益：一种理论探索》的文章，开始利用几何图形对国际投资进行宏观经济效益分析。遗憾的是，麦克道格尔的几何图形虽然相对于纳克斯的模型详尽了些，但他的图形还是过于简单，以致只涉及了一国的情况。为此，肯普对该模型进行了重新构建，采用两国式的对拼图坐标系，建立了麦克道格尔—肯普模型。该模型根据资本收益率的差异引起资本流动的一般

---

① J. H. 邓宁：《国际投资》，英文版，企鹅出版社，1972。

理论来解释国际投资的原因，并讨论对资本输出国和资本流入国福利的影响。不可否认，此理论在当时占据了一定的地位，虽然表面上麦克道格尔—肯普模型看似比纳克斯的模型完善、综合了许多，它还是没有明确区分间接投资与直接投资的概念，没有明确指出资本流动是通过信贷方式还是生产转移方式进行的，没有专门注意投资者是否控制投资经营活动，没有提及引起直接投资的产业、技术、市场等重要因素①，因此，它实际上只分析了直接投资和间接投资的一些共同性问题，甚至与纳克斯相比，对直接投资的特殊性研究相差更远。

二、国际直接投资理论

在经济活动领域中，人们对于国际投资理论的探索一直没有停止过。20 世纪 60 年代前，国际投资主要集中于间接投资并发展了其相应的理论；60 年代至 70 年代中期，直接投资虽然在增长的趋势中并没有成为典范，但国际直接投资理论取得了长足的发展，特别是随着跨国公司的崛起，国际直接投资规模的扩大，传统理论逐渐被国际直接投资所主导，并不断向前发展。此期间学术界各执一说，涌现出多个学派，呈现了百家争鸣的景象。

20 世纪 60 年代初产生了从厂商寡占行为角度来解释国际直接投资发生机理的新理论。由于这种新理论强调直接投资过程中的经营控制问题，将直接投资与间接投资明确区分开来，直接投资理论开始作为国际经济学研究领域中一个独立的理论分支发展起来；国际直接投资理论的研究也从过去主要侧重国际资本流动的宏观角度转到了投资厂商行为动机的微观角度。可以说国际直接投资理论的产生和发展始于海默的垄断优势理论。1960 年，美国麻省理工学院的海默（S. H. Hymer）在他的博士论文《一国企业的国际经营：对外直接投资研究》中，首次提出了垄断优势理论，创立了国际直接投资理论并开创了国际直接投资理论的先河，被称为零的里程碑。海默摒弃了长期以来流行的国际资本流动理论所惯用的完全竞争假设，根据厂商垄断和寡占市场组织结构来解释对外直接投资。海默认为在市场不完全的情况下，跨国企业对投资经营的控制不仅是出于经营管理的需要，更可能是因寡占竞争的需要而产生的。他把跨国企业的对外投资动机与不完全竞争假设前提结合起来，认为以不完全竞争为前提的市场不完全行为为对外直接投资打开了大门，指出对外直接投资是在厂商具有垄断或寡占优势的条件下形成的。

根据垄断或寡占优势的不同与市场形势的发展，对垄断或寡占性生产要素优势的研究逐渐转向无形资产方面。约翰逊在 1970 年发表论文《国际公司的效率与福利意义》，指出："知识的转移是直接投资过程的关键。"1971 年凯夫斯从产品的异质性角度对垄断优势理论进行了补充。国际投资理论研究逐渐从独占有形生产要素过渡到独占无形生产要素，成为传统直接投资向现代直接投资转型的一个重要特征，甚至对现代直接投资发生机理的研究也是一种很好的铺垫，为今后发展提供了广阔的空间。

1973 年，尼克博克创立了寡头垄断行为学说。在其发表的论文《寡占反应与跨国公

---

① 杨大楷等：《中级国际投资学》，上海，上海财经大学出版社，2002。

司》中，尼克博克从寡占反应论的角度将对外直接投资划分为进攻性投资与防御性投资，对垄断优势理论进行了重要补充。他分析了 187 家美国跨国公司的投资行为，发现在一些寡头垄断性行业中，外国直接投资者在很大程度上取决于各竞争者之间相互的行为约束和反应。提出只是在一个松性寡头垄断市场中，各竞争者之间战略性的行为才会相互制衡或产生激烈反应。在随后的发展中，博弈论模型也被用于分析跨国公司相互反应的动态过程。

垄断优势理论提出市场不完全性是跨国公司进行对外直接投资的前提条件，内部化理论也承认市场的不完全性，但它们将原因归结为市场机制的内在缺陷，并对传统的国际直接投资理论提出批评。内部化理论通过对跨国公司内部贸易的增长现象进行分析后，提出对国际直接投资动因的新解释，其思想渊源可以追溯到科斯定理。1976 年，英国的巴克莱（P. J. Buikley）和卡森（M. Casson）明确提出内部化理论。他们认为市场失效使企业交易成本增加，导致跨国公司将外部市场内部化。随后，加拿大学者拉格曼（A. M. Rugman）在《跨国公司的内幕：内部化市场经济学》一书中更加明确了市场内部化的概念。与垄断优势理论相比，其在解释国际直接投资发生的机理时，将讨论的重点放在知识资产等中间产品市场上，而不是最终的产品市场上。可以说建立在交易成本学说基础之上的内部化理论对现代工商企业的起源和成长进行了解释，在后来的理论发展中，国际直接投资理论的重要代表邓宁、卡森等人将其运用于国际直接投资领域，并称之为跨国企业的形成和跨国企业对外直接投资发生机理的核心原理。

在海默的垄断优势理论的基础上，1966 年美国哈佛大学教授弗农（R. Vernon）发表了题为《产品周期中的国际投资和国际贸易》的论文，提出产品生命周期理论，对国际投资的动因从另一个角度作出解释。弗农认为垄断优势理论并没有彻底说明跨国公司需要通过建立海外子公司去占领市场，而不是通过产品出口或转让技术来获取利益的根本原因。拥有知识资产优势和产品创新能力的企业总是试图维持企业的技术优势地位以便享有丰厚的创新利益，但新技术不可能被长期垄断，新产品一旦上市很快就会被仿制。因此，用产品生命周期理论能够较好地解释跨国公司的对外投资行为。继弗农教授的理论首次提出后，先后于 1971 年、1974 年和 1979 年又对该理论进行了多次补充，重新划分产品生命周期。事实上，产品生命周期理论分析的重点是跨国企业在决定进行对外投资时所面临的问题，是关于厂商垄断寡占行为分析及其所引起的商品配置理论。

在产品生命周期理论发展的同时，20 世纪 70 年代中期日本一桥大学小岛清（Kojima K）教授根据国际贸易比较优势理论，以日本厂商对外直接投资的情况为背景提出比较优势理论。小岛清认为当时流行的垄断优势理论和产品生命周期理论都是从微观经济层面出发，强调企业自身的内部垄断优势对海外直接投资的决定意义；而比较优势理论则更多地从宏观的角度对对外直接投资作出解释。小岛清的比较优势理论与芝加哥大学阿利伯的资本化理论共同构成了当时国际直接投资宏观方向理论的主要力量。

20 世纪 60 年代至 70 年代中期的国际投资理论可谓百家争鸣、异彩纷呈。但遗憾的是，所有这些理论学派相互分立，缺乏一套统一的、具有普遍意义的一般性理论，各派学说犹如在玉盘中散落的明珠。学术界为此也在不断的探索当中。随着经济的不断发展，随后产生的国际生产折中理论则更为系统化，形成了在国际直接投资理论中影响最大的理论框架。

三、国际生产折中理论

在世界经济不断发展的进程中，发达国家的跨国公司在 20 世纪 70 年代中后期已成为国际直接投资的重要主体，跨国公司的国际投资行为推动世界经济一体化向更深层次发展。在此基础上，理论界不断综合性地发展着国际直接投资理论，其中最具代表性的是邓宁（Dunning John）的国际生产折中理论。

英国经济学家邓宁于 1977 年发表了题为《贸易、经济活动的区位和跨国企业：一种折中主义方法的探索》的论文，提出国际生产折中理论，并随经济形势的发展不断丰富和完善自己的理论。在折中论提出以前，国际投资理论的各种不同学说概括起来可以分为微观与宏观两大部分。微观部分主要包括上述的垄断优势论、内部化理论和生命周期论，宏观部分则主要为偏重国际贸易的比较优势论。20 世纪 70 年代初开始出现了这两种理论相融合的趋势，许多学者在这方面进行了卓有成效的研究。70 年代中后期邓宁综合各派学说，选取厂商特定资产所有权（Ownership）、内部化优势（Internalization）和国家区位优势（Location）三个解释变量为核心衡量国际投资，认为这三方面因素的结合不仅可以确定各种类型的直接投资，而且可以解释厂商关于直接投资、出口销售和许可合同这三种经济活动的选择行为；并且只有在三个条件都能够满足的情况下，厂商的对外直接投资才能够获得收益，厂商才愿意从事对外直接投资活动。邓宁的初始观点集中于厂商特定资产所有权、内部化优势和国家区位优势的综合发展。

20 世纪 80 年代初，邓宁将加入投资发展周期的概念引入到国际生产折中理论中进行动态化的研究，产生发展水平理论，认为一个国家的经济发展程度与资本流动高度相关。并以人均国民生产总值为依据，将东道国的经济发展水平分为四个阶段研究和判断不同阶段与资本流动的关系。

邓宁的这种理论虽然选取了以往各种理论综合采用的三个最关键的解释变量，并且注重各变量之间的相互关系，以弥补以往一些理论的片面性，但这种理论仍然存在着很大的局限性。由于 20 世纪 70 年代作为国际直接投资主体的跨国公司主要是美国、日本、欧洲等少数几个发达国家，而且公司规模也是庞大的，因此生产折中理论适于解释大规模企业，不适于解释中小投资厂商。也就是说，该理论以工业发达国家的跨国企业为背景，没有充分注意到新兴工业化国家中小投资厂商的情况，不能成为一种能够解释所有类型直接投资的一般理论。但邓宁的生产折中论为国际投资理论发展所作出的巨大贡献是不可忽视的，其仍应作为国际直接投资的早期经典理论之一。

四、发展中国家国际直接投资的适用性理论

随着经济全球化步伐的日益加快，国际直接投资日益呈现出多样化的格局。发达国家在不断扩大自身投资深度与广度的同时，诸多新兴发展中国家也积极参与到国际直接投资的行列中，中小企业对外直接投资也成为一股巨大的潮流，冲击了传统的大型跨国

公司，占据国际直接投资的主流地位。

20 世纪中叶以来的主流国际投资理论无论是微观部分、宏观部分，还是综合性的国际生产折中理论的研究对象无一例外均是发达国家，对发展中国家投资理论的研究近乎为零。新形势、新特点的出现使上述传统的国际直接投资理论越来越不能对现实进行解释。但不能由此就批判否认已经建立起来的理论，任何理论都是有其时间阶段性的。在现实需要的推动下，国际直接投资理论在 20 世纪末期中取得了许多新的发展。经济学家们针对发展中国家的特殊情况提出了对发展中国家的适用性理论。理论集中于小规模技术理论、技术地方化理论、技术积累理论与国家利益优势取得论。

美国经济学家威尔斯（Louis T. Wells）在《发展中国家企业的国际化》一文中沿用比较优势原理提出小规模技术理论。他把第三世界跨国公司具有竞争优势的生产与国家自身的市场特征结合起来，指明发展中国家跨国企业的竞争优势来自于低生产成本，而这种低生产成本是与其母国的市场特征紧密相关的。威尔斯的小规模技术理论被西方理论界认为是该领域研究中具有代表性的理论之一，为后人提供了一个充分的分析空间。

英国经济学家拉奥（San Java Lall，1982，1990）在沿用阿金斯（Atkinson）、斯蒂格利茨（Stiglitz，1969）、纳尔逊（Nelson）和温特（Winter，1982）等人提出的"技术变动"概念的基础上，提出了技术地方化理论。在拉奥看来，即使发展中国家跨国企业的技术特征表现为规模小，但这种技术的形成包含着企业内在的创新活动。与威尔斯相比，拉奥更强调企业技术引进的再生产过程，即欠发达国家对外国技术的改进、消化和吸收不是一种被动的模仿和复制，而是技术的改进和创新，正是这种创新活动给企业带来了新的竞争优势。虽然拉奥的技术当地化理论对企业技术创新活动的描述是粗线条的，但他把对发展中国家企业跨国经营研究的注意力引向微观层次，证明落后国家的企业以比较优势参与国际生产和经营活动的可能性。

坎特韦尔（John A. Cantwell，1991）提出技术积累理论，从技术积累的过程出发，强调发展中国家在外商直接投资的前期获得经验和技术，进而局部改变技术，并且技术积累在外商直接投资的后期起到重要作用，从而分析了外商直接投资的阶段性特点。技术积累理论是以弗农的产品周期模型为基础的，暗含着外商直接投资的路径，是 20 世纪近期发展中国家国际直接投资理论中一个较新的视角。

国家利益优势取得论从国家利益的角度考虑，认为大多数发展中国家，特别是社会主义国家的企业对外直接投资有其自身的特殊性。这些国家的企业按优势论的标准来衡量是根本不符合跨国经营的条件的。但在世界经济一体化浪潮的冲击下，企业为了赶上世界经济发展的潮流，不得不进行对外直接投资，寻求和发展自身优势。在这种情况下，国家支持和鼓励企业进行跨国经营活动是在所难免的。

上述理论为不同国情与经济实力的发展中国家进行国际投资提供了理论依据，开创了发展中国家国际投资理论的先河，也是 20 世纪末期发展的新理论。当然有关国际直接投资的理论还在不断更新和发展，如以鲁明泓（1999）、奥克荷姆（Oxelheil，2001）以及贝尔德伯斯（Belderbos，2003）等为代表的经济学家，从不同角度分析了东道国的政治、经济、法律甚至转型体制对吸引外国直接投资的影响，由此角度来探究国际投资理论。相信随着经济进程的加速，21 世纪的国际投资理论将会取得更大的成就。

本章将按照国际投资理论的演变进程对 20 世纪国际投资理论体系逐一分节作出简要介绍。

第二节　20 世纪初至 60 年代以前的国际投资理论

20 世纪初至 60 年代，由于国际资本流动以间接投资为主，国际投资理论主要侧重于国际资本流动的一般性研究，随着国际直接投资形式的逐渐增加，国际直接投资理论的研究也逐步发展。投资动力的驱使促成 20 世纪初期国际投资理论与实践相结合滚动向前发展。

一、纳克斯的跨国投资理论

1933 年，纳克斯（R. Nurkse）发表了题为《资本流动的原因和效应》的文章，目前其一直被认为是 20 世纪最早涉及国际直接投资的理论。他从不同国家的资本利息率不同这一角度出发，设定各国资本的供求关系决定各自的利息率，资本的供求关系可以由供给方面决定，也可以由需求方面决定，一国国内资本的供给主要来自于国内储蓄。

基本原理为：假设有 A、B 两个国家，其中 A 国的资本储蓄较多，相应资本的利息率也较低；B 国的资本储蓄较少，相应资本的利息率也较高。A 国资本的利息率低于 B 国，两国资本的利息率差距反映出 A 国的资本供给量多于 B 国。因此，资本会由 A 国向 B 国流动。

具体分析为：如果一国国内资本的需求主要来自于对生产投资需求的增长，那么假设 B 国出现技术进步、生产率提高，市场对新产品的需求弹性就会较大，相应引起生产扩张、投资需求增加。在没有相应充足资金供给的情况下，利息率会上升，于是引起 A 国资本向 B 国流动。特别是当发明的新技术为劳动节约型时，资本/劳动的比率越高，对资本的需求也就越大，则 B 国的利息率将更有吸引力。由于在 B 国投资可以获得更高的利润，从而 A 国资本向 B 国流动得也越多。

二、麦克道格尔—肯普的国际投资理论

（一）麦克道格尔模型

美国经济学家麦克道格尔（G. Macdougall）于 1960 年发表了一篇题为《对外私人投资成本与效益：一种理论探索》的文章，开始对国际投资的宏观经济效益进行分析。麦克道格尔利用几何图形对国际投资进行成本—效益分析。[①]

麦克道格尔国际投资模型假设在完全竞争状态下，经济体处在长期的充分就业均衡

---

① G. Macdougall, 1960. *The Benefits and Costs of Provide Investment from Abroad：A Theoretical Approach*，Economic Record, March.

水平；市场上存在大量的交易者，其交易行为不能影响价格；产品具有同质性；资本和其他生产要素可以自由流动；国际收支处于平衡状态并且维持在该水平；贸易条件的影响不变；没有外在经济和税收等。

图 6-1 中假设劳动量一定，AB 表示最初本国的资本存量，BC 为最初引进的外国资本量，则本国总资本量为 AC，FEBA 为本国资本利润，EDCB 为外国资本利润，本国工资额为 GFD。如果外国投资新增 CM，由于资本边际产出下降，利润率也将下降，此时外国投资利润为 JLMB。本国工资额虽然增加了 FDLH，但其中的 FEJH 来自本国国内与资本所有者之间的再分配，资本输入国整体新得到的工资收益为 EDLJ，该收益小于外国资本在该国新增投资获得的收益 KLMC。

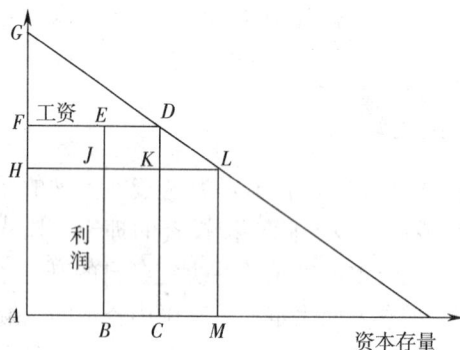

图 6-1　麦克道格尔模型

（二）麦克道格尔—肯普国际投资模型的原理分析

由于麦克道格尔的模型过于简单，肯普（M. C. Kemp）对该模型进行了重新构建，即麦克道格尔—肯普模型。麦克道格尔—肯普国际投资模型利用几何图形，根据资本收益率的差异引起资本流动的一般理论来解释国际投资的原因，以及对资本输出国和资本流入国福利的影响。

麦克道格尔—肯普国际投资模型的假设前提是边际投资收益递减。假设两个国家的资本存量不同，A 国的资本资源丰裕，B 国的资本资源相对稀缺。由于边际投资收益递减规律的作用，A 国的资本边际收益率低于 B 国的资本边际收益率，于是 A 国资本将流向 B 国寻求更高的收益率。随着 A 国资本的流出，A 国资本的边际收益率逐渐升高；而随着资本的流入，B 国资本的边际收益率逐渐降低。当两国资本的边际收益率相等时，资本流动停止。资本在国际间自由流动，导致资本的边际生产力在国际上趋于均等化，资本资源价格均等化，资源配置合理化，全球福利最大化。

图 6-2 中的横轴为资本存量，纵轴为资本边际产出。O 点为 A 国资本存量的原点，O 点到 A 点为资本流动之前 A 国的初始资本总量；O′点为 B 国资本存量的原点，O′点到 A 点为 B 国的初始资本总量。FA′为 A 国的资本边际生产力曲线，HB′为 B 国的资本边际生产力曲线。资本流动之前，A 国的资本边际产品价格为 CO，总产出为 FOAG，其中 COAG 为资本要素的收入，FCG 为在生产过程中与资本要素相结合的其他要素的收入；B

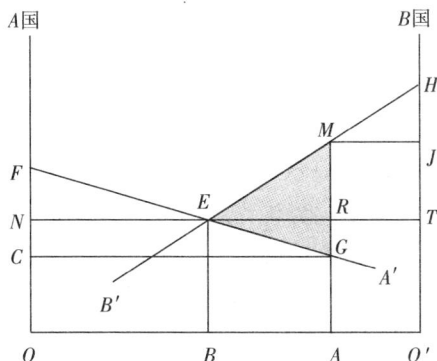

图 6 - 2　麦克道格尔—肯普模型

国资本边际产品的价格为 JO'，其总产出为 $HO'AM$，其中 $JO'AM$ 为资本要素的收入，HJM 为在生产过程中与资本要素相结合的其他要素的收入。从图 6 - 2 中可以明显看出，资本流动之前，A 国资本边际产品的价格低于 B 国资本边际产品的价格，如果资本可以自由流动，则 A 国资本将流向 B 国以获取更高的资本边际收益。

（三）麦克道格尔模型的福利分析

资本流动之后，有 AB 的资本量由 A 国流向 B 国，A 国的资本边际收入逐渐上升；B 国的资本边际收入逐渐降低，在 E 点达到均衡，两国资本的边际收益率相等，资本流动停止。

资本流动之后，A 国的资本边际产品价格上升为 NO，总产出为 $FOBE$，其中 $NOBE$ 为资本要素的收入，FNE 为在生产过程中与资本要素相结合的其他要素的收入；B 国的资本边际产品价格降为 TO'，其总产出为 $HO'BE$，其中 $TO'BE$ 为资本要素的收入，HTE 为在生产过程中与资本要素相结合的其他要素的收入。

图 6 - 2 中三角形的阴影部分 EGM 为资本流动后资源实现更合理的配置，世界福利整体提高的部分。其中 ERG 为 A 国资本在 B 国投资所取得的收益，ERM 为 B 国其他要素（如劳动力）与 A 国资本相结合所产生的收益。世界福利水平整体提高的部分由 A 国和 B 国分享，两国的福利水平均有所提高。

第三节　国际直接投资理论

20 世纪 60 年代以前，国际投资主要集中于间接投资并发展了相应的理论；60 年代后直接投资虽然在发展中并没有成为典型，但国际直接投资理论取得了长足的发展，并呈现出百家争鸣的景象。随着国际直接投资规模的扩大，以及国际直接投资包含科技进步和先进管理经验的成分，传统理论逐渐被国际直接投资所主导，在 60—70 年代取得了长足的发展。

一、垄断优势理论

垄断优势理论堪称 20 世纪国际直接投资理论的里程碑，其主要内容如下。

（一）海默的垄断优势理论

1960 年，美国麻省理工学院的海默在他的博士论文《一国企业的国际经营：对外直接投资研究》中，首次提出了垄断优势理论，首先创立了国际直接投资理论，被称为零的里程碑。海默认为市场不完全竞争是跨国公司进行国际直接投资的根本原因，而跨国公司特有的垄断或寡占优势是其实现对外直接投资利益的条件。

1. 市场不完全竞争。海默在他的论文中根据美国商务部关于直接投资与间接投资的区分标准，运用实证方法，对美国 1914—1956 年对外投资的有关资料进行了分析，发现对外直接投资与对外证券投资具有不同的表现。海默认为传统理论无法解释战后迅速发展的国际直接投资，他在实证分析的基础上指出，现实的市场是不完全竞争市场，这种市场的不完全性表现在以下四个方面：第一，产品和要素市场不完全，即少数卖方或买方能够凭借控制产量或者购买量来影响市场价格的决定；第二，由规模经济引起的市场不完全；第三，由于政府的干预而产生的某些市场障碍；第四，由关税引起的市场不完全。

2. 独占性生产要素优势。垄断或寡占优势又被称为独占性生产要素优势。跨国公司在对外直接投资时，与东道国相比处于相对不利的地位，面临更大的风险。例如东道国熟悉本土投资环境、市场环境和文化语言背景；掌握了一定的信息渠道；易于得到政府的支持等。跨国公司为了在与东道国的竞争中取胜，必须利用市场的不完全性和自身的独占性生产要素优势来抵消东道国厂商的优势，补偿在陌生环境中的附加成本，以便在投资中获取高额利润。

海默最初认为跨国公司的独占性生产要素优势主要在于雄厚的资金实力，包括自有资金和在金融市场上的融资能力。通常母公司与子公司之间，以及各个子公司之间的资金调拨能力强大，在国际金融市场上的信誉又比较好，因此，跨国公司在资金方面的优势常常是东道国厂商望尘莫及的。在此之后的关于独占性生产要素优势的研究逐渐转向无形资产方面。

（二）垄断优势理论的发展

海默的垄断优势理论为西方国际直接投资理论的发展奠定了基础，后来许多经济学家对该理论进行了进一步研究与发展。

约翰逊在 1970 年发表的论文《国际公司的效率与福利意义》中指出："知识的转移是直接投资过程的关键。"凯夫斯（R. E. Caves）于 1971 年发表的论文《国际公司：对外投资的产业经济学》中，从产品的异质性角度对垄断优势理论进行了补充，提出产品的差异可以满足不同地区不同层次消费者的需要。工艺改进和商标品牌的设计等都是跨国公司的特有优势。克尼博克（F. T. Knickerbocker）在 1973 年发表的论文《寡占反应与跨国公司》中，从寡占反应论的角度对垄断优势理论进行了重要补充。克尼博克将对外直接投资划分为两大类，一类是进攻性投资，另一类是防御性投资。克尼博克主要研究的是防御性投资。每一家大公司对其他大公司的行动十分敏感，盯着竞争对手的行动，一旦竞争对手实行对外投资便紧跟其后进行投资，以保持市场份额。克尼博克认为寡占反应行为必然导致直接投资的集中性。他对美国在1948—1967年对外直接投资的情况进行了实证分析，发现美国跨国公司的50%集中在三年半的时间内建立，并且集中程度很高。

随着科学技术的进一步发展和跨国公司的进一步扩张，厂商垄断优势理论也得到了进一步发展，研究独占性生产要素优势的重点更多地转向技术知识和管理技能这样的无形资产方面，认为跨国公司的无形资产要素优势包括以下几个方面：

1. 先进的技术知识是跨国公司最重要的垄断优势。一般大型跨国公司都具有研究与开发机构，具有雄厚的资金实力和先进的科研人员队伍，每年都有大量的科研成果，并通过投入巨额资金尽快转化为生产力。跨国公司大量含有新技术、新工艺和关键诀窍的产品问世，并通过保护和控制知识产权的方式，在较长的时间内保持垄断优势。

2. 先进的管理经验是跨国公司高效率运行的保证。跨国公司具有强大的人力资源，包括经验丰富的经理人、技术熟练的员工、合理的组织结构和机制。在长期经营中总结出的一整套现代化管理经验，使得跨国公司能够对其经营活动进行高效率的管理和控制。

3. 跨国公司独特的规模经济优势。跨国公司无论在水平型对外投资还是在垂直型对外投资中都将全球市场作为目标。跨国公司的子公司遍布全世界，因此，可以在全球进行资源配置，搜集全球信息，网罗全球的高精尖人才，利用全球的销售网络，从而高效率运营。这种规模经济优势大大提高了跨国公司的内部利润，在这一点上东道国厂商是无法比拟的。

国际投资逐渐从独占有形生产要素过渡到独占无形生产要素，成为传统直接投资向现代直接投资转型的一个重要特征。

二、内部化理论

内部化理论也称为市场内部化理论，该理论通过对跨国公司内部贸易的增长现象进行分析后，提出对国际直接投资动因的新解释。垄断优势理论提出了市场不完全性是跨国公司进行对外直接投资的前提条件。内部化理论也承认市场的不完全性，但它们将其原因归结为市场机制的内在缺陷。

（一）内部化理论的思想渊源

内部化理论的思想渊源可以追溯到科斯定理。美国经济学家科斯（R. H. Coase）在1937年发表的《公司的性质》一文中表达了内部化思想。[①] 科斯认为任何企业在不完全的市场进行交易，都会发生交易成本、合同成本和风险成本。他将市场成本分为四大类：一是寻找和确定合适的贸易价格的活动成本；二是确定合同签约双方权利和义务的成本；三是接受这种合同面临的相关风险成本；四是从事市场交易所支付的交易成本。

---

① 科斯：《论生产的结构》论文集，中文版，上海，上海三联书店，1994。

如果贸易在公司内部组织，在公司内部交易，则是一种低成本的有效率的生产方式。与传统的厂商理论不同，科斯定理认为外部市场的不完全性导致了公司内部分工、产品交换机制和生产组织形式的变革。跨国公司无论是采取水平型一体化还是垂直型一体化，都将各个阶段的分工置于统一的战略目标和统一的管理体制之下，通过公司内部的产品流通和资金调拨，达到利润最大化。

（二）内部化理论的继续发展

1976年，英国的巴克莱和卡森在合著的《跨国公司的未来》一书中对传统的国际直接投资理论提出批评，他们认为市场失效导致企业交易成本增加，使企业在让渡自己的中间产品时无法保障自身的权益，也不能保证自身利润的最大化。这些中间产品在实现其专用权价值时，会因为不完全竞争市场而受到阻碍。比如信息在外部市场让渡时极易扩散，使所有者失去垄断优势。正是这种市场失效导致跨国公司将外部市场内部化，从而明确提出内部化理论。

加拿大学者拉格曼在1981年出版的《跨国公司的内幕：内部化市场经济学》一书中更加明确了市场内部化的概念。拉格曼指出，市场内部化是指"将市场建立在公司内部的过程，以内部市场取代以往固定的外部市场，公司内部的划拨价格起着润滑内部市场的作用，使它像固定的外部市场一样有效地发挥作用。"[①]

1997年，美国著名的企业史学家钱德勒在其出版的《看得见的手——美国企业的管理革命》一书中，对企业内部化从交易成本的角度做了进一步阐述。他认为单个管理上的协调比市场机制的协调能带来更大的生产力、较低的成本和较高的利润时，现代工商企业就会取代传统的小公司，将过去由几个经营单位进行的生产活动及其相互交易活动内部化。内部化给扩大了的企业带来了许多好处，它所带来的成本节约要比单纯的信息和交易成本的节约大得多。

（三）内部化理论较传统理论的新进展

内部化理论与传统的国际直接投资理论相比，有以下新的进展：首先，内部化理论在解释国际直接投资发生的机理时，将讨论的重点放在知识资产等中间产品市场上，而不是最终的产品市场上。其次，该理论认为厂商的特有优势是在国内形成的，必须以低成本的方式转移到国外，因为转移而发生的交易成本必须低于由转移所带来的收益，为此跨国企业倾向于构建一个内部化市场。最后，在外部市场失效的条件下，跨国公司为了对知识产品、信息传递和销售渠道产权进行有效控制，需要组成内部化市场，使跨国企业的生产组织、资源配置和价格划拨实现内部一体化。

三、产品生命周期理论

产品生命周期理论是20世纪中期国际投资理论的又一新视角，它将国际直接投资的原因归结为产品生命周期不同阶段更迭的必然结果。

---

① A. M. 拉格曼：《跨国公司的内幕：内部化市场经济学》，英文版，纽约，哥伦比亚大学出版社，1981。

（一）产品生命周期理论的形成

1966 年，美国哈佛大学教授弗农发表了题为《产品周期中的国际投资和国际贸易》的论文，在厂商垄断优势理论的基础上提出了产品生命周期理论，对国际投资的动因从另一个角度作出解释。

弗农认为，垄断优势理论并没有彻底说明跨国公司需要通过建立海外子公司去占领市场，而不是通过产品出口或者转让技术来获取利益的根本原因。那些拥有知识资产优势、具有新产品创新能力的企业，总是极力维护其技术优势地位。但是新技术不可能被长期垄断，新产品一旦上市很快就会被仿制。因此，用产品生命周期理论能够较好地解释跨国公司的对外投资行为。

弗农教授在 1966 年提出了产品生命周期的思想，将产品的生命周期概括为四个连续的阶段：导入期、增长期、成熟期和衰退期，如图 6-3 所示。

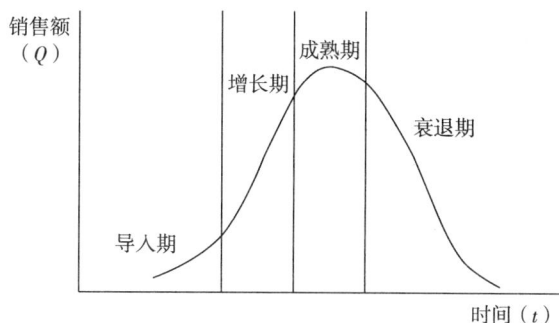

图 6-3　产品生命周期

第一阶段：产品导入期。新产品刚刚进入市场，在创新企业所在国家和其他工业发达国家，需求逐渐增加。在这一时期，创新企业占据着技术垄断地位。

第二阶段：产品增长期。产品生产规模增大，产品销售量上升，竞争厂商开始模仿创新企业的新产品，但由于对新产品的认识有限，尚未对创新企业构成威胁。

第三阶段：产品成熟期。新技术已经成型，技术传播的途径更加广泛，技术的获得更加容易，使创新企业失去部分优势。

第四阶段：产品衰退期。新产品成为标准化产品，越来越多的厂商掌握了该技术，其产品大量进入市场，竞争中成本的重要性超过了技术的重要性，最初技术创新优势已经不复存在。

（二）产品生命周期理论的继续发展

弗农教授在 1966 年提出产品生命周期的理论之后，先后于 1971 年、1974 年和 1979 年对该理论进行了多次补充。在 1974 年发表的《经济活动的选址》一文中，弗农教授进一步发展了产品生命周期理论。弗农将产品生命周期划分为技术创新、技术成熟和技术衰退三个不同的发展阶段，将所有的跨国公司定义为寡占者，并将其分为三类，在相应的不同发展阶段，它们将采取不同的占领市场和配置资源的策略，进而也是其进行对外直接投资决策的重要依据。

1. 技术创新期寡占阶段。技术创新期的产品处于创新阶段，创新企业拥有对技术诀窍的垄断优势，基本能够控制市场份额。在这一时期，新产品在发达国家的创新企业被开发出来，并且逐渐进入规模生产。此时的新产品主要用于满足国内市场，生产主要在国内完成。因此生产一般不发生转移，也不进行相关的国际直接投资，向国外提供这种新产品主要采用商品出口的方式来完成。

2. 技术成熟期寡占阶段。技术成熟期的产品基本定型，技术开始扩散，被越来越多的厂商模仿，跨国公司的技术优势被削弱。部分仿制国家采用相关政策给予保护，为了绕过这些贸易壁垒，创新企业便采取直接投资的形式到东道国设立子公司，进行当地生产、当地销售。此时的对外直接投资伴随着技术转移，跨国公司在这一阶段尚未完全丧失技术优势，因而仍然能够控制手中技术诀窍的扩散与传播，进而获得寡占利润。由于各国的经济发展水平存在一定的差距，这一阶段跨国公司最初对比较发达的国家进行直接投资，对发展中国家仍然实行商品出口，后来对发展中国家也进行直接投资。发展中国家由此获得生产这种产品的能力，从而净进口量开始减少。

3. 技术衰退期寡占阶段。技术衰退期的产品达到标准化生产阶段，这一阶段跨国公司的技术创新优势和技术控制优势相继丧失，相应的寡占利润也逐步消失。此时产品的价格竞争成为关键，跨国公司将选择向工资低的劳动力丰裕地区转移，发达国家和比较发达国家的厂商都开始向发展中国家进行直接投资，而前者逐渐成为该商品的进口国。

四、比较优势理论

比较优势理论是国际投资理论宏观方向发展的成果之一。它又称边际产业扩张理论，是由日本一桥大学小岛清（Kojima K）教授在 20 世纪 70 年代中期根据国际贸易比较优势理论，以日本厂商对外直接投资的情况为背景提出的。小岛清看到当时流行的垄断优势理论和产品生命周期理论等的共同特点是从微观经济层面出发，强调企业自身的内部垄断优势对海外直接投资的决定意义，于是他从国际分工原则出发，在比较优势的基础上，更多地从宏观的角度对日本的对外直接投资作出新的解释。1978 年小岛清出版了《对外直接投资：跨国经营的日本模式》一书[①]，揭示了日本企业对外投资的特点。

小岛清认为国际贸易与国际投资之间存在着互补性，而不是西方经济理论中的单纯替代关系。国际贸易是以本国具有比较优势的产品出口，而对外直接投资是从本国比较劣势的产业开始的。比较劣势的产业是指在母国已经或者即将丧失优势，而在东道国却具有比较优势和市场潜力的产业，即所谓"边际产业"。投资国应该从其边际产业开始对外直接投资，并依次进行。这样，一方面，母国的边际产业可以在东道国扩张，成为东道国的比较优势产业，东道国利用该产业扩大生产和出口；另一方面，母国利用投资收益来发展本国具有比较优势的产业，实现本国的产业结构升级。

在小岛清看来，由于各国的经济状况不同、特点不一，根据美国对外投资状况推断出来的理论无法解释日本的对外直接投资。小岛清认为，美国从事对外直接投资的跨国公司

---

① 转引自杨大楷：《中级国际投资学》，117 页，上海，上海财经大学出版社，2002。

主要分布在具有垄断优势的制造业部门，其对外直接投资具有贸易替代的属性。美国的投资模式与比较优势原理不相符，其对外直接投资的企业是具有比较优势的产业部门，而不是具有比较劣势的产业部门。按照比较成本指示的方向，美国应该将这些部门留在国内，靠扩大出口来获得比较利益。正是由于美国的对外直接投资模式代替了比较优势的产品出口，造成出口减少的同时还要进口这些产品，最终造成经常账户的逆差不断扩大。美国厂商所获得的较高利润率来自于垄断优势，而不是比较优势。这种由垄断优势引导的直接投资会代替贸易，使福利遭到损失。日本的对外直接投资模式与美国不同，主要是处于比较劣势的产业部门进行对外直接投资，而这些产业部门在东道国仍然属于比较优势的部门。日本制造业的对外直接投资也属于贸易创造型，不仅没有替代同类产品的出口，反而带动了相关产品的出口。日本的对外直接投资模式一方面优化了日本国内的产业结构，另一方面又可以使本国的比较劣势产业部门在东道国转化为比较优势的产业部门而发展延伸。

五、投资诱发要素组合理论

以往的国际直接投资理论都是从微观（厂商）和宏观（国家）的内部因素角度对国际直接投资进行研究和分析，但是到了经济全球化的时代，许多学者对国际直接投资的分析从内部因素转向外部因素，提出了投资诱发要素组合理论，也称为综合动因理论。该理论认为，任何形式的国际直接投资都是在直接诱发要素和间接诱发要素的组合作用下发生的。该理论对以往的国际直接投资理论进行补充，弥补了单纯从内部因素分析的片面性和局限性。

（一）直接诱发要素

直接诱发要素是指各种生产要素，包括自然资源、劳动力、资本、生产技术、知识信息以及管理技能等。直接诱发要素既可以存在于投资母国，也可以存在于东道国，只要这种直接诱发要素存在就会诱发投资国对外直接投资。当投资国具有某种诱发要素时，可以利用其要素优势对外直接投资，将这种要素优势转移到东道国；当东道国具有某种诱发要素时，投资国为了获取东道国的要素优势也会对其进行直接投资。例如发达国家在资本、生产技术、管理技能等方面具有要素优势，因此其对外直接投资主要是投资国直接诱发要素起作用，同时还可以利用东道国的自然资源、劳动力、知识信息等东道国直接诱发要素为其服务。另一方面，发展中国家受发达国家的直接诱发要素的诱使对其进行直接投资，发展中国家到发达国家建立生产和研发基地，将发达国家作为其引进新技术、新工艺和进行研发的基地，从而获得在投资母国所不具备的要素优势。

（二）间接诱发要素

间接诱发要素是指除直接诱发要素以外的其他要素，主要包括以下三方面：（1）投资国的诱发因素，如国内政治环境稳定、国家新颁布的优惠政策以鼓励企业对外直接投资、与东道国签署的合作协议等；（2）东道国的诱发因素，如东道国优越的投资环境、完善的配套设施、优惠的吸引外资政策、高效的政府行政体系、健全的法律法规等；（3）全球性的诱发因素，如经济全球化、一体化发展，科技创新，国际协议及法规，国际金融市场的利率与汇率波动等。一国可以通过调节自身的直接或间接诱发要素来调整国外投资，同时也可以在外国及全球存在诱发要素时进行对外投资，使得投资更加具有针对性和目的性。

（三）对投资诱发要素组合理论的评述

投资诱发要素组合理论主要是从外部因素（即投资国与东道国各自的需求和所具备的条件）的角度出发分析国际直接投资的决定因素，并强调了间接诱发要素在现代国际直接投资中的重要作用，克服了以往理论中只重视投资目的与自身比较优势的局限性。随着经济全球化的发展，世界市场竞争日益加剧，各国纷纷改善国内投资环境，出台优惠政策争相吸引外资，使间接诱发要素在对外直接投资中的作用日益重要。从这个意义上讲，投资诱发要素组合理论更贴近现实，解释力更强。

六、国家竞争优势理论

国家竞争优势理论是美国哈佛大学教授迈克尔·波特在其著作《国家竞争优势》中提出的，也称为国家竞争优势钻石理论。该理论重点对企业如何形成并保持可持续的竞争优势进行了分析。

（一）国家经济发展的四个阶段

波特将国家经济发展划分为四个阶段，即生产要素驱动阶段、投资驱动阶段、技术创新驱动阶段和财富驱动阶段。

1. 在生产要素驱动阶段，企业对外直接投资依靠的是生产要素，并且只能从生产要素中获得竞争优势，这种要素可以是自然资源也可以是廉价的劳动力。

2. 在投资驱动阶段，由于国家的经济基础依然薄弱，国家对外直接投资取决于国内企业主动投资的意愿和能力。企业有能力对引进的技术加以消化、吸收和改进，是一国达到投资驱动阶段的主要因素。

3. 在技术创新驱动阶段，企业在对技术进行应用和改进的基础上，开始具备独立的技术研发能力，技术创新成为国家竞争力的主要因素。在有利的需求、供给条件和本国经济的迅猛发展下，企业不断实现技术的创新，由此获得竞争优势。随着经济全球化，外部环境逐步改善，这些企业从起初的只在国内生产和经营，开始面向全球范围对外直接投资。处于该阶段的企业拥有产品的生产技术优势并且产品具有异质性，因此在国际竞争中处于优势地位，抵抗经济波动的能力较强。

4. 在财富驱动阶段，财富成为国家竞争力的主要因素，企业进行投资和技术创新的意愿减弱，金融投资的比重上升，投资的主要目的是维持其原有市场竞争地位。处于这一阶段的企业为了维持原有的市场地位，会通过企业间的并购来减少行业内的竞争者以增强行业的稳定性。

波特指出，在开放型经济背景下，一国的竞争优势是动态发展的。随着国内产业结构的升级和竞争水平的提高，一国逐渐具备了对外直接投资的能力。因此，波特对国家经济发展阶段的划分补充和完善了国际直接投资理论。

（二）国际竞争力的影响因素

波特在国家竞争优势理论中将影响一国国际竞争力的主要因素细分为以下四点：

1. 生产要素，包括自然资源、资本资源、知识资源、人力资源、基础设施等。生产要素还可以分为初级生产要素和高级生产要素，初级生产要素是指一国天然形成的要素如自然资源等，高级生产要素是指经过社会群体共同创造的要素，相比初级生产要素，高级生产要素对一国竞争优势的贡献更大。

2. 国内需求，是指国内的需求状况对国际竞争力的影响，主要体现在三方面：一是本国市场上对相关产业的产品需求大于海外市场，则易于产生规模经济，有利于建立该产品的国际竞争优势；二是本国消费者对某种商品的需求层次更高，有助于改进商品的质量、性能，促使企业加速该产品的升级和优化，容易建立相关产业的国际竞争优势；三是国内的需求具有超前性，会使企业加强自我创新能力，从而比国外企业更具有竞争优势。

3. 相关和支持产业因素，是指与企业生产、销售相关联并起到支持作用的产业和企业因素。任何企业的生产经营活动都不可能独立于整个市场环境，必将与上游原材料供应和下游销售渠道产生联系，因此相关行业和企业的支持，是能否取得长久竞争优势的主要因素。

4. 企业组织、战略和竞争状态因素，是指一国国内支配企业创建、组织和管理的条件，企业的组织形式、战略规划、管理模式等决定了企业的国际竞争优势，此外国内市场的竞争程度也会促使企业对技术进行改进和创新，有利于建立国际竞争优势。

（三）对国家竞争优势理论的评述

波特的国家竞争优势理论对产生国家竞争优势的要素作出了全新解释，开拓了如何具备国际竞争优势的全新思维。波特指出，国际直接投资竞争优势的产生不是依赖于传统的自然资源、劳动力等要素，而是来自于企业不断的创新能力。波特认为国内的激烈竞争会导致对外直接投资的发生，为了确保对外直接投资成功，企业必须获得的竞争优势，该观点把视角专注在企业上，具有一定的现实指导作用，进一步补充和完善了国际投资理论。

七、跨国公司全球战略理论

20 世纪 90 年代以来，经济全球化日益加剧，跨国公司面对新的市场环境纷纷采取全球战略，跨国公司步入生产与经营国际化的一个新阶段，有关跨国公司全球发展战略型动机的直接投资理论应运而生。所谓跨国公司全球战略，是指跨国公司从全球化视角出发，将投资国与东道国的比较优势相结合并充分利用，将生产和营销各个环节和职能进行合理配置，谋求利益最大化。采取全球战略的国际直接投资最大的特点就是，追求在全球范围内的利益最大化而非某一时点在某个特定国家的盈亏。

跨国公司全球战略理论是在经济全球化、投资自由化、生产一体化、金融国际化、交通便利化、计算机网络化的时代背景下产生的。该理论从企业微观角度出发分析跨国公司的生产和投资活动，指出跨国公司全球化战略的目的不仅仅局限于实现东道国的利润最大化，而是放眼于全球范围内的利润最大化，强调其全球性、整体性和协同性，使对跨国公司直接投资行为的分析更加贴近现实，并在一定程度上解释了研发全球化、跨国公司采取的并购和战略联盟等行为。跨国公司的全球战略充分利用了投资国与东道国的比较优势，在某种意义上否定了大而全、小而全的国际生产模式，通过对跨国界的各项资源进行配置、协调和管理，实现采购、生产、营销、研发、财务各环节的一体化，真正实现专业化生产，增强企业的抗风险能力和国际竞争力。

第四节　国际生产折中理论

国际生产折中理论又称为国际生产综合理论（OIL 理论），是由英国经济学家邓宁于 20 世纪 70 年代提出来的。80 年代初期，邓宁又对自己的理论进行了系统的整理和补充，形成了在国际直接投资理论中影响最大的理论框架，是国际投资理论综合性发展的成果。

一、国际生产折中理论的形成与主要内容

（一）国际生产折中理论的形成

国际生产折中理论的形成有两方面的原因：一是 20 世纪 60 年代以后，国际直接投资发展得很快，出现了许多新特点；二是越来越多的人对国际直接投资的理论进行研究，但研究的出发点和侧重点不同，缺乏一套具有普遍意义的一般性理论。

1. 国际直接投资格局的变化。自 20 世纪 60 年代起，国际直接投资在国际经济中的作用越来越重要，投资格局也发生了重要的变化。首先，资本输出国由原来的以美国为主，发展成以美国、日本、欧洲三方为主的国际直接投资格局。80 年代以来，发展中国家的国际直接投资也有所发展，其对外直接投资迅速增加。其次，对外直接投资的部门从原来的以制造业为主，发展到能源、服务等多种部门，形成投资产业多元化的格局。再次，国际直接投资的流向呈多渠道形式，既有传统的发达国家向发展中国家的垂直型直接投资，又有发达国家之间的水平型直接投资，还有发展中国家向发达国家的逆向投资，发展中国家之间也出现了相互投资。最后，国际直接投资的形式也出现了多样化趋势，包括独资、合资及合作等。

2. 国际投资的各种不同学说的发展。国际直接投资的各种不同学说分别在产业组织理论和国际贸易理论两个不同的理论框架下发展起来。这两个流派的出发点和研究重点各有不同。产业组织理论强调微观层次上的厂商行为及市场结构的决定作用，而国际贸易理论则注重宏观层面上的要素禀赋，强调国家之间要素禀赋的差别对国际直接投资的决定作用。

自 20 世纪 60 年代初期起，一方面，新要素理论、新技术理论、规模经济理论相继问世，打破了传统国际贸易理论中生产要素不能跨国流动的假设，国际贸易理论有了进一步的发展；另一方面，出现了以垄断优势为代表的国际直接投资理论。到了 70 年代初期，出现了这两种理论相互融合的趋势。例如，英国戈登在 1972 年出版的《生产理论》中根据"新要素论"和与厂商拥有特定资产相关的"新技术要素论"来解释跨国公司直接投资的区域决定原因。1972 年霍斯特在其发表的文章《对外投资决策和产业决定因素》中，将厂商经济活动规模作为关键变量，用来解释国际贸易和国际直接投资。马吉在 1977 年出版的《信息和跨国公司——对外直接投资的报偿理论》一文中提出，

厂商进行国际贸易和国际投资是出于追求非生产利润（租金）的动机。巴克莱和卡森在1976 年出版的《跨国企业的未来》一书中提出直接投资的发生是由于区位优势的吸引或知识产权市场失效，因此，主张将国际贸易论和产业组织理论结合起来解释国际直接投资。

邓宁认为上述理论各有所长，但都对国际直接投资进行了局部的解释，缺乏将国际直接投资、国际贸易和国际技术转让结合起来研究的一般性理论。于是邓宁以上述理论为基础，综合了各派的观点，提出了国际生产折中理论，并将其作为解释多元化国际直接投资的一般性适用理论。

（二）国际生产折中理论的主要内容

邓宁从产业组织和国际贸易的各种学说中选择了他认为最关键的三个解释变量形成国际生产折中理论中的主要内容。这三个解释变量可以归纳为三个优势：厂商的特定资产所有权（Ownership）、内部化优势（Internalization）和国家区位优势（Location）。

1. 厂商的特定资产所有权优势。厂商的特定资产所有权优势是指厂商在产品、生产过程或者国际市场上拥有某种特定优势，而这种特定优势是其他厂商所不具备的。邓宁认为跨国公司的特定资产所有权优势可以大体分为特殊技术、生产规模、组织管理以及金融货币四个方面。技术优势包括专利、专用技术、管理经验、销售渠道、研究与开发能力等；生产规模是指公司规模越大，越能在海外市场获得规模效益，取得规模经济优势，同时公司人才多，研究与发展水平更高，更容易取得成果，有利于技术创新；大型跨国公司具备专业化的管理人才，其组织管理水平高于一般企业；大型跨国公司在国际上享有很高的信誉等级，在国际金融市场上融资能力强、渠道多、成本低。跨国公司的上述各个方面超过了其他企业的所有权优势，形成其对外直接投资的动力。但是邓宁认为，企业的所有权优势只是进行对外直接投资的必要条件，对外投资的真正实行，还要具备内部化优势的条件。

2. 内部化优势。内部化优势是指厂商将其特定资产所有权优势内部化的能力。目的是避免不完全市场给企业带来的不利影响。市场不完全性包括：签订和执行合同需要较高的费用，买者对技术的不确定性等。跨国公司将其所拥有的资产内部化，即通过分公司或子公司之间的内部市场保持其所拥有的优势。邓宁认为，如果一个企业的生产包括不同的阶段，就很容易产生跨地区或跨国生产的现象。因为生产分为不同的阶段，必然存在中间产品，如果中间产品的供求过程都在外部市场进行，则外部市场的不完全性将导致生产成本上升；如果将中间产品的外部市场交易变为企业的内部关系，在企业内部统一调拨、合理配置，产品生产的全过程均在企业内部完成，则企业实现资源的最优配置，生产成本降至最低，垄断优势能够得到最大的发挥。

3. 国家区位优势。国家区位优势是指东道国现存的厂商以内部化方式将其特定资产与当地某些资源要素结合使用的优势。区位优势是跨国公司进行对外直接投资时必须考虑的一个重要因素。跨国公司在投资区位上有所选择：如果在国外生产比在国内生产获得更大的利润，则会引致跨国公司的对外直接投资；如果在国外甲地区生产比在乙地区生产获得的利润更高，则会引起跨国公司向甲地区进行直接投资。

国家区位优势是由投资国和东道国的多种因素决定的。这些因素包括生产要素禀赋、生产要素成本、劳动力的技术水平、市场规模与发展潜力、基础设施状况、交通与通信的便捷状况、金融制度与金融市场状况、政府对经济市场的干预程度、文化环境、法律环境等。区位优势包括直接区位优势和间接区位优势。直接区位优势是指东道国的某些积极因素，如东道国政府对外资的优惠政策等；间接区位优势是指对于投资国来说的某些不利因素，如东道国的信息不对称等。这两种区位优势影响着对外直接投资的流向。邓宁认为，区位优势不仅影响跨国公司是否进行对外直接投资，而且会影响其对外直接投资的类型和部门构成。

4. 三种优势的结合。邓宁根据所有权优势、内部化优势和国家区位优势这三个变量之间的相互联系来说明对外直接投资及其各种形式的国际经济活动。所有权优势、内部化优势和国家区位优势是形成国际直接投资的三个关键因素。这三方面因素的结合不仅可以确定各种类型的直接投资，而且可以解释厂商关于直接投资、出口销售和许可合同这三种经济活动的选择行为。

所有权优势是厂商以各种方式参与国际市场的必要条件，区位优势是进行直接投资的充分条件。如果厂商只具备所有权优势，既没有能力使之内部化，又没有能力利用国外的区位优势，那就只能采取许可合同的方式；如果厂商具备所有权优势和内部化优势，而不具备区位优势时，则会选择出口销售方式；只有在三个条件都能够满足的情况下，厂商对外直接投资才能够获得收益，并且愿意从事对外直接投资活动。

二、国际生产折中理论的发展

20 世纪 80 年代初期，邓宁在国际生产折中理论中引入投资发展周期的概念进行了动态化的发展，认为一个国家的经济发展程度与资本流动高度相关，产生了发展水平理论。

(一) 发展水平理论的基本框架

由于一个国家在发展过程中，它的所有权优势、内部化优势和区位优势都会发生动态变化，因此在经济发展的不同阶段，该国与外部资本的流动也会经历资本净流入、流入与流出并存、净流出等若干阶段，且不同阶段资本的流动对于经济发展有着不同的作用。邓宁以人均国民生产总值为依据将东道国的经济发展水平分为以下四个阶段，分别研究不同阶段经济发展水平与资本流动之间的关系。

1. 第一阶段：资本流入量很少。人均国民生产总值处于 0 ~ 400 美元之间为经济发展的第一阶段。处于这一发展阶段的国家被世界公认为贫穷国家，国内市场狭小，基础设施薄弱，尚未形成足够的区位优势，对外资的吸引力很小，因此只有极少量的外资进入。同时由于这些国家经济落后、技术力量薄弱，也未形成足够的所有权优势和内部化优势，没有能力从事对外直接投资，因此几乎没有资本流出。这类国家在这一发展阶段的对外投资净值为负数。

2. 第二阶段：外资流入明显增加。人均国民生产总值处于 400 ~ 2 500 美元之间为经济发展的第二阶段。处于这一发展阶段的国家进一步加强基础设施的建设，人民生活水平有所提高，购买力水平有所提高，国内市场不断扩大，投资环境得到改善，区位优势增强。同时处于该发展阶段的国家较多采用进口替代型经济发展战略，政策向外资倾斜，对外资的吸引力明显增强，外商直接投资大量流入。在这一阶段，外资主要集中在劳动密集型行业、资源开发型行业和进口替代型行业。然而由于这些国家的国内经济发展水平有限，仍然没有形成较强的所有权优势，对外投资仍然保持在较低水平上，对外投资净值仍为负数。

3. 第三阶段：对外投资大幅上升。人均国民生产总值处于 2 500～4 000 美元之间为经济发展的第三阶段。处于这一发展阶段的国家大多数走上了国际生产专业化的道路，被称为新兴工业化国家，对外国直接投资的吸引力仍然较大，与第二阶段相比，外资流入的增长速度在放慢，但仍然保持较高的流入量。由于这些国家此时已经形成了较强的所有权优势和内部化优势，某些拥有知识产权优势的企业开始向外国进行投资，对外直接投资也因此大幅度上升，其增长速度可能超过吸引外资流入的增长速度，但绝对额仍然会小于外资流入，对外投资净额仍为负数。在这一发展阶段，所有权优势最强、区位优势最弱的部门进行对外直接投资；所有权优势最弱、区位优势最强的部门引进外商直接投资。随着东道国国内企业竞争力的不断增强，外国投资者必须更多地利用并增强自身的内部化优势，逐步减少对所有权优势和区位优势的依赖。

4. 第四阶段：对外投资超过外资流入。人均国民生产总值在 4 000 美元以上为经济发展的第四阶段。处在这一发展阶段的国家均为发达国家。这些国家的企业逐步形成跨国公司，拥有技术垄断优势，具备强大的所有权优势和内部化能力，也善于发现和利用国外的区位优势，所以这些国家对外直接投资的增长速度高于外国直接投资流入的增长速度，对外投资净额为正值。

表 6－1　　　　　　　　　　　直接投资流出流入与经济发展阶段

	投资流入	投资流出
第一阶段	外国所有权优势丰富	本国所有权优势缺乏
	外国内部化优势丰富	本国内部化优势不适应
	本国区位优势较少	外国区位优势不适应
第二阶段	外国所有权优势丰富	本国所有权优势较少
	外国内部化优势可能下降	本国内部化优势很少和专业化
	本国区位优势上升	外国区位优势开始出现
第三阶段	外国所有权优势下降和更专业化	本国所有权优势上升
	外国内部化优势可能上升	本国内部化优势仍受到限制
	本国区位优势下降	外国区位优势上升
第四阶段	外国所有权优势下降和更加专业化	本国所有权优势上升

资料来源：J. H. Dunning, 1988. *International Production and the Multinational Enterprise*, George Allen and Vnwin, Ltd. P117.

（二）发展水平理论的实证分析

邓宁通过对 67 个国家在 1967 年至 1975 年间直接投资和经济发展阶段之间的联系进行实证研究，得出对外直接投资与东道国经济发展阶段有着十分密切的关系。下面的表格（见表 6-2）展示了以上四个阶段中 1967—1975 年人均直接投资的流出量、流入量的数据。

表 6-2　**1967—1975 年人均直接投资流量（年人均美元）和 1971 年的人均 GNP**

人均 GNP (1971 年)	加权平均（1967—1975 年）			非加权平均（1967—1975 年）			
	流出	流入	净流出	流出	流入	净流出	
						1967—1975	1976—1978
4 000 美元以上	33.0	16.3	16.7	24.8	30.3	-5.5	7.9
2 500~3 999 美元	20.2	15.7	4.3	20.8	31.4	-10.6	-7.6
1 000~2 499 美元	3.2	12.9	-9.7	1.2	38.6	-37.4	-32.6
500~999 美元	0.4	8.6	-8.2	0.4	21.8	-21.4	-14.4
400~499 美元	0.2	7.4	-7.2	0.2	9.0	-8.8	-7.1
300~399 美元	0.2	3.2	-3.0	0.1	3.7	-3.6	-3.2
200~299 美元	0	3.1	-3.1	0	1.9	-1.9	-2.9
125 美元以下	0	0.5	-0.5	0	1.3	-1.3	-1.6

资料来源：J. H. Dunning, 1988. *International Production and the Multinational Enterprise*, George Allen and Vnwin Ltd., p. 114.

通过实证分析，邓宁得出了如下一般性结论：一国的所有权优势和区位优势与引进外国直接投资呈正相关关系，与本国对外直接投资呈负相关关系；内部化优势既可以促进本国对外直接投资，又可以促进引进外国直接投资，具体情况取决于投资国和东道国市场不完全的程度。一国的经济发展水平决定了所有权优势、内部化优势和区位优势的强弱，而该"三优势"的均衡决定了一国的净国际直接投资地位。

第五节　发展中国家国际直接投资的适用性理论

20 世纪 70 年代以后，非主流国际投资理论试图从不同角度来研究分析对外直接投资理论，包括发展中国家的国际直接投资理论和其他与国际直接投资相关联的各种因素的分析与研究。

一、发展中国家国际直接投资的适用性理论

主流国际投资理论中的宏观、微观和国际生产折中理论主要是从发达国家出发研究跨国投资的动因，但是在 20 世纪 70 年代以后，越来越多的发展中国家也开始走上跨国经营的道路，一些经济学家针对发展中国家的特殊情况提出对发展中国家的适用性

理论。

（一）小规模技术理论

小规模技术理论由美国经济学家威尔斯提出。他在 1977 年发表的《发展中国家企业的国际化》一文中沿用比较优势原理，提出发展中国家跨国企业的竞争优势来自于低生产成本，而这种低生产成本是与其母国的市场特征紧密相关的[①]。

发展中国家跨国企业的比较优势主要来自三个方面：一是小规模生产技术优势。发展中国家拥有为小市场需要的小规模生产技术。由于低收入国家制成品市场的一个普遍特征是需求量有限，大规模生产技术无法从这种小规模市场中得到规模效应，而发展中国家的跨国企业正好利用了这个空隙，从而获得竞争优势。二是民族产品的海外优势。发展中国家的某些产品具有鲜明的民族文化特色，使海外的同族团体形成比较稳定的需求。这些民族产品的生产往往利用母国的资源和专利，生产成本相对低廉，在海外生产具有较强的优势，成为发展中国家跨国企业的主攻方向之一。三是低价产品的营销优势。发展中国家的产品普遍靠物美价廉占领市场，以较低的基本建设费和较少的广告费用进行低成本产品营销。

威尔斯的小规模技术理论研究了在世界市场多元化的环境下，即使发展中国家的技术水平、生产规模和经营规模比不上发达国家，在国际投资中仍然可以找到自身的比较优势所在，并因此增加了发展中国家参与国际竞争的可能性。威尔斯的小规模技术理论赢得了西方理论界的高度评价。

（二）技术地方化理论

技术地方化理论又称为局部技术改进理论，该理论由英国经济学家拉奥（San Java Lall，1982，1990）提出。拉奥在沿用阿金斯（Atkinson）、斯蒂格利茨（1969）、纳尔逊（Nelson）和温特（Winter，1982）等人提出的"技术变动"概念的基础上，提出发展中国家不仅能够简单模仿先进技术，而且能够对国外先进技术根据本国情况进行局部调整。拉奥认为发展中国家跨国企业的特征表现为规模小、使用标准技术和劳动密集型，尽管如此，这种技术的形成却包含了企业内在的创新活动，正是这种创新活动使得发展中国家的跨国企业形成并发展了其"特有优势"。

形成这种"特有优势"需要具备四个条件：一是发展中国家的经济环境与发达国家不同，技术地方化在这种新环境下进行，而这种新环境又是与一国的要素价格及其质量相联系的。二是发展中国家具有与发达国家不同的经济特征和需求，这些国家对于进口的技术和产品进行局部改造，便能够生产出满足当地或邻国市场需求的产品，这种创新活动将形成竞争优势。三是发展中国家的竞争优势不仅来自于生产过程和产品与当地的供求条件紧密结合，而且来自创新活动所产生的技术在规模生产条件下具有更高的经济效益。四是在产品特征上，发展中国家的企业仍然能够开发出与名牌产品不同的消费品，特别是当国内市场较大、消费者品位和购买力有很大差距时，来自发展中国家的产品仍具有一定的竞争能力。

[①]　转引自杨大楷等：《中级国际投资学》，120 页，上海，上海财经大学出版社，2002。

拉奥的技术地方化理论不仅分析了发展中国家企业的国际竞争优势所在，而且更重要的是，强调了形成竞争优势所特有的企业创新活动，强调了企业对外国技术的改进、消化和吸收，而不仅仅是简单的模仿与复制。正是这种对技术的改进和创新活动给企业带来了新的竞争优势。该理论将对发展中国家跨国企业的经营研究引向微观层次。

（三）技术积累理论

技术积累理论是由坎特韦尔（John A. Cantwell，1991）提出的。坎特韦尔从技术积累的过程出发，强调发展中国家在外商直接投资的前期获得经验和技术，进而局部改变技术，并且技术积累在外商直接投资的后期起到了重要的作用，从而分析了外商直接投资的阶段性特点。坎特韦尔提出了两个基本命题：一是发展中国家产业结构升级的过程是企业技术能力提高的过程，而技术能力的提高则是技术不断积累的结果；二是发展中国家企业技术能力的提高是与外商直接投资的增长直接相关的。该理论得出的基本结论是：发展中国家外商直接投资的产业分布和地理分布是随着时间的推移而逐渐变化的，而且是可以预测的。

技术积累理论是以弗农的产品周期模型为基础的，强调在产品周期的"尾部"，即技术扩散到发展中国家时，发展中国家通过一定的技术创新和技术积累而获得产业升级。该理论暗含着外商直接投资的路径：技术演进是一个渐进的过程，其按照发达国家——新兴工业化国家——其他发展中国家的顺序演进的，即演进路径的不可逆，这在一定程度上存在缺陷，无法解释发展中国家对发达国家的逆向投资。

由于发展中国家与外商直接投资的关系越来越密切，多方面的相关研究应运而生，包括用相关经济理论解释，如规模经济理论、市场控制理论和国家利益优先取得论等；另外一些研究运用了计量经济学，对外商直接投资与东道国经济增长之间的相关关系建立模型，进行诸如长期截面研究、时间序列研究和回归分析等。在这些方面尚未形成具有权威性的理论。

二、其他非主流国际投资理论

随着国际投资的不断发展，经济学家逐步将研究对象扩大到与国际投资相关的其他领域，可以归纳为以下几种派别。

（一）市场学派理论

市场学派理论以克拉维斯（Kravis，1982）、弗里德曼（Friedman et al.）、凯夫斯（Caves）及部分北欧学者为代表，强调市场的接近性、市场规模、增长潜力以及所谓的心理距离对跨国公司投资区位的影响。该理论认为接近市场就意味着可以用较低的成本运输和获得信息，市场规模和市场潜力很大，对跨国公司的直接投资也具有较大的吸引力。所谓心理距离是指"妨碍或干扰企业与市场之间信息流动的因素，包括语言、文化、政治体系、教育水平、经济发展阶段等"。心理距离的远近意味着跨国公司克服障碍成本的高低。

（二）制度学派理论

制度学派理论以安哥多（Agodo，1978）、贝尔德伯斯（Belderbos，2003）、奥克荷姆

（Oxelheil，2001）以及中国学者鲁明泓（1999）等为代表，从不同角度分析了东道国的政治、经济、法律甚至转型体制对吸引外国直接投资的影响。该理论着重分析了东道国的政治、经济、法律甚至转型体制对吸引外国直接投资的影响。

例如，安哥多提出跨国公司的直接投资与地方政府的发展规划在某种程度上紧密相关；贝尔德伯斯认为反倾销与吸引更多的外国直接投资相关；奥克荷姆等强调金融制度会影响跨国公司直接投资的相关成本和收益等；鲁明泓通过实证研究发现国际经济安排、经济制度、法律制度和政府廉洁程度对吸引外资均有影响，而经济的开放度及对外资的欢迎态度最为重要。

（三）集聚经济理论

集聚经济理论以波特（Poter）、斯密斯与佛罗里达（Smith&Florida）、埃利森与格兰泽（Ellison&Glaeser）为代表。他们认为由于经济活动与相关生产设施的区域集中将形成积极的外部效应。规模经济、范围经济，产业的空间集聚不仅会带来产业的内在优势而且会带来技术溢出等外在优势，对跨国公司的直接投资具有较强的吸引力。而 Luger 等（1985）、Braunerhjelm 等（1996）的研究也证实了集聚经济的重要性，特别是在高新技术产业中表现明显。

第六节　国际投资理论的评述与展望

20 世纪中期以后的主流国际投资理论有三个值得注意的特征：第一，以发达国家的跨国公司为研究对象，因此，国际投资理论是围绕这些跨国公司如何凭借其垄断优势打入其他国家进行研究的。第二，发达国家跨国公司的母国大多呈现资本相对过剩、产业结构高度化和市场体系高度成熟等主要经济特征。第三，西方国家的跨国公司在发展的初期，世界经济增长表现出资本主导的特征，即资本的规模扩张成为经济增长的决定性因素。

随着世界经济的发展，国际投资的动因、方式和目的地均发生了一定的变化，因此国际投资理论也逐渐发展成熟。

一、20 世纪 60 年代以前的国际投资理论注重要素流动

以纳克斯和麦克道格尔、肯普为代表的早期国际投资理论注意到资本作为生产要素之一，认识到国际流动可以提高投资利润，参加国也因此得到更高的福利，对于以后的国际投资研究来说是一个良好的开端。但受当时的条件所限，早期的国际投资理论并未将国际间接投资和直接投资加以区分。

（一）纳克斯投资理论的贡献与局限性

纳克斯的理论具有十分重要的意义。首先，这一理论强调了国际资本流动的直接动因是追求更高的利润。其次，纳克斯特别注意到生产率的提高，引起生产的扩张，该国商品的市场需求弹性较大、市场潜力大成为吸引国际资本流入的重要原因。

受当时的条件所限，纳克斯的理论并没有将国际投资区分为国际间接投资和直接投资。即便如此，纳克斯已经注意到国际资本流动的动因中包含了很大的与生产活动相联系的成分，为 20 世纪 60 年代以后的国际投资研究提供了重要的分析依据。

（二） 麦克道格尔—肯普国际资本流动模型的贡献与局限性

麦克道格尔—肯普模型作为揭示国际资本流动的成本—效益综合静态的分析工具，具有十分重要的理论价值。

麦克道格尔—肯普的国际资本流动一般均衡理论假设市场完全竞争，资本可以在国家之间自由流动，其他生产要素同样可以自由流动。从而资本会从资本存量丰裕，但资本边际产出率较低的国家流出，流向资本稀缺、资本边际产出率较高的国家。世界福利水平整体提高，参加资本流动的国家的福利水平均有所提高。各国的资本存量不同而引起利息率的差异，以及资本所有者获取较高的利息或者利润的动机是引起资本在国际间流动的原因。

该模型也存在着明显的缺陷。首先，该模型的国际资本流动福利效果是建立在资本自由流动的基础上，而在现实经济生活中，资本流动仍然遇到各种各样的障碍。其次，实际经济中不完全竞争是一种常态，进行资本输出的跨国公司具有一定的优势，并不像图中表示的均衡合理地进行福利分配。最后，该模型没有对直接投资和间接投资加以区分，实际上有些国家（如美国）表现为直接投资净流出，证券资本净流入，运用该理论难以进行解释。

二、国际直接投资理论提供了国际投资研究的新视角

自 1960 年海默首次提出垄断优势理论以来，国际直接投资理论开始确立了地位，为国际投资研究提供了全新的视角。随之而来的一系列关于国际投资的研究，推动了国际投资理论的发展。但是该时期的理论研究仍存在部分片面性。

（一） 海默垄断优势理论的贡献与局限性

垄断优势理论的贡献在于摆脱了市场完全竞争的假说，提供了国际投资研究的新视角，将国际直接投资与间接投资区别开来，使直接投资理论作为独立的理论分支发展起来。其为后来的国际直接投资研究奠定了基础，特别是从过去的主要侧重国际投资的宏观角度，转向与投资厂商行为及市场运行结构有关的微观角度。首先，该理论提出了市场不完全竞争是导致国际直接投资的根本原因，并且分析了不完全性竞争的表现。其次，指出了跨国公司所拥有的垄断优势是其对外投资获取高额利润的条件。再次，提出无形资产要素的寡占，特别是知识产权的控制、异质性产品的创造、商标品牌的特征、全球资源的配置等是跨国公司的特有优势。最后，提出寡占反应行为导致对外直接投资的聚集性。这些理论对研究国际投资领域的问题具有十分重要的意义。

垄断优势理论也存在着一定的局限性。第一，垄断优势理论着重研究跨国公司的初始行为，很少考虑其扩展，因而使用范围比较窄。第二，垄断优势是跨国公司对外直接投资的必要条件，而不是充分条件。该理论产生时，经济国际化程度很低，垄断优势用于解释跨国经营具有很强的说服力，如今经济国际化已经成为趋势，垄断优势不再是对

外直接投资的充分条件。第三，垄断优势理论是以美国的经济实力雄厚的大型跨国公司的直接投资为基础进行研究的，在实际中许多发达国家的中小企业也在对外直接投资方面有长足的进展，一些发展中国家也在从事对外直接投资活动。垄断优势理论对这些新现象没有足够的说服力。第四，垄断优势理论强调了结构性、市场失效和共谋行为，而忽视了市场交易成本。

（二）内部化理论的贡献与局限性

内部化理论对解释第二次世界大战后各种形式的对外直接投资，包括跨国经营的生产性行业、跨国银行等服务性行业的形成与发展具有十分重要的意义。第一，内部化理论的出现标志着西方国际直接投资理论研究的重要转折，从跨国公司的性质、起源的研究出发，从跨国公司所面临的内部市场与外部市场的差异、国际分工、国际生产组织的形式等方面来研究对外直接投资的行为、动机及形式。该理论被称为"一般理论"，因为其不但可以解释发达国家的对外投资行为，而且可以解释发展中国家的对外投资行为，成为国际经济学中十分重要的组成部分。第二，内部化理论解释了对外直接投资是跨国公司参与国际经济活动的最重要方式。跨国公司通过对外直接投资实现市场内部化，保持其在世界范围的垄断优势，从而实现公司利润最大化。其他方式，如出口贸易和许可证安排由于受到一定的限制，效果均不及对外直接投资明显。第三，内部化理论还解释了跨国公司的发展主要源于知识资产的发展。知识产品的内部化是跨国公司利润增长的源泉。几乎每一个跨国公司都建立了"研究与开发中心"，投入了巨额资金，并且为了保持这种技术优势而增加对外直接投资，使研究与开发项目的成果在跨国公司内部扩展。第四，内部化理论不是静态地强调企业已经拥有的特定优势，而是强调企业将其优势跨国界转移的特定能力。因而内部化理论的分析具有动态性，更接近实际。

内部化理论也存在着一定的局限性。第一，该理论未能对跨国公司对外直接投资的区域分布作出明确的解释，受到区域优势理论经济学家的批评。第二，内部化理论未就跨国公司垄断行为的某些特征进行具体分析。第三，该理论忽视了国际环境的影响因素，如市场结构、竞争力量等。

（三）产品生命周期理论的贡献与局限性

弗农的产品生命周期理论从寡占竞争的角度对美国跨国公司的对外直接投资行为进行实证研究，特别是分析对外直接投资的动机、流向和时间，使其具有更接近现实的科学性。首先，产品生命周期理论把比较优势原理从国际贸易领域延伸到国际投资领域，从而将比较优势的研究从流通领域延伸到生产领域，动态地研究了直接投资代替产品出口的原因和时机。其次，产品生命周期理论动态地分析了跨国公司对外直接投资的区位选择和市场选择，侧重研究了直接投资选择的外部环境条件，在一定程度上弥补了垄断优势理论和内部化理论的不足。

产品生命周期理论存在一定的局限性。首先，产品生命周期理论是针对战后美国的对外直接投资模式建立的。当时美国跨国公司的对外直接投资主要是保持其技术优势的行为，属于一种防御性的被动措施。而如今的对外直接投资增加了许多进攻性的主动行为，产品生命周期理论对这方面问题的解释存在局限性。其次，该理论是以单一产品的生产周期为研究的出发点，得出创新产品的境外生产将代替该产品的出口。然而现实中的跨国公司是多元化生产，产品之间的关联性很强，产品生命周期理论在解释稍大范围的产品出口与对外直接投资的关系时存在局限性。最后，产品生命周期理论是以制造业产品的生命周期为分析的基础，该理论用于解释产品生命周期较长或较短的产品出口与对外直接投资的关系时也存在一定的局限性。

（四）比较优势理论的贡献与局限性

小岛清的比较优势理论是运用比较优势原理对 20 世纪 60—70 年代日本对外直接投资进行实证研究得出的结论，小岛清称其为"切合比较优势原理"外国直接投资（FDI）理论，对该理论的研究与发展作出了贡献。第一，比较优势理论从宏观角度，利用比较优势分析原理，提出从比较劣势产业开始依次进行对外直接投资。第二，比较优势理论提出，国际直接投资是利用了东道国的比较优势。经济发达国家产业结构的升级速度较快，要素禀赋比率的变化速度快于发展中国家，利用对外直接投资可以将投资国的劣势产业依劣势顺序在东道国延伸发展。该理论为产业的梯度转移奠定了重要的理论基础。第三，小岛清的比较优势理论认为，对外直接投资具有贸易创造的属性，而不是贸易替代。该理论比较科学地解释了日本在 20 世纪 60—70 年代对外直接投资的动机。

比较优势理论是以日本经济发展的特定阶段为研究背景所得出的理论，随着经济的发展变化，该理论表现出一定的局限性。首先，自 20 世纪 80 年代以来，日本的经济实力不断扩张，产业结构有所变化，对外直接投资偏向制造业，特别是大型跨国公司的对外直接投资出现了贸易替代的特征，按照边际产业依次进行对外直接投资的理论无法解释这种新变化。其次，比较优势理论对 20 世纪 80 年代以后出现的发展中国家对外直接投资迅速发展的现象也无法解释。

三、国际生产折中理论——国际直接投资理论的系统性综合

英国经济学家邓宁的国际生产折中理论是国际直接投资理论中影响最大的理论框架，在前人和自己的研究成果的基础上，邓宁研究了在不同条件下推动国际直接投资发展的综合因素，以及在动态条件下的国际投资理论。

国际生产折中理论的贡献是在企业优势的微观基础上，对国际直接投资的动因从宏观的角度作出了新的解释，具有较强的实用性和科学性。首先，国际生产折中理论将所有权优势、内部化优势和区位优势作为一个统一的整体进行研究，更全面地解释了对外投资的决定因素。其次，对国际投资从动态角度进行了分析，阐明了随着经济发展水平的变化，在不同的发展阶段，一国的比较优势在变化，因此其采取的国际投资策略也在变化。最后，一国对外直接投资的规模效益主要取决于其所拥有的比较优势，一国可以依据其比较优势对外进行直接投资，也可以依据比较劣势吸引外国直接投资流入。

国际生产折中理论也存在着一定的局限性：第一，该理论是在对西方私人跨国公司对外直接投资的实证研究基础上提出来的，对某些国家的国有跨国公司对外直接投资的动因并不能简单地用三种优势来解释，国际经济合作协议和本国经济发展的总体规划在其中起着决定性作用。第二，该理论将利润最大化作为跨国公司进行对外直接投资的主

要目标，与 20 世纪后期跨国公司的多元化战略目标不相符。第三，该理论仍然是从发达国家的角度进行研究，对发展中国家的情况未予以考虑。继邓宁的国际生产折中理论之后，关于跨国公司的投资理论基本成型。

四、发展中国家国际投资的适用性理论——研究对象的调整

20 世纪 70 年代以后，发展中国家的对外直接投资迅速发展，经济学界对此给予了极大的关注。对发展中国家国际直接投资理论的研究大体上沿着两条线索展开：一是从技术演进的角度为发展中国家的对外直接投资寻找竞争优势所在；二是以折中范式为基础，构建以跨期利润最大化为核心的学习型和策略型的国际直接投资理论。

发展中国家的国际直接投资理论为发展中国家对外直接投资的发展作出了贡献。首先，该理论对研究对象进行了调整，考虑到发展中国家经济发展阶段的特殊性，以及后起跨国公司约束条件的特殊性，使得该理论与发展中国家外国直接投资成长的现实选择联系得更加紧密。其次，该理论在国际投资主流理论的基础上，针对发展中国家的特殊条件，强调了技术转移、技术积累和技术创新对发展中国家的国际直接投资活动起着关键性的作用，同时强调技术吸收和接受能力的差异性作为内生因素决定国际直接投资的扩张能力，从而对发展中国家的国际直接投资活动具有重要的指导意义。

但是应该看到，发展中国家的国际直接投资理论也存在一定的局限性。该理论虽然对于发展中国家的技术创新能力给予了足够的重视，但是仍然沿袭了国际投资主流理论，垄断优势仍然是隐含的理论前提。由于发展中国家的国情差异较大，企业也存在广泛的差异性，该理论仍然缺乏普遍适用性。

总之，从现代国际投资理论今后的发展方向看，今后的国际投资理论将更加注重与现实的适应性与广泛性。在注重微观分析的同时也将综合宏观的发展。随着世界经济的发展，国际投资的动因、方式和目的地均会发生一定的变化，因此国际投资理论也逐渐发展成熟，在理论研究的基础上，更新、更实用的计量经济学方法都将得到广泛的应用。相信随着国际投资理论研究的不断深入发展，人们对资本运动的认识将更加深入。

参 考 文 献

［1］杨大楷、刘庆生、刘伟：《中级国际投资学》，上海，上海财经大学出版社，2002。

［2］马淑琴、孙建中：《国际经济合作研究》，北京，中国财政经济出版社，2003。

［3］孔寒冰、尚玉芳、齐慧卿：《直接利用外资的理论与实务》，北京，中国时代经济出版社，2003。

［4］唐宜红：《外资进入行为研究》，北京，人民出版社，2003。

［5］邢建国：《对外直接投资战略抉择》，北京，经济科学出版社，2003。

［6］张新民等：《跨国经营理论与战略分析》，北京，对外经济贸易大学出版社，2003。

［7］孔淑红、梁明：《国际投资学》，北京，对外经济贸易大学出版社，2004。

［8］姚掌宏：《跨国公司与中国经济发展》，贵阳，贵州人民出版社，2004。

［9］俞毅：《跨国公司对外直接投资的区位理论及其在我国的实证》，载《国际经济合

作》，2004（9）。

［10］ Michael E. Porter. *The Competitive Advantage of Nations*. Simon & Schuster Ltd, 1998.

［11］ Porter, M. E.. *Competitive Advantage*. New York：Free Press, 1980.

第七章

国际货币体系理论

国际货币体系理论是国际金融理论体系中的重要理论之一。国际货币体系（International Monetary System），是指调节各国货币关系的一整套国际性的规则、安排、惯例和机构。国际货币体系主要包括三方面的内容：汇率制度、国际收支调节和货币本位。在这三方面内容中，货币本位是国际货币体系的基础，汇率制度是国际货币体系的核心。本章首先以时间为线索论述了国际货币体系理论在 20 世纪的演进过程，随后就重点理论做了详细介绍，最后对本章内容进行总结评述并作出展望。

第一节　20 世纪国际货币体系理论的演进

与国际金融领域中的其他理论范畴相比，国际货币体系更接近于一种实践性的制度安排。本节站在历史的角度，以时间为线索进行国际货币体系理论的总体论述，从而勾勒出国际货币体系理论的演变过程。

一、20 世纪初：国际金本位制理论的演进

国际金本位制是世界上最早出现的国际货币体系，大约开始于 1880 年，结束于 1914 年。国际金本位制虽然只有短短 35 年的历史，但其确立的货币本位制度、各国货币之间兑换的原则，为 20 世纪的国际货币制度的形成提供了最早的蓝本。

国际金本位制下的理论发展主要体现为固定汇率制度理论的确立。国际金本位所代表的固定汇率制度具有两个层次的理论。其一，"铸币平价"概念的确定。在金本位制下，尽管各国铸造货币时在成色、重量等方面有不同的规定，但均以黄金作为统一的币材和价值衡量标准。因此，各国货币的含金量之比便成为兑换的基础，称为"铸币平价"。其二，汇率波动界限的理论界定。在铸币平价的基础之上，汇率往往还要受到外汇市场供求关系的影响。由于金本位制下存在黄金自由熔铸、自由兑换、自由输出入国境三个特点，名义汇率的波动受到以黄金为本位的货币数量的限制，以黄金输送点为波动的界限。黄金输送点是促使黄金进入国际间支付的汇率波动的界限，其数值等于铸币平价加减运输黄金的费用，主要包括运费与保险费等。从形态上看，国际金本位制下的

汇率呈现出一种以铸币平价为基础，在黄金输出点与黄金输入点之间波动的运行态势。黄金输出入点的存在使得国际金本位制下汇率的波动被限制在铸币平价附近一个很小的范围内，因此，国际金本位制被认为是一种典型的固定汇率制度。

二、两次世界大战之间国际货币体系理论的演进

1914 年爆发的第一次世界大战宣告了国际金本位制的崩溃。两次世界大战之间（1914—1943 年）的国际社会始终呈现出动荡的局面。政治上的不安定与经济领域的混乱共同制约了国际货币体系的发展。在此阶段，国际社会先后经历了自由浮动时期、金汇兑本位时期及货币集团间浮动的混乱时期，国际货币体系的制度遭到了极大的破坏。

（一）浮动汇率制度理论的产生与早期的汇率制度模式之争

第一次世界大战爆发后，各国纷纷通过纸币的大量发行来弥补巨额的军费支出和财政赤字，造成汇率脱离黄金平价，处于剧烈波动状态，这种新的货币条件促使经济学家们对汇率制度进行了新的研究，提出了最早的浮动汇率理论，并进而引发了早期的"固定汇率制"和"浮动汇率制"两种汇率制度模式的争论。以霍特里等人为代表的古典派主张恢复战前的金本位制度。在他们看来，金本位制度是完美无缺的自动均衡的理想制度。在这种制度下，所有的贸易差额、资本差额都会被利率或汇率的波动所抵消。同时金本位制度使货币币值在时间和空间上保持不变，因而不会引起汇率的剧烈波动。以卡塞尔等人为代表的经济学家主张对汇率制度进行改革。他们认为货币的金平价是可以改变的，一成不变的固定货币平价无法长期维持下去，因此应当实行浮动汇率制度。

（二）凯恩斯的"均衡汇率"理论

20 世纪 30 年代爆发的世界性的经济大危机，却为关于汇率制度的争论注入了新的内容。随着 1931 年英镑贬值与 1934 年美元贬值，各国纷纷加入了竞争性贬值的行列，世界经济秩序出现了一种无序的混乱状态。在这样的现实情况下，固定汇率和浮动汇率之争又有了新的发展，从早期的是否应当恢复金本位制度的争论，发展到了如何促进国际合作、稳定国际经济秩序以避免经济混乱和减少大萧条的影响等问题上来。英国著名经济学家凯恩斯一贯支持固定汇率制度，并在此基础上提出了著名的均衡汇率理论。他认为，如果一种汇率能使就业处于正常水平，而且使国际收支、资本余额都不发生变动，那么这样的汇率就是均衡汇率。他主张根据均衡汇率来确立一个固定的货币平价，据此就可以使各国的国际收支稳定，从而使国际经济体系趋于均衡状态。但主张实行浮动汇率制度的经济学家并不同意凯恩斯的均衡理论。他们认为固定的货币平价很难实现，利率、工资率、有效需求水平、国际储备水平等因素中的任何一个因素变动，都会导致汇率的波动。但是，主张浮动汇率制度的经济学家提不出更好的解决问题的方法。

（三）管理浮动汇率制度理论的建立

汇率的频繁变化并没有使任何一个国家从中受益，反而导致了国际贸易的停滞，加重了世界性的经济萧条，并放慢了各国经济复苏的步伐。为避免国际货币领域的恶性贬值与不适当竞争，1936 年英国、法国、美国三国达成协议，建立了三个主要资本主义国家在国际货币领域进行合作的机制。从理论上说，这一协议奠定了建立管理浮动汇率制

度的基础，对于国际货币体系的进一步发展具有一定的积极意义。但是，随着1939年第二次世界大战的爆发，各国又纷纷开始实行严格的外汇管制，黄金及汇率均被官方严格管理，这种情况一直持续到第二次世界大战的结束。

三、20世纪40年代—20世纪70年代：布雷顿森林体系下国际货币体系理论的演进

作为第二次世界大战后建立的国际货币体系，布雷顿森林体系是世界上第一个具有健全组织制度和约束机制的影响广泛的国际货币体系，时间跨度为1944年至1973年。其确立的双挂钩的汇率制度安排，对于战后各国经济的重建与发展起到了不可估量的作用。

（一）凯恩斯的"国际清算联盟"建议与怀特的"怀特计划"

1941年，凯恩斯提出了建立"国际清算联盟"的建议，又称"凯恩斯方案"，该方案的核心为"透支原则"。其所要达到的目标为：（1）提供不受黄金资源储量约束、开采技术限制的世界公认的国际货币"班柯"（Bancor）；（2）建立各国货币之间的汇率决定与调整的普遍原则，各国货币按一定的比价与班柯建立固定汇率；（3）建立国际货币体系的内在稳定机制，各国不可进行单方面的货币贬值，汇率调整须经国际清算联盟理事会批准；（4）建立一个协助并支持其他有关国际组织的技术性而非政治性金融机构，专事于世界经济生活的管理。

与此同时，时任美国财政部部长助理的怀特（White）也就第二次世界大战后国际货币体系问题提出了一个类似的计划。与凯恩斯提倡的"透支原则"所不同的是，"怀特计划"秉承"存款原则"，主张建立国际平准基金，各国的认缴份额取决于各国的黄金外汇储备、国民收入、国际收支等因素，各国在国际平准基金中的投票权由其所缴份额决定。此外，"怀特计划"还建议基金组织的货币单位为"尤尼塔"（Unita），并规定每单位尤尼塔的含金量等于137.142格令，各国必须遵守本币对于尤尼塔的法定平价，调整法定平价须经基金组织同意，并且只能当其国际收支发生基本不平衡的时候才可申请。

（二）"双挂钩"理论与可调整的钉住汇率制度

布雷顿森林协议的核心即为"双挂钩"理论，其主要内容有：（1）美元与黄金直接挂钩，确立了一盎司黄金等于35美元的黄金官价，此平价非经美国政府同意，不得随意改变。同时，只有美元可兑换黄金，美国政府承诺各国政府和中央银行可以随时以所持有的美元向美国银行兑换黄金，各国政府要协助美国在世界市场上维持这一官价，使之免受自由市场黄金价格的冲击。（2）美元之外的各国货币与美元挂钩，从而间接与黄金挂钩。各成员国的货币都要规定一个平价，以美元或黄金表示，一经确定，不得随意更改，并将汇率的波动控制在法定汇率和黄金官价的上下1%的范围以内。各国政府有义务对自由市场的汇率波动和黄金价格进行干预。当成员国的国际收支发生根本性不平衡时，可以调整本国货币与美元的固定平价，但如果调整幅度超过10%，须经国际货币基金组织批准。

布雷顿森林体系以固定汇率为基础，在出现根本性的不平衡时，汇率又可以进行调整，所以这种汇率制度又可称为可调整的钉住汇率制。其构想主要出于以下考虑：当一国出现根本性的国际收支失衡时，在国际货币基金组织同意的前提下，一国可以通过货币贬值来纠正国际收支逆差，避免以国内经济紧缩为代价来维持外部平衡。当一国的国际收支只是暂时性的不平衡时，可动用外汇储备或在规定的范围内调整汇率，对国际收支逆差进行调整，同样可以避免国际收支不平衡对国内财政政策和货币政策的影响。总之，布雷顿森林体系下的可调整的固定汇率制度既可以获得汇率稳定的利益，又维持了汇率的弹性，避免金本位制下国际收支调节出现紧缩性倾向和僵化的固定汇率对国内政策的限制。

（三）"特里芬难题"与布雷顿森林体系的崩溃

自20世纪50年代起，美国著名的经济学家特里芬就已经从内外均衡的角度来探讨布雷顿森林体系的理论基础问题。其在1960年发表的《黄金和美元的危机》一书中指出，如果美国的国际收支持续出现顺差，美国境外的美元供应就会不足，从而发生国际货币的供应短缺，反之，如果美国的国际收支持续出现逆差，就会影响人们持有美元的信心，当美元的供给超过了黄金储备时，人们出于对美元价值的担忧，会不断地用美元兑换黄金，严重时会摧毁美元的价值基础，这便是著名的"特里芬"难题，也正是布雷顿森林体系崩溃的内在逻辑原因。

（四）浮动汇率制与固定汇率制的深入讨论

自20世纪20年代起，关于浮动汇率制与固定汇率制的争论便已经发生，随着布雷顿森林体系中美元与黄金危机的不断爆发，理论界对于体系所维系的固定汇率制度提出了新的质疑。特别是60年代，维持固定汇率制的成本不断上升，赞成浮动汇率制的经济学家与维持固定汇率制的经济学家展开了一场论战。双方分别从汇率制度的自动调节效率、实现内外均衡的政策利益和对国际关系的影响等角度展开讨论，极大地促进了此阶段管理国际货币体系理论研究的发展，为国际货币体系进入牙买加体系奠定了理论基础。

（五）国际货币一体化理论的产生及运用

国际货币一体化理论最早可追溯至1944年国际货币基金组织建立前夕，凯恩斯对于设立世界货币——班柯的开创性建议。20世纪60年代，同样面临着如何维持布雷顿森林体系下固定汇率制的挑战，蒙代尔从"最优货币区"理论出发，给出了有别于固定汇率制与浮动汇率制之争的另一个全新答案。在此之后，数位有影响的经济学家也就这一领域进行了后续的研究，从而为国际货币体系理论研究开辟了一条独特的道路。

国际货币一体化理论的运用最初始于欧洲大陆。1967年7月，法国、原联邦德国、意大利、比利时、荷兰、卢森堡六国根据《罗马条约》将欧洲煤钢联盟与欧洲经济共同体和欧洲原子能共同体合并，正式成立欧共体。60年代末期，欧共体内外的经济环境发生了较大的变化。从外部环境来看，美元与黄金的危机日益加深，布雷顿森林体系走向瓦解的压力也越来越大，欧共体成员国认识到要摆脱美元的控制与影响，就要建立一个经济货币政策协调一致的货币集团来与美元抗衡；从内部环境来看，欧共体内部经济发展不平衡，汇率频繁调整，各国的经济政策不能协调，货币一体化建设成为经济一体化发展的内在需要。1970 年 10 月，卢森堡首相兼财政大臣皮埃尔·维尔纳向欧洲部长理事会提出《维尔纳报告》，为欧洲经济与货币联盟目标的实现制订了一个十年计划。1971 年 2 月，欧共体决定正式实施货币联盟计划，并开始推行相应措施：（1）降低汇率波动幅度，实行可调整的中心汇率制。1971 年 12 月，十国集团达成《史密森协议》，将各国货币对美元比价的波动幅度由原来的 ±1% 扩大为 ±2.25%。1972 年 4 月，欧共体决定实行可调整的中心汇率制，把成员国货币相互间汇率的波动幅度固定在 ±1.25%。《史密森协议》规定的大幅度被称为"洞"，欧共体内部规定的小幅度被称为"蛇"，因此，此时的欧共体采用的汇率体制被形象地称为"洞中之蛇"。（2）建立欧洲合作基金，通过对市场的干预，稳定成员国之间的货币汇率，对国际收支逆差的成员国提供短期贷款，并逐渐充当成员国之间的磋商和结算中心。（3）创立"欧洲计算单位"（European Unit of Account，EUA）。EUA 的使用减少了美元汇率波动对欧洲经济的影响。

四、20 世纪 70 年代以后：牙买加体系下国际货币体系理论的演进

1975 年，各工业化国家均宣布实行浮动汇率制度，并于次年 1 月在牙买加的首都金斯敦召开会议，修订了原《国际货币基金协定》中关于汇率制度的第四条款，规定成员国可以根据自身的偏好，选择符合本国经济利益的汇率制度。从此，汇率制度的国际性统一安排不再存在，各国均可自由选择汇率制度，国际货币体系的发展进入了一个"多样化"的时代。

（一）汇率制度的多样化促进了汇率制度选择理论的空前发展

《国际货币基金协定》第二次修正案赋予了各国选择汇率制度的自由，为各国提供了汇率制度选择的余地。各个国家的经济发展水平和经济结构千差万别，导致了汇率制度出现了多样化的局面。根据汇率可变动程度的大小划分，目前较常见的汇率制度有以下几种：自由浮动汇率制度、管理浮动汇率制度、汇率目标区汇率制度、钉住一篮子货币汇率制度、爬行钉住汇率制度、可调整的钉住汇率制度、固定钉住汇率制度、货币局汇率制度、货币联盟汇率制度。众多实践中的汇率制度使得汇率制度选择理论空前发展，除了传统的固定汇率与浮动汇率纷争外，汇率制度选择理论中出现了"两极论"与汇率目标区理论，其中"两极论"认为除了自由浮动汇率制度和具有"强"承诺机制（例如货币局、货币联盟）的固定汇率制度外，位于中间的各项汇率制度均为不可维持的，而 80 年代由威廉姆森提出的汇率目标区理论恰恰与其相反，被认为是集合了浮动汇率制度与固定汇率制度双重特点的混合体系。

（二）管理浮动汇率制度的发展

为了避免愈演愈烈的汇率波动对国际汇率与贸易体系的破坏，1985 年 9 月，美国、英国、法国、德国、日本五国集团签署了《广场协定》。协定声明为阻止美元汇率的进一步上升，五国中央银行决定联合干预外汇市场汇率，使美元贬值。在五国中央银行的干预下，美元汇率于 1985—1987 年两年内贬值 35%。1986 年底，其他工业国家均感到货币升值压力太大，五国集团也认为美元汇率已基本调整到位。1987 年 2 月，五国集团

与加拿大又签署了《卢浮宫协议》，要求各国加强汇率合作，再次联手干预美元汇率，使美元汇率保持平稳。《广场协定》和《卢浮宫协议》标志着管理浮动汇率制度在国际上的盛行。随着管理浮动汇率制度的进一步实行，汇率目标区理论也逐步建立并发展起来。自 20 世纪 80 年代起，威廉姆森与克鲁格曼分别就汇率目标区理论建立了分析模型，详细论述了突出管理特色的汇率目标区理论对于国际货币体系重建的重大意义，并对现有的国际货币体系提出了改革设想。

（三）区域单一货币理论的拓展与应用

两次世界大战期间及 20 世纪 70 年代以来浮动汇率制下的通货膨胀给欧洲经济带来了严重的负面影响，这也更加坚定了欧洲各国重返固定汇率制度的决心。1979 年欧洲货币体系（European Monetary System，EMS）的建立，标志着欧洲初步建立了联合浮动的汇率机制。欧洲货币体系的主要内容为：（1）创设欧洲货币单位（European Currency U-nit，ECU）。欧洲货币单位是欧洲货币体系的核心，是由欧共体国家货币混合组成的一种新型国际货币，并取代了 1974 年创设的欧洲计算单位。（2）建立欧洲货币基金。欧洲货币基金在协助各国进行外汇干预、缓解成员国的国际收支逆差及增强共同储备等方面均发挥了较大的作用。（3）确立了具有双重预警机制的汇率安排。

20 世纪 80 年代，随着欧洲经济的发展和欧洲共同体成员的增多，松散的汇率管理制度已经渐渐不再适应欧洲经济发展的需要。在经济联系日益密切的情况下，实现货币统一就成为一种体制性的要求。1986 年，欧洲共同体签署了《单一欧洲法案》，使得欧洲单一货币区的建设正式提上议事日程。从此欧洲货币体系的纪律约束变得严格，欧洲各国也开始致力于经济趋同目标的实现。1989 年，德洛尔委员会向 12 国财政部部长提交了《关于欧洲共同体经济与货币联盟的报告》，并于同年 6 月份获得欧洲理事会批准。该报告建议分三个阶段实现经济与货币联盟，虽然没有规定每一阶段的具体期限，但具体规定了各阶段的主要目标。货币联盟的三个阶段的目标是：第一阶段（至少于 1990 年 7 月 1 日开始），所有成员国的货币均被纳入欧洲货币体系汇率机制，并采用同等的可允许汇率波动幅度；第二阶段，建立联邦式欧洲中央银行体系，继续充实欧洲货币基金，协调成员国的经济政策，将各成员国的货币决策权逐步让渡给共同体；第三阶段，成员国的汇率完全固定，发行统一的共同体货币，以单一货币代替各国货币。

1991 年 12 月，欧洲共同体成员国正式签订了《马斯特里赫特条约》（以下简称《马约》），决定建立欧洲联盟，成立欧洲中央银行并实行单一的货币欧元。《马约》分为《政治联盟条约》和《经济与货币联盟条约》，其中《经济与货币联盟条约》参照德洛尔计划的三个阶段，为实现欧洲经济与货币联盟制定了具体的时间表，即从 1990 年 7 月 1 日到 1993 年底完成第一阶段的任务，各成员国均加入货币体系的汇率机制，加强成员国货币政策和汇率政策的协调，尽可能减少中心汇率的调整次数；自 1994 年 1 月 1 日起进入第二阶段，即开始建立独立的欧洲货币机构，到 1996 年底或 1998 年底建成，由它负责监督成员国的经济政策和货币政策，再尽量减少成员国货币汇率的窄幅波动，成员国要加强经济政策协调，使一些主要经济指标达到规定标准；第三阶段从 1997 年起，不晚于 1999 年 1 月，实行单一货币。于 1997 年 1 月 1 日或最迟于 1998 年 12 月 31 日成立欧洲中央银行，负责制定统一的货币政策。随着《马约》的生效，欧共体更名为欧洲联盟（简称欧盟）。《马约》还规定了欧洲货币联盟国家的入盟条件和向单一货币过渡所需要达到的共同标准，具体有以下四项：（1）通货膨胀率不得超过加入欧盟前一年三个价格最为稳定的成员国通货膨胀率平均数的1.5%；（2）加入欧盟前预算赤字不得超过GDP的3%，公共债务总额不得超过其GDP的60%；（3）汇率至少在两年里保持在欧洲货币汇率机制所规定的正常幅度内，不对其他任何成员国货币贬值；（4）加入欧盟前一年，长期利率水平不得超过三个最低通货膨胀率国家长期利率平均数的2%。

第二节　国际货币体系领域的主要理论

20世纪国际货币体系从建立到发展带动了国际货币体系理论研究的逐步深入。在本节中，我们将重点介绍国际货币体系领域的主要理论。

一、关于浮动汇率制与固定汇率制的争论

在第一次世界大战之后，关于浮动汇率制与固定汇率制的争论便成为了国际货币体系领域讨论的重要内容。尤其是20世纪50年代，西方学者对于汇率制度选择的争论进入了一个白热化阶段。赞成固定汇率制的经济学家主要有蒙代尔、金德尔伯格和纳克斯等。赞成浮动汇率制的经济学家主要有弗里德曼、约翰逊和哈伯勒（Haberler）等。双方就不同汇率制度的自动调节效率、实现内外均衡的政策利益和对国际关系的影响等问题展开辩论，主要集中在以下几个方面。

（一）汇率机制的稳定性问题

以金德尔伯格为代表的一批学者认为，固定汇率制能够规避汇率风险、促进国际贸易和投资增长而带来显著利益；浮动汇率制则因汇率的不稳定而增大经济活动的不确定性，从而产生负面的风险效应，因而极力推崇固定汇率制。但是，以弗里德曼为代表的另一批学者则极力主张浮动汇率制，他们认为："浮动汇率不必是不稳定的汇率，即使汇率不稳定，也主要是因为主导国际贸易的经济条件的基础是不稳定的。固定汇率尽管名义上是稳定的，但它可能使经济中其他因素的不稳定性变得持久和强化。"而且，"汇率不稳定是基本经济结构不稳定的一种表象，通过官方固定汇率来消除这种表象是无助于治愈任何基础性结构失衡的，并只会使调整变得更加痛苦。"[1] 也就是说，在外部经济条件已经发生变化的情况下，固定汇率制由于无法采取适时的纠偏性行动而会带来显著的成本，如导致汇率错误定值，造成国际收支严重失衡，结果非均衡积累最终会酿成货币危机。固定汇率制的拥护者对此给予了有力的回击。他们认为，市场投机者的心理预期常常是非理性的，缺乏承诺机制的浮动汇率制下盛行的是非稳定性投机，在"羊群效

---

[1]　Friedman，M.，1953，"The Case for Flexible Exchange Rate"，Essays in Positive Economics，Chicago University Press.

应"的驱动下，投机者往往采取追涨杀跌的投机策略，实力较强的投机者甚至蓄意制造汇率大幅波动以从中获利，其结果是必然增大浮动汇率制的不稳定性。相反，固定汇率制下政府的干预至少使投机者心理上存有名义锚，这使投机者预期汇率将向锚点水平调整，从而有助于缩小现实汇率水平与平价之间的差异。

（二）汇率制度能否隔绝外部通货膨胀的影响

浮动汇率制的支持者认为，在固定汇率制下，购买力平价使本国的物价水平随外国物价水平的上升而上升，换言之，实行固定汇率制的国家存在通货膨胀传导机制，一国会因承担维持汇率水平不变的义务而从国外"引进"通货膨胀。浮动汇率制可以通过汇率波动隔绝外部通货膨胀，这成为浮动汇率制优于固定汇率制的重要理由。麦金农分析美国 1950—2000 年的通货膨胀后得出这样的结论，一向以反通货膨胀著称的德国在 1969 年不再愿意保持马克旧的美元平价的原因是不想被"传染"，哪怕是温和的通货膨胀。对于上述批评，固定汇率制的支持者从两个方面给予了回答。第一，企业的定价策略是与政府所选择的汇率制度之间的一种博弈。在浮动汇率制下，政府往往为扩大出口和改善国际收支而采取货币贬值措施，相应地，企业为避免货币贬值带来损失而将商品价格定在较高水平上，其结果是形成"价格高原"（Price Plateau）。相反，固定汇率制可为企业设立一个清晰的、可监督的目标，政府顾虑"声誉"，通常不会轻易对汇率制度进行突然或未预计到的改变，因而它具有较强的刚性，可起名义锚的作用。基于这种考虑，企业在确定价格时，就无须把价格故意定高以抵消可能的贬值后果，从而产生"公信力效应"（Credibility Effect）。通过这种效应，政府实际上是发出一种可信的反通货膨胀信号，公众会由此减少通货膨胀预期，从而引发通货膨胀率下降。第二，不同汇率制度下的实际货币余额效应是有差异的。在固定汇率制下，由于产生于国外需求的实际货币余额转回国内时可与本币按固定汇率兑换，存在企业和居民重新确定货币余额的调节机制；而在浮动汇率制下，货币间兑换具有一定的汇率风险，因而企业、居民实际货币余额调节机制的作用效率较低。事实上，实际货币余额调节机制是有助于抑制通货膨胀的，那种认为固定汇率制会引进外部通货膨胀的观点是值得怀疑的。

（三）调节国际收支的效率问题

浮动汇率制的支持者认为，一国国际收支的失衡不可避免地会带动货币自动升值或贬值，因而浮动汇率制对于国际收支失衡具有自发的调节作用，除此之外，不需要任何其他的政策。固定汇率制一般均要求政府制定特定政策来解决国际收支的失衡，而政策制定过程中引起的时滞现象也使得其效果大打折扣。此外，浮动汇率制下汇率的"微调性"可以避免经济的剧烈波动，而固定汇率制下汇率的大幅调整往往对经济具有致命性的冲击。固定汇率制的支持者面对上述的批评，从以下几个方面进行了反驳：第一，国际收支失衡只是导致汇率变动的众多因素中的一个，在复杂的经济环境中，汇率未必能按照平衡国际收支的需要进行调整。例如，如果一国的经常账户赤字与资本账户盈余同时存在，且资本账户盈余等于经常账户赤字，那么本国货币不但不会贬值，还会出现升值。汇率的此种变化会给本国的出口部门带来更大的伤害，作为国际收支平衡的基础，经常账户的状况难以改变。更为可怕的是，一旦出现大规模的资金外流，货币的贬值不能及时发挥效力，可能会引致整个金融体系的危机。从整个过程来看，浮动汇率制下汇率的变动并不是合理或者合乎时机的。第二，汇率改善国际收支状况的作用机制是通过价格信号，而国际收支的改善本身也是由多种因素所共同决定的，其中汇率因素起到的作用还只是一个未知数。如果一国的某种产品并不具有出口商品的价格弹性，根据马歇尔—勒纳条件，货币的贬值并不能带来国际收支的改善。第三，汇率对于国际收支的调整往往需要国内政策予以配合。没有相应的政策支持，汇率自身的变动对于国际收支的调整是苍白无力的。第四，固定汇率制虽然调整得较为僵硬，但可以避免许多无谓甚至有害的汇率调整，而往往在资金流动对于汇率决定产生重要影响时，浮动汇率制的无谓调整会使经济产生剧烈的波动。

（四）实现内外均衡过程中汇率制度的不同引致的政策工具运用方式的不同

浮动汇率制的支持者认为，浮动汇率制可以使货币政策从对汇率政策的依附中解脱出来，从而在政策分配中使汇率自发调节实现外部均衡，货币政策与财政政策则主要应用于实现经济的内部均衡。除此之外，他们认为浮动汇率制中汇率是由市场决定的而非货币当局决定的，这样就可以防止货币当局对于汇率政策的滥用。固定汇率制的支持者认为，完全利用汇率政策解决外部均衡意味着政府可以接受任何程度的汇率水平，这显然是不现实的，在国际经济日趋融合的今天，一国的货币政策也不可能完全不受外部因素的影响。与浮动汇率制的支持者对浮动汇率的推崇相反，固定汇率的支持者认为，由于固定汇率制对于货币政策的使用存在着一定的制约作用，因而只有固定汇率制才能够防止货币当局对货币政策的滥用。

二、具有划时代意义的最优货币区理论

最优货币区理论自 20 世纪 60 年代兴起后，随着国际经济形势的变化和发展，越来越体现出与经济现实的密切联系。从技术层面来看，该理论已由最初的依靠单一指标进行分析逐渐向目前更为常见的综合分析方法过渡。欧元的出现在世界范围内产生了里程碑式的影响，不仅为货币一体化理论提供了应用的平台，更为未来的国际货币体系改革提供了有益的借鉴。

（一）最优货币区理论的形成与发展

在固定汇率制、浮动汇率制之争愈演愈烈的时候，经济学家蒙代尔另辟蹊径，提出了"最优货币区"理论。他以资金、劳动力等生产要素的高度流动性作为最优货币区的标准，认为如果两个地区之间生产要素流动性高，就能够无须通过汇率而通过要素的流动来消除经济冲击，这样这两个地区就适宜组成一个货币区实行单一货币；反之，若两个地区之间的要素流动性低，就不宜实行单一货币，需运用两地之间的货币汇率来消除经济冲击。这一理论标准与后来的欧元实践并不十分相符，欧元区内生产要素的流动性不是很高，单一货币反而成了促进要素流动的手段，而不是结果，但无论如何，蒙代尔的这一理论引起了许多后来者的研究兴趣，他本人也因此被称为"欧元之父"。继蒙代尔之后，麦金农提出了经济开放度的标准，即贸易品占非贸易品的比例。他认为贸易联系密切的国家实行单一货币较优。凯南（Kenen）提出了产品多样化的标准，认为如果

产品多样化的程度低，对外来经济冲击的抵抗能力弱，适于实行单一货币。此外，明兹（Minz）认为政治因素对货币区至关重要；弗莱明提出了通货膨胀率行进的标准；其他还有因格拉姆的金融市场一体化等标准，这些标准属于单一标准，遭到了一些学者的反对。拉斯（Lars）等在塔瓦拉斯（Tavlas）和贝莫尼（Baymoumi）以及艾肯格林研究的基础上，把最优货币区的标准拓展为一系列标准，避免了单一标准的缺陷，并归纳为国家的具体标准与货币联盟的具体标准两类，国家的具体标准包括：工资与价格的高度灵活性；产品的分散度高。货币联盟的具体标准则有：生产要素的高度流动性；相似的产品结构；经济活动的高度相关性；经济政策的偏好相似；文化因素与历史因素的类似。

（二）单一货币区的成本收益分析

在关于货币一体化理论基础的讨论中，可将单一货币区理论分为国别标准与货币联盟标准两个方面。由于从自主发行货币到加入货币联盟是一次货币制度的重大变迁，而制度变迁的动力来自成本与收益的对比，因此，成本收益分析与理论上的标准并不冲突，理论上的标准影响甚至决定了各国加入货币联盟的成本与收益，即各国加入联盟的成本与收益可以看做是理论上的各个标准的函数。

1. 克鲁格曼的单一货币区成本收益分析。图 7 - 1 中，横坐标为一国与货币区的经济一体化水平，纵坐标为一国加入货币区的成本和收益。向下倾斜的 LL 曲线表明：随着一国与货币区内的其他国家经济一体化程度的加深，该国放弃汇率政策和货币政策的经济稳定性损失（Macroeconomic Stability Loss）会减少。向上倾斜的 GG 曲线表明：随着一国与货币区生产和要素市场一体化水平的提高，该国加入货币区中获得的货币效率性收益（Monetary Efficiency Gain）也将提高。GG 与 LL 曲线交于均衡点 1，此时一国与货币区的经济一体化水平位于 I 点。在 I 点的左边，$GG \leqslant LL$，成本超过收益，一国以不加入货币区为宜；在 I 点或其右方，$GG \geqslant LL$，收益大于成本，该国应加入货币区。当发生不对称外来冲击时，LL 曲线将向右移至 LL'。因为在同样的一体化水平下，该国实行固定汇率、放弃汇率政策工具的损失将增加，成本、收益均衡点将右移至点 2。此时一国还需进一步提高一体化水平直至点 I'，才宜加入货币区。

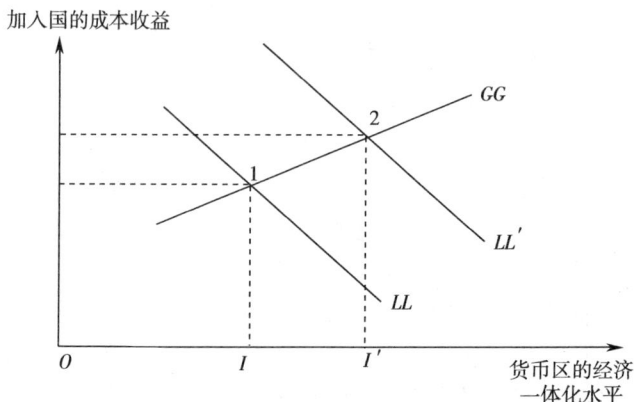

图 7 - 1　成本收益分析

克鲁格曼的单一货币区成本收益分析只考虑了加入货币联盟的成本与收益，而未比较加入货币联盟的净收益与独立发行货币的净收益孰大孰小，而后者才是决定单一货币制度变迁的因素，因此，出现了对传统的单一货币区成本收益加以修正的讨论。

2. 修正后的单一货币区成本收益对比分析。修正后的单一货币区成本收益对比分析包括两个方面：一是自主发行货币的成本与收益，二是加入货币联盟后的成本与收益。这二者的净收益对比是一国决定是否加入货币联盟的现实依据。首先，在自主发行货币时，其收益有货币政策的自主权、本国货币的铸币税的独自享有等，而成本则包括由于国际资本的冲击而带来的本国货币的剧烈震荡，甚至引发金融危机以及通货膨胀等。前者在当今的国际经济、金融环境下日益明显，高度流动的国际资本使其成本越来越大，对资本项目开放的发展中国家来讲尤其如此；后者是指许多小国对通货缺乏有效控制，容易引起通货膨胀。其次，加入货币联盟后，也会产生成本，包括货币政策自主权的丧失、财政政策也受到限制等，这些成本是由于区内成员国给本国带来的外部冲击造成的。收益则包括区内消除了货币汇率的不稳定性，可以促进区内贸易的发展，拓宽市场；消除了货币兑换成本，促进了投资；统一后的货币更加稳定，不易受国际资本的冲击，发生金融危机的可能性也很小，对于对外贸易也有促进；在外汇储备上也会节俭一部分等。这些成本与收益的情况各国不一，虽然难以具体计量成本与收益，但各国对这些成本与收益进行分析与对比，作出自己的判断，决定是否加入货币联盟。如果以 W 表示各国加入货币联盟的意愿程度，R_1 表示自主发行货币的成本与收益（净收益），R_2 表示加入货币联盟的净收益，只要 $R_2 \geq R_1$，则 $W \geq 0$，从理论上说可以组成货币区。

修正了的成本收益对比分析考虑了加入货币区这一制度变迁的机会成本，比较了独立发行货币的净收益（R_1）与加入货币区的净收益（R_2），当 R_2 大于 R_1 时（在 E 点的右面），经济上适于组成货币区。当 $W \geq 0$ 时，其具体大小取决于函数 $W = f(F, D, T; L, S, V, P, O, E, C, I)$，$W$ 与这些代表标准的变量成正比例关系，符合标准程度越好，W 越大，即加入意愿越强。还要分析大国与小国因素，大国还要考虑对货币联盟的控制权，小国则更多考虑的是货币的稳定与调整成本；此外，各国在决定是否实行这一货币制度变迁时，政治因素也起着很重要的作用，特别是在加入货币联盟与自主发行货币的具体成本与收益相近时，政治因素起决定作用。至于其他因素如协调等也会影响货币联盟的进程，但不会是决定性因素。

三、有管理的汇率制度安排——汇率目标区理论

"汇率目标区"是指一种有管理的汇率制度安排，即一国货币当局允许其汇率在一个特定的区间内进行波动，一旦汇率的波动超出这个区间，就要进行干预。汇率目标区被认为是一种混合体系，兼有固定汇率制和浮动汇率制的一些特点。由于中央银行要对外汇市场进行干预使汇率达到期望的水平，它不同于完全浮动汇率制；由于中央银行建立了汇率波动的一个目标范围，通过货币政策干预外汇市场使汇率波动落在目标区内，它又不同于管理浮动汇率制；由于中央银行不必有一个在任何情况下干预外汇市场以使汇率在目标区内波动的正式承诺，它也不同于可调整的钉住汇率制；最后，由于在必要

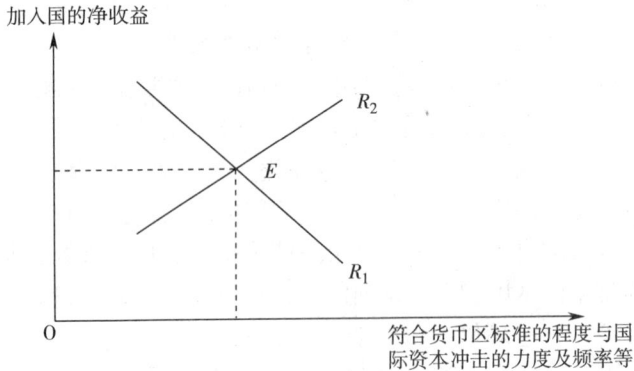

图 7-2　成本收益分析对比

的时候，也可将目标区进行适当调整，所以它还不同于完全钉住汇率制。

依据目标区区域的幅度、目标区调整的频率、目标区的公开程度以及对目标区进行维持的承诺程度，目标区可分为严格的目标区与宽松的目标区两种类型。前者的目标区区域较小，变动较少，且目标区域公开，货币当局负有维系目标区的义务。后者则呈现区域较大、经常调整的特点，目标区域保密且货币当局对其采取有限度维持的态度。

（一）威廉姆森的汇率目标区方案

1985 年，威廉姆森提出"汇率目标区"方案。汇率目标区方案中的核心概念"基本均衡汇率"被定义为在一国政府应追求的中期内（一般指 5 年）能够同时实现经济内外均衡的汇率。值得注意的是，基本均衡汇率并非根据购买力平价所确定的名义汇率，而是指一种实际汇率，因此，方案要求名义汇率根据各国的通货膨胀率进行及时调整，以保持实际汇率不变。

基本均衡汇率的决定可以用图 7-3 说明。横轴为国民收入，纵轴为直接标价法下的实际汇率。Y 代表经济处于自然失业率水平时所确定的产出水平。IB 曲线代表经济的内部均衡状态，它经过 Y 点且垂直于横轴，其形态表现是由于产出处于自然失业率所确定的水平，内部处于均衡状态，而这种内部的均衡与实际汇率无关。EB 曲线代表经济的外部均衡，其向右上方倾斜表明随着国民收入的增加，本币须贬值才能使外部处于均衡状态。从图 7-3 中可以看出，一国经济内外同时处于均衡时所对应的汇率 Q'，即为基础均衡汇率。

在威廉姆森的汇率目标区方案中，即期汇率围绕基本均衡汇率在一定的幅度内浮动，且货币当局并没有绝对的义务在即期汇率冲击目标区边界时进行干预。此外，为了更好地保持货币政策的连续性，威廉姆森认为波幅不宜过窄。在方案的整体设计中，货币当局维护目标区所采用的政策工具主要是货币政策，只有在必要时才进行外汇市场干预。

威廉姆森方案的缺陷主要表现在：（1）在面临巨大规模的投机资金冲击的情况下，汇率目标区方案往往会带来汇率波动的更大的不稳定性。（2）基础均衡汇率基本上无法精确计算。它是一个价值判断色彩很浓厚的概念，内外均衡的依据都视个人的观点而

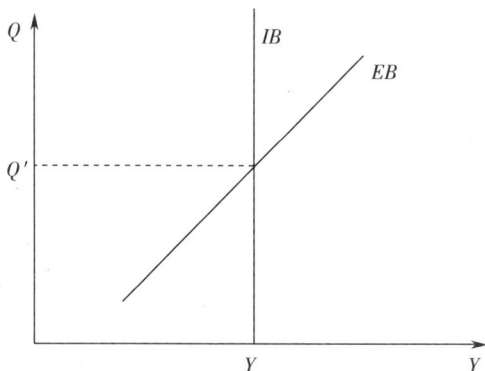

图 7 – 3　基本均衡汇率的决定

定，从而计算出的基础均衡汇率差异很大，其计量分析也非常繁杂，其实用性值得商榷。

（二）克鲁格曼的汇率目标区理论

20 世纪 90 年代克鲁格曼也提出了汇率目标区理论模型。该理论的基本公式为

$$e(t) = f(t) + aE[de(t)]/dt \tag{7.1}$$

式中，$e(t)$ 为 t 时点汇率，即以本币表示的即期外汇的价格；$f(t)$ 为国内基本经济因素；$E[de(t)]/dt$ 表示以在 t 时点可获得的信息为条件的条件期望，这个信息集包括 t 时点的基本经济要素，即 $aE[de(t)]/dt$ 为预期的汇率变动率，所有变量都以其自然对数形式表示。

模型假定经济要素 $f(t)$ 由两部分组成，$f(t) = m(t) + v(t)$，式中变量也以其自然对数来表示。其中 $m(t)$ 是国内货币供给量，假定货币政策是被动的，货币供给量的改变仅仅是为了维护目标区，除此以外货币供给维持不变。$v(t)$ 表示实际产出、货币需求以及除货币供给量 $m(t)$ 和预期的汇率变动率 $aE[de(t)]/dt$ 以外的任何因素的变动率。假定 $v(t)$ 是一个外生随机变量，服从布朗运动分布，其变动是不规则的、不可预测的。用公式表示为

$$dv(t) = \sigma dz(t) \tag{7.2}$$

在完全浮动汇率制度下，货币供给 $m(t)$ 固定，货币当局不改变 $m(t)$ 以抵消 $v(t)$ 的运动，$v(t)$ 服从布朗运动，意味着 $e(t)$ 也服从布朗运动。当 $v(t)$ 不存在可预见的运动趋势时，预期的汇率变动率为零，即：$E[de(t)]/dt = 0$，此时，$e(t) = f(t)$，符合这一函数关系点的运行轨迹可用一条过原点与横轴成 45°角的直线来描述。

在固定汇率制下，货币当局将不断调整 $m(t)$ 以抵消随机变量 $v(t)$ 的变化，预期的汇率变动率仍然为零，因此在汇率方程 $e(t) = f(t) + aE[de(t)]/dt$ 中，$aE[de(t)]/dt = 0$，$f(t)$ 为一个常数，汇率将固定在这一常数水平上。符合 $e(t) = f(t)$ 这一函数关系的组合点的轨迹在图 7 – 4 中用汇率轨迹线上的某一固定点（如 A 点）来表示。

在汇率目标区下，货币当局干预汇率将使其在一定的范围内波动，即在上限和下限之间波动。首先我们假定不存在汇率的理性预期，即 $E[de(t)]/dt = 0$。当汇率上升至

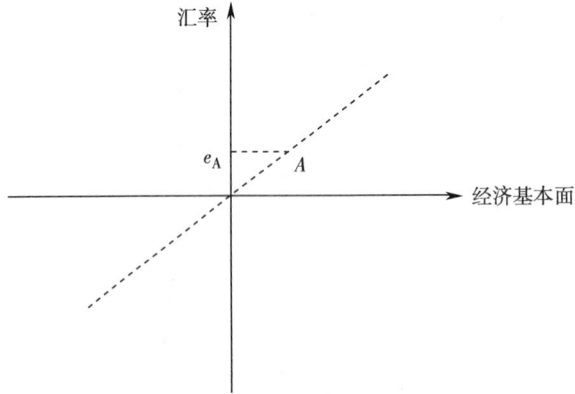

图 7 - 4　不存在汇率目标区时的市场汇率轨迹

上限时，如果 $v(t)$ 下降，$e(t)$ 就不会超出上限；如果 $v(t)$ 继续上升，货币当局就会减少 $m(t)$ 以抵消 $v(t)$ 上升对汇率造成的影响。当汇率下降到下限时，若 $v(t)$ 还在下降，货币当局则会增加 $m(t)$ 以抵消 $v(t)$ 下降对汇率造成的影响。此时，$e(t)$ 与 $f(t)$ 组合点的轨迹可用汇率轨迹中的实线部分表示。

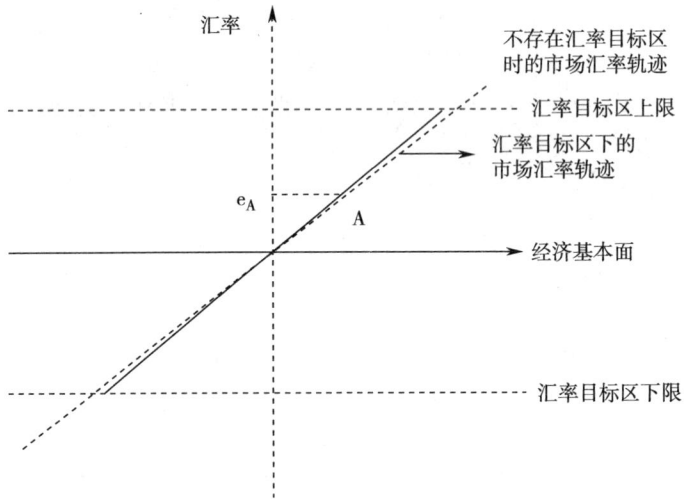

图 7 - 5　汇率目标区下的市场汇率轨迹

　　此外，克鲁格曼还在其模型中提出了"蜜月效应"和"平缓粘贴条件"这两个概念。蜜月效应是指汇率在可信的目标区内比在完全浮动的汇率制下变动会更小，一个完全可信的目标区存在着内在稳定性。市场参与者预期汇率在接近上下限时货币当局定会干预，从而进行相应的市场操作，使汇率在接近上限时便开始回落，在接近下限时便开始回升，犹如一对蜜月中的情侣不愿分离。平缓粘贴条件是汇率变动的条件，即汇率沿着边界是平缓粘贴的。当汇率接近边缘时，市场参与者估计货币当局将干预，汇率变化对基本因素的敏感程度减弱，汇率变动的趋势也就相对平缓。因此，在克鲁格曼的汇率目标区理论中，汇率的运动轨迹是同上下边界相切的 S 形曲线。

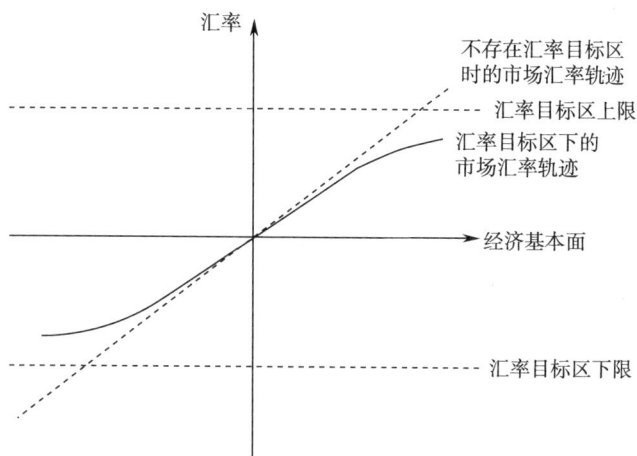

图 7-6 存在蜜月效应和平缓粘贴条件下
汇率目标区下的市场汇率轨迹

尽管汇率目标区理论存在着种种缺陷和不足，但由于其有利于国际经贸活动的发展，有利于各国经济的内外均衡，有利于国际货币体制的改革和完善，经济学家对汇率目标区理论的研究、改进及对目标区模型的修正和拓展的热情并没有减弱。虽然克鲁格曼模型得到了相当的修正和拓展，但仍然留有继续引入新的经济变量进行研究和完善的空间。理论界还可能会研究这样一些因素对目标区的影响：货币政策的独立性、干预政策及对干预政策的预期、投机风险、区域内部汇率的不稳定性等。随着信息技术和计量技术的迅速发展，对汇率目标区理论模型的实证研究会提升到更高的层面，从而为模型提供更加充分的实证支持。

第三节　国际货币体系理论的评述

一、20 世纪国际货币体系理论演进评述

综观 20 世纪国际货币体系的演进，不难看出，国际经济实践与理论发展阶段相当吻合。与经济理论领域中主流经济观点的变换相同，国际货币体系也发生着相应的更迭。

（一）国际货币体系理论的演进与宏观经济理论的发展相契合

1. 自由市场的古典理论与国际金本位制。古典经济理论的基础即为完全竞争与自由市场。可以说，完全竞争造就了一个完全的市场，完全的市场为经济自由主义的发展提供了一个可靠的理论依据。亚当·斯密的"看不见的手"，实际上就是完全竞争在自由市场中的作用。与古典经济理论相一致的是，国际金本位制的三个主要特征即为金币的

自由熔铸、金币与银行券的自由兑换以及黄金的自由输出入。在此基础上，国际金本位制下的汇率运行表现为以铸币平价为基础，在黄金输出点与黄金输入点之间微幅波动的固定汇率制，其汇率的固定机制是自发形成的，并无人为干预。此外，在国际金本位制下的国际收支调节机制，也由于三个"自由"的存在，通过"价格—铸币流动机制"呈现出自动平衡的结果。由此可见，国际金本位制下无论汇率还是国际收支均为自动调节，充分体现了古典经济理论的思想色彩。

2. 国家干预主义与布雷顿森林体系。1929—1933 年的世界性经济危机为凯恩斯提供了一个施展才华的舞台。面对全球性的经济低迷，凯恩斯认为，要实现充分就业、扩大国民收入，就必须由国家出面干预经济，主要措施是扩大财政支出，通过兴建公共工程等方式增加投资需求，使总需求和总供给达到充分就业的均衡。他认为依靠新古典经济学描述的自发市场力量，资本主义危机和失业不可能消除，只有依靠一只"看得见的手"，即通过政府对经济的全面干预，资本主义才能摆脱萧条和失业。从此，国家干预主义成为宏观经济学的主流，而此时建立的布雷顿森林体系也恰恰体现了这一特点。如前所述，维系布雷顿森林体系运转的是《布雷顿森林协定》，并成立了国际性经济组织——国际货币基金组织来规范体系运行，布雷顿森林体系下汇率的运动呈现为可调整的钉住汇率制，其固定汇率制度的特性保证便来源于各国货币当局对于超出法定平价相应幅度的主动干预。布雷顿森林体系运行最为顺利的时期即 20 世纪四五十年代，正是凯恩斯主义的国家干预政策备受认同的年代，而随着凯恩斯主义在理论上受到挑战，布雷顿森林体系也面临着衰落的危险，一次又一次的黄金与美元危机使得布雷顿森林体系走向彻底的崩溃。

3. 新自由主义的崛起与牙买加体系。20 世纪 60 年代后期和 70 年代初期，以凯恩斯主义理论为依据的国家干预主义的经济政策遭到了挫折，具体表现为在 1973 年后不断出现的凯恩斯主义理论所不能解释的滞胀现象，从而引起了人们对于凯恩斯经济理论的质疑。工业化国家中出现了各种不同理论形式的新经济自由主义派别。他们都以古典派的自由放任学说为其经济思想和主张的渊源，在他们的著作中，明显感到"一只看不见的手"的作用。他们都以凯恩斯经济干预主义为批判对象，以恢复充分的市场自由竞争为其政策主张的基调，否定国家经济计划的作用与价值，怀疑一切社会福利的保证，主张保守的财政政策、货币政策。以哈耶克（F. A. Hayek）为代表的新奥地利学派、弗莱堡学派、以弗里德曼为代表的货币主义学派、理性预期学派和供给学派均为新自由主义学派的代表。从 20 世纪 60 年代起，以弗里德曼为代表的新自由主义学者便对政府干预色彩过于浓厚的布雷顿森林体系提出质疑，并认为国际货币体系应放弃固定汇率制，而选择自由浮动的由市场决定的汇率制度。在这样的理论背景下，20 世纪 70 年代发生的布雷顿森林体系的崩溃与牙买加体系的建立便不足为奇了。

（二）国际经济局势的复杂性导致了汇率制度选择理论的纷争

在国际汇率制度演变的各个历史时期，人们在如何安排汇率制度问题上的争论就一直没有间断过。从各个历史时期汇率制度的运行情况来看，在当时特定的经济和政治环境下，采用固定或浮动汇率制度，对一国经济乃至世界经济的发展都起到了一定的促进作用。但随着经济政治条件的改变，原有的汇率制度暴露出其无法解决的各种矛盾，由此便引发了从国际汇率制度形成至今，就不断出现的有关如何选择固定汇率制度与浮动汇率制度的争论。早期有关固定汇率制度和浮动汇率制度争论的焦点是，是否应当恢复金本位制度；20 世纪 30 年代世界性经济危机的爆发，使固定汇率与浮动汇率的争论发展为如何促进国际合作、稳定国际经济秩序、促进世界经济的共同发展；自布雷顿森林体系以来，围绕着支持还是反对布雷顿森林体系这个问题，形成了战后两个独立的派别：支持布雷顿森林体系的固定汇率论和主张实行可变汇率体制的浮动汇率论。起初，双方论战的主题是汇率制度同国际收支、贸易流量的相互效应问题。到了 20 世纪 60 年代末和 70 年代初，由于西方国家陷入滞胀困境，论战的焦点开始转入汇率制度同国内充分就业、价格稳定以及经济增长的相互关系上来。此外，财政政策和货币政策在什么样的货币体制下效应更大的问题也受到了普遍的重视。20 世纪 80 年代以后，全球范围内爆发的一系列金融危机，如 80 年代的拉美债务危机，90 年代英国、墨西哥和俄罗斯的货币危机，东南亚金融危机，以及 2001 年 2 月在土耳其发生的货币危机都与汇率制度的安排密切相关，进而人们对于汇率制度的讨论重点过渡到汇率制度的选择与防范国际投机力量的攻击，避免发生货币危机，保持该国的经济、金融稳定，以及世界经济、金融的稳定关系上来。

（三）宏观经济全球化促进货币大同的设想

随着欧元的诞生与运行，对于国际金融体系改革的呼声也越来越高。金融全球化被认为是 21 世纪国际金融格局演进的主流趋势。但作为一个历史过程，金融全球化不是均衡发展的。从空间上分析金融全球化，我们应该看到它的区域性。区域化和全球化虽然有空间上的差别，但它们都是对民族国家金融控制权的积极否定，从本质上说，区域化和全球化是同源的。

金融区域化是指某一区域内有关国家和地区在货币金融领域中实行协调与结合，形成一个统一体，最终实现统一货币体系的过程。当今的世界经济正处于一个从"分"到"合"的过渡时期，即区域性经济合作发展的特征越来越明显。欧洲有欧盟，亚洲有东盟，美洲酝酿成立美洲自由贸易区，非洲也在筹建新的经济联盟。随着每一个区域性经济联盟从贸易的合作走向货币的统一，世界范围内就会形成几大经济区域，每一个区域都只使用一种流通货币，这就为国际货币的合作带来了方便，也为金融全球化奠定了坚实的基础。

在目前的国际货币体系中，欧元与美元两驾马车齐头并进和日元在蹒跚中紧随的体系构架已经确立，欧元区、美元区和亚元区极有可能在不远的将来变为事实。关于美洲统一货币问题，美元化是讨论最为热烈的问题。美元化是指一国或一个经济体的政府让美元逐步取代自己的货币并最终自动放弃货币或金融主权的行动。如果说欧元是在若干经济发展水平相近的国家之间通过制定一系列多边协定而产生的金融区域化的一种形式，那么美元化则是通过一种强货币向若干国家渗透并部分或全部排挤这些国家的弱币而生成的金融区域化的又一种形式。因此可以说，美元化是发生在经济实力十分悬殊的两个国家之间，它的最终结果是一种稳健的强货币逐渐驱逐弱货币。除了欧元区与美元区，亚元区也开始被积极构想，与欧元区与美元区相比较，亚元区的形成可能会面临更多经济与政治上的障碍。面临着国际货币体系的诸多挑战，通过区域货币的联合来达到世界货币的大同已经成为理论界研讨未来国际货币体系的重要课题。

二、国际货币体系理论简评

（一）对最优货币区理论的评价

1. 最优货币区理论的贡献

（1）在固定汇率占主流地位的 20 世纪 60 年代早期，蒙代尔以发表标志性的文章提出最优货币区理论，他主张用生产要素流动性，特别是劳动力流动性作为最优货币区判断标准。他的研究开创了国际金融的新领域，为其他研究者扩展了这一理论并确定了附加标准，比如资本流动、地区专业化、共同的税收和贸易体制等。

（2）最优货币区理论最重要的实际应用贡献，就是为欧洲货币联盟的建立和发展提供了强有力的实践指导，在相当程度上为欧元的诞生奠定了理论基础。欧洲货币联盟区内各国增强自身经济实力，提高竞争力；减少内部矛盾，防范和化解金融风险；简化流通手续，降低成本；增加社会消费，刺激企业投资。

（3）最优货币区理论使货币区内各国的物价水平的差异减少。因为价格的差异将引发套利行为，商品将从价格低的地区流向价格高的地区，使得区内各地区间的价格趋于一致。这也将导致企业间的竞争加剧并有助于控制通货膨胀，有利于消费者。

（4）由于各国使用不同的货币，各国的商品、劳务、资源在各国的价格也趋向不同。从长期的角度来看，不同的价格会扭曲各国的投资结构和产业结构，会严重影响全球市场的发展。而在最优货币区内制定和实施统一的货币政策，会使得各国的利率、投资收益、物价的差异缩小，形成良性的利率和物价趋势走向，居民消费规模逐步扩大，企业投资环境逐步改善，这有利于最优货币区内各国经济的发展。

2. 最优货币区理论的缺陷

（1）最优货币区理论预先设定货币区内国家经济的各部分都是同质的，不存在任何差异，每个国家已经是最优货币区。然而，由于受历史背景和自然环境差异的影响，各国内部的经济不会完全同质，必然存在着诸多领域的差别。单一货币政策若在区域性或行业性差距较大的国家实行，其货币政策将给部分地区带来严重的负面效果，并影响其部分和总体经济的发展目标的实现。单一的货币政策若在尚不具备最优货币区标准的国家中实行，其短期内微观交易效率的提高是以影响其长期内宏观政策的灵活性为代价的，这种成本和收益的交换将是得不偿失的。

（2）在蒙代尔及其他人研究的最优货币区理论中均假设通货区由 A、B 两个国家组成，并讨论其结成货币联盟的利弊。但其却忽视了货币联盟汇率机制的调整。在单一货币逐渐替代各成员国货币的过程中，各国并不能完全遵照单一货币的要求放弃汇率机制。由于各成员国放弃汇率工具的成本和程度无法判断，所以就无法解决货币联盟到彻底的单一货币的过渡问题。在金融市场的进一步整合过程中，因各成员国参与联盟的程度不同而导致的非对称冲击仍将长期存在。

（3）最优货币区理论是以凯恩斯主义为基础的。其假设"货币幻觉"和名义工资刚性，认可菲利普斯曲线的存在，从而得出加入货币区，放弃货币和汇率政策的独立性，会给一个国家带来宏观经济对内调整的成本。理性预期学派和货币主义学派在"工资幻觉"和菲利普斯曲线上对最优货币区理论提出了挑战。对于凯恩斯性质的最优货币区理论的局限性，Grauwe（2000）指出："在刚性普遍的凯恩斯主义世界中，货币区最优范围可能是小的。但如果价格和工资有弹性，调整成本就小，一国的货币政策在应对不对称冲击时就变得无效，所以在新古典世界中货币区的最优范围可能就很大，甚至拓展到整个世界。……货币主义和新古典主义模型是非常接近的。"

（4）最优货币区理论并未考虑货币同盟形成的其他成本，而仅关注的是由不对称冲击带来的货币同盟的宏观调整成本。其对货币同盟的收益分析显然不够充分，仅仅局限在交易成本节约方面。假想一些地区即使非常不符合实行货币同盟的条件，但在其他方面收益（如减少国际储备需求、单一货币的投资和增长正效应等）的推动下，这些地区仍然能成功形成货币同盟。

（5）最优货币区诸标准间的替代、交叉、因果和矛盾关系存在过于简单和机械的弱点。最优货币区的一些标准间有交叉和因果关系。这在冲击的对称性标准中表现最为明显。一方面，多样化的产品和较高的贸易相互依存度会导致冲击对称性增强；另一方面，冲击对称标准又同通货膨胀率趋同标准相交叉。最优货币区的一些标准间有矛盾，一个标准的满足使另一个标准更难得到满足，如产品多样化标准和高贸易开放度标准之间，劳动力流动性和冲击对称性标准之间等。

（二）对汇率目标区理论的评价

1. 汇率目标区理论的贡献

（1）"让汇率围绕着中心平价波动，这既可以使汇率水平在大多数时间内由市场力量决定，又可以防止汇率的大幅度失衡。"（Williamson，1985）让汇率的波动交由市场力量来决定，为控制汇率的急剧波动，需要相对频繁地修正汇率目标区，以反映实际通胀水平和经济条件的变化。

（2）在汇率目标区制度下，较宽的目标区可以为货币当局在制定货币政策时提供较大的操纵空间，缩小实际汇率与所承诺的汇率间的差距。较宽的汇率目标区，也可以使货币当局在面临短期冲击时获得较宽裕的缓冲余地。通过吸收短期冲击而不改变其长期实际均衡汇率，进而避免由于汇率中心平价频繁、过度波动而引起的资源转移成本。

（3）汇率目标区对汇率的稳定起到重要作用。当一国货币当局明确公开汇率目标区时，央行和市场参与者相互作用，将把汇率的浮动轨迹置于汇率目标区内。汇率目标区制兼顾了浮动汇率制和固定汇率制的优点；央行将以更大的自主性来控制汇率，央行可以采取区域内干预和边界干预的方法使汇率朝有利的方向运动，以避免因汇率高估引发的投机性攻击。

（4）汇率目标区制对市场预期的引导作用可以在一定程度上减少货币危机发生的可能。有利于促进各国宏观经济政策的协调，发挥市场预期的引导，实现汇率稳定，减少大规模外汇投机活动的干扰。

2. 汇率目标区理论的缺陷

（1）汇率目标区的一大缺陷在于其可信度。即使汇率目标区在长期中是比较可信的，但其在短期中偶然的重调修正将有可能带来单方向的投机行为。而一国的货币当局若允许当期汇率水平暂时偏离汇率目标区，并对汇率目标区进行修改，则汇率目标区的可信度将是其存续的一大问题。若汇率目标区的可信度问题不能很好地解决，这种汇率制度将很难长期维持。

（2）汇率目标区可以在短期内延缓外界对汇率的投机性攻击，但却无法在长期中避免外界对汇率的投机性攻击。由于汇率目标区在可信度上存在缺陷，其无法提供令人可信的名义锚，无法充分稳定市场对未来汇率的预期。在汇率目标区太宽的情况下，无法稳定对汇率的预期。当汇率变动到目标区边界时，维持汇率稳定将会面临巨大的投机压力。

（三）对布雷顿森林体系的评价

1. 布雷顿森林体系的贡献

（1）布雷顿森林体系的建立，暂时结束了各国二战前纷繁混乱的货币体系，对于稳定各国金融政策，维护国际货币体系的稳定起到积极的作用。布雷顿森林体系使战后资本主义世界货币体系得到正常运转，进而使资本主义世界商品、劳务和资本流通得以正常进行，避免了二战可能带来的各国货币体系崩溃的局面。

（2）布雷顿森林体系促进了国际贸易和世界经济的发展。按照该体系实行的固定汇率，有利于国际资本的流动、进出口贸易成本和利润的核算。

（3）布雷顿森林体系使得各成员国的国内经济有所发展。各国由金本位制下注重外部平衡转向布雷顿森林体系下注重内部平衡，进而使得各国经济比较稳定，缓解了战后经济危机和失业严重的局面。

（4）布雷顿森林体系形成后，国际货币基金组织和世界银行的活动对各国的经济发展起到重要的作用。国际货币基金组织对促进国际货币合作、扩大世界贸易、建立多边支付体系以及稳定国际金融秩序等诸多方面都作出了积极的贡献。世界银行提供的长期贷款和投资不同程度地解决了会员国战后恢复和发展经济的资金需要。世界银行的资金和咨询服务对于各国政府强化银行体系，投资于人力资源、基础设施和环境保护提高私人投资的吸引力起到重要作用。

2. 布雷顿森林体系的缺陷

（1）布雷顿森林体系制度自身的缺陷。以美元为中心的国际货币制度崩溃的根本原因，是这个制度本身存在着不可摆脱的矛盾。这就是著名的"特里芬难题"：一方面，美元作为储备和支付货币只有在美国经常项目下逆差时其他各国才能获得美元；另一方面，逆差会严重影响美元的信用，引发美元危机。

（2）布雷顿森林体系使得各国汇率缺乏弹性，该制度规定汇率浮动幅度保持在1%，进而限制了汇率对国际收支的调节作用，使得国际收支调节机制缺乏动力。这种固定汇率有利于美国输出通货膨胀，加剧世界性通货膨胀，而不利于各国利用汇率的变动调节国际收支平衡。

（3）美元在布雷顿森林体系中绝对霸权的地位不利于国际货币体系的发展。一方面，美国通过发行纸币而不动用黄金进行对外支付和资本输出的掠夺；另一方面，当美元产生信任危机时，美元与黄金的固定平价就难以维持。

（四）对牙买加体系的评价

1. 牙买加体系的贡献

（1）牙买加体系采取灵活混合的汇率体制，打破了布雷顿森林体系下各国货币僵化的局面，通过为各国提供多种清偿货币的形式缓解了各国储备货币供不应求的局面。

（2）随着欧元、日元、人民币等货币在国际货币中的地位增强，各国的国际储备也日渐多元化，这在一定程度上解决了"特里芬难题"。

（3）采用多种机制互补的办法来调节国际收支，在一定程度上缓和了布雷顿森林体系调节机制失灵的困难。

2. 牙买加体系的缺陷

（1）牙买加体系造成汇率波动剧烈。这增大了各国的外汇风险，在一定程度上抑制了国际贸易与国际资本的流动，尤其对发展中国家造成巨大负面影响。

（2）多种储备货币体系是由支配世界经济的若干国家的货币所组成，具有内在的不稳定性，特别是对发展中国家不利。

（3）国际收支调节机制不健全，四大调节机制都有自身的局限性，无法根本解决国际收支不平衡的问题。

三、后危机时代国际货币体系的变革趋势

（一）国际区域化合作趋势——单一货币联盟

随着区域性经济一体化不断的深化，客观上要求各成员国加强货币金融领域的合作与协商以巩固已取得的成果，并借此增强国际市场上的竞争力。此外，在当前浮动汇率制盛行的情况下，主要货币之间的汇率波动剧烈，影响了国际金融体系的稳定，出现了国际区域化合作的趋势。

单一货币联盟模式是指区域内成员国承诺放弃本国货币发行权，在区域内创立和使用全新的统一货币模式。目前最成功的典型实例即是欧元区的统一货币模式，因而该模式又被称为货币同盟的欧元模式。从欧洲货币联盟内部来看，欧盟各国使用共同货币，消除了贸易壁垒，各国之间能真正实现商品、资本、人员和劳务的自由转移，使各国的资源能在欧元区内各国之间进行最优配置和合理利用。同时，按照《欧洲联盟条约》的要求，加入欧元区的国家应当自觉维护财政纪律，使用相同的货币政策，采用协调的财政政策，以维护统一货币的稳定，促进成员国经济的协调发展。

但是，欧债危机的发生使得单一货币联盟模式遭遇前所未有的挫折。欧元区虽有统一的中央银行和统一的货币政策，但是却没有统一的财政政策，这就为危机的产生埋下了种子。当外部冲击降临在某些成员国时，它们便难以根据成员国自身的经济情况，制定相应的货币政策。欧债危机的发生就是因为希腊遇到了债务问题，它自身对外不能通过货币贬值来刺激出口，对内不能通过货币扩张来削减政府债务。此外，各成员国对

《稳定与增长公约》关于政府财政的规定并未遵守执行，各国过度举借外债，而与希腊面临同样的问题，最终引发了欧债危机。

（二）全球非主权国家货币合作趋势

针对此次金融危机体现出来的当前国际货币体系存在的内部缺陷和系统性风险，一些学者提出，要采用所谓的非主权（超主权）国际货币体系，即在 SDR 的基础上，创造出一种与主权国脱钩的且能够长期保持币值稳定的国际储备货币。

建立非主权国家货币体系并非偶然，是符合时代发展需要的。第一，建立非主权国家货币能够缓解现行国际货币体系的矛盾，可以使各国远离单一主权货币体系，从而令美国经济对世界经济的影响减小，各国经济和储蓄地位相对平衡，从根本上维护全球经济金融稳定。第二，建立非主权保障各国资产特别是以美元计价的境外资产的安全。全球金融危机使得美元的地位动摇，同时其币值也变得不稳定，各国以美元计价资产的缩水风险已相当明显。由于非主权国家货币独立于一国主权之外，其本身能够保持且必须保持币值的相对稳定，因此，非主权国家货币能够维持世界各国储备资产价值的稳定，同时也保障我国外汇资产的安全。第三，国家货币可以防止危机再次爆发，预防全球通胀，寻求解决经济危机的途径。

但是，其局限性也是不容忽视的。第一，会直接遭到美国的反对。建立非主权国家货币，会损害美国的利益。美国无法滥发货币，无法用美元贬值转嫁危机，无异于放弃美国转嫁成本的机会，损害美国的经济利益。另外，建立非主权国家货币，会使美元失去在国际体系中的主导地位，进而导致美元走低，减少美国搜刮财富的手段，如减少铸币税收入、资源调配等。美国作为第一强国，有很大的话语权，这无疑为非主权国家货币的推行增加了难度。第二，作为信用货币，非主权国家货币难以被完全接受。其本身没有内在价值，也没有股票、债券、房地产等资产凭证作为其依附载体，是典型的信用货币。而成为储备货币的前提是要能在市场中得到广泛使用，使用的前提是要有足够的信用。因此，一旦非主权货币的信用出现问题或者发行机构失去信用时，有很多国家都会拒绝接受非主权货币，其信用有限，难以流通，进而也难以作为财富储备起来。第三，非主权国家货币同样难以克服"特里芬难题"。非主权国家货币是一种账面货币，不是实际流通中的货币，发行的数量很难控制。如果发行过少，能够提供的清偿力十分有限，阻碍全球经济的发展；如果发行过多，又会导致全球性的通货膨胀和货币贬值，从而使得非主权国家货币也面临着与单一主权国家货币相同的困境，难以在满足各国清偿力需求的同时也避免全球性通胀发生。这一点在可操作性上很难实现。

（三）全球多元货币合作趋势

实践证明，以单一主权国货币作为国际本位货币，永远都存在着不可调和的矛盾，是现行国际货币体系中尚未解决的弊端。要想从根本上改革当前国际货币体系，就需要改变当前的美元本位制。但是，目前还找不到一种能替代美元的恰当货币，而且即使找到了也难以改变单一货币主导的国际货币体系的不稳定性。所以，从目前情况来看，促进国际货币多元化发展是改善当前国际货币体系的不稳定、减少经济危机破坏性、帮助世界经济再平衡、推动国际金融秩序稳定有序发展的一个现实选择。

　　当前建立多元化的国际货币体系，有助于削弱美元的霸权地位，减轻各国乃至世界经济对美元的依赖，使国际货币体系从单一货币独大走向多元货币制衡，世界经济将会更稳更快地发展。建立多元化国际货币体系，有助于增加清偿货币，更好地满足世界经济的发展需要。建立多元化的国际货币体系，有助于平衡各方利益，满足各国发展需要，能够得到更多国家的响应和支持。建立多元化的国际货币体系，有助于提高发展中国家的国际地位，更好地参与世界经济，促进世界经济的良性发展。但是，多元化的国际货币体系也存在着一定的问题：一方面是发展中国家与发达国家利益的博弈过程，这同时也是一个发展中国家与发达国家之间进行利益争夺与让步的过程，需要一定的时间才能完成，难以一蹴而就；另一方面是多元化的国际货币体系中，贸易结算货币可能有许多种，这将一定程度地增加贸易过程中的汇兑风险，对国际贸易的进行可能会产生一定的负面影响。

参 考 文 献

[1] 姜波克：《国际金融学》，北京，高等教育出版社，1999。

[2] 王爱俭：《国际金融概论》，北京，中国金融出版社，2002。

[3] 钱荣堃、马君潞、陈平：《国际金融》，天津，南开大学出版社，2002。

[4] 保罗·克鲁格曼：《国际经济学：原理与政策》，中文版，北京，清华大学出版社，2001。

[5] 陈岱孙、厉以宁：《国际金融学说史》，北京，中国金融出版社，1991。

[6] 埃里克·罗尔：《经济思想史》，中文版，北京，商务印书馆，1981。

[7] 王爱俭：《汇率导论》，北京，中国金融出版社，1997。

[8] 李惠芬：《国际金融概论》，北京，中国金融出版社，1998。

[9] 沈国兵：《汇率制度的选择：文献综述》，载《世界经济》，2003（12）。

[10] 马德功：《汇率目标区理论回顾与展望》，载《生产力研究》，2003（6）。

[11] McKinnon, R.. *Optimum Currency Areas and Key Currencies*：*Mundell Iversus Mundell II*. Journal of Common Market Studies：2004，42（4）：689－715.

[12] Minz, N.. *Monetary Union and Economic Intergration*. New York：New York University Press，1990.

[13] Paul Kenny. *The Theory of Optimum Currency Areas*. Student Economic Review，2003，17：137－149.

[14] Bayoumi, T.. *A Formal Model of Optimum Currency Areas*. Staff Papers, International Monetary Fund，1994，41（4）：443－445.

第八章

国际储备理论

随着国际货币体系的不断变迁，世界货币格局发生着不断的变革。作为一国弥补国际收支赤字、维持本国货币汇率稳定以及应付各种紧急支付而持有的、为世界各国所普遍接受的国际储备，自然也难免伴随这一进程而发生变化。理论发展的贡献在于能够随着经济形势的变化而对经济现象加以解释和预测，以下我们将从三个方面对国际储备理论在 20 世纪的发展进行评述。

第一节　20 世纪国际储备理论的演进

亚当·斯密早就指出，人类技术和生产手段的专业化程度越高，一定量生产要素的劳动生产率就越高。这种物质生产效率的提高虽然能为人类带来更多的福利，但其前提条件是专业化方式生产出来的产品必须完成高效率的市场交换过程。货币就是这一交换过程的重要组成部分。正因为如此，我们形象地把货币称做是经济运行的润滑剂。如果我们把这一原理推广到国际间的经济往来，那么，作为国际经济润滑剂的国际支付手段——国际储备的重要性也就不言而喻了。

国际储备是国际金融学的一个重要范畴。对于这样一个基本的、常用的经济学概念，就其定义而言，理论界并非没有异议。关于国际储备的含义，主要有两种不同的解释：一种是支付手段说，认为国际储备是用于对外支付的准备金；另一种是干预资产说，把国际储备视做干预资产，其职能在于充当货币当局进行外汇干预的手段，以维持本国货币的汇率。国际储备理论可以划分为两大类：国际储备规模理论和国际储备结构理论，以下我们将围绕这两大理论体系而展开论述。

一、国际储备规模研究的演进

20 世纪经济学家们对国际储备规模进行了深入的研究，其演进可以从以下一些方面来加以认识。

（一）国际储备规模适度性问题的提出

美国经济学家特里芬教授 1947 年最早提出并在 1960 年出版的《黄金和美元危机》

一书中首次采用储备/进口比例法测算适度储备规模。他在对历史资料进行分析的基础上，认为："若排除一些短期或随机因素的影响，一国的外汇储备与它的贸易进口额之比，应保持一定的比例关系。这个比例以40%为标准，以20%为底限。"然而，特里芬分析的国际经济背景是20世纪60年代以前的情况。在特里芬时代，进出口贸易是国际间经济交往的主要活动，国际资本流动规模较小，考察国际间经济活动的主要变量大多数都是进出口贸易等实物指标，因此，人们主要是从贸易支付的角度来考虑外汇储备规模问题。但进入60至70年代，特别是80年代以来，随着世界经济的迅速发展，国际资本流动规模的增长大大快于世界贸易额的增长，资本往来已成为国际间经济活动的主要形式，资本流动对外汇储备的影响已远远超过了贸易收支。在这种情形下，简单地以进出口贸易等实物指标来考察外汇储备规模的特里芬理论在当前已失去其理论意义与实用性。

（二）20世纪60年代外汇储备规模适度性研究的进展

20世纪60年代开始，一些经济学家开始将成本收益分析法运用到储备需求适度性问题中来。成本收益法的引入为国际储备需求的计量研究开辟了一条新的途径，也使国际储备规模理论进入了一个全新的发展阶段。这一理论的主要代表人物有海勒（H. R. Heller）、弗莱明以及阿格沃尔（J. P. Agarwal），其中海勒是从收益最大化的角度来定义储备适度规模问题，弗莱明则以成本最小化作为确定适度储备规模的依据，阿格沃尔从收益最大化和成本最小化的结合点来衡量储备规模的适度。其中，最为著名的是阿格沃尔模型，它是对海勒模型与米尔斯模型的修改和完善，反映了发达国家与发展中国家经济结构和制度方面的差异。在模型中，阿格沃尔充分考虑到发展中国家的外汇短缺、必需品进口的刚性、资源闲置的存在等特点，从而使该模型对发展中国家储备需求的研究比较全面、深刻和切合实际，并且该模型发展和强调了适度储备的预期性，从而较好地解决了国际收支与储备需求决定的同时性问题。

到了20世纪60年代后半期，经济学家开始利用经济计量技术对影响一国储备需求的各种因素进行多元回归与相关分析，构造储备需求函数，研究中首次针对发展中国家和发达国家不同的国情，对各自的储备需求函数分别进行了分析，确定一国储备的适度规模。代表人物有：弗兰德斯（M. J. Flanders）、弗兰克尔和埃尤哈（M. A. Iyoha）。回归分析法的出现，促使外汇储备适度规模问题的研究从传统的静态分析步入动态分析，此外，这种方法不仅可以全面考虑影响储备变动的各种因素与储备规模之间的关系，而且可以显示各因素在储备决定过程中所起的作用及其大小。进入20世纪80年代，由于管理浮动汇率制的建立，国际金融界开始引入汇率因素对储备需求进行研究。然而，大多数发展中国家在布雷顿森林体系崩溃后，仍实行钉住汇率制，汇率变动对其储备需求的研究意义不大。以上论述的是国外对外汇储备适度规模的定量分析方法。

（三）20世纪70年代对外汇规模适度性问题研究的进展

20世纪70年代早期，货币主义学派布朗（W. M. Brown）和约翰逊等经济学家提出从货币供应量的角度来分析外汇储备适度问题。布朗提出储备与国际收支差额的比例分析法，他认为一国国际储备需求量与其国际收支差额及其变动幅度密切相关，因此用全部的对外贸易总差额作为比率的分母，顺应了储备弥补国际收支逆差这一点，因而具有一定的优越性；已故的原芝加哥大学约翰逊教授主张采用国际储备与国内货币供给量或对外流动性负债之间的比例来反映储备的适度规模。他认为："国际收支主要是一种货币现象，国际收支差额意味着官方储备的增减，它等于本国货币需求减本国所创造的货币。国际收支逆差是由于国内货币供给过多引起的，顺差是由于货币需求过度造成的。"

20 世纪 70 年代中期，卡包尔（R. J. Carbaugh）和范（C. D. Fan）等经济学家在《国际货币体系》一书中提出："要确定国际储备的需要量应进行定性分析，包括国际收支调节机制的效力及政府采取调节措施的谨慎态度等。"钱德勒和哥尔特菲尔特在其著作《货币银行学》中提出："在确定储备量时，考虑所依赖的国际清偿能力的来源及稳定程度、所持资产的形式及比例等。"日本酒井健三也指出，一国的外汇储备持有量在相当程度上为其国际收支动向、国内经济状况和提供国内信贷的机构所左右，尽管定性分析方法考虑的因素较为全面且切合实际，但许多因素难以量化，无法得到一个令人信服的结论，因此对决策的参考价值不大。

（四）20 世纪 80 年代外债规模与储备存量关系的研究

20 世纪 80 年代中期兴起了一种理论观点：外债规模与储备存量之间的比例关系。此观点认为："外债规模与储备之间应保持一定的正比例关系，即一国应把外汇储备维持在其外债总额的 40% 左右。"很显然，这一方法与特里芬方法有着类似的局限性。另外，20 世纪 80 年代中后期兴起了"综合考虑进口支付、外债还本付息和外商直接投资资金回流因素的比率方法"，许多中国学者运用这一方法研究了中国外汇储备的适度规模问题。尽管这一方法非常简捷，但仍然无法得出最适度规模，因为上述三个方面只是外汇储备最基本的需求渠道，并未考虑外汇储备的其他功能，且比例的设定也较为主观。

二、外汇储备结构管理问题研究的演进

（一）外汇储备结构管理问题的提出

外汇储备结构的最优化管理，不仅是一个适度规模的问题，而且还涉及结构管理问题。自布雷顿森林体系解体后，国际储备货币出现了多元化的趋势，单一的储备货币结构转变为多元储备货币结构。

储备资产从单一的美元转变为以美元为主，其他强势货币如马克、日元、英镑、法郎等多种储备货币同时并存的局面。一方面，在浮动汇率制下，一国的外汇储备要面临汇率风险。如果在一国的外汇储备中，软通货所占的比例过高，当储备货币贬值时，该国储备资产的价值就会变小。另一方面，持有不同储备货币国家的经济发展水平不一致，利率高低不一，持有储备的收益率因储备货币的不同而不同，可见，储备货币的选择会影响储备资产的增值能力。此外，各国贸易和资本流动方向的不同，也需要相应的储备货币结构来匹配。因此，外汇储备资产的结构管理是外汇储备最优化管理的重要内容之一，其主要内容包括对储备货币币种的选择、每种储备货币在整个储备资产中所占

权重的确定以及储备资产的具体形式的安排等。

外汇储备结构管理是随着国际货币体系的演变而不断发展，并逐步成为当前外汇储备管理中的重要内容。

（二）国际储备体系的历史沿革

国际储备体系是关于充当国际储备的资产组成以及各种资产在国际储备中配置的一种制度，它与国际货币体系有着密切的联系。国际储备体系是随着资本主义各国商品经济和国际贸易的发展而产生的，并随着资本主义商品经济的不断发展和国际货币体系的变化而变化。迄今为止，共经历了四个发展阶段：

1. 黄金—英镑储备体系的形成时期。在资本主义发展初期，国际贸易中采用的主要流通手段和支付手段是黄金，因而黄金成为国际储备的最初形式。但是，随着国际贸易的不断增长，黄金的生产已赶不上贸易发展的需要。由于英国在当时的世界工业和金融业中处于统治地位，英镑成为国际间最广泛使用的货币，在国际结算中，英镑和以英镑表示的票据成为国际间的流通手段和支付手段，从而英镑和黄金共同充当国际储备体系的中心货币，形成了黄金—英镑储备体系。这一体系从 19 世纪中叶开始一直维持到第一次世界大战前夕。

2. 英镑—美元—黄金储备体系的形成时期。第一次世界大战后，由于美国的经济力量不断上升和英国的经济实力相对下降，国际结算中美元的使用不断增多，成为仅次于英镑的另一种国际流通手段和支付手段，从而形成了英镑—美元—黄金储备体系。但是，其中英镑和美元的地位呈现出此消彼长的趋势。英镑—美元—黄金储备体系一直维持到 20 世纪 30 年代的经济大萧条时期。

3. 美元—黄金储备体系的形成时期。第二次世界大战结束后，由于英国经济在战争中遭到了严重破坏，因此，其国际收支日益恶化，英镑的国际地位也随之不断下降。而美国则一跃成为世界最大的债权国和黄金储备国，美元的国际地位不断上升，其作为国际储备货币的地位已经超过英镑，而布雷顿森林国际货币体系的建立，终于使美元成为新的国际货币体系的中心货币和最主要的国际储备货币，几乎占据了当时世界外汇储备的全部份额，从而形成了美元—黄金储备体系。

由于第二次世界大战后国际贸易和国际投资的迅速发展，当时黄金储备的供应已远远不能满足国际流通和国际结算的需要，因而在国际储备中黄金的比重和地位不断下降，美元的地位则不断上升。美元—黄金储备体系一直持续到 20 世纪 60 年代末期。

4. 多种货币储备体系的形成时期。20 世纪 60 年代末期以后，美国的经济实力不断下降，国际收支状况不断恶化，黄金储备和国内资金大量外流，美元危机频频发生，极大地损害了美元的国际信誉，从而使美元在国际储备体系中的地位受到了严重的削弱。而布雷顿森林体系的崩溃和浮动汇率制的采用，进一步加剧了美元汇率的波动，增加了持有美元的风险。

与此同时，随着原联邦德国、日本等国经济的迅速发展，其经济实力不断上升，国际收支持续顺差，国内黄金储备不断增加，从而使其货币在国际上的信誉和地位不断提高。为了避免美元汇率动荡造成外汇储备资产损失，一些国家开始调整其外汇储备的货币构成，更多地持有德国马克、瑞士法郎、日元、法国法郎、荷兰盾而减少美元的持有量，从而使这些货币进入国际储备货币之列。再加上国际货币基金组织在 1976 年决定将 1970 年发行的特别提款权作为主要的储备资产并实行黄金"非货币化"，结果形成了今天的包括黄金、外汇、特别提款权及欧元在内的多元化国际储备体系。

（三）外汇储备结构管理研究的演进

20 世纪 70 年代初期以前，在实行美元—黄金储备体系的布雷顿森林体系下，世界外汇储备基本上都是美元，各国货币同美元保持固定的比价，美元又与黄金保持固定的比价。因此，储备的结构管理主要在于处理美元储备与黄金储备的关系上。储备资产币种管理的任务也就没有成为国际金融管理的一个组成部分。

随着布雷顿森林体系的解体和现行多元化储备体系的形成，在外汇储备方面出现了储备货币从单一的美元转变为美元、马克、日元、英镑、法国法郎等多种储备货币同时并存的局面。在牙买加体系下，单一的固定汇率制度转变为多种的管理浮动汇率制度。各主要储备货币的汇率频繁变动，同时不同的储备货币国家的利率水平也高低不等，时常变化；再加上不同的储备货币国还会出现通货膨胀率的不一致。这些都造成以持有不同货币储备资产收益的差异和不确定性。汇率的下浮或通货膨胀率的上升，都会降低一种储备资产的价值，导致损失。同时，国际金融市场不断完善，各种新的金融工具和投资工具层出不穷，银行国际经营的风险也随国际债务问题和信用膨胀的产生而不断增加。趋利避害是人类社会的本能。各国金融当局被迫注意货币汇率的变动，研究不同国家汇率、利率、通货膨胀率的变动状况，在此基础上采取相应的措施，合理搭配储备币种和资产的构成，以避免本国储备资产的损失，这就使得外汇储备的机构管理变得越来越重要。

在 20 世纪金融理论的发展史上，50 年代是一个重要的分水岭。一般认为，现代金融理论起始于 50 年代初马柯维茨提出的投资组合理论。1975—1979 年，美元利率虽然独居高位，但仍不能抵偿汇率下跌的损失，所以，其实际收益就成了负数。在这种情况下，各国中央银行为了避免损失，便将储备货币由美元逐步转向日元和一些欧洲国家的货币。这就是所谓的"脱离美元"现象。据此，国际金融学术界普遍认为，储备货币多元化是各国中央银行根据资产选择理论，把证券管理的原则应用到外汇储备管理中去的结果。随着布雷顿森林体系的解体和现行多元化储备体系的形成，在外汇储备方面出现了储备货币从单一的美元转变为美元、马克、日元、英镑、法郎等多种储备货币同时并存的局面。在牙买加体系下，单一的固定汇率制度转变为多种的管理浮动汇率制度。

三、国际储备理论的最新研究

（一）国际储备的需求决定论

从整个世界来看，国际储备数量的大小及其变动对世界经济具有相当重要的影响，因此，探讨国际储备量的决定历来是国际金融学界的热点。在 20 世纪 70 年代以前，国际学术界占主流地位的观点是国际储备量是由需求决定的。例如，罗伯特·阿利波（Robert Z. Aliber，1969）认为，国际储备是由需求决定的主要依据是不对称理论，布雷顿森林体系实际上是一种美元本位制度。由于美元成为世界主要的储备货币，美元与黄金直接挂钩，因此美国不能利用汇率来调节本国的国际收支，以致其国际收支差额主要取决于其他国家的证券组合决策和国际储备积累的愿望。所以，其他各国就可以通过国际收支顺差积累国际储备。只有在这种情况下，储备货币发行国才可能通过更多的对外负债来弥补自己的国际收支逆差，国际储备供应也由此增加。即使美国单方面通过国际收支逆差向其他国家供应超量的国际储备，但若各国的中央银行并无增加国际储备的需求，那么它们在面临外汇市场上的美元供应过剩时，完全可以不买进美元，听任其本币对美元的汇率上升。根据这一观点，美元储备的增加显然反映了世界各国对国际储备的真实需求。阿利波还利用实证方法验证了自己的观点。亨利·约翰逊、查尔斯·金德尔伯格和罗纳德·麦金农等人也持相同的观点。

另外，海伦·罗伯特（1966）研究了最优国际储备的问题，罗伯特和卡汉（1978）研究了浮动汇率制度和固定汇率制度下的国际储备需求问题。爱德华兹（1984）利用一些发展中国家的数据从货币均衡的角度研究了国际储备需求问题。爱兹曼和马林（Aizenman，J. and N. P. Marion，2002）关注了远东地区高额国际储备的问题，对这一现象给予了经济学理论解释，并将其理论模型扩展到了对广大发展中国家国际储备持有情况的分析中。

一国贸易收支的逆差会加强对该国国际储备需求上限的制约。从统计数字来看，发展中国家的贸易收支在第二次世界大战以后的一个长时期里始终处于巨额逆差的境地，发展中国家的国际储备需求也会因此而受到较强的上限制约。这一推断不仅在逻辑上完全得以成立，而且也得到了大量实证研究的验证，包括对典型国家的贸易收支变动进行回归分析的实证研究，毫无例外地表明，贸易收支差额对国际储备需求确实具有极为重要的影响。其中尤以米尔顿·埃沃哈（Milton A. Iyoha）的研究最有代表性，埃沃哈曾建立了一个国际储备需求模型，以专门研究发展中国家的情形。这项研究结果表明，发展中国家的国际储备需求与预期的出口收入变动额表现了相当密切的正相关关系。

（二）国际储备的机会成本研究

持有一定量的国际储备虽然能促进一国的国际收支平衡，但同时也须付出相应的成本或代价。这种成本或代价便成为国际储备需求的一个最基本的制约因素，其中一个比较突出的因素就是持有国际储备所形成的机会成本。

国际储备虽然是一个货币变量，但它毕竟代表了一定量的实际资源。因此，若撇开通货膨胀因素，国际储备量的变动同时也代表了相应实物量的变动。这意味着一国在保留国际储备的同时也就放弃了利用实际资源的权利，所保留的国际储备量越大，闲置的实际资源也越多。在国际金本位制崩溃以后，全球的国际储备形成了复合结构，不仅包括黄金，还包括国际储备货币。与此相对应的是，国际储备也越来越多地采取了能够生息的金融资产的形式。对于这种生息资产形式的国际储备，在计算其机会成本时就必须扣除其利息收益。所以，一国持有国际储备的机会成本应该等于该国的边际投资收益率与国际储备资产利率之差，即

$$Cr = R - i$$

式中，Cr 表示持有国际储备的机会成本；R 表示边际投资收益率；i 表示国际储备资产的利率。

以持有国际储备造成的资源闲置作为机会成本已得到了国际学术界的普遍认同。但就笔者看来，这还只是静态分析的结果，所以称其为静态机会成本。从动态角度看，资源的投入还会形成产出，而且，在投资乘数的作用下，这种投入可使最终产出成倍地增长，使之远远超过初始的投入量。对于以资金形态表现的国际储备量所损失的那部分最终产出，称之为动态机会成本。

（三）汇率制度与国际储备

布雷顿森林体系崩溃以后，虽然西方各国对外汇的安排由固定汇率制度改为浮动汇率制度，但国际储备持有量似乎并无明显下降。需要指出的是，始于 20 世纪 70 年代的浮动汇率制度实质上是一种管理浮动汇率制度，在这种制度下，西方各国货币当局的国际储备需求便取决于其外汇干预的程度。从理论上说，如果在管理浮动汇率制度下，外汇供求变动大于固定汇率制度下的外汇供求变动，那么，货币当局为了稳定汇率就必须加强外汇干预，由此形成了更大的国际储备需求。70 年代以后，由于世界经济出现了历史上罕见的动荡局势，各国对外汇的干预程度较之以往恐怕是有过之而无不及，即使是汇率较有弹性的发达国家，如德国、日本、英国、意大利、法国、比利时、美国、加拿大也经常采取大规模的外汇市场干预行动，以影响汇率的走势。可见，在浮动汇率制条件下，汇率日常波动频率的提高和幅度的加大，导致各国加强外汇市场干预，这正是全球的国际储备需求持续不减的原因。

不过，现行的管理浮动汇率制度与固定汇率制度相比并没有使国际储备需求明显下降的结论是以粗略的对比分析为基础的。如果我们进行较为细致、深入的研究，这一结论也许应该加以修正。为此，一些西方学者已经提供了新的研究成果。

爱德华兹（1983）基于欠发达国家的实证数据研究了国际储备需求与汇率调整的关系问题；艾斯特·萨斯（Esther C. Suss, 1976）曾用三种不同的方法对 14 个发达国家在 1968 年至 1972 年和 1973 年 3 月至 1975 年 6 月期间的国际储备使用情况进行了比较。萨斯发现，根据这三种方法进行分析的结果表明，在实行浮动汇率制期间，有 7 个国家国际储备的使用有明显的下降，而国际储备的使用明显增加的国家只有 3 个。至于其他国家的情况因计算方法而异，所以无法确定。因此，总的来说，在实行浮动汇率制期间，国际储备的使用有所下降。

罗伯特·海勒（H. Robert Heller）和莫辛·卡恩的实证研究也进一步论证了这一结论。他们建立了一个与一定时期相对应的国际储备需求函数，并用实际数据加以检验，以便把与汇率制度无关的，但能影响国际储备需求的因素分离出来。检验的结果是，发达国家的国际储备需求函数出现了下移，这表明在实行浮动汇率制度以后，国际储备需求确实下降了。他们还发现，与之相反的是，非石油发展中国家的国际储备需求出现了明显的上升。

为了验证在多种货币储备体系的条件下，不同储备货币之间的大规模转换对汇率的影响，弗莱德·伯格斯坦（C. Fred Bergsten）和约翰·威廉姆森对 7 种主要储备货币相互间的转换分别进行了实证研究，结果相当有力地表明，储备货币的转换在总体上会导致汇率的波动。在他们研究的 14 个案例中，只有 4 个案例中的汇率没有受到明显的影响。

（四）国际储备与金融风险的研究

近年来，由于世界经济的全球化、资本流动的加快、自由化，国际金融市场出现了一系列新的现象，金融危机频繁爆发。在许多国家发生货币危机的过程中，一个普遍的情况就是外汇储备出现了剧烈波动，因此，危机发生国外汇储备结构、数量等特征与货币危机的关系引起了经济学家们的极大关注。2004 年 7 月爱兹曼、李和拉赫（Joshua Aizenman, Yeonho Lee and Yeongseop Rhee）在《在一个易变的世界中国际储备管理和资本流动：政策考虑和韩国案例》一文中，研究了如何通过国际储备的早期预警来减少由于反向短期资本流动而引致的出口减少的严重损失。这篇文章研究了 1997—1998 年韩国危机中外汇储备的变化情况，来寻找早期预警的主要信号变量。因为这场危机导致韩国国际储备的结构发生了巨大变化。

爱兹曼和马林（2004）研究了国际储备持有和严重的风险和税收集中的问题；巴萨特和高特里伯（Ben – Bassat A. and D. Gottlieb, 1992）研究了最优国际储备与风险的问题；弗鲁德和马林（Flood R. and N. P. Marion, 2002）研究了资本高速流动年代的国际储备持有问题；美联储主席格林斯潘（1999）论述了货币储备和债务的问题；凯斯特（Anne Y. Kester, 2000）提出了改进国际储备报告的制度框架，为国际货币基金组织及时、准确掌握成员国的国际储备情况提供了很好的建议。菲舍尔（Stanley Fischer, 2001）指出：足额和良好管理的国际储备是防止危机发生的关键。

第二节 20 世纪国际储备理论简述

随着国际贸易、资本往来的迅速发展和全球经济一体化步伐的加快，全球外汇储备的总规模不断扩大，其在国际经济交往中的作用也日渐重要。自 20 世纪 60 年代以来，经济学家就已经十分重视对外汇储备的研究工作，研究的焦点主要集中在两个方面：（1）外汇储备的适度规模问题；（2）储备资产的结构和经营问题。有关外汇储备的适度规模及其测度方法，已经形成了多种理论，本节将对其进行简要的介绍。

一、国际储备规模理论

（一）比例分析法

决定适度储备量的比例分析法是采用储备与其他一些经济变量的比例水平来衡量储备适度性的一种常规方法，经常使用的比例关系有储备与进口（R/M）、储备与国民生产总值（R/GNP）以及储备与外债（R/D）的比例关系，其中储备与进口的比例关系最流行。R/M 最早是由美国著名经济学家特里芬所倡导的，这种方法是他在对 1950 — 1957 年 12 个主要国家的储备变动情况进行实证研究后于 1960 年在《黄金和美元危机》

一书中提出来的。

特里芬认为，储备的测度方法与适度性标准不可能用一个精确的公式来表示，应该因不同的国家、不同的时间和不同的发展阶段而异。除此之外，评价一国一段时期的储备适度性水平还需要考虑其他多种因素，但考虑到数据的可得性和计算的简便性，需要选择一种合适的方法。他提出，储备与年进口的比率就是这样一种合适的方法。其理由是：（1）R/M（储备/年进口额）提供了各成员国在这方面的计算数据；（2）该比率是用第二次世界大战后有关这方面讨论的最流行的方法测算出来的，并且已经被各国普遍接受和采用。特里芬把国际贸易中的进口作为唯一的变量来衡量储备的适度性，他认为进口能提供一种有用的尺度，既可在国际间对持有储备的适度性进行比较，同时也可以观察储备适度性随时间变化而发生的变化。如果随着时间的变化，R/M 比率下降，则说明储备的充足水平降低，这一水平就是非适度的。

特里芬根据实证研究得出的结论是，一国的储备与进口的比例一般以 40% 为适度，低于 30% 就需采取调节措施，最低不能小于 20%。按全年储备额与进口的比率计算，约 25%，即一国的储备量应以满足 3 个月的进口为宜。这种储备适度性决定理论的最大优点是简单易行，它直截了当地提出了一个明确的储备量指标，因此被普遍接受并广泛运用于实践。

特里芬认为："反映在 R/M 比率中的各国具体条件和政策差别，不能作为评价在货币自由兑换下作为一个整体的世界储备的充足性的依据。"因此，在具体实践中，R/M 比率只能作为一种参考，不能完全依靠这种测算作为确定一国适度储备水平的依据，必须再寻求其他的定量分析方法进行测算。

除 R/M 比率之外，储备与国民生产总值（R/GNP）、储备与外债（R/D）的比率也被用来作为判断一国储备适度性的标准。R/GNP 比率是以实现国内均衡为出发点的，倡导 R/GNP 比率的人认为，在开放经济条件下，一国的经济规模越大，发展速度越快，对国际市场的依赖程度也就越大，因此需要更多的外汇储备作为后盾；反之，需要的外汇储备量就越小。R/D 比率是从一国对所承担的外债还本付息对储备的需求这一角度来考虑问题的，重点放在对外清偿能力和资信方面。这些比率的提出，对 R/M 比率起到了一定的补充作用。

（二）成本收益法

西方经济学认为，要实现最大的经济福利，必须使这一经济行为的边际成本等于所获得的边际收益，从而达到利润最大化的一种最适度状态。自 20 世纪 60 年代以来，这种成本收益法被一些经济学家用来研究外汇储备的适度规模问题。倡导这种方法的学者认为，外汇储备是一种对实际资源的要求权，持有外汇储备就意味着要放弃或牺牲一部分国内投资和消费的权利。如果持有储备导致的收入损失越大，对储备的需求就越小，因此一国对储备的需求是持有储备的机会成本的减函数。福利最大化的条件是边际成本等于边际收益，确定最佳储备量水平也可以运用这一理论。在这里，持有储备的成本不是指储备货币的生产费用或保管费用，而是指牺牲运用其他真实资源的机会成本，其边际机会成本呈递增性。根据成本收益法，确定一国最佳储备量的条件可表示如下：

$$dC/dR = dB/dR \tag{8.1}$$

式中，C 为持有储备的机会成本；B 为持有储备产生的收益；R 表示持有的储备量。

运用成本收益法探讨储备需求并将其模型化、具体化的经济学家，主要有海勒（H. R. Heller）和阿科沃尔（J. P. Agarwala）。

1. 海勒模型。海勒是最早运用成本收益法分析储备需求的经济学家，他用边际进口倾向的倒数（$1/m$）和储备消耗概率（π）的乘积来反映储备的边际收益。因为 $1/m$ 实际上反映的是放弃持有储备、被迫停止进口所造成的国民收入损失，同时也可被看成是持有储备时的收益。也就是说，如果持有该储备时就能满足进口需要，就不会由于被迫停止进口给国民收入带来损失。对于持有储备的边际机会成本，海勒是用资本的社会收益率与持有储备本身的收益率之差（r）来表示的。因此，根据上式有

$$r = \pi/m \tag{8.2}$$

海勒假定国际收支失衡时，一国储备的平均变动额为 H，且顺差和逆差的概率相等，同为 0.5。如果一国国际收支在时间 t 内连续发生逆差，则 $\pi = 0.5$，两边取对数，解得 $t = \lg\pi/\lg 0.5$，即 $t = \lg (rm) /\lg 0.5$。因此，融通 t 时间内出现国际收支逆差时的储备需求量应等于：

$$R_{opt} = Ht = H\lg(rm)/\lg 0.5 \tag{8.3}$$

海勒曾用这一模型对大多数国家和地区的储备状况进行过测算和检验，用实际持有的储备量（R）和计算出来的最优储备量（R_{opt}）的比值来判断该国储备水平是否处于最佳状态。显然，如果 $R/R_{opt} = 1$，则处于最优状态；如果 $R/R_{opt} < 1$，则说明储备不充足；如果 $R/R_{opt} > 1$，说明储备过量。海勒通过实证研究表明，该模型的结果与当时的实际情况是比较符合的。

2. 阿科沃尔模型。阿科沃尔模型是在海勒模型的基础上，克服海勒模型的某些不足，充分考虑到发展中国家和发达国家在制度和结构方面的差别，主要为发展中国家建立起来的一个储备决定模型。对于发展中国家而言，必须面对的现实是人口多、经济落后、国民收入水平低，普遍面临尽快发展经济的需要。因此，发展中国家不应该持有过多的外汇储备，判断其应持有的储备量适度的标准是，在充分有效地利用有限资金的同时，又能保证缓解国际收支逆差，避免经济大幅度波动和紧缩。

按照阿科沃尔确定储备需求的标准，发展中国家的储备持有量，必须能使其在既定的固定汇率上缓解其在计划期内发生的预料之外的国际收支逆差，同时使该国持有储备的成本与收益相等。至于如何确定持有储备的机会成本和收益，阿科沃尔认为，用储备货币进口通过必需的投入后能够生产出来的那部分国内产品就是持有储备的机会成本。对于持有储备的收益，阿科沃尔是用一国在发生短暂的、意外的国际收支逆差时因持有储备而避免不必要的调节所节省的国内总产出来表示的。因为如果没有储备，在发生国际收支逆差时，政府就会对进口实行直接限制或实行外汇管制政策，减少进口，从而改善国际收支状况。相反，如果该国有充足的储备来弥补逆差，那么就不必压缩会影响生产能力的进口，也就不至于导致收入的成倍缩减。所以，该模型假定：（1）由于进出口弹性较小，该国易出现外汇短缺现象；（2）该国国内存在着因缺乏必需的进口品而得不

到利用的大量闲置资源；（3）在无力缓解国际收支逆差时，该国经常通过行政方式对进口直接管制；（4）该国在国际资本市场上的融资能力有限。

基于以上假定，阿科沃尔建立了如下的最优储备规模决定模型：

$$R_{opt} = \frac{D}{\lg\pi}(\lg m + \lg q_2 - \lg q_1) \tag{8.4}$$

式中，D 是国际收支逆差额；π 为逆差出现的概率；m 是该国单位资本的产出效率，即资本产出比率的倒数；q_1 是该国追加资本中的进口比重；q_2 是进口资本品占该国总产出的比重。

基于成本收益法探讨最优储备量决定问题的上述两个模型，为外汇储备适度规模的计量研究开辟了新的途径，对推动外汇储备适度规模理论的发展起到了积极的作用。

（三）回归分析法

20 世纪 60 年代后期，西方的一些经济学家广泛使用回归方法，对影响一国适度储备量的诸多因素进行回归分析，建立关于适度储备量的经济计量模型。相对于比例分析法，回归分析法对于适度储备量的衡量更加数量化和精确化，同时考虑了影响储备量的诸多因素，引进了诸多独立的经济变量，从而对适度储备量的分析更加全面，并且不再局限于传统的静态分析，将适度储备量的分析动态化。

英国学者弗兰克尔建立的双对数模型是

$$\ln R = \alpha_0 + \alpha_1 \ln m + \alpha_2 \ln\delta + \alpha_3 \ln M + \mu \tag{8.5}$$

式中，R 是外汇储备量；m 是平均进口倾向；δ 是国际收支的变动率；M 是进口水平；α_1、α_2 和 α_3 分别是外汇储备量对 m、δ、M 的弹性；μ 是随机扰动因素。

弗兰克尔通过对该模型的参数估计和检验，较好地研究了一国国际收支变动、进口水平和平均进口倾向等因素对其储备水平的影响，并且验证了发达国家与发展中国家储备水平的差异性。

（四）"衣柜效应"分析法

国际储备需求决定的"衣柜效应"是国际经济学家马科卢普（Fritz Machlup）在研究储备需求问题时提出来的一种理论。这种理论通俗地把一国货币当局对国际储备的需求比做夫人对其衣柜中时装的需求，结论当然是多多益善。马科卢普认为："任何货币当局都本能地希望其持有的国际储备年复一年地增长，因此某一时期的国际储备需求不过是前一时期国际储备需求的函数，前者等于后者加上一个增量"，即

$$R_t = R_{t-1} + \Delta R$$

按照马科卢普的说法，一国的储备需求似乎是一个递增的独立变量，并且不存在各国通用的标准。具体地说，对一国持有何种水平的储备量的讨论，类似于讨论某夫人应该拥有多少衣服，没有客观的依据，主要取决于当事者的主观欲望，而在条件许可的情况下，夫人对衣服的欲望肯定是越多越好。当然，某夫人在决定衣服件数时还是要受到她本人的经历、虚荣心及丈夫的收入等条件制约的，而一国货币当局决定储备量时则会受到传统、政治上的需要以及决策思想等的制约。

（五）定性分析法

定性分析法的基本观点是：储备的短缺或过剩会直接影响到某些关键的经济变量，

如影响到国内货币供应量，或间接地鼓励实行某些个别政策，因此通过考察所实行的政策和某些关键的经济变量的活动，就可得出储备水平是否适度的结论。

定性分析法通常把影响外汇储备需求量的因素归纳为以下六个方面：（1）储备资产的质量；（2）各国经济政策的合作态度；（3）国际收支调节机制的效力；（4）政府采取调节措施的谨慎态度；（5）清偿债务的资金来源及稳定程度；（6）国际收支的动向及其经济状况等。具体来说，一方面，实施紧缩性需求管理、外汇管制、进口配额、非关税壁垒和出口补贴等政策，并同时面临高失业率、高利率和汇率上升等问题，这些因素结合起来，反映出储备的不足。另一方面，如果实施扩张性需求管理、进口自由化、出口税、资本输入管制等政策，并同时面临通货膨胀、低利率和汇率下降等问题，这些因素结合起来，则反映的是储备过多的状况。

定性分析法主张从宏观经济政策和经济变量的状况来判断储备规模是否适度，为如何更为合理地界定一国应该持有的外汇储备水平提供了十分有益的思路。

（六）基于效用最大化的最优储备规模分析

基于效用最大化的最优储备规模的理论框架是，首先设定一个社会福利函数，将外汇储备数量作为其中的一个自变量出现在函数中。在各个有关的制约条件下，求解该社会福利函数的最大值，从而解决外汇储备在什么规模下能够让社会福利函数所代表的效用实现最大化这一问题。

克拉克（Clark）和肯尼（Keny）1970年在研究国际储备规模理论的过程中，首先设立了一个社会福利函数，将外汇储备规模作为该函数的一个自变量。这里的社会福利函数设定成收入的增函数、收入波动性的减函数，而收入和收入波动性又同外汇储备规模及其变动的随机性之间有关联。一般来说，政府的外汇储备规模越大，预期收入的波动幅度就越低。当一国的国际收支失衡的时候，政府通过动用外汇储备来调节失衡的做法可以有效地减少国际收支失衡对于实体经济的影响，降低收入的波动率。另一方面，如果政府持有较高水平的外汇储备，则意味着政府就必须担负较高的机会成本，而这会降低一国的收入。因此，这一理论所关注的重点，就是如何在收入波动性的减弱与持有储备的机会成本这样一个两相抉择中，找到能够使社会福利最大化的最优外汇储备规模。

在克拉克和肯尼提出效用最大化的最优储备规模理论后，［Jeanne 和 Rancière（2008）］发展了这一理论，提出基于效用最大化的跨时均衡最优化模型。该模型认为，将央行的目标直接定为社会福利水平的最大化，同时以边际收益等于边际成本作为约束条件更加具有现实意义。他们假设在一个小型、开放的经济体内，消费者会把其财富在不同时期和不同资产之间进行配置，目的是为了追求个人效用的最大化。一国的最优外汇储备水平要受到很多方面的影响，例如危机对一国经济的冲击，一国应对危机能力的强弱，消费者对风险的偏好，持有外汇的机会成本等等。这一模型同之前的理论的不同点主要是，在该模型中，政府面临着一个不同于之前的两难抉择，即选择是持有储备的同时支付机会成本，还是在危机来临时承受冲击。

另外，在基于效用最大化的跨时均衡最优化模型中，把危机可能导致的损失纳入损失函数，并没有过多分析这一损失与外汇储备枯竭之间的关系，在理论模型中还包含了另外几种情况，例如危机被避免、危机造成的冲击被减弱等。该模型还说明最优国际储备水平可以用储备对 GDP 的比率来表述。但是，该模型仅仅分析了资本流动骤停与最优外汇储备数量的关系，资本流动骤停虽然是威胁新兴国家经济发展的一个重要因素，但威胁新兴国家经济发展的不仅限于资本流动骤停这一个因素，事实上，一国的国际储备枯竭是由外部和内部两方面的原因导致的。在解释这个问题上，巴尼琼（Barnichon）做了进一步的发展，他的模型主要分析了中低收入国家的国际储备最优规模问题。该模型放宽了假设条件，允许一国受到除贸易条件恶化以外的其他外部冲击。此外，这个模型还针对储备对进口的比率给出了解释。

二、国际储备结构理论

（一）国际储备多元化理论

国际储备多元化理论是西方经济学界在 20 世纪 60 年代中后期提出的关于国际储备的理论。这一理论包括两个方面的内容，即国际储备资产的多元化和多种货币储备体系。

1. 国际储备多元化理论的提出。国际储备多元化理论的渊源可以追溯到 20 世纪 50 年代提出的"特里芬难题"。美国经济学家特里芬在 20 世纪 40 年代曾经提出，随着各国经济的持续发展及世界贸易的日益扩大，对国际储备资产的需要量越来越大。传统的储备资产——黄金的产量远远不能满足贸易对国际储备增长的需要，事实证明，黄金供应早已不能提供充足的国际清偿力，用外汇来替代黄金是国际储备发展的必由之路。1973 年美国宣布美元停止兑换黄金后，黄金非货币化成为世界主流，黄金价格自 1980 年上涨到历史最高点后一路下跌，越来越失去了昔日的光辉。1999 年一直重视黄金储备的英国英格兰银行两度抛售巨额黄金储备，再次向人们表明黄金彻底退出货币领域的日子很快就要来临。在各国对汇率的稳定性没有疑虑的情况下，通常选择在国际贸易与国际金融领域中扮演重要角色的国家的通货作为国际储备货币。主要货币充当国际储备虽然暂时解决了国际储备资产短缺的问题，但产生了储备资产稳定性的问题。

由于国际储备增加必须以储备货币发行国的对外货币输出即对外负债增加为条件，这就隐含着两个要求：第一，储备货币发行国的黄金储备必须随着国际储备的增加而等比例地增加；第二，必须允许储备货币发行国的国际收支因对外负债的增加而出现长期性的逆差。显然，第一个要求很难得到满足，全世界黄金产量的增长都满足不了国际储备需求的增加，更何况一个国家。至于第二个要求，在短期内可以得到满足，但如果一个国家长期持续地出现大量的国际收支逆差，势必对其货币的信誉产生不利的影响，结果导致该国货币与其他国家货币之间汇率的大幅度波动。在汇率丧失稳定性基础时，该国货币不再适合作为储备货币，各国转而选择汇率稳定的其他通货作为储备货币，而接下来充当新的储备货币的通货又会重复原储备货币的经历。一种货币无法在提供充分的国际储备与保持本国货币币值稳定之间两全其美，这就是所谓的"特里芬难题"。

"特里芬难题"客观地描述了某种特定的货币充当国际储备货币的困境，要走出这一困境，可行的方法就是实行储备货币多元化，从而保证国际储备能够满足世界贸易增长的需要，同时又能够减轻充当国际储备货币国家的贸易收支逆差压力，有助于增强这些货币币值的稳定性。

2. 国际储备多元化理论的基本内容。国际储备资产多元化，就是指通过增加国际储备资产的种类来增加国际储备资产的供给，从而解决单一货币充当储备货币容易出现的"特里芬难题"。

多种货币储备体系，就是由若干种货币充当国际储备资产的一种储备制度，以解决储备充足性与储备货币币值稳定性之间矛盾的又一种方法。既然90%以上的国际储备资产由货币资产提供，而单一的货币储备又会面临"特里芬难题"，为了增强对国际储备货币稳定性的制约，建立多种货币储备体系非常必要。

多种货币储备体系摆脱了对单一货币储备的过分依赖，即使当某种储备货币发行国的国际收支持续出现顺差时，该种货币供给的减少也可以立即由其他的国际储备货币来弥补，不会发生全球国际清偿力的短缺。此外，由于对外负债的分散化，原来由一个国家承担的因发行储备货币而引起的持续性的对外负债改由多个国家共同承担，该国国际收支逆差的程度得以减轻，降低了其通货被逐出国际货币储备体系的概率。但多种货币体系只能使储备货币发行国的负债分散化，而无法消除由于发行储备货币而导致的对外负债。

多种储备货币体系不仅增加了国际储备资产的总供给，缓和了原有国际储备资产供应与币值稳定之间的矛盾，也极大地增加了各国选择储备货币的余地，提高了平衡头寸的灵活性和进行国际支付的便利性。各国政府对储备货币多元化普遍持欢迎态度，因为这有助于提高各国独立实施货币政策的自由度，可以避免因采取强制性紧缩政策纠正国际收支不平衡而对本国经济产生的不利影响。

（二）国际储备资产组合理论

国际储备资产组合理论是把证券管理中的有价证券组合投资理论应用于国际储备管理的结果，是20世纪70年代末80年代初西方金融界提出的国际储备新理论。

1. 国际储备资产组合理论的提出。国际储备通常以金融资产的形式存在，在利率、汇率都浮动的情况下，国际储备的价值非常不稳定，具有较大的汇率风险和利率风险。在某一时期收益较大的储备资产，在另一时期可能收益很小，甚至出现负收益，不仅没有增值反而贬值。如果一国按照有关的总量理论确定了适度的储备规模，一旦受到利率风险或者汇率风险等的不利影响，国际储备资产的价值减少，储备规模就不能百分之百地保证对外经济活动所必需的支付。因此对已有的货币储备进行资产组合管理，是国际储备管理必不可少的一个环节。

根据有价证券组合投资理论，收益不断波动、收益情况无法确定的资产被称为风险资产，风险资产的测度指标有两个：一是平均收益率或预期收益率；二是收益均方差，即风险程度。把各种风险程度和收益率不同的资产适当地组合，进行组合投资，就会得到比投向单个风险资产收益更高而且风险更低的结果。

国际储备资产属于风险资产，可以针对各种储备资产的不同收益情况和风险程度，进行多样化的组合搭配，最终得到一个风险程度最低、收益率最高的投资组合。

2. 国际储备资产组合理论的主要内容。储备资产的投资组合决策是储备资产组合理论的主要组成部分，它包括两个方面的内容。

（1）按照风险和收益标准对储备资产进行分类。金融资产的风险指标通常可用资产的变现能力来表示，储备资产的变现能力越强，则其风险程度越低；反之则越高。按照变现能力的强弱，可以把储备资产分成三类：a. 一级储备，包括现金、活期存款、短期国库券及商业票据等。这类资产的流动性最好，但收益率最低。b. 二级储备，包括各种定期存单、大额存单及中期国库券等。这类资产的收益率高于一级储备资产，而变现能力低于一级储备资产。c. 三级储备，主要是指各种长期投资工具。这种资产的收益率最高，但变现能力最差。至于如何划分一、二、三级储备的比例，主要取决于一国的国际收支状况、进出口收付之间的时间差异。满足日常进口支付及当年还本付息所需的外汇，应该以一级储备的形式存在；与中长期出口信贷及长期债务相对应的外汇储备应该以二级或者三级储备形式存在。总之，国际储备资产安排时必须遵循流动性第一、安全性第二、收益性第三的原则。

（2）根据各类储备资产的风险和收益情况，进行组合投资。a. 期限组合。在资产的期限安排上，首先保证一级储备和二级储备所需的变现时间，只有在这两部分储备的规模确定后，才考虑将其余储备进行长期性投资。b. 风险组合。鉴于国际储备资产对一国对外经济活动的特殊保障作用，其承受风险的能力通常低于私人部门持有的外汇资产。许多国家都限制把国际储备投向有国家风险的政府债券和企业债券，往往选择那些信誉良好、政治稳定的政府债券和欧洲债券进行投资。c. 币种组合。尽管国际储备主要集中在美元、马克、日元三种货币上，而且汇率波动主要也表现为这三种货币之间的相互升值或者贬值，如果均等地持有这三种货币，从长期看它们之间的波动可以相互抵消，但是短期内一国外汇储备的来源可能集中于美元，而其对外支付所需的货币可能主要是日元，短期内日元对美元的升值就会使以美元为面值的一级储备资产受到不利影响。因此不能机械地按照三等分的原则在美元、日元、德国马克之间安排储备资产，应该根据本国外汇储备的来源以及短期内的支付需求安排币种结构，同时在合理预期的基础上根据货币之间的汇率波动，运用金融衍生工具调整币种结构，规避汇率风险和利率风险。

（三）国际储备体系重组理论

1. 国际储备体系重组问题的提出。在国际储备供应总量的调节和分配方面，西方学术界有一种流行的倾向就是重视前者，忽略后者。因此，大部分西方学者对现行国际储备体系的评价主要集中于国际储备在 20 世纪 60 年代的异常短缺和 70 年代的过度增长。在他们看来，国际储备体系的改革仅在于促使国际储备总量的适度增长。其实，现行国际储备体系的病灶不仅在于国际储备供应总量的盲目增减，更在于国际储备分配的强烈反差。虽然前者涉及世界经济的稳定发展，但后者决定着整个国际经济体系的生死存亡。

对发达国家来说，全球的国际储备量固然经历了短缺与过剩的两极徘徊，但国际储备分配的不对称导致了发展中国家在第二次世界大战后的整个时期里面临着国际储备的严重不足。由此形成的南北双方在国际货币金融领域的地位悬殊是造成当今世界经济经常动荡的一个不可忽视的重要原因。况且国际储备总量的平衡本身只有在各国的国际储备最优水平基础上才能真正实现，而单个国家国际储备最优水平的实现，则直接取决于国际储备的全球分配。在大部分发展中国家的国际储备水平大大低于最优水平的情况下，所谓国际储备供应总量的"过剩"，也只能是一种局部现象，而不是一般现象。这本身就是国际储备分配不均的结果。所以，通过国际储备体系的改革，以形成一个平等、合理的国际储备"供应—分配"机制，这在缓解发展中国家的双重制约及其最优水平的实现方面不仅比"内部途径"有更快的时效，而且是使国际储备体系体现不同国家集团的合法权益的必然过程。

2. 国际储备体系重组理论的主要内容。从历史演变的过程来看，目前的储备资产可分为两种：一种是传统的储备资产，即黄金和外汇；另一种是新创设的储备资产，主要是特别提款权。目前的"黄金—外汇"储备体系一开始就是从属于国际经济旧秩序的布雷顿森林体系的一部分。虽然它在第二次世界大战之后曾以所谓的稳定的高效率运转了20多年，但从本质上说它毕竟代表了发达国家的利益，是建立在南北不对称的基础上的。因此，这一体系早在20世纪60年代便已出现了一系列的重大故障，导致美元危机频繁爆发。70年代以后，虽然布雷顿森林体系最终崩溃，但旧的体系的基本运行结构尚未完全革除，"黄金—外汇"储备体系依然占据主导地位。

斯坎梅尔（W. M. Scammell，1975）以独特的视角表述了国际货币体系的要素组成：（1）用于清算两国间的债权债务往来和作为国际储备以满足对外支付需要的国际货币；（2）各国的银行体系、货币市场以及外汇市场等使得国际货币往来能够进行的制度安排；（3）国际货币通过有关国家的国际收支调节而进行分配的机制；（4）使国际货币安排得以实施控制和监督的机构。从斯坎梅尔这段表述中我们不难发现，其对国际货币即主要储备货币在国际货币体系中的突出地位的强调。在此基础上，我们可以进行这样的归纳：国际货币体系就是确定国际货币即主要储备货币及其供应、分配和使用的所有有关内容的组织安排。

研究发展中国家的国际储备需求的一条基本线索是比较发达国家与发展中国家各自的国际储备需求结构，从而探求发展中国家的国际储备需求的一些基本特点。在这一比较过程中，一些西方学者认为，决定发展中国家与发达国家各自国际储备需求的变量大致相同，因而两者之间在国际储备需求方面亦无实质性的差异，从而否认了发展中国家的国际储备需求有其自身的特点。持有这一观点的代表人物首推彼得·克拉克（Peter B. Clark，1970）。为了比较发展中国家与发达国家的国际储备需求函数的结构，克拉克特意设计了一个方程式。这个方程式通过边际进口倾向、以要素成本计算的人均国内总产值、按照贸易规模调整的影响国际收支的"实际因素"的标准差等变量来确定国际储备量与贸易规模的比率。克拉克根据以这一方程进行的实态研究认为，尽管发展中国家与发达国家各自的变量在数值甚至系数的符号方面并不一致，但两者的国际储备需求函数的结构颇为相似。这就是克拉克结构同一论。然而，由于运算的困难以及利率的变化会引起短期资本的流动，从而改变国际储备的供应，因此，克拉克在他的回归分析中舍弃了持有国际储备的机会成本，这就割裂了国际储备需求与利率变动的密切关系，并必然造成计算结果的失真。

（四）*Heller – Knight* 模型

1978 年，海勒（*Heller*）和奈特（*Knight*）在他们合著的文章《中央银行的储备货币偏好》中提出了关于国际储备结构新的理论模型。其核心思想是，一国的汇率和贸易收支结构是决定外汇储备结构的最为重要的因素。一国外汇储备的货币结构可以看做是对各种货币的需求的最终结果。中央银行干预汇率的动机在决定储备结构选择时具有重要意义。各国在决定储备结构时必须要保证储备资产的安全性，即储备资产组合的风险最小化。而目前很多国家实行有管理的浮动汇率制度，这就使得各国储备资产中的外币资产存在一定的汇率风险。对于采用浮动汇率制度，就需要根据进口权数、外债权数等近似替代有效性汇率指数来进行国际储备资产组合管理。这样做既能降低汇率风险，又能满足进口需求或者支付外债。而对于执行钉住一篮子货币的汇率政策的国家来说，则进一步地需要按照货币篮子中的货币币种分配持有额。

虽然汇率制度安排对国际储备结构有很大影响，但是各国央行在现实中并没有把全部储备资产转为钉住货币的币种，而是采取盯住货币的币种资产在国际储备中所占的比例比较高的分配方式。这主要是因为贸易收支结构同样对国际储备资产结构起到决定作用。当一国与其他国家的贸易进行结算时主要使用某种货币计价，或者主要与该种货币的发行国进行贸易往来时，该国就应该加大持有该种货币的比例。海勒和奈特建立了能够反映一国汇率制度和贸易收支结构的计量模型，得到了储备货币应占的比重。

（五）*Dooley* 模型

1989 年，杜利（*Dooley*）认为在决定国际储备币种结构时，交易成本这一因素的重要性要远远大于外汇资产风险和收益率。由于 *Heller – Knight* 模型没有考虑到外债对于储备结构的影响，而保证支付外债是国际储备的重要职能之一，因此杜利提出模型，认为在一国持有的外汇储备中，贸易流量、外债支付流量和汇率因素都会影响到外汇储备结构。该模型根据发展中国家和发达国家的不同特点，采用回归分析法对它们分别进行分析，建立了更具有现实意义的模型。

Dooley 模型的回归方程式如下：

$$\frac{A_{i,k,t}}{A_{i,t}} = \beta_0 + \sum_{\substack{v=1 \\ v \neq i}}^{5} \beta_{1,v} \left(\frac{TR_{i,v,t}}{TT_{i,t}} \right) + \sum_{\substack{v=1 \\ v \neq i}}^{5} \beta_{2,v} \left(\frac{D_{i,v,t}}{TT_{i,t}} \right) + \sum_{s=1}^{5} \beta_{3,s} E_{i,s,t} + U_{i,t} \qquad (8.6)$$

式中，$i = 1$，…，n，国家数；$k = 1$，…，5，储备货币国家数：美国、德国、日本、法国和英国；$s = 1$，…，5，汇率安排状况；$t = 1$，…，T，时期数；$A_{i,k,t}$ 表示在 t 期 i 国所拥有的储备中以 k 国货币持有的部分（年末数，以美元计）；$\overline{A_{i,t}}$ 表示在 t 期 i 国所持有的外汇储备总额（期末数，以美元计）；$TR_{i,v,t}$ 表示在 t 期的贸易总流量（i 国与储备货币国 v 之间的出口与进口之和）；$TT_{i,t}$ 表示在 t 期 i 国出口、进口和利息支付额之和；$E_{i,s,t}$ 表示在 t 期 i 国所采用的汇率安排（指钉住或自由浮动等）；$D_{i,v,t}$ 表示在 t 期 i 国以储备货币国的货币形式付出的偿债支付。

此回归方程的右边分为五大项，第一项为常数项，第二项反映了贸易流量对外汇储备币种分配的影响，第三项反映了外债支付对外汇储备币种分配的影响，第四项反映了汇率安排对外汇储备币种分配的影响，第五项为误差项。

上述理论表明，倘若发展中国家的国际储备需求受到的影响在广度和深度上与发达国家存在差异的话，那么，其他国际储备需求至少在量上仍然与发达国家会有很大的不同。但另一学者亚历山大·考夫卡（*Alexandre Kafka*，1968）对此不以为然。他在利用国际储备与进口的比率对发展中国家的国际储备需求进行分析时则更进一步地认为，发展中国家的国际储备需求在量上也与发达国家相一致，因而并无独特之处。

第三节　20世纪国际储备理论评述

一、主要国际储备理论的得失简评

（一）对比例分析法模型的评价

比例分析法的最大优点是简单易行，与此同时也存在一定的缺陷。

1. 比例分析法只是一个经验法则，缺乏理论依据。储备的重要作用在于作为"缓冲库存"以弥补一国的国际收支逆差，并不是为一国的进口交易提供融资。因此，以储备与进口交易总额的比例来衡量储备的充足性与储备的主要作用不相符。

2. 比例分析法只考虑了商品交易的对外支付需要，甚至没有考虑到全部的经常项目，更不用说资本项下以及外债还本付息的支付需要。这种方法在国际经济交往处于以商品贸易为主的阶段应该是合适的，但在经济已经全球化、国际资本自由流动、资本项下的往来远远大于经常项下交易的开放性国际经济环境下，其实用性就值得怀疑了。

3. 比例分析法表示储备需求与进口贸易额同步上升，即储备需求与进口交易额的弹性为1，从而忽视储备运用的"规模效益"。储备需求的"平方根规律"证明了储备需求与交易额的弹性为0.5。因此，利用 R/M 比例可能会在一定程度上高估储备需求。

4. 比例分析法仅仅考虑储备需求与进口额之间的关系，而不去分析出口额，即以资金的单向流动衡量国际储备，忽视国际收支中资金对流的实质。而且仅以贸易额衡量储备需求，实际上排斥了劳务支出、单方面转移支出、短期资本和长期资本流动等诸因素对国际收支和国际储备需求的影响。自从实行浮动汇率制度以来，西方发达国家国际储备的变动直接反映了干预外汇市场的结果，而与国际收支差额的相关关系并不明显。这样，这种比例法就不足以反映储备需求的全部内容。

5. 比例分析法把储备持有额和储备需求量等同起来，片面地认为过去的储备实际持有额就是必须持有的储备量。储备需求与进口额之间虽然存在一定的关系，但使用 R/M 比例缺乏严格的理论依据，并且采用静态分析法，无法克服其存在的片面性。

除 R/M 比率之外，储备对国民生产总值（R/GNP）、储备对外债总额（R/D）的比率也被用来作为判断一国储备适度性的标准。R/GNP 比率是以实现国内均衡为出发点的，倡导 R/GNP 比率的人认为，在开放经济条件下，一国的经济规模越大，发展速度越快，对国际市场的依赖程度也就越大，则需要更多的外汇储备作为后盾；反之，需要的外汇储备量就越小。R/D 比率是从一国对外所承担的外债还本付息对储备的需求这一角度来考虑的，重点放在对外清偿能力和资信方面。这些比率的提出，对 R/M 比率起到了一定的补充作用，但它们与 R/M 比率一样也存在着类似的片面性缺陷，很难独立运用。

（二）对成本收益分析法的评价

基于成本收益法探讨最优储备量的决定问题上的模型，为外汇储备适度规模的计量研究开辟了新的途径，对推动外汇储备适度规模理论的发展起到了积极的作用。该方法具有以下优点：

第一，模型中用概率形式预测未来国际收支逆差的发生，能更好地反映储备需求与国际收支之间的关系，也对储备需求分析中一直未曾解决的"同时性问题"有所触及。

第二，阿格沃尔模型充分考虑了发展中国家与发达国家之间经济结构和制度方面的差异，是专为发展中国家设立的适度储备模型。在模型中，他充分考虑了发展中国家的外汇短缺、必需品进口的刚性、闲置资源的存在等特点，从而使模型对发展中国家储备需求的研究比较全面、深刻和切合实际。

虽然成本收益法有一定的进步，但其也存在一定的缺陷。

海勒模型用资本的社会收益率与持有储备的收益率之差来表示持有储备的机会成本，由于测算资源的社会收益率比较困难，因此持有储备的机会成本的选择往往是由主观决定的。尽管阿格沃尔模型对海勒模型进行了修改和完善，使其适用于发展中国家，但它并未解决海勒模型的所有缺陷。例如，阿格沃尔模型忽视国际收支调节中储备融资与政策调节的可替代性；忽视多种调节政策的选择；忽视发展中国家在国际金融市场筹资以及资本流动对储备需求和国际收支的影响；忽视对储备资产收益的讨论等等。因此，该模型还有待进一步完善。

（三）对储备需求函数的评价

储备需求函数克服了比率分析法的局限性，对适度储备量的分析扩展到影响储备需求的多个因素，如国际收支变动率、进口倾向等，使得数量分析更加全面。并且通过相关分析对储备需求与影响储备需求的因素之间的关系进行了比较明确的描述。例如大多数储备需求函数表明：进口水平越高，受货物和实物因素干扰引起的国际收支水平变动越大，储备需求也较大，即储备需求与国际收支变动之间存在着正向关系。并且还依据凯恩斯主义的外贸乘数理论，得出储备需求与国际收支差额呈正向关系，储备需求与边际进口倾向呈反向关系。然而，弗伦克尔在1974年的储备需求函数检验中得出平均进口倾向与储备需求呈正向关系，可见进口倾向与储备需求的关系具有不确定性。但从精确度方面看，储备需求从粗略的推算转变为精确的定量。这使得对储备需求的分析从单纯的规范分析转变为规范与实证相结合，顺应了当时经济数理化的发展趋势。

有关发展中国家储备需求函数的实证分析对发展中国家储备需求的计量有一定的实际意义和借鉴之处，但也存在问题和缺陷：

第一，储备需求函数的理论依据不强，也不能包括影响储备需求的诸多因素。回归模型运用的首要前提是无多重共线性，当选择的自变量较多时，这一条件难以达到。

第二，回归模型依赖于过去的数据，对函数变量进行回归和相关分析，其假设前提就是以前的数据都是合理的，以前的储备持有额就是适度需求量。然而，过去的外汇储备水平是否就是适度的水平以及过去的变动趋势是否适用于未来，都是难以确切证明的。事实上，发展中国家的储备持有额一般要低于其客观需求量。

第三，储备需求函数的另一个假设就是储备供给具有弹性，能随时满足一国对储备的需求，并把国际储备的供给看做一个既定的量。事实上，发展中国家在金融市场上融资困难，使借入储备来源受到很大的限制。而且国际储备的供给通过影响储备需求函数中的变量对储备需求发生作用，所以储备需求与储备供给不能截然分开。

此外，在分析储备需求函数的变量时，仍存在不足，如把储备当做国际收支调节的唯一手段，忽视国际收支调节方式的多样化和互补性；对国际收支失衡的原因也未加区别，忽视国际收支问题的长期性和结构性等特点；在确定储备需求与国际收支变动程度之间的关系时，没有考虑国际收支的预期因素；对国际收支的分析忽视了劳务转移及资本流动等因素的作用。

（四）对确定外汇储备适度规模的定性分析法的评价

该理论是 20 世纪 70 年代中期，由卡包尔（R. J. Carbaugh）和范（C. D. Fan）等经济学家提出的。卡包尔和范在《国际货币体系》中认为，确定国际储备需求量应进行定性分析，包括国际收支调节机制的效力及政府采取调节措施的谨慎态度等。之后又有钱德勒、哥尔特菲尔特等经济学家对此进行论述。总体归纳，该理论认为影响一国外汇储备需求量的因素有六个方面：一是一国储备资产的质量；二是各国经济政策的合作态度；三是一国国际收支调节机制的效力；四是一国政府采取调节措施的谨慎态度；五是一国清偿债务的资金来源及稳定程度；六是一国国际收支的动向以及一国的经济状况等。尽管该理论为合理界定外汇储备规模提供了新的思路，考虑的因素较为全面且切合实际，但是其分析方法较为繁杂，而且缺乏较为精确的量化模型，许多因素难以量化，从而使可操作性和实用价值大为降低，无法得到一个令人信服的结论，对决策的参考价值不大。

综上所述，西方关于国际储备需求适度性的诸理论模型，特别是阿格沃尔为发展中国家设立的储备需求模型，对我国研究适度储备规模水平具有重要的参考价值。但是确定外汇储备的合理规模是一个极其复杂的问题，而以上各种理论都有其优点和缺陷，我们应立足于我国的具体情况、条件和特点，选出适合于我国储备需求的诸多变量，进行相关分析，测算我国外汇储备需求的适度区间。

（五）对储备决定理论的这种"衣柜效应"分析法的评价

储备决定理论的这种"衣柜效应"分析法，实际上在一定程度上描述了一些国家在对待储备需求管理问题上的态度，它们追求的管理目标仿佛就是在现有的条件下力所能及地尽量持有更多的储备，如果某一年储备持有量未能增长，甚至出现了下降，这不是它们乐于见到的。因为储备一年一年地不断增长，既是它们管理绩效的体现，又是它们管理目标的实现。

实际上，国际储备的获得并不是无偿的，一国在持有国际储备的同时，也要付出相应的代价或成本。持有的国际储备越多，付出的成本越大。国际储备需求的形成，既有其客观需要，同时也的确会如"衣柜效应"所论述的受到主观因素的影响，但主观因素和客观因素的作用程度对于不同的国家而言应该是有差异的。就发达国家而言，"衣柜效应"可能较为明显，主观因素所起的作用可能大一些；相反，发展中国家由于急需利用实际资源加快经济发展，所以存在尽可能保留适度国际储备的倾向，其储备需求决定因素中有较多的客观成分。可见，储备需求的"衣柜效应"分析法，过分地强调了主观因素的作用，从而否定了在客观上寻找某些决策依据的积极意义。

二、国际储备理论发展的新特点

1. 金融全球化导致国际储备管理原则发生新的变化。国际储备的理论回顾告诉我们，早期国际储备理论的一个重要特点是，十分强调国际储备的"务实"功能，即实实在在地用"真金白银"去满足进口、支付债务和干预外汇市场的需要。在这种观念下，过去人们讨论外汇储备，一般认为，适当的外汇储备规模应能满足以下几个方面的需求：一是在没有任何外汇收入的情况下，现存外汇储备足以应付一定时期的进口；二是在没有任何外汇收入的情况下，足以让管理当局有能力支付短期债务；三是当汇率出现波动时，能有足够的外汇来干预汇率，使之保持稳定。金融全球化的迅速发展使传统的国际储备管理的指导思想发生了重大变化。2001 年，国际货币基金组织通过了名为《国际储备管理指导》的文件，对于国际储备的新实践进行了总结。在该文件中，国际储备管理的目标是：（1）有充分的外汇储备来达到一系列被定义的目标；（2）用谨慎原则来管理国际储备的流动性风险、市场风险和信用风险；（3）在流动性风险和其他风险的约束条件下，通过将国际储备投资于中长期金融工具而获得一个合理收入。进一步地说，外汇储备被定义的目标主要有：（1）支持货币政策与汇率管理政策的信心；（2）通过缓解货币危机的冲击以及外部融资渠道的阻塞，来减少一国经济的外部脆弱性；（3）保持一国能够偿还外债的市场信心；（4）保持对国内货币的信心；（5）满足政府偿还外部债务与使用外汇的需要；（6）应付灾难和突发事件。必须注意到，在该文件里，虽然诸如对付汇率波动、缓解国际收支逆差等传统"务实"的国际储备管理目标仍然被提及，但是，现在国际储备管理的重心在于保持信心，这在很大程度上带有"务虚"的特点。如果做一个不严格的比较，我们认为，过去国际储备是准备"用"的，而现在外汇储备则主要是给人"看"的。

2. 采取何种汇率制度并不影响世界各国对国际储备的持有。固定汇率制度意味着政府向国际社会承诺其有责任和义务使汇率维持在某一稳定的水平或者某一个较窄的波动范围内。因此，在固定汇率制下，由于经济体在受到短暂性的外部冲击而偏离均衡点时，货币当局不能把汇率水平的变化当做调节经济的政策工具，使经济重新恢复到均衡状态。这时，在经济受到外部干扰或者冲击时，为了维护国家和政府的信用，使汇率固定在某一水平或者在较小的范围内浮动，货币当局可以在外汇市场上购买外汇以减少经济体在遭受外部冲击时因汇率发生较大幅度变动而承受的调整成本。货币当局在外汇市场上购买的外汇形成了该国的外汇储备。这样，在一国受到外部冲击时，货币当局就可以抛售外汇，购买本国货币，维持本国货币币值的稳定，降低经济体重新恢复至均衡状态所需的调整成本。因此，实行固定汇率制的国家由于不能将汇率的变动作为调节经济的手段，为了减少经济受到冲击时的调整成本，就必须持有一定数量的外汇储备。与此同时，最优国际储备水平的确定自然成为传统理论研究的目标与重点。

通常，一国选择浮动汇率制度的理由是它可以为一国政府制定宏观经济政策提供更大的自由度。而这种自由度来自于浮动汇率制度下货币当局不需要对钉住汇率作出承诺，因而也减少了对国际储备的需求。从理论上讲，由于实行固定汇率制度或者较为严格的管理的汇率制度的国家必须准备在必要时干预外汇市场，它们要比实行浮动汇率制度的国家持有更多的国际储备。

然而，在现实中，尽管 20 世纪 70 年代以后各国允许采取浮动汇率制度，但同时各国仍然持有和使用国际储备，各国汇率制发生的巨大变化并没有引起各国国际储备持有模式的剧烈变化。此外，各国政府在一系列指导和限制宏观经济政策行为的目标中都包括了国际储备的目标。一旦储备水平偏离其合意的储备水平，货币当局就会启用调整机制。而且，分析也表明，汇率制度更大的灵活性并没有消除国际储备这一目标的约束。

为了使持有的储备不为零，中央银行持有储备的成本就不能大于在储备用尽时给经济体所带来的边际成本。如果违反了这一条件，中央银行所需持有的储备就为零。因此，在储备不足不会引起任何成本或者其所带来的成本非常小，同时持有储备的成本为正的情况下，中央银行就不会持有储备。例如，如果货币当局认为在不能维持想要的固定汇率时转向浮动汇率的成本非常小，那么上述情况就会发生。然而，在储备短缺所产生的成本超过最初持有储备的成本的情况下，只要中央银行在能够借到新的款项之前存在干预的可能性，中央银行所持有的储备就一定为正数。这样就解释了完全自由浮动汇率制下中央银行仍然持有国际储备之谜。

3. 国际储备的结构理论开始更多地受到经济学家们的关注。1973 年美国宣布美元停止兑换黄金后，黄金非货币化成为世界的主流，黄金价格自 1980 年上涨到历史最高点后一路下跌，越来越失去了昔日的光辉。1999 年一直重视黄金储备的英国英格兰银行两度抛售巨额黄金储备，再次向人们表明黄金彻底退出货币领域的日子很快就要来临。在各国对汇率的稳定性没有疑虑的情况下，通常选择在国际贸易与国际金融领域中扮演重要角色的国家的通货作为国际储备货币。主要货币充当国际储备虽然暂时解决了国际储备资产短缺的问题，但却产生了储备资产稳定性的问题。

正如 20 世纪 40 年代的"特里芬难题"一样，要实现储备资产的稳定性，可行的方法就是实现储备货币多元化，从而保证国际储备的充足性能够满足世界贸易增长的需要，同时又能够减轻充当国际储备货币国家的贸易收支逆差压力，有助于保证这些货币的币值稳定。所谓的国际储备资产多元化，就是指通过增加国际储备资产的种类来增加国际储备资产的供给，从而解决单一货币充当储备货币容易出现的"特里芬难题"。所谓的多种货币储备体系，就是同时由若干种货币充当国际储备资产的一种储备制度，以解决储备充足性与储备货币币值稳定性之间矛盾的又一种方法。既然 90% 以上的国际储备资产由货币资产提供，而单一的货币储备又会面临"特里芬难题"，为了增强对国际储备货币稳定性的制约，建立多种货币的储备体系非常必要。多种货币储备体系摆脱了对单一货币储备的过分依赖，即使当某种储备货币发行国的国际收支持续出现顺差时，该种货币供给的减少可以立即由其他的国际储备货币来弥补，不会发生全球国际清偿力的短缺。此外，由于对外负债的分散化，原来由一个国家承担的因发行储备货币而引起的持续性的对外负债改由多个国家共同承担，该国的国际收支逆差得以缓解，降低了其通货被逐出国际货币储备体系的概率。但多种货币体系只能使储备货币发行国的负债分散化，而无法消除由于发行储备货币而导致的对外负债。

多种储备货币体系不仅增加了国际储备资产的总供给，缓和了原有国际储备资产供应与币值稳定之间的矛盾，也极大地增加了各国选择储备货币的余地，提高了平衡头寸的灵活性和进行国际支付的便利性。各国政府对储备货币多元化普遍持欢迎态度，因为这有助于提高各国独立实施货币政策的自由度，可以避免因采取强制性紧缩政策纠正国际收支不平衡而对本国经济产生不利影响。

相对于国际储备的规模理论，国际储备的结构理论体系尚不完整，需要经济学家们进行更深入的研究。

三、20 世纪西方国际储备理论的发展对我国的启示

1. 对于西方国际储备理论必须选择性地加以吸收。国际储备是国际货币体系的核心，也是国际金融领域的重要问题。1994 年 1 月 1 日，我国进行外汇体制改革，实行单一的、以市场供求为基础的、有管理的浮动汇率制度，1999 年 12 月 1 日又实现经常项目下的人民币可兑换。随着外汇体制的改革，我国的外汇储备出现了大幅度的增长，充足的外汇储备增强了我国对外支付和调节国际收支的能力，提高了我国的国际资信力，增强了我国的综合国力；充裕的外汇储备也使我国举债和债务的还本付息有了可靠保证；充足的外汇储备也为人民币实现完全自由兑换创造了必要的条件。但是，高额的外汇储备在促进我国经济发展的同时，也存在一些消极的影响，并且随着我国外汇储备的不断增加，这些消极影响将越来越显性化。一方面，外汇储备引起的外汇占款会改变我国货币的供给结构，增强货币供给的内生性，中国人民银行对货币供给的控制将更加困难；另一方面，外汇占款的膨胀会改变我国货币政策操作的手段，加大货币政策操作的难度，中央银行的宏观调控能力亦受到冲击。而且，外汇储备是一种对实际资源的求偿权，外汇储备过多会造成资金和资源的浪费，并影响国民经济的发展速度。因此，对中国外汇储备规模以及储备政策同货币政策的关系进行研究就具有现实意义。

国际通用的适度外汇储备理论和其他国家的外汇储备管理体系对我国外汇储备规模的研究和有效管理具有借鉴意义，但其中具体测算方法和管理法则并不具有普遍适用性，因此，着眼于中国外汇储备和货币政策的特殊性，研究我国适度的外汇储备规模和开放经济下的货币政策，就更具有理论价值。

2. 外汇储备对于我国货币政策的影响越来越突出。我国货币供应长期以来植根于国

内经济活动，基本上由国家银行的贷款规模决定。进入20世纪90年代，我国对外经济往来频繁，外汇、外资的经济因素开始发挥重要的作用，特别是在1994年我国实行新的外汇管理体制后，中国人民银行作为中央银行直接参与银行间外汇市场的外汇买卖活动，国家外汇储备及其增减对我国货币供应的影响不仅直接、迅速，而且有力。随着外汇储备的急剧增加，外汇储备变动对我国货币供应的影响加强，外汇储备在货币投放中的地位上升，改变了我国货币供应的单一性、封闭性状态，使我国的货币供给呈现多样性、开放性的特点。这一变化对我国经济发展和宏观调控的影响复杂而深远。因此，在新的开放经济条件下，我国必须高度重视外汇储备理论的深入研究。

3. 我国应充分重视高额国际储备的成本问题，考虑持有二线储备。一国在国际收支出现逆差时，为保持外汇储备不大幅度地减少，维持对本币的信心，经常选择从国际金融机构、外国政府借款补充外汇储备。泰国爆发金融危机后，大量资金外逃，外汇储备急剧下降，泰国当局通过借款使其外汇储备不少于250亿美元。据计算，如果不通过借款补充外汇储备，泰国的外汇储备将迅速下降，使外国投资者和本国居民对货币当局丧失信心，酿成更大规模的危机。现在，不少国家的中央银行之间签署了货币互换协议，实质上是在必要的时候用借入的外汇维持一定的外汇储备数额。

中国的外汇管理比较集中，对进出口能够加以适当控制，因而平衡国际收支的能力比工业发达国家强，外汇储备与年进口额的比例可以稍低一点。但是由于中国进入国际资金市场的能力不是很强，二线清偿手段不够充分，所以弥补国际收支差额主要是靠现有的外汇储备，这就需要保持较高的储备水平。

近20年来，国际金融市场的规模迅速扩大，效率大大提高，已成为国际清偿的主要供应者。随着我国进一步对外开放，我们需要积极利用全球国际清偿手段的供应来源，建立二线清偿手段，其潜在的借款能力随时作为外汇储备的补充。

4. 发展中国家的国际储备管理应转变观念，摆脱重商主义思想的影响。诚然，一定的国际储备是经济发展所必需的，但发展经济归根到底是为了提高国民的生活水平。应充分认识到迄今采取的重商主义政策的局限性，并在此基础上围绕这个重点重新审视经济发展战略。

发展中国家传统的国际储备管理只注重国际储备规模，随着发展中国家对外开放程度的加深，资本流动的限制逐渐放宽，国际储备随着资本的流入而大幅度增加，其对宏观经济的影响越来越明显，因此，管理的重点也应随之改变。

国际收支的调节应从单纯的储备调节逐步转为与政策搭配调节，这样可以避免储备调节的负面影响，以较小的代价来达到国际收支的均衡，但这要求发展中国家采取措施提高政策调节的效率。

参 考 文 献

[1] Clark, P. B. , 1970. *Optimum International Reserves and the Speed of Adjustment*. The Journal of Political Economy, 78 (2).

[2] Jeanne, O. &Ranciere, R. *The Optimal Level of International Reserves for Emerging Market*

Countries：ANew Formula and Some Applications. CEPR Discussion Paper，6723.

[3] Barnichon，R. ，2008. *International Reserves and Self – Insurance against External Shocks*. IMF Working Paper，WP/08 /149.

[4] H. R. Heller，M. Knight，1978. *Reserve – Currency Preferences of Central Banks*. Essays in International Finance，（131）.

[5] Michael P. Dooley. ，1989. *The Currency Composition of Foreign Reserves*. IMF Staff Papers.

第九章

国际通货膨胀理论

国际通货膨胀理论是用以说明国际上的通货膨胀如何发生、如何从一国传递到另一国的理论。与国际通货膨胀问题联系在一起的，有不同国家和地区通货膨胀率的差异及其产生原因的分析、防止通货膨胀从国外传递到本国的主要对策分析、消除国际通货膨胀对本国的不利影响的主要对策分析等等。这些问题的研究通常也包括在国际通货膨胀理论之内。

综观整个 20 世纪，国际通货膨胀理论随着经济环境和人们认识水平的变化而不断演进着。由最初附着于货币数量论的一些理论片段，发展成为具有庞大分支和严密逻辑结构的理论体系；由局限于封闭经济条件下的理论研究，逐渐转向以国际化为视角的开放经济研究。几乎每个西方经济学流派都力图建立和阐释自己的通货膨胀理论，本章，我们将在对国际通货膨胀理论产生和变迁的演进轨迹进行简要回顾的基础上，对国际通货膨胀理论进行较为详尽的阐述，最后对各种国际通货膨胀理论进行评述。

第一节 20 世纪国际通货膨胀理论的演进

20 世纪之前的经济学研究已经涉及对货币、物价、货币数量与物价涨跌之间关系等问题的探讨。如果我们把早期的货币数量论作为通货膨胀的早期理论基础的话，我们认为整个 20 世纪通货膨胀理论的发展可以划分为四个发展阶段。

一、20 世纪 30 年代以前：从"两分法"向"一分法"的演变

(一)"两分法"分析框架中的通货膨胀理论

古典宏观经济学总体上把社会经济领域一分为二，即真实经济领域和虚拟经济领域，古典宏观经济学认为社会真实经济领域的经济活动和虚拟经济领域的经济活动之间并不发生实质性的经济影响。具体而言，"两分法"的分析框架由三部分内容组成：(1) 关于充分就业和产出决定的古典理论；(2) 萨伊定律；(3) 货币数量论。前两部分的内容显示了古典宏观经济学体系中真实变量的均衡值如何在商品和劳动力市场中被决定，第三部分的货币数量论则解释了社会虚拟经济领域中名义变量如何被决定。因

此，古典宏观经济理论体系的显著标志就是区分了真实变量和名义变量，通过货币数量论来解释名义变量的变化。

传统的货币数量论最早产生于 17 世纪，当时并不是完整系统的论述，而是散见在许多学者的论述中。法国重商主义者让·波丹、资产阶级启蒙思想家孟德斯鸠以及英国学者洛克、休谟、李嘉图、詹姆斯·穆勒、约翰·穆勒等人都对货币数量与物价水平之间的关系有过论述。传统货币数量论的中心内涵是货币本身没有内在价值，而是覆盖在实物经济上的一层面纱，所以货币对经济并不发生实质性的影响，物价水平的变动因此由货币数量的多少决定。流通中的货币量过多，会导致物价水平的上涨，反之则物价水平下降。

到 20 世纪初，货币数量论又有了很大的进展。英国经济学家艾尔文·费雪在集前人货币数量说之大成的基础上，于 1911 年出版了《货币购买力》一书，对货币数量论进行了系统的阐述，提出了著名的费雪方程式。在费雪发展货币数量论的同时，包括马歇尔和庇古在内的一批英国剑桥大学的古典经济学家也在研究同样的问题，1917 年，庇古在老师马歇尔现金余额数量说的基础上，发表了《货币的价值》一文，提出了著名的剑桥方程式。费雪方程式从货币只具有交易媒介功能的假设出发，强调了流通中货币量对物价、币值的决定作用，称为"交易媒介说"；剑桥方程式则强调了人们对货币需求的主观因素，探讨了在不同环境中人们愿意持有的货币数量，强调的是现金余额对物价、币值的影响作用，称为"现金余额说"。费雪的"交易媒介说"和马歇尔、庇古等人的"现金余额说"都采取了严格的数学表达方式，从独特的视角阐释了货币数量与物价、货币价值之间的关系，极大地推动了货币数量论的发展，使其在 20 世纪 30 年代发展到了顶峰。

（二）维克塞尔的经济学理论对通货膨胀理论的推动和发展

从 19 世纪 70 年代到 20 世纪初，早期货币数量论是这一时期通货膨胀理论的主流。而瑞典经济学家维克塞尔对早期货币数量论的批评则推动了这一时期通货膨胀理论的发展。维克塞尔是现代瑞典著名的经济学家，瑞典学派的创始人。他对经济学的贡献在很大程度上集中体现在货币经济学领域，它们包括：（1）对利率在达到均衡价格水平或产生不断累积的通货膨胀或通货紧缩趋势中的作用进行了分析；（2）提出了政府和中央银行在阻碍和促进价格稳定中的潜在作用；（3）提出了关于宏观经济均衡的储蓄—投资方法的早期论述。

维克塞尔从两个方面对古典宏观经济学体系中的两分法分析框架进行了批评：（1）对早期货币数量论否定非货币因素对价格水平具有影响的观点进行了批判；（2）对早期货币数量论关于货币数量的变动直接引起绝对价格水平的变化，而对相对价格水平及产量没有影响的货币中性的观点进行了批判。

维克塞尔在货币数量影响价格水平的传导机制过程中，强调了利率的突出作用，指出货币数量对价格水平的影响是先作用于利率，然后再由利率作用于价格水平的间接传导机制，这就是著名的累积过程理论。

为了阐明这种作用机制，维克塞尔将自然利率与市场利率结合起来考察。资本自然利率作为实物资本收益率，市场利率作为货币借贷资本的收益率，一个是联系着生产过程的价值范畴，另一个是联系着借贷过程的货币范畴。当自然利率与市场利率相一致时，货币是中性的，货币因素就不影响经济。但在更多情况下，二者是不一致的。当市场利率低于自然利率，企业家因获利希望较大而扩大生产；生产扩大导致生产资料价格上升，从而生产资料所有者的货币收入提高。在利率较低的情况下，提高货币收入更多的不是储蓄而是消费，这样造成消费品需求上升，从而消费品的价格上升，以致为生产消费品的资本品需求和价格也上升，这样形成了低市场利率──→投资增加──→货币收入增加──→消费增加──→消费品价格上升──→资本品价格上升──→市场利率提高的循环，这种循环一直持续到市场利率与自然利率相等时为止。这一过程即为经济良性运行的累积过程。相反，假如市场利率高于自然利率，则一切与上述相反，形成经济衰退的累积过程。

维克塞尔的累积过程理论直接对古典货币数量论提出了挑战，对后来凯恩斯和哈耶克的通货膨胀理论的形成都有较深刻的影响。从这一点上来理解，维克塞尔的累积过程理论推动了通货膨胀理论的发展。

（三）凯恩斯对古典通货膨胀理论的继承和发展

20 世纪 20 年代末、30 年代初的世界性经济大危机使得世界金本位制度彻底崩溃，金币退出流通，不兑现的银行券即纸币成为各国主要的流通手段，这为此后大规模、持久的通货膨胀开辟了道路，也迫切要求产生新的通货膨胀理论。

标准的凯恩斯经济理论认为，有效需求不足引起经济萧条和失业，过度需求产生通货膨胀。如果社会经济生活中由于有效需求不足而存在着闲置的生产资源和劳动力，则为了刺激有效需求所采用的增加财政支出和货币供应量的政策，其主要效应是使生产进一步扩大，不会导致物价大幅度上涨，物价只会在生产扩大的过程中随着生产要素的边际生产力递减而逐渐缓慢上升。但是，有效需求的增加一旦使经济达到充分就业时，生产资源和劳动力都已得到充分利用，产量无法进一步扩大，此时继续增加货币供应量刺激有效需求，就会引起物价同比例上涨，出现真正的通货膨胀。这种认为通货膨胀产生的原因是强制流通的纸币和信用货币对商品和劳务的需求超过了按现行价格可以得到的商品和劳务的总供给量的理论，被西方经济学家称为"需求拉动的通货膨胀理论"。

二、20 世纪 30 年代—20 世纪 60 年代：从需求分析向供给分析的扩展

从需求面去寻找通货膨胀的成因是古典学派以及 20 世纪 60 年代以前的凯恩斯主义学派，包括凯恩斯本人理论的共同视角。根据凯恩斯的理论，有效需求的增加只在经济达到充分就业以后才会引发真正的通货膨胀，在非充分就业状态下只会产生半通货膨胀。西方经济的常态是非充分就业，所以西方的通货膨胀主要是半通货膨胀。但是，凯恩斯的半通货膨胀理论无法解释 20 世纪 50 年代以后西方经济中通货膨胀与失业并存的现实。对此，西方经济理论界试图用凯恩斯的"真实通货膨胀"理论来解释第二次世界大战以后出现的新问题。本特·汉森发展了 1940 年凯恩斯在《如何筹措战费》一书中提出的单缺口模型，提出商品市场与劳动市场的双缺口通货膨胀模型。这两个模型都认

为经济达到充分就业以后，市场上出现的超额总需求会导致物价水平上涨。显然，他们说的通货膨胀都是凯恩斯所说的"真实通货膨胀"，而此时的失业当然只能视为自愿失业。但是，双缺口通货膨胀模型显然还是不能解释当时的失业，因为当时大批中小企业遭受了通货膨胀而倒闭。显然，第二次世界大战以后出现的许多失业都是由供给因素造成的非自愿失业。因此，从 20 世纪 50 年代后期开始，新古典综合学派的许多经济学家都用成本推进型通货膨胀理论来解释通货膨胀与失业并存的现象。从供给方面去寻找通货膨胀的成因，反映了第二次世界大战以后社会民主党及工党在许多欧洲国家相继执政，他们都与工会组织保持密切联系，西方的劳工组织得到了发展，并建立了工资决定的集体谈判制度，工会组织在决定工资水平和抵制工资水平下降方面的能力大大加强，因此，工资、产品垄断价格以及初级产品的进口成本与通货膨胀之间的关系开始受到关注，这是新古典综合学派提出成本推进论的时代背景和社会原因。

1958 年，菲利普斯在《1861—1957 年英国的失业和货币工资变动率之间的关系》这篇文章中，指出货币工资变动率与失业水平之间存在一种此消彼长、互为替代的逆向变化关系，并用曲线对这种关系加以反映，这就是菲利普斯曲线。菲利普斯曲线产生以后影响很大，20 世纪 60 年代西方关于通货膨胀的大量讨论，都是围绕这个模型展开的。但是菲利普斯曲线最初只是一种经验关系，T. 库普曼评论其是"没有理论的度量"。对此，美国经济学家利浦西提出劳动超额需求模型，从单一劳动市场的供求体系中对菲利普斯曲线做了理论解释，利浦西证明，货币工资变动率与失业率之间具有逆向关系。而萨缪尔森与索洛则在 1960 年撰文修正了菲利普斯曲线。他们通过构建成本加成价格方程认为，通货膨胀率等于货币工资增长率和劳动生产率之差，这样就如货币主义者、奥地利经济学家赫尔姆特·弗里希指出的那样，菲利普斯曲线"不再像以前那样表示货币工资变化率和失业率之间的关系，而是表示通货膨胀率和失业率之间的关系"。萨缪尔森与索洛还建议将菲利普斯曲线作为经济政策选择的工具加以利用。新古典综合学派试图运用菲利普斯曲线来维持标准的凯恩斯经济理论关于通货膨胀和失业不能并存的观点，但恰恰是菲利普斯曲线本身已证明一定程度的失业率和通货膨胀率是可以并存的。只是菲利普斯曲线所分析的通货膨胀已不是凯恩斯所说的需求拉上型的通货膨胀，而是工资（成本）推进型的通货膨胀了。这一时期从供给面来探讨通货膨胀成因的理论还有瑞典经济学家伦德贝格的工资与物价、税收循环上升模型。

伦德贝格等瑞典经济学家认为，第二次世界大战以后，瑞典推行的充分就业政策、由工会垄断工资谈判形成的通货膨胀型的收入政策，以及高额累进税制度，造成了工资成本推进的通货膨胀。伦德贝格在 1957 年出版的《经济周期和经济政策》中说："如果没有什么复杂情况，则由于工业成本增加而引起的价格上涨程度，便会小于工资赚取者所获得的收入增加程度，无论是否实施物价管制。"伦德贝格在这句话中有两个观点：一是工资增长快于物价增长，在通货膨胀过程中，实际工资不降反升；二是工资成本上升推动价格上涨，这个论点应当说在一定程度上反映了第二次世界大战以后瑞典的经济现实，并成为瑞典学派通货膨胀理论的基本观点之一。他的关于工资与物价关系理论的独到之处是结合瑞典的特殊社会经济条件，提出了工资与物价、税收循环上升的模型。

伦德贝格用工资乘数来表示工资与物价、税收循环上升的关系。所谓工资乘数就是工资上升的预期价格弹性。伦德贝格指出，工会在提出增加工资时，不仅要考虑已经发生的价格上升和税收的增加，而且要考虑预期价格的上升和税收的增加，因为以工薪为生的人们关心的不是税前收入，而是税后收入。随着税收的增加，人们要求增加工资作为补偿。这样，工资与物价、税收的循环上升，势必造成通货膨胀。伦德贝格的工资成本推进论对斯堪的纳维亚模型产生了影响。

三、20 世纪 60 年代—20 世纪 70 年代：从成本研究向结构研究的演变

保罗·斯特里坦、久里奥·奥里维拉、威廉·鲍莫尔等人在 20 世纪 60 年代就提出了结构性通货膨胀理论。而西方结构性通货膨胀理论的源头应当是 1967 年 6 月美国经济学家鲍莫尔在《美国经济评论》上发表的《不平衡的宏观经济学：城镇危机的分析》一文中提出的部门不平衡增长模型。鲍莫尔模型的结论源自劳动生产率低的服务部门的工资推动使得产品价格上升是造成结构性通货膨胀的主要原因。鲍莫尔模型最主要的理论贡献是提出了一般结构性通货膨胀理论的最基本假设，即两个劳动生产率不同的部门的货币工资增长率趋同。如果这个假设成立，那么，劳动生产率低的部门的货币工资增长率就会超过其劳动生产率的增长率，从而引发工资推进型的通货膨胀，但是鲍莫尔没有论证这个假设。英国经济学家希克斯和美国经济学家托宾分别用劳动力供给的合同理论（希克斯：《凯恩斯经济学的危机》，1947 年）和特殊的劳动供给函数理论（托宾：《通货膨胀与失业》，1972 年）来解释了这个重要的假设。这两个理论被统称为希克斯—托宾劳动供给不均衡模型。到 70 年代以后结构性通货膨胀理论又有了发展，不仅被用于解释西方"滞胀"产生的结构性原因，而且还成了解释开放经济条件下通货膨胀国际传递的国际通货膨胀结构论的基础。

四、20 世纪 70 年代以后：从封闭经济向开放经济的扩展——国际通货膨胀理论体系的形成

第二次世界大战以后，特别是在 20 世纪 60 年代以后，通货膨胀已经国际化，各资本主义国家的通货膨胀在趋势上具有同期性和同步性。英国新剑桥学派学者卡尔多在 1976 年就任英国皇家经济学会会长的演说中承认："在和平时期，这类事情以前从没有发生过——我指的是，这样严重的通货膨胀不只是笼罩了一两个国家，而是笼罩了世界上所有主要工业国家。"随着世界经济一体化的发展，通货膨胀很容易经过各种渠道由一国传递至他国。因此，20 世纪 60 年代中期以后，西方经济学家普遍认为，针对封闭经济提出的通货膨胀理论已不能解释开放经济中出现的世界性通货膨胀现象，需要提出新的关于国际性通货膨胀的理论，以便解释通货膨胀在国际上产生的原因、传递的机制及其效应。20 世纪 60 年代出现的通货膨胀国际传递理论是以往的封闭性的通货膨胀理论在现代开放经济条件下的深化和发展。货币主义学派的通货膨胀国际传递理论被西方经济学界认为是一个有特色的理论，它为国际通货膨胀成因及其传递机制的研究提供了较为完整的理论模型。通货膨胀国际传递的货币理论是由货币主义者罗伯特·蒙代尔、

哈里·约翰逊等人在20世纪60年代末和70年代初提出的，其代表人物还有斯沃博达、帕金、莱德勒、克拉森等人。这种理论认为国际通货膨胀是一个纯粹的货币现象，在固定汇率制下，世界货币量增长率的变动是世界通货膨胀率变动的主要原因，在滞胀发展成为西方普遍的经济问题以后，一般货币数量论被扩展到世界经济理论研究领域中，这是货币数量论的发展。人们越来越重视从货币的角度去解释世界性通货膨胀和"滞胀"。

货币主义学派的通货膨胀国际传递理论是建立在国际收支货币分析论的基础之上的。而国际收支货币分析论的基本观点可以追溯到英国古典学派经济学家休谟的价格—铸币流动机制论。休谟认为，国际收支差额可以通过贵金属在国际间流动的价格调节机制来自动恢复均衡。货币主义学派代表认为约翰逊是国际收支货币分析论的主要代表。他在《国际收支的货币分析》一文中，以固定汇率制下的小国开放经济作为分析对象，建立起一个国际收支货币分析的简单模型。根据约翰逊的简单模型，国际收支（用国际储备表示）从根本上说就是一个货币现象（国际储备是基础货币的组成部分）。另外，模型认为，货币数量论不适用于实行固定汇率制的小国开放经济分析。在国际收支差额的调节过程中，开放小国国内货币量的变动对其国内物价水平的变动率没有影响。但是，如果我们将约翰逊简单模型的考察范围扩大到小国开放经济以外，那么，货币数量论的分析就是适用的。也就是说，国内货币市场的失衡以及国际收支差额可以通过休谟所说的铸币流动的价格调节机制和国内货币量变动产生的实际货币余额效应来共同恢复均衡。在均衡的恢复过程中，货币量的变动就会对国内通货膨胀率产生影响，并将这种影响通过相应的途径传递到国外。约翰逊模型表明，世界性通货膨胀的形成与国际收支差额即国际储备变动率的调节过程中对国内货币量变动的影响是密切相关的。后来，约翰逊的学生及同事斯沃博达和克拉森发展并推广了约翰逊在《国际收支的货币分析》这篇论文中提出的两国"世界性"通货膨胀模型。在该模型中，货币主义者指出，世界价格水平是由世界货币量决定的，世界货币量是各国货币量的总和。任何一国的货币量变动都会影响世界货币量。在两国模型中，当一国货币量的增长率超过世界实际收入的增长率后，就会引起世界价格水平的普遍上升。约翰逊用两国模型研究了布雷顿森林体系下通货膨胀的成因，他认为20世纪60年代末和70年代初，世界通货膨胀率上涨的主要原因是美国实行了扩张性的货币政策并将通货膨胀"传递"到各国。这种观点基本上是符合当时的世界经济史实的。

20世纪60年代在西方出现的通货膨胀国际传递理论除了货币论以外，影响较大的还有结构论。结构论的典型代表是斯堪的纳维亚模型及其发展——林德伯克的世界通货膨胀模型。而斯堪的纳维亚模型的理论渊源可以追溯到结构性通货膨胀的基础模型——鲍莫尔的不平衡增长模型。贝拉·巴拉萨在其1964年出版的《购买力平价教义：一个新的评价》中提出一个两部门开放经济模型，从而在鲍莫尔的不均衡增长模型和斯堪的纳维亚模型之间架起了一座桥梁。贝拉·巴拉萨将经济活动分为生产贸易商品的部门和生产非贸易商品的部门。他认为，贸易商品分为出口商品和进口商品，并对贸易条件进行分析，这是国际贸易理论的基础。如果一个国家是出口商品和进口商品的世界市场价格的接受者，那么，世界价格水平就会影响这个国家的出口商品价格和进口商品价格。

因此，这个国家的贸易条件就不会受到影响。既然进出口商品的价格比例不变，就可以按照固定权数把进出口商品的价格合成一个指数。这样，在贝拉·巴拉萨的模型中，含有进出口商品在内的复合贸易商品和非贸易商品的相似指数相互对照，相对价格的改变只发生在复合贸易商品和非贸易商品之间。实际上贝拉·巴拉萨模型已经隐含了斯堪的纳维亚模型关于世界通货膨胀可以通过开放部门与非开放部门之间的结构因素从国外传递到国内的基本命题。因此说鲍莫尔模型是封闭经济下的结构分析，而贝拉·巴拉萨模型是开放经济下的结构分析，二者研究通货膨胀的视角是不同的。20 世纪 70 年代以后的通货膨胀国际传递理论又有了新的发展。

第二节　20 世纪西方国际通货膨胀理论简述

西方对通货膨胀的研究由来已久，20 世纪 60 年代中期以后，西方经济学界对通货膨胀问题的研究出现了一个新的趋势。经济学家们普遍认为，西方工业国的通货膨胀已成为一个世界性现象，针对封闭经济提出的通货膨胀理论已经不能解释开放经济中出现的通货膨胀现象——世界性通货膨胀现象。因此，他们加强了对开放经济条件下通货膨胀的研究，提出了一些新的通货膨胀理论。这些理论大致上可以分为四大类：社会成本推进分析、世界性通货膨胀的货币分析、小国开放模型和世界性通货膨胀的凯恩斯主义分析。前两类分析涉及通货膨胀的国际传递机制和世界性通货膨胀产生的原因，后两类分析着重考虑通货膨胀的国际传递机制。

社会成本推进论没有完整的理论模型。它强调了通货膨胀产生过程中特殊的成本变动因素。根据该理论，20 世纪 60 至 70 年代出现的世界性通货膨胀主要是由于当时西方社会中普遍存在社会冲突以及 60 年代迅速发展的大跨国公司旨在全球范围内获取最大利润的价格政策引起的。

世界性通货膨胀的货币分析是由著名货币主义者罗伯特·蒙代尔、哈里·约翰逊等人提出的。该理论认为，世界性通货膨胀是一个纯粹的货币现象。在固定汇率制度下，世界货币量增长率的变动是世界通货膨胀变动的主要原因。

在通货膨胀国际传递问题上，社会成本推进论提出了工会示范效应的传递机制，而世界性通货膨胀的货币分析论则提出了单一价格规则和国际收支差额的传递机制假设。小国开放模型强调在通货膨胀国际传递过程中，国内两个经济部门之间工资调整因素的作用，即世界市场价格上升后，国内可进入国际市场的商品或国际贸易商品的价格会跟着上升，引起生产该类商品的开放经济部门的名义工资率上升。国内封闭经济部门的名义工资率会向开放经济部门的工资率看齐。这样，封闭经济部门的名义工资率和劳动生产率的增长率一起决定了该部门的价格上涨率。结果，国内整个物价也随着上升。

凯恩斯学派的分析强调在通货膨胀的国际传递过程中，支出变动对产量的影响和贸易乘数的作用。根据该理论，国外总需求的提高会扩大对国内出口品的需求，从而通过外贸乘数作用提高国内收入水平。在国内处于充分就业的情况下，收入的增加会引起国内总需求的增加，导致价格的上升，这样，国外的通货膨胀就"传入"国内。

在以上四类理论分析中，世界性通货膨胀的货币分析论被西方经济学界认为是一个有特色的理论，它不仅为世界性通货膨胀产生原因的研究提供了一个较为完整的理论模型，而且为通货膨胀的国际传递机制的研究提供了一个比较完整的理论模型。

一、通货膨胀国际传递的"货币论"

国际通货膨胀的货币分析是由著名货币主义者罗伯特·蒙代尔、哈里·约翰逊等人提出的。该理论认为，世界性通货膨胀是一个纯货币现象。在固定汇率制下，世界货币量增长率的变动是世界通货膨胀率变动的主要原因。

货币主义者对开放经济下通货膨胀现象的理论分析可以分为两部分：一部分是基础理论分析——国际收支货币分析。它是针对固定汇率制下的开放经济提出的。在浮动汇率制下，该理论就转化为汇率决定的货币分析。另一部分是具体的通货膨胀的理论分析——世界性通货膨胀分析。它也是针对固定汇率制下的开放经济提出的，并且建立在国际收支货币分析的基础上。

（一）通货膨胀国际传递货币论的基本假设

根据货币主义理论，在浮动汇率条件下，一国的货币量增加后，该国国内市场的均衡以及该国内部经济与外部经济之间的均衡就可以通过汇率的自由变动进行调整。但在固定汇率条件下，情况就不同了。这时，各国之间的联系类似一国各地区间的经济关系，一国的货币扰动会影响其他国家，通货膨胀可以通过单一价格规则和国际收支差额（即流动效应），从一国"传递"到另一国。这就是国际传递货币论关于固定汇率制度下通货膨胀国际传递的两个假设。前一个假设是通货膨胀的直接传递机制假设，而后一个假设是通货膨胀的间接传递机制假设。

1. 单一规则假设。单一规则是一个古老的假设，根据这个假设，任何同类商品以同一货币表示的价格，在不同地点的差别不能大于两地的运输成本。如果把它运用于国内，并且不考虑运输成本，那么国内不同地区的同类商品价格应该是相等的。这是因为，一旦价格和价格变动率在不同地区出现差距，地区间的价格调整或贸易调整会很快使这种差距消失。

在固定汇率制下，各国货币的比值是固定不变的，这些不同的货币可以被当做一个组合货币来看待。在世界商品市场完全竞争和世界贸易一体化的条件下，一国各个地区之间的各类商品价格一致化的趋势，也会反映出各国之间同类商品的一致化趋势。这就是说，不同国家之间同类商品价格的差异，会很快地由国际间的价格调整加以消除。例如，当某一类商品在国内市场上的价格水平大大高于该商品的世界市场价格时，国际贸易厂商就会从世界市场上以低价购进该类商品，再从国内市场上卖出，从中取得价格差。因此，国际间的价格调整会很快使国内该类商品的价格接近于世界市场上该类商品的价格。单一规则在世界范围的运用表明，各国国际贸易商品的价格差不会大于运输成本、保险费和关税之和。

2. 国际收支差额传递机制的假设。根据国际传递货币论关于通货膨胀国际收支差额传递机制的假设，国外通货膨胀是通过一国的国际收支顺差引起的国际储备量增加而传入国内的。具体地说，国外货币需求增长后，国内的国际收支会出现顺差，从而引起国际储备量的增加，增加了国内基础货币量中的国外资产存量。这时，如果中央银行不采取抵消政策，则国内货币供应量就会增加，原有的国内货币均衡就会受到干扰，于是公众手中持有的货币数量会大于他们的需求量，公众就会增加支出，把多余的货币用于购买商品、劳务和证券，从而造成国内总需求的扩大。因此，国外收入增加所引起的通货膨胀压力，就通过国际收支的变动而传递到国内。

（二）通货膨胀国际传递货币论的基本理论

货币主义开放经济研究者中，主要的代表人物有哈里·约翰逊、罗伯特·蒙代尔、雅科布·弗兰克尔等人，他们的主要观点可以表述为：世界的货币供应量等于各国货币供应量之和，因此，如果其他国家的货币供应量不变，一国的货币供应量增加就意味着世界货币供应量增加，而世界的通货膨胀率则取决于由各国的货币供应量所组成的国际货币供应量。货币主义认为，在开放经济条件下，通货膨胀可以从一国传递到另一国，这种通货膨胀的国际传递机制主要有如下两类：

1. 国内贸易传递。莱德勒在《货币和通货膨胀论文集》一书中，把商品分为可进入国际市场的商品和不可进入国际市场的商品两类，他认为可进入国际市场的商品受国际市场上商品价格波动的影响，易于随国际市场供求关系的变化而波动，然后又影响到后一类商品价格的波动，这样就把通货膨胀从国外传递到国内来了。这种通货膨胀在国际间的传递渠道，也被称为"价格效应"。

2. 资本流动传递。根据约翰逊和斯沃博达的研究，随着国际资本流动的日益频繁，通货膨胀国际传递的研究应更加强调国际资本流动对通货膨胀国际传递的影响。他们认为，国际间利息率调整在通货膨胀传递中的作用要大于价格调整的作用，外汇市场和资本市场的调整要快于商品市场的调整。因此，即使在国际贸易对货币扰动反应不强烈的情况下，国际资本流动也会影响国际收支，成为通货膨胀国际传递过程中的主要因素。

（三）通货膨胀国际传递货币论的政策主张——实行浮动汇率制度

在货币主义者看来，当存在通货膨胀的国际传递时，一国的货币政策不能控制国内的通货膨胀率。在封闭经济条件下，长期稳定的国内货币量增长率的弗里德曼简单规则失去了效力。要防止国外通货膨胀的影响，唯一的选择就是实行浮动汇率政策。换言之，在固定汇率制下，单个国家无法避免世界通货膨胀的影响，国内通货膨胀率会自动向世界通货膨胀率看齐，国内的通货膨胀率与世界通货膨胀率的差异可能长期存在。只要执行固定汇率制，一国的货币政策就不能控制国内的通货膨胀率。

20世纪60年代末和70年代初，当资本主义各国普遍发生了严重的通货膨胀时，弗里德曼和一些货币主义经济学家认为，主要原因之一就是固定汇率制导致各国都从美国输入了通货膨胀。布雷顿森林体系解体后，资本主义各国都普遍实行了浮动汇率制，这也就证实了弗里德曼等人的预见，使货币主义的浮动汇率制政策主张得以实现。据说，一贯坚持浮动汇率制是弗里德曼1976年获得诺贝尔奖的原因之一。

二、通货膨胀国际传递的结构论——斯堪的纳维亚模型

瑞典是一个开放式经济的工业化小国，对外贸易在国民经济中占有举足轻重的地位，国际市场上的经济波动对瑞典国内的经济波动有着决定性的影响。作为小国开放经济类型的经济，瑞典（以及与它类似的挪威）的经济周期的波动机制具有独特的特征，在通货膨胀理论方面，20 世纪 60 年代瑞典和北欧的其他国家也有其独特的模型，即斯堪的纳维亚模型或北欧学派的通货膨胀模型。这一模型是由挪威经济学家沃德·奥克鲁斯特于 1970 年提出的，1972 年伦德堡以瑞典实际经济经验支持了这一模型，1973 年瑞典经济学家格斯塔·艾德格兰、卡尔·沃尔夫·法克森和克拉斯·艾里克·奥德纳进一步发展了奥克鲁斯特的观点，因而，这一模型也被叫做 *Aukrust - EFO* 模型（*EFO* 是由三位瑞典经济学家姓氏的第一个字母组成的）。

对于这一模型，维也纳理工大学教授赫尔姆特·弗里希曾有过这样一段解释："所谓斯堪的纳维亚模型把对通货膨胀的'结构性'解释的基本要点同通货膨胀从世界市场传递到开放经济的特殊传递机制结合起来。经济的'小型'是由下述假定来下定义的：在这样的经济中，它的可交易商品面临一个无限弹性的需求和供给函数，也就是说，这个国家被假定是世界市场上价格的接收者。在固定汇率制度下，这一模型把小国开放式经济的通货膨胀同国际价格增长联系在一起，同时也考虑到国与国之间的通货膨胀率的差别。"[1]

如果将一国的经济分为两大部门，一是开放部门（*E* 部门），二是非开放部门（*S* 部门），前者所生产的产品是在世界市场上交易的，后者生产的产品不进入世界市场。假定 π 表示通货膨胀率；π_E 和 π_S 分别表示开放部门和非开放部门的通货膨胀率，π_W 表示世界市场通货膨胀率；λ 表示劳动生产率增长率，λ_E 和 λ_S 分别表示开放部门和非开放部门的劳动生产率增长率；ω 表示货币工资增长率，ω_E 和 ω_S 分别表示开放部门和非开放部门的货币工资增长率；α_E 和 α_S 分别表示开放部门和非开放部门各自在国内经济活动中所占的比重，且 $\alpha_E + \alpha_S = 1$。

Aukrust - EFO 模型假定开放经济部门的通货膨胀率等于世界市场的通货膨胀率，即 $\pi_E = \pi_W$；再假定开放经济部门的劳动生产率增长率高于非开放部门的劳动生产率增长率，即 $\lambda_E > \lambda_S$（所谓"生产率缺口"）。这样 *Aukrust - EFO* 模型可以表述如下：

$$\pi = \pi_W + \alpha_S(\lambda_E - \lambda_S) \tag{9.1}$$

该模型表示，小国开放式经济的国内通货膨胀率是由外生变量 π_W（世界市场通货膨胀率）、$\lambda_E - \lambda_S$（两大部门的劳动生产率之差）和经济结构因素 α_S（非开放部门在国内经济中的比重）所决定的。

如果采用序列分析，那么小国开放式经济发生通货膨胀的过程可以分解为如下序列：

---

[1]　H. 弗里奇：《通货膨胀理论，1963—1975 年："第二代"概述》，载《经济学家文献》，1977（12），1305页。

（1）在固定汇率条件下，π_E 随着 π_W 的增长而增长；（2）π_E 和 λ_E 共同影响 ω_E，亦即 E 部门根据 π_E 和 λ_E 的变化提高了工人的货币工资；（3）S 部门的工资向 E 部门看齐，ω_S 随 ω_E 提高到同一水平；（4）ω_S 增加后，S 部门的企业主按成本加成定价，并根据 λ_S 的情况决定价格上涨幅度，即 S 部门的 ω_S 与 λ_S 一起影响到 π_S；（5）结果是 π_E 和 π_S 以及 α_S（即 π_E 和 π_S 加权平均）共同决定一国的通货膨胀率。

赫尔姆特·弗里希把上述序列反映的通货膨胀过程如图所示：

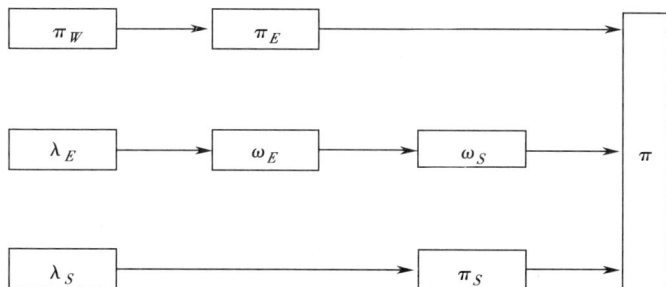

图 9 - 1　小国开放式经济发生的通货膨胀过程图

例如，假定开放部门占瑞典经济的比重（α_E）是 1/3，非开放部门占瑞典经济的比重（α_S）是 2/3，设开放部门的劳动生产率增长率（λ_E）为 7%，非开放部门的劳动生产率增长率（λ_S）为 2%，世界市场通货膨胀率（π_W）为 2%。这时，开放部门的货币工资增长率（ω_E）为 7% + 2% = 9%，非开放部门于是向开放部门的货币工资增长率看齐，ω_S 也提高 9%，由于非开放部门的劳动生产率增长率仅为 2%，故其 9% 的货币工资增长率引起的价格上涨率为 9% - 2% = 7%。将上述有关变量值代入 *Aukrust - EFO* 模型，则可计算出小国开放经济中的通货膨胀率 $\pi = 2\% + \frac{2}{3}(7\% - 2\%) = 5\frac{1}{3}\%$。

根据这一理论模型，可以看出小国开放经济的通货膨胀具有两个显著的特点：一是其通货膨胀率受世界通货膨胀率的影响很大；二是通货膨胀从国际传递到国内与部门结构有很大的关系。由于这些特点，对付通货膨胀不能单纯采取抑制总需求的政策，考虑到瑞典国内强大的工会组织，也不能采取限制工资的收入政策。而必须加强开放部门的发展，提高劳动生产率，提高本国出口商品在国际市场上的竞争地位，以调节国际收支，缓和通货膨胀。美国经济学家 *A.* 齐巴利斯特和 *H.* 谢尔曼在评价这一模型时指出："正如所谓的 *EFO* 模型中所指出的，出口部门合同工资的提高相当于受到国外竞争部门的生产力提高与国际价格上涨之和，它会使国外竞争加剧，国内价格上升，但并不会使瑞典的国际竞争地位恶化。然而，在 1973 年之后，物价的不稳和汇价的剧烈波动，使价格变化预测日趋困难。在 20 世纪 70 年代，模式的适用性变得更为模棱两可，使人犹豫。"①

---

① *A.* 齐巴利斯特、*H.* 谢尔曼：《瑞典劳动力市场的特征与政策》，载《世界经济译丛》，1986（10），65 页。

三、世界性通货膨胀模型——林德伯克模型

在北欧模型的基础上，瑞典学派的杰出代表林德伯克对通货膨胀的研究扩大到世界范围，从全球的、国际和国内经济力量的联合中来分析通货膨胀，把国际经济和世界市场看成一个整体，研究各国经济之间互相影响和互相依赖的问题以及国内通货膨胀问题。该模型简单概括如下：

假定价格变动率是产品需求和工资变动率的函数，以 P 代表价格变动率，以 X_P 代表产品需求，以 W 代表工资变动率，则

$$P = f(X_P, W) \tag{9.2}$$

假定价格是对劳动的需求函数，以 X_n 代表劳动需求，则

$$W = g(X_n) \tag{9.3}$$

将式（9.3）代入式（9.2），得到

$$P = f[X_P, g(X_n)] = F(X_P, X_n) \tag{9.4}$$

X_P 对 P 的影响叫直接效果，X_n 对 P 的影响叫间接效果。林德伯克认为，此两个因素在不同的范围内效果有所差异。在一国里，间接效果的影响要比直接效果更大。因一国劳动力市场的封闭性比产品市场更强，故劳动市场的因素对通货膨胀的影响主要集中在国内。而产品市场的开放性较强，在国际经济关系日益密切的条件下，各国产品市场是相互影响、紧密相关的，故产品市场的变动对通货膨胀的影响不仅局限于国内，而且影响到别国和世界市场。因此，研究世界性通货膨胀，主要应集中研究产品市场。他认为把封闭经济研究方法与开放型经济研究方法结合起来考察，通货膨胀的成本推动型或需求拉上型就要变成一种相对概念。在一国范围内被看成是成本推动型的通货膨胀，在世界范围内来看实际上是需求拉上型通货膨胀，因此，他认为："要把通货膨胀理解和划分为需求拉上型还是成本推动型，搞清楚分析的范围是非常重要的。"林德伯克认为，上面的分析只是一种简单的抽象，实际上，全球性通货膨胀是一种十分复杂的经济现象，是各种经济力量共同作用的结果。因此，式（9.4）的函数仅仅包括 X_P 和 X_n 两个最主要的变量是不够的，还应加入如下因素：

（一）各国资源的利用状况

一般说来，世界经济资源利用的总水平影响通货膨胀，但因各国经济发展状况不一，资源利用水平有高有低，对世界通货膨胀的影响程度有大有小，因此各国在生产要素流动、经济政策、市场情况等方面的差异造成经济资源利用的差异时，此差异就会影响世界性通货膨胀。

（二）产品和劳务的需求组合

在经济发展中，产品和劳务的需求组合经常发生变动，但因市场上存在着一定程度的价格刚性，需求量减少的商品不降价或降价甚少，而需求量增加的商品的价格则上升，需求组合的变动加大了与价格组合的差异，影响一般物价水平。

（三）成本推动因素

产品市场的成本上升主要影响世界性通货膨胀，劳动力市场的成本上升主要影响国内通货膨胀。国内通货膨胀主要是动态工资推动型，是在收入分配互相竞争的作用下，因一部分人相对收入的变动引起另一部分人提出更高收入要求的斗争过程。

（四）全球货币存量

各国扩张性的货币政策将直接增加全球性货币存量，使世界市场上一定存量的实际资产价格上升。

（五）预期因素

通货膨胀一旦发生，人们就会产生一种看涨的心理，对通货膨胀的预期将加剧通货膨胀并增加控制的难度。

将以上因素加入世界性通货膨胀模型，式（9.4）可变成

$$v_P = H[C_u, vC_u, d_n, d_c, \alpha, \beta, m] + aP^* \tag{9.5}$$

式（9.5）中的 v 表示变动率，C_u 表示实际经济资源的利用程度；d_n 表示 C_u 在各国的分布状况；d_c 表示产品和劳动的需求组合；α 表示产品市场成本推动系数；β 表示劳动市场成本推动系数；m 表示全球货币存量；a 为一个参数；P^* 表示价格预期。世界通货膨胀是以上诸因素共同作用的结果。

在建立了世界性通货膨胀模型之后，林德伯克进一步阐释国外通货膨胀怎样影响国内的，即通过何种途径传递到国内的问题。他认为通货膨胀的国际传递途径有5条：

第一，价格传递。国际市场的价格变动对国内商品价格变动的传递。国内不同种类的商品对传递的速度、范围有很大的影响。从短期看，国际价格变动对国内价格变动的影响程度要视出口品生产部门在经济中的比重而言；从长期看，因国外市场和国内市场或贸易商品市场之间存在着一定的替代性，国际价格通过冲击全部贸易品影响国内价格水平。

第二，部门传递。在商品市场上，进口品若是中间产品，其价格上涨将使采用进口品的生产部门成本上升，售价提高，带动不采用进口品生产部门的商品价格上涨。在劳动力市场上，当出口部门的商品价格随着世界市场的价格而上涨后，利润增加，刺激该部门扩大生产，因对劳动者的需求加大而提高了工资。在收入竞争中，非出口部门的工资也随之上升，增加了非出口部门的生产成本，导致非出口部门的商品价格上涨。

第三，需求传递。其他国家若存在过度需求，就会促使本国出口部门繁荣和出口量的上升，通过外贸乘数的作用，使国内收入增加，需求扩大，导致国内价格水平上涨。

第四，货币传递。当对外贸易出现顺差时，国外货币和资产将流入国内，增加了国内货币供应量。但因货币当局可以通过利率、公开市场业务等政策手段在很大程度上抵消这种影响，故只有突如其来的货币流入才能将通货膨胀从他国传入国内。据此，林德伯克认为货币传递的作用不像货币学派强调的那么大。

第五，预期传递。国际市场上的工资和价格发生波动，会对人们的预期产生影响，使通货膨胀传递到国内，如国际市场上的价格上涨后，人们预测国内价格也要上涨，这种预期反应引起了国内物价的上升。

　　林德伯克认为以上各种传递机制在传递通货膨胀的过程中会同时起作用，直到国外通货膨胀的变化导致国内通货膨胀并达到同一程度。同时，林德伯克指出，在固定汇率制度下，上述 5 个途径是通货膨胀国际传递的主要途径。在浮动汇率制度下，这 5 个途径的传递功能将大大下降，但并未完全堵塞。浮动汇率并不能隔绝国外通货膨胀对国内的影响，因货币当局很难按购买力平价来调节汇率，调节的结果也不可能保证汇率每时每刻都能维持真正的购买力平价。当世界通货膨胀率上升时，货币当局不可能预先知道其上升幅度，这就难以判断汇率升值到什么程度才能抵御世界通货膨胀的侵袭。又因决定汇率的因素很多，汇率的波动并不仅仅取决于世界通货膨胀率的变动，这就使短期内汇率同货币的实际购买力经常发生背离，故浮动汇率制度仍难以阻止通货膨胀的国际传递。

四、世界性通货膨胀模型的进一步发展

　　20 世纪 70 年代以后，货币主义学派拓展了通货膨胀国际传递的路径分析。货币主义的通货膨胀国际传递理论强调国际通货膨胀主要是通过国际资本流动渠道传递的。货币主义学派奉行经济自由主义原则，强调市场机制对经济均衡的自发调节作用。最初通货膨胀国际传递的货币论认为国际通货膨胀是通过一价定律下的单一价格渠道传递的。但是，一价定律的假设有许多缺陷：一是它过分强调国际贸易商品价格的调整及其价格，还有国际资本流动因素对国际通货膨胀传递的影响。二是在不完全竞争市场中，价格调整的作用是有限的。因此，杜森贝里和利浦西等许多西方经济学家从理论上批评了货币主义者关于一价定律下的单一价格传递机制的假设。针对反对者的批评，货币主义者斯沃博达在其理论模型中扩展了货币主义学派的通货膨胀国际传递路径模型。他引入国内非国际贸易商品的价格分析，建立起一个国际贸易收支差额的传递模型。模型表明在引入非国际贸易商品价格分析以后，国际贸易通货膨胀货币理论关于通货膨胀国际传递的有关结论仍然成立。但是，斯沃博达认为，此时国外的通货膨胀只有一部分是通过一价定律下的单一价格渠道传递到国内，其余部分则由国际贸易顺差引起的国际储备量及基础货币的增加和实际货币余额效应间接传递到国内。虽然斯沃博达模型扩展了国际通货膨胀传递的渠道，但它还没有考虑到国际资本流动的通货膨胀传递效应。后来的货币主义者也注意到斯沃博达模型中的缺陷，他们认为，随着国际金融市场的发展，国际间利率调整在通货膨胀传递中的作用要大于价格调整的作用，外汇市场和资本市场的调整要快于商品市场的调整。资产选择引起的国际间资产流动会更迅速地通货膨胀"扩散"到世界各国。所以，目前的货币主义者对通货膨胀国际传递的研究越来越强调国际资本流动对通货膨胀国际传递的影响。

　　总的来说，第二次世界大战以后的经济学文献中，关于通货膨胀的研究所占的比重相当大，而这些研究又大多集中在解释通货膨胀的产生原因和机制上。在这方面形成了四种理论研究路径或类型：第一种是凯恩斯主义的研究。由于通货膨胀是凯恩斯主义主张国家干预、实行扩张的财政政策和货币政策的结果之一，因此，凯恩斯主义者一方面被迫作出解释，认为通货膨胀是换取低失业率和经济增长在所难免的代价，其主要目的

是为干预进行辩护；另一方面试图分析通货膨胀的成因并采取相应措施，以减轻副作用，缓解矛盾。第二种主要是自由主义论者的研究，包括货币学派、理性预期学派、供给学派等。他们从维护市场机制的自由运行出发，认为国家干预的必然结果是通货膨胀，并由此带来市场机制的紊乱，扰乱经济秩序，因此反对通货膨胀。第三种是新政治经济学的研究，这种研究将通货膨胀理解为一种政治体制不完善的产物。这方面的研究也是作为凯恩斯主义的对立面发展起来的，包括公共选择学派、新制度学派。这些学派的研究有一个共同点，那就是从资本主义的经济政治制度层面去寻找通货膨胀的成因。例如影响最大的公共选择学派的代表人物布坎南从剖析国际政治结构入手，构建起解释通货膨胀与失业相互关系的理论体系。他们主张从思想、制度安排、程序等方面入手进行改革，既要消除凯恩斯主义的不良影响，更要摧毁任何国家干预主义政策的政治基础。第四种是"社会经济"研究。这种研究是从社会学或人类学的角度出发对通货膨胀等宏观经济现象进行探讨。这方面的研究最早可以追溯到美国旧制度学派的创始人凡勃伦在其一系列著作中所进行的初步分析。这种研究试图从文化模型及嬗变，从社会心理学等方面揭示货币经济条件下通货膨胀的形成机制。戈德索普、吉尔伯特等经济人类学家构建通货膨胀的社会学模型的努力，从独特的角度提出了专业经济学家向来不屑一顾的重要分析思路。

五、结构主义输入型通货膨胀理论的新发展：以发展中国家为例

北欧模型分析的是在固定汇率制下，通货膨胀在小国之间的传递，事实上针对的还是发达国家，这一模型显然不适用于分析浮动汇率制下发展中国家的输入型通货膨胀。凯文（Kevin S. Nell）根据发展中国家的现实，在分析南非的输入型通货膨胀时提出了专门针对发展中国家现实分析输入型通货膨胀的模型。

（一）输入型通货膨胀的生成机制的结构主义解释

结构主义学者认为，发展中国家所发生的通货膨胀问题在一定程度上是其发展历史造成的。由于发展中国家大都经历过被发达国家殖民的历史，其经济结构发展不均衡；此外发展中国家的经济政策对经济结构也会有一定的扭曲作用。经济结构发展不均衡正是导致这些国家产生结构性输入型通货膨胀的根本性原因。结构主义学者认为发展中国家输入通货膨胀的原因可以划分为以下三类：

第一，产业发展不平衡，主要表现为农业部分发展滞后。农业本身的产业特点决定了农产品存在供给刚性（Supply Rigidities），也就是产量不能随着价格的变化作出灵活的调整。在发展中国家城市化的进程中，经济对农产品的需求上升，而农业部门的供给却不能相应增加，这就导致了农产品价格随着需求的上升提高。农产品价格的提高在价格刚性机制的作用下传导到经济的其他部门，继而带动整个社会一般价格水平的上升。

第二，发展中国家进出口结构不合理。由于发展中国家经济结构不完备，这些国家需要大量外汇去进口那些本国无法生产而自身经济发展亟需的资本品和工业品，收入弹性高；另一方面，发展中国家出口以初级产品为主，这些产品在国际市场上收入弹性小。这种进出口结构的不合理造成了发展中国家进出口弹性的不匹配，这种进出口产品

的弹性不匹配使得在国际市场发生变化的时候，进口所需的外汇往往会远远大于出口所得的外汇，进而造成国际收支不平衡和本币贬值，引发进出口产品相对价格的改变，最后影响国内的一般价格水平。

第三，税收体制结构不合理。发达国家以所得税为主，发展中国家以间接税为主，这是发达国家和发展中国家税收体制结构上最大的差别。这两种税收的收入弹性存在着显著的差异：由于所得税实行累进制，其收入弹性高，具备自动稳定器的功能；间接税收入弹性小，其增长滞后于国民收入的增长，无法弥补发展中国家的投资支出，而这些大量的投资支出是发展中国家推动经济增长所必需的。这就会造成发展中国家的结构性赤字和货币超发，通货膨胀也会随之而来。

（二）输入型通货膨胀的生成机制、维持机制和支持机制

结构主义学者认为，发展中国家通货膨胀的过程可以看做是生成机制、维持机制和支持机制三种机制的组合。

1. 通货膨胀生成机制。结构主义学者认为发展中国家通货膨胀的根源在于农产品供给缺乏弹性、产业发展不平衡，特别是农业发展滞后、出口产业结构落后导致的进出口结构不合理，以及税收结构不合理等结构性因素。

2. 通货膨胀维持机制。结构主义学者认为发展中国家输入型通货膨胀最重要的特征就是其自动维持下去的因素。发展中国家的经济结构不合理是这些国家输入型通货膨胀发生的根源，但这些因素只是触发了通货膨胀的发生，还不足以将通货膨胀维持下去。真正使通货膨胀维持下去的是经济中的利益冲突，以价格—工资螺旋最具有代表性。结构主义学者认为，最初的通货膨胀改变了经济中各阶层的实际收入，使原有的收入分配格局发生了变化。因此在通货膨胀中，利益冲突各方都会保护自身的利益，这表现为在通货膨胀中得益的一方会尽其所能维持和扩大自身在国民收入的份额，而利益受损方则会通过种种渠道表达自身诉求，在最大限度上要求自身受损的利益。而劳资谈判和指数化等制度的存在使得各方分配利益的行为变得合法化，从而导致了通货膨胀持续。通货膨胀的惯性机制一旦成型，那些调节总需求的管理政策就会在遏制通货膨胀方面失效。

此外，新的结构主义输入型通货膨胀模型还纳入理性预期理论。预期理论认为，市场中各经济主体根据自身对通货膨胀的预期来制定下一期的价格，但是经济主体对通货膨胀预期和理性预期是有偏差的。理性预期指的是经济主体根据一切可得的信息所指定的与理论的预测基本一致的预期。理性预期中，虽然预期会受到随机因素的干预，但是经济主体一旦发现预期存在误差就会立即反应予以纠正。而在通货膨胀的维持机制中，经济主体还会观测其他主体的有可能作出的预期来形成自己的通货膨胀预期，从而使自身所指定的相对价格处于有利的地位。一旦经济主体发现自己的预期不同于理论预期时，他们会提高自身的预期向其他经济主体更高的通货膨胀预期看齐，而不是降低偏高的预期。这样通货膨胀就会继续维持下去。这种情况下经济主体的预期实质上是不同经济利益集团在收入分配竞争中的力量对比，表明不同利益主体能够将自身利益强加于他人的能力。

3. 通货膨胀的支持机制。结构主义者认为，货币供应量的增长可以不是通货膨胀的

起因，但它是通货膨胀发生所必不可少的因素。因为没有货币供应量的扩大，利益冲突中各方的涨价只会引发相对价格的变化，通货膨胀也无法维持下去。

（三）输入型通货膨胀产生的结构主义模型

1. 模型的假设。该模型是基于以下三个假设：

（1）与货币主义者的观点相反，结构主义学者并不认为中央银行过度的货币扩张是通货膨胀的唯一原因。结构主义学者认为货币扩张在一定程度上只是内生的，有时在通货膨胀中的作用是被动的。

（2）在发展中国家中，资本流入和中间产品在发展中国家的经济活动中尤其是在生产活动中是必需的。

（3）发展中国家基本上都存在外汇短缺的现象，外汇短缺限制了这些国家进口外国商品的能力。外汇短缺的主要原因是发展中国家只能出口几种初级产品（或者是科技含量低的劳动密集型产品），这些产品在世界市场上收入弹性相对较低；而这些国家进口的产品收入弹性相对较高。

基于以上三种假设，通货膨胀过程可以这样描述：一国对进口产品需求的增加带来了对更多资金的需求，这种对资金的需求只能靠银行信贷的扩张来满足。在外汇短缺的情况下，对资本流入和国外产成品的需求必然会给一国的对外收支造成压力，并引发该国货币名义汇率的下降和进口价格的上升。进口价格的上升抬高了人们的通货膨胀预期，并引发了之后的工资—价格螺旋，使得通货膨胀过程具备了自我实现的特性。工资—价格螺旋上升靠货币存量的自发增长而得以维持。

2. 南非模型的推导。结构主义输入型通货膨胀包含两个重要的部分。第一，输入的渠道，也就是说汇率变动是通过什么渠道影响进口商品价格的；第二，最初的商品价格上升是如何触发工资—价格螺旋的。

（1）价格工资模型。结构主义模型用以下方程来表示工资—价格螺旋在长期的作用：

$$\overset{*}{p}_t = \frac{\theta_0 + \lambda_3 \overset{*}{q}_t + \lambda_4 \overset{*}{imp}_t + \lambda_5 (\overset{*}{y} - \overline{\overset{*}{y}})}{(1 - \lambda_1 \delta_1)}; \lambda_3 < 0, \lambda_4 > 0, \lambda_5 > 0 \qquad (9.6)$$

式中，$*$ 表示该变量的增长率，θ_0 是截距项；$\overset{*}{p}_t$ 是消费品价格的上升幅度；$\overset{*}{q}_t$ 是劳动增长率；imp_t 表示进口产品价格的变动，$(\overset{*}{y} - \overline{\overset{*}{y}})$ 表示产出缺口；$\lambda_1 \delta_1$ 是工资—价格螺旋的系数。λ_1 描述工资增长对价格的影响程度，δ_1 描述价格增长对工资的反馈效应。从式（9.6）中可以看出，当 $\lambda_1 \delta_1$ 越接近于 1，通货膨胀率会变得越来越高，而且增加速度会变得更快。

（2）进口传递途径。汇率变动如何影响进口产品价格可以用一个对数线性化进口价格方程来表示：

$$limp_t = \alpha_1 l\,exr_t + \alpha_2 l\,ppi_t; \alpha_1, \alpha_2 > 0 \qquad (9.7)$$

imp_t 是总进口商品价格平减指数；exr_t 是以贸易额加权得出的名义汇率；ppi_t 是本国进口产品的生产国生产者价格指数（其加权平均方法和 $lexr_t$ 相同）。$limp_t$、$lexr_t$ 和 $lppi_t$ 分别是它们的对数形式，$lexr_t$ 的增长意味着本国汇率的下降，因此 α_1 应当为正。

如果式（9.7）中的 α_1 等于 1，那么本国在国际市场上就是价格接受者，汇率的变动会完全反映到国内市场中。式（9.7）中的长期进口传递渠道表示，该模型的理论上和实证上的有效性可以用一个相关系数来评价。无论进口传递渠道是否完全，该模型强调汇率和生产者价格指数的系数在大小上应该相同（$\gamma = \alpha_1 = \alpha_2$）。

（3）汇率下降的长期通货膨胀效应。从方程 1 中，进口价格上升所带来的长期的通货膨胀效应和之后所引发的工资—价格螺旋可以写成以下形式：

$$\frac{\partial \overset{*}{p}_t}{\partial i\overset{*}{mp}_t} = \frac{\lambda_4}{(1 - \lambda_1 \delta_1)} \tag{9.8}$$

式（9.7）中的进口传递渠道可以表示成以下形式：

$$i\overset{*}{mp}_t = \gamma(e\overset{*}{xr}_t + p\overset{*}{pi}_t) \tag{9.9}$$

式（9.9）对 $e\overset{*}{xr}_t$ 求偏导，可以得出

$$\frac{\partial i\overset{*}{mp}_t}{\partial e\overset{*}{xr}_t} = \gamma \tag{9.10}$$

γ 是进口传递系数的估计。本币贬值的长期通货膨胀效果取决于进口传递系数和工资—价格螺旋：

$$\frac{\partial \overset{*}{p}_t}{\partial e\overset{*}{xr}_t} = \frac{\partial \overset{*}{p}_t}{\partial i\overset{*}{mp}_t} \frac{\partial i\overset{*}{mp}_t}{\partial e\overset{*}{xr}_t} \tag{9.11}$$

将式（9.8）和式（9.10）代入式（9.11）中，可以得出本币贬值的长期通货膨胀效应：

$$\frac{\partial \overset{*}{p}_t}{\partial e\overset{*}{xr}_t} = \frac{\lambda_4}{(1 - \lambda_1 \delta_1)}\gamma$$

（四）政策建议

结构主义学者认为，不能通过需求管理政策来治理通货膨胀。因为一旦通货膨胀的维持机制得以启动，经济中各利益主体将会为保护自身利益而提高价格，因此紧缩性的需求管理政策均不能生效。即使政府采取了紧缩性的需求管理政策，也不能消除经济中不同利益主体之间的利益矛盾。因此，结构主义学者提出了治理通货膨胀的短期和长期的非常规政策。

结构主义学者认为，由于相关利益者为了各自利益竞相提高价格，没有人愿意放弃自身利益停止这一恶性循环，所以短期内只能借助政府力量，强制终止这一恶性循环。结构主义学者主张政府在短时间内冻结工资和物价，以及采取措施稳定汇率。

就长期而言，结构主义学者主张政府出面协调劳资双方关系，确立双方在工资上涨幅度上的共识。此外政府还要制定相应的政策，确保双方协议能够顺利执行。

第三节 国际通货膨胀理论评述

前文我们对于国际通货膨胀理论的演进和发展过程以及主要内容进行了介绍，本节将从演进脉络、理论简评、现实启示三个方面对于 20 世纪国际通货膨胀理论的发展进行评述。

一、20 世纪国际通货膨胀理论演进评述

20 世纪的百年，国际通货膨胀理论从无到有，经历了一个逐步发展和完善的过程。回首 20 世纪国际通货膨胀理论的演进，我们认为可以总结出以下几条演进脉络。

（一）大致可以划分为四阶段的演进路线

我们把国际通货膨胀理论大致划分为四个阶段性跨越：从两分法向一分法的跨越、从需求分析向供给分析的跨越、从成本推动型向结构型的跨越、从封闭经济研究向开放经济研究的跨越。国际通货膨胀理论体系形成于第四个阶段，到目前为止，基本上构成了较为完整的理论框架。

在国际通货膨胀理论的第四个发展阶段，我们把国际通货膨胀理论基本上划分为两大类型：国际通货膨胀研究的货币论和国际通货膨胀研究的结构论。具体来讲，国际通货膨胀的货币论尚没有形成完整的理论体系，但是其政策主张非常明确，即实行浮动汇率制度以隔绝通货膨胀。其他的一些通货膨胀理论都大致可以归入国际通货膨胀研究的结构论中。

（二）国际通货膨胀理论伴随着人们对于货币金融现象认识的逐步深入而不断完善

人们对于货币金融现象的认识是逐步深入的，对其的争论也一直没有停止过，只是在不同的时期由于经济的发展程度以及研究的重点不同，其争论的焦点也不同。早期的争论主要集中在对货币本质观的讨论过程中；传统的货币数量说以货币的外生性作为基本前提来分析货币数量与物价的关系，但在货币数量与物价的因果关系问题上，理论界并未取得一致意见；凯恩斯从其"货币名目论"的本质观出发提出外生货币论以后，货币主义与后凯恩斯主义争论的焦点又集中到货币当局对决定货币供给的基本因素能否有效控制上。

随着人们研究的逐步深入，人们对通货膨胀研究的视野也逐渐扩展开来，各种经济学流派都试图对通货膨胀现象加以解释，于是通货膨胀从最初的两分法一直经过四个阶段的演化，扩展到开放经济条件下的通货膨胀问题研究。国际通货膨胀的问题涉及开放经济条件下的各个经济变量，复杂程度大大提高，因此对经济学家们提出的要求也更高。随着经济现实对各种经济学派的检验，各种通货膨胀理论也依次经过了由盛转衰的过程，最终留下的总是对当前经济实际的解释力最强、与当前经济现实最为接近的理论。

近年来，随着经济学的快速发展，以及各种研究技术的推广和普及，人们对于货币

```
┌──────────────────────┐        ⎧ 1.货币数量论
│  从两分法向一分法的转变  │        ⎪ 2.维克赛尔的贡献
└──────────────────────┘        ⎨ 3.凯恩斯通货膨胀思想的发展与演变
           │                    ⎩ 4.本特·汉森对凯恩斯理论的发展
           ▼
┌──────────────────────┐        ⎧ 1.新古典综合派：供给角度的分析
│  从需求分析向供给分析的转变 │       ⎨ 2.菲利普斯曲线的历史演变
└──────────────────────┘        ⎩ 3.伦德贝格：工资物价、税收循环上
           │                        升模型
           ▼
┌──────────────────────┐        ┌───────────────────────────┐
│  从成本推进型向结构型的转变 │       │ 1.鲍莫尔1967年               │
└──────────────────────┘        │ 2.希克斯—托宾劳动供给不均衡模型  │
           │                    └───────────────────────────┘
           ▼
┌──────────────────────┐        ┌───────────────────────────┐
│ 从封闭经济研究向开放经济研究 │      │ 1.货币学派的通货膨胀国际传递模型  │
│        的转变           │      │ 2.通货膨胀国际传递的结构论       │
└──────────────────────┘        │ 3.世界性通货膨胀模型           │
        ╱        ╲              │ 4.对世界性通货膨胀模型的进一步发展 │
       ▼          ▼             └───────────────────────────┘
  ┌────────────────────────┐
  │  20世纪国际通货膨胀理论的构成  │
  └────────────────────────┘
     ┌──────┐        ┌──────┐
     │通货膨胀 │        │通货膨胀 │
     │国际传递 │        │国际传递 │
     │货币论  │        │结构论  │
     └──────┘        └──────┘
```

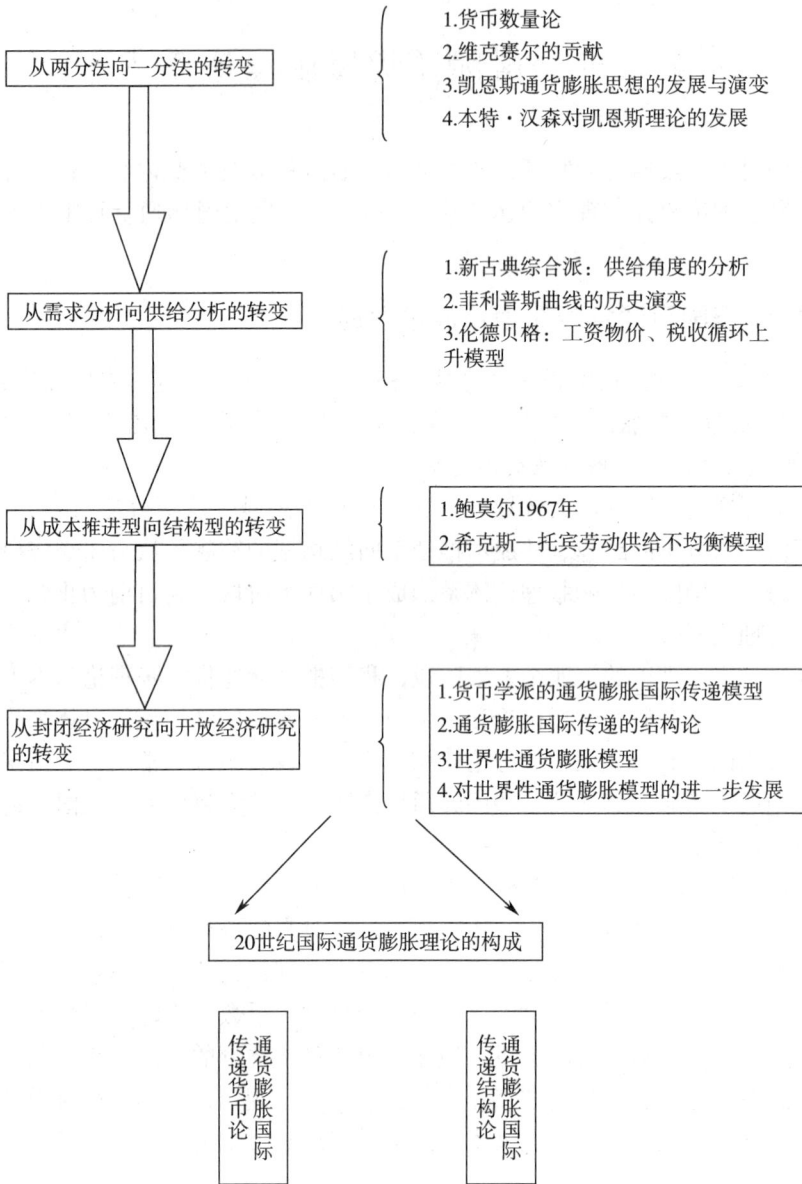

图 9 - 2 20 世纪国际通货膨胀理论构成图

金融现象的认识在深入和提高，货币金融理论体系趋于完善。因此，国际通货膨胀理论也步入了一个崭新的发展时期。国际通货膨胀传递途径的分析逐步全面，广大转轨经济和发展中国家越来越融入到国际金融领域中，通货膨胀的国际传递问题在全世界范围内都受到了高度的重视。我们可以预见，未来将有更多的经济学家，包括了解广大发展中国家国情的经济学者加入到对通货膨胀国际传递的研究中来。未来的国际通货膨胀理论体系必将更加完善。

（三）国际通货膨胀问题的研究经历了从小国经济向大国经济的演进轨迹

虽然经济学家们对通货膨胀问题很早就开始关注，但是最早对通货膨胀国际传递问题的研究还是从小国通货膨胀问题的研究开始的。因为这些国家更容易受到国外通货膨胀的影响和传递。可以说，瑞典学派在国际通货膨胀理论上的贡献是独一无二的。他们提醒人们关注世界通货膨胀的产生和传递问题，为人类认识通货膨胀问题提供了一个全新的研究视角。

随着经济全球化、金融国际化步伐的不断加快，世界各国越来越难以脱离别的国家而关起门来进行经济活动。通货膨胀作为宏观经济学最重要的问题之一，也不可避免地需要经济学家们给予全新的理论诠释。就这样，国际通货膨胀理论重新得到了经济学家们的关注。货币主义、凯恩斯主义以及各种经济学派都对国际通货膨胀问题给予了基于各自学派理论观点的系统解释。经济学家们研究的视野也开始转向大国经济，对于大国经济在国际通货膨胀产生和大国之间通货膨胀传递的问题开始进行深入细致的研究。

我们不能否认，对于国际通货膨胀问题的研究并没有像其他国际金融问题如汇率理论、国际收支理论等那样被经济学家们所广泛关注，并且研究成果成熟、丰富，构成了严密的理论体系。国际通货膨胀理论还是零散、不系统的，并且大多数理论并没有经过经济学家们严格的实证检验。因此，未来国际通货膨胀理论的研究尚需进一步深入。

可以预见的是，广大发展中国家的经济实践具有与大国经济以及小国经济不同的背景与现实，因此，国际通货膨胀理论对于发展中国家问题的研究应当是未来国际通货膨胀理论发展的方向之一。

二、国际通货膨胀理论简评

我们对于 20 世纪国际通货膨胀理论发展的评述基本上分为两个部分，即理论贡献评述和理论缺陷评述。

（一）国际通货膨胀的货币论

1. 国际通货膨胀货币论的理论贡献

（1）国际传递货币论对纸币流通条件下货币量与价格水平之间数量关系的分析，以及对货币传递机制的论述，在一定程度上说明了商品经济中货币与价格水平之间的对应关系。在不兑现纸币流通条件下，货币流通与商品流通的关系中的一个特点是任何超过流通中所需要的货币量，不会退出流通，而会冲击商品价格水平和总产量。简而言之，在不兑现纸币流通条件下，货币流通对商品流通有着重要影响。这表明货币量的变动对一国经济的发展起着有力的作用，而且货币因素对经济发展的影响取决于货币在经济中作用范围的大小和作用的实现条件。国际传递货币论的研究，指出了在资本主义社会中，货币量的增加会改变实际货币余额水平，从而会对商品市场和债券市场的供求产生影响，实际货币余额效应会在经济各部门之间传递，涉及整个经济。例如，在商品市场上，它会引起商品需求的上升，导致价格上涨，在债券市场上，它会引起债券需求量的增加，导致利率下降，从而影响到商品市场的需求。在非充分就业状态下，实际货币余额效应会引起产量的增加。而在充分就业状态下，会引起一般价格水平的上涨。

（2）国际传递货币论对国际收支差额传递机制的论述包含了两层意思，一是国际收支是一个自动调节机制，它在固定汇率制下会调节一国内部经济与外部经济的矛盾；二是由于国际收支差额反映了货币市场的波动，国外货币扩张可以通过国际收支差额所引起的国际储备量的变动而对国内货币量产生影响，从而使国内通货膨胀率与世界通货膨胀率一致。国际传递货币论的这种分析在一定程度上说明了资本主义国家之间的相互经济联系，有助于对资本主义经济运行的了解。更主要的是，在这里，国际传递货币论把国际收支当做一个整体概念来看待，认为国际收支的差额反映了一国的国际收支平衡关系，因此，国际收支调节的研究要从整体出发，不应该孤立地去研究国际收支中的贸易项目或资本项目。国际贸易项目或资本项目只是一国对外经济交往中的局部联系，只反映了一国的对外贸易或资本交易关系。在实际生活中，国家间的经济联系是一个多因素相互联系和相互影响的过程。随着资本市场的发展，国际间资本流动在国与国之间的经济联系中起着越来越重要的作用，对国际贸易产生了较大的影响，因此，从资本市场与商品市场的相互影响和资本流动与国际贸易的互补关系出发来研究国际收支的调节是有道理的。

（3）国际传递货币论在论述通货膨胀的国际传递机制时，指出了布雷顿森林体系的不稳定性和美国国际收支的巨额逆差对其他西方国家的影响。这些分析也有一定的依据。他们说明了 20 世纪 60 年代后期美国利用其在国际货币金融体系中占据的特殊地位，通过输出美元来弥补巨额的国际收支逆差，最终造成通货膨胀在世界范围内的扩散。

2. 国际通货膨胀货币论的理论缺陷。由于货币主义者把通货膨胀的产生和传递完全归结为货币因素的扰动，忽视了各国经济结构的差异和各国经济政策对通货膨胀的国际传递的影响，因此，他们的分析有了较大的局限性。可以把这种局限性归结为以下两个方面：

（1）国际通货膨胀货币论忽略了通货膨胀的国家性。根据货币主义者的看法，由于通货膨胀的国际传递机制的存在，通货膨胀的国家性消失了，至少对小国开放经济来说，通货膨胀只能是"输入"的，这个结论无疑过于简单。事实上，当国外货币扩张通过国际储备量的流入对国内货币供应量产生压力时，如果国内货币当局为了刺激本国经济也采取了货币扩张政策，引起国内货币供应量增加，那么，国外货币扩张对国内通货膨胀产生的作用就很难确定。这是因为，国内货币扩张会造成国内的国际储备向外流动。结果可能出现三种情况：

①如果国外货币扩张的压力大于国内货币扩张的压力，会引起国际储备量增加，影响国内通货膨胀率。

②当国外货币扩张的压力与国内货币扩张的压力相等时，国内的国际储备量可能不变，但其在基础货币中的比重下降，国内的通货膨胀完全由国内因素造成。

③当国外货币扩张的压力小于国内货币扩张的压力，结果该国成了通货膨胀的"输出国"。战后，在国家干预经济的条件下，第三种情况是可能出现的。它表明通货膨胀具有国家性，当然这并不否定通货膨胀国际传递压力的存在。

此外，还需要指出的是，通货膨胀纯属"输入"的论点是以不采取抵消政策为前提的，这个假设显然不切实际。各国不会在国际收支差额的变动影响国内货币政策目标实现的情况下，袖手旁观。它们会采取抵消政策，防止国际储备量的变动对国内货币供应量的冲击。西方经济学家曾对"无抵消政策"的假设做了大量的经验研究，其中绝大部分都从经验上否定了该假设。

（2）国际传递货币论忽略了通货膨胀国际传递机制的多样性。虽然通货膨胀从表面上看是一种货币现象，但这并不排斥非货币因素对通货膨胀国际传递的影响。各国通货膨胀率的相互影响也不能简单地归结为货币因素的作用。这种彼此之间的相互影响是一个复杂的、多因素作用的过程。因此，在分析这个问题时，要根据各国的具体情况作出判断。尤其应当注意的是这样三点：

①价格调整机制与国际收支差额传递机制在通货膨胀国际传递中的联系。价格调整机制与国际收支差额传递机制是一个过程的两个方面，它们之间是有联系的。比如说，世界通货膨胀率上升后，国内外的相对价格水平发生变化，国内相对价格下降，引起对国内的国际贸易商品的过度需求，而国际投机商为了取得价格差带来的利润，会在国内低价买进商品，在国外高价卖出，结果，国际收支差额出现顺差。于是，一方面，国际储备量的流入增加了国内货币供应量，会使国内价格上升；另一方面，价格调整的直接作用也将使国内价格水平上升，这就表明两种调节机制的交叉作用。

②经济开放程度的差别对通货膨胀国际传递的影响。在一些国家，通货膨胀主要是由国内因素引起的，来自国外通货膨胀的压力是次要的；在另一些国家，国外通货膨胀的压力是国内出现通货膨胀的主要原因。造成这样的主要原因之一是各国经济的开放程度高低不同。例如开放程度高的北欧国家，国内对外经济部门的生产在整个国民经济中占有相当大的比重，国民经济增长在很大程度上依赖于世界经济状况，世界市场的价格波动对国内价格的变动有着重要影响。

根据卡尔姆福斯对 20 世纪 60 至 70 年代瑞典国内通货膨胀率与世界通货膨胀率关系的分析，瑞典的通货膨胀主要受国外因素的影响，国内政策因素居次要地位。世界价格的波动对国内国际贸易商品的价格变动有决定性的影响；60 年代国内货币供应量的增长主要是国内信用扩张引起的，而 1970 —1975 年，国际储备量的流入是国内货币供应量上升的主要原因。至于开放程度较低的法国，国内经济部门在国民经济中起决定性作用，国外经济扰动对国内经济的影响较小。沙林等人曾对法国通货膨胀产生的原因进行过分析。他们认为，法国从 1963 年到 1973 年期间，出口价格的上升和国际储备量的增加对国内通货膨胀率有一定的影响，但通货膨胀产生的主要原因来自国内因素。

③通货膨胀率相互影响的复杂性。各国通货膨胀率之间的相互影响可以通过各种不同的传递机制来实现。某一传递机制对一部分国家的通货膨胀有较大的影响，而另一传递机制可能对另一部分国家的通货膨胀有较大的影响。一种传递机制对某些国家的通货膨胀影响较大并不排除其他的通货膨胀传递机制同时也在起作用。各种传递机制对某些国家影响的程度可能有主次之分，并且在不同历史时期，影响也会不同。费尔斯在研究了国外通货膨胀对联邦德国的影响后指出，国外通货膨胀的压力通过价格调整、国际收支差额变动和国际贸易乘数同时影响了联邦德国的通货膨胀率。这三种不同的传递影响

相互交织在一起。当价格调整的影响削弱时，后两种传递的影响就增加。

（二）国际通货膨胀的结构论

1. 国际通货膨胀的结构论的理论贡献

（1）第一次提出了通货膨胀国际传递这样一个问题。大多数西方经济学家认为，较早在开放经济条件下对通货膨胀的国际传递问题进行解释的当推"结构学说"中的"斯堪的纳维亚模型"，又称"北欧模型"。

（2）小国开放经济是指这样一类国家，它们参与国际贸易，但其进出口总额在世界市场上所占的份额很小，它们交换商品的供给和需求弹性无穷大，无论是从世界市场上进口商品还是向世界市场上出口商品，都不会影响世界市场上的价格，小国开放经济仅仅是世界市场上的价格接受者。以中国为例，虽然我国土地辽阔、人口众多，但在经济上是一个发展中国家，国际贸易额在世界市场上所占的比重较小，改革开放以后开放度逐渐加大，因此，从某种意义上讲，我国也可算做"小国开放经济"。所以说，研究这一模型对认识我国在加入世贸组织后出现的输入型通货膨胀问题具有一定的意义。

（3）它说明一个小国开放经济的通货膨胀取决于三个因素：世界通货膨胀率、开放部门与非开放部门之间劳动生产率增长率的差异程度，以及开放部门与非开放部门在国民经济中各自所占的比重。从这一理论模型可以看出，小国开放经济的通货膨胀具有两个显著特点：一是其通货膨胀率受世界通货膨胀率的影响很大；二是通货膨胀从国际传递到国内与部门结构有很大关系。因而，这一模型又被作为通货膨胀国际传播论的重要代表。

2. 国际通货膨胀的结构论的理论缺陷

（1）通货膨胀的国际传递对一国通货膨胀的形成并不是唯一重要的因素，它只是造成高通货膨胀的一个可能的原因。

（2）这一模型假定汇率是固定不变的，而我们都知道，自从 1971 年布雷顿森林体系崩溃以来，固定汇率制已经彻底瓦解，以后西方国家纷纷采取浮动汇率制度，斯堪的纳维亚模型的假设前提发生了动摇。

（3）这一模型也没有明确指出世界性通货膨胀国际传递的主要途径，这是它的局限性。

（三）林德伯克模型

1. 林德伯克模型的理论贡献

（1）林德伯克在建立了世界性通货膨胀模型之后，随之分析了国外通货膨胀对一国国内通货膨胀影响的传递机制问题。他认为，通货膨胀国际传递有六种途径：一是通过国内各经济部门之间的相互推动传递；二是通过国内进出口商品的价格变动传递；三是通过国际收支的"财富效应"与"货币效应"传递；四是通过国内外劳动力的自由流动传递；五是通过国外商品价格和工资上浮的"预期效应"和"示范效应"传递；六是通过凯恩斯主义的"出口乘数"带来的"总需求效应"传递。显然，林德伯克的分析大大拓展了通货膨胀的国际传递路径，从以上观点来看，林德伯克的世界通货膨胀模型对斯堪的纳维亚模型进行了发展。

（2）另外，林德伯克认为，通货膨胀可以通过需求途径传递，这说明它在一定程度上受到了凯恩斯主义理论的影响。林德伯克承认国际通货膨胀可以通过货币途径传递到国内，但是他认为，由于货币当局可以通过利率、公开市场业务等政策手段在很大程度上抵消这种影响，所以，只有出人意料的大量货币流入才能将通货膨胀从他国输入到国内。据此，林德伯克认为货币传递的作用不像货币主义学派强调得那么大。还有通货膨胀国际传递的货币理论一般认为，通货膨胀主要是通过国际资本流动途径传递的，而林德伯克等通货膨胀国际传递论者强调，通货膨胀主要是通过国际贸易途径传递的，这是二者的主要区别之一。从这个角度来看，林德伯克的世界通货膨胀模型也对通货膨胀国际传递的货币理论进行了补充与完善。

（3）瑞典学派认为，既然经济开放小国的通货膨胀是由世界性通货膨胀的传入以及劳动生产率不一致的国内两大经济部门的工资增长率趋同引发的工资成本推进造成的，因此，采取控制总需求或限制货币供应量的措施难以对付通货膨胀。而对工资和物价进行管制的措施不仅遭到工会组织的反对，而且也不符合社会民主主义思想。所以，从20世纪40年代末、50年代初开始，俄林、缪尔达尔、伦德贝格、林德伯克和爵南等经济学家都不同意对实际工资与物价进行直接管制，而主张实行浮动汇率政策；调整国内的经济结构，加强开放经济部门的发展，适当阻止非开放经济部门的发展，保持国内经济的平衡发展；实行与通货膨胀相适应的收入指数化政策，避免国内居民的实际收入因通货膨胀而下降；实行旨在控制工资增长率的各项政策来对付通货膨胀的国际传递。瑞典学派的通货膨胀模型所主张的工资推进型通货膨胀理论无疑是庸俗的，但与其他封闭的结构性通货膨胀模型相比，瑞典学派的模型是一种开放经济模型，它将通货膨胀研究的视野从国内扩展到国外，考察了通货膨胀国际传递的影响及其治理对策，这是有积极意义的。从这个角度来说，瑞典学派发展了西方的通货膨胀理论。

2. 林德伯克模型的理论缺陷

（1）理论经济学是一门历史科学，不用历史的方法去分析特定条件下的经济现象，就难以得出科学的结论。林德伯克对西方通货膨胀的分析，基本上撇开了战后资本主义生产关系发展的新特点，而仅仅就生产来分析通货膨胀这一现代经济现象，这就决定了其非科学性。

（2）关于通货膨胀的世界性，林德伯克仅从各国的贸易联系中去解释，但这并不能完全解释世界性通货膨胀产生的根本原因。通货膨胀产生的世界性在于各国国家垄断资本主义发展的世界性。战后主要资本主义国家的国家垄断主义发展到空前程度，这是当代资本主义的共同特点。

（3）林德伯克和其他西方经济学者一样，把价格上涨同通货膨胀混为一谈，这不仅在理论上是错误的，而且在分析实际经济问题时，不把两者加以区分，对许多问题就无法进行科学的分析。

（四）发展中国家的新结构主义输入型通货膨胀理论

1. 理论贡献。与传统的国际通货膨胀结构论相比，凯文的结构主义模型强调通货膨胀的根源在于本国的供给方面，也就是经济结构和制度方面的不合理。传统的北欧模型认为，小国开放经济的通货膨胀取决于世界通货膨胀率、开放部门与非开放部门之间的劳动生产率之间的差异程度以及两部门在国民经济中各自的比重。该模型的特点在于：

（1）根据发展中国家的实际情况，该模型将经济部门分为新兴的工业部门和落后的农业部门，由于农业部门供给刚性的存在，农业部门实际上已经成为了整个经济发展的瓶颈，农产品价格上升成为了通货膨胀得以产生并维持的一个必要原因。

（2）该模型认为发展中国家进口产品和出口产品的收入弹性存在显著的差异，进口产品是发展中国家发展经济所必需的工业品，收入弹性高；而其出口的却是收入弹性低的低级产品。这种进出口产品收入弹性的不匹配会给一国国际收支平衡和汇率稳定造成极大的压力，最后导致进出口产品相对价格水平发生变化。

（3）该模型认为发展中国家的输入型通货膨胀过程是生成机制、维持机制和支持机制的有机组合，突破了以往通货膨胀理论只关注通货膨胀的生成机制的局限。南非模型认为经济体中不同利益主体的利己行为对通货膨胀的维持至关重要。据此，结构主义学者认为，发展中国家通货膨胀问题的解决不能仅仅依靠需求管理政策，更重要的是政府通过强制力量对经济体中不同利益集团的调整。

2. 理论缺陷

（1）随着世界经济的发展，发展中国家之间的资本流动日趋频繁。资本流动给发展中国家带来的不仅仅是其发展所必需的资金，也给发展中国家带来了资产泡沫等一系列的问题。而凯文的结构主义输入型通货膨胀模型着重从经济结构和利益集团的博弈这两个方面讨论通货膨胀的生成机制、维持机制和支持机制，没有讨论资产价格上升对发展中国家通货膨胀的影响。

（2）该模型仅仅从汇率的变动引发资本品和进口工业品的价格发生变化的角度来阐释发展中国家通货膨胀的发生机制，没有明确指出世界性通货膨胀传递到发展中国家的主要途径。

三、国际通货膨胀理论对我国经济政策的启示

（一）通货膨胀既有国家性，也有国际性

通货膨胀的成因十分复杂，往往是多种原因共同造成较高的通货膨胀率。在开放经济条件下，各个国家之间的经济贸易往来日益频繁，一国的通货膨胀往往既有内部原因，也有外部原因，并且受经贸关系密切国家的影响更大。当国外货币扩张的压力大于国内货币扩张的压力，会引起国际储备货币流入，从而输入通货膨胀。当国外货币扩张的压力小于国内货币扩张的压力，该国成为通货膨胀的输出国。

如果国内国外货币扩张的压力相等，则一国的通货膨胀完全由国内因素造成的。就我国而言，在逐渐开放的市场经济条件下治理通货膨胀，不仅要把握好国内货币供给量，而且要采取相应措施减轻国际性通货膨胀的输入强度。我国自 1994 年 1 月 1 日起实行单一的、有管理的浮动汇率制度，为加入世贸组织后出现的通货膨胀输入问题做了一些准备工作，应该说是比较积极稳健的。

（二）通货膨胀的国际传递和一国经济的开放程度密切相关

通货膨胀国际传递机制具有复杂性和多样性，传递的速度有快有慢，各国受影响的程度也有深有浅，这取决于一国经济的开放程度。经济对外开放度低，通货膨胀主要受国内因素的支配，来自国外通货膨胀的压力是次要的；经济对外开放度高，受国际性通货膨胀输入的影响就大。我国加入世贸组织以后，长期以来依靠高关税和进口数量限制等强制措施保护而运转的国内市场，将在失去保护屏障的情况下面对国际市场上有比较优势产品的大举进入和强烈冲击。虽然按照关贸总协定的有关条款，我国还可以对某些"幼稚工业"实施保护，但这种保护是有时间性的，不可能无限制地保护下去。在一定时期内，进口商品将充斥市场，从而对国内货币供应量产生影响。这表明，加入世贸组织，实施国内外市场对接，我国将不可避免地受到国际性通货膨胀的冲击。

（三）国际资本流动的规模应和一国经济发展水平相适应

对于广泛参与国际分工与国际交换的开放型国家来说，把握国际资本的流速、流量与流向，在减少国际性通货膨胀对国内经济的冲击方面，显得十分重要。我国是发展中国家，在国内融通资金规模有限的情况下，只有大举引进外资才能缓解国内资金短缺状况。而我国资本流入的实物形态往往是国外的生产要素，它通常要用国内更大数额的人民币资金进行配套。据有关部门测算，利用外资与人民币配套资金的比例一般为1:3，这无疑会增大国内货币供应量。而资本流出和债务偿还还会形成债务与通货膨胀复加的局面，推动国内物价总水平上升。因此，把握好国际资本流入的规模与结构显得十分重要。适当运用外资的理论界限应是不至于引起国内通货膨胀率大幅度上升，其具体标准应是外资使用成本应小于预期收益率。此外，还要配置好外债偿还期，避免债务偿还期过于集中，也应避免债权国过于集中，尽可能使国际资本流入的货币种类和汇率与本国主要外汇收入流量相一致。

参 考 文 献

[1] Kevin S. Nell. , 2004. *The Structuralist Theory of Importedinflation：An Application to South Africa*. Applied Economics , 36：1431 – 1444.

[2] Nell. K. S. , 2003. *A "Generalized" Version of the Balance – of – Payments Growth Model：An Application to Neighboring Regions*. International Review of Applied Economics, 17：249 – 267.

[3] Gibson, B. & Van Seventer, D. E. , 2002. *A Tale of Two Models：Comparing Structuralist and Neoclassical Computable General Equilibrium Models for South Africa*. International Review of Applied Economics, 14：149 – 172.

第十章

开放经济条件下内外均衡与国际金融政策协调理论

内外均衡与政策协调理论是国际金融理论的重要组成部分。均衡理论的研究由来已久，早在 18 世纪金本位制下，人们便已开始研究国际收支的均衡问题。休谟的"价格—铸币流动机制"理论是最早的均衡理论研究成果，在 20 世纪上半叶，国际收支均衡理论的主要研究成果是弹性理论和吸收理论。20 世纪 60 年代以后，对内外均衡理论的研究更加深入，英国经济学家米德在吸收分析法的基础上，较为系统地提出了内外均衡理论，把国际收支均衡理论从只涉及贸易或经常项目的平衡扩大到包括国际资本流动的总平衡。继米德之后，经济学家蒙代尔细化了米德的政策工具分析，并综合运用了丁伯根法则等一系列经济理论，提出了不同汇率制度下的内外均衡实现及宏观经济政策的搭配，把内外均衡问题的分析提升到一个新的高度。继米德和蒙代尔之后，又产生了几种内外均衡理论，主要从宏观经济政策效用及国家间的政策协调角度分析，强调政策协调一致的重要作用。

国际间政策的协调从 20 世纪五六十年代就开始了，西方各工业国以及其他国家建立的布雷顿森林体系就是国际政策协调的典型例子。然而自从 1971 年固定汇率制度的历史结束之后，各主要工业国家普遍以财政政策和货币政策来追求内部平衡，以汇率政策来矫正外部失衡。自从 1985 年召开广场会议以来，主要工业国家政府均进行相互间的政策协调并不断地促进理论的发展，从早期库珀对溢出效应的论述以及哈马达（Hamada）图形分析，到近期的高什（Atish R. Ghosh）与马森的不确定性模型分析，以及后来许多尚未形成系统的理论，其间经历了对国际货币政策协调的肯定、质疑、再肯定、再质疑的反复过程，总体来看有两大分支：一是建立在对策论方法基础上考察国际政策协调的福利状况的理论模型；二是通过建立各种多国模型并利用实际数据来检验国际经济政策协调收益的大小。另外，还有一些经济学家们在肯定国际货币政策协调的积极作用的基础上，研究政策协调的具体可行方案等。

第一节　开放经济条件下不断发展的内外均衡理论

政府在宏观经济管理方面通常要追求四个目标，即经济增长、充分就业、物价稳定和国际收支均衡。其中前三个目标是针对国内经济情况而言的，故被称为内部均衡目标，第四个目标是针对跨越国境的经贸活动，因而被称为外部均衡目标。显然，内部均衡目标和外部均衡目标不一定能同时达到。对这两种均衡目标矛盾同一关系的研究长期以来也就成为国际金融理论的重要分支。

一、20 世纪 70 年代以前的内外均衡理论

（一）早期内外均衡经典理论

早在 18 世纪，人们就已开始研究国际收支均衡问题。但是在金本位货币制度下，国际收支有一种自动均衡机制，即最早由英国哲学家和古典政治经济学家大卫·休谟于 1752 年提出的"价格—铸币流动机制"。根据休谟的理论，在金本位制度下，无论国际收支顺差还是逆差都不能持久存在，经济运行会使国际收支自动趋于均衡。由于这种内在的均衡机制，再加上金本位制度下各国经济的国际化程度都比较低，所以国际收支均衡和内外均衡问题都还没有成为经济运行中的突出问题。

进入 20 世纪后不久，金本位制度便衰弱了。经过两次世界大战，国际金本位制度彻底崩溃。两次世界大战期间，各国的国际收支问题日益严重，内外均衡的矛盾也逐渐突出。在这一阶段，国际收支均衡的主要研究成果是国际收支弹性理论，即侧重从经常项目中国际贸易部门的进出口弹性角度，来分析国际收支均衡实现的条件和调节失衡的办法。

第二次世界大战以后，国际经济一体化的趋势进一步加强，各国宏观经济中内外均衡的矛盾也日益凸显。国际收支均衡的研究在 20 世纪五六十年代以吸收分析法为主流理论，其核心思想是把凯恩斯宏观经济理论运用于国际收支分析，从而扩展了分析视角，并开始把国际收支的外部均衡目标和一国的内部均衡目标结合起来考虑。吸收分析法认为国际收支均衡与国内的宏观经济均衡紧密相关，国际收支失衡也可能是由国内经济失衡引起的；反之，出现国际收支失衡后，可以通过对国内经济的调节（主要是总需求管理）来使国际收支恢复均衡。

（二）米德分析——系统的内外均衡理论

英国经济学家米德在吸收分析法理论的基础上，较为系统地提出了内外均衡理论。其问题是：第一，一国要同时实现物价稳定与充分就业的内部均衡以及国际收支均衡的外部均衡需要有什么样的政策组合。第二，在自由贸易和生产要素自由流动的情况下，要实现内部均衡和外部均衡，需要有什么样的政策组合。第三，怎样实现国际收支均衡。通过分析，米德认为在自由贸易和生产要素自由流动不受干扰的情况下，浮动汇率制度下可以实现外部均衡。实现国际收支均衡的政策手段，要比直接管理国际收支项目的控制手段优越。米德主张通过建立积极的国际经济合作，对各国实行的各项经济政策进行监督，促使各国实行"可调整的自由放任"政策，建立自由的经济秩序。

米德特别强调国际经济合作的作用，他曾提出心目中理想的国际经济秩序，以可变汇率来实现各国国际收支的平衡，以自由贸易和生产要素的自由流动来实现世界经济效率，以政府将收入的直接转移实现世界收入在国际上的再分配。而实现该理想的国际经

济秩序的必要条件正是广泛、深入的国际合作。虽然这种构想在操作上有很大的难度，但有关这方面的理论阐述，尤其是内外均衡的政策调节方面的理论在 20 世纪 50 年代曾被广泛接受。

（三）蒙代尔—弗莱明模型

到了 20 世纪 60 年代，蒙代尔在米德分析的基础上，细化了支出调整政策，不再把它仅看做一项政策工具，而是拆分为财政政策和货币政策两大政策工具，认为如果由货币政策解决国际收支上的困难，由财政政策解决国内就业的困难，仍是两个目标、两种手段，尽管在固定汇率制下不能使用支出转移政策，但只要很好地搭配使用财政政策和货币政策，仍然可以达到内外均衡，并给出了相应的"蒙代尔搭配法则"。

蒙代尔继而深入研究了不同汇率制度下的内外均衡问题，他在内外均衡理论方面的贡献可以用蒙代尔—弗莱明模型（MF）来加以说明。这个模型分别讨论了在固定汇率制度和浮动汇率制度下，针对国际资本流动自由程度的不同，一国应该采取什么样的宏观经济政策搭配才能实现内外均衡。由于这个模型的理论贡献，蒙代尔因此荣获了 1999 年度的诺贝尔经济学奖。

蒙代尔—弗莱明模型在不同汇率制度下的政策效用分析的结论是：（1）在固定汇率制度下，当资金完全不流动时，货币政策和财政政策对国民收入等实际变量的长期影响是无效的；当资金不完全流动时，货币政策在长期内无效，而财政政策是有效的；当资金完全流动时，货币政策在长期内无效，而财政政策是有效的，且作用非常明显。（2）在浮动汇率制度下，当资金完全不流动时，货币政策和财政政策对国民收入等实际变量的影响是比较有效的；当资金不完全流动时，货币政策和财政政策仍是比较有效的；当资金完全流动时，货币政策非常有效，而财政政策是完全无效的。因此，蒙代尔认为在固定汇率制下，货币政策效用不明显，而在浮动汇率制下，货币政策非常有效。如果再加上一个前提假定条件——资本的完全自由流动，蒙代尔推出了其著名的"蒙代尔不可能三角"，即独立的货币政策、资本的完全自由流动、固定汇率三者之间可选其二，不可三者兼得。这一结论在当前仍具有广泛的意义。

二、20 世纪 70 年代以后的内外均衡理论

20 世纪 70 年代初，布雷顿森林体系解体，汇率波动幅度急剧加大，导致国际收支经常失衡并激化了内外均衡的矛盾。这迫使人们在蒙代尔—弗莱明模型的基础上进一步研究国际收支调节方式和内外均衡模式。这一时期在内外均衡理论方面研究的重点是国内部门和国外部门之间的联系。因为国际收支的经常项目是每个国家国内储蓄净头寸的反映，这种联系意味着国际收支失衡对国内和国际方面都必定有影响。学者的研究可总结为三部分：一是国际与国内失衡之间的联系；二是内外失衡调整过程的不同观点；三是失衡调整的不同渠道。

（一）国际与国内失衡之间的联系

西方经济学家认为，从资源或资金配置不合理的意义上说，失衡在经济系统中是经常发生的。而且在大多数情况下可以说它应该发生，因为它提供了一些信号，在必要时

失衡能引发随经济环境变化而使得资源进行再分配。至于调节机制是否自动发生作用，则存在不同的意见。大多数经济学家都认为，当市场机制发挥作用时，自动调整过程就会发生。但是在自动调整过程发挥作用的时间是否合理以及是否应该采取政策措施来加快这种进程等问题上，仍存在很多争议。在外部失衡的情况下，也有一个重要问题是，顺差国和逆差国调节失衡的压力是否很不对称，这个问题至今仍未解决。

学者们运用简单国民账户来说明国内金融失衡和国际金融失衡之间的关系：

$$Y = C + I + (X - M) \tag{10.1}$$
$$Y = C + S + (T - G) \tag{10.2}$$

式中，Y 表示国民收入；C 表示私人消费；G 表示政府支出；$X - M$ 表示出口减进口或国际收支经常项目；S 表示私人部门总储蓄；T 表示税收收入。

合并方程（10.1）和（10.2）则可得到

$$X - M = (S - I) + (T - G) \tag{10.3}$$

于是国际收支经常项目（$X - M$）等于私人部门储蓄和投资的差额（$S - I$）加上税收收入和支出的差额（$T - G$），即等于国内净储蓄。换句话说，经常项目逆差意味着国家吸收了比其本身占世界产出比重更多的真实资源。

假定经常项目的变化被资本项目的变化全部冲销，那么：

$$K = X - M \tag{10.4}$$

其中 K 是取决于 X 和 M 平衡的资本流入或流出。资本流出冲销了经常项目顺差（$X > M$），于是超额国内净储蓄被转移到国外。资本流入冲销了经常项目逆差（$X < M$），国外储蓄流入国内以弥补逆差。

方程（10.4）说明国内失衡（超额储蓄或储蓄不足）在国际失衡中有其确切的对应部分，或者表现为商品和服务收支的顺差或逆差，或者表现为资本流出或流入。根据定义，国内净储蓄一定有对应的资产，而这只能以持有国外净资产数额上升的形式来表示。同样，经常项目顺差也有一个对应部分，资本净流出或中央银行外汇储备增加，在两种情况下外部净资产都会增加。在讨论金融失衡时，有人认为，任何失衡问题的核心最终都在于国内经济，因此任何外部问题的后面最终是私人净储蓄和预算赤字的变化。经常项目的变化纯粹反映国内行为的变化，所以调整失衡时需要检查国内储蓄和投资的变化。另一些人则更看到了相应的外部问题，并认为贸易或资本流动的调整才是纠正失衡的最重要因素。实际上它们只是同一硬币的两面，调整机制要通过国内和国际渠道共同发挥作用。

（二）内外失衡调整过程的不同观点

因为经济条件的变化，所以国内和国际金融失衡调整的方式是随时间变化的。有一段时间曾产生了通过自动机制来纠正失衡的共同观点。但对于如何纠正失衡有着不同的观点。有些人认为主要渠道是价格调整，其他人则认为数量调整起关键作用，但大多数人认为这两种调整渠道一起发生作用。总的来说，经济学家现在认为调整机制可能比过去想象的更复杂。

对国际收支的不同要素，经济学家关注的重点也发生了变化。当资本项目被严格控制，且国际金融交易系统比今天更简单时，调整理论的重点自然放在经常项目上，特别是在贸易项目上。但在 20 世纪 60 年代关注的重点变化了。弗莱明（1962）和蒙代尔（1962）的模型开始重视国际收支调整理论中的资本流动。后来，货币分析法则把经常项目和资本项目统一起来，并假定储备变化是货币供求的均衡机制，而国内调整则为银根紧缩或放松的结果（约翰逊，1977）。到了 20 世纪 70 年代初，人们曾期望向浮动汇率的转变能通过市场决定的汇率使经常项目实现有效均衡，即任何失衡都将反映为货币的超额需求或供给，而货币价格将会自动调整以恢复均衡。然而，事实并非如此，不仅贸易量的反应需要时间，而且也存在货币汇率调整过度的可能性，这个过程在后来被多恩布什（1976）模型化了，他假定商品和资本市场有不同的调整速度（国内价格调整慢于汇率）。他的汇率超调模型以发展于 20 世纪 70 年代中期的资本市场法为基础，其突出特点是，由资产组合调整带来的资本流动具有重要作用，而这种资本流动可能降低经常项目流量。

到了 20 世纪 80 年代，在浮动汇率制下，价格调整机制也被充分地研究了。伴随着货币条件和预期在汇率和国内价格决定中扮演着关键角色，国际相对价格的变化是由货币价值变化导致的。于是相对价格变化的方式取决于进口商和出口商的定价行为。而贸易商品价格的变化对普遍价格水平的影响程度，主要是由工资行为的反应来决定的。浮动汇率制的一个优点是，在考虑工资和价格惯性的情况下，允许相对价格快速变化。但在实践中，价格调整并非是以一种平稳、顺畅的方式进行的，汇率趋于以一种不稳定的方式运动（威廉姆森，1985）。由于货币供求不仅由贸易商品的供求决定，也由关系到资产价格和汇率预期运动的资产组合因素决定，所以人们认识到资本流动在汇率决定中的作用越来越大了。

（三）失衡调整的不同渠道

失衡的调整机制可从国内或国际两个方面来观察。当关注国内方面时，人们看到国内储蓄和投资之间的差异，或者国内需求和产出之间的差距。通过这种角度观察，可根据储蓄和投资行为的决定来分析经常项目。例如，根据国内的储蓄/投资框架进行分析，本币贬值调整失衡的作用方式如下：只要存在剩余生产能力，贬值就会导致出口和进口竞争部门盈利能力的增加。这会使产出增加，使国内储蓄超过投资，并得到相应的增长。但如果经济已处于充分就业状态，那么由于通货膨胀的存在，贬值不会发生作用，同时相对价格也回复到了初始相对价格水平上，使得实际贬值未能发生，贬值政策未起到效果。

如果从国际角度研究失衡的调节机制，内外均衡理论认为，国内需求的增长影响进口，而国外需求的增长影响出口。由汇率和国内工资影响的相对竞争地位，影响了市场份额的变动。传统的贸易效应被总结为出口和进口的收入和价格弹性，即传统的吸收法和弹性法。例如，从贸易方面来分析，真实贬值导致相对价格的变化，部分对国外商品的支出转移到国内产品上（至少在相对的期间）。根据相对价格运动，一般认为，贬值会使以外汇表示的出口商品价格下降及出口量上升。同样，以本币表示的进口价格趋于上升，导致进口量下降。实际净出口因此增加。只要数量足够大到超过出口价格低于进口价格的差额，贸易收支就会改善。一般地说，只要价格弹性的总和大于所谓的马歇尔—勒纳条件，贸易收支就会改善。不过，因为贸易条件转移发生的速度大大快于数量调整，所以贸易收支在改善前的短期内会趋于恶化，即所谓的 J 曲线效应。

由于上述分析在性质上基本是短期或静态的。于是在 20 世纪 80 年代末期，有的经济学家如塞尔沃（Thirlwall，1988）提出应采用一种更动态的方法来研究失衡调节的渠道，即关注一国进出口需求的收入弹性和相对增长率。而且，根据这种由经济结构特征决定的弹性和增长潜力，可能需要采用结构调整政策而非总量政策来纠正失衡。毫无疑问，这两种调整政策都是需要的，经济学家们争论的焦点在于哪种调整政策更为重要和有效。

三、经济全球化浪潮下内外均衡理论的最新发展

近年来有关内外均衡理论的阐述很多，主要集中在政策效应、政策协调层面。因为，当今的经济全球化浪潮几乎把所有的民族和国家都纳入了一个相互依存的世界体系，在这个开放的体系中，任何一国经济都与外部世界存在这样或那样的联系，这一点是每个决策者在制定其经济政策时所不能忽视的。在这种背景下，便产生了许多有关国际政策协调的经济理论，而这种协调理论是从研究政策效应开始的。

（一）溢出效应

溢出效应是库珀和德·布鲁尼等经济学家在对两国 MF 模型的分析时得出的，在国际政策协调理论研究方面作出了巨大的贡献。两国的 MF 模型主要分析各国经济的相互依赖，特别是说明当一个国家改变宏观经济政策时所出现的溢出效应。所谓溢出效应，就是指一国宏观经济政策的实施不仅会影响本国经济，也会对他国的经济状况产生影响。这种影响可能是积极的，也可能是消极的。该模型由两个对称的国家组成，每一个国家都只生产一种与外国不同的贸易品，资本具有完全的流动性。和基本的 MF 模型一样，对两国 MF 模型的研究也是分为固定汇率制下的财政、货币效应和浮动汇率制下的财政、货币效应四个部分。在此以浮动汇率制下的货币政策效应为例说明，一方面，若本国采用扩张性货币政策，导致本国收入 Y 上升，本国利率 i 下降，本国 Y 的上升又通过边际进口倾向引发他国收入水平和利率的上升。另一方面，若本国利率下降，将使得资本外流，产生国际收支逆差，导致本币贬值，而外国的利率水平上升，导致资本流入，国际收支顺差，外币升值。本国货币的贬值将使得本国出口增加，意味着收入进一步增加且利率有所回升，外币升值使得外国进口增加、出口减少，这意味着收入和利率均下降了，最后，本国和外国分别达到最后的均衡，本国产出增加，而外国产出减少。

可见，从长期来看，浮动汇率制下的扩张性货币政策是一种典型的以邻为壑政策，是一种损人利己行为，因为本国产出的增长是建立在他国产出下降的基础之上，其实质是把国内就业输出到其他国家，以损害他国利益为代价来增加国内就业。其他保护措施诸如关税、非关税壁垒、货币贬值、出口补贴等都属于这种性质的政策。同理，一些学者在对其他效应分析时，也得出了如下结论：固定汇率制下的货币政策以及浮动汇率制下的财政政策均对收入有刺激作用，且由两国共同分享，而固定汇率制下的财政政策对

本国经济刺激的作用较大，对外国经济刺激的作用较小，甚至为负作用。

（二）回振效应

回振效应又称回波效应，是指受到溢出效应影响的国家，反过来又会自动影响引起这种效应的国家，如在上述的分析中，当本国实行以邻为壑的扩张性货币政策时，本国收入上升，外国收入下降，而外国收入下降便会使得其进口减少，从而使得本国的出口相应减少，本国收入又会逐渐下降，所以，影响是相互的。回振效应反映了在世界范围内各国利益相一致的一面，正可谓"一荣俱荣，一损俱损"。这使得各国宏观经济政策的合作和协调显得十分重要，如当出现世界范围内的经济衰退时，各国均想刺激经济增长，但又担心贸易项目会因此而恶化，故犹豫不决，这时各国可以通过协商一致，同时采取扩张性政策，这样所有国家的产出和就业都增长了，而又使贸易项目免于恶化。

（三）"囚犯困境"

尽管国际政策协调好处多多，许多经济学家也极力倡导，但成功的政策协调很少，这主要因为存在很多障碍因素，如政策工具运用条件的差异、对政策目标的不同偏好、政治的障碍等。但其中最重要的一点是相互之间缺乏完全的信任，都希望尽可能地少付出、多得益，对此，经济学家纳什利用囚犯困境和纳什均衡解进行了很好的说明。在过去的十几年中，已有许多经济学家利用博弈论分析国际经济政策协调，例如哈马达（1979，1985），格雷（1983）等分别在某一阶段静态完全信息博弈框架下对固定汇率制和浮动汇率制下国际经济关系的分析；M. 米勒和萨尔曼（1985）在动态博弈框架下的分析等；通常都得出政策协作导致两国福利增加的结论。尽管所有这些关于国际经济联系和政策协调的分析和结论都与特定的模型设置有关，但它们仍对政策制定有着重要的帮助。可见，囚犯困境等的存在使得各国之间经济政策的协调困难重重，当然，这种情况是可以改善的。随着各国经济交流和合作的增强，世界经济全球化和一体化进程的加深，我们深信，经济合作是可以达到的。为此，许多经济学家也提出了许多观点，如托宾提出的全球对外汇交易征收交易税的托宾税方案、威廉姆斯等人提出的汇率目标区方案、麦金农提出的有条件地恢复固定汇率制理论等等，都产生了很大的影响，对国际间的政策协调实践具有积极的作用。

第二节　开放经济条件下的国际金融政策协调理论

在开放的市场经济体制下，一国经济政策的协调包括内部协调和外部协调两部分。一国可供选择的内部政策协调措施主要有直接管制政策、支出调整政策和支出转移政策等。同时，开放的经济环境使得各国经济存在着紧密的相互依存性，这种相互影响关系在一定程度上制约着一国内外均衡目标的实现。因此，各国对经济政策进行国际协调是非常必要的。实现内外均衡目标的国内国际间政策协调问题是国际金融学的一个重要组成部分。在本部分中，我们将分别说明内部协调与外部协调理论的演进过程，从而完整体现政策协调理论体系。

一、开放经济条件下国际金融政策内部协调基本原理

我们在前面的分析中已经指出，开放经济的政策目标包括内部均衡与外部均衡两部分，如果仍像封闭经济条件下一样单纯采用控制社会需求总量的政策进行调控，这会在很多情况下造成内外均衡之间的冲突，开放经济的政策调控需要有新的思路。自20世纪50年代以来，关于政策配合的"丁伯根法则"与政策指派的"有效市场分类原则"等理论的出现发展了开放经济的政策调控理论，并且也对经济学中的经济政策研究起了很大的推动作用。

（一）丁伯根法则

在研究内外均衡理论史中，我们不得不提到一个法则，即丁伯根法则。之后的米德和蒙代尔所提出的一系列政策搭配理论均与此有关，只不过从不同的角度理解罢了。这一理论的提出者荷兰经济学家扬·丁伯根是第一位诺贝尔经济学奖得主（1969），他提出的"经济政策理论"被经济学界称为丁伯根法则。由于一国面临多个经济目标，这些经济目标本身并不一致，并且一国有多种政策工具可供选择，各种政策工具实施的效果又可能大相径庭。针对这个问题，丁伯根做了大量细致的分析，提出了将政策目标和工具联系在一起的正式模型，其基本含义是一国所需的有效政策工具数目至少要和所想达到的独立的经济目标数目一样多，要达到一个经济目标至少需要一种有效的政策工具。由此推论，要达到 N 个独立的经济目标，至少需要使用 N 种独立的有效政策工具。这一原则被西方经济学家通俗地概括为"不能一石二鸟"，这一结论虽然很简洁，但在当时引起了极大的反响，一方面，它使内外均衡理论的研究更为深入，且不再仅仅局限于理论研究本身；另一方面，它也为政策的制定者提供了良好的制定标准，一箭双雕的两全其美政策是很难达到的，政府要实现几项独立的经济目标，就必须使用同等数量的政策工具。丁伯根法则对目标实现过程的论述具有如下特点：一是假定各种政策工具可以供决策当局集中控制，从而通过各种工具的紧密配合实现政策目标；二是没有明确指出每种工具有无必要在调控中侧重于某一目标的实现。这两个特点是不尽与实际情况符合的或者不能满足实际调控的需要。蒙代尔于20世纪60年代提出的关于政策指派的"有效市场分类原则"弥补了这一缺陷。

（二）政策指派与"有效市场分类原则"

蒙代尔对于政策调控的研究是基于这样一个出发点：在许多情况下，不同的政策工具实际上掌握在不同的决策者手中，例如货币政策的制定属于中央银行的权限，财政政策的制定则由财政部门负责。如果决策者并不能紧密协调这些政策而是独立进行决策的话，就不能达到最佳的政策目标。蒙代尔得出的结论是：如果每一工具被合理地指派给一个目标，并且在该目标偏离其最佳水平时按规则进行调控，那么在分散决策的情况下仍有可能得到最佳调控目标。

关于每一工具应如何被指派给相应目标，蒙代尔提出了"有效市场分类原则"。这一原则的含义是：每一目标应指派给对这一目标有相对最大的影响力、因而在影响政策目标上有相对优势的工具。如果在指派问题上出现错误，则经济会产生不稳定性而距均

衡点越来越远。根据这一原则，蒙代尔区分了财政政策、货币政策影响内外均衡的不同效果，提出了以货币政策实现外部均衡目标、以财政政策实现内部均衡目标的指派方案。蒙代尔的主要贡献在于提出了特定的工具实现特定的目标这一指派问题，这一见解丰富了开放经济下的政策调控理论，它与丁伯根原则一起确定了开放经济下政策调控的基本思想，即针对内外均衡目标，确定不同政策工具的指派对象，并且尽可能地进行协调以同时实现内外均衡。一般来说，我们将这一政策间的指派与协调称为"政策搭配"（见表 10 - 1）。

（三）斯旺图示

一国如何使用需求增减和需求转换政策来同时达到内外部均衡呢？可以用斯旺图示来对此进行说明。斯旺图示是由澳大利亚经济学家斯旺提出的，是早期内外部均衡分析的主要工具，为均衡理论的发展作出了卓越的贡献（见图 10 - 1）。

在图 10 - 1 中，斯旺假定价格水平保持不变，同时国际收支即为贸易收支，而没有国际资本流动。横轴表示国内支出（投资、消费、政府支出）或需求，纵轴表示汇率（直接标价法），R 上升表示本币贬值或外币升值，R 下降表示本币升值或外币贬值。IB 线是内部均衡线，表示内部均衡时汇率 R 与国内支出 D 的各种组合，EB 线是外部均衡线，表示外部均衡时汇率 R 与国内支出 D 的各种组合。在 EB 和 IB 线上，经济将达到各自的均衡点，且在 EB 线与 IB 线的交点 F 处，内外部均衡同时实现。而一旦偏离这两条线，经济将处于一种失衡状态，IB 线的左边表示通货紧缩点的集合，右边表示通货膨胀，EB 线的右边表示国际收支逆差，左边表示国际收支顺差。因此，斯旺认为 IB、EB 线可以将整个区间划分为四大区域：Ⅰ——内部失业与外部盈余；Ⅱ——内部通货膨胀与外部盈余；Ⅲ——内部通货膨胀与外部赤字；Ⅳ——内部失业与外部赤字。

表 10 - 1　　　　　　　　　　　　**蒙代尔搭配法则**

经济状况	财政政策	货币政策
失业/国际收支顺差	扩张	扩张
通货膨胀/国际收支顺差	紧缩	扩张
通货膨胀/国际收支逆差	紧缩	紧缩
失业/国际收支逆差	扩张	紧缩

当宏观经济处于内外失衡状态时，如 A 点，可以采用支出调整政策和支出转移政策的搭配，使经济达到均衡点 F。如图 10 - 1 所示，A 点内部失业与外部赤字并存，为达到 F 点，汇率 R 与国内支出 D 都必须上升，可以使用支出调整政策使国内支出增加到 D_2，同时采用支出转移政策将汇率提高到 R_2。如果只有国内支出上升，该国可以获得内部均衡（IB 线上的 B 点），但这会导致更大的外部赤字；同理，如果只增加 R，该国可获得外部均衡（EB 线上的 C 点），或者当 R 上升很大时，一直到 IB 线上的 D 点，该国可以获得内部均衡，但不能同时取得内外部的均衡。值得注意的是，即使该国已实现了一个均衡，即处在 IB 或 EB 线上，如 IB 线上的 B 点，已经处于内部均衡，这时如果还

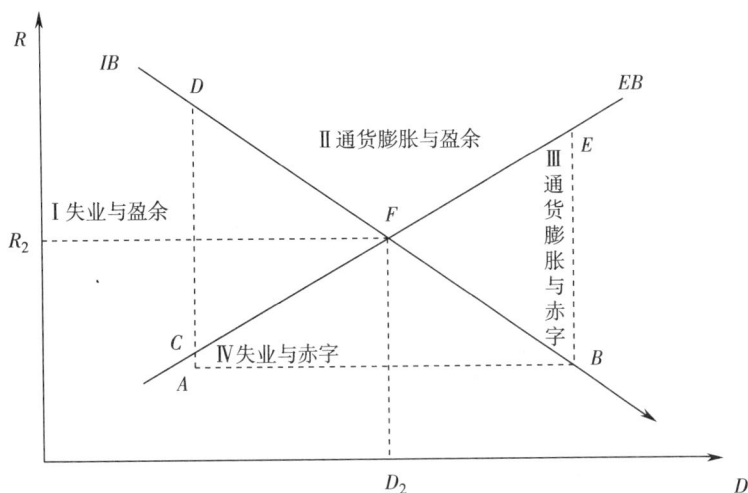

图 10 - 1　斯旺图示

想实现外部均衡，也不能依靠单纯的支出转移政策，因为单纯的汇率上升将会使该国达到 EB 线上的 E 点，虽然实现了外部均衡，但内部均衡不复存在，有通货膨胀的压力。所以，在此情况下，仍然要坚持两种政策的同时搭配使用。

（四）新斯旺模型

拉詹（Rajan, 2004）认为，传统的斯旺模型在描述内外均衡时忽略了资本流动这一重要因素，没有反映出利率、汇率和资本流动这三者之间的关系。新斯旺模型通过引入资本流动，使内外均衡的分析范式得到扩展。一国出现汇率大幅变动时，汇率政策和利率政策应该互相配合。新斯旺模型可以用图 10 - 2 表示。

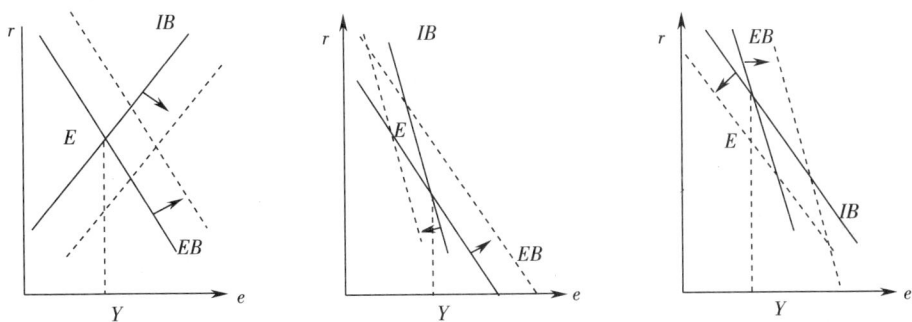

图 10 - 2　新斯旺模型

图 10 - 2 中 EB（External Blance）线表示的是非官方资本账户的平衡，该线用违约和货币风险的无抛补利率平价进行修正，反映的是汇率和利率之间的不同关系。EB 线的斜率受到两个因素的影响：资本流入会随着利率的上升而增加，引发本币升值，这决定了 EB 线斜率为负；同时根据违约和货币风险的无抛补利率平价，利率的提高会增加风险贴水，进而导致本币出现进一步的贬值，这会使 EB 线变得陡峭。

IB（Internal Balance）反映经济内部的均衡，表达式为

$$Y = C(Y) + I(r) + G + NX(Y,e) \qquad (10.5)$$

式中，*Y* 是一国总收入；*r* 是一国实际利率；*e* 是该国货币实际汇率；*C*（*Y*）表示该国消费；*I*（*r*）表示该国投资；*G* 表示该国政府支出；*NX*（*Y*，*e*）表示该国净出口。假设该国政府支出不变，*Y* = *C*（*Y*）+ *I*（*r*）+ *G* + *NX*（*Y*，*e*）可以简化为 *Y* = *Y*（*r*，*e*），求全微分可得

$$\mathrm{d}Y = \frac{\partial Y}{\partial r}\mathrm{d}r + \frac{\partial Y}{\partial e}\mathrm{d}e \qquad (10.6)$$

因此，可以得出 $\frac{\mathrm{d}r}{\mathrm{d}e} = -\frac{\partial Y}{\partial e} \Big/ \frac{\partial Y}{\partial r}$。其中 $\frac{\partial Y}{\partial r}$ 为信贷效应，其含义是当一国货币政策紧缩时，利率提高，产出随之下降，因此 $\frac{\partial Y}{\partial r}$ 的值确定为负。所以 IB 线的息率取决于 $\frac{\partial Y}{\partial e}$。

$\frac{\partial Y}{\partial e}$ 有两层含义：一是根据一国货币贬值的 J 曲线效应，一国货币贬值（*e* 上升），净出口（*NX*）增加，产出（*Y*）随之增加，这就是竞争效应；二是当本币贬值时，一国对外债务以本币衡量的价值上升，减少银行利润，这是由于汇率下降时企业破产的可能性提高，银行信贷的头寸发生恶化，引发信贷紧缩和银行危机，平衡表效应使得汇率（*e*）上升，产出（*Y*）下降，这就是平衡表效应。

新斯旺模型认为，内部均衡和外部均衡的达成以及政策的效果受竞争效应和平衡表效应大小的影响。当一国货币的风险溢价下降时，*EB* 线向右移动，如果此时竞争效应超过平衡表效应，风险溢价的下降会引发资本流入。此时如果竞争效应大于平衡表效应，本币贬值导致产出上升，*EB* 线和 *IB* 线同时向右移动；如果竞争效应小于平衡表效应，国内信贷紧缩，利率上升，本币升值，在图形上的表现就是 *IB* 线斜率为负，风险溢价下降会导致 *IB* 线左移。如果此时 *EB* 线弹性小于 *IB* 线，外部平衡可以通过货币贬值获得，这样会引发国内的信贷收缩，需要国内扩张货币。以上政策的结果有三种形式，分别是紧利率和贬值、紧利率和升值、松利率和贬值。

因此，最优的政策组合因经济条件的不同而各异。最优政策组合受外部冲击、*IB* 线和 *EB* 线不同的弹性因素影响，其中最关键的是竞争效应和平衡表效应各自的大小。

二、开放经济条件下国际金融政策的内部协调与搭配

在上文论述的基础上，笔者在此对若干种重要政策工具的搭配运用作出说明，并简要阐述各项政策配合的效果。

（一）开放经济条件下财政政策、货币政策的配合

分析开放经济条件下财政政策、货币政策效力的主要工具是上文提到的蒙代尔—弗莱明模型。这一模型是从货币金融的角度对开放经济进行宏观分析的基本框架，它依然是以标准的 IS—LM 模型为基础的。蒙代尔—弗莱明模型的分析对象是一个开放的小型国家，它假定总需求不足，对国际资金流动采取了流量分析。在西方的文献中，蒙代尔—弗莱明模型被称为开放经济下进行宏观分析的工具，在被广泛利用的过程中不断得

到发展。其分析结论是：

在固定汇率制下，货币政策在长期内是无效的。这是因为在固定汇率制下，政府有义务通过调整外汇储备来使国际收支保持平衡，因此政府实际上无法控制本国的货币供给。以扩张性货币政策为例，它会带来产出的上升与利率的下降，这又可通过收入与利率机制带来国际收支的恶化，从而导致外汇储备的减少进而抵消货币供给的扩张行为。同样在固定汇率制下，财政政策一般是比较有效的。这是因为，在存在国际资金流动的情况下，财政政策会通过对利率的影响而导致国际资金流动的调整，这会加强原有财政政策的效力。以扩张性财政政策为例，它会带来产出的增加与利率的上升，当利率机制对国际收支的影响超过收入机制的影响时，便会吸引国际资金流入从而带来货币供给的增加，使财政扩张的效果加强。但是，当不存在国际资金流动时，财政政策也是无效的。

而在浮动汇率制下，货币政策一般都是比较有效的。这是因为，此时一国可以自主控制货币供给，货币政策会通过对汇率的影响而加强其效果。以扩张性货币政策为例，这会带来产出的增加与利率的降低，而这两者都会带来国际收支的恶化从而使本国货币贬值，这又加强了货币政策对经济的扩张效果。而此时财政政策一般是相对低效的。这是因为，在相当多的情况下，财政政策造成的利率变动会引起汇率的调整，从而削弱其政策效果。以扩张性财政政策为例，它常常通过造成利率上升而带来国际收支的改善，这会带来本国货币升值从而削弱财政政策对经济的扩张效果。但是，当不存在国际资金流动时，财政政策是非常有效的。

（二）汇率政策的运用

汇率变动的经济影响非常广泛。从货币贬值对物价水平的影响来看，传统理论认为它不会对物价形成冲击，但实际上，贬值可能通过货币工资机制、生产成本机制、货币供应机制、收入机制等造成物价上涨，从而抵消贬值的好处。从货币贬值对外汇短缺的影响来看，贬值通过相对价格机制、货币供应—预期机制、劳动生产率—经济结构机制等途径引起外汇短缺的扩大或缩小。从货币贬值对进出口贸易收支的影响来看，它取决于进出口商品的需求弹性、国内总供给的数量和结构、闲置资源等因素。从货币贬值对总需求的影响来看，一般认为贬值对经济的影响是扩张性的，但是也可能通过贬值税效应、收入再分配效应、货币资产效应、债务效应等途径对经济产生紧缩性影响。从货币贬值对民族工业、劳动生产率和经济结构的影响看，贬值具有明显保护本国工业的作用，但过度贬值则不利于经济结构的改变和劳动生产率的提高。

汇率政策还包括汇率制度的选择问题。汇率制度是指一国货币当局对本国汇率水平的确定、汇率变动的方式等问题所做的一系列安排或规定。汇率制度最基本的两种类型是固定汇率制与浮动汇率制。这两种汇率制度在实现内外均衡的自动调节机制、政策利益、对国际经济关系的影响方面具有不同的特点，各有其优劣之处，它们之间的比较实际上是对灵活性与可信性的权衡。此外，还存在着爬行钉住制、汇率目标区制、货币局制等其他类型的汇率制度。影响一国汇率制度选择的主要因素可归结为本国经济的结构性特征、特定的政策目的、地区性经济合作情况、国际经济条件的制约这四个方面。这方面的具体情况本书将另进行分析，在此不再赘述。

另外，浮动汇率制下政府对外汇市场进行干预是非常普遍的现象。政府干预外汇市场的目的在于防止汇率在短期内过分波动、避免汇率在中长期内失衡、进行政策搭配以及满足其他需要，政府对外汇市场干预的最主要类型是冲销式干预与非冲销式干预。政府对外汇市场的干预是通过资产调整效应与信号效应这两个途径发挥影响的。其中，货币分析法与资产组合分析法对干预效力的分析存在差异，但它们都认为非冲销式干预是有效的。自 20 世纪 80 年代以来，世界各国对外汇市场进行了联合干预，重要的事件有《广场宣言协定》、《卢浮宫协议》等。

（三）直接管制政策的运用

政府对经济采取直接管制政策主要是因为难以通过经济的自发调节机制与其他类型的政策措施达到预期目的。根据实施对象的不同，直接管制政策主要有如下几种形式：对价格的管制、对金融市场的管制、对进出口贸易的管制、对外汇交易的管制。其中，对外汇交易的管制是本书分析的重点，它包括对货币兑换的管制、对汇率的管制、对外汇资金收入与运用的管制。

对货币兑换的管制主要涉及货币自由兑换问题。货币自由兑换是指在外汇市场上能自由地用本国货币购买（兑换）某种外国货币，或用某种外国货币购买（兑换）本国货币。一国货币实现完全可兑换性，一般来说要经历经常账户的有条件兑换、经常账户的自由兑换、经常账户的自由兑换加上资本与金融账户的有条件兑换、经常账户的自由兑换加上资本与金融账户的自由兑换这样几个阶段。一国货币实现完全自由兑换的条件一般包括：良好的宏观经济状况、健全的微观经济主体、合理的经济开放状态、恰当的汇率制度与汇率水平等。

对汇率的管制主要运用复汇率制，复汇率制是指一国实行两种或两种以上的汇率制度。复汇率制按其表现形式有公开的和隐蔽的两种。公开的复汇率制就是政府明确公布的针对不同交易所适用的不同汇率；隐蔽的复汇率制的表现形式有多种，例如，对出口按商品类别给予不同的财政补贴或对进口按类别课以不同的附加税，采用影子汇率，实施不同的外汇留成比例等。复汇率制对经济的影响是双重的，它可以维持一定数量的国际储备、隔绝来自外国的冲击、达到商业与财政目的，但也会造成较高的管理成本，扭曲价格，形成不公平竞争。

（四）供给政策的运用

作为对开放经济的总供给方面进行调控的政策工具，供给政策的范围是非常广泛的，各国在运用供给政策时的着重点也不尽相同。在本书中，我们简要说明科技政策、产业政策与制度创新政策。

发展中国家的科技政策应注意以下三个方面：第一，推动技术进步。技术进步一般是从一国内部和外部两个方面实现的。从内部看，主要是重视和加强科学技术的研究、应用和推广。从外部看，主要是通过引进国外先进技术，由原有企业或新建企业直接采用国外先进生产方法或工艺技术，代替传统的生产方法或工艺技术。第二，提高管理水平。其重点在于引进国外先进的管理方法和管理经验，改进管理手段，培养企业家阶层。第三，加强人力资本投资。特别要增加投资力度，调整教育结构，改革教育体制，鼓励国际交流，从而最终提高本国劳动力的素质。

产业政策的核心在于优化产业结构。一国政府应制定正确的产业结构规划，一方面，鼓励发展和扩大一部分产业，另一方面，对一些产业部门进行调整、限制乃至取消。政府实施产业政策的重点在于克服资源在各产业部门间流动的障碍，因此，政府要在宏观上予以协调，建立解决结构性失业的社会保障制度和支持再就业制度。

制度创新政策主要体现在企业制度上，包括企业创立时的投资制度改革、企业产权制度改革，以及与此相适应的企业管理体制改革。富有活力的、具有较强竞争力的微观经济主体始终是开放经济实现内外均衡目标的基础。

（五）国际储备政策的运用

对于开放经济政策搭配中国际储备政策的运用，笔者主要强调以下三点：首先，对于经济中出现的暂时性的冲击，可以完全通过使用国际储备而不必对经济进行大的调整。其次，对于导致经济基本运行条件发生变化的冲击，应以政策调整为主，但国际储备政策也可在其中发挥缓冲、协调作用。再次，从根本上讲，其他政策的实施效果直接影响到国际储备政策的运用。例如，其他政策能否有效地促使经济保持内外均衡或向此方向发展，是决定国际储备必要数量的重要因素。在国际资金剧烈变动的情况下，一国的外汇储备同市场上的国际资金相比总是远远不够的，这时维持经济稳定的关键在于经济自身的发展情况，否则再多的外汇储备也是无济于事的。

三、开放经济条件下国际金融政策国际协调的基本理论

（一）金融政策国际协调的含义

国际间政策协调的含义有广义与狭义之分。从狭义上讲，国际间金融政策协调是指各国在制定国内政策的过程中，通过各国间的磋商等方式来对某些宏观政策进行共同制定。而从广义上讲，凡是在国际范围内能够对各国国内宏观政策产生一定程度制约的行为均可视为国际间政策协调。我们所说的国际间政策协调是就广义而言的。

依据进行政策协调的程度，国际间金融政策协调可由低到高分为以下六个层次：第一，信息交换。信息交换是各国政府相互交流本国为实现经济内外均衡而采取宏观调控的政策目标范围、政策目标侧重点、政策工具种类、政策搭配原则等信息，但仍在独立、分散基础上进行本国的决策。通过信息交换，各国政府可以避免对别国政策调控活动的估计错误，更好地分析本国经济与外国经济之间的溢出效应。信息交换是一种最低层次的国际间政策协调形式。第二，危机管理。危机管理是指针对世界经济中出现的突发性、后果特别严重的事件，各国进行共同的政策调整以缓解、渡过危机。危机管理这一协调形式是比较偶然出现的、临时性的措施，主要目的在于防止各国独善其身的政策使危机更加严重或蔓延。第三，避免共享目标变量的冲突。共享目标变量是指两国所要面对的同一目标，例如我们前面分析的浮动汇率制下两国之间的汇率。由于两国的目标是同一个，因此如果两国对之设立了不同的目标值，便意味着两国之间直接的冲突，两国之间的相应政策成为具有竞争性的"以邻为壑"的政策。国家间的竞争性货币贬值是

共享目标冲突的最典型形式。第四，合作确定中介目标。两国国内一些变量的变动会通过国家间的经济联系而形成一国对另一国的溢出效应，因此，各国有必要对这些中介目标进行合作协调，以避免对外产生不良的溢出效应。这一中介目标既有可能是共享目标变量，也有可能是其他变量，例如固定汇率制下的一国货币供给量。第五，部分协调。部分协调是指不同国家就国内经济的某一部分目标或工具进行协调。例如，仅对各国的国际收支状况进行协调，而国内经济的其他变量则不纳入协调范围。再例如，仅对各国的货币政策进行协调，而听任各国根据具体情况独立运用财政政策。第六，全面协调。全面协调是指将不同国家的所有主要政策目标、工具都纳入协调范围，从而最大限度地获取政策协调的收益。

进行国际间金融政策协调的方式有两种，即相机性协调与规则性协调。所谓相机性协调是指根据经济面临的具体条件，在不存在各国应采取何种协调措施的规则的情况下，通过各国间的协商确定针对某一特定情况各国应采用的政策组合。这一方法实际上是一国经济调控中相机决策的推广。一般认为，这一方法的优点在于可以针对不同的条件就更为广泛的问题进行协调，而缺点在于可行性与可信性较差。从可行性看，每次政策协调行动实际上意味着各国政府间的一次讨价还价，这样一次次的政策协调会带来很高的决策成本，并且也难以对各国政府进行制约，易于产生竞相违约及"搭便车"现象，缺乏可持续性。从可信性来看，这种方式下的协调措施完全由各国协商决定，缺乏一个明晰的规则，这便会产生较大的不确定性，从而难以通过影响公众的心理预期而发挥政策效力。规则性协调则是指通过制定出明确规则来指导各国采取政策措施进行协调的方式。规则性协调的优点在于决策过程清晰，政策协调可以在较长时期内稳定进行，可信性高，因此受到了更多的重视。西方经济学者提出了一些很有影响的协调规则方案，我们在下一节中予以介绍。在此需要指出的是，如果货币金融方面的协调规则对各国实现内外均衡的一些基本问题都做了比较完整的规定，则这一协调规则实际上就构成了国际货币制度。

（二）金融政策国际协调理论的发展历程

从理论的发展来看，从早期库珀对溢出效应的论述以及哈马达的图形分析，到近期的高什与马森的不确定性模型分析，以及后来许多尚未形成系统的理论，其间经历了对国际货币政策协调的肯定、质疑、再肯定、再质疑的反复过程，总体来看有两大分支：一是建立在对策论方法基础上考察国际货币政策协调的福利状况的理论模型，将各国合作均衡的福利水平与非合作均衡的福利水平进行比较；二是通过建立各种多国模型并利用实际数据来检验国际经济政策协调收益的大小；另外，还有一些经济学家们在肯定国际货币政策协调的积极作用的基础上，研究政策协调的具体可行方案。

经济学家们最初的分析当然是从为什么要进行国际间货币政策协调开始的。在一个经济体内部，既然自由竞争经济中市场这一看不见的手使分权化的决策达到了最优效果，那么为什么这一分权化原则不能适用于世界范围内呢？答案是，一项经济政策的实施，尤其是大国的经济决策对其他国家来讲具有巨大的溢出效应或者强烈的外在性，在考虑到全球利益最大化的时候，进行经济决策时必须将政策溢出效应考虑进去。因而政策溢出效应是国际货币政策协调理论的基石，而最早比较系统地论述政策溢出效应的经济学家是库珀。

1. 政策溢出效应

库珀关于溢出效应表现的论述可以总结为以下几点：一是由于国际收支逆差及由此产生的降低汇率的压力，各国政府都不愿意单方面扩张，使利率下降造成资本流出，加大国际收支逆差，而是采取单方面紧缩的趋势，结果造成世界经济的紧缩状态。二是各国政府往往采取紧缩的货币政策以保持国际收支平衡，同时采取扩张的财政政策来实现经济增长。结果造成世界范围内实际利率过高，以及货币政策和财政政策的不适当组合。三是各国政府往往认为商品价格由世界市场决定，而忽视各自的扩张政策对商品价格的影响。这些政策对商品的贸易条件产生影响，使总需求扩张，引发世界范围的通货膨胀。四是各国政府对本国经常项目都有确定的目标。为实现这些目标，各国采取的非协调的经济政策将对世界经济起破坏作用。某些溢出效应可能产生与经济政策相反的作用，不同的溢出效应由于作用方式不同，彼此之间也不能相互抵消，因而国际间政策的协调就显得十分重要。

1987 年，库珀更具体地分析了由于溢出效应的存在，政策的溢出效应有正负之分，下面所述的"以邻为壑"的情形当然属于负溢出效应的情况，即便是在正溢出效应的情况下，政策协调也能极大地提高各国的福利，这一点从肯勒的两国模型中可以看出来，全球范围内的自由并不是最佳的选择。他主要是从两个方面进行了论述。

第一，我们知道完全竞争市场上市场参与者都被动地接受商品的价格，他们的经济行为对商品的价格不产生任何影响，然而在世界市场上，大国的行为对各种价格都会有不同程度的影响，这其中也包括了对实际汇率的影响。这样一来，分权化的经济格局使大国通过对各种价格的作用使价格向有利于自己的方向发展，而根本不考虑其他国家的利益。举两个例子说明，一个是有关通货膨胀的，另一个是关于实际产出与就业的。在浮动汇率制度下，根据蒙代尔的政策组合理论，主张实行紧货币、松财政的政策组合以实现内外均衡，这样就要求该国的货币升值与国内通货膨胀的压力相配合。然而其他国家则无法把握货币贬值的结果，不论是政府还是私人部门都无法对货币贬值幅度作出预期，也就难以选择适当的经济决策，因而当然会产生负面的影响。与此相类似，当资本具有高度流动性而名义工资变动表现为黏性的时候，一国的扩张性货币政策导致了国内产出与就业的增长，同时本币的实际汇率下降，其他国家的实际汇率则相应上升，造成了紧缩的压力，对产出与就业都有不良的影响。而国际间经济政策协调的目的就在于防止或是尽量减少这种"以邻为壑"的情形发生。

第二，公共产品的提法也为对自由竞争的背离提供了例证。当世界上存在 N 个国家 N 种货币的时候，最多有 $N-1$ 个国家能自主地实现国际收支的目标，即不可能所有国家都实现国际收支顺差，至少有一个国家必须接受国际收支逆差的事实。在自由竞争的世界经济中，每一个国家都会自主地制定政策目标，然而我们知道至少有一个国家不能实现预期目标，因而就不断地进行调整以实现这一目标，结果出现了政策的不连贯性并导致实际利率与汇率的不断变动，因此自由竞争在全世界范围内不能说是最完美的。于是，库珀认为可以把实际汇率以及国际金融市场的稳定当做一种公共产品，这一公共产品对全球福利的提高都有巨大的贡献，而为了提供这种公共产品必须进行国际经济政策的协调。

库珀所阐述的政策溢出效应从来没有遭到任何经济学家的质疑，各国经济学家都普遍意识到了溢出效应的存在，问题在于国际政策协调究竟能在多大程度上提高福利水平，在实践中是否可行，协调的效果究竟会如何呢？因而在库珀进行政策溢出效应分析的同时，哈马达利用对策论的分析方法进行了国与国之间的合作均衡以及各自为政的非合作均衡的福利比较。

2. 哈马达图像

自 1976 年起，哈马达就开始了对国际货币政策协调的研究，到 1985 年该理论已经发展得比较成熟。哈马达利用两个国家在政策制定时相互博弈的过程证明了国际政策的协调能够在很大程度上提高各国的福利水平（见图 10 -3，图 10 -4）。

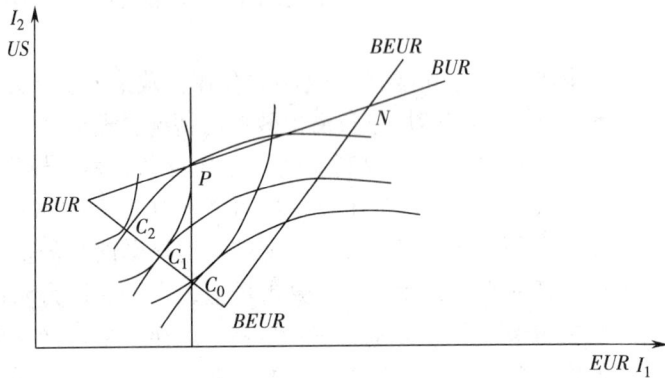

图 10 -3   哈马达图像

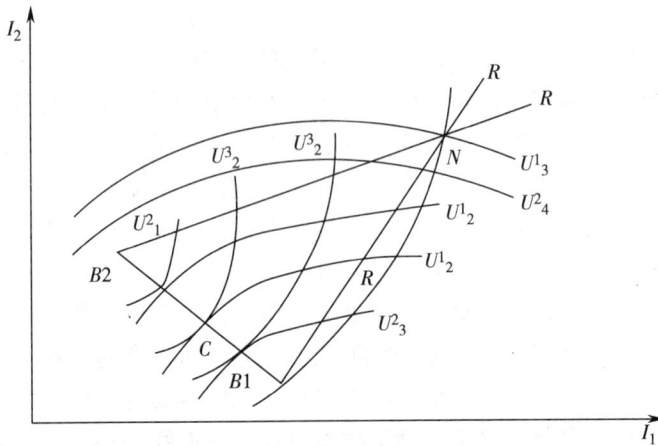

图 10 -4   反应曲线的导出

在图 10-3 中，横轴代表国家 1 的政策工具，以 I_1 表示；纵轴代表国家 2 的政策工具，以 I_2 表示。国家 1 的目标函数表现为一系列的无差异曲线，代表福利水平相等的点的连线，以 U_1 表示；国家 2 的无差异曲线以 U_2 表示。此外，我们用 C_1 代表国家 1，用 C_2 代表国家 2。如果不存在政策溢出效应，国家 1 的无差异曲线应为一系列的直线，即不受国家 2 政策的影响；同理，国家 2 的无差异曲线为一系列水平的直线。但当 I_2 的溢出效应存在时，国家 2 的政策就会影响国家 1 的福利水平，U_1 就变成了一系列椭圆的曲线，这一系列椭圆均围绕着极点 B，B_1 即为最佳福利点；同理，国家 2 也是如此。

有效的政策组合应是图中两国无差异曲线的切点，切点的连线即为契约曲线（见图中 B_1B_2），切线上的点的各国的福利水平处于帕累托最优状态，一国福利的增加会导致另一国福利的损失。非协调的经济政策不会导致契约线上的组合。在不合作的条件下，C_1 会把 C_2 的政策视为一个事先给定的条件来制定自己的政策，不论 C_2 的政策如何，C_1 都会选择无差异曲线与之相切的点所对应的政策，从而使福利最大化，不同的 I_2 与 U_1 的切点就构成了 C_1 的反应曲线 R_1，同样的过程可以推导出 R_2。

在不合作的情况下，两国相互反应的结果为两条反应曲线的交点，只有在该点上，两个国家都在确定了对方政策的情况下作出了福利最大化的选择，这一非合作均衡点被称为"纳什点"（见图 10-4 中的 N 点）。然而，纳什点不是有效率的点，与契约线上的任何一点相比，纳什点都是无效率的。

哈马达图像清楚地描绘了在不协调的情况下政策的低效性，当每一个国家把其他几个国家的政策当做给定条件时，总的来说各国所执行的政策都是我们所不希望的。只有在相互协调的情况下，才能达到更有效的均衡。并且哈马达指出，这种两国协调的情形可以推广到多个国家的情形。此外，关于政策的协调还有以下几点需要说明：首先，协调的结论建立在溢出效应的基础上，如果不存在溢出效应，各国的最佳福利点就成为一条直线（U_1 为垂直的，U_2 为水平的），这样，一个国家的最优货币政策选择与另一个国家毫无关系，两个国家都可以达到福利最大化，非合作情况下的政策制定也就不是无效率的了。但这是很极端的、几乎不可能出现的情况，政策的溢出效应的确是普遍存在的。其次，政策的协调并不意味着政府政策目标上的协调，在政策目标不同的情况下进行政策的协调是完全可能的。从图 10-3 可以看出，两国的最佳福利点不同，说明两国的政策有冲突，但是可以通过协调来解决。至于两国政策协调后政策的选择究竟在哪一点则取决于各国在政策协调中讨价还价的能力。最后，协调的收益可能会由于免费搭车和违约而受到损失。如果 C_1 与 C_2 在 C 点达成了协议，而 C_1 认为 C_2 会坚持执行约定的政策，C_1 就有可能违背合约而转向反应曲线上的 R 点。当很难控制政策行为的时候，这种情况极容易发生，C_1 可以在违约的同时仍然坚持，它是在坚守合约。而且，当协调是在多个国家中达成的时候，违约的动机将更强，一方面违约很容易推卸责任，而且尽管其中有一些国家违背了合约，另一些国家也可能会由于协调的利益仍然存在而坚持执行合约。一个国家的违约必然会造成其他国家的损失，并会影响到协调的持续性。

哈马达利用对策论方法分析了合作均衡与非合作均衡下的福利情况，论证了国际政策协调的必要性以及其中可能存在的问题，对库珀关于政策溢出效应的论述进行了极大的拓展，但是，从哈马达模型本身来看存在一些问题：首先，各国是否具有充分的信息来掌握其最佳福利点有待考察；其次，各国对其他国家的政策是否能完全了解值得怀疑；最后，各国对于国际经济传导机制也难保证有充分的认识。因此，即使国际政策的协调发生了，协调的结果是否能落在契约曲线上是让人怀疑的。另外，哈马达忽略了实际经济中的很多问题，国际经济政策的协调不仅仅是福利经济学方面的内容可以囊括的。协调目标中长期目标与短期目标之间的抉择、协调过程中所发生的成本以及各集团利益上的冲突等问题都未曾加以考虑。因此，哈马达图像仅仅为国际经济政策协调找到了理论依据，而后人则多通过理论论证或实际考察对协调的可行性以及协调方式进行了探索。其中，彼得·B. 肯勒于 1988 年提出了一个两国政府试图进行协调的两国模型，对协调中的国际经济传导机制以及协调方式的选择进行了一定的分析。

3. 肯勒的两国模型

肯勒设计两国模型的目的在于证明，如果实行追求固定汇率制度的安排协调，效果会比进行所谓的国际货币协调更好，固定汇率制度本身就囊括了其他各种货币政策的协调。他设计了美国与欧共体之间的协调机制，分析了在浮动汇率制度下两国的货币政策传导机制以及可能达到的均衡（包括合作均衡和非合作均衡），并证明了在固定汇率制度下的均衡会比前述两种均衡更好。而且，肯勒的两国模型是建立在政策的正溢出效应基础上的，模型说明了，即使一国政策具有正溢出效应，协调也是必要的。在这里，我们仅介绍其模型设计和协调机制，肯勒所进行的具体经济模型的函数关系以及证券组合投资的模型分析不再赘述。

肯勒模型的假定是：两个国家，美国和欧共体（将欧共体看做一个经济体）；每个国家都有自己的商品、债券和货币，其商品和债券都在国际市场上进行交易并不具有替代性，货币仅在发行国内流通；资本市场和商品市场都是出清的，但商品价格具有黏性，这意味着对美国商品需求的增长并不马上带来美国商品价格的上涨，而是导致美国产出的短期增长，随着产出的增长，工资与物价水平开始上升直至产出恢复到了长期均衡水平。美国政府发行美元债券，欧洲发行"埃居"债券，两国的货币政策工具就是在其债券市场上进行公开市场操作，两国债券不具有替代性，但一国的公开市场操作可以通过市场传导机制由另一国的公开市场操作中和。图 10 - 5 和图 10 - 6 演示了两国相互传导和协调的机制。

在图 10 - 5 中，纵轴表示美国价格水平的长期变化，是由政府在公开市场上买卖债券导致的；横轴表示美国产量的短期变化。设最初美国经济处于长期均衡的点，即图中的原点，原点表示美国在产量和价格空间内福利最大的点。环绕原点的椭圆为无差异曲线，离原点越远的无差异曲线，福利水平越小。直线 *BB* 的方向表示美国中央银行在公开市场上买进债券时对美国经济的影响：短期内产量增加，长期内价格水平上升。直线 *FF* 的方向表示欧洲中央银行在公开市场上买进债券对美国经济的影响。在实行钉住汇率制的时候，当两国的公开市场买卖规模相同时，对美国长期价格水平的影响是相同的，但欧洲中央银行的操作对美国产出的影响要小一些，所以，直线 *FF* 比直线 *BB* 要陡一些。

运用图 10 – 5 可以导出两国相互的反应曲线，该曲线反映了欧洲中央银行在公开市场上买入债券时美国中央银行作出的反应。如果欧洲中央银行进行的公开市场买进使美国经济处于图 10 – 5 中的 r' 点，美国中央银行可以在平行于 BB 线的各线上进行选择。美国的最佳选择是 H' 点，即 $B'B'$ 与无差异曲线的切点。为了减少由于欧共体在公开市场上买入债券所产生的福利损失，美国中央银行必须在公开市场上卖出债券，从而达到了 H' 点。但是，H' 点上美国的价格水平比原点高，这说明美国的公开市场出售规模小于欧洲的公开市场买入规模，结果，全球货币供给增加，两国的价格水平都有所提高。通过上述机制，我们导出了图10 – 6 中所示的反应曲线。

在图 10 – 6 中，纵轴代表欧洲中央银行持有的欧洲债券，横轴表示美国中央银行持有的美国债券。点 P 代表着美国的最高福利点，同时也是欧洲的最高福利点，因为欧洲经济也是从其原点开始的。直线 I_1 是美国的反应曲线，它的斜率为负，因为当欧洲中央银行买入欧洲债券的时候，美国应卖出美国债券以减少欧洲中央银行操作对其带来的负面影响，而它的斜率也比较陡，因为美国公开市场买入的规模会小于欧洲公开市场卖出的规模。直线 I_2 则为欧洲的反应曲线。

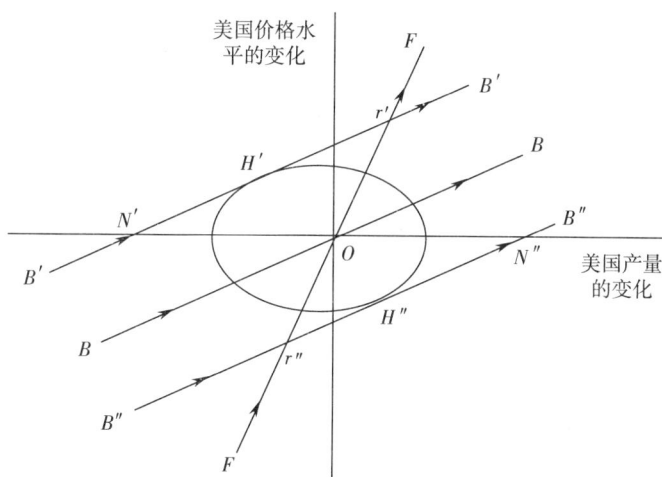

图 10 – 5　两国模型

回到图 10 – 5 中，如果由于某种因素使美国的经济变动到了 N' 点（这可能是由于对美国债券的需求转移到了对欧洲债券的需求上），美国的产出暂时出现了下降，对长期的价格水平并没有什么影响。美国中央银行可以通过公开市场操作达到 H' 点，即为了产量上升而接受一定程度的物价上涨，这是美国中央银行可能做到的最好情况。但还有一种可能，假设美国中央银行进行大量的公开市场买进使经济从 N' 达到了 r' 点，然后欧洲中央银行在公开市场上大量地卖出债券，使美国的经济从 r' 点重新恢复到原点，由于该因素冲击造成的产量和价格的变动都完全得到了中和。如图 10 – 6，该冲击因素完全消除后美国经济的最佳福利点移动到了 P_1，相对于 P 点，美国中央银行持有较多的美国债券，而欧洲中央银行持有较少的欧洲债券，美国的反应曲线也移动到了 I_1'。同时，欧洲

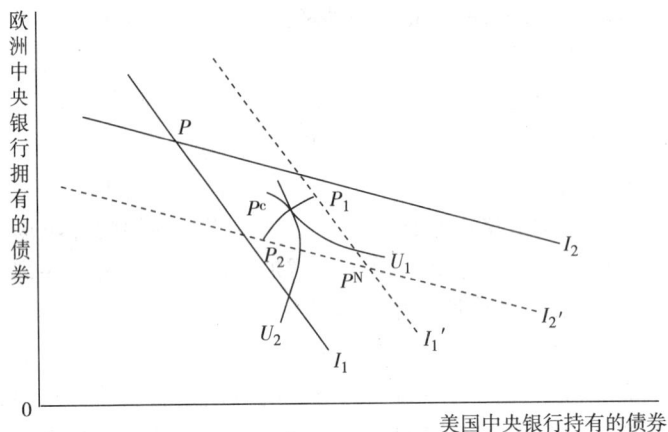

图 10 - 6　两国的反应曲线

的经济由于该冲击因素发生了变动，在图 10 - 5 中由原点移动到了 N'' 点，产出暂时增加而长期的价格水平还没有发生变化，欧洲中央银行进行足够的公开市场卖出到 r'' 点，然后美国中央银行进行足够的公开市场买入从而使欧洲经济恢复到原点。在图 10 - 6 中，欧洲经济的最佳福利点移到了 P_2，在这一点，欧洲中央银行拥有较少的债券而美国中央银行拥有较多的债券，欧洲新的反应曲线为 I_2'。

　　如果两国中央银行都独立地追求政策最优化而不考虑对方决策产生的影响，那么两国将在反应曲线的交点 P^N 达到均衡，P^N 点即为纳什均衡点。如果两国进行相互间的协调，两国会在所谓的契约曲线上的某一点达到均衡（见图 10 - 6 中的 $P_1 P_2$ 以及 P^C 点），我们很容易证明契约线上的点的福利水平高于纳什点，因而政策的协调可以给双方带来相当的好处。

　　但是，这种政策上的协调并不能完全中和冲击所造成的影响，而是使冲击所造成的损失尽可能小而已。只有在一国经济达到了最佳福利点后，经济冲击所造成的影响才能完全被中和。然而契约曲线上的点除了 P_1 和 P_2 外，没有一个国家达到了最佳福利点，即使在 P_1 或 P_2 点也仅仅有一个国家达到了最佳福利点。如果两个国家的最佳福利点同时发生变动并且始终重合的话，当然是最理想的情形，而这种情形只可能在固定汇率制度下发生。肯勒曾经分析了多种形式的冲击，并进行了固定汇率制度与浮动汇率制度下的具体计算，大部分证明了进行固定汇率制度协调优于浮动汇率制度下货币政策的协调，即便如此，浮动汇率制度下，政策的协调仍然是有益的。

　　相对于哈马达图像，肯勒的两国模型则更为具体地演示了政策协调的机制以及协调的收益。然而正如肯勒自己指出的，该两国模型包含了两个极为严格的假定：首先，两国经济都是"完美"的，即它们从长期均衡点开始，经过冲击后最终又回到了长期均衡点。冲击是持久性的但对于长期产出没有影响，仅能改变短期产量。其次，两国政府都非常有理性。它们并不试图向经济的长期均衡点提出挑战，实行的政策是极为中性的。

　　4. 新开放宏观经济学中关于政策协调的论述

　　20 世纪 70 年代，Hamada（1976）、Oudiz 和 Sachs（1984）等开创了第一代国际经

济政策协调模型。第一代国际经济协调模型借助博弈论工具来分析国际经济政策协调的必要性和福利收益。Canzoneri 和 Gray（1985）利用博弈论和福利函数等工具，分别分析了与纳什均衡解、斯塔克伯格均衡解和固定汇率解相对应的世界国家经济政策协调的福利水平。Canzoneri 和 Henderson（1991）分析了世界生产冲击和需求冲击下国家之间的纳什均衡、斯塔克伯格均衡、固定汇率均衡和效率均衡四种情况，发现各国政策制定的合作能提高各国之间的福利。

但是尽管第一代国际经济政策协调模型对国际之间的政策协调有一定的解释能力，但是仍存在着缺乏微观基础这一严重的问题。为弥补这一缺陷，奥伯斯特菲尔德和罗格夫（1995）开创了新开放宏观经济学理论框架为基础的第二代经济政策模型。NEOM 采用动态一般均衡的分析方法，借助新凯恩斯主义下的垄断竞争和价格刚性假设来求解经济主体的最优化行为，进而考察宏观经济政策的国际传递机制和国际经济政策协调的福利，摆脱了以往模型依靠社会损失函数来评价政策效率的方法，使分析具有了坚实的微观基础。

奥伯斯特菲尔德和罗格夫建立的国际货币政策传导模型如下：

$$\max U_j = \sum_{t=0}^{\infty} \beta^t \left\{ \log\left[(1+r_t)B_t^j + \frac{M_{t-1}^j}{P_t} + y_t(j)^{\frac{\theta-1}{\theta}} (C_t^w)^{\frac{1}{\theta}} - \tau_t - B_{t+1}^j - \frac{M_t^j}{P_t} \right] \right.$$
$$\left. + \chi \log\left(\frac{M_t^j}{P_t} \right) - \frac{k}{2} y_t(j)^2 \right\} \tag{10.7}$$

s. t. $\quad P_t B_{t+1}^j + M_t^j = P_t B_t^j(1+r_t) + M_{t-1}^j + P_t(j)y_t(j) - P_t C_t^j - P_t \tau_t \tag{10.8}$

式中，β 表示主管贴现因子；C_t^w 表示世界消费；C 符合消费品；M 和 B 分别代表名义货币存量和实际债券存量；$y(j)$ 代表垄断厂商 J 的产出；r_t 代表实际利率；τ_t 代表累进税率。

在偏好和技术确定后，即全世界所有人对消费、实际货币余额和闲暇都有相同的偏好，国家之间不存在贸易障碍，一价定律成立，外国资产开始为零，求解对称稳定状态，再在对称稳定状态附近线性化，求解世界财富分配变化的稳定状态效应，并分析了不同类型货币冲击和价格制定方式下本国和外国的福利效应。

NOEM 模型的扩展：

（1）国际经济政策传递和最优政策选择。标准模型显示，在浮动汇率、金融市场一体化、李嘉图等价条件成立、一价定律成立、生产者货币定价（PCP）等假设下，扩张性财政政策会降低本国私人消费从而降低本国的福利水平，对本国不利但是对邻国有利。财政扩张可能会造成本国贸易盈余或者赤字，这取决于扩张是暂时的还是持久的。

Redux 模型中假设两个国家具有相同的规模，本国居民和外国居民拥有一样的偏好，每一个国家各生产一种差异化产品，居民的效用来自于对本国和复合商品的消费、本国货币的持有以及闲暇，而且本国居民对本国产品和外国产品具有相同的偏好。模型还假设两国之间不存在贸易成本，政府购买消费品不直接影响私人效用；政府的收入来源包括税收和铸币税。尽管这些假设存在种种问题，有些在后续的实证研究中被推翻，但假设和研究结论并不是重要的，重要的是 Redux 模型为分析新开放经济宏观经济学的相关问题提供了基于微观基础的研究方法。

（2）国际货币合作和货币规则设定。另外一些以 NEOM 框架为基础的研究，则把研究重点放在对国际货币合作和货币规则设定的方面上来。奥伯斯特菲尔德和罗格夫随即将不确定因素引入基础两国一般均衡模型，讨论了两国在合作设计制定自身的货币政策制度时是否会提高总体的福利。现实经济中，存在诸如市场垄断势力、不完全竞争市场、价格刚性等经济扭曲的存在，这些扭曲之间会产生相互作用。货币政策的目标是通过直接操作消除各种扭曲。最优货币政策越能消除扭曲，单个国家背离合作的动机越小。

同时奥伯斯特菲尔德和罗格夫在分析货币政策时还将差异化的非贸易品引入模型，讨论在所有生产部门都受到相同的生产率冲击时，各国货币政策协同合作的收益。结果发现，虽然理论分析认为国际货币合作是有利的，但是经验分析显示国际货币合作的收益通常是不存在的，即使有也是可以忽略的。在货币规则设定中，经济体对风险的反应程度会影响经济体的期望值轨迹，只有不对称的终极才会导致合作失灵。

（3）国际财政政策合作。德弗罗（Devereux）等人在其研究中，作出了如下假定：政府购买不直接影响私人消费。因此在以往的研究中，个体效用函数中并不包括政府购买。科塞蒂（Corsetti）和佩森蒂（Pesenti）对原假设作出如下放宽：①在个人效用函数中引入政府购买，这表明政府支出对个人的效用会产生影响；②放宽了消费跨期替代弹性等于 1 的假设；③不再假设两国经济结构对称；④引入劳动力市场，放宽了家庭既是生产者也是消费者的假设；⑤放宽本国和外国商品以相同份额进入消费指数的假设。根据以上假设，在此研究了在开放经济下，两国之间的货币政策和财政政策是如何传递的，居民福利又是怎样受到影响的。若国外货币扩张，国内的福利效应取决于价格设定机制和汇率传递程度。

隆巴多（Lombardo）和萨瑟兰（Sutherland）分析了当所有部门都受到相同的生产率冲击时，旨在稳定经济的财政政策的作用的大小和与货币政策相互作用的程度；国际财政政策合作的福利收益以及这些收益与货币政策体制相互之间的作用。结果证实，货币政策和财政政策都是有效的稳定工具；和单独使用货币政策或财政政策相比，全面的政策合作体制（包括财政政策与货币政策的配合）能够得到更大的社会福利；不管货币体制如何，如果财政当局是纳什博弈者，那么非积极的财政政策得到比积极财政政策更高的福利。

（4）垄断程度和政策协调收益。科塞蒂和佩森蒂在 OR 模型的基础上，对财政政策和货币政策的协调进行了分析。他们认为一国在生产上和国际贸易上的垄断程度是影响一国扩张货币政策福利效果的两大因素。如果一国在国际贸易中垄断程度较低，那么国内产出增加的收益很可能被贸易条件的恶化所抵消。因此未预期的汇率贬值会减少本国的福利状况，而这种效果在开放程度较高的国家中更显著，因此这些国家不愿采取通货膨胀政策。

布兰查德（Blanchard）发现，在封闭经济中货币政策将消除由垄断造成的所有扭曲，实际工资将等于劳动的边际成本。而在开放经济中，当政策制定者进行非合作博弈时，由贸易条件造成的策略性扭曲将与消除垄断扭曲的目标相冲突。如果此时两国货币当局都想促使经济达到竞争性分配水平，那么两国都将紧缩货币供给。商品的替代弹性直接影响策略性扭曲程度，只有当替代弹性较大时，两国才有货币政策合作的空间。

以上的分析主要是以调控货币供给作为实施货币政策的手段，实际货币余额直接进入了效用函数，调节货币供给能直接影响经济行为。克拉里达（Clarida）则采用交错价格调整，并以此作为分析货币政策的基础。实际货币余额没有直接进入效用函数，有关货币政策的分析主要考虑货币当局如何确定最优的通货膨胀率。克拉里达对比分析了开放经济条件下政府面临的货币政策问题和封闭经济中货币问题的异同。他发现开放程度对消费价格指数的通货膨胀和国内价格的通货膨胀的影响不同。如果在经济中汇率的价格传递效应是完全的，中央银行就应该盯住国内价格的通货膨胀，而无须关注汇率波动对消费价格指数的影响，这时浮动汇率制优于固定汇率制。

四、国际金融政策规则协调的建议方案

在国际间政策进行相机协调的同时，经济学者设计出了很多具有特定规则的国际间政策协调方案，产生了很大的影响。其中最为重要的方案包括：托宾提出的全球对外汇交易征收交易税的托宾税方案、威廉姆森等人提出的汇率目标区方案、麦金农提出的恢复固定汇率制方案等。

1. 对全球外汇交易进行征税的托宾税方案

托宾税方案提出的背景是国际资金流动尤其是短期投机性资金流动规模急剧膨胀造成汇率的不稳定。1972 年托宾在普林斯顿大学演讲时提议"往飞速运转的国际金融市场这一车轮中掷些沙子"，首次提出对现货外汇交易课征全球统一的交易税，经济学家后来把这种外汇交易税称为"托宾税"。托宾税具有两个特征：单一低税率和全球性。迄今为止，西方经济学家所提议的税率从外汇交易值的 0.05% 到 1% 不等；托宾本人 1978年提出的税率是 1%，1994 年提议 0.5%；多恩布什的建议是 0.25%；德国经济学家Uwe Jens 提出的税率是 0.05%。至于全球性，托宾及其支持者主张至少在主要资本主义国家，最好在世界范围内实施此项外汇交易税。

托宾税的功能有两个：第一，抑制投机，稳定汇率。在不存在托宾税的情况下，市场处于平衡状态，预期的汇率变动率等于两国间利率差，如果这两者之间存在差异，投机活动就会发生。当存在托宾税时，外汇交易成本问题就将非常显著。由于套利交易牵涉到两次外汇交易，即即期现货市场与未来现货市场的两次方向相反的操作，因此，只有当预期的汇率变动率与两国利率差之间的差异超过这一交易成本时，投机交易才可能发生。因此，实施托宾税可使一国政府在中短期内依据国内经济状况和目标推行更为灵活的利率政策而无须担忧它会受到短期资金流动的冲击。而且，由于托宾税是针对短期资金的往返流动而设置的，它不仅不会阻碍反而将有利于因生产率等基本面差异而引致的贸易和长期投资，因为后者的收益较高，相关的货币流动期限较长，汇率的稳定对之更为有利。由此可见，托宾税能够抑制投机、稳定汇率，使外汇交易对经济基本面的差异和变化作出反应，引导资金流向生产性实体经济。第二，它可以为全球性收入再分配提供资金来源。考虑到目前全球外汇交易的天文数字，即使对外汇交易课征税率很低的

税收，也能筹到巨额资金。如果能通过国际合作把这笔巨资用于全球性收入再分配，那么确实能对世界作出极大的贡献。

托宾税自 20 世纪 70 年代提出以来在学术界和政界引起了热烈反响和争论，但事实上至今并无国家在实践中实施此税。一般认为，托宾税这一方案有三个问题难以解决：第一，如何评价投机在外汇市场中的作用。我们在前文中已经指出，投机具有双重性，一方面，它造成了市场价格的波动，另一方面，它通过投机者对风险的主动承担才使市场正常运转。并且，投机在某些情况下具有抑制汇率波动的功能。因此，实施托宾税可能有损于市场的流动性，使外汇市场更趋动荡。第二，托宾税面临着许多技术上的难题。例如，从税基确定的角度看，根据公平原则托宾税应尽可能涵盖一切参与外汇交易的个人、企业、金融中介机构、政府和国际组织。但这样的税基不能把不同性质的外汇交易区别开来，对投机者和非投机者都同等地课以此税显然有悖于托宾税的宗旨。另外，从应税交易的识别角度看，托宾税主要针对的是投机性现货交易，但目前外汇市场上最为活跃的投机活动发生在衍生工具领域。对衍生工具交易征税将使税收的征收监管更加复杂，并且可能严重破坏衍生市场的发展，从而进一步危及外汇市场的稳定性。在税率确定上，目前的建议都具有很大的随意性，如使用低税率，不一定能有效阻止投机交易，如果采用足以阻止投机的高税率又将使外汇交易量大为缩减，从而影响金融市场的活力和效率。第三，托宾税存在着政策协调方面的障碍。托宾税是一种国际间政策协调方案，各国协调中可能出现许多障碍难以克服。例如，是否能将所有国家都纳入协调范围。如果有的小国不愿采用，那么在其他主要国家都征收托宾税时，它就会迅速发展为避税型离岸金融中心，使托宾税的征收无法收到预期的效果。另外，托宾税的收入分配问题因为其明显的利益性而可能引起各国的激烈争吵。

2. 恢复固定汇率制的麦金农方案

在国际货币制度由固定汇率制转向浮动汇率制后，许多经济学家对现行的浮动汇率制非常不满意，提出了各种在恢复固定汇率制的基础上进行国际协调的方案，其中最为著名的是美国经济学家麦金农所提出的设想。

麦金农方案最早于 1974 年提出，后在 20 世纪 80 年代又经过了多次修正。麦金农认为，恢复固定汇率制的主要理由在于以浮动汇率制为特征的国际货币制度缺乏效率。除了通常的对浮动汇率制的批评外，麦金农是从两个角度分析浮动汇率制的不足的。首先，从国际角度看，汇率的波动除了增加各国外部环境的不确定性外，并不能自动实现调节经常账户的目的。麦金农认为经常账户反映的是各国投资与储蓄的差额，因此汇率的变动可以实现经常账户的平衡是一个错误的教条，本币贬值所带来的经常账户的改善将立即被国内吸收的相应增长所抵消。其次，从国内角度看，汇率的频繁波动意味着各国货币价值的不稳定，由此引发的货币替代及各国资产之间的转换活动使一国的货币需求难以确定，各国原有的货币政策因此难以有效地实现控制通货膨胀等目的，一国通过本国的政策搭配实现内外均衡更加困难了。根据以上分析，麦金农得出了浮动汇率制不利于实现内外均衡的国内政策搭配与国际间政策协调的结论，提出应在恢复固定汇率制的基础上进行国际间政策协调。

具体来看，麦金农方案对国际政策协调的设计包括如下内容：第一，各国应依据购买力平价确定彼此之间的汇率水平，实行固定汇率制。麦金农还具体规定了购买力平价的计算方法，即采用批发物价指数，并且只包括可贸易商品。在固定汇率制的实施上，麦金农指出可以先在美国、德国、日本这三个主要工业国家实行，并且可以通过逐步缩小汇率波动区间的方法最终过渡到固定汇率制。第二，各国应通过协调货币供给的方法维持固定汇率制。从全球角度讲，全球货币供给数量确定的依据应该是在考虑经济增长的基础上，维持全球的物价水平稳定。这一全球货币供给量在各国间的分配原则如下：在考虑各国经济的具体情况的差异后，能使各国可贸易商品的相对比价维持稳定，从而使依据购买力平价确定的名义汇率保持稳定。麦金农认为引起汇率不稳定的主要原因是货币替代以及各国间金融资产的替代活动，因此在发生这一类的冲击时，各国应采取对称的、非冲销的外汇市场干预措施以稳定汇率，由此带来的各国货币供给的调整实际上是全球货币供给根据各国货币需求的变动而自发调节其在各国之间的分配。

麦金农方案提出后，被作为最典型的以恢复固定汇率制为主要特征的协调方案而受到广泛的重视。这一方案应从全球角度而不能局限于某一国来讨论物价稳定问题，这对于各国实现内外均衡目标的努力来说，是非常富有启迪意义的。但是，麦金农方案也因具有较多的货币主义特征而受到了很多批评，这些批评可归结为如下几个方面：第一，这一方案在实现汇率稳定的同时，牺牲了汇率的灵活性。许多研究者指出，麦金农对汇率与经常账户之间关系的认识是不全面的，在相当多的情况下利用汇率的调整来实现外部均衡是非常必要的，并且这种调整方式的成本较低。实际上，国际间政策协调的一个重要方面就是确定何种程度与形式的汇率灵活性，而麦金农方案在这一问题的处理上无疑太走极端，不利于各国内外均衡目标的实现。第二，这一方案简单地以购买力平价作为均衡汇率的确定标准也是值得斟酌的。例如理论成立的严格假设、计量上的困难、各种因素引起的结构性偏离等，这些因素制约着购买力平价在宏观经济调控中的运用。第三，这一方案以协调各国货币供给来维持固定汇率制的设想是难以在实际经济中实现的。麦金农之所以设计这种固定汇率制的维持方法，是因为他认为货币替代及各国金融资产之间的替代是引起汇率变动的重要原因。但实际上，经济运行中面临的冲击既有货币性冲击，也有实物性冲击。在后一种情况下，仅仅通过货币供给的调整也是不够的。尤其是在现实条件下，在国际资金流动问题非常突出时，投机性冲击完全可能带来固定汇率制的危机，麦金农方案并没有对解决国际资金流动条件下的固定汇率制的维持问题作出特定的贡献。

3. 汇率目标区方案

作为国际间政策协调方案之一的汇率目标区方案与我们以前分析的汇率目标区是不完全相同的。这一方案是在1987年由威廉姆森和米勒将汇率目标区制从政策协调角度进行扩展而形成的，它又被称为"扩展的汇率目标区方案"或"蓝图方案"。

汇率目标区方案在一系列方面与麦金农方案存在着明显的区别。麦金农方案主张实行固定汇率制度，而目标区方案则主张实行更有弹性的汇率制度，汇率变动范围大致为中心汇率上下 10%。除此之外，汇率目标区方案的要点还包括：第一，中心汇率的确定不应当依据购买力平价，而应依据威廉姆森提出的"基本均衡汇率"来确定。威廉姆森认为购买力平价作为政府制定汇率政策的指导是非常不合理的，因为它最大的问题在于没有考虑到实际的宏观经济运行状况。从宏观调控的角度出发，威廉姆森认为政府应追求的汇率水平是在中期内（一般指 5 年）实现经济内外均衡的汇率，即所谓的基本均衡汇率。第二，在对汇率目标区的维持上，汇率目标区方案提出了各国都以货币政策实现外部均衡，以财政政策实现内部均衡这一搭配思路进行宏观调控上的政策协调。更具体来说，这一政策协调方案如下：各国以利率政策来维持相互之间的汇率。对于 n 个国家来说，存在着 $(n-1)$ 种汇率，也就要求相应的 $(n-1)$ 种利率差价以使外汇市场维持平衡。在 n 个国家相互之间的利率差价确定后，只要一国确定一个具体的利率水平，全球各国的利率水平也就随之确定了。该国利率水平确定的原则是：应使在此基础上推算出的全球平均利率水平刚好在足以控制全球通货膨胀的前提下达到最大的全球产出水平。该国应独立运用财政政策控制国内的产出，以使各国经济的运行保持在均衡状态。由于汇率可以在一定区域内波动，因此各国的货币政策就获得了一定的自主性，可以在汇率变动处于目标区内时根据国内需要进行调整，而当汇率变动超过目标区范围时再利用利率政策实现外部目标。

汇率目标区方案引起学术界与政界的重视和争议是其他政策协调方案所难以比拟的，因为这一方案几乎涉及了国际金融领域内的所有重大问题，对政策协调的具体实施方法又规定得极为详尽。但是总的来说，汇率目标区自身存在的一些问题使它很难真正得到实施。这些问题包括：第一，汇率目标区这一制度的优劣判断是非常复杂的。正如我们在前文中所分析的，目标区既具有稳定汇率波动的蜜月效应，又具有加剧汇率波动的离婚效应。在国际资金流动引起的投机冲击日益增多的条件下，它可能会带来汇率变动更大的不稳定性。第二，汇率目标区方案借以确定中心汇率的所谓基本均衡汇率本身也存在很多问题。例如，它是一个价值判断色彩非常浓厚的概念。对于什么是内部均衡，什么是外部均衡都依据分析者个人的观点而定，因此不同的人计算出的基本均衡汇率的数值差异很大。第三，这一方案所描述的政策协调规则也是存在问题的。例如，有的分析者认为用财政政策维持经常账户目标更具有比较优势。以对经常账户进行改善为例，货币扩张在通过本币贬值改善经常账户收支的同时，本国收入的相应增长又导致进口上升，从而在一定程度上降低了货币贬值的效果；而通过紧缩性财政政策改善经常账户时，不仅可以通过降低利率而带来本币贬值、出口上升，而且这一收缩还会引起本国收入下降、进口相应下降。

第三节　对开放经济条件下内外均衡与国际金融政策协调理论的评价

在当今经济社会全球一体化程度不断加深的背景下，一国经济金融政策的作用不仅局限于国内，而且越来越对其他国家产生影响。因此，开放经济条件下一国经济的内外均衡问题不仅是一国的经济内政问题，而且需要国家间的相互协调配合。正如本章前面各节所论述的，在经济理论发展方面，内外均衡理论以及政策协调理论从无到有、从弱小到强大经历了很长的时间，同时也是经济金融理论中不可或缺的重要组成部分。但稍显遗憾的是，这一理论虽经不断锤炼，而且也提出了一些实践的方案，但无论从理论上还是具体应用上都还存在着一定的缺陷和阻力。本节再次对这一问题进行简单评述。

一、对内外均衡理论的评价

20 世纪 70 年代以来，西方国家内外均衡理论的发展，是建立在米德和蒙代尔等人的理论基础之上的。他们的研究工作更为深入，也更加注重以问题为导向。

第一，新的内外均衡理论更加深入地研究了失衡的原因及其可维持性，具有重大的理论意义。经济学家们在 20 世纪 70 年代后进一步分析内外失衡的原因，认为根据传统的凯恩斯宏观经济理论推导出国内储蓄/投资失衡与国际收支失衡之间的对应关系是不全面的。其实国内失衡和国际失衡之间的关系非常复杂。经济学家们的研究指出，汇率、利率、资产价值和许多其他经济变量的变化使得不同国家内外失衡的原因不尽相同，因此调节措施也要视具体情况而定。反思近些年国际货币基金组织在对发生金融危机的国家实施救援时，总是千篇一律地要求出问题国家采取高度紧缩的调节（措施）政策，就不能不让人怀疑要求是否合理。

深入讨论失衡的可维持性也是 20 世纪 70 年代后理论研究的重要进展之一。这方面研究的意义在于：如果失衡是可以维持的，也即在局部均衡的意义上，失衡成为一种均衡状态，那么有无必要采取调节措施。如果有的话，应该如何调节？这方面的研究至今仍无定论。随着实践的发展，这个问题的研究还将继续进行下去。

第二，20 世纪 70 年代以来内外均衡理论发展的特点是，更加注重以问题导向进行研究。实证案例在理论研究中的地位大大提高。70 年代以前，以米德和蒙代尔为代表的经济学家在内外均衡理论方面的研究工作，已经很重视经济运行中出现的失衡问题，但他们很少做专门的案例分析。但 70 年代之后，对国际收支失衡的案例进行实证分析已成为内外均衡理论研究的重要内容。这和西方经济学界在研究上"问题导向"的新特点是相一致的。展望今后内外均衡理论的发展趋势，可以断言新的理论突破将不是在抽象理论演绎中产生，而是将产生在对国际收支失衡的实证分析之中。

第三，内外均衡理论研究的新发展说明了加强国际政策协调的必要性。20 世纪 70 年代以后，经济学家们在深入研究内外失衡的原因并探讨了失衡的可维持性问题之后，发现失衡原因的复杂性以及是否可以维持的不确定性，大大加剧了汇率和股票等资产价格的波动性。而如果各国在采取调节性政策时，忽视了政策协调，势必进一步加剧金融市场的波动性，从而可能影响政策效果。因此，为了调节内外失衡问题，各国特别是大国之间必须加强国际政策的协调。

二、对国际金融政策协调方案的评价

人们往往把政策协调的形式分成政策优化协调和体制维持协调，政策优化协调是将决策看做最优化过程，政策协调就是一个最优化的过程，每个国家都有自己的福利函数，各国可通过政策工具组合使福利最大化，并通过协调实现帕累托最优效率，例如肯勒两国模型中描绘的美国与欧共体相互协调的情形。而体制维持协调是指协调的目的应是维持一种体制安排，通过政策协调使国际经济体制免受各种因素变动的不利影响，例如肯勒主张的追求固定汇率制度的安排协调。在当前浮动汇率体系下，经济学家设计了各种数学模型对政策优化协调过程进行收益的考察。从实际考察来看，国际政策协调中还有很大的收益潜力未被挖掘出来，究竟是什么原因呢？根据各经济学家的考察和分析，可以总结为以下几个方面。

首先是关于政府信誉问题，早在 1983 年巴罗和高登就建立了一个被后人称为巴罗—高登模型的博弈论模型，用政府与私人部门关于政策制定与反应的博弈过程来说明政府的信誉问题，并推广到国际范围的协调过程中，认为信誉方面的问题是政策协调收益甚微的一个重要原因。巴罗—高登模型设计了一国的产出与通货膨胀率的两维空间，当一国的产出水平很低时，政府希望创造没有被预期到的通货膨胀从而对经济起到一定的促进作用，尽管这种促进可能是非常短暂的。起初，该国的私人部门根据政府的承诺进行预期，经过一段时间以后才发现政府私自改动了政策安排，渐渐地，私人部门变得越来越理性，在进行通货膨胀预期时就将政府的信誉问题考虑进去。久而久之，政府与私人部门达到了无效率的纳什点，在产出—通货膨胀空间中表现为长期产量没有发生很大变化，但通货膨胀率相当高。将这一过程推广到国际范围内，一国政府也可能在参与政策协调之后又进行私自的政策安排，此后其他国家会将该国的违约行为考虑进去，逐渐又回到了原来非合作的纳什点，从而使形式上的政策协调失去了实际的意义。1985 年，罗格夫进一步指出，国际货币政策的协调通常要求相当宽松的货币政策，这与巴罗—高登模型中演示的国内信誉问题交织在一起，更导致了实际协调的低效率。一国政府所追求的目标往往主要有两个：经济增长和汇率稳定。在国际货币政策协调的情况下，几个国家可以共同实行扩张性的货币政策以促进经济增长，而汇率由于几个国家同时进行货币扩张而不会发生大的改变，这是许多经济学家曾经倡导的协调理论。然而，罗格夫指出，这种情况更激发了各国政府实行高通货膨胀的动机，这一扩张动机与巴罗—高登模型中所示的扩张动机交织在一起，可以完全抵消政策协调的正溢出效应，因而在实际过程中，国际政策协调的效果十分微小。

其次是对经济行为的看法不一致。1988 年，弗兰克尔和洛克特经过一系列模型的论证发现，如果各国政府对于本国经济的内在机制及其他国家经济的内在机制的看法不一致的话，即每一个政府为每一个国家所设计的目标函数不一致的话，即各国在政策变动对政策目标有多大的作用或影响力的问题上有不同的看法，进行政策协调会使情况变得更糟。他们将这种对经济内在机制不能统一确定下来的情况称为"协调中的不确定性"。弗兰克尔和洛克特的模型由 10 个国家或地区组成，每一个国家对本国及其他国家的经

济状况都有自己的认识，并且相互之间难以达成共识，这样一来，每个国家掌握了 10
个经济模型，两两之间就有 100 种组合。两人在对各种组合进行考察之后发现，仅仅有
半数左右的情形能够带来全球性的收益，而"全球性"并不是每个国家的福利水平都得
到了提高，而仅仅是全球总体福利的增加；或者，如果单个地考察每个国家或地区，仅
有半数左右的情形该国家或地区能够获取收益。更何况，各国在进行经济模型设定的时
候由于信息不完全对实际情况不可能有完全的了解，也不可能有统一的认识，从而使协
调的收益大打折扣。

最后是货币政策目标上的冲突。伊什格林于 1985 年通过一个很简单的例子说明了协
调国家之间目标上的冲突会极大地损害协调的收益。假定有两个比较相似的国家，两国
的工资刚性，政府非常贪婪，每一个国家都想拥有世界上 3/4 的财富（黄金）。如果每
一个国家独立地选择自己的政策目标，不断提高利率从而吸引世界上的资金和黄金，结
果它们达到了一个相互制衡的状态，即两国拥有相等的黄金数量，但具有相当高的失业
率。目前，它们有两种选择来解决这个矛盾：一是两国进行货币政策的协调，即利率的
协调，但并不表示出它们的实际目标，这就是很多经济学家们所想的政策优化性协调；
或者，它们相互坦白自己的政策目标并进行调整。但是如果它们相互坦白目标而不想进
行调整，又会发生什么呢？这就是政策协调中可能出现的政策目标上的冲突。实际上，
这一简单的例子与各国所追求的经常项目顺差以及多种目标组合没有什么不同，目标上
的冲突必然使国际政策协调面临极大的障碍。

至此，我们对国际金融政策的协调理论已经有了比较系统的介绍，关于对国际金融
政策协调所提出的质疑，还有很多经济学家的观点，比如：认为如果某些货币政策工具
本身就被一国当做政策目标的话，谈判必然很难达成协议；还有尽管大多数国家的经济
开放度有了显著提高，国际间的相互依赖程度还是有很大的不同，这也为协议的达成设
置了障碍。此外，一般说来，国际间的协调谈判都是在国内利益集团之间协调谈判之后
才得以进行，那么国际政策协调究竟有多大的余地呢？这些说法使得人们对国际政策协
调进行深层次的思考。

参 考 文 献

［1］姜波克：《国际金融学》，北京，高等教育出版社，1999。

［2］戴金平：《国际金融前沿发展——理论与实证方法》，天津，天津人民出版
社，2000。

［3］陈雨露：《现代金融理论》，北京，中国金融出版社，2000。

［4］王广谦：《20 世纪西方货币金融理论研究》，北京，经济科学出版社，2003。

［5］Ramkishen S. Rajan, 2007. *Managing New - Style Currency Crises: The Swan Diagram
Approach Revisited.* Journal of International Development, 19（5）：583 - 606.

［6］Obstfeld M., Rogoff K., 1995. *Exchange Rate DynamicRedux.* The Journal of Political
Economy, 103：624 - 660.

［7］ Obstfeld M., Rogoff K., 1998. *Risk and Exchange Rates.* NBER Working

Paper, No. 6694.

[8] Obstfeld M. , Rogoff K. , 2002. *Global Implications of Self – oriented National Monetary Rules*. The Quarterly Journal of Economics, 117: 503 – 535.

[9] Michael B. Devereux, Charles Engel, 2003. *Monetary Policy In the Open Economy Revisited: Price Setting and Exchange Rate Flexibility*. Review of Economics Studies, 70 (4): 765 – 783.

[10] G. Corsetti, P. Pesenti, 2001. *Welfare and Macroeconomic Interdependence*. Quarterly Journal of Economics, 52: 421 – 446.

[11] G. Corsetti, P. Pesenti, 2005. *The International Dimension of Optimal Monetary Policy*. Journal of Monetary Economics, 53: 281 – 305.

[12] M. B. Canzoneri, R. E. Cumby, B. T. Diba, 2006. *The Need For International PolicyCoordination: What's Old, What's New, What's Yet to Come?* . Journal of International Economics, 66 (2): 363 – 384.

第十一章

现代金融市场理论

金融国际化、一体化是经济全球化的必然结果和重要特征。遍及全球的金融中心和金融机构正在形成一个全时空的国际金融市场，十分活跃，使得资金的调拨和融通变得空前便捷，大大提高了资金流动的效率。现代金融市场理论在国际金融市场的发展中发挥了重要作用，同时也是国际金融理论中的一个重要分支。

20世纪是金融理论和实践飞速发展的一个世纪。在此之前，严格来讲，一直到20世纪50年代之前，引导资源配置决定的知识很大程度上还是对标准金融实践的描述。此时的金融决策者正如农夫一样，只能根据过去的成功经验种植作物，但没有一种能够提供正确解释的农业科学的有效指导①。20世纪后半叶，随着市场有效性假说的出现及其现代金融理论基石地位的逐步确立，金融活动主体的决策行为得以标准化。解释、预测而非仅仅限于描述金融现象成为可能。从资本资产定价模型到套利定价理论，从MM定理到B-S期权定价方程，投资者在一个统一的标准框架内进行投资决策。金融市场理论从此成为一个知识理论体系。

第一节 衍生金融产品定价理论的提出与发展

20世纪，商品期货的发展促成了金融期货期权交易思想的出现，客观上产生了对衍生金融产品定价理论的迫切需求。在这种背景下，衍生金融产品定价理论适时出现并获得了重大突破。与此同时，衍生金融产品定价理论的发展反过来又直接推动了全球范围内衍生金融交易的创新和发展。衍生金融产品定价理论和衍生金融交易的互相促进成为20世纪"象牙塔"研究和生产实践双向互动的成功典范。

一、衍生金融产品定价研究的起点：Bachelier公式

1900年，法国学者路易斯·巴舍里耶（Louis Bachelier）在其博士学位论文中基于股票价格的变化服从布朗运动的假设，给出了一个欧式看涨期权的定价公式：

---

① 博特赖特：《金融伦理学》，中文版，129页，北京，北京大学出版社，2002。

$$C(S,T) = SN\left(\frac{S-K}{\sigma\sqrt{T}}\right) - KN\left(\frac{S-K}{\sigma\sqrt{T}}\right) + \sigma\sqrt{T}n\left(\frac{K-S}{\sigma\sqrt{T}}\right) \qquad (11.1)$$

式中，S 是标的普通股股票价格；K 是期权协定价格；T 是期权到期日；σ 是收益的瞬时标准差；N 是累积正态分布函数；n 是正态分布的密度函数。

该公式是作为一项数学研究成果出现的，其实际意义并不大。比如，默顿（Merton，1973）和史密斯（Smith，1976）指出，Bachelier 公式允许负的证券价格和期权价格，而且没有考虑货币的时间价值。然而，这一公式在几十年以后被事实证明开创了人类金融理论研究和实践的一个新纪元。

二、衍生金融产品定价理论的探索

Bachelier 公式一出现便被淹没在浩瀚的历史文献之中。此后，凯恩斯（1930）和希克斯（Hicks，1934）虽然也曾讨论过期权定价问题，但都没有什么突破，直至 20 世纪中叶才有了新的进展。在这个时期，萨缪尔森（1965）进行文献搜索时使 Bachelier 公式重见天日，并对此后的研究产生了重要影响。

这一时期的主要进展有：

斯普林科（Sprenkle，1961）假设股票价格的变动过程满足对数正态分布，通过在随机游动中引进漂移排除了证券的负价格并允许风险厌恶；

伯尼斯（Boness，1964）将到期股票价格贴现，从而将货币的时间价值纳入期权定价公式中；

萨缪尔森（1965）允许来自股票不同层次风险的存在。

以上研究存在的致命弱点是，所有期权定价公式中都有一个或多个任意参数，它们依赖于投资者的风险—收益偏好。这使公式很难应用于实践之中。比如，斯普林科（1961）曾试图对自己提出的定价公式所依赖的股票价格平均增长率和投资者风险厌恶程度进行估计，结果以失败告终。

伯尼斯和默顿（1969）对期权定价的研究指出，贴现率至少部分依赖于投资者所持的股票和期权，这大大推进了理论的发展。但是，他们提出的模型最终仍然需要假定一个"典型投资者"效用函数。

其实，解决问题的突破点就在于，风险相同的金融资产的交易价格也应当是相同的，否则就会出现无风险套利机会。早在 1958 年萨缪尔森在麻省理工学院的同事莫迪利安尼（Modigliani）和米勒（Miller）就已经利用这一点来证明著名的 MM 定理了。

三、衍生金融产品定价的划时代突破：B－S 模型

衍生金融产品定价研究从理论走向实践的突破最终在 1973 年由布莱克和斯科尔斯完成。

布莱克和斯科尔斯（Black and Scholes，1973）基于弢普和卡索夫（Thorp and Kassouf，1969）的研究，考虑到一旦形成无套利均衡，对冲头寸的期望收益一定等于无风险资产收益这一被以前学者忽略的隐含条件，推出了著名的 B－S 模型。

该模型假设：

（1）期权是欧式期权且在期权有效期内不存在任何分红和配股；（2）交易费用和税赋为零；（3）市场提供连续交易机会且允许卖空；（4）无风险利率已知；（5）标的股票价格服从几何布朗运动。

则（欧式）看涨期权价格 C 满足：

$$C(S,T) = SN(d_1) - Ke^{-rT}N(d_2) \tag{11.2}$$

式中，T 是到期时间，S 是当前股价，C（S，T）是作为当前股价和到期时间的函数的欧式买入期权的价格：

$$d_1 = \frac{1}{\sigma\sqrt{T}}\Big[\lg\frac{S}{K} + \Big(r + \frac{\sigma^2}{2}\Big)T\Big] \quad d_2 = d_1 - \sigma\sqrt{T} \tag{11.3}$$

式中，K 是期权的执行价格，r 是无风险收益率，σ 为股价的波动率；N 为累积正态分布函数，定义为

$$N(d) = \frac{1}{\sqrt{2\pi}}\int_{-\infty}^{d} e^{-\frac{y^2}{2}} dy \tag{11.4}$$

根据期权平价，欧式看跌期权的价格 P 满足：

$$P(S,T) = -SN(-d_1) + Ke^{-rT}N(-d_2) \tag{11.5}$$

B - S 模型的成功之处就在于它是一个"可观测"变量的函数——期权的价格只依赖于标的资产的价格、时间，以及一些假定为常数的量（默顿在 1973 年将 B - S 模型进一步拓展到无风险利率随机变化的情形）。这样，人们第一次获得了一个合理的、具有完全实践意义的期权定价公式。而且，这一模型可以推广到任何类型的期权定价公式上。因此，B - S 公式的出现直接导致了国际金融市场上衍生金融创新和交易的飞速发展，其本身也成为 20 世纪人们使用最多的公式之一。

四、对 B - S 模型的主要推广

20 世纪 70 年代以来，B - S 模型得到了推广应用。

1. 对远期合约和期货合约的定价。布莱克（1976）运用类似推导 B - S 期权定价公式的假设，提出了一个期权和期货合约定价模型。这一模型被广泛应用于股票指数期货期权、在伦敦国际金融期货交易所（London International Financial Future Exchange，LIFFE）交易的被保证的期货美式期权和债券期货期权以及场外市场上的货币远期期权和始于 1982 年的交易所货币期货期权的定价。

2. 对外币期权的定价。卡曼和卡波海根（Garman and Kablhagen，1983）运用与 B - S 公式相同的假设，提出了欧式外币买入、卖出期权的定价模型。在该模型中，外国利率和本国利率被假定为常数，而格莱博（Grabbe，1983）则模仿默顿（1973）将之推广到利率随机的情况。

外币期权于 1982 年首次在费城股票交易所（Philadelphia Stock Exchange，PSE）上市交易并迅速出现在许多金融中心的交易所和场外市场。而卡曼和卡波海根的模型对其中许多金融外币产品的定价都很适用，从而被广泛使用并推动了外币期权市场的发展。

此外，常和奥坤尼（Chiang and Okuner，1993）也提出过与格莱博（1983）相似的公式。

3. 对商品远期和期货合约、商品期权和期货期权的定价。安德赛和瓦莱（Barone - Adesi and Whaley，1987）作为对布莱克和斯科尔斯（1973）、默顿（1973）以及布莱克（1976）既有研究的直接推广，提出了一个商品远期、期货和期权定价模型。该模型可以被应用到对商品远期和期货合约、商品期权和商品期货期权的定价。而且，这一模型在形式上具有良好的"一般化"特性，当它的参数取不同数值时，就可以分别得出 B - S 模型、布莱克模型，以及卡曼和卡波海根的模型。

第二节　现代资产组合和资产定价理论的提出与发展

随着国际证券市场的繁荣与发展以及随后衍生金融交易的出现，金融市场的深度和广度不断得到扩展，从而产生了对资产定价理论和资产组合理论的需求。在这样的背景下，现代资产组合和资产定价理论出现了并得到迅速发展，成为现代金融理论的基石。反过来，资产组合与定价理论的发展又进一步推动了金融市场深度和广度的空前发展。如今，在国际金融市场上资产组合和资产定价理论正指导着无数金融机构、公司企业、机构投资者和个人投资者在全球范围内的资产组合管理、资产保值增值和投机活动。

一、证券定价理论

20 世纪早期的证券定价理论的主要内容如下：

（一）早期的证券定价理论

早期的证券定价理论就是对证券资产未来净现金流的贴现，其基本原理是，证券当前的价值等于其未来给投资者带来的净现金流量的现值和。其一般表达式为

$$P = \sum_{t=1}^{n} \frac{I_t}{(1+r)^t} \tag{11.6}$$

式中，P 为证券现值（价格）；I_t 为 t 期末的净现金流；r 为计息期的贴现率（投资者要求的回报率）；t 为投资期限。

（二）债券的定价

对于债券而言，如果是通常的定期还息、到期还本的息票债券，则有

$$P = \sum_{t=1}^{mn} \frac{C_t}{(1+r/m)^t} + \frac{F}{(1+r/m)^{mn}} \tag{11.7}$$

式中，C_t 为债券在 t 期末的利息；n 为当期至债券到期的年数；m 为每年支付利息的次数；r 为投资者要求的年收益率；F 为到期还本金额。

对基本定价公式的相应调整就可以得到到期还本付息、分期还本付息或者在其他情况下的债券定价公式。

（三）股票的定价

基于企业的持续经营假设，股利是股票未来为投资者带来的唯一现金流。因此，普通股的内在价值可以通过股利收入的资本化得到。通过这种方法建立的股票定价模型被称为股利贴现模型（Dividend Discount Model，DDM），其一般表达式为

$$P = \frac{D_1}{1 + k} + \frac{D_2}{(1 + k)^2} + \frac{D_3}{(1 + k)^3} + \cdots = \sum_{t=1}^{\infty} \frac{D_t}{(1 + k)^t} \tag{11.8}$$

由于股票未来股利的支付是不确定的，所以股票价格的确定有赖于对其未来股利支付模式的假设。

1. 股利零增长模型

零增长模型是最为简化的股利贴现模型，它假定股票每期期末支付的股利不变，即 $D_1 = D_2 = D_3 = \cdots = D_0$，则对股票的股利贴现模型估价等价于求年金为 D_0 的普通年金现值：

$$P = \sum_{t=1}^{\infty} \frac{D_0}{(1 + k)^t} = \frac{D_0}{k} \tag{11.9}$$

2. 股利不变增长模型

投资者买入股票肯定期望股利不断增长。假设股利每期按一个不变的比率 g 持续增长，即 $D_t = D_{t-1}(1 + g) = D_0(1 + g)^t$，则

$$P = \sum_{t=1}^{\infty} \frac{D_0(1 + g)^t}{(1 + k)^t}，当 g < k 时，股价收敛于 P = \frac{D_0(1 + g)}{k - g} = \frac{D_1}{k - g}$$

这就是股利不变增长模型。显然，$g < k$ 的条件意味着当股利处于不变比率增长状态时，其增长率小于贴现率。这种假设在一个相当长的时期内就行业的整体水平而言是符合实际情况的。但就单个企业而言，短期内 g 可能等于甚至远远大于 k。

3. 多元增长条件下的股利模型

这一模型假设股利从现在到未来某一时期 T 没有特定模式可循，需要逐年预测，此后，股利将持续不变增长。则

$$P = \sum_{t=1}^{T} \frac{D_T}{(1 + k)^t} + \frac{D_{T+1}}{(k - g)(1 + k)^T} \tag{11.10}$$

该模型比较符合企业成长的实际情况。而且，根据现值加速递减规律，当 $k > 15\%$ 且 $T > 10$ 时，T 期以后假设股利按不变比率增长得出的现值在整个股价中的比例一般不超过 1/4。所以，预测 8～10 年的股利而后假设股利持续不变增长，不会对得出的股票价格有太大影响。

现实中往往用二元或三元股利模型简化多元增长模型。二元模型假设股利先后分两个阶段保持不变。三元模型则假设股利先是保持不变，然后保持不变比率（负）增长，最后再稳定不变。

二、现代资产组合理论的确立和资本资产定价模型的出现

20 世纪 50—60 年代，现代资产组合理论得以确立，同时出现了资本资产定价模型。

（一）现代资产组合理论

现代资产组合理论起源于马柯维茨（1952）在《金融杂志》上发表的一篇论述资产组合选择的论文。马柯维茨（1952）假定所有投资者具有风险厌恶和追求效用最大化的特性。不同资产具有不同的期望收益和风险，不同资产按不同方式构成的投资组合也具有不同的期望收益和风险。这样，如果我们用 μ 来表示投资组合的期望收益，用投资组合中收益的标准差 σ 来衡量风险的大小，投资者的投资决策（对最佳投资组合的选择）就可以表达为 (μ, σ) 空间内的效用最大化问题。

罗伊（Roy，1952）独立地提出了一个和马柯维茨（1952）相似的模型。而且罗伊（1952）以风险作自变量、以期望收益作因变量的研究早已被金融界作为一种标准模式采纳。可能仅仅是因为马柯维茨的论文比罗伊的论文早发表几个月，马柯维茨被公认为现代资产组合理论之父。

托宾（1958）将马柯维茨（1952）的研究向前推进了一大步，他指出投资者如何在马柯维茨的资产组合集中选择有效组合。托宾认为，投资者的资产被分成安全的流动资产（现金）和风险资产组合（非现金）。这样，投资者的投资决策可以被看成两个过程：第一，选择风险资产组合；第二，在风险资产组合和无风险资产（现金）之间分配资金。托宾证明，风险资产组合与投资者的偏好无关，投资者的风险偏好仅仅反映在其投资无风险资产（现金）和风险资产组合的比率。托宾的这一结论被称做"基金分离定理"。

托宾的工作使马柯维茨的资产选择更为清晰和具有操作的可能，但是，马柯维茨的协方差模型仍然是进行资产选择时不可逾越的障碍。协方差模型需要众多的协方差数据并由此带来了巨大的计算量。当时英国股票市场有 2 000 只以上的股票，美国股票市场上的股票数目更多。如果用马柯维茨的方法计算一个由 2 000 只股票构成的资产组合，需要估算 200 万个以上反映股票收益和风险特性的数据，这是不可能的。而且，这么多数据的运算，以当时的计算机发展水平根本不可能求出最终结果。

这个难题最终被夏普（Sharpe）破解。夏普（1963）在马柯维茨（1959）的基础上发展了一个资产组合分析的简化模型。该模型假设单只股票收益和市场收益变化线性相关，从而大大简化了计算量。而且，这一模型对后来套利定价理论（APT）的出现产生了重要影响（下文将专门介绍）。

（二）资本资产定价模型（CAPM）

作为对现代资产组合理论的发展，资本资产定价模型（CAPM）开创了现代资产定价理论的先河。

先后有四名学者对资本资产定价模型的确立作出了重要贡献。特雷诺（Treynor，1961）认为："投资者第 i 项投资的风险补偿和这项投资与市场上全部投资的协方差成比例。"夏普（1964）指出："通过分散投资，一项资产所包含的部分风险是可以被规避的，因此，总风险并不是决定资产价格的（直接）相关因素；不幸的是，我们以前很少谈及那一部分和资产价格（直接）相关的风险。"把风险分为与资产价格相关的部分和与资产价格不相关的部分，这就使建立风险条件下的资产定价均衡模型成为可能。夏普建立了这样一个市场均衡条件下的风险资产收益预期模型，并很快被林特纳（Lintner，1965）和墨辛（Mossin，1965）所补充。由此，形成了标准的资本资产定价模型。

在标准的资本资产定价模型中，对均衡条件下资产或资产组合期望收益的预测或是合理价格的确定只需知道这项资产或资产组合的 β 值，这在形式上十分简洁明了。但是，由于该模型的成立有赖于诸多严格假设，比如，完全市场、无税收影响、投资者可以不受限制地进行无风险利率借贷等等，要使资本资产定价模型真正产生现实意义，必须放宽这些限制条件。而且，对资本资产定价模型的检验一直是实证金融研究领域中一个颇具争议的焦点。

布莱克、詹森和斯科尔斯（1972）提出了一个检验资本资产定价模型的"两步法"（BJS 方法）。因为要检验资本资产定价模型，必须将资产的收益对其 β 值进行回归，而我们知道，β 值又不能外生给定，所以对资本资产定价模型的检验必须分两步进行。第一步是由组合收益对市场收益的时间序列回归估算 β 值；第二步是将平均收益对第一步估算出的 β 值进行回归。两步法作为检验资本资产定价模型的标准得到了广泛应用，但由于其第二步回归依赖于第一步回归，所以在计量层面带有不可避免的误差。布莱克、詹森和斯科尔斯（1972）和此后其他学者修正两步法后的实证研究都拒绝了资本资产定价模型有效的结论。

罗尔（Roll，1977）指出资本资产定价模型依赖的市场组合存在的前提条件在实证研究中并不存在。资本资产定价模型中市场组合的概念包括各种债券、股票、外国资产以及人力资本、房地产等范畴中的各种资产，而实证中用来替代市场组合的各种指数实际上只包含了证券这一种资产。这样，关于资本资产定价模型的检验实际上演化为充当市场组合的资产组合自身的"均值—方差"有效性检验。而对于任何给定样本，总存在一个"均值—方差"有效的组合，所以对给定资产组合有效性的检验并不能对证明资本资产定价模型正确与否产生任何帮助。罗尔的这一论断在资产定价领域中产生了重大影响，被称为"罗尔批判"。"罗尔批判"之后出现的很多检验方法仍然拒绝资本资产定价模型的有效性。

三、对标准资本资产定价模型的修正与拓展

20 世纪 70 年代以来，学者对标准资本资产定价模型进行了一些修正与拓展。

（一）单周期条件下对资本资产定价模型的修正

标准资本资产定价模型的修正模型中被引用最多的当数布莱克（1972）提出的零 β 资本资产定价模型。该模型放宽了标准资本资产定价模型中投资者可以无限制地按照无风险利率借入和贷出资金的假设。布莱克指出，在无风险资产不可获得的情况下，可以通过引入一个零 β 资产或资产组合来代替标准资本资产定价模型中的无风险资产。这样，新模型中证券市场线的斜率将是可变的，从而与现实更为接近。

对标准资本资产定价模型的另一项重要修正来自于布伦南（Brennan，1970）。布伦南将税收因素引入均衡模型，探讨了资本收益和红利税不同对资产定价和最优风险组合选择的影响。不过，米勒、默顿和斯科尔斯（1978）实证研究证明税率对资产定价的影

响并不显著。

米尔斯（Mayers，1972）放宽了标准资本资产定价模型中的完全市场假设。通过引入非适销资产的概念，米尔斯讨论了在不完全市场条件下，禁止某些资产的交易对资产定价的影响。米尔斯证明，投资者在其资产组合中持有的某种资产的比例与该资产在市场组合中所占的比例之比，与该资产收益率和投资者持有的非适销资产收益率的相关程度成反比。

（二）跨期资本资产定价模型

马柯维茨的资产组合理论和标准的资本资产定价模型都是单期条件下的均衡理论，这显然与现实中投资者持续不断的投资和消费行为相悖。因此，各种跨期资产定价模型很快出现。

早期的跨期组合选择和资产定价模型包括萨缪尔森（1969）、哈肯森（Hakansson，1970）和法玛（Fama，1970）的研究。他们的模型有一个共同特点，都是在离散时间阶段的资产组合和消费决策。

在早期的离散时间跨期定价模型之后，默顿（1973）提出了连续时间的跨期资本资产定价模型（Intertemporal Capital Asset Pricing Model，ICAPM）。这种连续时间观念影响了现代金融学的发展，对均衡资产定价理论和衍生金融定价理论的发展产生了重要影响。默顿证明，投资者的福利不仅取决于其财富，还取决于经济运行状态。对于相同的财富，在不同的经济景气环境下投资者的福利也是不同的。所以，仅仅用马柯维茨（1952）解决静态组合最优化问题的均值—方差分析投资者对风险资产的需求是不够的，还应当考虑投资者为了对冲投资机会集受到的不利冲击而产生的对风险资产的需要。默顿用下面的例子总结了他的结论：一个在当期面临 5% 利率、下期可能面临 2% 或 10% 利率的跨期投资者对资产组合的需求，必然异于同样条件下的单期最大化者，也异于一个面临恒定 5% 利率的跨期最大化者对资产组合的需求。结果是，资本资产定价模型在每种情况下单独起作用，这就出现了多个 β 值。β 的个数等于 1 加上驱动投资机会集的状态变量的个数。可见，跨期资本资产定价模型实际上是把跨期决策问题转化为若干单周期投资者效用函数最大化问题。

布林登（Breeden，1979）提出了一个离散时间的多周期资产定价模型。布林登指出，投资者实现效用最大化的投资与消费决策必须满足一个边际条件，即当期因购买资产减少消费而带来的边际效用损失应等于下期资产收益带来的边际效用的增加。否则，投资者可以通过不同时期投资与消费的重新分配实现均衡。这意味着，资产的定价取决于其对未来消费（而非财富）的边际贡献。这样，就可以得到一个仅和消费相关的单 β 模型，这一模型被称做基于消费的资本资产定价模型（Consumption Capital Asset Pricing Model，CCAPM）。由于对消费水平及其变化的准确测度相当困难，而且现实生活中消费的变化很缓慢而资产价格的波动十分剧烈，这使基于消费的资本资产定价模型很难取得满意的实证结果。

跨期资本资产定价模型和基于消费的资本资产定价模型共同的缺点是，它们都考虑了资产价格形成中的需求方即消费者因素，而忽略了资产价格形成中的供给方即企业因素。换言之，这两类模型都是纯交换经济下的模型而没有考虑生产。考克斯、英格索尔和罗斯（Cox，Ingersoll and Ross，1985）提出了第一个明确将资产价格内生化的理性预期均衡模型。他们的模型中不仅包含了投资者偏好和基本的风险因素，而且考虑了生产技术因素。

四、套利定价理论

默顿（1973）提出的跨期资本资产定价模型的一个重要启示是，需要用多种风险因素来解释资产价格。在跨期资产定价模型发展的同时，许多学者也在试图寻找能够合理解释风险和收益的单周期多因素定价模型。在著名的"罗尔批判"之后，罗斯（1976）发展了一个套利定价理论（APT）作为资本资产定价模型的替代理论。套利定价理论保持了资本资产定价模型所有的潜在信息又克服了它的缺陷。

套利定价理论的核心思想是，证券的长期平均收益只受少数几个系统因素的影响。这样，就可以构建一个多因素定价模型，模型中每个因子系数可以表示资产对相应因素的敏感性。这有点像具有多个 β 值的跨期资本资产定价模型。不过，用罗斯自己的话说："套利定价理论是一个均衡条件，但更是一个套利关系。"与资本资产定价模型不同，套利定价理论摆脱了市场组合这一概念，使它成立的理论基础是一价定律。在资产不存在特质风险的情况下，任何资产的期望收益都是其他资产期望收益的线性函数。而完全避免特质风险的存在需要构建一个包含无限种资产的组合。因此，对于一个由有限种证券构成的组合，套利定价理论是近似有效的模型。

问题在于，套利定价理论模型中，选择哪些因素以及怎样解释这些因素的经济意义是一个棘手的问题。罗尔和罗斯（1980）通过统计分析找到了美国股市影响股票价格的四个因素。一种方法是通过统计分析寻找定价因素，其优点在于，对于给定阶段的数据集，总能够找出可以解释大部分风险的几个因素。其缺点在于，往往无法对纳入套利定价理论模型的这些因素予以经济解释。

另外一种方法是直接用可观察的宏观经济变量作定价因素。陈、罗尔和罗斯（Chen，Roll and Ross，1986）从最基本的定价模型出发，认为股票价格应该是其未来期望股息的贴现。因此，对套利定价理论中定价因素的选择应该包括所有对未来股息、投资者形成预期的方式以及投资者要求的贴现率产生系统影响的因素。他们实证发现，美国股票价格和以下几个因素显著相关：产业生产力变化；长短期政府债券的利差；高信用等级债券和低信用等级债券之间的利差；预期通货膨胀的变化；预期外通货膨胀的变化。而且，他们对这些因素分别进行了解释。不过此后的一些实证都对他们的研究提出了质疑。总之，对定价因素的选择是套利定价理论始终面临的一个难题。

此外，套利定价理论的可检验性也是一个颇具争议的问题。尚肯（Shangken，1982，1985）指出，套利定价理论对单个证券价格的近似结果如此不精确，以至于检验套利定价理论正确与否根本是不可能的。更重要的是，对套利定价理论的检验实际上同样无法回避对资本资产定价模型的检验中所面临的固有理论难题。

第三节　市场有效性假说的提出与发展

市场有效性假说（EMH）是现代金融理论的基石，无论是资产定价理论（如期权定价方程、资本资产定价模型），还是资本结构理论（如 MM 定理），都是以市场有效性假说的成立为前提的。

一、市场有效性假说的提出

早在 1900 年，法国学者巴舍里耶在其开创了期权定价理论的博士学位论文中提出，价格行为的基本原则应是"公平游戏"，投机者的期望利润应为零。1953 年，英国统计学家肯德尔（Kendall）试图借助计算机找出股票价格变化的规律，但出乎意料的是，他发现股票价格的波动实际上是随机的，下一周的价格是由前一周的价格加上一个随机数构成，根本无章可循。1959 年，罗伯茨（Roberts）揭示了这些股票市场研究和金融分析的结论所隐含的意义。但是，以上关于证券价格序列可以用随机游走模型很好描述的观点是建立在观察的基础上的，并没有给出合理的经济学解释。1965 年和 1966 年，萨缪尔森和芒德尔博罗特（Mandelbrot）两位经济学家才在仔细研究了随机游走理论后，较为严密地揭示了市场有效性假说期望收益模型中的"公平游戏"原则。

（一）三类有效市场的划分

市场有效性假说最早由罗伯茨在 1967 年正式提出。1976 年，法玛将罗伯茨所定义的有效市场分类按其所包含的信息集进行描述，给出了基于合理预期理论的更严密的定义。此后，人们就一直习惯于按信息集的三种不同类型将市场效率划分为三种不同水平。它们是：

1. 弱式有效。当现在的价格已充分反映价格历史序列中所包含的一切信息时，投资者不可能通过对以往价格进行分析而获得超额利润，此时市场即为弱式有效。在弱式有效市场，技术分析将毫无用处。

2. 半强式有效。若现在的价格不仅体现历史价格信息，而且反映了所有与公司股票有关的公开信息，则为半强式有效。在半强式有效市场上，对一家公司所有可公开且能获得的信息的分析都不会给投资者带来超额利润，基本分析将失去作用。

3. 强式有效。在强式有效市场上，市场价格充分反映了关于公司的所有公开信息和非公开信息，即使是利用内幕交易信息，也无法获得超额利润。

在此之后，市场有效性假说蓬勃发展，其内涵不断加深、外延不断扩大，最终成为现代金融经济学的支柱理论之一。

市场有效性假说以一个完美的市场为前提。在这个市场上，没有摩擦，不存在交易成本和税收；资产完全可分割，没有限制性规定；完全竞争，所有交易者都是价格的接受者；信息成本为零，所有投资者同时获得信息等等。但在现实生活中，以上条件很难成立。投资者在进行投资时必须考虑佣金、税收、信息成本以及包括时间和精力在内的各种机会成本。而且，在实行做市商制度的市场中，投资者还必须考虑比真正市场价格高买低卖形成的投标价差（Bid–ask Spread）。

但是，市场的不完美并不影响对市场有效性问题的研究。迈克尔·詹森（Michael C. Jensen，1978）就曾提出过一个市场有效性定义。他认为，如果根据已知信息作出决策的实际收益减去预期收益和各种成本（税收、佣金、机会成本等）后，不存在超额收益，市场就是有效的。这就把市场缺陷纳入了市场有效性的定义，从而使其更具现实意义。

（二）分类的改变

法玛在1991年归纳了20世纪70年代以后90年代之前关于市场有效性假说方面的探索，对比以前关于市场有效性假说研究工作的流行分类，将分类进行了如下调整：

原来第一类的弱式检验主要研究过去收益的预测能力，现在则包括与收益可预测性有关的更广泛的检验。这类检验也包括用股利报酬率、利率等变量预测收益。由于市场有效性假说与均衡定价理论密不可分，讨论可预测性也考虑资产定价模型检验和在检验中发生的一些异象（如规模效应）。此外，关于季节效应（如元月效应）和证券价格波动的研究也包括其中。

第二类和第三类包括的范围不变，但建议更换名称。半强式检验改为更普通的名称——事件研究，强式检验改为更具描述性的名称——内幕信息检验。

二、三类有效市场的检验

（一）弱式有效检验

检验用过去的收益对未来收益的预测能力，信息集仅为历史价格。若该假设成立，则说明投资者无法利用过去股价所包含的信息获得超额利润。经济学家们早期使用的是随机游走模型。用于检验随机游走假设的常用方法有两种：序列相关检验和游程检验。但是随机游走模型比市场有效性假说要求严格得多。因此，对随机游走模型的偏离，并不能代表市场是无效的。

另外，还可用"购买—持有策略"（Buy and Hold Strategy）的收益作为基准（Benchmark），将单纯使用技术分析的投资策略的收益与之进行比较，检验后者在扣除风险因素和交易费用后是否能获得比前者要高得多的收益。如果采用技术分析投资策略获得的收益明显高于作为基准的投资策略所获得的收益，则可以证明市场尚未达到弱式有效。

（二）半强式有效检验

检验证券价格对所有公开发布的信息，如年收益的公告、股票分割等的反应速度。若证明投资者不仅无法从历史信息中获取超额利润，而且也无法通过分析当前的公开信息获得超额利润，则市场半强式假说成立。经济学家一般运用事件研究法（Event Study Method）进行半强式检验。事件研究法是法玛、费雪、詹森和罗尔在1969年2月发表于《国际经济学评论》上的《股票价格对新信息调整》一文中所提出的。事件研究以一至数天为窗口长度，以这段时间的累计股票收益和年（季）度会计指标为观察值，研究股价在什么时候对特定事件作出反应及作出何种反应，从而确定股价对公开信息作出的反应是否符合半强式有效假设。

（三）强式有效检验

研究是否有投资者或机构组织拥有与价格形成有关的信息的垄断力量，信息集还包括没有完全反映在市场价格上的内幕信息。若证明投资者即使拥有内幕消息也无法获得超额利润，则市场强式有效假说成立。

强式有效检验主要分析拥有私人信息和特定信息的特定人群如内幕人（Insider）能否利用这些信息牟取超常收益。法律是严禁内幕人使用内幕消息牟利的，只有当违法的内幕交易被披露后，公众才能知道，因此，进行强式有效检验也就显得比较困难。

三、市场有效性假说的可证性难题

实证主义经济学研究的是事实，回答的问题是"世界是什么"。其基本的程序是：收集数据，从数据的规律性变化中提出假说或模型，检验假说。有两种方法可以检验假说：一是直接方法，即直接检验模型所依据的假设，然而正如弗里德曼（1953）所指出的，用直接方法检验假设是极为困难的；二是间接方法，即检验假说的预见能力。如果预见被否定，则假说被放弃。如果预见得到印证，则假说暂时被接受。如果一个假说经多次检验而能够成立的话，则我们对这一假说的信心增加。因此，无论各种实证研究的结果与市场有效性假说多么吻合，也只能得出"不能否认市场有效性假说"的结论。

对市场有效性的检验必须借助于有关预期收益的模型，如资本资产定价模型、套利定价理论等。按照实证主义的逻辑，如果实际收益与模型得出的预期收益不符，则认为市场是无效的。

但问题在于，如果得出超额收益的预期收益模型本身就是错误的呢？因此，市场有效性必须和相关的预期收益模型同时得到证明。这就陷入了一个悖论：预期收益模型的建立以市场有效为假定前提，而检验市场有效性时，又先假设预期收益模型是正确的。用市场有效性前提下的预期收益模型是无法检验市场有效性的。以最为常用的资本资产定价模型和套利定价理论为例，市场有效性不成立，资本资产定价模型和套利定价理论就不成立。但反过来并不能因资本资产定价模型和套利定价理论导出的结论与市场有效性不符而否定市场的有效性，因为资本资产定价模型和套利定价理论本身有可能是错误的。

正是意识到这一点，法玛（1991）指出：市场有效性是不可检验的。

然而许多研究者似乎并不情愿接受这样的结论。关于市场有效性的实证研究如火如荼，却很难得出一致的结论。研究者们都极力试图使市场为自己的观点提供佐证。他们往往对不同时期、不同市场的数据采用不同的资产定价模型处理，研究结果不免有失客观性。哈沃尼和凯姆（Hawawini and Keim，1998）曾试图对这一问题进行客观全面的研究，他们收集了不同国家、不同时期的金融数据，用不同的资产定价模型进行比较，得出的结论却是自相矛盾。最终，哈沃尼和凯姆不得不回到法玛（1991）的论述：现有金融手段无法验证是资产定价理论错误还是市场无效。他们无奈地写道：我们希望这一问题能够在下一个 100 年里得到解决。

第四节　资本结构理论的新发展

第二次世界大战以后,随着金融市场的规范和完善以及企业规模的不断扩大,特别是跨国企业的出现和发展,利用金融市场进行融资的需求不断增强,国际金融市场上的融资活动空前繁荣。

在跨国公司融资过程中,一个必须首先解决的问题就是不同的融资方式,亦即不同的公司资本结构会对企业的价值或者公司股票价格产生什么样的影响。

一、早期的资本结构理论

对资本结构的理论研究始于 20 世纪 50 年代中期。作为把资本结构问题提升到理论高度的标志性文献,美国经济学家大卫·杜兰特对传统的资本结构理论进行了归纳、总结。他将传统的资本结构理论归纳为三种类型:净收入理论、营业净收入理论和传统理论。

(一) 净收入理论

该理论也被称为净利理论,它有两个基本假设:第一,投资者以一个固定不变的比例投资或估计企业的净收入;第二,企业能够以固定不变的利率不受限制地融通所需的资金。在此前提下,该理论认为:企业增加负债,提高财务杠杆比率,可以增加企业总价值并降低其加权平均资本成本,从而提高企业的市场价值。而且,由于假设企业债务筹资不受任何限制且资金成本固定不变,该理论认为企业利用债务资金总是有利的。换句话说,企业可以最大限度地利用债务资金,不断降低加权资金成本以提高企业的市场价值。理论上,当企业的自有资本为零、债务资本占 100% 时,企业价值最大。

(二) 营业净收入理论

该理论也被称为营业净利理论。与净利理论不同,营业净收入理论认为,增加资金成本较低的负债资本会导致企业风险增加,这又会相应提高权益资本的资金成本,两种变化对冲的结果是保持加权资本成本不变。因此,企业的利润是独立于企业财务杠杆比率的。

根据营业净收入理论,负债的实际成本和权益的实际成本是相同的。负债的实际成本包括两部分:明示成本和非明示成本。其中明示成本来自于债务的利息,可用借款利率衡量;而非明示成本则是由于负债增加而导致权益资本资金成本的增加。企业资本成本不受财务杠杆、融资结构的影响,不存在最佳资本结构。

(三) 传统理论

这是一种介于净收入理论和营业净收入理论之间的折中理论。该理论认为,在一定的范围内,企业可以通过提高负债比率降低加权资金成本。在负债比率低于 100% 的某一点,存在一个使企业价值最大化的最佳资本结构。

早期资本结构理论都是在不考虑企业和个人所得税的情况下，讨论融资结构对企业加权资本成本和市场价值的影响。这为现代资本结构理论的发展奠定了基础。但是，这三种早期的资本结构理论都是建立在经验判断基础之上，没有经过严密的数学推理和实证检验，使其严密性和可接受性大打折扣。

二、MM 定理及其修正定理

（一）标准的 MM 定理

1958 年，莫迪利安尼和米勒发表的《资本成本、公司财务和投资理论》一文，提出了著名的 MM 定理，第一次以严格、科学的经济分析证明了资本结构与公司价值的关系，标志着现代资本结构理论的确立。MM 定理由三个子定理构成：

定理一：假设：（1）资本市场是完善的，即债券和股票交易无成本，投资者和公司借款成本相同，具有完全信息；（2）公司经营风险可以用息税前收益（EBIT）的方差衡量；（3）不考虑债务风险，所有债务成本为无风险利率，公司的破产成本为零；（4）公司增长率为零，投资者对公司未来的息税前收益具有相同的预期。那么，普通股筹资还是债务筹资，即资本结构对公司的市场价值没有影响。

定理二：股票每股的预期收益等于与处于同一风险程度的纯粹权益流量相适应的资本化率加上与其财务风险相联系的风险贴水，其中财务风险贴水用负债权益比率与纯粹权益流量的资本化比率和债务成本的差价的乘积衡量。

定理三：在任何情况下，公司投资决策只能选择纯粹权益流量的资本化比率，它完全不受为投资提供资金的融资证券类型的影响。

（二）考虑公司税的 MM 定理

标准 MM 定理的无税收模型虽然在逻辑上得到肯定，但在实践中受到了巨大的挑战。因为根据 MM 定理，企业资本结构与企业的市场价值无关，所以，企业的债务—资本比率在不同部门和地区的分布应当是随机的。而现实中企业的债务—资本比率在各部门的分布呈现出明显的规律性。这意味着，被 MM 定理排除掉的一些因素对企业资本结构的选择具有实际的影响。为此，莫迪利安尼和米勒（1963）将企业所得税纳入分析框架，对 MM 定理进行了修正，由此得出包括公司税的第二组模型。在这种情况下，莫迪利安尼和米勒得出的结论是，负债利息的支付具有减税作用，这对投资者而言意味着更多的可分配经营收入，从而增加了企业的价值。总之，在考虑公司税的情况下，财务杠杆能够影响企业的价值和资本成本，当企业的负债率达到 100% 时，加权资本成本最低，企业价值最大。

（三）米勒模型

在莫迪利安尼和米勒（1963）提出有公司税的 MM 模型时，就提到了个人所得税可能会对公司价值产生的影响，但他们没有进一步研究。1976 年，米勒在美国金融学会所做的一次报告中提出了一个把公司所得税和个人所得税都包括在内的模型。此后，法勒和塞尔温（Farrar and Selwyn）、斯特普尔顿（Stapleton）和斯蒂格利茨（Stiglitz）都曾提到或分析过个人所得税的影响。但是，是米勒第一次对个人所得税对公司债券和股票融资的影响进行了系统的研究，并且，他的研究又重新回到了 MM 定理。

在米勒模型中，当公司的所得税税率、个人股票所得税税率和个人债券所得税税率分别满足不同条件时，就可以得出 MM 定理或修正的 MM 定理。

三、资本结构理论的新发展

（一）权衡理论

MM 定理只考虑了负债带来的纳税利益，却忽视了负债带来的风险和额外费用。而权衡理论则将以上两者进行权衡考虑，对存在财务风险、破产成本以及代理成本的情况下企业市场价值与融资结构的关系进行了讨论。

权衡理论认为，企业负债的增加会导致发生财务危机的概率和财务危机成本增加，这会降低企业的价值，提高其资金成本。同时，保护债权人权益的各种制度安排带来的代理成本也提高了负债成本，降低了负债收益。所有这些因素都会制约企业无限制地追求税收优惠的冲动。因此，考虑到企业存在财务风险、破产成本以及代理成本的情况下，企业存在一个最佳的资本结构。

权衡理论的可贵之处在于，它通过放松 MM 定理的假设，引入了权衡负债收益和风险、费用的均衡观念，这在研究思路上是一种创新。同时，它也重新唤起了人们在更符合实际的假设条件下寻求企业最佳资本结构的希望。

（二）不对称信息理论

MM 定理中的一个重要假设是完全信息。在现实中，这个假设显然不成立，因为企业和投资者同时获得充分信息几乎是不可能的。更接近现实的情况是一种"不对称信息"环境——经理人比投资者更多地了解企业的经营活动，因此在与投资者的博弈过程中处于优势地位。1972 年，斯蒂格利茨假设经理人和投资者对企业破产的概率具有不同的预期，从而第一次将信息不对称引入企业资本结构研究。此后，罗斯、塔尔蒙（Tamon）、迈尔斯和麦吉勒夫（Myers and Majluf）等人沿着这一思路进行了系统的研究。

根据信号传递的不同方式，不对称信息条件下的企业资本结构模型分为三类：

1. 通过债务比例传递信号。1977 年罗斯在放松充分信息假定的同时，保留了 MM 定理的其他全部假定，给出了一个堪称经典的不对称信息模型。罗斯假定经理人掌握了企业的未来收益和投资风险等内部信息，而投资者没有，但可以通过企业发布的信息对企业价值进行间接评估。在罗斯的模型中，企业的债务比率或资产负债结构被当做一种在企业和市场之间传递信息的工具。一般认为，负债比率上升表明经理人对企业的未来收益有较高的预期，表明了管理者对企业的信心。所以，外部投资者把较高的负债比率视做高质量信号，企业的市场价值和债务比率正相关。

罗斯的模型的缺点在于，它没有建立一个防止经理人向外传递错误信号的内在机制。

2. 通过内部人持股比例传递信号。在利兰德和帕尔的模型中，企业家是风险规避者，且财富有限，他希望与外部投资者共同合作开发项目。企业管理者可通过改变自己的股份传递项目收益信号。在均衡状态下，企业管理者持有的股份越多，说明其对项目收益的预期越好，企业的市场价值越大。

3. 通过融资顺序传递信号。迈尔斯和麦吉勒夫在罗斯模型的基础上提出了一个模型，他们认为，由于存在逆向选择，发行股票筹资会被市场误解为企业前景不佳，而债券发行量的增加又会增加发生破产危机的概率。所以，企业存在"先内部筹资、然后发行债券、不得已再发行股票"的融资顺序选择。这意味着新股发行会导致股票市场价值降低。

（三）激励理论

激励理论研究资本结构与经营者行为之间的关系。它认为，融资结构会影响经营者的努力水平和其他行为选择，从而影响企业的未来收入和市场价值。

詹森和麦卡林的代理成本模型是较具代表性的模型之一。在这个模型中，不同的融资契约带来不同的代理成本，对代理成本最小化的追求决定了资本结构的选择。

我们知道，经理人与股东之间、债权人与股东之间的冲突构成了现代公司的两大主要利益冲突。就经理人和股东的冲突而言，由于不拥有公司的全部股权或剩余所有权，经理人增加努力程度时承担了全部努力成本，却只能得到由此增加的公司收入的很小一部分。与此相反，经理人增加在职消费时只承担部分成本而享受全部好处。这样，经理人存在偷懒和谋求私利的激励，并由此带来企业的一项代理成本，它是经理人持股比例的减函数。在经理人对企业的绝对投资不变的情况下，提高资本中的负债比例将增加经理人的持股比例，从而降低代理成本。

就债权人和股东的冲突而言，随着债务融资比例的上升，股东将倾向于选择更具风险的项目，此即所谓的"资产替代效应"。理性的债权人会正确地预期到股东的资产替代行为，从而，举债成本将随债务融资比例的上升而上升。这构成了债务融资的代理成本，它与债务融资比例成正比。

因此，以上两方面因素的综合作用意味着存在一个最佳资本结构。

此外，格罗斯曼和哈特建立的担保模型也很有启示意义。他们将债务视做一种担保机制。他们认为，企业不发行债券就无破产风险，这会使经理人丧失追求利润最大化的积极性，从而市场对企业的评价就低；反之，发行债券会促使经理人为保证自己的在职好处而努力实现利润最大化。此时，公司市场价值会随市场对企业评价的上升而上升。因此，对经理人而言，存在较高的私人收益流量与较高破产成本和丧失所有在职好处的风险之间的权衡，这种权衡最终表现为一定的资本结构。

（四）控制理论

哈里斯和拉维（1988）的研究认为，融资结构不仅决定了企业收入流的分配，而且决定了企业控制权的分配。显然，经理人持有的公司股份越多，其对公司的控制能力就越强。由于经理人对控制权的偏好，他会通过融资结构来影响控制权的分配。但是，随着经理人持有股份的增加，企业价值以及经理人持有股份的价格都会降低，所以，经理人的股份又不易过多。这种对追求更大控制权带来的收益和股东财富损失的权衡，决定了企业的资本结构。

总之，资本结构理论的出现和发展是金融理论发展中的一件大事。尤其是不对称信息条件的引入，使人们对企业的融资行为、资本结构以及公司价值的决定有了更深刻的认识。然而，金融市场的复杂性使人们无论是在理论上还是现实中，都没有对是否存在最佳资本结构以及什么样的资本结构才是最佳资本结构的问题有一个明确的答案。

第五节　行为金融理论及其对标准金融理论的挑战

早在 20 世纪 50 年代，当根植于现代西方经济学的数理金融理论奠基并在日后成为当今主流金融学时，行为金融学也在悄然萌芽。70 年代末、80 年代初，正当主流金融学体系无所不包、如日中天之时，行为金融学作为一个名词，在一批不遗余力地为之呐喊的行为金融学家的簇拥之下正式登上理论金融学发展的历史舞台。

一、行为金融理论的产生及发展

经济心理学的诞生开始了对人类心理与行为非理性的研究，随着经典金融理论中的"理性人假设"和"有效市场假设"的缺陷日益暴露，以及对于个体行为、心理的研究逐渐成熟，尤其是认知心理学的迅速发展，行为金融学这一将心理学研究成果运用于金融投资领域的边缘学科得以迅速发展起来。

行为金融学由心理学、行为科学及金融学交叉并结合而成，它是从人的观点来解释和研究投资者的决策行为及其对资产定价影响的学科。

最早要求将心理学与行为研究融合到金融研究中的呼声来自美国俄勒冈大学的几位心理学和金融学教授。早在 1951 年，该校的巴伦（O. K. Burren）教授就探讨了用构建实验室来验证理论的必要性。随后巴曼（Bauman）和斯诺维奇（Paul Sovic）继续了将金融学和行为科学方法相结合的研究。

行为金融学的真正兴起是在 20 世纪 80 年代末。一方面，越来越多的实证研究发现了许多标准金融理论无法解释的"异象"；另一方面，诸如预期理论等的提出为行为金融学解释各种"异象"提供了很好的理论基础。同时，70—80 年代，会计理论对心理活动对财务决策的影响进行了非常广泛的研究，这也为 80 年代末期行为金融学的兴起奠定了基础。在这一时期，以威斯康辛大学迪邦特（De Bondt）为代表的许多学者取得了大量的行为金融学研究成果。

二、行为金融理论的主要内容

（一）投资者的心理、行为特征与认知偏差

初期行为金融学研究的重点，集中在对股票市场中的行为认知偏差的识别上。目前关于投资者心理、行为特征和认知偏差等的概念主要有：

1. 有限理性。与传统经济学的无限理性不同，行为经济学认为由于人的精力、能力和信息等是有限的，在现实中，人们无法做到完全理性，而只能做到有限理性。

2. 过度自信。人们通常对于自己的能力总是过分自信，投资者和分析家们在自己具有专业知识的领域里更显得特别自信。违背现代投资组合理论的"本地股偏爱"（Home Bias）现象、股市中投资者的自促成效应（Self – fulfilling）及奇异想象（Magical Thinking）、准奇异想象（Quasi – magic Thinking）都与决策者的过度自信相关。

3. 后悔规避。在发现自己作出了错误的判断之后，人们往往会感到伤心、痛苦，有挫折感。对这种痛苦感受的本能回避常常会导致决策行为的非理性改变，投资者的从众行为就源自后悔规避。比如，一些投资顾问喜欢推荐著名的和受欢迎的公司的股票，因为这些公司的股票即便日后表现不佳，他们也往往不会被怪罪或被解雇。

4. 锚定效应。锚定是指人们倾向于把对将来的估计和已采用过的估计联系起来，同时易受他人建议的影响。锚定会使投资者对新信息反应不够，包括一些专业的证券分析师。锚定现象被用于对金融市场上许多异象的解释。

5. 思维账户。特韦尔斯基（Tversky）在研究个人行为时发现，在人们的心目中，隐含着一种对不同用途的资金不能完全可替代使用的想法。投资者习惯于在潜意识中将其资产组合放入不同的意识账户（Mental Accounts）。投资者倾向于将投资分为"无风险"的安全部分和可能赚钱的"有风险"部分。一些账户的资产是用于养老的，一些账户的资产可以偶尔赌一把，一些账户的资产是用于接受高等教育的，还有一些账户的资产是为度假准备的，如此等等。对于不同"思维账户"里的资金，人们的风险偏好是不同的。

6. 典型启示。根据谢弗瑞和斯塔特曼的研究，大多数投资者坚信"好公司（指有名望的大公司）"会产生"好股票"，这是一种典型启示。这种认知偏差的产生是由于投资者把"好公司"混同于"好股票"。典型启示会导致过分自信。它是指这样一种认知倾向：人们喜欢把事物分为典型的几个类别，然后，在对事件进行概率估计时，过分强调这种典型类别的重要性，而不顾有关其他潜在可能性的证据。这种偏差产生的一个后果是，当数据明明是随机的时候，人们仍然倾向于发现其中的规律，并对此感到自信。

（二）行为金融的主要理论基础

1. 期望理论。卡尼曼和特韦尔斯基在 1979 年著名的"Prospect Theory：An Analysis of Decision Making Under Risk"一文中指出，传统预期效用理论（Expected Utility Theory）无法完全描述个人在不确定情况下的决策行为。他们通过实验对比发现，大多数投资者的行为并不总是理性的，效用不是单纯财富的函数，他们也并不总是风险规避的。因此，投资者并非传统金融理论假设的标准金融投资者（Standard Finance Investor），而是行为投资者（Behavioral Investor）。由此，他们提出了一个更符合投资者实际行为的效用理论：期望理论。

行为金融投资者的"效用"反映在期望理论的价值函数（Value Function）中，是一条中间有一个拐点（即参考点）的 S 形曲线（横轴的正半轴表示盈利、负半轴表示损失）。该曲线在盈利范围内通常是凹的、在损失范围通常是凸的，而且曲线的斜度在损失范围内比在盈利范围内要陡。也就是说，根据期望理论，行为投资者在损失的情况下通常是风险偏好的，而在盈利时则往往是风险规避的，并且投资者损失时所感受到的痛苦通常远远大于盈利时所获得的愉悦。这与现实中的情况是基本一致的。

2. 行为组合理论（BPT）与行为资产定价模型（BAPM）。金融机构在实践中所使用的资产组合和主流金融学中马柯维茨的均方差组合是有很大差别的。比如，菲舍尔和斯塔特曼（Fisher and Statman，1997）发现共同基金为一些投资者选择了股票占较高比例的投资组合，为另一些投资者却选择了债券占较高比例的投资组合。这显然有悖于主流金融学中的两基金分离定理（Two－fund Separation），因为两基金分离定理证明所有有效组合都能够表示为一个股票与债券具有固定比例的风险组合和不同数量的无风险证券的组合。

谢弗瑞和斯塔特曼（1999）提出了用行为金融组合理论来替代马柯维茨的均方差组合理论。

现代资产组合理论认为，投资者应把注意力集中在整个组合而非单个资产的风险和预期收益的分析上，这就需要考虑不同资产之间的相关性。而行为金融组合理论则认为，现实中大部分投资者无法做到这一点。他们实际构建的资产组合是基于对不同资产的风险程度的认识以及投资目的所形成的一种金字塔状的行为资产组合，位于金字塔各层的资产都与特定的目标和风险态度相联系，它们之间的相关性被忽略了。

谢弗瑞和斯塔特曼（1994）构筑了行为资产定价模型（Behavioral Asset－pricing Model）作为主流金融学中资本资产定价模型的对应物。行为资产定价模型将投资者分为信息交易者（Information Traders）和噪声交易者（Noise Traders）两种类型。信息交易者即资本资产定价模型下的投资者，他们从不犯认知错误，而且不同个体之间表现出良好的统计均方差性；噪声交易者则是那些处于资本资产定价模型框架之外的投资者，他们时常犯认知错误，不同个体之间具有显著的异方差性。两类交易者互相影响，共同决定资产价格。当前者是代表性交易者（Representative Trader）时，市场表现为有效率，而当后者成为代表性交易者时，市场表现为无效率。行为资产定价模型中证券的预期收益取决于其行为贝塔（Behavioral Betas），即正切均方差效应（Tangent Mean－variance－efficient）资产组合的贝塔。因为噪声交易者对证券价格的影响，正切均方差效应资产组合并非市场组合（Market Portfolio）。比如，噪声交易者倾向于高估成长型股票的价格，相应地，市场组合中成长型股票所占的比例也就偏高。为了纠正这种偏差，正切均方差效应资产组合较之市场组合要人为调高成熟型股票的比例。另外，行为资产定价模型还对在噪声交易者存在的条件下，市场组合回报的分布、风险溢价、期限结构、期权定价等问题进行了全面研究。

无论是资本资产定价模型还是行为资产定价模型，标准贝塔和行为贝塔的估计是一个难点。在资本资产定价模型中，我们都知道市场组合的构成原理，但找不到精确构造市场组合的方法，因此，在计算标准贝塔时只好用股票指数代替市场组合。行为贝塔的计算就更加困难，因为正切均方差效应资产组合随时都在变化，这个月还在起重要作用的行为因素下个月可能变得微乎其微，我们很难找到它的有效的替代物。

三、行为金融理论的模型

（一）DSSW 模型

迪隆、布拉弗德、施雷弗和萨莫斯（De Long，J. Bradford，Andrei Shleifer，Lawrence

H. Summers，1990）给出了一个解释复杂金融现象的简单模型。该模型将金融市场上的投资者分为理性的套利者和非理性的噪声交易者。噪声交易者具有随机的行为倾向，总是试图影响股票价格以获得较高的预期收益率。噪声交易者行为的不可预测性导致了资产价格的异常波动并对理性套利者试图恢复市场效率的行为产生阻碍。结果，即使不存在基本风险，股票价格有时也会显著地偏离股票的基本价值。噪声交易者通常承受了更大的由自己造成的风险，但他们也因此而具有比理性投资者更高的预期收益率。这个模型可以解释市场上诸如资产价格的过分波动、股票收益的反转、基金的价格偏低以及股票溢价等现象。

（二）BSV 模型

巴勃斯、施雷弗和韦斯尼（Barberis，Shleifer and Vishny，1998）提出 BSV 模型用来解释投资者的判断误差如何导致过度反应和反应不足。

根据 BSV 模型所建立的股价行为模型认为，投资者错误地将随机变动的收益范式化，认为收益有两种范式。在被认为可能性较大的范式 A 中，投资者认为收益是均值回归的。一旦投资者相信范式 A 的存在，收益变化将会被认为只是一种暂时现象。此时，投资者并不会根据收益变化充分调整自身对股票未来收益状况的预期，而当后来的实际收益状况与投资者先前的预期不符时，他们才会重新作出调整，由此导致股价对收益变化的滞后反应。在被认为可能性较小的范式 B 中，股票收益在同方向地连续变化，使投资者产生了公司收益变化是趋势性的错觉，他们会错误地将这一趋势外推，从而导致股价过度反应。而由于长期来看收益是随机游走的，所以当前的过度反应在未来某一时期又终将被投资者认识到，这又使得长期收益发生反转。

（三）DSH 模型

DSH 模型由丹尼尔、施雷弗和萨伯曼雅姆（Daniel，Hirshleifer and Subrahmanyam，1997）提出。该模型将投资者分为有信息的（Informed）和无信息的（Uninformed）两类。信息本身会带来副作用，获得的信息越多，越容易受到信息偏差和自身判断偏差的影响。而获得信息的投资者往往是市场上股票价格的决定力量。面对大量信息，他们极容易产生过度自信（Overconfidence）和有偏的自我归因（Biased Self – attribution）两种判断偏差。过度自信导致获得信息的投资者夸大自己对股票价值判断的个人信号的准确性；有偏的自我归因则使他们低估关于股票价值的公共信号。这种偏差在这些公共信号与他们的个人信号相背时尤为明显。随着公共信息最终战胜行为偏差，对个人信息的过度反应和对公共信息的反应不足，就会导致股票回报的短期的惯性和长期的反转。

（四）统一理论模型（Unified Theory Model）

BSV 模型和 DSH 模型虽然都能很好地解释一些异常回报现象，但由于这两个模型都是以部分心理学证据作为投资者行为假设的基础，因而又都不能独自解释所有的异常现象（Fama，1998）。洪和斯德恩（Harrison Hong and Jeremy C. Stein，1999）从市场参与者的相互作用角度提出了资产市场中反应不足、动量交易和过度反应的统一理论模型。

统一理论模型把研究重点放在不同作用者的相互作用机制上，而不是在代表性作用者的行为心理和认知偏差方面。该模型假设：（1）市场上存在"观察消息者"和"动量交易者"两类交易者。观察消息者与动量交易者这两类作用者都是有限理性的，即每类作用者都仅能以无偏的方式处理可得公共信息的某一子集。(2)不同类型交易者的预测机理不同。观察消息者根据他们个人所观察和获得的关于未来基本价值的信息来进行预测，完全不依赖当前或过去的价格；动量交易者则完全依赖于过去的价格变化，他们的预测是历史价格的函数。(3)私人信息在观察消息者群体中是逐步扩散的。在上述假设的基础上，统一理论模型将反应不足和过度反应现象统一归因为关于基本价值信息的逐渐扩散。模型认为，最初由于观察消息者对私人信息反应不足的倾向，使得动量交易者试图通过简单的套利策略来获利，而他们的套利活动又不可避免地推动价格走向了另一个极端，由此，又导致了过度反应。换句话说，首先是观察消息者主导的反应不足现象的存在，由此导致了动量交易者进入市场套利，而这又导致了过度反应。最后，市场一旦意识到过度反应，又会形成逆转。

第六节 现代金融市场理论简评与展望

现代金融市场理论是 20 世纪经济理论体系发展进程中最为辉煌的部分之一。在米勒和莫迪利安尼的套利定价理论、马柯维茨的资产组合理论、夏普—林特纳—布莱克的资本资产定价模型、布莱克—斯科尔斯的期权定价理论以及有效市场假说的基础之上，现代金融学形成了一个严密的理论体系。由于其高度的概括性，它似乎能以最少的工具解决所有的金融问题，从而表现出（至少是曾经表现出）强大的生命力。回首现代金融理论的发展历程，两个特点特别突出：

一、现代金融市场理论的发展与现实需求紧密相连

现代金融市场理论是在实践中产生的，一方面，现代金融理论的发展直接源于人类的社会实践。正是商品期货的出现导致了衍生金融工具定价理论的出现和发展、对证券准确定价的要求推动了资产组合理论和资产定价理论的出现和发展、对最佳资本结构的追求促成了资本结构理论的发展和 MM 定理的出现，甚至于旨在动摇主流金融理论的行为金融的出现和发展都直接来自于投资实践中的各种"异象"（Anomaly）导致的困惑。另一方面，现代金融理论的发展又直接推动并指导了人类的社会实践。比如，期权定价理论的发展直接促成了金融衍生交易的出现和空前繁荣；各种基于资产组合理论和资本资产定价模型的投资理论正在全球范围的金融市场上指导着共同基金、保险公司、跨国公司等机构投资者和个人投资者的投资活动；而最近以行为金融理论为代表的对主流金融理论的反思同样孕育了各种最新的直接运用于投资实践活动的投资模型和投资策略。

毫不夸张地说，现代金融理论和现今全球金融市场上各种形式的金融实践活动的关系正如先有鸡还是先有蛋的问题，我们已很难回答究竟是理论开创了现实，还是现实催生了理论。总之，现代金融理论与人类的金融实践和金融市场的发展紧密相连、相互促进，并还将继续下去。

二、现代金融市场理论与现实之间存在着矛盾

理论的价值在于它的概括性和指导意义。作为一个理论体系，现代金融理论是对现实世界的高度抽象和概括。这种抽象和概括像一把双刃剑，一方面，它使现代金融理论以最为简洁的形式分析所有的金融问题，从而赋予其强大的生命力；另一方面，高度的抽象概括已经使金融理论与作为其研究客体和服务对象的现实世界严重脱节并表现出越来越多的矛盾之处。这种脱节首先表现在理论前提假设上的"理想主义"、"投资者是理性的、市场是有效的、交易成本是不存在的"等等，如果说这些假设最初仅仅是为了更加简明、便捷地研究现实的话，那么，理论发展的方向应该是逐步取消这些假设限制，而不是将它们标准化、极端化。前提假设上的"理想主义"必然导致理论与现实的矛盾。因此，现代金融理论的发展是一个不断研究现实、解决现实问题的过程，又是一个理论与现实的矛盾不断积累的过程。随着矛盾的不断积累，主流金融理论正受到前所未有的质疑和挑战。如今，以行为金融学为代表的各种理论思潮正在试图从理论基石上重构现代金融理论，并已取得了令人瞩目的成绩。

三、行为金融学并不会取代主流金融理论

几乎没有理论体系会与所有的实证研究相吻合，现代金融理论也不例外。米勒认为，因为一些特例就对现有金融学的理论框架进行基于行为金融或是其他理论的重建既非必要，也决不会在不远的将来发生。施瓦特（Schwert，1983）十分不情愿地接受了需要新的资产定价理论以解释反常现象的观点。但他同时强调，新的资产定价理论也必须是在所有投资者都理性的追求最大化的框架之内。而迪邦特和第勒强调，股票价格超涨超跌的过度反应实际上是一种超越理性的认知缺陷。希勒（Shiller，1981）则明确指出，股票价格的涨落总是被非理性的狂热所左右，理性并不可靠。由此看来，行为金融学与主流金融学似乎是水火不容的。

正如巴伦（1951）指出的，金融理论的正确性要用实证结果来验证。当越来越多的与标准金融学的理论基石——市场有效性假说（EMH）相悖的异象被发现时，即使是最坚定的主流金融学学者也不能对此熟视无睹。在很短的时间内，行为金融学迅速崛起。无论是认同还是反对，任何一名金融学者都在对行为金融学提出的问题与得到的结论进行仔细的推敲。这一事实本身足以展示行为金融学在当今金融学领域的地位及发展前景。从对标准金融学的假设与结论提出质疑，到对市场有效性、风险、资产定价模型等问题提出自己独特的观点，一直到提出自己的资产组合理论，行为金融学正在逐步向一个完善的金融体系发展。虽然行为金融学完全替代主流金融学还只是行为金融学家的一相情愿，但行为金融学必将对金融理论与实践产生越来越大的影响。也许正如第勒（1999）所说的，终将有一天"行为金融学"作为一个名词不再被人提起——这是多余的。人们在对资产定价时将很自然地考虑各种"行为金融"意义上的因素。从这一意义上讲，行为金融学与主流金融学在争论中不断融合，形成新的更具实践性的主流金融学的观点似乎更为可信。

参 考 文 献

［1］埃里克·布里斯等：《期权、期货和特种衍生证券》，中文版，北京，机械工业出版社，2002。

［2］史树中：《金融经济学十讲》，上海，上海人民出版社，2004。

［3］博特赖特：《金融伦理学》，中文版，北京，北京大学出版社，2004。

［4］沈艺峰：《资本结构理论史》，北京，经济科学出版社，1999。

［5］吴晓求：《证券投资学》，北京，中国人民大学出版社，2004。

［6］田宏伟、张维：《关于市场异常现象的学说——行为金融学》，载《亚太金融研究》，上海，上海交通大学出版社，2001。

［7］韩海平、陶燕红、方兆本：《行为金融学综述》，载《经济研究资料》，2002（1）。

［8］徐龙炳、陆蓉：《有效市场理论的前沿研究》，载《财经研究》，2001（8）。

［9］黄树青：《行为金融学与数理金融学论争》，载《经济学动态》，2002（1）。

［10］黄树青：《行为金融在中国：现状、前景与问题》，载《云南大学学报》，2003（2）。

［11］Barberis, Shleifer, Vishny, 1998. *A Model of Investorsetiment*, Journal of Financial and Economics, No. 49, pp. 307 – 343.

［12］Daniel, Hirshleifer, Subrahmanyam, 1998. *Investor Psychology and Security Market under and Overreactions.* Journal of Finance, No. 53, pp. 1839 – 1883.

［13］Fama, 1998. *Market Efficiency*, *Long Term Returns*, *and Behavioral Finance.* Journal of Financial Economics, No. 49, pp. 283 – 306.

［14］Ikenberry, Lakonishok, Vermaeleln, 1995. *Market Under Reaction to Open Market Share Repurchases.* Journal of Financial Economics, No. 39, pp. 181 – 208.

［15］Michaely, Thaler, Womack, 1995. *Price Reactions to Dividend Initiations and Omissions：Overreaction or Drift?.* Journal of Finance, No. 50, pp. 573 – 608.

［16］Barberis, Nicholals, and Andrei Shleifer, 2000. *Style Investing*, Working Paper, University of Chicago.

第十二章

国际商业银行管理理论

  自银行产生以来，经济学家和银行学家就开始研究和讨论银行管理理论，以指导银行的经营管理活动。随着经济的发展和金融体系的日臻完善，银行作为现代金融体系的中介服务机构，日益成为现代经济金融正常运行不可缺少的重要环节。与此同时，银行业的风险也日益成为影响国际经济稳定和金融安全的重要因素。银行管理理论正是适应国际经济和金融市场的发展变化而不断演变的。研究国际银行管理理论对加强我国银行管理理论研究有重要的理论与实践意义。

第一节 国际商业银行管理理论的演进

  风险管理一直都是商业银行经营管理的核心内容，因此商业银行管理理论的演进过程体现的就是商业银行在应对市场变化以及自身内部发展需求而进行的风险管理实践的不断更新。商业银行的风险管理理念经历了从消极的规避风险到积极的应对风险的转变；风险管理能力也随之从单一的风险管理提升到现今的全方位的风险管理；管理方法相应地从静态的粗略的定性管理逐步发展为动态的日益精确的定性管理与定量管理的结合。纵观商业银行管理理论的发展，可以将其分为三个阶段：简单的风险管理、综合的风险管理以及全面的风险管理。

一、20 世纪 70 年代以前：简单的风险管理

  20 世纪 70 年代之前，银行的风险管理水平基本上停留在比较简单的层面。不断出现的银行危机和非银行金融机构的竞争迫使银行必须不断提升自身风险管理的能力，而金融市场的发展和金融工具的丰富则是这种风险管理能力扩张的最重要的技术支持，同时非银行金融中介的竞争也促使银行不断改进流动性风险的管理方法。

  在商业银行产生后至 20 世纪 60 年代以前，资本市场还比较落后，金融工具较少，商业银行的资金来源以及资金运用也相对单一，这一时期广泛盛行于西方各国的商业银行管理理论是资产管理理论，该理论经历了商业放款理论、转换理论以及预期收入理论三个阶段的发展。资产管理理论的不断进步为银行的资产业务打开了更大的发展空间，

银行的资产从最初单一的短期工商业贷款扩张到了可转换资产，又再扩张到了有收入保障的长期贷款。而商业银行于资产业务上的具体管理方法也随之不断完善进步：在最早的资金汇集法中，银行对于资产业务的管理方式为，将各种渠道聚集起来的资金视为同质的单一来源，然后在各种资产之间按照流动性要求进行分配；随后的是资产分配法，根据不同资金来源的流动性和法定准备金的要求来决定资产的分配方向和比例；再到更加科学的线性规划法，在给定的约束条件和收益预测基础上确定最优的资产组合，使得目标函数最大化。

随后在 20 世纪 60 年代初，经济和金融都开始迅速发展：第二次世界大战以后出现的第三次科技革命，使一系列新型部门开始建立。传统工业部门的技术改造带动了固定资产的大规模更新，增加了对银行资金的需求；金融市场的发展和金融创新为银行扩大资金来源提供了可能；Q 条例对银行利率的限制，严重削弱了银行的竞争能力。这些都促使银行扩大资金来源，以扩张资产规模，获取更多的盈利。与此同时，存款保险公司的建立也为银行负债管理提供了可能。在这一背景下，传统的资产管理理论已不适应银行的需要，于是负债管理理论在银行间广泛盛行。负债管理理论经历了三个阶段：第一阶段是早期的银行券理论、存款理论；第二阶段是以购买理论和销售理论为代表的主动负债理论，此时银行的负债业务也从最初的被动地吸收存款扩展到了从中央银行、同业金融机构等多方面借入资金；第三阶段，负债管理理论扩展到了商业银行会主动提供金融产品和服务从而满足客户的不同需要的阶段。

二、20 世纪 70—80 年代：综合风险管理

20 世纪 70 年代末 80 年代初，金融市场自由化的进程不断加快，商业银行所面临的各种市场风险迅速张显，过去简单的风险管理方法已经无法满足新形势下商业银行风险管理的需要，综合风险管理理论便顺势而生。综合风险管理的基本思想就是将银行管理中原有的割裂模式，转变为对于银行的资金来源和运用情况实行综合的考量。

（一）资产负债管理理论

综合风险管理理论的典型代表就是资产负债理论，该理论认为单靠资产管理理论和负债管理理论都难解决流动性、安全性和盈利性的均衡问题。要实现银行三性原则的协调统一，不可偏重其中一方，必须将资产和负债结合在一起，通过双方的调整来实现流动性、安全性和盈利性的协调均衡，在安全性和流动性的前提下获取最大的利润。

20 世纪 80 年代末，金融自由化进程进一步加深，西方各国相继放松了对银行业的监管，银行业的竞争进一步加剧，银行存贷利差不断缩小。非银行金融机构的发展，使银行面临市场份额减少的压力。此外，银行资本的国际监管严重制约了银行资本的扩张。这一切都使国际银行面临谋求新的业务领地和利润增长点的严峻挑战。在此背景下资产负债外管理理论产生并发展起来。该理论提倡银行要摆脱传统的资产和负债业务的束缚，开辟新的业务领地，增加盈利。

（二）资本管理理论

资本管理理论也是综合风险管理的重要代表。金融理论表明，银行资本是银行经营

活动的基础，为银行吸收存款和对外贷款提供保证，同时还能够能预防外来风险并为银行破产提供缓冲机会，所以一直都是银行和管理当局的重点关注内容。资本管理理论经历了最佳资本需要量理论、政府资本监管理论以及国际资本监管理论三个阶段。

最佳资本需要理论是早期的资本管理理论，该理论研究的是，在不存在资本监管的条件下，银行的最佳资本需要量。该理论认为，银行资本比率不能过高，也不能过低。资本比率过高会使财务杠杆比率降低，影响资本收益率；资本比率过低，又会增加对存款和其他资金的需求，使边际收益率下降。因此，银行的最佳资本需要量就是资本成本曲线上的最低点所决定的资本量，可用资本与资产的比率表示。

19 世纪以后，随着银行对经济影响力的扩大，政府对银行资本的监管也在逐渐加强，政府资本监管理论随之出现。政府资本监管理论经历了一个较为长期的发展进程。从早期的地区人口决定银行资本量理论、存款数量决定银行资本量理论到后来资本与总资产比率以及资本与风险资产等一系列比率的提出，再到后来 20 世纪 60 年代末综合资本监管理论对于政府监管理论的补充，最终在 20 世纪 80 年代初提出了政府统一资本监管理论。

20 世纪 80 年代以后，国际大银行的资本风险日益加大，资本充足率参差不一，并出现不断下降趋势，这一趋势引起了国际银行业的关注，1988 年巴塞尔资本协议的颁布，标志着银行资本监管体系的正式形成，同时也进一步完善了资本管理理论。巴塞尔资本协议规定了资本充足率的标准比率目标、统一了资本定义及风险资产的计量并通过两次转换实现了对表外资产和衍生工具风险的控制。其中早期的资本充足率管理也是综合风险管理的重要成果。

三、20 世纪 90 年代以后：全面的风险管理

1997 年东南亚金融危机爆发，金融危机和银行风险在国际间的传播问题成为各国关注的重点。这一时期，信用风险或市场风险等单一风险已不再是多数金融机构陷入经营困境的主要原因，取而代之的是信用风险、市场风险、利率风险等多种风险的联合作用。金融危机的发生引起了人们对于多种风险的综合模型以及操作风险量化问题的研究热情。于是市场风险的量化管理带动了信用风险和其他风险的量化管理创新，最终形成了全面的风险管理体系。

（一）资本管理理论——巴塞尔新资本协议

巴塞尔新资本协议的提出是全面风险管理的重要体现。1999 年 6 月巴塞尔委员会提交了巴塞尔新资本协议草案，2004 年 6 月十国集团一致通过了《资本计量和资本标准的国际协议：修订框架》，即巴塞尔新资本协议，并决定于 2006 年底在各国实施。新巴塞尔协议扩展了银行风险资产的监管范围，同时协议提出的内部评级法有利于培育银行内部风险评估体系，有利于提高银行风险识别和反映水平并加大了市场力量对银行的约束，是国际资本监管理论的重大发展。

（二）商业银行风险管理理论

在这一阶段，商业银行风险管理理论也随着银行面临风险的增加而不断发展和成熟

起来。现代商业银行面临的风险主要包括信用风险、利率风险、市场风险、汇率风险、操作风险、国家和主权风险等，针对不同的风险，各国的经济学家也提出了不同的模型对其进行评估。例如信用风险管理就经历了定性模型（Qualitative Models）、信贷评级模型（Credit Scoring Models）、现代模型（Newer Models）三个发展阶段，利率风险管理模型则包括重新定价模型、到期日模型以及久期模型三个阶段。

第二节 资产负债管理理论

资产负债管理理论自商业银行产生至今已经有几百年的历史。它是在不同历史时期，适应经济和金融环境的变化和银行经营管理的需要产生和发展的，经历了一个由低级向高级的发展过程，逐步形成了系统的管理理论。这些管理理论被统称为资产负债管理理论，包括资产管理理论、负债管理理论、资产负债综合管理理论和资产负债外管理理论。

一、资产管理理论

资产管理理论（Asset Liquidity Management）是商业银行产生后至 20 世纪 60 年代以前广泛盛行于西方各国的管理理论。这一时期资本市场不发达，金融工具较少。商业银行的资金来源主要是活期存款，资金来源渠道固定且狭窄。资金运用主要是向企业发放短期贷款，资金需求单一且数量有限。资产管理理论便在这一背景下产生。

（一）资产管理理论的基本观点

资产管理理论认为，银行资金来源的规模是外生变量，取决于客户而非银行，银行不能控制，而银行是可以控制资产的规模和结构的。因此，商业银行应当将管理的重点放在资产管理方面。通过资产结构的调整，使银行的资产来源和负债来源相适应，以此来协调安全性、流动性和盈利性的关系，实现经营方针的要求。资产管理理论的侧重点在于保持资产的流动性，其核心内容是主张通过合理安排资产的规模与结构来保持银行的流动性，因此也被称为资产流动性管理理论。

（二）资产管理理论的三个发展阶段

资产管理理论经历了商业放款理论、转换理论和预期收入理论三个发展阶段。

1. 商业放款理论。商业放款理论是早期的资产管理理论，在英国被称为"真实票据论"。该理论产生于 18 世纪中后期，由英国经济学家亚当·斯密在 1776 年发表的《国民财富的性质与原因的研究》一书中提出。

（1）商业放款理论对流动性的解释（Commercial – Loan Theory）。商业放款理论认为，商业银行的资金来源主要是活期存款，具有随时支取、流动性高的特点。活期存款的不稳定性要求银行必须保持较高的资产流动性，以应付客户的提取。因此，贷款的发放应当集中于短期的自偿性贷款，即贷款基于商业行为并能自动清偿。这种贷款随商品的生产和销售周转，产销过程完结，贷款从销售收入中得以偿还。不仅如此，这种理论认为办理短期贷款要以真实票据作抵押，如国内贸易中的产销放款、票据贴现、国际贸易中的进出口押汇。因此也被称为"真实票据论"。

（2）商业放款理论对银行管理理论的贡献。商业放款理论确立了现代商业银行经营活动必须坚持流动性的原则。鉴于银行产生早期资金来源以活期存款为主，在没有借入资金渠道的条件下，提出银行必须保持资金运用的规模和结构与资金来源的规模和结构相适应、自行解决流动性问题的主张，确立了流动性管理作为银行首要的经营原则，该原则至今仍然是商业银行的重要经营原则。此外，商业放款理论提出生产活动决定银行贷款的观点，有利于稳定通货。该理论强调银行贷款应以企业的短期生产经营活动为基础，并以真实票据作抵押，使银行贷款与生产经营活动的资金需要相适应，避免贷款投放过多引起通货膨胀或贷款不足导致通货紧缩。

（3）商业放款理论的缺陷。随着经济环境和银行经营活动的变化，商业放款理论的缺陷日益暴露出来。首先，该理论过分强调了流动性，在一定程度上忽视了银行的盈利性。尽管活期存款随时支取，但总有一部分相对稳定的余额保留在银行，银行可以将其用于长期贷款获取较高的收益。其次，该理论忽视了企业对贷款需求的多样性。随着资本主义向垄断的发展，企业对长期贷款的需求量越来越大，商业放款理论不能满足企业的资金需求。再次，该理论忽视了银行的流动性、安全性得以实现的外部经济环境。银行贷款能否按期清偿，不仅取决于贷款的期限，还受制于借款人的信誉、经济周期和市场环境，如果借款人的信誉出现问题或经济不景气，即便是短期贷款也无法清偿。此外，该理论不利于发挥商业银行对经济的调节作用。银行对经济的调节作用在于：当经济繁荣时，减少贷款，防止经济过热；当经济疲软时，增加贷款，刺激经济增长。商业放款理论强调贷款的自偿性，不能发挥调节经济的作用。

2. 转换理论（Shift - Ability Theory）。该理论产生于20世纪初期，由美国经济学家莫尔顿（H. G. Monlton）于1918年在《商业银行业务与资本形成》一文中首次提出。转换理论的产生与金融市场的发展直接相关。第一次世界大战以后，金融市场迅速发展起来，银行的资产从短期贷款扩大到政府债券和其他短期债券投资。这些短期债券能随时在市场上销售，具有很强的流动性。适应这一时期的需要，理论界对资产流动性又有了新的解释。转换理论应运而生。

（1）转换理论对流动性的认识。转换理论认为，银行资产是否具有流动性，关键不在于资产期限的长短，而在于资产的变现能力。只要银行持有在需要时能迅速变现、其价值又不受损失的资产，银行的资产就具有流动性。什么是流动性？流动性即转换。

（2）转换理论对银行流动性的发展。在转换理论的指导下，银行持有的以政府国库券为主的短期证券资产大量增加。转换理论在坚持商业放款理论提出的流动性管理原则的同时，突破了商业放款理论将流动性仅局限于自偿性贷款的限制，开辟了银行流动性管理的新途径，不仅扩大了银行资产运用领域，丰富了银行资产结构，提高了银行资产的营利能力，而且适应了金融市场发展的需要。

（3）转换理论的缺陷。转换理论对流动性的解释是相对的。虽然短期债券的信誉高、流动性强，但是如遇到经济萧条、证券市场交投不活跃，即便是信誉很高的短期债券，也很难迅速出售，因此银行资产的流动性也不能得到充分的保证。

3. 预期收入理论（Anticipated – Income Theory）。预期收入理论产生于20世纪40年代，由美国芝加哥学者哈伯特·普曾切诺（Heybert Prochnow）于1949年在《定期存款及银行流动性理论》一书中提出。该理论的产生与当时的经济金融发展密切相关。第二次世界大战以后，以美国为首的世界经济进入了高速发展时期，经济的发展增加了对银行资金的需求。在生产领域，短期贷款需求有增无减，长期设备贷款和投资需求迅速增加；在消费领域，生产过剩促进了消费者贷款的发展，要求银行贷款涉足于消费信贷领域；在金融领域，各类银行和非银行金融机构的兴起使竞争加剧，银行获取更高利润、维持生存和发展的欲望增强。这些都对银行拓展贷款业务、增加盈利提出了客观要求。与此同时，这一时期银行的定期存款和储蓄存款比重增加，也为银行发放长期贷款提供了资金来源。预期收入理论对如何保持资产流动性给了新的解释。

（1）预期收入理论对流动性的最新解释。预期收入理论认为，银行资产的流动性并不意味着将资产局限于商业放款和易于变现的短期证券，还应将资产扩大到以借款人的未来收入作担保的长期贷款领域。只要有借款人的未来收入作保证，长期贷款也可以安全收回，银行资产就可以保持流动性。如果借款人的预期收入没有保障，即便是短期贷款也不能到期偿还。

（2）预期收入理论对银行管理理论的贡献。预期收入理论对银行管理的贡献在于，将贷款的收回与借款人未来的现金流量结合在一起，用借款人未来能否获得稳定的现金流，作为衡量贷款风险大小的标准，为现代银行贷款管理和对企业的财务分析提供了依据。在这一理论的指导下，商业银行的贷款领域扩大到了以投资项目日后收入和消费者日后收入作保证的贷款，如中长期设备贷款、不动产抵押贷款和消费贷款等，推动了银行资产业务的扩大和银行盈利能力的提高。

（3）预期收入理论的缺陷。预期收入理论只提供了以企业的未来现金收入评价资产流动性的思路，忽视了借款人预期收入的变化。贷款期限越长，影响贷款偿还的不确定因素越多，贷款风险就越大，借款企业的财务状况在借款期内会发生很大的变化。当借款企业的预期收入减少甚至不能实现时，银行贷款就不能收回，流动性就不能保证。因此，预期收入理论仍然不能很好地解决资产流动性问题。

（三）对资产管理理论的评述

资产管理理论作为商业银行早期的管理理论，强调的是资产流动性管理的重要性，为银行提供了科学的管理理念。首先，无论哪一个阶段的资产管理理论都坚持了流动性的原则，即流动性是安全性、盈利性的前提；其次，该理论都强调银行的资产运用必须与负债来源相适应的资产流动性理念；再次，该理论要适应经济环境和金融环境及银行管理的需要而不断发展。正因为如此，资产管理理论在长达100多年的时间内，对商业银行的稳健发展起到了重要的作用。但是尽管如此，资产管理理论仍然存在不可避免的缺陷，即在强调资产流动性的同时，在一定程度上忽视了银行的盈利性。

二、负债管理理论

（一）负债管理理论的发展

负债管理理论（Liability Management Theory）产生于 20 世纪 60 年代初，以美国花旗银行发行大额可转让存单为代表。相对于资产管理理论而言，至今难以考察该理论的渊源。20 世纪 50 年代末、60 年代初，出现了经济和金融迅速发展的局面：第二次世界大战以后出现的第三次科技革命，使一系列新型部门开始建立。传统工业部门的技术改造带动了固定资产的大规模更新，增加了对银行资金的需求；金融市场的发展和金融创新为银行扩大资金来源提供了可能；Q 条例对银行利率的限制，严重削弱了银行的竞争能力。这些都促使银行扩大资金来源，以扩张资产规模，获取更多的盈利。与此同时，存款保险公司的建立也为银行负债管理提供了可能。在这一背景下，传统的资产管理理论已不适应银行的需要，于是负债管理理论在银行广泛盛行。

（二）负债管理理论的内容

负债管理理论认为，银行不必拘泥于被动地根据存款的来源和结构建立分层次的资产结构来保持流动性，完全可以通过在金融市场上主动举债，满足银行的流动性需求，协调流动性、安全性和盈利性的关系。该理论认为，银行在保证银行流动性的同时必须兼顾盈利性，应当根据银行盈利的需要，在资金不足时，主动借款增加资金来源，支持资产规模的扩张。负债管理理论经历了早期银行券理论、存款理论、购买理论和销售理论四个发展阶段。

1. 早期的银行券理论。银行券理论产生于银行发展初期，是中央银行产生之前的管理理论。该理论认为，客户将金银或铸币存入银行后，银行开出银行券，允诺持票人凭票即可取得与票面数额相等的金银或铸币。该理论强调银行券是银行发行的可兑现的信用货币，它的发行以银行持有的贵金属作发行保证。由于持券人不会同时要求兑现，因此银行不必以十足的金银资产作后盾，即银行可以超过所持有的贵金属的数量发行银行券。在这种理论的指导下，以票据贴现方式增发银行券便成为银行谋取利润的主要手段。但是银行券构成银行的基本负债，银行必须保证其银行券随时兑现。由于一些中小银行为了获取发行银行券的丰厚利润，超过银行的偿付能力大量过多地发行银行券，非法获利，导致银行券无法兑现，银行破产倒闭，银行券持有人蒙受巨额损失。为了规避银行风险，1844 年，英格兰银行法案作出了具有深远历史影响的改革，即将银行券的发行权集中于英格兰银行。各国普遍建立中央银行制度之后，银行券的发行权集中到了各国的中央银行，构成了中央银行的负债来源，商业银行由此便失去了银行券的发行权。商业银行只好靠吸收社会上的银行券形成的存款作为其负债，而银行券库存则成了它们的资产。

尽管现代商业银行已不再拥有银行券负债，为日后的负债管理提供了重要的理论借鉴。第一，银行发行的债务证券，必须要有真正的货币兑现准备；第二，这种兑现准备的数额可以小于银行的负债承诺数额，但是两者必须保持适度的比例。在传统的金融制度下，这种适度性是受贵金属制约的；在古典的中央银行制度下，负债的适度性受制于中央银行发行的现钞数量；而在中央银行钞票和商业银行存款都被视为货币的现代金融制度下，这种适度性则受制于中央银行控制和商业银行自身保持流动性的能力了。中央银行是通过存款准备金制度来控制货币的，商业银行必须按规定比率交纳准备金；银行应当保证存款按契约要求兑付现金或转账支票的，商业银行必须保持足够的负债流动性，这两条就是银行券理论衍生出来的负债管理的要求。

2. 存款理论。自从商业银行失去了银行券的发行权之后，存款理论成为银行负债的主要理论。存款理论主张：第一，存款是银行最重要的资金来源，是银行资产经营活动的基础。没有存款，银行经营便成为无本之木、无源之水。第二，存款是存款者放弃货币流动性的一种选择，存款者的意向是决定银行存款的主观因素，银行只能被动地顺应这种意向。第三，银行支付的存款利息是对存款者放弃流动性的补偿，并构成银行的成本支出。第四，存款的安全性是存款者和银行共同关注的核心问题。存款者担心的是存款是否如期兑现和保值，银行担心的是存款的挤兑风险及其引起的信用或破产倒闭风险事件。第五，存款的稳定性是银行经营的客观要求。银行的资金运用，尤其是长期性贷款和投资，必须限制在存款稳定性沉淀额度之内，否则会造成支付危机。

存款理论的最主要特征是强调银行负债的稳健性和保守性，强调依照客户的意愿组织存款、遵循安全原则根据存款的状况安排贷款、参考贷款的收益支付利息。不主张盲目增加存款和贷款、冒险谋取利润的行为。

3. 购买理论。购买理论产生于 20 世纪六七十年代，该理论的出现标志着银行经营战略思想的重大转变。购买理论认为，银行对于负债并非消极被动、无能为力，完全可以主动购买外界资金，变被动的存款观念为主动的借款观念，变消极地付息负债为积极地购买负债。研究购买理论的学术文献尚不多见，根据购买理论的实践经验，购买理论的主张可归纳和提炼为：

（1）银行购买资金的目的是增强流动性。单就增强流动性而言，银行在负债方面的购买行为比在资产方面的管理行为要主动得多、灵活得多。

（2）购买对象十分广泛。除了一般公众之外，同业金融机构、中央银行、国际货币市场的金融机构，乃至财政机构都可被视做商业银行的购买对象。

（3）直接或间接地抬高资金价格，是实现购买行为的主要手段。为打破存款管制条例的限制，银行应采用明的或暗的各种方式，如支付较高的利息、变相利息、隐蔽补贴、免费服务等，以吸引资金供应者。

购买理论的效果是双重的：一方面，使商业银行更加积极主动地吸收资金，增强了商业银行竞争力，有助于信用扩张和经济增长；另一方面，又刺激商业银行片面扩大负债，盲目竞争，加重债务危机和通货膨胀。

4. 销售理论。这是在 20 世纪 80 年代崭露头角的一种银行负债理论，销售理论是在金融改革和金融创新风起云涌、金融竞争和金融危机日益加深的形势下产生的。它与以往所有的银行负债理论显著不同之处在于，它的立足点是金融服务，通过创造适合于不同客户需要的金融产品，为更大范围的客户提供形式多样的服务。销售理论主张：

（1）客户至上。该理论认为，客户的利益和需要是银行服务的出发点和归宿。客户是多种多样的，需求也是多种多样的，因而金融产品必须多样化。银行必须千方百计地扩大和加强同各类客户的联系和沟通，做好客户需求分析并加以归类，根据不同的收入、职业、年龄、地区、文化程度、习惯偏好等条件，设计开发不同的金融产品。针对不同客户提供特殊需要的金融服务，是销售理论的核心。

（2）提供金融产品只是外在形态，其实质是资金的运筹。通过服务途径，配合其他银行业务，不包括贷款或投资手段的配合，作出一揽子安排以达到吸收资金的目的，是销售理论的精华。

（3）金融产品的推销主要通过信息的沟通、加工和传播实现。金融产品是直接的信息载体，但还有更多间接的、背后的、无形的信息需要处理，它们贯穿于金融产品销售之前与之后的全过程。服务态度、广告宣传和公共关系诸方面，都是传递信息、推销产品至关紧要的内容。

（4）销售理论贯穿着一种市场概念，它要求银行确认：消费者需要什么，应当在什么时候、以什么方式告诉消费者，银行将为他们提供什么样的产品或服务。

销售理论表明，银行管理日益走向积极和主动并日益从单纯的资产管理朝资产与负债管理并重的方向发展，使银行对经济的渗透力日益加深。它反映了金融业和非金融业之间的彼此竞争和相互渗透，标志着金融机构正朝着功能多样化和复合化的方向发展，但是这种理论并不能完全取代传统的负债理论，是有益的发展和必要的补充。

（三）对负债管理理论的评价

负债管理理论丰富和发展了银行管理理论。首先，该理论打破了银行管理理论的传统模式，使流动性管理视角发生了根本性的变化，并更具进取性；其次，该理论使银行管理手段发生了本质的变化，银行可以根据资产运用的需要主动灵活地调整负债结构，提高盈利水平；再次，银行主动发行金融债券的负债管理方式，使银行具有了资产出售的职能，大大提高了银行的筹资能力和市场竞争能力。

但是负债管理理论也加大了银行的风险。主要表现在：第一，提高了银行负债成本。发行债券利率高于存款利率，资金的运用也要求较高的回报，加大了银行的资产风险。第二，加大了银行的经营风险。当市场资金紧缺、银行难以从市场上借入资金时，就会导致流动性风险，严重时会引起银行支付危机爆发甚至破产倒闭。第三，加大了银行资本风险。银行资本成本高于负债成本，借入资本的增加，使银行忽视了自有资本的补充，资本风险加大。

三、资产负债综合管理理论

资产负债综合管理理论（Assets and Liabilities Management Theory）产生于 20 世纪 70 年代中后期。这一时期，市场利率大幅度上升，使银行负债成本上升，银行风险加大，降低了银行的国际竞争力。控制银行风险迫在眉睫。与此同时，各国对银行监管的放松，使银行吸收存款的压力减小。在这一背景下，资产负债综合管理便广泛流行于各国银行。

（一）关于资产负债双方调整的观点

资产负债综合管理理论认为，单靠资产管理理论和负债管理理论都难解决流动性、安全性和盈利性的均衡问题。要实现银行三性原则的协调统一，不可偏重其中一方，必须将资产和负债结合在一起，通过双方的调整来实现流动性、安全性和盈利性的协调均衡，在安全性和流动性的前提下获取最大的利润。

（二）资产负债管理原理的提出

资产负债综合管理理论提出了银行资产负债管理应遵循的三个一般原理：

1. 偿还期对称原理。这一原理认为，银行资产的运用期与负债的偿还期应当保持一定的对称关系，如活期存款流动性强，与之对应的是流动性极强的现金资产，银行的固定资产及其设备应由银行资本金支持。但是也应当考虑活期存款偿还期的转化问题。

2. 目标替代原理。这一原理认为，银行安全性、流动性、盈利性的效用之和是银行的总效用。银行的经营活动应达到总效用最大，可以通过三性原则相互替代、相互补充达到总效用最大或不变。即流动性、安全性的降低可以通过盈利性的提高弥补；反之，盈利性的降低可以通过安全性和流动性的提高来补偿。

3. 资产分散化原理。这一原理认为，商业银行要保持经营的安全性和盈利性，必须将资金分散于不同期限、不同种类的资产，并限制对单个项目和单个客户的贷款或投资总额。

（三）对资产负债综合管理理论的评价

资产负债综合管理理论吸收了资产管理理论和负债管理理论的精髓，又克服了两者的缺陷。是比较完善的资产负债管理理论。其中关于通过资产负债双方的调整达到三性原则协调均衡的主张、关于资产负债管理的一般原理，高度概括了银行资产负债管理的本质和规律，使资产负债管理理论更加科学完善。在这一理论的指导下，产生了诸如资金缺口管理、利率敏感性管理、持续期缺口管理等行之有效的方法，大大提高了银行管理效率。但是资产负债综合管理理论也对银行管理者提出了更高的要求，在实际操作中既要建立资产负债管理委员会这一专门机构，又要广泛搜集和深入分析各类市场信息，并需要在各业务部门的协调配合下才能作出正确的决策。中小银行往往难以做到。此外，资产负债综合管理理论研究的是银行资产负债表内业务的管理，不适于日益发展起来的表外业务管理。

四、资产负债外管理理论

资产负债外管理理论产生于 20 世纪 80 年代末。此时在金融自由化的影响下，西方各国相继放松了对银行业的监管，银行业的竞争进一步加剧，银行存贷利差不断缩小。非银行金融机构的发展，使银行面临市场份额减少的压力。此外，银行资本的国际监管严重制约了银行资本的扩张。这一切都使国际银行面临谋求新的业务领地和利润增长点的严峻挑战。技术进步、金融市场的蓬勃发展和金融工具的不断创新，为银行开拓业务范围提供了支持。在这一背景下，传统的资产负债管理日益表现出它的局限性，资产负债外管理理论产生并发展起来了。

（一）资产负债外管理理论的主要观点

资产负债外管理理论提倡银行要摆脱传统的资产和负债业务的束缚，开辟新的业务领地，增加盈利。该理论的主要观点是：

1. 提出了强化银行信息服务功能的主张。该理论认为，在知识经济时代，银行应当强化金融信息服务功能，充分利用计算机网络技术，大力发展以信息处理为核心的金融信息服务业务，提高银行的盈利能力。

2. 提出银行开展金融衍生工具交易的主张。该理论认为，面对众多企业和银行自身规避利率风险和汇率风险的需要，银行应当开展衍生金融工具业务，如期货、期权和互换业务，在规避利率风险和汇率风险的同时，增加银行收益。

3. 倡导将表内业务转化为表外业务。该理论提倡将原本资产负债表内的业务转化为表外业务。如将银行贷款转让给第三者、将银行存款转让给需要资金的单位。这虽然会使银行表内资产负债规模缩减，但是银行可获得转让差价收入。

（二）对资产负债外管理理论的评述

资产负债外管理理论作为资产负债管理理论的补充，在主张扩张银行表外业务的同时，扩大了银行的金融服务功能；在倡导拓展新业务领域的同时，推动了金融创新的发展，信贷资产证券化业务正是在贷款转让的基础上发展起来的。但是，资产负债外管理理论在提出关于银行开展衍生工具交易的同时没有涉及该领域的管理问题，加大了银行的经营风险。自 20 世纪 90 年代以来，国际银行业因衍生工具交易失控而破产倒闭的事实，充分暴露了该理论的缺陷。

第三节　资本管理理论

资本管理理论研究的是银行的最佳资本需要量问题。金融理论表明，银行资本是银行经营活动的基础，为银行吸收存款和对外融资提供保证；能防御外来风险并为银行破产提供缓冲的机会；还能为银行提供经营资金来源。因此，银行资本历来被银行和管理当局所重视。资本管理理论也随之产生。20 世纪 80 年代以后，国际大银行的资本风险日益加大，银行资本金管理也成为国际金融界关注的热点问题。1988 年《巴塞尔资本协议》的颁布，标志着国际银行资本监管体系的形成，资本管理理论随之不断发展完善。

一、最佳资本需要量理论

最佳资本需要量理论是早期的资本管理理论。该理论研究的是，在不存在资本监管的条件下，银行的最佳资本需要量如何确定。

（一）关于银行最佳资本需要量的分析

该理论从银行财务管理的角度出发，认为银行的最佳资本需要量是由满足成本最低、盈利最高的经营目标所决定的资本量。这种理论认为，银行资本比率不能过高，也不能过低。资本比率过高会使财务杠杆比率降低，影响资本收益率；资本比率过低，又会增加对存款和其他资金的需求，使边际收益率下降。因此，银行的最佳资本需要量就是资本成本曲线上的最低点所决定的资本量，可用资本与资产的比率表示。这里的银行资本成本是指筹集资本所需支出的费用，包括股息、红利、资本债券利息和管理资本的费用。该理论认为，资本与其他负债可以相互替代，即银行资本不足会引起对其他负债的需求，并认为由此增加的成本也视同资本成本。这一理论如图 12 - 1 所示：

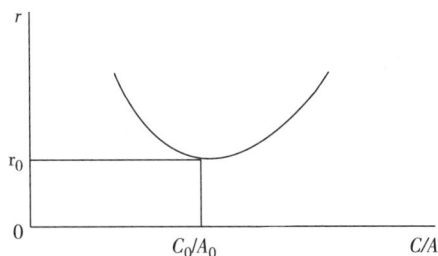

图 12 - 1　最佳资本需要量的确定

式中，C 代表总资本；A 代表总资产，图 12 - 1 说明，银行资本成本呈 U 字形曲线，资本成本随资本量的增加而上升。当银行资本减少时，为支撑一定的资产规模，就要增加存款或借款，由此增加的利息等费用也被视为资本成本，因此，资本成本较高；反之，银行资本增加，股票发行成本、股息分派成本和资本管理成本增加，资本成本亦增加。

（二）关于不同规模银行资本需要量的论述

早期的资本管理理论还认为，银行的资本成本受资产规模、资产质量和银行信誉的影响，规模不同的银行的资本需要量有很大差异。大银行信誉高、具有优质的客户和优质资产，并广泛占有负债市场，因此，资本需要量少些；小银行则相反，由于资产规模和业务量有限，信誉较低，负债流动性差，必须保持相当数额的流动性资产和提取较多的贷款损失准备，因此资本需要量较多。这一理论如下图所示：

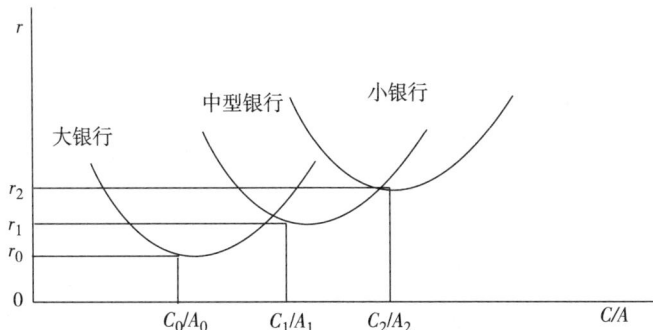

图 12 - 2　不同规模银行资本需要量的确定

（三）对早期资本管理理论的评价

早期的资本管理理论重视资本数量对银行资本成本的影响，从银行价值最大化角度，研究了资本需要量问题，为银行降低资本成本、保持合理的负债结构、提高盈利能力提供了理论依据。但是该理论存在很大的片面性：首先忽视了银行风险对资本的要求。银行资本的基本功能是防御和化解银行风险的。要实现银行价值最大化，既要控制资本成本，又要控制银行风险，该理论恰恰忽视了资本功能的要求。此外，该理论关于存款和借款等其他负债与银行资本可以相互替代的论述，混淆了银行资本和银行负债的根本区别，降低了银行的抗风险能力。由此得出的大银行可以保留较低的资本资产比率的观点，加大了银行风险。

二、政府资本监管理论

随着银行作用的加强和对经济影响力的扩大，19 世纪以后政府对银行资本的监管加强，政府资本监管理论开始出现。政府资本监管理论是通过政府法律法规体现出来的。美国是世界各国资本监管较早的国家，其监管理论较为成熟，发展脉络也比较清晰，具有一定的代表性。

（一）政府资本监管理论及其演变

政府资本监管理论经历了一个长期发展和演进的过程。

1. 地区人口决定银行资本量理论。19 世纪后期，美国《国民银行法》对国民银行的最低资本量的规定体现了这一思想。当时规定，一般情况下，国民银行的股票资本量应不少于 10 万美元，如果银行所处地区的人口不超过 6 000 人，资本可略减少，但最低不能低于 5 万美元；如果银行所处地区的人口超过 50 000 人，最低资本量应达到 20 万美元。很显然，这一理论很不科学，银行资本是防御银行风险的，与地区人口没有内在联系。尽管如此，该理论仍然体现了政府对监管银行资本重要性的认识。

2. 存款数量决定银行资本量理论。存款数量决定银行资本量理论产生于 20 世纪初期，被西方国家采用。该理论认为，银行资本为银行存款提供保障，因此银行存款增加，作为存款保障的资本也要相应增加，反之则相反。该理论主张银行资本应当与银行吸纳的存款数量挂钩，用资本与存款的比率衡量银行资本是否充足。美国在 20 世纪初至第二次世界大战期间，就是遵循这一理论对银行业进行资本监管的。1914 年美国货币监管当局将资本金占存款的 10%，作为国民银行的最低资本比率。资本与存款比率的提出，较银行资本与地区人口挂钩理论是一大进步，但是仍然存在很大的缺陷。因为银行资本是用于弥补亏损的，银行的损失主要来自资产业务，与存款数量无直接联系。一般而言，如果存款不运用出去，并不存在风险。因此该理论不能反映银行资本应付意外损失的能力。

3. 资本与资产比率的提出。20 世纪 40 年代以后，政府资本监管理论逐渐成熟。在第二次世界大战以后，政府对资本充足率的管理开始遵循资本与资产挂钩的模式，对该模式的认识是不断深化的。

（1）提出资本与总资产比率。这种理论认为，银行资本是用于弥补资产损失的。银行资本是否充足要看资本与总资产的比率是否适当，主张资本与总资产挂钩，如果银行的总资产增加，资本数量也要按比例增加。20 世纪 40 至 50 年代初，美国监管当局开始用这一比率监管银行资本。美国联邦储备委员会规定的资本适宜度标准是，银行资本与总资产的比率达到 7% 。而联邦存款保险公司则以全国银行平均资本占总资产比率作为银行资本充足率的标准。这一理论与前者相比，虽然提高了银行抵御风险的能力，但是没有反映银行资产结构所引起的风险差别，不能准确地衡量银行资本承担风险的实际能力，因为资产结构不同的银行，风险大小是不同的。

（2）资本与风险资产比率的提出。资本与总资产比率实施不久，监管当局逐渐认识到该理论的局限性，因此政府资本监管理论便转向资本与风险资产挂钩。该理论认为，银行的现金资产和政府短期债券资产是没有风险的，不需要资本准备，只有风险资产才可能出现亏损，银行的资本充足应当用资本与风险资产的比率来衡量。美国曾规定，资本与风险资产的比率应达到 15% ~ 20% 。资本与风险资产挂钩反映了政府监管理论不断深化。但是，该理论对资本的监管比较粗略，因为风险资产种类很多，风险大小不一，用统一的标准不能反映不同银行抵御资产风险的能力。

（3）资本与风险资产比率的深化。1952 年资本监管理论进一步发展，集中反映在美国纽约联邦储备银行对银行资本监管的变化上。其理论思路是，银行的资产结构不同，风险大小不同，资本监管应反映银行资本结构。该理论认为，风险较大的资产，亏损的可能性大，要保留较高的资本比率；风险较小的资产，资本金可少些；无风险资产不需要资本保证。在这一理论的指导下，纽约联邦储备银行按照风险程度，将银行资产划分为六种类型，分别规定了 0、5%、12%、20%、50% 和 100% 不同的资本比率。将根据上述比率计算的资本金加总，考核银行的资本是否充足。

4. 综合资本监管理论及其特点。20 世纪 60 年代末 70 年代初，作为上述政府资本监管理论的补充，综合资本监管理论在美国出现。这种理论的主要特点是，强调银行经营活动以外的其他因素对资本需要量的影响。它认为银行资本需要量除了受业务活动影响以外，还受银行管理质量和效能的影响，主张将业务活动和管理因素综合加以分析，确定银行资本需要量。这一理论集中体现在美国监管当局对国民银行监管指标的变化上，即在考察国民银行业务对资本需要量的影响以外，增加了 8 个因素，包括经营管理质量、资产流动性、银行盈利留存历史、银行股东的信誉及特点、间接费用负担、存款结构的潜在变化、经营过程的效率，以及在竞争条件下，银行满足服务社区当前与未来需求的能力。70 年代末期，美国监管当局又提出了一组比率来统一衡量银行资本适宜度，包括：股权与总资产的比率、总资本与总资产的比率、分类资产与总资产的比率、放款与总资产的比率、固定资产与总资产的比率、敏感性资产与总资产的比率、坏账准备金与净坏账的比率、资本增长与资产增长的比率。后来这些因素大部分被归纳为"骆驼评级制度"（CAMEL）[①]。综合监管理论全面考察银行经营管理效能对资本需要量的影响，使政府资本监管更符合实际，但是该理论缺少量化分析，也未形成量化监管指标，可操作性较差。

5. 政府统一资本监管理论的形成。这一理论是通过美国监管法规表现出来的。该理

---

① 其中 C 代表资本充足率（Capital），A 代表资产质量（Assets Quality），M 代表经营管理（Management），E 代表利润（Earnings），L 代表流动性（Liquidity）。

论强调，政府监管部门对银行资本的监管应当协调统一，避免政出多门，银行无法应对。该理论首先从统一银行资本定义和资产计量入手，到政府最终统一资本监管经历了两个阶段。

（1）1981 年底的分别监管。表现为联邦存款保险公司和美联储与货币局分别监管。联邦存款保险公司对国民银行和参加保险的非会员银行规定了股权资本与调整后的资产不低于 5%~6% 的基本比率目标，规定低于 5% 即为资本不足，并对股本和调整后的资产进行了定义。货币局和美联储规定了适用于国民银行、州会员银行和银行持股公司不低于 6%~7% 的比率，但资本定义比联邦存款保险公司的要宽泛，监管条件更加严格。

（2）1985 年政府统一资本监管体制正式形成。联邦存款保险公司、货币局和美联储统一规定了一级资本和二级资本的定义；规定了调整后资产的计量标准①，并规定总资本与调整后资产的比率至少应达到 6%。

（二）对政府资本监管理论的评析

政府资本监管理论通过以美国为首的发达国家金融监管当局的法律法规体现出来。政府资本监管理论克服了最佳资本需要量理论单纯从银行财务角度衡量银行资本需要量的局限性，将研究视野拓宽到银行资本的功能和宏观管理，奠定了科学研究银行资本管理理论的基础，使银行资本管理适应了宏观经济和金融稳定的需要。政府资本监管理论不断发展与完善的过程，反映了政府资本监管的加强，在促进银行稳健经营和经济金融稳定发展中的作用是不可低估的。但是由于各国的经济制度和银行体制不同，发达国家和发展中国家政府的资本监管理论和实践存在很大的差异。这种差异表明，政府资本监管理论不能适应经济金融全球化及其由此产生的金融风险国际传导的特点。

三、国际资本监管理论

国际资本监管理论产生于 20 世纪 80 年代后期。20 世纪 60 年代初兴起的负债管理理论，导致银行大量借入资金支撑庞大的资产规模，忽视自有资本的补充，同时由于各国政府资本监管的差异，国际大银行的资本充足率参差不一，并出现不断下降的趋势，加大了国际银行业的竞争风险。这一趋势引起了国际银行业的关注，国际资本监管理论逐渐形成和发展。

1987 年 1 月，美国、英国两国联合提出，按一级资本和二级资本加权评估两国银行的资本适宜度，便于两国银行在平等基础上的竞争。之后，国际清算银行库克委员会亦称为巴塞尔委员会。经过数次的酝酿和筹划，巴塞尔委员会于 1988 年 7 月 15 日通过了《关于统一国际银行资本计算和资本标准的协议》，即《巴塞尔资本协议》。同年 12 月，《巴塞尔资本协议》获得了意大利、日本、荷兰、瑞典、英国、美国、瑞士和卢森堡等国的认可。

（一）1988 年《巴塞尔资本协议》下的国际资本监管理论

1. 1988 年《巴塞尔资本协议》下国际资本监管理论的基本框架

---

① 调整后的资产 = 总资产减去放款和租赁损失准备 – 无形资产、非争产贷款、未被冲销的亏损资产。

（1）规定资本充足率的标准比率目标。《巴塞尔资本协议》规定了统一衡量国际银行资本充足率的标准比率目标：1992 年底，资本与总风险资产[①]的比率应达到 8%，其中核心资本与风险资产的比率应达到 4%，并规定两年的过渡期及其在过渡期内应达到的比率目标。

（2）统一了资本定义。《巴塞尔资本协议》将银行资本划分为核心资本和附属资本，规定了各自的含义、包括的内容、限制与限额。在此之前，虽然各国政府对银行资本都实施不同程度的监管，但是资本定义不同，监管标准不同，缺乏可比性。

（3）统一了风险资产的计量。《巴塞尔资本协议》下国际资本监管理论的特点在于，通过规定的银行表内资产的风险权重，将总资产按统一的风险权重折算成风险资产。《巴塞尔资本协议》使用了 0、10%、20%、50% 和 100% 五类风险权重计算风险资产，实现了国际银行业资产风险的统一衡量。

（4）两次转换的特色。为控制表外资产和金融衍生工具的风险，《巴塞尔资本协议》将上述两类资产纳入监管范围。基本思路是：通过规定信用换算系数，将上述两类资产换算为表内资产，再按照表内资产的风险权重将其转换为风险资产。通过两次转换实现对表外资产和衍生工具风险的控制。

上述监管理论在实践中体现为下列公式：

$$CAR = \frac{TC}{RWA_{BS} + RWA_{OBS}} \times 100\% = 8\%^{②} 或 4\%^{③} \tag{12.1}$$

式中，CAR 为资本充足率（Capital Adequacy Ratio）；TC 为总资本（Total Capital）；RWA_{BS} 为表内加权风险资产（Risk Weighted Assets），即 $\sum$（$A \times RW$，总资产乘以风险权重）；RWA_{OBS} 为表外信用风险总和，即 $\sum$（$OBS \times CCF \times RW$）；OBS 是表外项目合约或本金金额；CCF 是信用换算系数；RW 是表内资产风险权重。

2. 对 1988 年《巴塞尔资本协议》下国际资本监管理论的评价。1988 年《巴塞尔资本协议》下的国际资本监管理论在国际范围内统一了银行业资本定义、资产风险权重的计算和资本充足率的衡量标准，为各国监管当局提供了统一的资本监管框架，使全球资本监管总体上趋于一致。1997 年《有效银行监管的核心原则》被写入该协议，成为资本监管的国际标准，但是该协议的管理思想日益暴露出缺陷：首先，该协议的风险管理内容有局限性，不适应新形势的要求。协议主要针对的是银行信用风险，目的在于消除各国资本金要求不同产生的不平等竞争。近些年随着银行资产证券化、衍生金融工具交易和金融控股公司的广泛建立与发展，银行与资本市场的联系日益密切，该协议无法衡量随之增大的市场风险和操作风险。其次，以国别作为信用风险的判断标准欠缺科学。该协议对经济合作与发展组织的债权或由经济合作与发展组织担保的债权给予了较低的风险权重，对经济合作与发展组织以外国家的债权规定了较高的风险权重，造成国与国之间巨大的风险权重差别，不仅放松了对经济合作与发展组织成员国不良资产的警惕，而

---

① 总风险资产包括表内资产、表外资产和金融衍生工具资产。

② 全部资本充足率。

③ 核心资本充足率。

且使银行对非经济合作与发展组织的优质资产萎缩，降低了收益能力。最后，关于风险权重的规定缺乏灵活性。表现为风险权重的层次简单，没有区别同类资产的信用差别，难以反映银行资产的真实风险情况。

（二）《巴塞尔新资本协议》下的资本监管思想

鉴于 1988 年《巴塞尔资本协议》的缺陷，巴塞尔委员会决定全面修改该协议。1999 年 6 月巴塞尔委员会提交了《巴塞尔新资本协议》草案第一稿，2001 年 1 月公布第二稿，2003 年 4 月底公布第三稿，2004 年 6 月 26 日十国集团一致通过了《资本计量和资本标准的国际协议：修订框架》，即《巴塞尔新资本协议》，并决定于 2006 年底在各国实施。该协议体现了以下资本管理思想：

1. 扩展最低资本要求的思想。《巴塞尔新资本协议》针对 1988 年《巴塞尔资本协议》的缺陷，扩展了银行风险资产的监管范围。提出最低资本监管应当包括反映市场风险和操作风险的资本要求，因此要求银行保留的最低资本额相应增加。这一思路用下列公式体现：

$$CA = TCR/TRWA \tag{12.2}$$

式中，CA 为资本充足率；TCR 为总资本；$TRWA$ 为总风险加权资产。

$$TCR = CRWA \times 资本充足率 + CRWR \times 12.5 \times 资本充足率$$
$$+ CROR \times 12.5 \times 资本充足率 \tag{12.3}$$

即总资本等于信用风险、市场风险和操作风险所要求的最低资本之和：

$$TRWA = CRWA + CRWR + CROR \tag{12.4}$$

即总风险加权资产等于信用风险加权资产、市场风险加权资产和操作风险加权资产之和。

2. 关于加强对风险产生与损失敏感性管理的思路。巴塞尔委员会认为，目前国际大银行机构运用的组合管理风险模型，代表了国际风险管理的发展趋势，但是需要大量数据的支撑。鉴于银行业的实际，《巴塞尔新资本协议》提出了用外部评级法和内部评级法计算信用风险加权资产总额的思路，以克服 1988 年《巴塞尔资本协议》中风险权重的单层次和不灵活性，提高对风险产生损失的敏感性管理水平。

3. 加强对市场风险和操作风险监管的思想。《巴塞尔新资本协议》要求，银行按照市场风险和操作风险所要求的资本乘以 12.5（最低资本充足率的倒数），在此基础上，再加上信用风险加权资产总额，作为银行总资产风险，将市场风险和操作风险纳入资本监管范围。

4. 《巴塞尔新资本协议》关于银行全面披露信息的理念。《巴塞尔新资本协议》认为，市场是推动银行合理有效配置资源、全面控制经营风险的强大外在力量。为防止银行由于信息不对称产生损害公众利益的行为，《巴塞尔新资本协议》从公众和公司利益要求出发，增加了银行信息披露的内容。提出银行既要披露风险及资本充足状况，还要披露风险评估和管理过程、资本结构、资本与风险匹配信息等内容，强化了市场对银行的约束力。

（三）对《巴塞尔新资本协议》资本监管思想的评述

《巴塞尔新资本协议》的资本监管思想，克服了《巴塞尔资本协议》以国家为标准衡量信用风险的缺陷，有利于信用标准的回归；纠正了对非经济合作与发展组织国家在金融市场融资中的不平等待遇；增加了风险权重的级次，使银行风险的测量更加符合实际；《巴塞尔新资本协议》提出的内部评级法有利于培育银行内部风险评估体系，有利于提高银行风险识别和反映水平并加大了市场力量对银行的约束，是国际资本监管理论的重大发展。但是世界各国认为《巴塞尔新资本协议》存在一些缺陷，例如，要求《巴塞尔新资本协议》关于风险管理复杂的技术应当简化，以利操作；认为《巴塞尔新资本协议》的使用范围较小，只适用于国际活跃的大银行，不适用中小银行等。

第四节　商业银行风险管理理论

商业银行的主要经营目的是提高股本的收益率，其往往伴随着风险的增加，有效地管理这些风险对于改善银行的经营管理至关重要，也有人认为，银行的主要业务就是管理风险。

从近百年的银行经营管理历史来看，银行业面临的风险随着银行业务复杂程度、规模的不断扩大而不断增加，如随着越来越多的银行从事大量的证券投资和金融衍生产品交易，市场风险引起了大家的关注。此外，银行业面临的风险还与整体宏观经济环境的变化紧密相关，在利率管制时代，银行不会面临利率风险，在布雷顿森林货币体系下，银行的高级管理层也无须考虑如何管理汇率风险。因此，风险管理理论也随着银行所面临风险的增加而不断成熟和完善。现代商业银行面临的主要风险包括信用风险、利率风险、市场风险、汇率风险、操作风险、国家和主权风险等，本节将主要关注信用风险、利率风险、市场风险管理理论的发展历程。

一、信用风险管理

信用风险是指由于借款人或市场交易对手违约而导致损失的可能性。有效地度量和管理信用风险对于商业银行合理确定贷款的风险溢价水平以及对单个借款人的授信额度至关重要。经济学家、分析师和商业银行管理者使用多种不同模型评估信用风险水平。由于受到计算技术限制、信息不充分的影响，早期的信用风险度量主要使用定性方法，而现代的信用风险度量模型则主要是量化模型，许多模型类似于市场风险管理模型。信用风险管理技术的发展大致可分为三个阶段：定性模型（Qualitative Models）、信贷评级模型（Credit Scoring Models）、现代模型（Newer Models）。

（一）早期信用风险管理模型——定性模型

早期的信用风险度量主要是由商业银行内部有经验的信贷管理人员根据借款人的主要财务指标、信用记录以及市场环境，对借款人违约的可能性进行定性判断，并据此进行贷款定价。由于这种管理模式主要依赖于商业银行信贷专家的主观判断，因此，这些模型常被称为"风险度量的专家制度"，这是一种最古老的信用风险分析技术。

在缺少关于借款人的公开信息的情况下，商业银行只好使用私有资源，如自有贷款、存款档案和从信用评级机构购买的信息。这些信息可以帮助商业银行确定借款人违约的可能性，并对贷款和债务合理定价。由于商业银行经营的业务不同，获得信息的成本不同，因此，在进行信贷决策时考虑的因素也不同。商业银行在进行信贷决策时分析的主要因素包括以下两大类：一是关于借款人的各项指标；二是宏观环境指标。借款人指标主要包括：信誉（Reputation），即长期以来借款人的还款记录和信用状况，与银行建立长期关系且拥有良好信用记录的借款人可以很容易取得贷款；杠杆比率（Leverage）及借款人的债务股本比率，一般情况下，杠杆比率越高，借款人违约的可能性越大；收益的波动性（Volatility of Earnings），一般而言，收益的波动性越大，则借款人的信用风险越高。这就是新企业、高科技企业的信用风险比有长期、稳定收入的借款人风险大的原因。抵押（Collateral），抵押贷款的风险小于无抵押贷款的风险。宏观环境指标主要包括：商业周期（Business Cycle），在经济衰退期，借款人违约的可能性加大；利率水平（Level of Interest Rates），高利率意味着紧缩的货币政策，在高利率环境下，商业银行融资的成本加大，借款人的信用风险加大。这主要是因为，高的借款成本将激励借款人投资于风险较大的项目或激励那些爱冒险的借款人借款。J. F. Sinkey 将信贷决策时必须考虑的五个方面的因素归结为 5C，即还款意愿（Character-willing to Pay）、还款能力（Capacity-cash Flow）、资本或财富（Capital-wealth）、抵押（Collateral-security）、经济环境（Conditions）。

（二）信贷评级模型（Credit Scoring Models）

在前人研究的基础上，美国纽约大学斯特商学院教授爱德华·阿尔特曼（Altman）在 1968 年提出了著名的信贷评级模型（又称为 z 评分模型），1977 年又对该模型进行了修正和扩展。信贷评级模型是一种量化模型，使用了可观察到的借款人的主要指标，对借款申请人的还款可能性进行打分或进行贷款风险评级。信贷评级模型大致可分为三类：线性概率模型（Linear Probability Model）、指数模型（Logit Model）、线性分辨模型（Linear Discriminant Model）。

1. 线性概率模型和指数模型。线性概率模型是使用借款人的历史数据，如财务比率，作为模型的输入变量解释老贷款的偿还记录，并根据影响偿还概率的各个因素的相对重要性预测新的贷款偿还的可能性。

简单地，我们将贷款分为两类：违约的（$Z_i = 1$）和没有违约的（$Z_i = 0$）。然后，我们根据过去借款人的还款记录，通过线性回归模型，计算 Z 和反映第 i 个借款人 j 个方面特征的一系列随机变量（X_{ij}）（如：杠杆比率或利润率）的相关系数，得出线性回归模型：

$$z_j = \sum_{j=1}^{n} x_{ij} + error \tag{12.5}$$

这里 β 就是估计的第 j 个变量的相关系数。用估计的 β 值乘以某个借款申请人的特征变量（X_{ij}），就可以计算出借款人的 Z 值，即借款人违约的可能性，据此我们可以确定该笔贷款的风险溢价和授信额度。

该模型存在的一个最大问题是计算的 Z 值可能不在 1 和 0 之间。为此，指数模型对此进行了简单的修正。把 Z 值代入以下公式，计算 Z 的指数转化值。转换后的值位于 1 和 0 之间。

$$f(z_i) = \frac{1}{1 + e^{-z_i}} \tag{12.6}$$

2. 线性分辨模型。线性概率模型和指数模型可以预测借款人违约的可能性，但只能区别借款人违约还是不违约，不能区分借款人的风险程度，而线性分辨模型可以分辨借款人的风险程度，并据此进行风险分类。变量 Z 是对借款人违约风险的整体度量。用借款人的各种财务指标（X_{ij}）乘以每个指标的权重，这些权重是根据历史数据通过线性回归模型推算出来的，就可以得出每个借款人的 Z 值。Z 值越大，借款人的风险越小；Z 值越小或为负数，借款人的风险越大。

例如，我们来看阿尔特曼为美国公开上市的制造企业确定的风险分析模型：

$$Z = 1.2X_1 + 1.4X_2 + 3.3X_3 + 0.6X_4 + 1.0X_5 \tag{12.7}$$

X_1 = 营运资金[①]/资产总额

X_2 = 留存收益/总资产

X_3 = 息税前利润/总资产

X_4 = 股权的市场价值/长期债务的账面价值

X_5 = 销售额/总资产

（三）现代模型

信用风险分析的现代模型主要是运用金融理论，参考可以广泛取得的金融市场数据，推断贷款的违约可能性。因此，这些模型更适合于公开上市的大公司。现代模型主要包括以下几种。

1. 信贷风险度量的期限结构方法（Term Structure of Credit Risk Approach）。信贷风险的期限结构分析方法，就是通过分析与借款人风险评级相同的公司债券收益率的期限结构，决定贷款的风险溢价水平和违约可能性。评级机构如标准普尔公司对公司债券的评级有 7 级（AAA、AA、A、BBB、BB、B、CCC），其中前四级为投资级别，后三级为非投资级别债券，又称为高收益或垃圾债券（High Yield or Junk Bond）。不同信用等级债券的风险溢价体现为公司债券收益率与国债收益率之间的利差。

下面让我们来看评级为 B 级的零息公司债券收益率[②]与同期国债收益率的比较，并据此推测评级同样为 B 级的借款人的违约概率。

（1）单期债务的违约概率（Probability of One-Period Debt Instrument）。商业银行要求 1 年期公司债券的收益率至少等于 1 年期国债的收益率。设 p 代表公司完全偿付本息的概率，k 代表公司债券收益率，i 代表国债收益率（无风险收益率），那么：

---

① 营运资金 = 流动资产 – 流动负债。

② 零息债券是指以贴现方式发行，到期偿还面值的债券。

$$p \ (1 + k) \ = 1 + i \tag{12.8}$$

$$p = \frac{1 + i}{1 + k}$$

如图 12 - 3，B 级公司债券第 1 年的收益率为 15.8%，国债收益率为 10%，即

$$k = 15.8\%$$

$$i = 10\%$$

$$p = \frac{1 + 0.1}{1 + 0.158} = 0.95$$

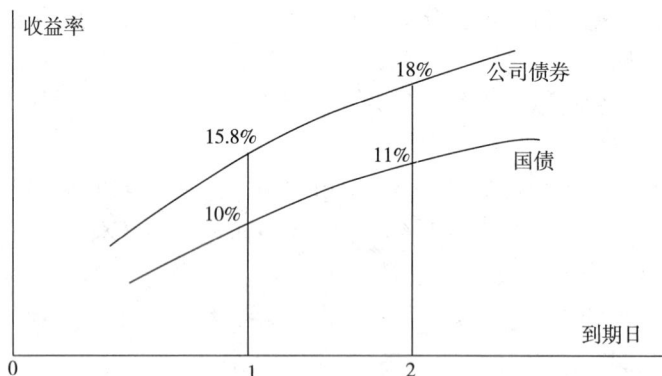

图 12 - 3   零息公司债券收益率和国债收益率曲线

如果还款概率为 0.95，则违约概率为 0.05。这意味着，违约概率为 5% 的公司贷款应该要求的风险溢价（ϕ）为 5.8%。

$$\phi = k - i = 5.8\%$$

这种分析可以很简单地扩展到现实情况。现实中，一旦客户违约，银行不一定损失全部的贷款本息，即便客户破产，银行仍可以收回部分贷款本息。假设 r 代表贷款违约时贷款本息的回收率（Recovery Rate），一般假设 $r > 0$，则上述公式可以调整为

$$r(1 - p)(1 + k) + p(1 + k) = 1 + i$$

整理后，风险溢价为

$$\phi = \frac{1 + i}{r + p - pr} - (1 + i) \tag{12.9}$$

如果 $p = 0.95$，$i = 10\%$，假设违约时的贷款回收率为 90%，则风险溢价仅为 0.6%。

（2）多期债务的违约概率。我们可以使用同样的思路分析长期债务违约的可能性和风险溢价水平。

为计算两年期债券的违约概率，则必须首先估计出在第一年不违约的情况下第二年违约的概率，每一年的违约概率都建立在上一年不违约的基础上。任何一年内债券违约的概率被称为当年的边际违约概率（Marginal Default Probability），而从债券发行日至到期日的违约概率被称为累计违约概率（Cumulative Default Probability）。设 p_1 为第一年的还款概率，p_2 为第二年的还款概率，则

第一年的边际违约概率为 $1 - p_1$；

第二年的边际违约概率为 $1 - p_2$；

两年期债券的累计违约概率为：$1 - (p_1)(p_2)$。

在单期限违约概率的计算中，我们已经根据债券的收益曲线计算出第一年的边际违约概率，下面我们来计算第二年的边际违约概率。根据有效市场理论，持有两年期的债券收益应该与持有一年期债券然后再投资一年的收益率相同。因此，国债的收益率一定满足：

$$(1 + i_2)^2 = (1 + i_1)(1 + f_1) \tag{12.10}$$

i_2 = 两年期国债的收益率，如图 12 – 3，为 11%；

i_1 = 一年期国债的收益率，为 10%；

f_1 = 市场预期的一年后一年期国债的远期收益率（Forward Rate）：

$$1 + f_1 = \frac{(1 + i_2)^2}{1 + i_1} \tag{12.11}$$

$$f_1 = 12\%$$

同样，可以计算出 B 级公司债券一年后的一年期远期收益率 c_1：

$$1 + c_1 = \frac{(1 + k_2)^2}{1 + k_1} = \frac{(1 + 1.18)^2}{1 + 1.158} = 1.202 \tag{12.12}$$

$$c_1 = 20.2\%$$

根据单期限违约概率模型，假设第二年的还款概率为 p_2，则

$$p_2(1 + c_1) = 1 + f_1$$

$$p_2 = \frac{1 + f_1}{1 + c_1} = \frac{1 + 0.12}{1 + 0.202} = 0.9318$$

那么，第二年的边际违约概率为

$$1 - p_2 = 1 - 0.9318 = 0.0682 = 6.82\%$$

两年期 B 级债券的累计违约概率为

$$c_P = 1 - (p_1)(p_2) = 1 - (0.95) \times (0.9318) = 11.479\%$$

2. 死亡率方法（Mortality Rate Approach）。死亡率方法最早是由阿尔特曼（Altman）和其他学者开发的贷款和债券的死亡率表而得名的。死亡率方法是通过分析相同风险评级企业债券或贷款的过去的违约记录，来预测新的贷款一年的或边际的死亡率（Marginal Mortality Rate，MMR），并在此基础上预测贷款多年的或累计死亡率（Cumulative Mortality Rate，CMR）。将上面的两个死亡率同违约损失率结合起来，人们便可以获得信用资产的预期损失的估计值。

为了计算 B 级债券（或贷款）每一年的边际死亡率，风险分析师会选取一些样本年份，如 1971—2000 年，计算每一年的边际死亡率：

MMR_1 = 发行第一年里违约的 B 级债券的总价值/发行第一年里未偿的 B 级债券的总价值。

MMR_2 = 发行第二年里违约的 B 级债券的总价值/发行第二年里未偿的 B 级债券的总

价值，依次类推，可以得到 MMR_3、MMR_4。

一旦计算出单个年份的 MMR_i，将样本年份的数据加权平均，就可以计算出一年内某一特定级别的信用资产的平均边际死亡率（MMR_1）：

$$MMR_i = \sum_{i=1}^{n} X_{1i} \times \omega_i \tag{12.13}$$

$$\sum_{i=1}^{n} \omega_i = 1$$

为了计算累计死亡率，即一笔贷款在长于一年的期限内（如2年）违约的概率，与期限结构中的计算方法相同，先要计算每一年的贷款存活率（Survival Rate，SR），然后计算累计死亡率。公式如下：

$$SR_i = 1 - MMR_i \tag{12.14}$$

$$CMR_i = 1 - \prod_{i=1}^{n} SR_i$$

公式中 $\prod$ 表示的是几何加总或乘积 $SR_1 \times SR_2 \times \cdots \times SR_i$。

3. 经风险调整的经济资本回报率模型（RAROC Model）。一个日渐流行的根据市场数据评估信贷风险的模型就是经风险调整的经济资本回报率模型。它是由信托银行（Bankers Trust）[1] 首先采用的，如今已被欧美的大银行普遍接受。

经风险调整的经济资本回报率的基本思想就是，由于风险（未预期）[2] 损失最主要由银行的资本金来抵补，因此，与其计算贷款的实际或合同收益率（ROA），即贷款的收益除以资产额，不如计算预期收益与预期可能耗费的在险资本（Capital at Risk）之比更有意义。

$$经风险调整的经济资本回报率 = \frac{贷款的 1 年收益率}{风险资本} \tag{12.15}$$

只有每笔贷款的经风险调整的经济资本回报率超过规定的股本收益率（ROE）指标时，才能放款。如某商业银行规定的股本收益率为15%，则每笔贷款的经风险调整的经济资本回报率必须超过15%才能发放。

经风险调整的经济资本回报率模型的主要问题就是如何计量信贷风险。我们可以套用利率风险管理中的久期模型来估计信贷风险：[3]

$$\Delta L = - D_L \times L \times \frac{\Delta R}{1 + R} \tag{12.16}$$

ΔL：贷款损失或在险资本金额；

D_L：贷款久期；

L：贷款金额；

$\Delta R / (1 + R)$：贷款风险溢价的最大变动。

---

① 该银行 1998 年被德意志银行收购。

② 一般认为，预期损失由风险准备金抵补，未预期损失由资本金抵补。

③ 对于该公式的推导和解释见利率风险管理部分。

贷款久期和金额数据都很容易取得，但关于贷款风险的公开信息较少。在实际操作中，可以使用公司债券市场的公开信息。首先，标准普尔公司会对公司债券的发行人进行评级；然后，我们就可以通过分析过去一年中同类债券的风险溢价波动情况，得出一年中最高的风险溢价，即 ΔR：

$$\Delta R = \text{Max}\left[\Delta\left(R_i - R_G\right) > 0\right]$$

$\Delta\left(R_i - R_G\right)$ 是指过去一年中，某一信贷评级的公司债券的收益率（R_i）与同一久期的国债收益率（R_G）之间的差异。为了只考虑最坏的情形，我们选择了最高的风险溢价水平作为参照。

某些金融机构，特别是一些积累了大量不良贷款数据的大型金融机构，往往根据历史数据，通过估计未预期贷款违约率（Unexpected Default Rate）和违约情况下贷款损失率（Loan Loss Given Default）的方法，计算贷款未预期损失。

$$\frac{\text{经风险调整的}}{\text{经济资本回报率}} = \frac{\text{贷款收益}}{\text{未预期贷款违约率} \times \text{违约情况下贷款损失率}}$$

（四）对信贷风险管理模型的评述

信贷风险管理模型的发展经历了一个从定性到定量的变化，不同模型的适用范围各有不同，不同的模型也有其各自的优缺点。

1. 定性模型——专家模型。该模型的主要优点是简单易操作、灵活性较强。该模型的主要缺点是判断结果的准确性完全依赖于信贷专家的经验和主观判断，不能科学地量化信用风险，因此银行也就不能据此科学地量化贷款收益率和所需的资本金，不利于银行有效地管理、规避信用风险。

2. 信贷评级模型。信贷评级模型的应用使得信用风险管理从定性分析转为定量分析，信用风险分析的准确性、客观性得到了提高。但该模型在应用中仍存在以下一些问题：一是该模型只是区分借款人的两个极端的情况，即违约或非违约，但实际上贷款违约时的损失程度差别较大；二是该模型假设影响借款人违约概率的财务指标和权重一直保持不变，实际上，在不同时期、对不同行业的借款人，影响还款概率的财务指标和权重只能在短期内保持不变；三是该模型假定各个财务指标之间是相互独立的，这也不符合实际情况；四是该模型忽视了影响借款人还款概率的一些重要的定性指标，如借款人的信用记录、经济周期；五是由于缺乏集中的关于违约记录的数据，限制了该模型的应用；六是该模型依赖于过去的违约记录，是一种"向后看"（Backforward-Looking）的模型。[①]

3. 信贷风险分析的期限结构方法。该模型主要是利用企业债券市场的利率期限结构分析市场预期，对信贷风险进行量化分析，因此，该模型的主要优点是具有前瞻性。而且，如果企业债券市场和国债市场的流动性很强，我们可以很容易地估计出预期贷款违约率，并据此对信贷资产进行评价和定价。但是，在企业债券市场和国债市场的流动性不强、价格不透明的情况下，该模型的应用将受到一定的限制。

----

① "向后看"模型建立在"历史可以在未来复制其自身"的数理统计基础上。

4. 死亡率模型。该模型成功运用了寿险中对风险的度量方法，但像信贷评级方法一样，对历史上违约记录的依赖性较强。因此，估计的违约率以及预测的未来违约率对计算死亡率时选择的时期比较敏感，而且，该模型对每一投资级别选取的发行数量和发行规模比较敏感。

5. 经风险调整的经济资本回报率模型。该模型是一个在欧美国家日渐流行的模型。该模型中估计的贷款违约概率是根据企业债券市场上相同信贷评级的企业债券的最大风险溢价估计出来的，因此，该模型对于企业债券市场不发达、债券价格不透明的国家不适用，而且该模型也是一种"向后看"的模型。

二、利率风险管理

利率风险是指由于资产、负债期限不匹配导致的风险。利率风险包括再融资风险和再投资风险两种。如果负债期限比资产期限短，负债到期后，银行需要重新融资，由于再融资时利率的不利变动导致融资成本提高的风险被称为再融资风险（Refinancing Risk）；如果负债期限比资产期限长，则资产到期后还需要再投资，由于再投资时利率的不利变动导致投资收益下降的风险被称为再投资风险（Reinvestment Risk）。

由于银行的主要功能是进行资产转换，因此所有金融机构都会面临利率风险。利率风险管理模型的发展经历了重新定价模型（Repricing Model）、到期日模型（Maturity Model）、久期模型（Duration Model）三个阶段[①]。

（一）重新定价模型

重新定价模型是通过衡量利率敏感性资产（Rate-Sensitive Asset，RSA）和利率敏感性负债（Rate-Sensitive Liability，RSL）之间的重新定价缺口，计算利率变动对商业银行利差收入的影响。利率敏感性资产或负债是指在某一期限内将要按市场利率进行重新定价的资产或负债。该模型建立在按账面价值记账的会计原则基础上，没有考虑利率变动对商业银行资产、负债市场价值的影响。如表 12 – 1 某银行的重新定价缺口，按到期日可分为 6 个区间。尽管根据定义，银行整体资产负债的缺口等于零，重新定价模型的优点在于其信息价值，而且能够简单地反映不同期限利率变动对银行净利息收入的影响。

表 12 – 1　　　　　　　　　　　重新定价缺口　　　　　　　　（单位：百万美元）

	1	2	3	4
	资产	负债	缺口	累计缺口
1 天	20	30	– 10	– 10
1 天至 3 个月	30	40	– 10	– 20
3 ~ 6 个月	70	85	– 15	– 35
6 ~ 12 个月	90	70	+ 20	– 15
1 年以上	40	30	+ 10	– 5
5 年以上	10	5	+ 5	0
	260	260		

---

① 三种模型的创立者和创立时间尚待研究。

表 12-1 中，一天的重新定价缺口为 -1 000 万美元，反映了利率敏感性负债大于利率敏感性资产，因此，如果一天内利率敏感性资产和利率敏感性负债的重新定价利率发生了同样的变动，则负债成本的上升大于资产收益的上升，因此，这将会降低银行的净利息收入。

如果第 i 个时间段，利率敏感性资产、利率敏感性负债的利率变动一致，则第 i 个时间段银行净利息收益的变化为

$$\Delta NIL_i = (\Delta RSA - \Delta RSL) \times \Delta R_i \tag{12.17}$$

ΔRSA：第 i 个时间段利率敏感性资产的变化；

ΔRSL：第 i 个时间段利率敏感性负债的变化；

ΔR_i：第 i 个时间段利率的变化。

如果 RSA、RSL 的利率变动不一致，则第 i 个时间段银行净利息收益的变化为

$$\Delta NIL_i = \Delta RSA \times \Delta R_{RSA} - \Delta RSL \times \Delta R_{RSL} \tag{12.18}$$

ΔR_{RSA}：利率敏感性资产的利率变动；

ΔR_{RSL}：利率敏感性负债的利率变动。

如表 12-1 中，一天的利率敏感性缺口为 -1 000 万美元，如果利率变动为 1%，则对银行净利息收益的影响为 -100 000 美元，也就是说，1% 的利率变动，将导致银行净利息收益减少 100 000 美元。即

$$\Delta NIL_i = (\Delta RSA - \Delta RSL) \times \Delta R_i = (-10\ 000\ 000) \times 0.01 = -100\ 000$$

银行也能使用该模型估计不同重新定价时间段的累积缺口（Cumulative Gap，CGAP），并计算累计缺口对银行净利息收益的影响。银行通常都要估计 1 年期重新定价缺口：

$$CGAP = (-10) + (-10) + (-15) + 20 = -15(百万美元)$$
$$\Delta NIL_i = (CGAP) \times 0.01$$
$$= -15 \times 0.01 = -0.15(百万美元)$$
$$= -150\ 000(美元)$$

（二）期限模型（the Maturity Model）

由于重新定价模型是建立在按账面价值记账的会计原则基础上，没有考虑利率变动对资产、负债市场价值的影响。实际上，在利率上升时，固定收益债券和固定利率存款的市场价值都要下降。期限模型就是在克服重新定价这一缺陷的基础上发展起来的，是建立在按市场价值记账的会计原则基础上的。

期限模型中的期限是指银行资产或负债的加权平均期限。加权平均系数为每项资产或负债的重要性，用每项资产或负债的市场价值占资产、负债总市场价值的比重来表示。加权平均期限一般表达为

$$M_i = W_{i1}M_{i1} + W_{i2}M_{i2} + \cdots + W_{in}M_{in} \tag{12.19}$$

M_i 是指银行资产、负债的加权平均期限，i 是指 A（资产）或 L（负债）；

W_{ij} 为加权平均系数，即第 j 项资产（或负债）的市场价值占总的资产（或负债）市场价值的比例；

M_{ij} 是指第 j 项资产（或负债）的期限。

由于利率变动对资产（或负债）市场价值的影响满足以下三个原则：一是利率提高一般将降低资产、负债的市场价值；二是对于同样的利率变动幅度，资产或负债的期限越长，其市场价值的下降幅度越大；三是资产或负债的市场价值随着期限的延长而递减。

根据以上原则，利率上升或下降对商业银行资产负债的净影响取决于资产和负债期限不匹配的程度和方向。也就是说，取决于资产和负债的期限缺口（Maturity Gap，$M_A - M_L$）。

如果 $M_A - M_L$ 大于零，也就是说，资产的期限长于负债的期限。如果利率上升，则资产市场价值下降的幅度大于负债市场价值下降的幅度，导致银行资产净值下降；如果利率下降，则资产市场价值上升的幅度大于负债市场价值上升的幅度，导致银行资产净值增加。如果 $M_A - M_L$ 小于零，利率上升，则资产市场价值下降的幅度小于负债市场价值下降的幅度，银行的资产净值增加；如果利率下降，则银行的资产净值减少。假设某银行拥有 100 美元 30 年期的资产，负债为 90 美元、期限为 1 年的存款，股本为 10 美元，如果利率提高 1%，银行资产的市场价值为 87.45 美元，负债的市场价值为 88.79 美元，银行的净资产为 -1.34 美元，这说明在资产、负债期限严重不匹配的情况下，1% 的利率变动都可能导致银行在经济意义上破产。

从以上的分析中，我们似乎可能得出结论，如果银行的资产、负债期限完全匹配，即 $M_A = M_L$，则可以避免一切利率风险。实际上并非如此，这主要是因为期限结构分析法忽略了两个重要的因素：一是银行资产负债的杠杆比率，即负债/资产比例；二是资产或负债现金流的久期或平均寿命，而不是资产或负债的期限。

为了说明杠杆比率对利率风险管理的影响，假设某银行的资产为 100 美元、利率为 10%、期限为 1 年的固定收益债券，负债为 90 美元、利率为 10%、期限为 1 年的定期存款，银行资本金为 10 美元，资产期限与负债期限完全匹配。但是当利率提高了一个百分点，资产的市场价值降为 99.09 美元，负债的市场价值降为 89.19 美元，银行股权的市场价值降为 9.9 美元。因此，尽管资产负债的期限完全匹配，但是由于受到杠杆比率的影响，市场利率的变动仍会影响银行资本金的市场价值。

我们也可以用一个简单的例子说明现金流的偿付时间也就是久期对利率风险管理的影响。设某银行的负债为一年期的大额可转让存单（CD），存单的账面价值为 100 美元，付息率为 15%，年底银行偿付存款人的本息合计为 115 美元；假设银行的资产为 100 美元贷款，期限为 1 年，利率为 15%，但是银行要求借款人半年偿还 50% 的贷款和利息，其余的在年底一次偿付。尽管资产、负债期限完全匹配，但是由于贷款的中期支付，在利率变动的情况下，贷款产生的现金流可能大于或小于应偿付的负债 115 美元。例如：6 月末，银行可以收到的现金流为本金 50 美元和利息 7.5 美元（$100 \times 1/2 \times 15\%$），合计为 57.5 美元。年底，银行将收到本金 50 美元和利息 3.75 美元（$50 \times 1/2 \times 15\%$），以及半年收到的 57.5 美元的再投资利息，如果利率不变，银行收到的再投资利息为 4.3125 美元（$57.5 \times 1/2 \times 15\%$），银行资产累计产生的现金流为 115.5625 美元，大于负债的偿付现金流。如果 6 月末，再投资利率降为 12%，则银行资产产生的现金流合计为 114.7 美元，低于负债的偿付额，因此这种情况下银行就可能面临偿付问题。

（三）久期模型（Duration Model）

为了克服期限模型的上述两个缺点，国际大银行开始采用一种更精确的度量利率风险的模型，即久期模型。国际清算银行推出了利率风险的标准计量方法，也是采用了久期模型的原理。

1. 久期的概念及其计算。相对于期限的概念，久期是一种更精确地计量资产或负债利率敏感性的工具，因为它不仅考虑了资产负债的期限，而且还考虑到了所有收入（或支付）现金流的时间。从技术上讲，久期是指投资项目的加权平均期限，以项目收到现金流的现值占总现值的比例为权重。在贷款久期之前收到的任何现金流都是在收回最初的投资，而在久期之后收到的现金流则是贷款的收益。

仍沿用我们在期限模型中提到的最后一个例子，银行在 6 个月末收到的现金流为 57.5 美元，按 15% 的年利率折成年初现值为 53.49 美元（57.5/1.075 = 53.49）；而在年末收到的现金流为 53.75，折成现值为 46.51 美元。那么，该笔贷款的久期为 0.7326 年。

时间（t）	权重（x）
1/2 年	53.49/（53.49 + 46.51）= 53.49%
1 年	46.51/（53.49 + 46.51）= 46.51%
久期	1/2 × 53.49% + 1 × 46.51% = 0.7326（年）

因此，尽管贷款的期限为 1 年，但贷款的久期为 0.7326 年，而本例负债的久期为 1 年。（由于本例中，大额可转让存单没有中期支付，因此存款的期限等于久期），本例中资产、负债的久期缺口为 −0.2674 年（0.7326 − 1 = −0.2674）。因此，为了准确计量并规避利率风险，银行需要管理久期缺口而不是期限缺口。

每年付息一次的固定收益债券的久期计算公式为

$$D = \frac{\sum_{t=1}^{N} CF_t \times DF_t \times t}{\sum_{t=1}^{N} CF_t \times DF_t} = \frac{\sum_{t=1}^{N} PV_t \times t}{\sum_{t=1}^{N} PV} \tag{12.20}$$

每年付息 m 次的固定收益债券的久期计算公式为

$$D = \frac{\sum_{t=1/m}^{N} \frac{CF_t \times t}{(1 + R/m)^{mt}}}{\sum_{t=1/m}^{N} \frac{CF_t}{(1 + R/m)^{mt}}} \tag{12.21}$$

D：以年为单位表示的久期；

CF_t：在时期 t 收到的现金流；

N：收到现金流的最后一个时期；

DF_t：对现金流折成现值时的折现因子 = 1/（1 + R）^{t}，R 是指市场上的年利率或收益率水平；

PV_t：第 t 期现金流的现值。

2. 久期的基本特征。久期随着期限的延长而提高，但增长速度递减；久期随着收益率的上升而下降，随着利息率的上升而下降。

3. 久期的经济含义。久期除了是对资产或负债平均寿命的度量外，还是对资产或负债利率敏感性或弹性的直接度量，也就是说，久期越长，对利率变动的敏感性越强。久期和资产、负债利率敏感性的关系可以表示为

$$\frac{dP}{P} = -D \times \frac{dR}{1+R} \tag{12.22}$$

如果将 $-D/(1+R)$ 以一个参数 MD 表示，则

$$\frac{dP}{P} = MD \times dR \tag{12.23}$$

这里，$MD = -D/(1+R)$，通常我们称 MD 为修正后的久期。

4. 久期模型与利率风险管理。前面我们已经介绍了单个金融工具久期模型的计算，为了满足未来的支付，我们只要选择或组合某些资产工具，使得某项资产工具的久期等于未来某项负债的久期，资产组合产生的现金流就可以满足未来负债支付现金流的需要。保险公司和基金公司经常使用这种模型决定资产组合，以满足被保险人或退休者在退休时的大额现金支付。

同样地，久期模型还可以通过计量久期缺口（Duration Gap）的方式对银行的整体利率风险进行管理。

银行的久期缺口是对银行整体利率风险的计量，是指银行资产久期与负债久期的缺口。

银行资产久期的计算公式为

$$D_A = X_{1A}D_1^A + X_{2A}D_2^A + \cdots + X_{nA}D_n^A \tag{12.24}$$

银行负债久期的计算公式为

$$D_L = X_{1L}D_1^L + X_{2L}D_2^L + \cdots + X_{nL}D_n^L \tag{12.25}$$

这里，$X_{1j} + X_{2j} + \cdots + X_{nj} = 1$，$j = A$，$L$

公司中的 X_{ij} 是各项资产或负债久期的加权平均系数，用各项资产或负债的现值占总资产或负债现值的比例表示。简单而言，整个资产或负债组合的久期是单项资产或负债久期的加权平均。

根据资产负债表恒等式：

$$A = L + E \tag{12.26}$$

因此，$\Delta E = \Delta A - \Delta L$ \hfill (12.27)

根据久期和利率敏感性的关系，我们可以得到：

$$\frac{\Delta A}{A} = -D_A \times \frac{\Delta R}{1+R} \tag{12.28}$$

$$\frac{\Delta L}{L} = -D_L \times \frac{\Delta R}{1+R} \tag{12.29}$$

整理式（12.27）、式（12.28）、式（12.29），可以得到：

$$\Delta E = \left[-D_A A + D_L L \right] \times \frac{\Delta R}{1 + R} \tag{12.30}$$

对式（12.30）进行整理，可以得到：

$$\Delta E = \left[\frac{-D_A A}{A} + \frac{D_L L}{A} \right] \times A \times \frac{\Delta R}{1 + R} \tag{12.31}$$

L/A 表示银行的杠杆比率，如用 k 表示，则可以得到：

$$\Delta E = -\left[D_A - D_L \times k \right] \times A \times \frac{\Delta R}{1 + R} \tag{12.32}$$

因此，只有当 $D_A - D_L k$ 等于零，也就是 $D_A = D_L k$ 时，银行才能规避利率风险。而不是通常认为的，只有当 $D_A = D_L$ 时，银行才能规避利率风险，这主要是因为受到杠杆比率的影响。

（四）利率风险管理模型评述

重新定价法的主要优点是计算方法简单，而且能够精确的反映利率波动对银行净利息收入的影响。该方法的主要缺点：一是该模型是建立在按账面价值记账的会计原则基础上，没有考虑利率波动对资产、负债市场价值的影响。二是对该模型计算的结果过分乐观。通过计算同一时间段的重新定价缺口，往往忽略了资产、负债在这一时间段内的分布情况，因此，即便资产、负债总金额在某一时间段内完全匹配，但由于重新定价时间不同，仍存在不匹配现象。如 3~6 个月内的重新定价资产为 50 美元，重新定价负债也为 50 美元，但资产都是在 3 个月、4 个月内重新定价，而负债是在 5 个月、6 个月内重新定价，因此，资产、负债在这一时间段内仍存在错配问题，但重新定价模型通过同一时间区间内的对冲忽视了这一问题。三是该模型忽视了分期付款和提前偿还的问题。如：重新定价模型中假定所有消费贷款的到期日为 1 年，而所有传统的按揭贷款期限为 30 年，但是很可能 30 年期的按揭贷款只有一年就要到期了。而且，即便某些资产或负债为非利率敏感性的资产或负债，但实际上每年所有资产的部分本金或利息都要得到偿付，这些现金流还要按市场利率再投资，因此，这部分现金流也是利率敏感性资产。某些期限较长的负债业务产生了提前偿付或分期偿付的问题，而重新定价模型没有很好地解决这一问题。四是重新定价模型没有考虑表外的现金流的收入和偿付问题。

与重新定价模型相比，期限模型的最大进步是，期限模型是建立在按市场价值记账的会计原则基础上。期限模型充分考虑了利率变动对银行资产、负债市场价值的影响，并用资产、负债现值所占的比重作为计算加权期限的加权平均系数。但该模型的主要缺点是：一是没有考虑银行的杠杆比率对利率风险管理的影响，如前所述，即便银行的资产、负债期限完全匹配，但由于受到杠杆比率的影响，利率变动仍会使银行面临利率风险；二是没有考虑资产、负债现金流的支付时间问题。

与前两个模型相比，久期模型很好地解决了以上两个模型中存在的问题。该模型也是建立在按市场价值记账的会计原则基础上，考虑了利率变动对银行资产、负债市场价值的影响，而且也解决了银行杠杆比率、现金流的分期支付对利率风险管理的要求。但该模型在实际应用中仍存在一些问题：一是久期匹配的成本较高。尽管从理论上讲，银行可以通过整个资产、负债的重组使得资产、负债的久期相匹配，并通过这种方式帮助银行规避利率风险，但资产、负债结构重组耗费的时间和成本都很高，随着资产证券化、资产销售市场的发展，资产转化的速度不断提高，资产转化成本不断降低。而且随着衍生金融产品市场的发展，银行可以直接从衍生产品市场上购买期权、期货或掉期产品规避利率风险。二是久期模型没有很好地解决利率风险免疫的问题，因为久期的匹配是个动态的过程。随着市场利率的变动，资产、负债的久期都会不断地变动，因此银行管理层需要不断地调整资产、负债结构，以便资产、负债久期匹配，而这样做的成本很高。因此，大多数银行往往定期如每季度一次，重新计算并调整资产、负债久期。三是尽管该模型可以精确地计量较小的利率变动，如一个基本点对固定收益债券价格的利率敏感性，但对于较大的利率变动如 2%，也就是 200 个基本点，该模型就不能精确地计量债券价格的利率敏感性。这种模型容易高估利率提高引起的债券价格下降程度，容易低估利率降低引起的债券价格提高幅度。这主要是因为久期模型假设债券的收益、价格曲线是线性的，而实际上债券的收益、价格曲线是呈凸性的。四是该模型假设利率的收益曲线或期限结构是水平的，而实际上，利率的收益曲线可能是向上倾斜、向下倾斜或水平的，而且大多数情况下，利率的收益曲线是向上倾斜的。因此，该模型的假设与实际情况不符。

三、市场风险管理

市场风险是指由于市场环境如资产价格、利率、市场波动性以及市场流动性的变化引起的金融机构交易资产收益的不确定性。当金融机构为获取买卖价差而频繁地买卖资产、负债、衍生产品而不是为投资、筹资、套期保值长期持有时，就会面临市场风险。

由于国际上活跃大银行的交易收入逐渐取代了传统的利差收入，金融机构面临的市场风险不断加大。1993 年，国际清算银行（BIS）提出建议，要对市场风险进行监管，并要将市场风险纳入资本监管范围。根据这一建议，国际大银行如 J. P. Morgan 开始开发市场风险的量化模型。因此，市场风险管理模型都是在 20 世纪 90 年代开发并推广的。1994 年，J. P. Morgan 创建了著名的在险价值模型，即 RiskMetrics 模型，但该模型的主要缺点是假设交易产品的市场价值呈正态分布，实际上很多金融产品的市场价值并不符合正态分布，为此，一些大型金融机构随后开始使用历史模拟方法（Historic or Back Simulation Approach）。1998 年，国际清算银行提出了市场风险的标准计量方法，并根据该方法，规定了抵补市场风险的资本要求，但由于标准计量方法只是主观规定市场风险的资本比率，缺乏灵活性，因此，《巴塞尔新资本协议》允许国际活跃银行采用内部评级法确定资本需求，但内部评级方法需得到银行监管部门的评价和认可。

（一）在险价值模型（RiskMetrics Model）

正如 J. P. Morgan 的前主席 Dennis Weatherstone 所说的，市场风险计量模型的最终目的是："在一天结束的时候，告诉我全行各种业务、各个地点的市场风险，特别是在第二天是一个'坏'日子的情况下。"

一般情况下，金融机构关心的市场风险是指在不利的市场环境下估计的潜在损失。金融机构往往估算出每日的风险收益（Daily Earning at Risk，DEAR），即一日的 VAR 值，然后在此基础上，计算较长期限的 VAR 值。

$$DEAR = 头寸的市场价值 \times 头寸的价格敏感度 \times 价格的潜在不利变动$$

由于价格敏感度乘以价格的不利变动等于资产的价格波动，因此：

$$DEAR = 头寸的市场价值 \times 价格波动$$

假设某银行持有 7 年期的零息债券，账面价值为 1 631 483 美元，该债券现在的收益率为 7.243%，因此该债券的市场价值为 1 000 000 美元[①]。

根据利率风险管理中的久期模型，可以计算出每日价格波动：

$$每日价格波动 = （-MD）\times 收益率的不利变动$$

式中，MD 是指修正后的久期，本例中：

$$MD = D / （1 + R） = 7/1.07243 = 6.527$$

为计算收益率的不利变动，假定债券收益率呈正态分布，去年收益率变化的均值为 0，标准差 σ 为 10 个基本点。根据预测，将有 90% 的可能性收益率的变化在 1.65σ 之间。因此，将有 10% 的可能性分布在 1.65σ 之外。由于我们只是考虑收益率的不利变化，我们持有的是长头寸，收益率下降为不利变动，将有 5% 的可能性，收益率的下降超过 1.65σ，即 16.5 个基本点。因此，在 90% 的置信区间，收益率的不利变化为 16.5 个基本点。

$$价格波动 = -6.527 \times 0.00165 = -0.01077$$
$$DEAR = 债券的市场价值 \times 潜在的收益率的不利变动$$
$$= 1\ 000\ 000 \times （-0.01077）$$
$$= -10\ 770（美元）$$

也就是说，100 万美元头寸每日的潜在损失为 10 770 美元，如果不利情况发生的概率为 5%。

计算出 DEAR，在此基础上就可以计算 5 天、10 天等多日的 VAR 值。

$$VAR = DEAR \times \sqrt{N}$$

（二）历史模拟模型

该模型的基本思想是将现有的交易资产使用过去的价格（或收益率）进行重新估值。一般情况下，银行将会运用过去 500 天的价格或收益率计算现有交易资产的可能损失。然后，假设坏情况出现的可能性为 5%，也就是 500 天内只有 25 天的损失额超过这一数据，那么第 25 个最坏的损失额就是银行的 VAR 值。历史模拟方法的主要步骤为（以外汇交易说明）：

1. 计算银行的风险暴露头寸（Measure Exposure）。假设某银行的记账本位币为美元，持有日元和瑞士法郎长头寸，则要将所有的非美元货币头寸以当时的汇率折算成以美元标价的风险头寸。

---

① 该债券的市场价值 = 1 631 483/1.07243^7

2. 计算敏感度（Measure Sensitivity）。可以通过计算每种货币的 delta 值来衡量外汇头寸的敏感度。delta 衡量外币对美元贬值 1% 的情况下，外汇头寸的美元值的变化。

3. 计算风险（Measure Risk）。分析过去 500 天内日元、瑞士法郎汇率的实际变动，用 delta 乘以某一日的汇率的实际波动就可以得到当日可能的损失或收益。

4. 重复步骤 3，计算过去 500 天内每一天可能的损失或收益。

5. 将日期按风险从小到大排序。

6. VAR 值。假设过去 500 天内汇率的分布能够模拟未来的可能分布，我们则可以据此得出 VAR 值。如果只考虑 5% 可能性的最坏情况，即 500 天中最多有 25 天的损失额超过这一数值，则第 25 个最大的损失额就是资产的 VAR 值。

（三）监管模型：国际清算银行（BIS）标准计量框架

为了准确衡量市场风险，并确定为抵补市场风险所需的资本额，从 1998 年 1 月开始，国际清算银行要求其成员国的银行可以使用两种方法评估市场风险。一种是国际清算银行提出的标准法，另一种是前述的内部评级法。下面，我们将介绍国际清算银行推出的市场风险的标准评级方法。

1. 固定收益债券。现在我们使用国际清算银行提供的典型金融机构的例子（见表12－2），说明如何使用国际清算银行的标准框架计量固定收入的交易资产的市场风险。

表 12－2A 组中列出了银行交易账户中持有的所有债券。第 1 列是持有债券的期限，第 2 列是债券的发行人，第 3 列是持有各种债券的头寸，长头寸以正数表示，短头寸以括号表示。第 4 列、第 5 列分别是特种风险的权重和资本要求。第 6 列和第 7 列分别是一般市场风险的权重和资本要求。

表 12－2   国际清算银行市场风险计量（债券，简单的市场风险计算）

A 组：金融机构持有量和风险

(1) 时间区间	(2) 发行人	(3) 头寸（美元）	特种风险		一般市场风险	
			(4) 权重（%）	(5) 资本要求 （charge）	(6) 权重（%）	(7) 资本要求 （charge）
0～1 个月	国债	5 000	0.00	0.00	0.00	0.00
1～3 个月	国债	5 000	0.00	0.00	0.20	10.00
3～6 个月	好公司	4 000	0.25	10.00	0.40	16.00
6～12 个月	好公司	(7 500)	1.00	75.00	0.70	(52.5)
1～2 年	国债	(2 500)	0.00	0.00	1.25	(31.25)
2～3 年	国债	2 500	0.00	0.00	1.75	43.75
3～4 年	国债	2 500	0.00	0.00	2.25	56.25
3～4 年	好公司	(2 000)	1.60	32.00	2.25	(45.00)
4～5 年	国债	1 500	0.00	0.00	2.75	41.25
5～7 年	好公司	(1 000)	1.60	16.00	3.25	(32.50)
7～10 年	国债	(1 500)	0.00	0.00	3.75	(56.25)
10～15 年	国债	(1 500)	0.00	0.00	4.50	(67.50)
10～15 年	坏公司	1 000	8.00	80.00	4.50	45.00
15～20 年	国债	1 500	0.00	0.00	5.25	78.75
20 年以上	好公司	1 000	1.60	16.00	6.00	60.00

特种风险				229		
剩余一般						
市场风险						66.00

B组：计算资本需求

（1）	（2）	（3）	（4）	（5）	（6）	（7）
1. 特种风险						229
2. 同一时间区间内垂直抵消						
时间区间	长头寸	短头寸	剩余	抵消	折扣率	资本要求
3～4 年	56.25	(45.00)	11.25	45.00	10.00%	4.50
10～15 年	45.00	(67.50)	(22.50)	45.00	10.00%	4.50
3. 同一时区内水平抵消						
时间区间 1						
0～1 个月	0.00					
1～3 个月	10.00					
3～6 个月	16.00					
6～12 个月		(52.50)				
合计	26.00	(52.50)	(26.50)	26.00	40%	10.40
时间区间 2						
1～2 年		(31.25)				
2～3 年	43.75					
3～4 年	11.25					
合计	55.00	(31.25)	23.75	31.25	30%	9.38
时间区间 3						
4～5 年	41.25					
5～7 年		(31.50)				
7～10 年		(56.25)				
10～15 年		(22.50)				
15～20 年	78.75					
20 年以上	60.00					
合计	180	(111.25)	68.75	111.25	30%	33.38
4. 时间区间之间的水平抵消						
时间区间 1 和	23.75	(26.5)	(2.75)	23.75	40%	9.50
时间区间 2						
时间区间 1 和	68.75	(2.75)	66	2.75	150%	4.12
时间区间 3						
5. 合计资本要求						
特种风险						229.00
垂直折扣						9.00
水平折扣						
同一时间区间内相互抵消						53.16
时间区间相互抵消						13.82
在所有抵消后剩余的一般市场风险						66.00
合计						370.78

备注：好公司是指投资级别以上（BBB 级以上）的债券发行；坏公司是指投资级别以下（BBB 级以下）的债券发行。

根据国际清算银行的解释，特种风险是指在金融机构持有期间，资产的流动性或资产质量风险。如表 12 - 2 所示，国债的风险权重为零，但坏公司的风险权重为 8%，这些都是国际清算银行规定的。特种风险的资本要求等于持有头寸的绝对值乘以风险权重，累计金融机构特种风险的资本要求为 229 美元。

一般市场风险的资本要求或权重反映了产品修正后的久期和每个到期日的预期利率冲击。例如：假设 10～15 年的债券，修正后的久期为 8.75 年，预期利率冲击为 0.6%，则风险权重为 5.25%（8.75×0.6%）。一般市场风险的资本要求等于持有头寸乘以风险权重，本例中累计一般市场风险的资本要求为 66 美元。

国际清算银行模型假定同一到期日但不同金融工具的长头寸和短头寸的风险不能完全抵消。因此，66 美元的一般市场风险资本要求倾向于低估利率或价格风险暴露。例如：本例中，银行持有 10～15 年国债的短头寸 1 500 美元，相应的风险资本要求为 −67.5 美元；银行持有 10～15 年垃圾债券的长头寸 1 000 美元，相应的风险资本要求为 45 美元。由于基价风险（Basis Risk），即同一到期日的国债的利率和垃圾债券的利率并不是完全一起波动，因此，不能假定 45 美元的垃圾债券的长头寸能够完全抵补 45 美元的国债的短头寸。为此，国际清算银行要求对基价风险追加额外的资本要求，成为垂直抵消或折扣因子。如表中 B 组中的第 2 部分。第 1 列是银行同时持有长头寸和短头寸的时间区间。第 2 列、第 3 列是 A 组中列示的一般市场风险资本要求，第 4 列是对冲后的剩余风险资本要求，第 5 列是对冲的风险资本，第 6 列为折扣因子，累计对垂直对冲追加的资本要求为 9 美元。

同样的道理，同一时间区间内的短头寸、长头寸之间也是不能完全抵补的，不同时间区间的长头寸、短头寸也是不能完全抵补的，为此必须追加额外的资本要求。国际清算银行要求对同一时间区间内的水平对冲、不同时间区间的水平对冲都要追加额外的资本要求。本例中，同一时间区间内水平对冲追加的资本要求为 53.16 美元，不同时间区间水平对冲追加的资本要求为 13.62 美元，经过所有对冲后剩余的一般市场风险资本要求为 66 美元。将特种风险、垂直对冲、水平对冲、剩余一般市场风险资本要求加总，就可以得到固定收益债券的市场风险资本要求，累计市场风险资本要求为 370.78 美元。

2. 外汇交易的市场风险资本要求。国际清算银行标准框架规定，每种外币的净头寸都要按即期汇率转化成美元数值。将所有长头寸和所有短头寸分别累加，计算出银行合计的外币长头寸和外币短头寸。如：某银行持有日元、欧元长头寸 50 美元和 100 美元，则银行合计长头寸为 150 美元；设银行持有法国法郎、瑞士法郎短头寸 −20 美元和 −180 美元，银行的合计短头寸为 −200 美元。国际清算银行国际框架规定，外汇交易的资本要求比率为 8%，用 8% 乘以合计长头寸、短头寸绝对值中最大的一个，就可以得到外汇头寸的市场风险资本要求。本例中，外汇交易的资本要求为 16 美元（200×8%）。

3. 股权。股权资产面临的风险包括两个方面，一是与企业经营状况有关的非系统性风险；二是与整体市场环境有关的系统性风险。国际清算银行规定，非系统性风险等于每种股票的长头寸和短头寸绝对值相加后乘以 4%（又称为 x 因子—x factor）；系统性风险等于每种股票的长头寸和短头寸对冲后的净头寸乘以 8%（又称为 y 因子—y factor）。

（四）对各种市场风险管理模型的评述

RiskMetrics 模型的主要优点是能够比较精确地计量每一天各种交易头寸和整体资产

的市场风险价值。该模型的一个缺点是假设所有资产收益呈正态分布，这种假设明显不符合实际。如某人购买一份看涨期权，购买人的最大损失为期权费，而一旦资产价格上涨，则可以获得无限的收益。该模型的另外一个缺点是计算较复杂，每日都需要及时更新每种交易资产收益率的均值和标准差。另外，该模型没有考虑债券持有人违约的情况。

与 RiskMetrics 模型相比，历史模拟法的主要优点是简单，无须作出资产收益正态分布假设，无须计算资产收益的均值和方差，但该模型的一个重大缺陷是根据过去 500 天的观察值得到的 5% 可能性的 VAR 值的可信度较小。从数理统计原理分析，500 天的数据不是很多，围绕估计的 VAR 值将有一个很大的置信区间。为了解决这一问题，我们可以使用更多天的数据如 1 000 天或 10 000 天，但这也会引起另外的问题，即历史数据与现在数据的相关性可能很小。例如：在分析外汇交易的市场风险时，如使用 10 000 天的数据，这意味着要使用 40 年前的数据，而在美国，40 年前是固定汇率体系，用那时的数据模拟现在的情况，相关性很小。

相对于以上两种模型，国际清算银行标准模型则比较简单。例如该模型在计算固定收益债券的市场风险资本要求时，有关的风险权重、资本要求比率、垂直或水平对冲时的折扣率都是由监管者直接规定的，而不是按照量化模型计算出的结果计量风险、计算资本需求；计算汇率风险时也只是简单地将长头寸、短头寸中的最大值乘以规定的资本比率，没有解释这样操作的依据；在计算股权资产的市场风险时，假定每种资产的系统风险系数 β 都是相同的，而且没有考虑股权分散化对风险的缓冲能力。

第五节 20 世纪国际商业银行管理理论评述

一、20 世纪国际商业银行管理理论演进评述

纵观商业银行管理理论的发展历程，市场变化的外部压力和自身发展的内部要求共同促进了商业银行风险管理的不断创新，也就促成了商业银行管理理论不断对原有理论的修正发展过程，而对于风险管理的不断完善却是商业银行管理理论演进过程的核心内容和主要脉络——从最初的以孤立的业务视角管理单一的风险，到之后的用综合的视角管理单一的风险，再到后来的以系统的视角管理全面的风险。

（一）简单的风险管理：以定性分析为主

在这个阶段，商业银行管理理论处于较为初级的阶段，对于风险的管理水平相对落后，只能以孤立的业务视角管理单一的风险，例如最初的资产管理理论认为银行资金来源的规模是外生变量，取决于客户而非银行，银行不能控制，而银行是可以控制资产的规模和结构的，因此商业银行应当将管理的重点放在资产管理，而非像后来的资产负债管理理论相对较为全面和综合。但这一阶段理论发展同样也具有自己的发展意义。

随着资产管理理论、负债管理理论的不断完善，银行的风险识别能力也在不断加

强，像长期贷款风险、有价证券投资等一系列银行有能力管理但之前却未敢涉及的风险已经可以进行识别、管理。

虽然银行对于风险的识别能力增长，但此阶段银行对于风险的度量手段还只是经验性或者是定性的管理方法；风险管理的内容仍然限于信用风险或流动性风险这些传统风险类型；风险管理的方法上还较为局部、孤立；虽然资产配置具有了资产负债综合管理的萌芽，但处理思路仍然比较机械。

（二）综合的风险管理：风险度量能力提升

这一阶段，商业银行对于风险的管理模式已经从之前孤立视角管理单一风险发展为用综合的视角管理单一的风险，对于风险的度量能力也有所提升，例如巴塞尔协议中资本充足率的提出，虽然指标基本形式比较简单，但其对于各项风险资产的权重确定、对于核心资本以及附属资本的划分方法已经体现了银行风险综合管理的思路，但同样可以看到这个时期的资本充足率管理只是涵盖了信用风险这一单一风险。

商业银行管理理论这一阶段发展的一个重要的驱动因素就是金融市场的快速变幻，而这一阶段银行管理理论的发展主要体现在以下几个方面：一方面，风险度量能力的提升和风险控制手段的改进，即用金融工程方法提高了对风险定性分析能力和有效控制能力；而另一方面，银行的管理内容也更加丰富，主要表现在对于利率风险的识别、度量和控制上。

（三）全面的风险管理

以新巴塞尔协议以及商业银行风险管理理论作为全面风险管理的系统总结，可以看出这一阶段银行已经走出了原来单一风险管理的模式，开始以系统的视角管理全面的风险，具体表现为以下几个方面：首先，银行的风险识别有巨大的加强，已经识别了一系列银行潜在面临但之前尚未充分认识的风险；其次，银行对于风险管理的内容扩充为信用风险、市场风险、利率风险等多种风险，同时对于风险的测量也提出了更为合理的定量分析方法，包括测量信用风险的定性模型（Qualitative Models）、信贷评级模型（Credit Scoring Models）、现代模型（Newer Models），测量利率风险的重新定价模型、到期日模型以及久期模型等。同时新巴塞尔协议中的资本充足率管理也经过了完善和发展，以及其提出的内部评级法大大提高了银行风险识别和反映水平，并加大了市场力量对银行的约束，是全面风险管理理念的高度凝结。

二、国际商业银行管理理论的未来发展展望

自 20 世纪 80 年代以来，特别是进入 90 年代后，商业银行的经营环境发生了一系列重大的技术性和制度性变化：在快速发展的计算机技术和信息技术的支持下，国际经济一体化迅速崛起，由最初的贸易自由化发展到金融全球化。金融全球化在推动各国金融业务国际化、金融管制自由化、金融交易电子化和金融市场一体化的同时，也加大了市场波动的幅度和范围，从而加大了国际银行业经营中的外生性风险。在这样的经营环境下，国际商业银行经营出现一系列新的特点：银行规模不断扩大，收购与兼并浪潮迭起；电子技术和信息技术的发展使国际银行业金融创新日新月异；银行经营模式进一步

向全能化方向发展；国际银行业所面临的风险明显加大并日趋复杂化。

面对经营环境和结构的重大变化，商业银行经营管理应当积极适应时代的要求，对传统的管理理论、体制、方法和技术进行历史性变革和创新性发展。

（一）积极调整经营管理战略

企业战略是企业目标、内在能力和外在关系的结合。国际商业银行面对日益增加的国际竞争，其经营管理战略应进行适应性变革。第一，不再认为银行在某些方面独一无二，而认为银行实际上与其他任何类型的企业没什么本质差别；第二，不再像20世纪60年代至70年代那样关注资产负债规模的增长，而是更加倾向于使用利润率来评定经营业绩。按照新的观点，银行成功源于创造竞争优势，而竞争优势取决于可维持的合适的独具潜能。在金融服务业，关系契约、声誉和产品创新对于银行成功非常重要，战略资产和市场结构也扮演重要角色，而这些因素是相互依赖的。

（二）精确银行内部管理与量化风险控制

从内部管理方面来看，国际商业银行应当利用管理会计的基本原理，逐渐发展和完善分部门核算体系，使之成为内部经济效益考核、成本控制的重要手段。分部门核算体系并不是简单地将银行的各个部门独立起来，而是通过适当划分，试图以量的方式，把各部门、各单位的经营状况向管理层展示出来。通过部门核算，商业银行可以清楚界定各部门的职责及功能，以便日后量化各部门对银行的贡献。

从风险控制方面来看，首先，针对日益多元化和复杂的风险问题，风险管理内容将继续多元化，同时银行对各种类型风险的认识和识别程度和管理能力也将逐渐提高，风险管理也将由单一风险管理向多种风险、由分散在不同的管理部分向集中管理靠近。其次，风险管理对象由单笔贷款向企业整体风险转化，由单一行业向资产组合管理转变。再次，风险管理重点将由强调审贷分离向构建风险管理体系转变。最后，风险定量分析模型进一步优化，大量数理统计模型将用来识别、衡量和检测风险，逐步由简单的技术管理过渡到复杂的统计分析管理，最终走向定量分析。

参 考 文 献

[1] 唐旭：《金融理论前沿课题》，北京，中国金融出版社，2003。

[2] 王爱俭：《信用理论与信用风险防范》，北京，中国金融出版社，2003。

[3] 章彰：《商业银行信用风险管理——兼论巴塞尔新资本协议》，北京，中国人民大学出版社，2002。

[4] 蔡锷生、张钢：《商业银行经营管理全书》，北京，中国金融出版社，1994。

[5] 刘忠燕、娄书本：《商业银行经营管理学》，北京，中国金融出版社，2003。

[6] 庄毓敏：《商业银行业务与经营》，北京，中国人民大学出版社，1999。

[7] 余力、徐兆龙等：《商业银行风险的防范与规避》，西安，西安交通大学出版社，1996。

[8] 章政、田侃、吴宏：《现代信用风险度量技术在我国的应用方向研究》，载《金融研究》，2006，33（7）。

[9] 刘建德：《经济资本——风险和价值管理的核心》，载《国际金融研究》，2004，(8)。

[10] 陈静：《商业银行经济资本管理的国际经验及其启示》，载《南方金融》，2008，(1)。

[11] 彭建刚：《商业银行管理学》，北京，中国金融出版社，2004。

[12] Anthony Saunders, Marcia Millon Cornett, 2003. *Financial Institutions Management*, Fourth ed, McGraw-Hill Irwin.

[13] Anil K. Kashyap, Raghruam Rajan, Jeremy C. Stein, 2002. *Banks as Liquidity Providers: An Explanation for the Co - Existence of Lending and Deposit - Taking*. Journal of Finance, 57 (1): 33 - 73.

[14] Kupiec Paul, 2004. *Estimating Economical Capital Allocation for Market and Credit Risk*. Journal of Risk, 6: 157 - 161.

[15] Denault M., 2001. *Coherent Allocation of Risk Capital*, Journal of Risk, (4): 7 - 21.

第十三章

国际金融创新理论

国际金融创新理论是国际金融理论的重要分支之一，是创新理论在国际金融领域的具体应用，是关于金融改革与金融发展的理论。该理论是西方学者从不同角度对金融创新问题进行的分析，主要包括金融创新发生的动因、金融因素对经济发展的促进作用以及金融创新的微观运行机制和经济效应等几个方面。

第一节　20 世纪金融创新理论的产生与发展

当代西方金融创新理论是在熊彼特创新理论的基础上发展起来的。20 世纪 50 年代末、60 年代初，金融创新理论初见端倪，但十分零散。自 70 年代以来，伴随着国际金融领域的深刻变革，金融创新理论逐步兴起，许多西方学者从不同角度对金融创新的动因以及金融因素如何促进经济发展进行了系统的论述。进入 90 年代，金融创新理论的研究更加全面深入，主要对金融创新的微观运行机制和经济效应进行了分析。

一、20 世纪初：熊彼特"创新"概念的提出

经济学中"创新"一词最早是由美籍奥地利著名经济学家约瑟夫·阿罗斯·熊彼特（Joseph Alois Schumpeter，1883—1950）在《经济发展理论》（1912）中首次提出的。所谓创新（Innovation）就是企业家把一种从来没有过的生产要素和生产条件实行新组合，从而建立一种新的生产函数。熊彼特把这种组合归结为五种情况：（1）采用一种新的产品；（2）采用一种新的生产方法；（3）开辟一个新的市场；（4）获取原料或半成品的一种新的供应来源；（5）实现一种新的企业组织形式。[①] 熊彼特在其《经济发展理论》（1912）一书中首次提出创新理论之后，又相继在《经济周期》（1939）以及《资本主义、社会主义与民主主义》（1942）中对其加以阐述。熊彼特认为，创新发生的根本原因在于企业家对社会存在的某种潜在利益的追逐。为了获得这种潜在利益，企业家就会

---

① ［美］约瑟夫·熊彼特：《经济发展理论——对于利润、资本、信贷、利息和经济周期的考察》，北京，商务印书馆，1990。

采用新的生产方式，并不断改进所采用的生产函数，从而使获取的利益最大化。同时，熊彼特又认为，虽然获取垄断利润或创新利润是企业家创新的重要动机，但并非唯一动机，企业家精神的存在是创新发生的又一不可忽视的原因。熊彼特的创新理论主要研究了经济体系内部由于生产技术、生产方法和组织形式的变革而引起的经济和社会的发展，强调了技术进步和制度变革在经济中的推动作用。虽然熊彼特并未明确提出金融创新理论，但在他的著作中已表达了这一思想。他在其《经济发展理论》一书中，强调了金融在经济发展中的重要作用，论证了货币、信贷和利息等金融变量对经济创新和经济发展的重要作用。熊彼特认为经济发展的实质就在于创新的实现，而银行信用在经济发展中的重要作用是为生产要素的重新组合提供必需的购买力，这种购买力源于银行的信用创造，这种信用创造的能力是推动经济发展的动力。

二、20世纪70年代以后：西方金融创新理论的兴起

当代西方金融创新理论起源于20世纪50年代末60年代初，此时的金融创新理论可以说比较零散。如阿罗和德布鲁在50年代关于新古典一般均衡理论的研究中，证明了经济活动者能利用各种金融证券预防未来之不确定因素，以降低风险，并保证了自由竞争下的一般均衡。这一理论对于各种期货期权交易的产生有一定的说服力，但对整个金融创新也不能充分解释。20世纪七八十年代，正值国际金融发展面临深刻变革，金融创新和金融自由化浪潮在西方主要发达国家迅速扩张蔓延，并演变为全球性的金融变革。这次创新包括金融交易、金融服务、金融产品、金融市场、金融机构组织形态以及金融体制等多方面的创新，可以说金融创新是全球金融领域所发生的一场革命，极大地促进了世界各国金融的深化。沿用熊彼特金融创新的定义，金融创新就是在金融领域内建立"新的生产函数"，是各种金融要素的新的组合，是为了追求利润而形成的改革。它泛指金融体系和金融市场上出现的一系列新事物，包括新的金融工具、新的融资方式、新的金融市场、新的支付清算手段以及新的金融组织形式与管理方法等内容。[①]

20世纪70年代以来，一批西方经济学家逐步将创新理论引入到金融研究中，从不同角度提出了各具特色的金融创新理论。这一阶段的金融创新理论主要是对金融发展和金融创新的动因进行了较为详细的分析。

第二次世界大战后，资本主义国家经济获得了快速发展，金融体系也逐步完善，而大多数发展中国家经济发展十分缓慢，金融制度严重落后。基于此，西方经济学界掀起了研究金融发展与经济发展关系的热潮，试图找出发展中国家金融制度落后、经济增长缓慢的原因。1969年，美国经济学家戈德史密斯出版了《金融结构与金融发展》一书，对金融结构与金融发展、经济发展的关系进行了独创性的研究。1973年麦金农的《经济发展中的货币与资本》与肖的《经济发展中的金融深化》先后出版，标志着金融发展理论已形成了系统的理论体系。他们在现存金融理论的基础上，分析了金融发展与经济发展的关系，认为经济发展是金融发展的前提和基础，而金融发展则是推动经济发展的动

---

①   陈岱孙、厉以宁：《国际金融学说史》，691页，北京，中国金融出版社，1991。

力和手段。金融发展理论推动了发展中国家的金融改革和完善，掀起了 70 年代以来的金融自由化浪潮。

　　与金融发展理论的研究相对应，关于金融创新动因理论的研究也方兴未艾。20 世纪 60 年代，科技进步促进了生产力发展，使生产的社会化提高到了国际化阶段。生产国际化和市场国际化的形成要求资本国际化，日益增大的国外投资和国际资本流动规模需要一个发达高效的国际融资体系，这与当时西方国家严格的金融管制相抵触。欧洲货币市场和资本市场的建立和发展就是为了摆脱这种管制而进行的市场创新。1983 年 5 月，西尔柏在他发表的《金融创新的发展》一文中对引发金融创新的原因进行了详细的阐述。他认为，引发金融创新的根本原因是内部和外部存在对金融业的约束因素，金融企业为了摆脱这种约束而进行创新。凯恩于 1984 年提出的规避管制理论认为引发金融创新的主要动因是政府机构的管制。他们的理论都说明了严格的金融管制是这一时期金融创新的主要动因。20 世纪 70 年代，发生了人类历史上规模最大、影响最深远的科技革命，社会生产力大大提高，世界经济格局发生了深刻的变化。这次科技革命的核心是微电子技术的发展和广泛运用，它彻底改变了人们的金融观念，直接导致了金融创新和金融革命。技术推进理论认为，技术革命与进步是促成金融创新的主要原因，韩农和麦道威在 1984 年发表的《市场集中与技术在银行业的推广》一文中，通过实证研究，解释了 20 世纪 70 年代美国银行业新技术的采用和扩散是导致金融创新的主要因素。20 世纪 70 年代中期，世界经济形势发生了重大变化，世界性经济危机的发生导致了此后的高通货膨胀率和高名义利率，引发了人们对新金融产品和金融服务的需求。需求推动理论认为，长期的通货膨胀和名义利率的攀升，使得客户对流动性与收益性相结合的金融产品产生了强烈需求。另外，金融风险的增加和多样化也增强了客户对可以减少或转嫁风险的金融产品的需求。在这些需求的推动下，金融机构在 20 世纪七八十年代推出了各种转嫁风险和增加资产流动性、收益性的工具。除了以上这些理论，许多西方学者也从其他侧面对金融创新产生的原因进行了分析，为后来金融创新理论的深入研究奠定了坚实的基础。

三、20 世纪 90 年代以后：金融创新理论的新发展

　　进入 20 世纪 90 年代，金融创新理论的研究更加深入细致，这一时期金融创新理论的研究主要侧重于两个方面，一是侧重于技术方面，即金融工程领域；二是侧重于理论方面，探索金融创新的规律。具体来说，主要是从不同角度对金融创新的运行机制和经济效应等方面进行了研究。

　　金融创新运行机制的研究主要是从证券设计和一般均衡角度进行的，并对金融创新的采用和扩散过程进行了分析。金融创新证券设计模型主要从证券设计角度对金融创新进行分析。例如，瑞分析了资产在配置风险和传递私人信息方面的作用，建立了具体的最优性标准用于评估由容量最大化的期货交易所进行的创新；哈罗建立了佣金收入最大化模型；欧赛建立了期货交易所进行合约创新的模型。金融创新的一般均衡模型主要研究创新新型证券的机会和激励。如帕森道夫建立了中介体可以标准证券的形式发行有担

保的新型金融证券的金融创新模型；陈建立了以旧证券作担保创造新证券的金融中介体模型。近年来，国外一些学者运用产业经济中创新的理论分析研究金融业中创新的采用和扩散，主要探讨在金融主体进行金融创新后，通过怎样的方式传播给其他金融主体并加以应用的过程。具有代表性的是莫利纽克斯和夏洛克提出的理性预期假说和群体压力假说，解释银行由于内部影响而采用或拒绝一项创新的原因。

金融创新经济效应的分析主要是从微观与宏观两个层面进行的，西方学者对此有较多的论述且观点各不相同。金融创新微观经济效应主要分析金融创新对微观经济变量的影响。学者们主要研究了金融创新的财富效应以及风险套利功能等，如凯斯和塞达纳分析了在不完全信息市场上金融创新的财富效应；道重点分析了金融创新的风险套期功能。金融创新的宏观效应主要分析金融创新对宏观经济变量的影响，侧重探讨金融创新对货币需求函数、金融系统的演进等的影响，如爱兰德建立了加入金融创新的货币需求理论模型；阿罗分析了发展中国家金融创新对货币需求的影响；格莱农和莱尼分析了在美国银行管制中的两个重要创新对货币需求 M_1 的影响；布特和萨克研究了金融创新对金融系统演进的影响。

第二节　当代西方金融创新理论简述

当代西方金融创新理论主要从两个方面对金融创新进行了分析。一是从微观金融主体入手，探讨金融创新发生的原因；二是从金融发展与经济发展的关系入手，探讨金融对经济发展的促进作用。

一、金融创新动因理论

金融创新动因理论主要是指自 20 世纪 70 年代中期以来，西方学者从不同角度对金融创新动因进行的探讨。总结这些理论的特点并结合西方国家的经验，金融创新产生的动因主要可归结为两方面的内容：一是创新主体为追求利润而主动进行的创新，即顺应需求的动因；二是创新主体为避免环境的不利影响而被动进行的创新，即顺应供给的动因。前者可以说是为发展而创新，是一种进攻性创新，而后者则是为生存而创新，是一种防御性创新。在具体的创新活动中，主要可以分为顺应需求的动因、顺应供给的动因和规避管制的动因三大类，其中规避管制的动因是前两种动因的复合形式。

（一）需求主导型金融创新理论

需求主导的动因是指随着经济金融的发展以及环境的变化，经济主体产生了一些新的金融需求，金融部门为满足这些新需求来获取利润而进行的创新。这些需求包括财富增长后人们对多样化金融资产的需求以及对能够减少或转嫁风险的金融产品的需求等。顺应需求的动因理论主要如下：

1. 财富效应理论。财富效应理论是由格林鲍姆（S. I. Greenbem）和海伍德（C. F. Haywood）提出的。在研究美国金融业的历史发展时，他们认为，第二次世界大战以后经济的高速发展所带来的财富增长是金融创新的主要动因，因为财富增长加大了人们对金融资产和金融交易的需求，改变了人们对于金融服务的偏好，人们持有金融资产的动机也就多样化了，由此激发了金融业通过创新来满足这些需求。因为社会各经济主体的融资偏好变化本身就是由经济发展和财富增长推动形成的，融资偏好也可以被看做是经济发展和财富增长说的一种派生学说。

2. 需求推动理论。需求推动理论认为对金融产品和金融服务新需求的产生是引发金融创新的主要原因。20 世纪 70 年代前后经济金融环境发生了剧烈变化，长期通货膨胀和名义利率不断攀升，使传统金融产品的流动性和收益性之间的替代关系越来越难以被人接受，客户对流动性和收益性相结合的金融产品产生了强烈需求。另外，随着金融风险的增加和多样化，产生了对可以减少或转嫁风险的金融产品的需求。在这些需求的推动下，金融机构在 20 世纪七八十年代推出了各种转嫁风险和增加资产流动性、收益性的金融工具。

3. 特征需求理论。德塞（Desai）和罗（Low）是该理论的代表人物。他们认为，金融创新是金融产品不同特征的重新组合。德塞把金融产品的主要特征归结为收益性和流动性，每种产品都有一个收益性和流动性的组合，每个具有不同风险偏好的投资者都有其认为适当的收益性和流动性的边际替代率和特征线。环境的变化，尤其是风险的增加和多样化，使得流动性和收益性的差距拉大。为了弥补收益性和流动性之间的差距，就产生了对新的金融产品的需求，以缩短特征线上各点之间的最大距离。

特征需求理论从投资者的角度来解释对新金融工具的需求即对金融工具的新特征或传统特征进行新组合的需求。这一思想是对制约理论的补充。对新的特征的需求有两个原因：（1）通货膨胀和名义利率飙升，提高了不附带利息的现金余额的机会成本，新的金融产品将流动性和通常与市场利率接近的收益结合在一起；（2）利率和汇率的易变性使投资和交易风险增加，也刺激了金融创新。

（二）供给主导型金融创新理论

供给主导的动因是指由于外部环境变化对金融业产生的影响，金融部门以降低成本为动机而进行的创新。降低金融部门成本的因素是多方面的，如高科技在金融业的广泛应用等。

1. 技术推进理论。韩农（T. H. Hannon）和麦道威（J. M. McDowell）是该理论的主要代表人物。他们认为，技术革命与进步，特别是计算机、电讯工业技术和设备成果在金融业的应用是促成金融创新的主要原因。其理由是，高科技在金融业的广泛应用，促进了金融电子化和现代化的发展，为金融创新提供了物质上和技术上的保证。

韩农和麦道威在 1984 年发表的《市场集中与技术在银行业的推广》一文中，通过实证研究，发现 20 世纪 70 年代美国银行业新技术的采用和扩散与市场结构的变化密切相关，从而认为新技术的采用是导致金融创新的主要因素。他们认为，高科技在金融业的广泛应用，为金融创新提供了物质上和技术上的保证，引发了诸多以电子化、网络化为特征的金融创新，大大缩小了金融活动的时间和空间的距离。这样，金融创新能使成本降低的可能性得以实现，并能使人们采用新的手段，更好地将风险分散在经济运行之中。

2. 交易成本理论。交易成本理论的代表人物是希克斯（J. R. Hicks）和尼汉斯（J. Niehans）。他们提出该理论的基本命题为"金融创新的支配因素是降低交易成本"。这个命题包括两层含义：（1）降低交易成本是金融创新的首要动机，交易成本的高低决定金融业务和金融工具是否具有实际意义。（2）金融创新实质上是对科技进步导致交易成本降低的反应。

交易成本的概念较复杂。一种观点认为，交易成本是买卖金融资产的直接费用，包括各方面转移资产所有权的成本、经纪人的佣金、借入和支出的非利率成本，即"机会成本"。另一种观点认为，交易成本还应考虑投资风险、资产的预期净收益、投资者的收入和财产以及货币替代品的供给。希克斯把交易成本和货币需求与金融创新联系起来考虑，得出了以下逻辑关系：交易成本是作用于货币需求的一个重要因素，不同的需求产生了对不同类型金融工具的要求，交易成本的高低使经济个体对需求预期发生变化。交易成本降低的发展趋势使货币向更为高级的形式演变和发展，产生新的交换媒介、新的金融工具。不断地降低交易成本就会刺激金融创新，改善金融服务。因此，可以说金融创新的过程，就是不断降低交易成本的过程。

（三）规避管制型金融创新理论

规避管制的动因是指金融业较其他行业受到更为严格的管理，当管理法规的某种约束可以合理地或默认地被予以规避，并可以带来收益时，金融创新就会发生，政府管理法规就成为这个行业的重要推动力量。学者们主要从金融部门回避政府管制、摆脱内外部约束以及与制度相互作用等方面对此进行探讨。

1. 凯恩的规避管制理论。规避管制理论是由美国经济学家凯恩于 1984 年提出的。该理论认为金融创新主要是由于金融机构为获取利润而回避政府管制引起的。所谓"规避"就是指对各种规章制度的限制性措施实行回避。"规避创新"则是回避各种金融管制的行为。它意味着，当外在市场力量和市场机制与机构的内在要求相结合，回避各种金融控制和规章制度时，就产生了金融创新行为。

各种形式的经济立法和规章制度，从宏观上可视为保持均衡和稳定的基本措施。经济个体寻求规避，实际上反映了代表公众利益的实行法制国家和个人利益中以利润最大化为基本原则的经济个体之间的经济法律关系，也表明了在市场机制约束下和法制基础上经济个体寻求最大利润的过程。经济个体为了追求自身利益，通过有意识地寻求绕开政府管制的方法来对政府的限制作出反应，从而获取最大利润。事实上，规避已经被认为是合法的。由此，凯恩设计了一个制定规章制度的框架。在这个框架中，制定经济规章制度的程序和被管制人规避的过程是相互适用和相互作用的。通过这个阶段逐步形成了比较成熟和实用的规章制度。

凯恩认为，金融管制及由此而产生的规避行为是以辩证形式出现的。政府管制实质上等同于隐含的税收，阻碍了金融企业从事已有的盈利性活动和利用管制以外的获利机会，因此金融机构会通过创新来逃避政府的管制。金融企业对各种规章制度的适应能力是很强的。但反过来，当金融创新危及金融稳定和货币政策不能按预定目标实施时，政府和金融当局又会加强管制。与此同时，不同于传统金融工具的"替代品"又会为规避而不断产生，这样管制又将导致新一轮的创新。因此，静态均衡几乎是不可能存在的，管制与规避引起的创新总是不断地交替，形成金融机构和政府之间自由与管制的动态博弈过程。二者相互作用过程虽然有时滞阶段，但在这个阶段中，被管制者的适应能力增强，随之金融创新的效率也提高了。这主要归因于现代科学技术进步所引起的被管制对象能力的提高和这些金融企业对于经济环境变化所产生的不稳定变得更敏感了。

2. 西尔柏的约束诱导理论。约束诱导理论的代表人物是美国著名的经济和金融学家西尔柏（William L. Silber）。1983 年 5 月，西尔柏发表了《金融创新与发展》一文，从寻求利润最大化的金融机构创新这个表象开始进行研究，认为金融创新是微观金融组织为了寻求最大的利润，减轻外部对其产生的金融压制而采取的自卫行为。

西尔柏认为，金融压制主要来自两个方面：一是外部的管理控制。这种因外部条件变化而导致的金融创新要付出很大的代价。这里需要区别两种情况：一种情况是外部条件变化而产生的金融压制，它使金融机构的效率降低，金融机构必须努力通过创新提高效率来弥补这部分损失；另一种情况是金融压制使金融机构付出的机会成本越来越大，创新是对金融压制的反应，创新的代价与外部压制造成的机会成本增长是一致的。因此，金融机构通过逃避压制来尽量降低其机会成本增加所带来的损失。二是内部强加的压制。为了保障资产具有流动性的同时还有一定的偿还率，以避免经营风险，保证资产营运的安全，金融企业建立了一系列资产负债管理制度，如偿还期对称、流动比率、资产充足比率等。这些规章制度一方面确保了金融企业的营运稳定，但另一方面形成了内部金融压制。两个方面的金融压制，特别是外部条件变化所产生的金融压制会使实行最优化管理和追求利润最大化的金融机构，从机会成本角度和金融企业管理影子价格与实际价格的区别来寻求最大程度的金融创新。这就是微观金融组织金融创新行为的逻辑。依据西尔柏的理论，1970—1982 年美国近 60% 的金融创新能够得到合理的解释。

3. 制度改革理论。制度改革理论的代表人物主要是制度学派的一些学者，如戴维斯（L. E. Davies）、塞拉（R. Scylla）、诺斯（D. North）和维斯特（R. West）等，他们认为金融创新是一种与经济制度互为影响、互为因果的制度改革。基于这一观点，金融体系的任何因制度改革而引起的变动都可视为金融创新，如政府为了金融稳定和防止收入分配不均等而采取的金融改革。1919 年美国联邦储备体系和 1934 年存款保险制度的建立，都属于金融创新。他们主张研究金融创新应当从经济发展史的角度来进行，金融创新与社会制度紧密相关。在计划经济制度下，虽然也存在许多可以引发金融创新的因素，但由于高度集中和严格的计划管理，金融创新无法展开。在自由经济制度下，金融创新容易进行，但创新的内容更少，不可能出现那些为了规避管制而进行的金融创新。因此，只有在受管制的市场经济制度下才能出现全方位的金融创新。

制度改革理论的金融创新实际上包含两方面的内涵：一是政府的管制和干预行为本身就暗含着金融制度领域内的创新；二是在市场活跃、经济相对开放而且管制不严的经济背景下，政府的管制和干预直接或间接地阻碍着金融活动，市场会出现各种规避和摆脱管制的金融创新行为，而当这些金融创新行为对货币政策实施构成威胁时，政府就必然会采取有针对性的制度创新。

金融制度的创新是金融在制度层面上的创新，金融制度的创新也遵循制度创新的五个步骤，即：第一步，形成"第一行动集团"；第二步，由"第一行动集团"提出金融制度创新的方案；第三步，由"第一行动集团"根据最大利益原则对方案进行比较选择；第四步，形成"第二行动集团"；第五步，"第一行动集团"和"第二行动集团"共同努力，实现金融制度的创新。金融制度创新可以在宏观与微观两个层面上展开，即在金融监管当局和金融企业两个层面上展开。因此，金融制度创新也就相应地被分为由金融监管当局和金融业担任"第一行动集团"的制度创新。在大多数情况下，由微观组织担任"第一行动集团"是合理的，但在以下情况下，由金融监管当局（政府）担任创新主体的选择更可行：（1）金融市场尚未得到充分发展；（2）存在私人微观金融组织进入的障碍；（3）潜在收益不能量化到微观主体，即外部性强；（4）制度创新涉及强制性收入再分配；（5）制度创新的预付成本过大。

从创新主体来看，金融制度创新可以分为需求诱导型创新和供给主导型创新。需求诱导型创新是指单位创新主体，如金融企业在给定的约束条件下，为确立预期能使自身利润最大化的制度安排和权利界定而自发组织和实施自下而上的制度创新，它以产权界定清晰和自主决策为制度条件。供给主导型创新是指金融当局通过直接和间接的手段自上而下组织实施的创新，它以大量的公共产权和集权型决策体制为制度条件。从创新内容来看，它主要包括金融组织制度创新（单个金融组织创新和金融组织结构或体系的创新）、金融市场制度创新以及金融监管制度创新等。单个金融组织的创新是为适应竞争所引致的金融业务创新而出现的，由于各国的金融制度中金融组织的设置及分工不同，金融组织创新的内容与形式也不一致，从各国金融组织发展与创新的结构看，大致有以下创新金融组织：住宅金融组织、信用合作社、各类保险组织、养老基金组织、互助基金、金融公司和跨国金融组织等。金融组织结构的创新，从业务方面看，大体沿着银行、证券、保险和各种金融中介体四种客体形式创新；从经营主体方面看，一般趋势无非是国有商业金融、国有政策性金融、合作金融、民间金融（包括多种股份制金融）四种主体形式。这四种主体形式和四种客体形式可概括为双重四元金融创新模式。金融市场制度创新，是指金融企业从微观的角度促进金融市场构成的变动和市场机制的创造，以及伴随新的金融商品的开发对新市场的开拓、占领，从而满足新的投融资需求的行为。金融监管制度创新的重点在于在鼓励金融组织、金融市场创新的基础上，实行保护性管制和预防性管制，而不是一般性的压制，进行适时适当监管。

二、金融发展理论

金融发展理论主要是研究金融发展与经济发展之间的关系，论述各种金融变量的变化及金融制度变革对经济发展的长期影响，探索发展中国家为促进经济发展所应采取的金融政策。从历史渊源来看，西方学者很早就有关于金融发展问题的论述，但较系统、全面的金融发展理论主要是在 70 年代以后发展起来的，主要有雷蒙德·W. 戈德史密斯的金融结构理论、爱德华·肖的金融深化理论和罗纳德·I. 麦金农的金融抑制理论等。

（一）雷蒙德·W. 戈德史密斯的金融结构理论

英国经济学家雷蒙德·W. 戈德史密斯是现代金融发展理论的创始者，也是比较金融学理论的创始人。1969 年，他出版了《金融结构与金融发展》一书，对长达百余年的金融发展史及当代几十个国家的金融结构现状进行了比较研究，创建了衡量一国金融结构和金融发展水平的各种数量指标，考察了金融结构与金融发展和经济增长的关系，总结出了各国金融发展的一般规律。

根据对世界上 35 个国家近 200 年金融发展史的分析，戈德史密斯认为，从基本发展趋势来看，各国金融发展道路的差别不是很大，发达国家的金融发展过程极为相似，发展中国家迟早也会走上同样的发展道路。戈德史密斯认为，现代金融发展在各国会遵循 12 条基本规律，它们分别是：（1）在一国经济发展过程中，金融上层建筑的增长速度要大大快于国民生产与国民财富等实质经济部门的增长，金融相关比率呈总体上升趋势。（2）金融相关比率随着经济发展有上升的趋势，但不是无限制的，根据实际经验，金融相关比率达到 1~1.5 就会趋于稳定。（3）金融相关比率大致可以反映各国金融发展与经济发展水平的差异，该指标在经济欠发达国家远远低于经济发达国家。（4）决定一国金融上层结构相对规模的主要因素是各经济单位、经济集团储蓄与投资分离的程度。（5）随着经济发展水平的提高，大多数国家的金融中介率在提高，即金融机构发行和拥有的金融资产的比重在提高。（6）储蓄及金融资产持有的"机构化"倾向，必然使金融机构和金融工具向多样化方向发展。一般而言，债权的机构化快于股权的机构化，而长期债权的机构化发展水平要高于短期债权的机构化发展水平。（7）现代意义上的金融发展都是从银行体系的发展开始的，并且依赖于纸币在经济中的扩散程度。（8）随着经济的发展和金融机构的多样化，银行资产在金融机构资产总额中的比重趋于下降，而非银行金融机构的资产比重则相应大大提高。在一些发达国家，非银行金融机构的资产总额已超过银行资产总额。（9）国外融资作为国内资金不足的补充手段，或作为国内剩余资金的出路，在许多国家的经济发展中起到了重要作用，甚至在某些历史时期，其增长速度还曾超过国内融资的增长速度。（10）与引入国际资金同等重要的是，发达国家对发展中国家的示范效应。（11）金融发展水平越高，融资费用（包括利息与各种费用）就越低。金融制度的完善本身就会降低交易成本，金融机构之间的竞争和金融资源的充分调动都会改善金融市场的效率。（12）经济和金融的发展之间存在着大致平行的关系，在总体规模水平和结构复杂程度上，呈现出近乎同步的增长。但二者之间是否存在因果关系尚缺乏足够的证据。

戈德史密斯认为，在所有的市场国家中，只存在一条主要的金融道路。在这条道路上，金融相关比率、金融机构在金融资产总额中的比重、银行系统的地位等方面都呈现出一定的规律性，只是在战争和通货膨胀发生时才会出现偏离现象。但这条道路又分为两种基本轨迹，两种轨迹之间的主要差异是：政府（包括中央政府和地方政府）对某些金融机构的拥有及参与经营的程度有所不同。在沿着第一条轨迹发展的国家中，实际上所有的金融机构都是由私人拥有并经营的，只是在金融发展的后期出现了中央银行和社会保险组织，美国是典型代表。沿着第二条轨迹发展的国家中，几种重要的金融机构往往由政府所有与经营，全部所有或者部分所有，西欧和北美以外的大多数国家都是沿着这条轨迹发展的。

就金融发展与经济增长之间的关系，戈德史密斯认为："金融机构诱发增长的作用只能产生于以下两个方面中的一个：首先是储蓄和投资总量的增长；其次是投资的边际收益率的增长。它是通过把储蓄更有效地分配在潜在的投资项目上而取得的。"

（二）爱德华·肖的金融深化理论

1973 年，美国经济学家爱德华·肖出版了《经济发展中的金融深化》一书，对金融发展理论作出了贡献。肖提出了金融深化理论。他认为："金融深化的经济具有如下特征：金融资产存量的品种范围扩大，期限种类增多，其与国民收入之比或者与有形物质财富之比逐渐上升；金融资产流量较少依赖财政收入和国际资本，而更多地依赖国内储蓄，货币流通速度也降低了；金融体系的规模扩大、机构增加、职能专业化，有组织的国内金融机构取得了优势；金融价格中的利率更准确地反映了投资替代消费的机会，实际利率较高，利率间的差别趋于缩小，在外汇黑市和远期外汇市场上，本国货币的贴水下降。"他还认为，推行金融深化战略有利于本国经济的发展。因为金融深化的各种措施有助于增加私人及政府的储蓄和国际资本的流入，有助于来自储蓄方面的融资代替财政、通货膨胀和国外援助的收入，也有助于在扩展和多样化的金融市场上，促使储蓄者和投资者之间展开竞争，优化储蓄的分配和使用，从而有助于增加劳动力就业，有助于收入的增加和分配的平等，也有助于经济的稳定增长。爱德华·肖把这些分别称为金融深化的储蓄效应、投资效应、就业效应和收入效应。

作为与金融深化反向的一极，肖分析了金融抑制。他认为金融抑制的特征与金融深化相反。形成金融抑制的原因有两类：第一类是政策原因，其中有低利率政策、金融业内实行垄断经营、本币高估、信贷和外汇的硬性配给、财政税收政策对金融资产的抑制等。第二类是经济原因。爱德华·肖指出："在落后经济中，没有统一的市场和统一的价格，信息流通不畅，投资风险迭生，收益极不稳定，经济活动中异质性较强，生产要素呈现极大的不可分割性。"这都使金融业处于抑制状态，而金融抑制是不利于经济增长的。

在判断新古典学派的货币财富观和凯恩斯式的货币财富观的基础上，爱德华·肖提出了更适合于落后经济的债务中介理论。这一理论认为，实际货币不是社会财富，也不是生产要素，实际货币余额的增减不影响社会收入的变化，货币只是债务中介；储蓄者和投资者是金融市场独立的交易者，作为要素投入品，资金也是有成本的；由于资本市场不完善，在落后经济中，外源融资比较困难，内源融资是较普遍的筹资方式，而且非货币金融资产也不发达，所以，对生产者来说，要进行实物投资，必先积累一定额的现金，这样，物质资本与货币不但不是相互竞争共同瓜分总储蓄额的替代品，反而是相互补充品。因此，爱德华·肖提出了实现金融深化的政策建议。包括：（1）必须把金融业的发展作为经济发展战略的核心内容；（2）金融深化首先要求货币深化，要确保货币的外生性供给和低通货膨胀率；（3）实行金融自由化，放弃对利率的限制；（4）金融改革要与财税改革、外贸改革协同配套进行；（5）不可过分依赖外资。

（三）罗纳德·I. 麦金农的金融抑制理论

1973 年，麦金农出版了自己的著作《经济发展中的货币与资本》，与爱德华·肖的《经济发展中的金融深化》堪称姊妹篇。二者都主张发展中国家应走一条市场取向的金融改革之路，但麦金农着重讨论的是金融抑制论。该理论的要点是：（1）市场不完全假定。麦金农认为，发展中国家的经济是割裂的，即大量的经济单位互相隔绝，各自面临不同的生产要素价格、产品价格、技术条件和资产报酬率，没有一种市场机制使之趋于一致。大批的小企业被排斥在有组织的资金市场之外，它们如果要投资，只能依靠内部融资，所以，业主们必须先有一个时期的内部积累，才能跳跃式地进行投资。（2）货币的"导管"功能。由于以实物形式进行内部积累比货币形式成本高，所以内部积累是以货币形式进行的。这样一定时期的货币积累，是投资的先决条件，即货币对于积累（投资）有"导管"的功能。（3）$d-p^*$ 是对积累（投资）进而对经济发展产生影响的最关键的因素。麦金农认为，企业主愿不愿意以货币形式进行内部积累，主要取决于持有现金余额是否有足够高的收益，其收益率等于存款的名义利息率同预期通货膨胀率之差，可以表示为 $d-p^*$。$d-p^*$ 越高，人们越乐于持有货币，因而储蓄与投资就越旺盛，经济就越发达；反之，经济就越萎缩。但 $d-p^*$ 不能高过实质资产的收益率，否则人们就会长期持有货币而放弃投资机会，经济就要萎缩。（4）金融抑制与资金市场自由化。麦金农认为发展中国家经济之所以欠发达，就是由于 $d-p^*$ 太低，甚至成了负数。它可能是由于人为地压低利率和通货膨胀这两方面的原因造成的，这种状况被麦金农称为"金融抑制"。要使这些国家经济起飞，必要的措施就是解除金融抑制，即通过资金市场自由化使利率高到足以反映资本的稀缺程度，并消除通货膨胀。也就是说，使 $d-p^*$ 成为较高的正值，但又不过高。（5）发展中国家应求得资金上的"自助"，不能过分地、长期地依赖外国资本。同时，金融自由化必须与贸易自由化、税制合理化和正确的政府支出政策相配合，才能开拓国内资金来源，促进经济发展。

第三节　当代西方金融创新理论的新发展

20 世纪 90 年代以来，金融创新理论的研究更加深入细致，主要是从不同角度对金融创新的微观运行机制和经济效应等方面进行了研究。对金融创新经济效应的分析主要从宏观、微观两个层面进行。

一、金融创新的微观运行机制

金融创新微观运行机制的研究主要是从证券设计和一般均衡角度进行的，并对金融创新的采用和扩散机制进行了分析。

（一）金融创新证券设计模型

金融创新证券设计模型一般假设证券是由交易所或风险厌恶的企业家引入的，以使其特定的效用函数最大化。如果预期效用减少比较大，交易所就不会创新出新合约。在由交易所进行的证券创新情形下，一般假设交易所创新出新合约是为了使交易费收入最大化。此类模型通常都假设一个单一的商品经济，具有不确定性、不对称信息、可变的金融结构和恒久的绝对风险厌恶。

瑞（Rahi，1995）的模型分析了资产在配置风险和传递私人信息方面的作用，建立了具体的最优性标准用于评估由容量最大化的期货交易所进行的创新。在这一模型中，期货合约被当做生产者的对冲工具以及风险降低工具，期货价格通过反映私人拥有的关于生产收益的信息而指导投资决策。通过给定最优标准，利用一定的条件，他得出了两个结论：一是创新一种单项合约的期货交易所的最优选择是对冲有效的和信息有效的；二是由若干互相竞争的交易所决定的市场结构是信息有效的。

哈罗（Hara，1995）的模型假设由设计者唯一创造资产并收取佣金费用，其目标函数是佣金收入最大化。设计者能够创造任何数量的资产，但资产总数是外生决定的。他的研究表明，当设计者能够至多创造两种资产时，佣金收入最大化者总是存在的；如果设计者能够创造两种以上的资产，佣金收入最大化者就不存在。

欧塞（Ohash，1995）建立了期货交易所进行合约创新的模型。模型中交易所能够无成本地创造多达给定数量的合约，其目标函数是预期合约交易量最大化。模型中合约数量是外生决定的，其上限可以大到足以实现帕累托最优的风险分担。而合约数量上限的存在主要取决于投资者所拥有信息的性质。如果投资者拥有对称的信息，交易所就创造尽可能多的合约，从而能够因无法对冲的风险获得额外的交易，增加预期交易量。在不对称信息的情形下，即使创新是无成本的，交易所愿意创造的合约数量仍有内生决定的上限。创新一项新合约在获得额外流动性和对冲交易的同时也在传递信息，所传递的信息使投资者的信息成为对称的，从而由于差别信息减少对现有合约的需求或交易量。[①]

（二）金融创新一般均衡模型

金融创新的一般均衡模型主要研究创新新型证券的机会和激励，一般假设由投资银行作为一种新型衍生证券的中介或通过其承销业务进行创新。模型多以创新者使其新发行销售收入的效用最大作为假设条件。

帕森道夫（Pesendorfer，1995）认为推动金融创新的因素主要有两个：一是对风险分担、风险集中、套期保值、当前不可得到的财富的跨期或空间转移机会的需求；二是降低交易成本。金融中介体可以通过购入一种证券组合，再根据该组合的收益发行一种金融产品集来实现上述两个目的。在他建立的均衡模型中，所有的消费者均使其效用最大化、中介体最优化且市场出清。在他的两期模型中，为了销售其创新，中介体作出两个最优化选择：一是在创新集合给定的情况下选择一个最优化的生产和营销方案；二是选择一个最优的创新集合。由于中介体销售创新是有营销成本的，因而所创造的工具将出现过剩。

陈（Chen，1995）建立了以旧证券作担保创造新证券的金融中介体模型。在分解旧证券开辟新市场时，创新者发挥着重要的经济功能，如能使投资者以较低的成本进行消

---

①② 张波：《金融创新理论研究的新进展评析》，载《南开经济研究》，2002（1）。

费，使投资者能够实现更好的风险分担。他的研究表明，即使在引入尚未发行的过剩证券时，创新者也可能发挥这些功能，即这些创新并未改变可得到的金融工具的范围，但能使交易者以更低的成本进行所期望的交易。①

（三）金融创新的采用和扩散理论

近年来，国外一些学者运用产业经济中创新的理论分析研究金融业中创新的采用和扩散。有代表性的是菲利普·莫利纽克斯（Philip Molyneux）提出的理性预期假说（Rational Efficiency Hypothesis）和尼达尔·夏洛克（Nidal Shamroukh，1999）提出的群体压力假说（Bandwagon Hypothesis），解释银行由于内部影响而采用或拒绝一项创新的原因。其基本理论是：由于某种或某些外生因素的初始刺激，特定群体的银行需要创新。在没有战略性和竞争性因素的情况下，该群体会采用创新，采用的时机由银行特定的特征决定，该群体之外的银行则不采用创新。而当战略性和竞争性因素出现时，采用创新的银行数量会受到影响，要么一部分受初始刺激因素影响的银行由于这些战略性和竞争性因素拒绝创新，要么这些因素会导致众多初始群体外的银行采用创新。在银行对创新合意性的评价给定的情况下，一个或多个银行采用创新会使其他银行或多或少地期望采用。

理性预期假说认为，早期未采用创新的公司，由于公司经营环境的变化可能导致预期采用成本下降或预期收益上升，从而改变公司对创新盈利性的评价，促使公司采用创新。早期采用者具有先行者优势，后进入者要进行有效的竞争就不得不增加支出，从而会增加采用的预期成本，阻碍后来者创新。

群体压力假说认为，一个机构采用或拒绝创新不是取决于他们对创新收益和效率的单个评价，而是取决于已采用此项创新的公司的净数目所造成的群体压力。群体压力有两类：制度性群体压力和竞争性群体压力。前者是指机构采用创新的压力来自于失去合法性及股东支持的压力。采用创新的公司数目的增加，使未采用创新的公司在其股东看来是极不正常、极不合理的，未采用创新的公司由于担心名誉受损和失去股东支持而采用创新。而竞争性群体压力则是指机构采用创新的压力来自于失去竞争优势的威胁。在此情形下，公司并没有充分评估关于创新盈利性的信息，只是担心延迟采用会对其当前和未来的市场份额造成不可挽回的损失。公司受到竞争性群体压力而采用创新是为了避免处于非常不利的竞争态势。竞争性群体压力导致的创新采用，更适合于具有较大的先行者优势及相对小的采用成本的创新。②

二、金融创新的经济效应

对金融创新经济效应的研究，主要是从宏观和微观两个层面进行的。西方学者对此有较多的论述且观点各不相同。

（一）金融创新的微观经济效应

金融创新的微观经济效应主要分析金融创新对微观经济变量的影响。学者们主要研究了金融创新的财富效应以及风险套利功能等。

---

① ② 张波：《金融创新理论研究的新进展评析》，载《南开经济研究》，2002（1）。

凯斯和塞达纳（1998）分析了在不完全信息市场上金融创新的财富效应。在由生产函数和效应函数构成的标准的、纯交换的经济中，假定市场不完善的程度比家庭异质的程度要大。为了将家庭的异质性降低到可管理的程度，设计了一个非常简单的非参数程序，使我们限制市场不完善更加合意。在这个模型中，存在一组资产的引进能使每一个家庭都变好，与其相对应也存在一组资产使每个家庭都变差。

道（1998）重点分析了金融创新的风险套期功能。他考察了在一个需要套期的缺乏信息的交易者与拥有信息的交易者之间相互作用的标准框架中，引进一种新证券的成本与收益。他认为，即使新证券的交易处于均衡时，开放一个新市场也可能使每个人都受损。他进一步强调，在套期保值与投机之间的跨市场联系，风险规避者能够用新市场来套期他们过去存在的证券头寸，这会影响旧市场的流动性，这种套期机会的运用将影响资源的流向。[①]

（二）金融创新的宏观经济效应

金融创新的宏观经济效应主要分析金融创新对宏观经济变量的影响，侧重探讨金融创新对货币需求函数、金融系统演进的影响等。

爱兰德（Ireland，1995）认为金融创新对货币需求有稳定作用，建立了加入金融创新的货币需求理论模型，把对金融创新的研究从实证研究转向一个熟悉的均衡货币需求模型，这有助于建立货币需求的实证研究与理论研究的相关性，也有助于建立理论研究与实证研究的相关性。阿罗（Arrau，1995）认为传统的货币需求函数经常被难以置信的参数估计和很高的自相关所困扰的原因是无法对金融创新的冲击进行解释。他运用金融创新的多个替代变量估计了 10 个发展中国家的货币需求，并对这些变量的相对重要性进行了估计，发现金融创新在决定货币需求总量及波动性中起着重要作用，并且这种作用随通货膨胀率的提高而增强。格莱农和莱尼（Glennon & Lane，1996）分析了在美国银行管制中的两个重要创新对货币需求 M_1 的影响。第一个是对可核查的活期存款账户可支付利息；第二个是允许这些账户的利率由市场决定。实证研究表明金融创新对货币需求存在较大的冲击。

布特和塞克（Boot & Thakor，1995）研究了金融创新对金融系统演进的影响。他们在对公司的投资机会、可观察到的特征和商业银行、投资银行与金融市场的角色进行假定后，分析了借款者筹集资金在银行与金融市场之间的选择、商业银行审查能力的选择以及投资银行是否进行某种金融创新的选择，得出全能银行制度下的金融创新明显低于商业银行与投资银行分离制度下的金融创新的结论。这个结论对金融系统的演化有一系列的政策含义。

---

①② 王仁祥、喻平：《金融创新理论研究综述》，载《经济学动态》，2004（5）。

第四节 对当代西方金融创新理论的简要评价

当代西方金融创新理论主要是自 20 世纪 70 年代以来，西方学者从不同角度对金融创新进行的探讨与分析。这些理论主要就金融创新发生的动因、金融与经济发展的关系以及金融创新的运行机制与经济效应等方面进行了阐述，具有重要的理论价值与实践意义。当然，也存在一些不足与缺陷之处。下面分别对这些理论进行简要的评述。

一、对金融创新动因理论的评价

20 世纪七八十年代形成的金融创新理论，就某个阶段或领域的金融创新而言，在一定的时间和空间内有其合理性。但这些理论的研究侧重于动因分析，对金融创新的效应研究不足。而且各理论均从不同侧面进行分析，没有综合考虑多种因素，如没有把宏观、微观因素以及其他因素结合起来，具有一定的片面性。而事实上，金融创新在其发展的各个阶段中，受许多因素的影响，而且各因素之间又是相互作用、交替影响的。著名学者万豪曾总结了推动金融创新的六种变化：（1）通货膨胀率和利率变动；（2）管制变化和规避管制；（3）税收变化；（4）技术进步；（5）经济活动水平；（6）学术研究。他指出对于产品创新，关键的是通货膨胀率和利率变动，而对于过程创新，关键的是技术进步（Van Horne，1985）。[①] 下面分别对各种理论的不足之处进行分析。

财富效应理论其实是从金融需求的角度探讨金融创新的成因，有一定的片面性。首先，单纯从金融资产的需求角度来分析金融创新的成因，需要一定的条件，即金融管制的放松，否则就会严重抑制需求产生的金融创新。其次，该理论单从需求角度研究金融创新，忽视了供给因素，事实上，只有需求而缺乏供给动力的金融创新是难以推广和持久的。特征需求理论和需求推动理论也仅从需求方面出发，忽视了供给对金融创新的推动作用。

技术推进理论强调科技进步，但是进行实证研究的资料过于具体，仅限于自动提款机，对电子计算机和电子通信设备的技术革新与金融创新的相关性研究未能取得充分的证据，因而他们提出的技术创新理论是局部的，不具有一般代表性，而且该理论也无法解释许多政府放松管制而出现的金融创新。

交易成本理论将金融创新的成因完全归结为金融微观经济结构变化引起的交易成本下降，是有一定局限性的。因为它忽视了竞争和外部经济环境变化等因素对降低交易成本的作用。而且关于交易成本如何界定，理论界还存在意见分歧，一种观点认为交易成本是买卖金融资产的直接费用，包括各方面转移金融资产所有权的成本、经纪人佣金以及借入和支出的非利率成本（即机会成本）；另一种观点认为交易成本应主要考虑投资风险、资产的预期净收益、投资者的收入和财产、货币替代的供给等。简而言之，交易成本型的金融创新理论单纯地以交易成本下降来解释金融创新的成因，把问题的内部属

---

① 洪伟力：《西方理论与中国金融创新的评价》，载《世界经济文汇》，1997（4）。

性看得过于简单。但从总体上讲，它仍不失为一种研究金融创新成因的有效分析方法。

西尔柏的约束诱导理论对于从供给角度研究金融创新的成因具有重大理论意义，但它过于一般化和特殊化。一般化是指该理论虽然本质上指出了金融企业创新就是为了使利润最大化，而且是一种"逆境创新"。但这样解释金融创新的成因失去了金融创新的待征和个性，即金融创新的内涵通过这种"逆境创新"相对缩小了。特殊化是因为这种理论仅仅适用于金融企业，而对于其他与之相关联的市场及其他企业不适用，对于由于宏观经济环境变化而引发的金融创新也不适用。事实上，金融创新并非金融的孤立行为。确切地说，金融创新是经济活动在金融领域内各种要素重新组织的反映。

凯恩的规避管制理论在某种程度上可以说是约束诱导理论和制度创新理论的综合。该理论一方面同意约束诱导理论的观点，认为政府对金融企业的种种限制和管制实际上等于隐含的税收，金融企业进行种种创新是为了规避这些管制。另一方面也赞同制度创新理论的说法，认为政府当局在金融创新足以阻碍货币政策或危害金融稳定时会作出反应，加强管制，金融企业的创新行为和这种管制之间的对抗构成金融创新的动因，但是凯恩的规避理论比西尔柏的理论涵盖的内容更广泛，更重视外部环境对金融创新的影响。他不仅考虑了市场创新的起因，而且还研究了制度创新过程以及二者的动态过程，把市场创新和制度创新看做是相对独立的经济力量与政治力量不断斗争的过程和结果。但规避理论似乎太绝对和抽象化地把规避和创新逻辑地联系在一起，与现实有一定的差距，主要表现为凯恩内心设想的制度创新总是向管制型发展，而现实却是制度创新一直主要向以自由放任为基调的市场创新退让。

制度改革理论的特点在于抓住制度创新这一关键因素来探讨金融创新的成因，这是上述各理论流派所忽略的。众所周知，制度学派的一个优势在于它把成本—效益方式引入制度变革过程的分析，开创了一种新的经济分析方法，并显示出比其他分析方法具有更强的说服力。当然，建立新的金融制度本身就是一种创新行为的观点是值得商榷的。因为在多数情况下，金融管制是金融创新的阻力和障碍，因此必须严格区分"金融压制"和"金融深化"两个概念。作为金融压制的规章制度无疑是金融创新的对象。

二、对金融发展理论的评价

金融发展理论主要是关于金融发展如何作用于经济发展的理论，有代表性的是戈德史密斯的金融结构理论、肖的金融深化理论和麦金农的金融抑制理论。这些理论全面分析了发展中国家货币金融制度的特征，探讨了金融发展与经济发展的关系，无论对理论研究还是政策实践都具有重要意义。当然，这些理论也存在许多不足之处，在一定程度上影响了金融发展理论的准确性和实用性。

（一）对戈德史密斯的金融结构理论的评价

戈德史密斯的金融结构理论首次运用比较分析的方法研究金融发展问题，是比较经济学在金融领域的具体运用。戈德史密斯对 35 个国家近百余年的金融发展史以及金融结构现状进行了比较研究，通过比较和实证相结合的方法，分析了金融活动内部及其与经济活动间的数量关系，找出了各国金融结构与经济发展的基本规律。戈德史密斯对经济学的杰出贡献在于，他首创了金融结构和金融发展理论，创建了衡量一国金融发展水平的数量指标——金融相关率。金融相关率已成为经济学界和许多国家普遍采用的衡量一国金融深化程度的重要指标，可以较为全面、准确地反映一国金融市场化水平，衡量一国金融与经济的相关程度。戈德史密斯从理论上研究了金融结构、金融发展对经济增长的影响，认为金融上层结构加速了经济增长，改善了经济运行。因而，应当重视金融发展对经济发展的促进作用，充分发挥金融发展对经济增长的引致效应。当然，戈德史密斯的理论仍有不足之处，如他只是提出了金融发展的一些预测性要点，并没有建立起基本理论体系，也缺乏对金融发展的政策性建议。尤其是戈德史密斯对计划经济国家的金融发展水平估计得过低。他认为，计划经济国家的金融发展十分落后，金融体系的作用只是行政分配商品、劳动力的补充，而不是资源分配中的一个独立要素。这种观点当然是十分偏颇的。

（二）对肖的金融深化理论的评价

肖对经济学的最大贡献在于，他首先提出了金融深化理论。《经济发展中的金融深化》一书的译者对该理论的评价是：首先，强调了金融体制和金融政策在经济发展中的核心地位，在经济和金融领域中第一次把金融业和经济发展紧密地结合起来，克服了传统经济发展理论对金融部门的忽视，比较详细地分析了金融部门对经济发展的各种影响，把金融发展摆在了经济发展战略中的重要位置。其次，批判了传统的经济理论，如新古典学派和凯恩斯学派关于货币与实物资本是相互竞争的替代品的假定，认为这不适合于落后经济。在落后经济中，货币与实物资本在很大程度上是互补品。他还批判了一些落后经济中盛行的结构性通货膨胀理论，认为在经济发展和结构演变中，通货膨胀是可以避免的，金融体系和实际经济完全可以在物价稳定的环境中同步发展。在政策主张上，这种理论既不同于凯恩斯的低利率刺激投资的政策，也不赞同货币学派过分倚重控制货币发行的做法，而是主张通过金融自由化和提高利率，在增加货币需求的同时，扩大投资规模，优化投资分配，从而保持经济稳定、持续增长。除此之外，还提出了财政、外贸政策配套改革的一系列建议，要求尽量减少人为干预，发挥市场的调节作用，这对发展中国家的经济改革具有重要的参考价值。最后，肖还剖析了依赖外资和外援的危害性。过分依赖外资和外援会削弱本国的经济基础，加剧本国经济扭曲，带来周期性的经济波动。在此基础上，提出了经济自主发展的主张，认为落后经济只要进行金融改革，则完全可以在本国资金市场上筹集到所需的资金。目前，一些发展中国家严重的外债问题也说明这一理论确实有其独特之处和合理的一面。金融深化理论也有其缺陷和不足之处。金融深化理论以主观的边际效用价值论和供求均衡论为基础，以供求关系的变化说明利率的形成，从而没有触及决定利率的真实基础。此外，它过分强调金融体系的作用，对发展中国家的经济结构问题考虑不足，同时，对金融自由化和经济自主发展等政策估计过高，忽视了发展中国家特殊的经济和社会环境。就债务中介观而言，它认为货币只是一种债务，而不是一种财富，从而完全否认货币与实物资本的替代关系。这似乎也有些过分，但这些并不会掩盖其对经济发展理论和实践的重大影响，事实上，这一理论本身也正在得到完善和发展。

我们认为，肖的金融深化理论是以金融深化战略为核心的崭新的金融发展理论。该理论将经济发展理论和货币金融理论融合起来，探讨了金融与经济发展的密切关系，肯定了金融发展对经济发展的重要推动作用。特别是针对发展中国家特定的经济和金融环境，解释了金融制度不健全是发展中国家经济落后的重要原因。肖比较全面地分析了金融深化的特征、目标和作用，剖析了金融抑制的起源和背景，并揭示了金融抑制的手段和后果。肖认为，金融部门与经济发展密切相关，深度金融促进经济发展，浅度金融抑制经济发展。与此同时，肖还分析了落后经济的特点，指出了金融抑制的根源。他认为，落后经济的金融业处于抑制状态，新古典学派和凯恩斯主义的货币财富理论不适合于落后经济的实际，而债务中介理论更适合于落后经济的情形。肖还论证了推行金融深化战略将有利于本国经济的发展，应当减少对金融行业的干预，让其自由发展。针对落后经济中存在的金融抑制状况，肖还提出了一系列金融改革的政策主张和建议。毋庸置疑，肖的金融深化理论在现代金融理论发展史上具有极其重要的地位，对指导发展中国家的金融实践具有重大而深远的意义。

（三）对麦金农的金融抑制理论的评价

麦金农的金融抑制理论和肖的金融深化理论是相辅相成的，两者互相影响、互为补充。首先，麦金农分析了落后经济中存在的金融抑制现象，需要进行金融自由化的改革。而且，麦金农打破了经济学家们以真实变量研究经济发展的传统，较早地引入了经济发展中的金融因素，并且指出金融自由化改革必须同其他改革相配套。这两点非常重要。其次，麦金农的金融抑制理论反对把针对现代发达国家的经济理论照搬到发展中国家来，而力图立足于后一类国家的国情来创立新的理论并由此产生新的主张。该书所提出的货币与实物资产互补的理论，与当代西方经济学界普遍公认的替代理论正好相反，它所主张的高利率诱发储蓄与投资的政策，也与现代凯恩斯主义者鼓吹的低利率政策迥然不同。最后，麦金农对挖掘发展中国家内部的资金潜力抱有较乐观的态度，主张这些国家应努力"自助"，而避免过分地长期依赖外国资金，这个观点是十分正确的。而且在发展中国家的"割裂"性经济结构里，资本报酬率在不同部门、不同地区和不同规模企业之间，存在着社会差异。麦金农认为，经济发展就是要消除这种生产力的差异，以提高资本的平均报酬率，因此，他反对把经济发展视为生产力均等的同质资本的积累。这个观点暗含的意义是，发展中国家应多注意中小企业的改造和提高，而不能只重视现代化大企业。这样的发展战略也是比较合理的。但是，麦金农的金融抑制理论也存在过分强调自我融资、高估储蓄的利率弹性、扩大货币外延和夸大发展中国家的投资机会等不足之处。[①]

三、对金融创新理论新发展的评价

20世纪90年代以来形成的金融创新理论，主要就金融创新的微观运行机制以及经济效应进行了分析。这一时期形成的金融创新理论和以往的金融创新理论不同，归纳起来主要有以下几个方面：首先，以往的金融创新理论主要从宏观角度进行分析，忽略了对金融创新微观层面的分析。而90年代以来的金融创新理论更注重于从微观层面和技

---

① 杨有振：《金融创新与深化》，北京，企业管理出版社，1997。

术层面进行分析。其次，以往的金融创新理论分析笼统、单一，没有把多种因素综合起来进行充分细致考虑，而 90 年代以来的金融创新理论分析问题更加全面深入。最后，以往的金融创新理论着重于对金融创新现象的解释，现实可操作性不强。而 90 年代以来的金融创新理论建立了具体的金融创新模型并进行了大量实证研究，具有很强的现实操作性。总之，和以往的金融创新理论相比，90 年代以来的金融创新理论更趋完善，但也存在不足之处，如模型的假设条件过于严格，在一定程度上影响了模型的可操作性和理论的准确性。

随着中国对外开放进程的逐步推进，金融业全面开放已是大势所趋。外国金融机构凭借其先进的金融技术、丰富的金融产品势必会对我国金融市场产生巨大的冲击，我国金融业的竞争将空前激烈。为此，国内金融机构必须大力开发新的、更能适应市场需求的金融工具和技术，方能在激烈的市场竞争中立于不败之地。因此，对于金融创新理论的进一步研究具有重大的理论与现实意义。

参 考 文 献

[1] 陈岱孙、厉以宁：《国际金融学说史》，北京，中国金融出版社，1991。

[2] 约瑟夫·熊彼特：《经济发展理论——对于利润、资本、信贷、利息和经济周期的考察》，中文版，北京，商务印书馆，1990。

[3] 雷蒙德·W. 戈德史密斯：《金融结构与金融发展》，中文版，上海，上海三联书店，1990。

[4] 爱德华·S. 肖：《经济发展中的金融深化》，中文版，上海，上海三联书店，1988。

[5] 罗纳德·I. 麦金农：《经济发展中的货币与资本》，中文版，上海，上海三联书店，1988。

[6] 陈野华：《西方货币金融学说的新发展》，成都，西南财经大学出版社，2001。

[7] 朱淑珍：《金融创新与金融风险——发展中的两难》，上海，复旦大学出版社，2002。

[8] 王爱俭：《金融创新与虚拟经济》，北京，中国金融出版社，2003。

[9] 王广谦：《20 世纪西方货币金融理论研究：进展与述评》，北京，经济科学出版社，2003。

[10] 杨有振：《金融创新与深化》，北京，企业管理出版社，1997。

[11] 李健：《金融创新与发展》，北京，中国经济出版社，1998。

[12] 王淑敏、申瑞涛、杨小敏：《金融深化创新论》，北京，中国金融出版社，2003。

[13] 徐进前：《金融创新》，北京，中国金融出版社，2003。

[14] 汪澄清：《金融创新论》，北京，经济科学出版社，2003。

[15] 洪伟力：《西方理论与中国金融创新的评价》，载《世界经济文汇》，1997（4）。

[16] 张波：《金融创新理论研究的新进展评析》，载《南开经济研究》，2002（1）。

[17] 都江源：《金融创新的导因及相关理论述评》，载《经济学动态》，1996（10）。

[18] 王仁祥、喻平：《金融创新理论研究综述》，载《经济学动态》，2004（5）。

第十四章

国际金融危机理论

国际金融危机理论在整个国际金融理论体系中占有重要的地位，它之所以受到学术界的普遍关注，至少有三个原因：一是现代金融危机理论建立在信息经济学、制度经济学等一系列新兴经济学理论的基础上，属于经济学的前沿；二是当代金融创新尤其是金融交易技术和制度创新，对各国的金融结构制度安排构成了很大的冲击，从而对金融危机理论提出了更高的要求；三是经济金融全球化背景下的金融稳定，是全球金融发展中的一个关键性问题，尤其是对处于金融改革攻坚阶段的中国来说，显得更加重要。

第一节　金融危机的概念及其理论演进

早在1929—1933年大危机后，西方学者对金融危机进行了理论研究，早期的费雪、凯恩斯等主要从经济周期运动发展的角度解释金融危机。随着20世纪70年代布雷顿森林体系的崩溃，有关金融危机的研究逐步成为国际经济、金融学领域的一个重要课题。尤其是90年代以来，全球范围的银行危机、债务危机时有发生，使得有关货币危机的理论探讨已经达到了比较系统的程度。随着世界多极化和经济金融全球化进程的加快，信息技术使国际金融以前所未有的深度和广度向前发展，国际资本流动更加快速，短期资本在股市、汇市都异常活跃，金融衍生工具不断推陈出新。这些变化既为投资者提供了更广泛的投资机会，为各国经济发展提供了更优越的外部条件，同时也给世界经济和国际金融领域带来了新的不稳定因素。

一、金融危机的界定及其分类

（一）金融危机的界定

自20世纪80年代以来，世界经济表现出一些显著的新特征，一个重要的表现就是经济危机的形式出现了显著的变化——金融危机正成为经济危机的主要形式。这表现在以下几个方面：首先，金融危机日益频繁，而传统的工商业危机发生的频率相应降低了。例如，从20世纪70年代至今，世界银行有案可查的系统银行危机就有69例，平均每年发生2起。其次，金融危机对社会经济的影响越来越大。金融危机不仅给当事国带来巨大的经济损失，通常为年均 GDP 的10%～20%，而且经济收缩的时间大大延长，平均超过 4 年。金融危机不仅局限于一国，而且也会传染到其他国家造成国际性的经济衰退。20 世纪八九十年代就有 93 个国家遭受过系统银行危机的冲击。这个时期是金融深化，特别是金融创新迅速发展的时期，但也是货币金融危机频频发生的时期，许多学者开始思考整个世界金融体系是否存在深刻危机。

乔纳森·坦博姆和林顿·拉鲁什曾预言，由于当前金融发展与实质经济存在脱节，金融资产及其交易量远远超过实物资产及其交易量，世界金融体系面临着崩溃的可能。坦博姆称此情形为摇摇欲坠的"金融倒金字塔"。阿莱（Maurice Allais）把近来世界金融体系的发展趋势说成是"发疯"。他认为世界经济已成为一个大赌场，在此赌场中，每日金融交易与实际物品贸易有关的不足 2%。大量纯粹虚拟的金融资产近来无控制地增长，已形成全球金融崩溃的条件。另因巨额国际游资的存在，金融资产的流动性大为增强，金融资产价格的波动很大。金融业在金融自由化和金融创新力量的推动下，呈现出一种自我膨胀、自我运行、自我实现的发展倾向。

雷蒙德·戈德史密斯（Raymond Goldsmith，1997）认为，金融危机是指所有或绝大部分金融指标急剧的、短暂的、超周期的恶化，这些指标包括短期利率、资产（股票、房地产）价格、厂商的偿债能力以及金融机构的破产等，他还特别将外汇短缺排除在金融危机的必要特征之外，而这显然与发生在国际经济金融一体化趋势不断加强背景下的历次金融危机不相符合。① 另一位货币主义经济学家米切尔·鲍度则是以预期的改变、担心金融机构丧失偿债能力、企图将真实资产或非流动性资产转换成货币等 10 项关键要素来定义金融危机的。②

哈佛大学教授杰弗里·萨克斯认为，新兴市场经济的金融危机不外乎三种形式，即财政危机、汇兑危机和银行业危机；这些危机形式尽管在某些情况下可以被区分得非常清楚，但在现实中又往往以一种混合的形式出现，这是因为有关政府公债市场、外汇市场和银行资产市场的冲击或预期一般是同时发生的。③

按克罗凯特（Crockett）的定义，金融危机一般是指金融体系出现严重困难，绝大部分金融指标急剧恶化，各类金融资产价格暴跌，金融机构大量破产。而从信息经济学角度看，密希肯（Frederc Mlshkin）则认为，所谓金融危机就是一种逆向选择和道德风险问题变得太严重，以至于金融市场不能够有效地将资源导向那些拥有最高生产率的投资项目，而导致的金融市场崩溃。卡明斯基和雷恩哈特（Kaminsky & Reinhart，1996）认为，它是指由于信用基础破坏而导致的整个金融体系的动荡和混乱。④

国内学者也试图对金融危机加以概括，刘园和王达学（1999）认为，金融危机是指起始于一国或一个地区乃至整个国际金融市场或金融系统的动荡超出金融监管部门的控制能力，造成其金融制度混乱，进而对整个经济造成严重破坏的过程。王益和白钦先（2001）将其定义为：对整个金融体系造成严重影响与震动的金融现象。

---

① ② ③ 王广谦：《20 世纪西方货币金融理论研究：进展与述评》，北京，经济科学出版社，2003。
④ 唐旭：《金融理论前沿课题》（第二辑），北京，中国金融出版社，2003。

依据上述表述，可以将金融危机界定为，金融危机是指金融体系出现严重困难，表现为所有的或绝大部分金融指标的急剧恶化，各种金融资产价格暴跌，金融机构陷入严重困境并大量破产，从而对实质经济的运行产生极其不利的影响。

（二）金融危机种类的划分

依据概念的内涵和外延具有反相关关系的原理，通过辨析金融危机有限的外延可以更好地把握其内在含义，因此，划分并分析金融危机的类型在有关的金融危机研究中具有很大的重要性。

金融危机分为货币危机（Currency Crisis）、银行危机（Banking Crisis）、外债危机（Foreign Debt Crisis）、系统性金融危机（Systematic Financial Crisis）等类型。国际货币基金组织曾经在其 1998 年 5 月发表的《世界经济展望》中认为："金融危机可以大概分成几种类型，货币危机是指投机冲击导致一国货币大幅度贬值，抑或迫使该国金融当局为保卫本币而动用大量国际储备或急剧提高利率。银行业危机是指真实的或潜在的银行破产致使银行纷纷中止国内债务的清偿，抑或迫使政府提供大规模援助以阻止事态的发展，银行业危机极易扩散到整个金融体系。系统性金融危机是指金融市场出现严重的混乱局面，它削弱了市场有效性原则，会对实体经济产生极大的负面效应，一次系统性金融危机可能包括货币危机，但一次货币危机不一定陷入国内支付体系的严重混乱，也就不一定导致系统性金融危机的发生。最后，债务危机是指一国处于不能支付其外债利息的情形，无论这些债券是属于外国政府还是属于非居民个人。"[①] 由于金融业各部门间及与经济各部门间密切的债权债务联系，现代金融危机很难只表现为货币、银行或外债方面的部门危机，而通常会表现为系统性金融危机。

国际货币基金组织的研究显示，货币危机在 1975—1986 年相对盛行，银行业危机在 1987—1997 年更加盛行；银行业危机在时间上要先于货币危机，这说明导致银行业危机的原因具有连续性；新兴国家货币危机的发生率是工业化国家的 2 倍，银行业危机的发生率是工业化国家的 3 倍。金融危机的代价非常高，一国财政和准财政花费在重建金融业方面的资金，主要是用于金融市场功能不能发挥的地方。此外，银行业危机和货币危机还能导致资源配置和利用失误，从而导致真实产出的减少。银行业危机比货币危机更持久、代价更大。因此，金融危机的发生及其传导机制成为西方理论学界探讨的热点之一，许多经济学家从不同角度研究了危机的发生及传染，金融危机理论也应运而生。

二、现代金融危机理论研究的起点

20 世纪 30 年代全球经济危机的出现成为现代金融危机理论研究的起点。

在西方经济学家们提出有关金融危机的理论之前，马克思就曾提出信用危机和货币危机产生原因的相关论述。1933 年，欧文·费雪（Fisher）面对全球经济大萧条提出了"债务—通货紧缩"理论。其核心思想是：当经济不景气时，就没有足够的"头寸"去清偿债务，引起连锁反应，导致货币紧缩。明斯基在对股市急剧下跌引起累积性的"债

---

① IMF, *World Economics Outlook*, May, 1998.

务—通货紧缩"的研究中，发现股市下跌引起的收入下降与利率上升所引起的偿债困难有同样的效果，于是在一定程度上发展了费雪的"债务—通货紧缩"理论。此外，具有代表性的债务危机理论还包括列宁的帝国主义理论和苏特（Christian Suter）等人从经济周期的角度提出的国际债务危机理论。苏特认为全球债务周期可以分为三个阶段：第一阶段是中心国家资本向国外投资，边缘国家外债增多，这是国际借贷扩张阶段；第二阶段是外债的大量积累导致债务国的偿债负担加重并逐渐失去偿债能力，最终爆发债务危机；第三阶段是债权国、债务国间就债务清理问题进行谈判并达成协议，边缘、半边缘债务国因而得以继续从国际市场上融资，但不良的偿债记录限制了这种融资的规模，直至新周期第一阶段即贷款繁荣阶段的来临。

三、货币主义学派的银行危机理论

20 世纪 70 年代货币主义学派从银行危机理论角度对 30 年代危机所做的诠释，成为金融危机理论的组成部分。货币政策失误导致银行业危机的理论是由美国著名的货币主义者米尔顿·弗里德曼提出来的。美国货币主义者米尔顿·弗里德曼（Milton Friedman）和安娜·施瓦茨（Ann Schwartz）认为：金融危机会产生货币紧缩效应，加剧银行恐慌，表现为短期内对货币的需求过于强烈，以致不能使所有各方的需求同时得到满足。如果货币供给不紧缩，就不大可能出现金融体系动荡，至少这种动荡也不会太严重。后来施瓦茨进一步把金融危机分为"真实的"和"虚假的"两类，真实的金融危机实际上就是银行业恐慌。货币学派的布拉纳尔和梅尔泽尔（Brunner & Meltzer）提出了货币存量增速导致银行业危机的理论，强调货币存量增速与这种增速的易变性在金融危机形成过程中的作用，并且认为危机的重要性在于对货币增长的巨大影响。戴蒙德和迪布维格（Diamond & Dybvig，1983）提出了银行挤兑（Bank Run）理论。诺贝尔经济学奖得主托宾于 1981 年又提出了银行体系在金融危机中起着关键作用的相关理论。

四、金融体系脆弱性理论

海曼·明斯基（Hyman P. Minsky）是当代研究金融危机的权威，他把美国经济学家凡勃伦所提出的金融体系内在脆弱性理论系统化，于 1963 年提出了"金融体系不稳定假说"。明斯基认为：以商业银行为代表的信用创造机构和借款人的相对特征使金融体系具有天然的内在不稳定性。他将借款人分为"抵补性借款人"、"投机性借款人"、"蓬齐借款人"三类，经济扩张时期，贷款人的贷款调节越来越宽松，银行不断增加贷款的发放量，创造新的财富。在扩张的高峰，厂商的债务与其本身资产净值之比上升，逐渐从"抵补性借款人"向"投机性借款人"甚至"蓬齐借款人"转变。这是金融崩溃的微观基础，而这种所谓的市场换位，如果说第一步换位是投资者自主选择的话，第二步换位则多为被动的。当某些市场主体因经营不善而倒闭的时候，市场开始由忧虑变成全面的恐慌，局部的破产倒闭也就演变成了全局性的金融危机。克鲁格曼提出的"道德风险"理论认为，货币经济中存在两难困境：若不存在最后贷款人和存款保险，就无法避免金融体系的崩溃；而如果存在上述保护的话，又难免在金融机构与其客户间以及中央银行与其他金融机构之间，出现道德风险问题。金融体系脆弱性理论在20世纪60~80年代得到了发展并构成金融危机理论体系中独特的一部分。

五、货币危机理论的盛行

20世纪90年代多次区域性金融危机导致货币危机理论的盛行，并成为现今发展最快的理论。有关货币危机的理论在20世纪有了长足的发展，货币危机理论都是在单商品假定下展开的。第一代货币危机理论认为一国货币和汇率制度的崩溃是由于政府经济政策之间的冲突造成的；第二代货币危机理论认为，政府在固定汇率制上始终存在动机冲突，公众认识到政府的摇摆不定，若公众丧失信心，市场投机及羊群行为会使固定汇率制崩溃，政府保卫固定汇率制的代价会随着时间的延长而增大；第三代货币危机理论认为关键在于企业、脆弱的金融体系以及亲缘政治，这是东南亚货币危机之所以发生的原因所在。

第一代货币危机理论解释20世纪70年代末80年代初的"拉美"式货币危机最有说服力，对1998年以来俄罗斯与巴西由财政问题引发的货币波动同样适用。第一代货币危机理论表明，投机冲击和汇率崩溃是微观投资者在经济基本面和汇率制度间存在矛盾的情况下理性选择的结果，并非所谓的非道德行为，因而这类模型也被称为理性冲击模型（Ration Attack Model）。从该理论的模型分析中可以得出一些政策主张。例如，通过监测一国宏观经济的运行状况可以对货币危机进行预测，并在此基础上及时调整经济运行，避免货币危机的爆发或减轻其冲击强度。防止货币危机的有效方法是实施恰当的财政、货币政策，保持经济基本面健康运行，从而维持民众对固定汇率制的信心。否则，投机活动将迫使政府放弃固定汇率制，调整政策，市场由此起到"惩罚"先前错误决策的作用。从这个角度看，资本管制将扭曲市场信号，应该予以放弃。第二代货币危机理论应用于实践的最好例证是1992年英镑退出欧洲汇率机制的情况。奥伯斯特菲尔德1994年的模型可以成功地捕捉到1992—1993年欧洲的汇率机制危机的关键因素，特别是意大利的金融危机案例。第三代货币危机理论在对于东南亚金融危机的解释上，理论界存在着两种看法：一种观点认为这并非是新的危机，已有的货币危机理论已经足以解释；另一种观点则认为已有危机理论无法充分解释，并导致第三代货币危机理论的发展。事实上，这两种观点之间没有本质的分歧，各自从不同的侧重点回答这次危机是否是一次新的危机。前者强调原有两代货币危机理论的思路和方法仍适用于本次危机，特别是第二代货币危机理论中既强调了经济基本面变化在危机发生中的重要地位，又承认对多重均衡、自我实现式冲击的存在这一模型具有良好的解释力，与此同时，他们并不否认东南亚国家危机发生前的特征与历史上货币危机发生前的特征的差异。至于后者，他们更强调本次危机发生前的新表现，认为应寻找新的危机的形成和传导机制，用主流方法建立模型，但其建模的方法和对诸如自我实现、多重均衡等核心概念的认识与应用与已有的文献仍然是一致的。

这三代货币危机理论的发展表明，货币危机理论的发展取决于有关货币危机的实证研究的发展和其他相关领域研究工具或建立模型方法的引入与融合。这三代货币危机理论虽然从不同的角度回答了货币危机的发生、传导等问题，但是，关于这方面的研究还远不是三代货币危机理论所能解决的。例如，这三代货币危机理论对各种经济基本变量在货币危机积累、传导机制中的作用，对信息、新闻、政治等短期影响投资者交易心理预期因素的研究都显得有很大的欠缺；同时，这三代货币危机理论对于资本管制下货币危机爆发的可能性、传导渠道等均未涉及，其中第三代货币危机理论认为紧急资本管制是应付货币危机的手段之一。随后，很多学者又提出了很多危机模型修正意见和具体预警措施等。这一百多年的历史中，有关金融危机的主要理论在后面的几节中将重点阐述。

第二节　债务危机和银行危机的一般理论

在马克思提出国际信用危机理论后，尤其是 20 世纪 20 年代末、30 年代初世界性大危机的爆发，促使国际金融危机理论的研究得以发展。费雪的"债务—通货紧缩"论、苏特的国际债务危机论、货币学派的银行危机论盛行一时，也为今后金融危机理论的研究打下了坚实的基础，此时的国际金融危机理论呈现出债务危机论和银行危机论共同演进的特征。

一、马克思最早提出国际信用危机理论

马克思指出金融危机多半是经济危机的征兆。危机产生的根源是生产的社会化与资本主义私人占有制之间的矛盾。当这一矛盾尖锐到难以调和的地步时，就会以危机爆发的形式暂时强制性解决，使生产力受到巨大的破坏。他认为，信用、货币和金融不过是其中一个环节而已，整个危机似乎只表现为信用危机和货币危机，而事实上问题只是在于汇票能否兑换为货币。

首先，马克思从一国的范围，分析了黄金外流和信用危机的关系。马克思认为，一方面，黄金外流并不是信用危机发生的原因，而且也并不是每次贵金属外流都同信用危机结合在一起；不过，如果贵金属外流是在产业周期的紧迫时间发生的，就可能促使信用危机爆发。另一方面，在危机之前，虚假的繁荣是单靠信用维持的，因而对借贷资本有极强的需求，利息率至少提高到平均水平，同时，贵金属的不断大量输出却会发生，这种情况意味着借贷资本被不断地大量抽走，它必然直接影响利息率的进一步提高。但利息率的提高还不会限制信用的扩大，反而会发生过度信用膨胀，这正是危机来临的预兆。"如果说信用制度表现为生产过剩和商业过度投机的主要杠杆，那只是因为（按性质来说可以伸缩的再生产过程，在这里被强化到了极限）……信用加速了这种矛盾的暴力的爆炸，即危机。"[①]

马克思还认为，现实的全面危机总是在贵金属输入超过输出时爆发的，这已为多次

---

① 马克思：《资本论》，第三卷，中文版，498～499 页，北京，人民出版社，1975。

危机所证实，特别是 1847 年集中表现得最为明显。资本主义整个机体的这种过敏现象，正是信用制度和银行制度发展的必然结果。正是信用制度和银行制度的发展，一方面迫使所有货币资本为生产服务（也就是说，使所有货币收入转化为资本），另一方面又在周期的一定阶段，使金属准备减少到最低限度，使它不再能执行它应执行的职能。

当然，马克思并不否认独立金融货币危机的存在。他认为，信用是资本集聚和集中的有力杠杆，股份公司和银行把闲散的资金集中起来助长了单纯的投机性，在再生产过程的全部联系都是以信用为基础的生产制度中，只要信用突然停止，只有现金支付才有效，危机显然就会发生。在产业周期的危机阶段，信用主义转变为货币主义是必然的现象。而货币危机首先在于：一切资产同交换手段相比，突然贬值而丧失了胜过货币的能力。危机正是发生在人们已不能再用自己的资产而必须用货币支付的时候。这种危机又不是由于货币不足而发生的，而是由于作为普遍商品和通用的流通的财产的货币同一下子不能成为通用财产的所有其他特种商品之间的特殊差别表面化了。

马克思认为，国际信用是一切国家（少数例外）都有可能先后卷入危机，资本主义世界贸易和国际市场也是建立在信用制度基础上的。国际商业信用和资本信用，则在国际范围内造成虚假的需求和虚假的繁荣，促使一切国家都有可能过度进口和出口，从而发生生产过剩。总之，根据马克思的研究，不论在国内还是国际间，信用危机和货币危机都只是生产过剩的表现，而不是它的原因。信用只能加速或延缓危机，但不能把危机消灭。

二、债务危机理论在一定程度上解释了 1929—1933 年世界性危机发生的原因

（一）费雪的"债务—通货紧缩"理论及其发展

1933 年，欧文·费雪（Fisher）面对大萧条提出了"债务—通货紧缩"理论。这一理论的核心思想是：当经济不景气时，就没有足够的"头寸"去清偿债务，引起连锁反应，导致货币紧缩。费雪认为周期性的金融危机是因债务结构与资产市值不相匹配，而被迫出售资产并引起资产价格的降低的"债务—通货紧缩"过程的金融事件。在正常情况下，旧存款的清偿与新存款的增加应大体相当，存款货币量和货币流通速度不会有大的变动，但商业扩张和战争等外生因素可导致过分借贷。随着信贷量的增多，货币流通速度加快，推动股票、商品价格和利率上升，反过来促进借款的增加，形成存款债务增加和价格水平上升的恶性循环。整个"债务—通货紧缩"过程是这样的：在经济繁荣时期，物价和利润水平上升，即鼓励更多的投资，从而进一步鼓励借贷活动；当经济不景气时，借贷者为清偿债务需要将商品廉价销售，银行贷款的清偿减少存款货币量，商品廉价销售又使整个社会货币流通速度降低；根据货币数量假说，如不实行扩张性货币政策就会引起物价水平下降；进而使企业债务负担增加，企业资产净值以更大幅度下降，从而引起破产和利润水平下降，进一步造成产出、交易和就业水平下降；企业损失、破产和工人失业等现象又会造成人们产生悲观情绪并丧失信心，这会引起货币贮存量增加并进一步降低流通速度；以上过程会造成一国名义利率下降和真实（实际）利率上升，

这将又会加剧上述过程。这就形成了"债务—通货紧缩"的循环过程，各个环节相互强化，形成恶性循环。总之，债务—通货紧缩（Debt - Deflation），即欠得越多就变卖得越多，卖得越多越贬值，最终是"债务越还越多"，金融危机由此爆发。

按照费雪的理论，商品价格水平的下降是"债务—通货紧缩"过程中具有决定性意义的环节，而30年代后价格水平鲜有下降，因此需要修正费雪的理论以适应新的形势。学者们发现一些与价格下降具有相似影响的因素：实际通货膨胀率水平低于预期水平利润的降低和资产价格下降（如股市崩溃）以及利率水平的突然上升等，其中美国经济学者明斯基的研究具有代表性，他指出："如果债务是短期的，利率上升会增加当期债务支付量，而长期利率的上升会降低长期金融与资本资产的价值。"在债务形成之初，抵押金一般多于债务量，但利率的上升会侵蚀抵押金的价值，使抵押物的价值低于贷款。由于在过度负债下银行的流动性偏好增强，因此，他们不但不愿提供贷款以避免"债务—通货紧缩"的出现，反而可能提高利率，减少贷款并催收贷款，从而引发"债务—通货紧缩"并使这一过程不断恶化。由于股票和房地产等资产价格经常发生剧烈动荡，因此资产价格下降往往是导致"债务—通货紧缩"发生的重要原因。在对股市急剧下跌引起累积性的"债务—通货紧缩"过程的研究中，明斯基发现股市下跌引起的收入下降与利率上升所引起的偿债困难有同样的效果。股市价格下降会减少消费和投资，因为个人资产净值减少且新发行证券进行融资的成本增加。收入下降是否会引致"债务—通货紧缩"过程取决于经济主体的债务—收入比例、流动资产量和家庭净资产等初始的金融条件，因为它们决定了给定收入变动增加偿还债务困难的程度。股市崩溃所引起的净值下降不仅会引起收入下降，而且会使初始金融条件向不利的方向变动，因而可能出现"债务—通货紧缩"过程。明斯基注意到偿债资金有三个来源，"在资本主义经济中，偿债有三种基本的来源：利润与工资、借款与重新融资以及出售资产等三种。"厂商在偿还债务遇到困难时，"一旦不能得到足够的利润与工资，也不能借到足够的款，就只能靠变卖资产了，而这必然引起资产价格的下降。自由市场中，价格下降幅度之大可能导致出售资产并不能获得所需的资金（因资产需求的价格弹性很小），于是出现广泛的破产，并失去系统性的流动性。"关键是这些变动会增加债务人的偿债负担，把社会财富从债务人手中转移到债权人手中。这些变动不仅直接造成过度负债状态从而引发"债务—通货紧缩"过程，而且也是这一过程中的重要环节。托宾等认为，债务人的边际支出倾向大于债权人，因而财富的转移降低消费的总需求，使产出和就业水平下降，这进一步引起偿债困难，因为所出售的资产可能不足以偿还债务，使"债务—通货紧缩"过程不断恶化。

（二）列宁和苏特的国际债务危机理论

有关国际债务危机的各种理论中，最具代表性的理论是列宁的帝国主义理论和瑞士经济学家克里斯蒂安·苏特（Christian Suter）等人从经济周期的角度提出的国际债务危机理论。

列宁认为，资本流向经济不发达国家是因为在经济发达国家缺乏有利可图的投资机会，而低工资、土地和原材料的低价格保证了不发达地区投资的高收益。中心国家之所以缺乏有利可图的投资机会，是因为其国内市场受到限制（主要是因消费能力分布不均衡而导致市场过于狭小），不能吸收不断扩展的工业生产能力和不断积累的资本。因而资本向外扩张是垄断金融资本主义发展的途径和克服中心国家内部危机积累的一种方式。但导致危机的根源并没有消除，危机只是暂时被输出到边缘国家，而边缘国家的市场迟早也会因消费能力分布不均而饱和，危机还是要爆发出来，只不过其表现形式转变为国际债务危机，即边缘国家不能偿还其债务而已。

苏特（Suter）从经济周期的角度提出综合性的国际债务危机理论。他把与经济周期相关的全球债务周期分为三个阶段：（1）国际借贷扩张，中心国家资本向国外投资，边缘国家的外债增多；（2）外债的大量积累导致债务国偿债负担加重并逐渐失去偿债能力，最终爆发债务危机；（3）债权、债务国间就债务清理问题进行谈判并达成协议，边缘、半边缘债务国因而得以继续从国际市场上融资，但不良的偿债记录限制了这种融资的规模，直至新周期的第一阶段即贷款繁荣阶段的来临。但他并没有具体分析这三个阶段，而是借鉴了梅森（Mensch）的创新理论和费农（Vernon）的全球生产周期理论，根据梅森从技术创新的角度对康德拉季耶夫周期的诠释，从康氏周期的萧条、复苏、繁荣和衰退四个阶段分别分析国际债务的不同特点和危机的爆发。

首先，当出现有利可图的新商品生产部门和新制度与社会结构的基本创新时，新的周期就开始了，在这样的创新期内，先导部门为高度劳动力密集型，生产的标准化程度极低。由于中心国家具有最大的创新潜能和新产品的潜在市场，因而基本创新通常出现在经济最发达的国家，新的世界经济周期也发源于那里。其次，通过改进性创新（Improvement Innovation），新周期的先导产品逐渐趋于成熟，形成一定的技术标准，市场日益大众化，生产日益标准化。此时边缘地区主要通过贸易融入新周期，在生产中与新周期技术相应的制度结构的采纳也有利于它们逐步融入新周期。由于中心国家的利率仍较高，而边缘国家因缺乏人力资本和实物资本而缺乏创新潜力，基础设施的缺乏也不利于先导产品的生产，因此，生产仍主要集中于中心国家。但中心国家对原材料需求的上升会提高边缘国家主要出口商品的价格。再次，中心国家的创新潜能消退，消费市场也趋于饱和，产业投资的利润率下降。先导产业生产的标准化是边缘地区创新潜能不足和基础设施较差等不利因素不再存在，而市场潜力和低生产成本增强了其生产的吸引力，中心国家利润率的下降和边缘地区投资利润率的增长使资本以直接投资和对外贷款（包括政府债券和银行信贷）等形式流向边缘地区。最后，当某一周期特有的技术扩散到边缘地区后，中心的创新潜能已耗竭，世界经济开始陷于停滞，中心国家的经济停滞使世界需求下降，以前关于边缘国出口和外汇收入能力的预期有些过分乐观，实际出口收益相对于预期出口收益下降使边缘国家的债务负担加重。由于先导经济中外资的乘数效应较低和进口替代工业化需要高额进口和高外汇投资，边缘国家利用外资效益通常较低，因而越来越失去偿还债务的能力，最终必然导致全球债务危机的爆发。只有在这个时候，当所有的有利可图的机会都已消失时，中心国家的企业才开始投资于最初阶段不会有高利润率的基本创新活动，新的基本创新形成了新的周期。

三、货币学派从银行危机的角度发展了国际金融危机理论

(一)"货币政策失误"理论

货币政策失误导致银行业危机的理论是由美国著名的货币主义者米尔顿·弗里德曼提出来的。美国货币主义者米尔顿·弗里德曼和安娜·施瓦茨认为:金融危机会产生货币紧缩效应,加剧银行恐慌,表现为短期内对货币的需求过于强烈,以致不能使所有各方的需求同时得到满足。如果货币供给不紧缩,就不大可能出现金融体系动荡,至少这种动荡也不会太严重。弗里德曼在其名著《美国货币史(1867—1960)》中,通过对1929—1933年大危机中银行业恐慌的分析,认为导致金融动荡的根本原因是货币政策失误。弗里德曼认为,由于货币乘数相对稳定,货币需求是一个稳定的函数,而货币数量决定了物价和产出量。货币供给变动的原因在于货币政策,即金融动荡的根源在于货币政策,货币政策的失误可以使一些小规模的、局部的金融问题发展为剧烈的、全面的金融动荡。弗里德曼还认为,正是美联储在1929—1933年错误地执行了紧缩的货币政策使货币供应进一步减少,货币量的减少会降低产出、收入和就业水平,因而才导致了这场大危机。如果当年美联储不紧缩货币供给,就不大可能出现金融体系动荡,至少这种动荡也不会太严重。银行恐慌产生于一些突发性的事件,比如重要金融机构或非金融机构的破产,这些事件会引起储户对银行支付能力的怀疑并逐渐丧失对银行的信心。一旦储户因信心丧失而挤提,就会形成银行恐慌,进而对货币供给量产生巨大影响。挤提直接降低存款—通货比率,而银行出于防范和应付挤提而采取的增加准备金的行为会进一步降低这一比率,这意味着货币乘数的大幅降低,货币供应量因而大幅度减少。严重的银行恐慌会引起大批银行因失去流动性和偿付能力而倒闭破产,这必然使货币存量进一步减少,货币供应量的减少会降低产出、收入和就业水平,因而造成严重的实际损失。为此,他们提议由货币当局出面承担最后贷款人的责任,提供高能货币,从根本上缓解或避免银行业恐慌,避免经营稳健的银行大面积破产,因为流动性的提供可以避免银行资产价值的降低而使其陷入资不抵债的困境。后来施瓦茨进一步把金融危机分为"真实的"和"虚假的"两类。真实的金融危机实际上就是银行业恐慌,但她认为只要公众相信货币当局会担负起最后贷款人的责任,提供足够的高能货币,就可以避免银行业恐慌的产生,就不会出现"真实的"金融危机。1866年后的英国和1933年后的美国都没有出现过"真实的"金融危机,因为英格兰银行承担了最后贷款人的责任,而美国建立了存款保险制度以增强公众的信心。在她看来,被许多经济学者们称为金融危机的现象如通货紧缩、债务人与金融业的财务困难、证券与房地产等资产价格的陡然下跌、汇率贬值等都只是"虚假的"金融危机,因为这些都只是财富的下降,并不会出现银行业恐慌和因此而导致的货币供给的减少。中央银行无须干预这样的"金融危机",也不能干预,干预反而可能是有害的,至少可能导致经济效率的降低和经济资源的浪费。因为干预可能使应受惩罚的厂商和银行得到援助,或导致货币的过度供给增长而出现通货膨胀。

(二)"货币存量增速"理论

货币学派的布拉纳尔和梅尔泽尔(Brunner & Meltzer)提出货币存量增速导致银行

业危机的理论，强调货币存量增速与这种增速的易变性在金融危机形成过程中的作用，并且认为危机的重要性在于对货币增长的巨大影响。他们认为：一旦因中央银行对货币供给的控制不当而导致货币过分紧缩，即使在经济平稳运行时，也会引发金融危机。因为突发性大幅度的货币紧缩会迫使银行为维持足够的流动性而出售资产以保持所需的储备货币，资产价格因此而下降并导致利率的上升，这又增加了银行筹资成本，危及银行的偿付能力，存款人的信心也受到了打击。如果大批银行因失去流动性和偿付能力而倒闭破产，则必然使货币供应进一步减少，最终使金融机构的破产加速并迅速传播，金融危机就此爆发。因此银行危机被看成是由经济政策和银行结构所决定的内生事件，而非外生冲击的结果。但在外生因素的冲击下，若中央银行不进行抵消性行动，就会导致货币供求失衡，货币量下降，损害实质经济的运行与发展。

（三）"银行挤兑"理论

戴蒙德和迪布维格（Diamond & Dybvig，1983）提出了银行挤兑理论。该理论的基本思想是，银行作为一种金融中介机构，其基本的功能是将不具流动性资产转化为流动性资产，但正是这种功能本身使得银行容易遭受挤兑。银行是金融中介机构，其债务主要为短期存款，其资产通常是向企业和消费者发放的长、短期贷款。当资产价值低于其债务价值时，银行就失去了偿还能力，即当借款人没有能力或不愿意偿还债务时，银行资产价值就可能下跌（信贷风险）。如银行将全部贷款实行多样化组合也不可能完全预计到坏账风险的发生，特别是那些在较小国家或地区经营的银行，或专门贷款给特定部门的银行。因此，如一家银行的贷款损失超过了强制性准备金和自愿储备及其产权资本的安全余额，那么该银行就失去清偿能力了。如果某国大部分银行都遭受超越其资本的贷款损失，那么银行系统的危机就会发生。若银行存款未予保险，那么最终银行资产总体质量的恶化，可能引发挤兑风潮，因为这时存款者都要在银行宣布破产前争相提取资金。由于银行资产有典型的非流动性，挤兑存款就加速了其破产的发生。

另外，银行挤兑也可能是由人为因素自然产生的，也就是说，银行在没有显现资产负债表恶化端倪时，仅仅因为存款人认为其他存款人在提取资金，挤兑也可能发生。卡普林和莱希（Caplin & Leahy，1994）、基欧（Kehoe，1998）等认为，投资者在信息不完全或信息不对称情况下的预期会产生"羊群行为"。由于存在信息成本，投资者的行为建立在有限的信息基础上。他们各有其信息优势，并对市场上各种信息（包括谣言）的敏感度极高，任何一个信号的出现都可能改变他们的预期。同时他们还解释了投资者在这种情况下产生"羊群行为"为什么可能是理性的。因为如果每个投资者都拥有一些私人信息而且也知道其他投资者也拥有私人信息，那么在不能有效地分享他人信息的情况下，观察他人的行动便可以获得他人的"有价值的信息"，从而使得模仿他人的行为成为一种理性的行为。这种状况就像人们预期通货膨胀一样，当所有的人都认为要发生通货膨胀时，哪怕经济本身没有问题，人们也会一致提前购买使预期的通货膨胀变为现实。因此，人为因素导致的银行挤兑，可能使银行成为特别脆弱的金融机构。个别银行的挤兑不应威胁到整个银行系统，而如果大多数存款者都认为这是个信号，其他银行也将处于危险之中。这时，银行挤兑就变成了银行业恐慌，银行业危机也由此产生。美国哈佛大学经济学教授拉德利特和萨克斯（Radelet & Sachs，1998）从这一理论出发，解释了亚洲金融危机发生的缘由。他们认为，这场危机本来是可以避免的，但是由于政府采取了一些武断措施（如泰国政府关闭一些有问题的财务公司）引起了投资者的恐慌，导致严重的资本外流，而国际货币基金组织的强硬态度（如要求危机发生国紧缩财政，关闭有问题的银行，增加银行资本金等）则进一步动摇了投资者的信心，导致了危机的进一步加剧。

克鲁格曼（1998）认为，金融市场上易于发生"羊群行为"的原因是，在一些新兴市场化国家，大部分投资资金通常是由资本的代理人代为管理的，因此就会产生一个委托代理的问题。当外资涌入某个新兴市场化国家可赚取大量收益时，如果基金管理者觉得该国的实际经济基础并不如投资者预期的那样乐观，并有足够证据表明市场预期是错误的，但求稳心理导致基金经理人更愿意采取从众行动。因为基金经理人获得津贴的依据在于本基金的业绩与同类基金的业绩相比较的结果。如果他跟进之后遭受损失，一方面，由于众多的投资者一同承担损失而使其损失不至于太大；另一方面，由于众多的投资管理者都发生了失误，其在委托人面前也不至于显得无能。由此，使得市场预期更加悲观，从而推动了危机的爆发。

（四）"银行体系关键论"

诺贝尔经济学奖得主托宾于 1981 年提出了银行体系关键论。这一理论的核心思想是：银行体系在金融危机中起着关键作用。托宾认为，在过度负债状态下，如果银行能提供贷款，就可以避免出现债务—通货紧缩过程。但在过度负债的经济状态下，经济、金融扩张中积累起来的风险增大并显露出来，银行可能遭受贷款损失，甚至破产，所以，银行为了控制风险，必然不愿提供贷款，甚至提高利率、减少贷款。银行的这种行为会使企业投资减少，或引起企业破产，从而直接影响经济发展，或者使企业被迫出售资产以清偿债务，造成资产价格急剧下降。这种状况会引起极大的连锁反应，震动也极为强烈，使本来已经脆弱的金融体系崩溃得更迅速。

第三节　系统性危机理论

金融危机的爆发不仅由于债务的发生以及银行系统的瘫痪，明斯基在继承前人观点的基础上，提出了著名的"金融体系不稳定性假说"。著名学者克鲁格曼也将信息经济学中"道德风险"的概念引入金融危机领域，并归纳为"道德风险"理论，丰富了国际金融危机的理论体系。

一、明斯基的"金融体系不稳定性假说"

海曼·明斯基（Hyman P. Minsky）是当代研究金融危机的权威，他把美国经济学家凡勃伦所提出的金融体系内在脆弱性理论系统化，于 1963 年提出"金融体系不稳定假说"。他的关于货币信贷体系不稳定的思想直接来源于古典经济学家约翰、斯托德·穆勒（Mill）、阿尔弗雷德·马歇尔（Marshall）、魏克赛尔（Wicksell）等人的观点，而其关于金融危机周期性爆发的观点及分析框架又为金德尔伯格所继承和发展。

（一）明斯基的"金融体系不稳定性假说"的基本观点

明斯基认为：以商业银行为代表的信用创造机构和借款人的相对特征使金融体系具有天然的内在不稳定性。明斯基认为，投资者（上述两者）怎样形成和运作现金流是关键，如果现金流不能正常运作，金融体系就不稳定，就会导致金融危机。资产和负债的运作又分别能够产生现金流入和流出的时间序列，故可将投资者的资产负债表的财务状况按现金流的未来表现分为三类：第一类是"套期保值"或谨慎融资，是指融资者资产的现金流入量大于偿还债务的现金流量，即现金的流入量大于流出量，以这种方式理财，比较稳健。它主要靠自身的利润和能收回的债权求得资产的流动性，不靠负债，财务杠杆率较低。如不发生重大变故，这种财务状况一般不会发生支付困难。一般只根据自身未来现金流量进行抵补性融资的抵补性借款者（Hedge Unit）采用此种理财方式。第二类是投机理财或冒险融资，是指融资者筹得的资产现金收入量从短期看少于利息支出，但融资者总的收入流量是大于利息支出的，而且从长期看，该资产的预期收益大于利息支出。这类投机性借款人（Speculative Unit）根据所预测的未来资金的盈缺程度和时间来确定借款，他们必须靠债务滚动（借新还旧）来维持正常经营。虽然他们对未来的现金流入、流出也进行预期，但预期的结果保证不了支出，要保证支出必须借助于负债。这时经常发生的是融资者暂时借新债还旧债。第三类是蓬齐融资（Ponzi Finance）。蓬齐融资不仅是近期的现金流入量不能满足现金流出量，而且近期收入也难以补偿债务的利息支出。正是经济生活中存在着这种融资行为和债务结构，才导致金融体系的不稳定。这类蓬齐借款人（Ponzi Unit）需要滚动融资用于支付借款的本息。一般他们取得的正常现金流入尚不足支付日常性支出，但为了维持发展，就将后加入者的"入伙费"（即后来者的投资）充当投资收益分掉，分给先来者。这种状况旷日持久地发展下去，其结果是债务累计越来越多，潜伏的危机也越来越大。其中蓬齐借款人还可以细分为两类：一类是由于本身有回收期很长的投资项目，长时间没有投资收益，因而在一定时间内需靠借款以还本付息；另一类是已经基本上失去流动性或偿付能力，只有靠借款来维持流动性和避免破产清算，以图有起死回生的机会。

明斯基进行这样的划分，其意义在于说明：在经济复苏期，多数投资者都采取谨慎的融资方式；而在经济繁荣时期，市场便会产生种种的乐观情绪，投资者的预期利润也随之提高，这种乐观的估计进而激发了人们过度的投资举动，投资的追加也主要靠银行等金融机构的贷款来维持，因此市场的总借入资金量不断增加。随着市场投资情绪的进一步高涨，第一类投资者在减少，因为他假定总利润等于总投资，如果总利润减少，总投资便相应减少，在总投资减少的情况下，预期现金收入保证预期现金支出是不可能的，要保持资产的流动性，只有依靠负债；于是部分投资者开始放弃原先的谨慎原则而采取冒险的做法，结果是随着贷款需求的增加，短期利率开始上升，进而是长期利率的上升，这时市场主体对利率变动的敏感程度逐渐增加。一方面，利率的上升将导致那些冒险投资者的财务状况恶化，部分投资者的短期现金流赤字转为长期现金流赤字；另一方面，长期利率的上升使投资资产的现值下降，投资变得无利可图。第三类投资者虽然不正常，但在市场竞争条件下，也是客观存在的。由于投资者采用了三种不同的理财方式，所以经济运行中存在着负债经营和债务链。这也构成了经济发展和经济运行中的金融体系，在这种状况下，一旦遇到现金流不能正常运转，金融危机就不可避免。

（二）金融体系不稳定的原因分析

金融危机之所以周而复始地爆发，明斯基给出了三种解释：一是代际遗忘，历史上的痛苦与忧患被今天的乐观所掩盖，新的获利机会促成了信贷资产的扩张；二是竞争压力，贷款人担心日益激烈的竞争会让他失去顾客和市场，从而作出了不谨慎的贷款决策；三是市场主体的非理性。这样，在明斯基看来，金融体系内是不稳定的，金融危机也与经济危机一样具有一定的周期性。具体地说，经济主体的贪欲使他们忘记了前人在过去危机中的痛苦经历，而竞争的压力更使其作出不谨慎的贷款决策。金融系统中的总名义财富取决于宏观经济条件，而后者又取决于信心和在商业周期中所处的阶段。在经济扩张时期，市场信心越来越足，贷款人的贷款调节越来越宽松，信贷量越来越大。厂商资产的净值随着经济的繁荣而逐步上升，银行增加贷款的发放量，不断创造新的财富。在扩张的高峰，厂商的债务与其本身资产净值之比上升，逐渐从"抵补性借款人"向"投机性借款人"甚至"蓬齐借款人"转变。这是金融崩溃的微观基础，一旦某一厂商的"蓬齐对策"难以为继，金融链条就可能断裂，一旦出现恐慌，个人就会尽力把对厂商的债权转换为货币和现金，因而引起利率上升，投资削减，利润率下降，使厂商资产价值总量降低，其净值因而减少。这种所谓的市场换位，如果说第一步换位是投资者自主选择的话，第二步换位则多为被动的。一方面是投资者对自身财务状况恶化的忧虑，另一方面是政府有关当局对泡沫成分会引起通货膨胀的忧虑，当某些市场主体因经营不善而倒闭的时候，市场由开始时的忧虑变成全面的恐慌，局部的破产倒闭也就演变成了全局性的金融危机。由于投资高潮和低谷的交替出现，信贷资金的规模与结构也随之变化，债权债务关系的不稳定几乎是不可避免的。

至于金融体系的脆弱性，明斯基指出，由于外部环境的变迁，市场主体的投资方向和盈利状况也会发生变化，市场主体与银行的债权债务关系也随之变化，引起银行信贷量和信贷结构的变动，其结果是银行信贷资金供求不平衡，引发金融危机。金融结构的这种转换引起资本资产价格的下降和投资的减少。金融市场的失灵导致投资下降时，从而启动了一个循环的过程：投资下降导致利润减少，利润的减少引起金融破产，进一步形成又一轮的投资下降、利润降低和金融破产等。在过度投机阶段，人们对未来的担心也逐渐增强，一旦银行信贷不能及时跟上，这种担心就会发展成普遍的恐慌，接着就是市场的崩溃。可见，在长波周期中，金融体系具有来源于借贷双方行为特性的内在不稳定性。

明斯基认为金融资产的换位（Displacement）原因各异，可能是战争的爆发与结束、年景的好与坏、新技术的发明与应用、金融创新等。不管引起金融资产换位的原因是什么，只要能够产生足够大的影响，就可以在一个重要的经济部门通过提供获利机会来改变该部门的经济前景。市场换位可以给新领域和一些旧领域带来投资机会，而使另外一些无利可图的领域被遗弃。一旦某领域出现新机会，市场主体都会争先恐后地涌向这一领域。因此，泡沫成分的扩大与经济的表面繁荣就随之而来。经济中存在泡沫成分的领域又因银行信贷的膨胀而使投机色彩更加浓厚。当人们都想一夜致富时，昔日的投资理性也就不存在了，没有资金也要借钱来投资。形势一旦发展到这一步，一场危机也就默然地在酝酿。后来金德尔伯格沿着这一思路发展出投机疯狂——恐慌——崩溃模型，并以此说明金融危机所具有的周期性。

二、金融机构的"道德风险"理论

较早提出"道德风险"理论的是著名的发展经济学家麦金农，他和哈佛大学的经济学家皮尔（Mckinnon and Pill，1997）合作撰写了数篇论文，探讨发展中国家的存款担保（显性的或隐性的）与过度借债（Over Borrowing）之间的关系。亚洲金融危机的爆发使这一问题更加凸显出来。在众多将这次危机归因于金融机构的道德风险问题的经济学家中，最具代表性的仍属克鲁格曼。他认为，在由政府免费保险且又监管不严的情况下，金融中介机构具有很强的从事风险投资的欲望而很少考虑投资项目的贷款风险。在国内机构无法从国际资本市场上融资的情况下，国内投资需求过度只会造成国内利率的上升，而不至于引发过度投资、过度借债倾向。但如果资本项目放开，国内的金融中介机构可以在世界资本市场上自由融资，那么由政府保险引发的道德风险就可能导致经济的过度投资。而外国金融机构也因为相信有政府及国际金融机构的拯救行动而过于轻率地满足了国内企业及银行的贷款愿望，从而导致了严重的资产泡沫和大量的无效投资，最终只能以危机收场。其主要表现在以下两方面：

第一，存款引发"道德风险"问题。银行为防范破产风险，从政府机构或私营保险公司那里购买全部或部分保险，这种保险又被称为显性保险；而存款者断定政府会防止银行破产，即政府会给银行安全保障的，或是在破产情况下政府会介入并补偿储户的损失，这种保险被称为隐性保险。然而，如果这种存款保险不能充分反映银行各贷款组合的风险，不利于银行的自律，那么它的提供就会激励金融机构去承担超额风险。银行为增加收益把资金投入高风险的项目甚至直接从事投机活动，从而增加了存款人受损害的可能性。在经济高涨时期，各银行争相放贷，而当经济形势逆转时银行就有可能陷入困境。这时被保险者（金融机构）也就可能获得其他金融机构能提供的显性或隐性的存款担保。在一个管制越来越松的环境中，保险机构对被保险者提供的保护越强，这种显性或隐性激励造成的扭曲就越严重，因为在这种情况下，金融机构的冒险动机也将越发强烈。第二，金融监管部门和国际组织积极地扮演"最后贷款人"的角色引发"道德风险"问题。当银行可能倒闭破产时，政府一般会承担最后贷款人的角色，向陷于困境的银行提供紧急援助等。同时，为了减轻银行恐慌的严重性，政府通常向储户提供存款保险。但是，这些支持和存款保险无形中激励了银行和储户承担更多的风险。例如，在美国有两个层次的"最后贷款人"：联邦储备体系是会员银行（尤其是大的会员银行）的最后贷款人；而大的会员银行又是那些利用商业票据市场融资的机构和组织的最后贷款人。明斯基（1986）认为，由于一些银行机构和组织具有双重的保护，如果对会员银行的监管放松，依然存在联邦储备体系的"最后贷款人"的保护，这些金融机构和组织也就不会稳健经营、谨慎行事。在常见的道德风险模型中，危机前的政府虽然在账面上赤字不大，但是由于它是企业投资损失的最终承担者，有大量的潜在财政赤字，这些赤字最终可能要通过货币化来加以消化，而赤字货币化的预期又会使危机提前到来。

在此，我们看到了"道德风险"问题是货币经济中存在两难困境的结果：若不存在最后贷款人和存款保险，我们就无法避免金融体系的崩溃；而如果存在上述保护的话，又难免在金融机构与其客户之间以及中央银行与其他金融机构之间，出现道德风险的问题。危机是危机发生国制度扭曲的必然结果，只能依靠危机国自身的机构调整；外界援助只会使国际层面的道德风险问题更加严重。

第四节　货币危机理论

经济学家金德尔伯格曾提出过度交易导致货币危机的理论。这一理论的核心思想是：随着经济的扩张，人们会产生疯狂性投机，即疯狂地把货币转换成真实（实物）资产和金融资产，从而形成过度交易，也就是投机家的"急功近利"。这种状况必然导致恐慌和经济崩溃。金德尔伯格认为，20世纪30年代经济危机的发生与危机前的"过度交易"是分不开的。同时，金德尔伯格还认为：多年来金融危机发生程度减轻、次数减少的原因在于：（1）人们从以往的金融危机中吸取了教训，变得更为理性了；（2）人们知道中央银行会在金融危机中发挥最后贷款人的作用，恐慌得以缓解；（3）《反高利贷法》的影响力衰退，使利率可以提高到足以限制疯狂性投机的水平。此后，为了探讨金融危机的生成机理，人们对其进行了大量的理论研究，并得出了许多引人注目的成果。近几十年来，从货币危机理论的发展脉络看，它主要分为以下几个阶段。

一、第一代货币危机理论

现代意义上的货币危机是随着20世纪七八十年代以来世界经济一体化进程的加速，特别是全球资本市场的高度融合而出现的一种新型的开放经济体系下的金融危机。最早的对投机性冲击的研究始于20世纪70年代末，美国联邦储备银行的经济学家萨兰特·斯蒂芬和代尔·亨德森（Salant Stephen & Dale Henderson）于1978年发表了一篇名为《对于政府政策的市场预期和黄金价格》的论文，建立了一个投机冲击模型，用来分析投机力量对政府控制的黄金价格的冲击行为。第一代货币危机理论主要集中于20世纪70年代末至80年代中期。

（一）克鲁格曼的财政赤字导致货币危机论

1979年，美国麻省理工学院的著名经济学家保罗·克鲁格曼教授首先提出了财政赤字导致货币危机的理论。他认为：如果一个国家存在着大量的赤字（包括财政赤字和外贸赤字），为了弥补赤字，则国内的信贷必然过度扩张。信贷扩张、利率下降将导致资本外流，甚至出现资本的净流出，引起投资者对于本币贬值的预期，抛售本币，增加持有外币。而这时中央银行为了维持固定汇率，必然对外汇市场进行干预，导致国家外汇储备减少，从而使投机者预期政府将无法继续维持固定汇率，并对该国货币进行进一步的攻击，最终形成全面的货币危机。该理论突出地强调了与固定汇率相抵触的财政赤字政策所导致的货币危机的必然性，这一点也已被大量的经验事实所证实。经济学家爱德华兹（1995）曾研究了 1954—1975 年的 87 次货币危机。这些危机的一个共同特征都是伴随着巨额的财政赤字，这些赤字往往又通过中央银行对政府的扩张性信贷政策来加以弥补。因此，财政赤字与货币危机之间的相互关系应该引起政策制定者的高度重视。

克鲁格曼（1979）发现可以将萨兰特—亨德森模型套用到对固定汇率制的投机性冲击上，于 1979 年发表的 "A Model of Balance-of-Payments Crises" 一文中构造理论模型，分析了固定汇率体系在投机冲击下何时崩溃的问题。其理论的基本假定是：（1）内部均衡是政府宏观经济政策的核心，货币当局为解决赤字而不顾外汇储备无限制地发行纸币；（2）储备可耗尽，即中央银行为维持固定汇率制会无限制地抛出外汇直至外汇储备消耗殆尽；（3）投机者获取充分的市场信息，进行理性决策。模型表明：实行固定汇率制度的国家面临以扩张性的货币政策为代表的宏观经济政策与固定汇率的矛盾，二者分别代表经济的内部均衡与外部均衡，二者冲突的结果是丧失外部均衡，而外部失衡的累积将持续消耗政府外汇储备，导致固定汇率制度的崩溃，特别是长期巨额财政赤字的存在和货币信贷的持续扩张对固定汇率制的威胁最大。

一国经济的基本要素决定了货币对外价值稳定与否，也决定了货币危机是否爆发及何时爆发。对经济最大的威胁是为弥补政府不断扩大的财政赤字而过度扩张的国内信贷。公共部门的赤字持续"货币化"，超过公众实际需要的货币会转化为政府外汇储备的购买，利息平价条件支持资本流出，导致本国外汇储备不断减少。当储备减少到某一临界点时，投资者出于规避资本损失（或是获得资本收益）的考虑，会向该国发起投机冲击。由于一国外汇储备在极短的时间内将被投机者全部购入，政府被迫放弃固定汇率制，货币危机由此爆发。事实上，由于投机者的冲击，政府被迫放弃固定汇率制度的时间将早于政府主动放弃的时间。投机冲击和汇率崩溃是微观投资者在经济基本面和汇率制度存在矛盾的情况下理性选择的结果，并非所谓的不道德行为。

货币危机理论的政策主张是：通过监测一个国家宏观经济的运行状况可以对货币危机进行预测，并在此基础上及时调整经济运行，避免货币危机的爆发或减轻其冲击强度。避免货币危机的有效方法是实施恰当的财政、货币政策，保持经济基本面健康运行，从而维持民众对固定汇率制的信心。否则，投机活动将迫使政府放弃固定汇率制。

（二）简化了的克鲁格曼货币危机论及其发展

1984 年美国经济学家罗伯特·弗拉德和皮特·迦伯（Robert P. Flood & Peter M. Garber）发表了 "Collapsing Exchange-Rate Regimes, Some Linear Examples" 一文，建立了一个线性模型，进一步简化了克鲁格曼的理论，并将其扩展到一个随机环境中。弗拉德、迦伯和克莱默（Flood, Garber & Kramer, 1996）等学者修正了第一代货币危机模型中有关中央银行政策目标和干预手段的假设，认为中央银行的政策目标不再是通过财政赤字融资来维持价格水平的稳定，而是通过冲销外汇储备的变化来维持一个稳定的基础货币总量，即在第一代货币危机模型中加入中央银行在货币市场上对储备损失进行冲销的因素，来分析危机的发生机制。此后，结合近年来国际资本高度流动背景下的货币危机特点，弗拉德和马里恩（Flood & Marion，1998）等学者又在第一代货币危机模型中加入了风险溢价变量，考察资本市场中不确定性因素对货币危机发生机制的影响，并提出一个新观点：即使是在政府政策没有发生不利变动的条件下，也有可能因风险因素的变动而引发危机。这一观点在很大程度上丰富和发展了传统的理论。弗拉德和詹尼（Flood and Jeanne，2000）在第一代货币危机模型中融入了利率防范的因素，其主要结论是在投机攻击前提高国内利率并不是一个有效的汇率防范措施，这样的政策是自我失败（Self-Defeating）的政策，它总是加速了固定汇率的崩溃，在投机攻击后提高利率能够延迟危机的爆发。

后来，许多学者在他们研究的基础上又对货币危机的宏观经济机理进行了扩展研究，这些学说直到 20 世纪 80 年代中期还占据着理论界的主导地位。从时间上看，它们的产生和发展较早，因此被称为第一代货币危机模型（First Generation Model）。第一代货币危机模型的产生是与当时的国际经济背景紧密相连的。1980 年前后，拉美地区的发展中国家正在经历货币危机的冲击（如 1973—1982 年的墨西哥货币危机，1978—1981 年的阿根廷货币危机），这些国家的巨额财政赤字和高通货膨胀率与其钉住美元的汇率制度之间产生了尖锐的矛盾，诱发了市场上针对本币的投机冲击，导致政府的外汇储备损失殆尽，不得不放弃原来的固定汇率制。第一代货币危机模型的核心是强调一国扩张性的国内经济政策与实行固定汇率制度之间存在着本质上的冲突，认为基本因素的恶化是导致汇率波动幅度增大，进而引发货币投机攻击的根本原因。它假定政府对固定汇率制的承诺是不变的，并且在投机攻击发生时，只有出售外汇储备这一单一的干预手段。由于扩张性财政货币政策与维持固定汇率制之间存在着内在的不协调性，因此单纯依靠出售外汇储备无法避免固定汇率制的最终崩溃。但从总体上看，上述这些理论发展都未脱离第一代货币危机传统模型的核心内容，认为一国基本经济因素的恶化是引发货币危机的主要原因，因此这些理论也被称为货币危机的"宏观经济基本因素理论"（Macroeconomic Fundamentals Theory）。

二、第二代货币危机理论

20 世纪 80 年代末至 90 年代中期，随着世界资本市场自由化和一体化高潮的到来，国与国之间的经济联系愈发紧密，这在很大程度上促进了货币危机的传导与扩散。1992 年的欧洲汇率机制危机、1994 年的墨西哥比索危机和 1997 年的东南亚货币金融危机中所呈现出的许多现象是传统的货币危机理论所无法解释的，其中一个突出的问题就是货币危机的爆发似乎与经济基本面的好坏不存在必然的联系，因此，客观上要求由新的理论来解释危机的发生及传导机制。

在这种情况下，弗拉德、迦伯（1984）和奥伯斯特菲尔德（1994）等学者又提出了第二代货币危机理论。他们修正了第一代货币危机模型中对经济主体行为线性化的假设，提出了非线性行为假说，认为中央银行不再固守货币政策的单一规则，而是针对市场参与者的不同行为制定不同的反应函数，从而灵活地相机抉择；同时市场交易主体也根据其对经济发展前景和中央银行干预行为的预期来灵活地调整其交易行为，而他们的行为反过来又影响到某些宏观经济变量，于是这种相互影响就导致了有危机发生和无危机发生的"多重均衡"（Multiple Equilibrium）局面。在此基础上，奥伯斯特菲尔德提出了具有代表性的"自我实现"（Self-fulfilling）的货币危机模型，认为在经济基本面没有恶化的前提下也有可能爆发货币危机。此后，莫里斯和沈（Morris & Shin，1998）分析了一些不确定因素如何消除多重均衡的可能性，并使投机均衡成为唯一可能。班纳吉和威尔奇（Banerjee，1992；Welch，1992）提出货币攻击实际上是一个信息串联的问题，在信息不完全的情况下，人们的从众心理起了很大作用，而对经济基本面信息的了解不足并不是引发危机的主要因素。从总体上看，第二代货币危机理论强调的是，政府行为和交易者行为之间相互影响和作用导致货币危机在基本面未有明显恶化的前提下以"自我实现"的方式爆发。

奥伯斯特菲尔德（1994）等人提出的理性预期导致的自我实现的货币危机理论首先修改了对政府行为特征的假定。假定政府是主动的行为主体，在其政策目标函数间寻求最大化组合，在保卫固定汇率制的原因和放弃固定汇率制的后果之间权衡得失，相机抉择。当坚持固定汇率制的预期收益小于为其支付的代价时，可作出放弃固定汇率制度的决定，而不是一味地坚持固定汇率制直到外汇储备耗尽。在此前提下认为：公众对货币体制的不同预期会产生不同的均衡结果，即政府并没有执行与某种货币制度相抵触的扩张性财政、货币政策，原可以永远延续下去的某种货币制度可能因为大家都预期它将崩溃而崩溃。根据利率平价原理，公众的货币贬值预期直接导致国内利率的上升，从而给国内就业、政府预算和银行部门带来巨大的压力，这些压力构成了维持固定汇率制度的成本。当人们预期货币将贬值时，政府维持固定汇率的成本随之上升，达到一定水平后，政府维持固定汇率的成本超过收益，从而放弃固定汇率制度。货币危机完成了自我实现过程。相反，当公众预期固定汇率制将继续维持时，政府往往会发现，坚持固定汇率制的成本小于收益，因而货币不会出现贬值，从而构成了两种不同的均衡结果。在动态博弈中，中央银行和市场投资者的收益函数相互包含，双方均根据对方的行为或有关对方的信息不断修正自己的行为选择，而自身的这种修正又将影响对方的行为，因此经济可能存在一个循环过程，出现"多重均衡"。

奥伯斯特菲尔德所提出的模型表明：政府有一个损失函数，该函数与税率及贬值率同方向变动。同时，政府面临跨时期预算约束，该约束受利率的影响，利率越高，政府下一时期的还款压力越大。而利率与预期贬值率直接相关。政府的决策是在预算约束下追求损失函数的最小化，由此求得政府的反应曲线，该曲线描述了在特定利率水平下的货币贬值率。当较低的贬值预期导致较低的市场利率时，政府乐于选择较低的贬值率；而当较高的贬值预期导致较高的市场利率时，政府选择贬值的压力上升，预期得以实现。货币危机的自我实现模型认为，问题仍然在于内外均衡的矛盾，政府维持固定汇率制是有可能的，但成本可能会很高，政府的愿望与公众的预期偏离越大，维持固定汇率制的成本越高。因此，当公众产生不利于政府的预期时，投机者的行为将导致公众丧失信心，从而使政府对固定汇率制的保卫失败，危机提前到来。因此，仅仅依靠稳健的国内经济政策是不足以抵御货币危机的，固定汇率制的先天不足使其易受投机冲击，选择固定汇率制，必须进行相应的资本管制或限制资本市场交易。

克鲁格曼则认为，也许有一种猜测能解释自我实现式危机易于引发的原因，他认为投机者抛空本币的行为实际上是购买了一种单向式期权，他们将在货币贬值中避免资本的损失，或者获得资本利得，但如果本币保持坚挺的话，获得的资本利得就不大。在这种情况下，克鲁格曼认为，提高交易成本即增加微观经济摩擦将对防止自我实现的危机爆发起到强有力的作用。尽管人们在探讨宏观经济问题时常常忽略这种交易成本的存在，认为它只占全部成交金额的很小一部分，但是由于危机爆发的时间很短，相对较低的交易费用就足以抵消较高的年收益率，因此通过提高交易成本，就可以尽量防止主观臆测的金融危机的避险行为演变成大规模的投机性货币冲击。如果上述假设成立的话，那么20世纪90年代频繁发生的金融危机将在一定程度上归因于金融市场效率的提高。

三、货币危机传染理论

安格纳、哈达里和弗拉德（Agenor，Bhandari & Flood，1992）等人则分析了固定汇率崩溃前不成功的汇率调整对崩溃时间的影响，资产不完全替代性和黏性价格对崩溃时间的影响，以及真实经济变量在危机中的变动，将视角放在了危机对真实经济的影响方面。以班纳吉和马森（Banerjee，1992；Masson，1998）为代表的许多学者研究了危机的传导和扩散，提出了"季风效应"、"溢出效应"和"传染效应"等理论解释，对20世纪90年代危机的大规模扩散效应进行了深入的研究。爱因格林、罗斯和维普罗斯（Eichengreen，Rose & Wyplose，1996）等学者则从实证角度验证了不同"传染"渠道的有效性。当然，传染反映了投资者的非理性行为，或者因为个人实际上是非理性的，或者是因为资金管理者面临着非对称的刺激。

对传染的一个简单解释是涉及国家之间的实际联系，国家A的货币危机恶化了国家B的基本因素。例如，东南亚国家在世界出口市场上卖出许多类似的产品，因此，泰铢的贬值恶化了马来西亚的出口，可能导致马来西亚超出危机点水平，导致马来西亚货币贬值。如在1992—1993年欧洲的货币危机中，英镑的贬值对法国的贸易和就业产生了不利影响。但是墨西哥既不是阿根廷的一个重要市场，也不是它的竞争者，为什么墨西哥比索的危机会导致阿根廷的危机呢？有两种解释：一种解释是一些国家有一些共同的特征，可能会被看成同一类，如拉丁美洲国家有一个共同的文化背景，一旦投资者看到一个国家在冲击下放弃了固定汇率制，另一个国家防卫固定汇率的能力则可能被迫下降。第二种解释是对固定汇率的政治承诺本身会导致"羊群效应"，在欧洲的货币危机中，这一点最清楚。一旦英国和意大利离开了汇率机制，瑞典放弃钉住马克比自己独自进行货币贬值面临较小的政治成本。另外，一国发生货币危机，投机者会将注意力投向与该国有相似经济基础或经济政策的国家，对后者货币发动攻击。

第一代和第二代货币危机模型假定外汇市场是有效的，但是经验数据显示外汇市场更多是无效的，只能从"羊群效应"的角度来解释货币危机。卡尔沃和门多萨（Calvo

& Mendoza，1997）从全球资本市场一体化的角度出发，通过比较交易者亲自收集市场信息的成本和采取跟风式投机攻击行动的收益（即信息的"羊群效应"，Information-Based Herding），得出一个结论：信息摩擦（或信息成本）的存在加速了危机的发生。希勒（Shiller，1989）调查了在 1987 年股灾中投资者的观点，造成人们疯狂地抛售股票的直接原因是股票价格的下跌。在货币危机的情形中，蜂拥（Herding）行为意味着不论危机发生的原因如何，抛售浪潮将通过人们纯粹的模仿行为而逐级放大，最终导致货币机制的彻底崩溃。人们在金融市场上的表现并不是完全非理性或者对市场价格抱有偏见，事实上，蜂拥行为是人们利用有限信息进行理性选择的结果。除了人类认知的偏见和局限性以外，理论上有两种解释：第一种解释是"领头羊效应"，即各个投资者拥有各自的信息，信息来源渠道也各有不同，因此每个投资者的行为都成为其他投资者猜测基本面的依据，也就是说，当某个或某几个投资者抛售股票时，其他投资者会认为他们掌握了一些利空消息，于是跟着进行操作，尽管事实可能并非如此，从而形成了自我证明式的危机。而充当"领头羊"的往往是一些大的投资者或基金公司。契尔瑞和凯赫（Chari and Kehoe，1996）认为这样的由私人市场信息的"领头羊效应"产生了一种游资（Hot Money），有时导致外汇市场对国内经济信息的过度反应。另一种解释是绝大多数投资于易引发危机的国家金融市场的资金是由代理人而非委托人操作的，即基金管理人获取奖金或津贴的依据在于将本基金的业绩与同类基金的业绩相比较，因此，尽管基金管理人认为市场的判断是错误的，但求稳心理导致基金管理人更愿意一致行动，在普遍看空的情况下撤离资金。此外，有些经济学家认为，私人投资者的蜂拥行为在一定程度上也源于私人内部的委托—代理冲突。经济学家切宁认为，私人投资行为是私人的短线思维和长线思维不断斗争的结果。比如，个人投资者通常会有"有难同当"的想法：在泰铢贬值的过程中，如果我比其他投资人损失更多的话，我将感觉更糟，因此与其他投资人承担相同的损失尽管令人沮丧，但毕竟不是最糟。蜂拥行为有时也可以反过来解释市场的冷淡表现，即尽管很多人都认为某种程度的危机迟早会到来，但市场上还没有动作，那也不必太着急。

四、货币危机理论的最新发展及修正

现代金融危机理论中三代货币危机理论及其最新发展，已经构成了比较系统的货币危机理论体系，因此对于金融危机理论体系中发展最快的理论——货币危机理论的探讨，显得颇为丰富。众多经济学家对此理论不断提出改进的方向及策略，用于指导实际经济层面危机的防范及治理。

（一）亚洲金融危机的发生促使危机理论寻求新发展

第一代货币危机理论着重讨论经济基本面，第二代货币危机理论的重点放在危机本身的性质、信息与公众的信心上，而到第三代货币危机理论，焦点则是金融体系与私人部门，特别是企业。有必要注意的是，第一代和第二代货币危机模型都把政府宏观政策的不协调视为固定汇率制崩溃的根本原因。20 世纪 90 年代以来，货币危机的发生日趋频繁，危机的传染效应更为明显，其经济扩散影响也更加复杂，尤其是亚洲金融危机的爆发引起了学术界的巨大争论。一些学者认为这次危机不是一次"新"危机，货币危机理论仍然具有说服力，而另一些学者则认为这次货币危机在传染的广度与深度、转移及国际收支平衡等方面与以往的货币危机均有显著区别，原有货币理论的解释力不足，应有所突破。亚洲金融危机对货币危机理论的挑战主要表现在：（1）危机的快速传染。这次货币危机对于远在千里之外、彼此联系很少的经济都造成影响，表明部分经济体系对于公众信心保持高度敏感，货币危机可能由外部的与自己关联不大的经济中发生的货币危机诱发。（2）危机爆发的内部原因。亚洲金融危机发生的关键不在于宏观经济失衡，而是由经常账户逆转及由此引起的资本流动逆转的结果，因此，第一代和第二代货币危机模型都无法对此作出明确的解释。（3）危机期间汇率的波动方式超出了原有货币危机模型的解释能力。据第一代货币危机模型分析，因投机者对于冲击时机的选择，汇率浮动后，货币汇率可以避免不连续的波动，呈现平稳的调整过程。但在亚洲金融危机中，各国在放弃相对固定的汇率制度后，货币均出现了大幅度贬值。（4）采纳国际收支危机模型政策建议的国家，在货币危机发生后出现了严重的经济衰退。（5）货币危机理论对于政府行为的假设仍然过于简单化。尤其是第一代货币危机模型，假定私人投资者获取充足的信息，具有理性决策能力，而政府则固执而天真地奉行与经济形势严重不匹配的政策和制度，即使第二代货币危机模型对此有所调整，但对政府在货币危机中的政策选择及其产生的可能后果仍然缺乏深入的分析。（6）货币危机理论完全缺乏预见能力，进一步证明了该理论无法适应资本全球化下的新环境。（7）对于货币危机的发生、传导机制中的信息、新闻、政治等短期因素对投资者交易心理预期等影响研究不足。（8）在亚洲金融危机中，企业部门在金融动荡的冲击下，自身问题得到了充分暴露，本币贬值、高利率以及销售的下降恶化了企业的资产负债表，恶化了企业的财务状况。（9）未涉及资本管制条件下货币危机爆发的可能性、传导渠道等问题。

鉴于货币危机模型的不足，西方学者在第一、第二代货币危机模型的基础上，将研究的重点放在了资本流动和货币危机、危机发生的微观机制、危机爆发的时间、规模，以及危机的预警体系和防范措施等方面。在东亚，多数国家有近似的宏观经济基本因素，结果对危机的解释强调一种不同的基本因素，而不是宏观经济政策，即新兴市场经济金融结构的扭曲。它强调裙带资本主义（Crony Capitalism）的重要作用，得出资本内流和危机的序列关系，揭示的是对管理不善的银行和公司债务人的担保导致了道德风险问题。其领军人物有杜利（Michael P. Dooley），他在东南亚危机爆发之前就建立了这样的模型。后来一些学者进一步发展了这些模型，包括杜利本人等（Chin, Dooley, and Sona Shrestha；Craig Burnside；Martin S. Eichenbaum and Sergio Rebelo；Aizenman）。这些模型强调银行风险和货币风险的同时存在和相互作用，体现了双危机的特点。另外，卡雷拉（Carrera，1997）从中央银行、个人和交易商行为最优化的角度分析了投机者对汇率目标区发起投机攻击的微观机制，提出了决定攻击时间、规模和成功机会的解释因素，是为数不多的针对投机微观机理的经典研究。在预警机制的建立方面，卡明斯基（Kaminsky，1998）等人通过实证考察，总结出一套具有说服力的危机预警指标，形成了危机的早期防范原理。

（二）最具代表性的克鲁格曼的第三代货币危机理论

克鲁格曼认为从投机性冲击模型本身来讲均不能解释危机爆发的原因，而亚洲危机需要用新的基于企业过度举债理论来解释。这次货币危机对于远在千里之外、彼此联系很少的经济都造成影响，因此多重均衡是存在的，某些经济对于公众信心的敏感度很高，这些经济的货币危机可能由外部的与自己关联并不大的经济中发生的货币危机所带来的公众信心问题而诱发。东南亚经济经常账户逆转的原因主要在于危机中货币大幅度贬值和严重的经济衰退所带来的进口大量减少，因此，存在一个转移问题，这是为以往的货币危机理论所忽略的。在以往的货币危机理论中，模型的构造者将注意力放在投资行为而非实际经济上，单商品的假定中忽视了贸易和实际汇率变动的影响。因此，货币理论模型的中心应该讨论由于实际贬值或者经济衰退所带来的经常账户逆转以及与之相对应的资本流动逆转的需求问题。他认为，这场货币危机产生的关键问题并不是银行，而在于企业，本币贬值、高利率以及销售的下降恶化了企业的资产负债表，恶化了企业的财务状况，这一问题并非银行本身的问题，即使银行重组对金融状况大大恶化了的公司来说也是于事无补的。克鲁格曼在单商品的假定之下，建立了一个开放的小国经济模型，在这一模型中，增加了商品对进口商品的不完全替代性假设，分析了贸易及实际汇率变动的影响与效应。他认为亚洲危机爆发的根本原因在于宏观经济基础变量的恶化和经济政策的不协调上，主要是巨大的经常项目赤字、短期外债增加、信用的过度扩张、错误的投资政策、实际汇率的高估和金融领域脆弱性的增加等，这些恶化的经济变量又是由政府失误造成的，如钉住汇率制、政府对经济的过度干预、过度追求高增长和金融监管不力等。尤其注重经常项目的逆差问题，经常项目逆差是通过大量的短期外债来弥补的，由此导致短期外债增加，同时短期外债又被投于高风险的证券和房地产行业，所以在不利因素的影响下，经常项目逆差的可承受性被弱化，导致金融、经济危机爆发。因此，克鲁格曼提出的货币危机模型又被称为国际收支危机模型。

1. 克鲁格曼第三代货币危机理论的创新之处

第一，克鲁格曼提出了金融过剩（Financial Excess）的概念，这一概念主要是针对金融中介机构而言的。在金融机构无法进入国际市场时，过度的投资需求并不导致大规模的过度投资，而是市场利率的升高。20世纪90年代，更多发展中国家的金融机构可以自由进入国际金融市场，金融中介机构的冒险会转化成证券金融资产和房地产的过度积累，这就是金融过剩。金融过剩加剧了一国金融体系的脆弱性，当外部条件合适时，将导致泡沫破裂，危机发生。

第二，亲缘政治的存在增加了金融过剩的程度。这些国家的财政状况表面上健康，实际上有大量的隐含赤字存在：政府对与政客们有裙带关系的银行、企业提供各种隐性担保，增加了金融中介机构和企业冒险的可能性，它们的不良资产就表现在政府的隐性财政赤字。东南亚国家持续了几十年的亲缘政治使国家经济在20世纪90年代大规模的对外借款中处于一种金融崩溃的风险之中，这种风险来自于它们采用的准固定汇率制动摇的可能性。

第三，类似于东南亚的货币危机，其关键在于企业，由于销售疲软、利息升高和本币贬值，企业的资产负债表出现了财务困难，从而限制了企业的投资行为。企业的资产负债表反映的财务困难还包括了由前期资本流入所带来的实际汇率变化的影响。这一分析从表面上看是论述货币贬值对企业乃至整个实体经济的影响，实际上，在危机爆发前投资者的行为函数里可能已经包含了对这种变化的预期，这就坚定了他们抛售本币的决心，这也是一种自我实现的现象。

第四，克鲁格曼理论模型表明存在三个均衡，中间均衡是不稳定的，可以不用考虑另外两个均衡是本国回报率等于外国回报率的高水平均衡及低水平均衡。在这种低水平均衡上，贷款者不相信本国企业有任何担保，对它们不提供贷款，这一行为意味着实际汇率将可能下降，实际汇率的不利影响意味着企业的破产，而这又从实际中对先前的悲观态度作出了佐证，形成一种恶性循环。因此，克鲁格曼认为，金融体系在货币危机中发生崩溃并非是由于先前投资行为失误，而是由于金融体系的脆弱性。导致金融体系可能发生崩溃的因素有：高债务因素、低边际进口倾向和相对出口而言大规模的外币债务。

第五，保持汇率的稳定实际上是一个两难的选择，因为保持汇率的稳定是在关闭一条潜在的引发金融崩溃的渠道的同时又打开了另外一个渠道。如果债务较大，杠杆效应较明显，维持实际汇率的成本就是产出的下降，而且这种下降是自我加强的。这对企业而言，仍然会带来相同的不良后果。

2. 克鲁格曼修正的理论模型分析所蕴涵的政策建议。第一，预防措施。克鲁格曼认为银行的道德冒险并不足以解释危机，一个谨慎的银行体系并不足以保持开放经济不受自我加强式金融崩溃风险的威胁。而当一国的资本项目可自由兑换时，对短期债务加以限制的作用是不大的，因为短期债务只是众多的资本外逃方式下的一种。即使外债全是长期的，如果公众预期将发生货币危机，国内的短期债务的债权人拒绝将信贷延期也会导致货币贬值，导致企业破产。因此，最好的方式是企业不持有任何期限的外债，因为对于金融体系不完善的国家来说，国际融资存在着外部不经济，它会放大实际汇率变动的负面冲击影响，从而导致经济衰退。第二，对付危机。克鲁格曼认为存在两种可能性：一是紧急贷款条款，紧急贷款的额度必须足够大以加强投资者的信心；二是实施紧急资本管制，因为这样可以有效地、最大限度地避免资本外逃。第三，危机后重建经济。克鲁格曼认为关键在于恢复企业和企业家的投资能力。可以在私人部门实施一定的计划，以帮助本国的企业家或者培养新的企业家。培养新的企业家有一个迅速有效的办法，这就是通过吸引外国直接投资引进企业家人才。

所有这些成果都极大地丰富了传统的货币危机理论，并为深入研究危机的原理和机制开辟了新的空间。

（三）金融加速器理论

1. 金融加速器基本概念。金融加速器理论最早由伯南克（Bernanke）和格特勒（Gertler）于1989年提出。他们认为投资水平依赖于企业资产负债表的状况：较大的现金流和企业资产净值对于投资具有正面影响，无论是直接还是间接方面。直接的影响在于它增加了企业内部融资的渠道，间接的影响则是它具有较高的价值从而减少企业从外部获得融资的成本。一旦企业遇到来自经济体的正面或负面冲击，其净值也随之增加或者减少。经由金融市场，主要是信贷渠道的利率杠杆作用会将这种负面冲击对整个经济的影响进行放大，这被称为金融加速器效应。此后，伯南克、格特勒和吉尔克里斯特于1994 年正式提出了金融加速器概念。他们强调金融加速器所带来的负面冲击属于非线性效应，换句话说，当企业资金充足的时候，融资成本基本不变。但是当企业资产负债恶化时，企业的融资难问题极其显著，企业会因此减少投资，缩减生产避免更大的亏损，这样反而使得企业的资金状况更加恶化。因此金融加速器的效应在经济疲软中的作用比经济繁荣时期更加明显。1998 年，他们又基于动态新凯恩斯模型（Dynamic New Keynesian Model，DNK）的分析思路，将信贷市场不完美以及企业净值这两个因素纳入主流的宏观经济模型，分析了金融加速器作用在整个经济周期中的机制，从而对此理论进行完善。

2. 金融加速器的运行机制。由于信贷市场的内在缺陷，造成企业进行外部融资的成本要高于进行内部融资，二者之间的差就是外部融资溢价。影响融资溢价的因素主要有两方面：一方面是企业的资产负债表的状况，另外一方面是商业银行的信贷供给（银根收紧会提高外部融资溢价）。但在金融加速器理论中不对商业银行方面的因素进行讨论。理论强调信息不对称是造成外部融资成本较高的主要原因。在企业所需资金不变的情况下，外部融资成本的高低与企业净值负相关。当经济体受到负向冲击（如利率上升）时，一般会造成企业净值缩水，增加企业的代理成本，造成贷款方如商业银行将向潜在借款方收取更高的利息以对其代理成本进行补偿，从而造成企业外部融资成本上升，外部融资溢价增加。这种情况会进一步使企业缩减本期费用、支出和下一期的产出，从而导致经济的衰退。这是金融加速器的核心观点，即任何对经济的负冲击会使得企业的净值缩水，进而改变企业的生产决策和支出决策，企业投资支出降低和产量减少会引起宏观经济更大的波动。

3. 金融加速器的危机传导。金融加速器在危机中的主要传导渠道有两个方面。一方面是企业现金流。未能预期到的国内利率上升（对经济系统的负冲击）会减少总产出。而利率上升会导致企业现金流降低，从而增加企业外部融资的份额，进而增加由于违约风险上升所带来的额外代理成本，同时也增加了企业外部融资溢价。这种情况反过来又进一步使企业减少下一期的投资、产出、收入和现金流，造成恶性循环。另一方面是企业的自身资产和抵押资产的价值变动。未预料到的银根紧缩会减少对资本品的需求，导致资产价格下跌，使得企业向银行申请贷款的抵押品价值减少，造成外部融资的溢价上升，企业会选择减少当前投资和下一期的产出、现金流。预期现金流和企业净值的下降反过来会进一步降低资产价格。从长期来看，企业净值的变化对投资具有持续的影响。当不存在加速器时，若无风险利率上升，则一开始投资下降，当冲击逐渐消失时，投资也再次达到稳态水平。然而存在加速器时，即使外部冲击消失，投资仍然低于稳态水平，资本和产出也长期低于稳态水平。主要原因在于，未预料到的冲击对期初企业净值造成的影响，企业净值的下降引起外部融资溢价上升，反过来导致企业减少对资本的需求，降低企业的投资和产出。

第五节　对金融危机理论的评价

西方经济学家往往使用经济计量模型对金融危机进行描述，其结果可能由于诸多假设条件的严格限定，而在一定程度上脱离了客观经济金融实际，但是这种抽象性可以使我们更加清晰地，有时甚至是更加精确地认识金融危机的存在，特别是有助于人们在所谓的"经济学共同语境"下讨论同一个问题。

一、现代金融危机理论体系是一脉相承的

费雪（1933）是最早对金融不稳定机制进行系统研究的经济学家。他在认真总结以往经济学家思想的基础上，认为"过度负债"（Over - Indebtedness）和"通货紧缩"（Deflation）现象的同时出现是金融市场产生大动荡的最根本原因。在二者并存的情况下，各经济主体为减轻债务而采取的行为，导致了物价下跌，以致陷入实际利率上升、借款人实际负债增加的恶性循环之中。债务—通货紧缩理论对 1873—1879 年的美国经济不景气、1929—1933 年的全球性经济大萧条具有很强的解释意义。特别值得一提的是，莫尔顿（Moulton，1950）利用这一理论对上述两次危机产生时的情形进行了富有说服力的详尽描述。但是，未来是不确定的，无法进行定量的测算，特别是财富最容易受到未来不确定性的影响，所以，债务—通货紧缩理论难以解释财富效应。为了解释经济主体在不确定情况下所作出的各种选择，以及以此为基础的金融不稳定的运行机制，凯恩斯（1936）提出了金融危机的"不确定性"模型。

凯恩斯以前的主流经济学家认为，生产的诸要素是确定的，其他的相关情况也都是预知的，所以对未来的预期是可以计算出来的，风险也是可以测量的而不是变幻莫测的。而在凯恩斯构建的宏观经济模型中，是将市场经济中的金融交易作为不确定的充满风险的经济行为来分析的，并十分重视考察与经济主体的发展前景密切相关的变量，诸如货币持有量、利率、资产价格、设备投资等。凯恩斯在模型中列举出了"危机"的概念，其重点关注的是在不确定条件下人们的预期对风险形成的判断以及信心。尤其需要强调的是，凯恩斯建立了一个在不确定前提下，投资变化使得整个经济态势发生变化的模型，即投资由资本资产的预期收益折算成现值的贴现率决定。由此推断出危机的形成机制在于：在组织有序的投资市场上，人们一旦意识到存在过度乐观引致抢购风潮的市场，觉醒的力量将势不可当。资本的边际效率如果受到冲击，则可能使经济出现大倒退。1987—1997 年的日本金融动荡局势，以及 20 世纪 90 年代的美国经济特点，为凯恩斯模型的应用性提供了佐证。例如，研究表明，1998 年美国长期资本管理公司（Long-Term Capital Management，LTCM）陷入经营困境时，几乎所有的大金融机构都投资于对冲基金。不难判断，在不确定性背景下，这些金融机构都采取了从众行为。

海曼·明斯基（Hyman P. Minsky）提出的金融不稳定假说（The Financial Instability Hypothesis），进一步完善和丰富了凯恩斯理论。特别是在下列三个方面所做的贡献，为

当今理论界研究金融不稳定提供了一个实用性很强的分析框架：一是在"以投资为中心解释经济周期中"融入了"投资金融理论"，并将金融制度、金融惯例的变革等因素一并考虑进去；二是在资本资产的价格形成和设备投资决定方式的框架下，考虑经济主体的债务结构以及将来还本付息的合约内容；三是重视预期的形成，并强调贴现率与金融市场的利率，随资本资产的流动性和评估情况的变化而变化。Taylor 和 O'Connel（1985）将明斯基的金融不稳定假说进一步简洁化，使该理论更为规范。金德尔伯格（1978）将金融不稳定假说加以具体应用，特别是用其验证了 19 世纪初至世界性经济大萧条期间的历史事实，并指出该理论框架是正确的。日本经济学家奥村洋彦（2000），在考察 20 世纪 70 年代初英国的金融危机和 80 年代后期至 90 年代日本的泡沫经济时，也是按照该理论框架展开分析的。

20 世纪 90 年代后期爆发的亚洲金融危机引起了学术界的巨大争议，很多经济学家试图对这场危机进行一番新的解释，如羊群行为（Herding Behavior）和传染效应（Contagion Effect）等；还有一些经济学家认为在金融市场中存在着市场操纵（Market Manipulation）。而最具影响的是克鲁格曼（1999），在危机后发表的一系列论文中，提出了"金融过剩"的概念。克鲁格曼认为在 90 年代大量发展中国家的金融机构自由进入国际市场后，金融中介机构的道德风险会转化为证券等金融资产和房地产的过度积累，从而形成金融过剩。金融体系在金融不稳定中发生崩溃，并非是由于先前投资行为失误，而是由于金融体系本身的脆弱性所致。金融体系可能发生崩溃的直接原因是低边际进口倾向和相对出口而言的大规模的外债，但是，从整体上看，这些理论探讨并没有超越金融不稳定假说的基本分析框架。

二、现代金融危机理论超越了传统理论

一般认为，1933 年费雪的经典论文《大萧条中的负债—通货紧缩理论》（*The Debt-Deflation Theory of Great Depression*）是现代金融危机理论的开端，而把这以前的理论视为"传统理论"。传统理论主要是对货币的稳定和银行机构危机的性质进行探索；而现代理论特别是金融不稳定假说，则主要关注金融不稳定的传导机制。概括地说，现代金融危机理论在以下三个方面超越了传统理论。

（一）突破了传统理论的假设前提

完全信息是新古典经济学的一个重要假定前提。根据科斯定理，在完全信息从而交易费用为零的情况下，所有契约和制度安排都是等价的；这样，对于经济体系中内在的金融不稳定及其发生机理的研究就难以入手。而现代金融危机理论，则引入了"信息不对称"、"外部性"等一系列概念，同时坚持以"个人利益最大化"为基础的主观选择理念；并考察了在特定的信息结构下，如何通过经济主体自动地理性选择及其变异，形成金融不稳定。另外，现代金融危机理论还修改了对政府行为特征的假定，即假设政府是主动的行为主体，在其政策目标函数之间寻求最大化组合。在这一前提下，公众对金融危机的预期具有自我实现的能力（Obstfeld，1985；Larrain，1990）。

（二）创新了传统理论的分析方法

在对货币稳定和银行机构危机进行分析时，无论是古典经济学还是新古典经济学，大致上是实证性的。这种分析使人们认识到在市场经济的动态发展过程中，货币不稳定对经济周期波动具有关键性的作用。而现代金融危机理论则具有了更多的规范性分析色彩，它通过更深层次地探讨在以往理论中被视为前提和背景的制度安排，揭示出金融安全与制度效率之间的关系。

（三）进一步界定了金融不稳定的性质

传统理论中，无论是把货币看成是均衡的破坏者，还是均衡的恢复者，都是把货币要素超越市场之上作为一个外生的因素；而对金融不稳定的性质则没有进行很好的解释。现代金融危机理论中，货币与金融是作为经济增长模型中一个内生的因素，这也正是现代理论中"市场经济内含金融不稳定"这一命题的基础。尽管传统理论（如奥地利学派和洛桑学派）对经济（景气）周期给予了很大的关注，但没有明确划分繁荣、危机、通货紧缩及扩张期。而这在很大程度上，恰恰是现代理论所研究的一个核心问题，即强调经济周期的变化是由金融因素引起的，并详细分析金融是如何影响经济主体行为的，如家庭、企业、政府、银行以及其他金融机构的债务结构是如何变化的；货币及货币替代是如何内生出来的。在说明货币的投机需求问题时，传统理论考察了利率这一变量，但忽视了资本资产的预期价格，关于这一点在剑桥学派创始人马歇尔的《经济学原理》中表现得特别明显。现代金融危机理论为了使分析更为充实，提出用货币需求函数来表示资本资产的价格，特别是在分析影响资本资产价格的变量时，考虑到了流动性偏好带来的货币流量的变化、流动性偏好的不确定性以及投机预期的变化等因素，从而使现代理论在分析投机性投资热潮的产生时得心应手。

三、"市场经济内含金融不稳定"是现代金融危机理论的核心命题

现代金融危机理论的一个重要观点是，金融不稳定始于金融扩张；判断金融规模是否膨胀，是否出现"过度借贷"，可以通过观察是否出现了前所未有的新事物以及对经济前景过分乐观的预期是否占据主导地位来实现。20世纪70年代前期的英国、80年代后期的日本、90年代后期的亚洲和美洲的实例，都验证了这一结论。1978年金德尔伯格在其《西欧金融史》一书中，在总结世界金融危机历史的基础上，专门列出了题为《欺诈行为横行》的一章，并指出新事物的出现使人们对未来的预期十分乐观，以致骗术盛行。加尔布雷斯（Galbraith，1994）持有相同的观点，如他在分析世界金融史时，也指出经济崩溃之前便会产生许多兴风作浪的所谓"金融天才"。

而现代金融危机理论的核心则归结为"市场经济内含金融不稳定"。这一命题所表明的是，行为不确定的各经济主体普遍认为，在资产价格结构方面，金融交易是始发动因，从而不断地扩大或收缩其规模，不断地改变金融资产或负债的构成，使整个系统中相对稳定的领域不断缩小。在当代市场经济中，基于动态变化过程来分析经济主体的行为方式，是评价金融不稳定形成、发展及经济萧条时期经济运行的必不可少的环节。特别是，尽管金融当局在尽力控制货币供应量，但由于民间金融机构通过强化负债管理以

及金融技术革新等改变了货币流通速度，因此，在市场经济内含金融不稳定的背景下，仅以货币供应量为中介来带动经济发展是不切合实际的。事实上，货币与实体经济之间无法保持平稳的联动关系，这在 1982—1987 年的美国经济中已经得到了证实。

现代金融危机理论强调，企业、家庭、金融机构依据日常的经济活动来预测未来的现金流，并从中进行选择，以判断出将来要偿付金融债务的本金与利息；而债务偿还能力的大小，取决于所持有的资产中派生出来的现金流量。但在复杂的金融交易中，这一资产具有多重性质。这不但能够解释各经济主体在不确定条件下选择资产组合的投机行为，而且能够解释对现金流的选择。

此外，现代金融危机理论认为资本资产价格与经常性生产产品价格之比决定投资行为。投资是带动整个经济变动的原发性因素，投资与金融交易关系密切。尽管投资规模是确定的，但是在市场经济条件下，金融交易中常常隐含着不确定因素或发生意外事件，因此，投资的动向是不确定的。投资规模是由资本资产价格与经常性生产产品价格之比以及金融市场的行情所决定。资本资产价格影响投资商品的需求价格。一般地，如果资本资产价格高于经常性生产产品价格，则新增投资将不断涌现。这一思路与托宾（1969）的投资理论有相似之处，事实上，托宾自己后来在对明斯基的论文作评价时也指出了这一点；但二者又有不同之处，表现在托宾没有考虑到诸如"以何种方式支持投资行为"等金融因素，而明斯基不仅考虑到了这一点，而且非常重视对借贷双方的风险判断。

四、现代金融危机理论面临新经济范畴的挑战

从整体上看，从"债务—通货紧缩理论"到"金融不稳定假说"，是以过去的 100 年，特别是 20 世纪 30 年代初全球经济大萧条以及 90 年代末亚洲金融危机为背景的，其分析侧重于传统市场经济运行过程中出现的问题。然而，在亚洲金融危机后的几年里，虚拟经济的蓬勃发展，正在改变着全球经济运行的固有模式，正在突破原有的经济理论和思维范式。就金融危机理论而言，面临来自这种新的经济运行方式的挑战就显得更加突出。

（一）虚拟经济的不确定性与实体经济的不确定性有很大区别

虚拟资产交易的全球化，使任何一个局部市场的不确定性都会快速传递到别的市场，正如"所有的人在一条船上从莫斯科到马尼拉、从东京到得克萨斯，只有一个金融体系"（Susan Strange，1998）。因此，侧重于单一区域和国家分析的现代金融危机理论，已经很难找到目前这一全球连贯性金融体系中的致命弱点。由于新的信息技术广泛应用于金融领域，金融创新和证券市场得到了前所未有的快速发展，使虚拟资本运动与实体经济日益脱离；虚拟经济呈现出独自的运行规律，并冲击着整个经济体系。而现代金融危机理论依据金融机构的日常经济活动来预测未来的现金流，故对此已失去了解释力，即已经很难用以现金流为重点的资产选择模型来解释虚拟经济中经济主体的"异常"行为，特别是难以解释资本资产的价格泡沫。

（二）现代金融危机理论对投资者心理预期的考虑不足

现代金融危机理论对于金融危机发生、传导机制中的信息、新闻、政治等短期因素研究不足，而这些因素（特别是政治因素）恰恰在虚拟经济时代对投资者交易心理预期的影响是决定性的。同时，较之于传统理论，尽管现代金融危机理论对于政府行为的假设进行了很大的调整，但是，对政府在金融不稳定中的政策选择和可能结果仍然缺乏深入的分析。

（三）当代经济周期的波动方式已经超越了原有分析框架的解释能力，这是现代金融危机理论目前遇到的最大困难

实体经济是一种基于成本定价的经济模型，而虚拟经济是一种基于预期的资产化定价模型。经济萧条、复苏、繁荣和衰退的周期性波动是实体经济不可避免的现象；无论是明斯基的金融不稳定假说，还是克鲁格曼的金融过剩观，其实都是以实体经济波动规律为基点的，从而得出金融不稳定始于金融扩张，投资是带动整个经济周期波动的原发性因素等重要结论。但是，虚拟经济时代的经济周期波动方式已发生了很大改变，并带来了更大的不确定性，原有的理论不仅对此缺乏解释力，而且也使自身一些关键性命题的基础面临着动摇。

本章主要介绍了国际金融危机理论的发展脉络，综述了西方著名经济学家有关危机的理论，并对此进行了简要的评价。从早期"债务—通货紧缩"理论到后来较成熟的三代货币危机理论等的国际金融危机理论，为我们揭示了金融危机发生的原因和后果，成为国际金融理论重要的组成部分。西方经济学家有关货币危机的理论探讨仍在继续，现实经济中的风险多种多样，相互掺杂，导致现代意义上金融危机的产生及其对经济的影响越来越复杂。不仅如此，金融危机兼具货币危机、银行危机、系统性危机的特征，其扩散速度之快、传染效力之强都是史无前例的，分析金融危机产生的原因及其传染机制具有极强的现实意义，同时一国货币当局风险防范机制的健全以及全球经济的协调合作显得尤为重要。

参 考 文 献

[1] 金德尔伯格：《西欧金融史》，中文版，北京，中国金融出版社，1991。

[2] 金德尔伯格：《经济过热、经济恐慌与经济崩溃》，中文版，北京，北京大学出版社，2000。

[3] 陈野华：《西方货币金融理论的新发展》，成都，西南财经大学出版社，2000。

[4] 王广谦：《20 世纪西方货币金融理论研究：进展与述评》，北京，经济科学出版社，2003。

[5] 斯特兰奇：《疯狂的金钱》，中文版，北京，中国社会科学出版社，2000。

[6] 奥村洋彦：《日本泡沫经济与金融改革》，中文版，北京，中国金融出版社，2000。

[7] 希勒：《非理性繁荣》，中文版，北京，中国人民大学出版社，2001。

[8] 陈岱孙、厉以宁：《国际金融学说史》，北京，中国金融出版社，1991。

[9] 臧景范：《金融安全论》，北京，中国金融出版社，2001。

[10] 胡海鸥：《货币政策和货币理论》，上海，上海人民出版社，2004。

[11] 徐滇庆、于宗先等：《泡沫经济与金融危机》，北京，中国人民大学出版社，2000。

[12] 陈雨露：《现代金融理论》，北京，中国金融出版社，2001。

[13] 曾康霖：《虚拟经济活动新领域》，成都，西南财经大学出版社，2003。

[14] 唐旭：《金融理论前沿课题》（第二辑），北京，中国金融出版社，2003。

[15] 刘园、王达学：《金融危机的防范与管理》，北京，北京大学出版社，1999。

[16] 陈学彬：《当代金融危机形成、扩散与防范机制研究》，上海，上海财经大学出版社，2002。

[17] 王益、白钦先：《当代金融辞典》，北京，中国金融出版社，2000。

[18] 加尔布雷斯：《"泡沫"的故事——金融投机历史回顾》，载《改革》，1994。

[19] 麦克林托克：《国际金融的不确定性》，载《经济译文》，1997。

[20] 吴有昌：《现代货币危机理论及其启示》，载《财贸经济》，1999。

[21] 李心丹：《国外金融体系风险理论综述》，载《经济学动态》，1998。

[22] 王勤：《东南亚国家金融动荡及其原因探析》，载《世界经济》，1997。

[23] Graciela L. Kaminsky, 1999. *Currency and Banking Crises：The Early Warnings of Distress*, IMF Working Paper 99/178 (Washington, DC：International Monetary Fund, December).

[24] Minsky Hyman, 1986. *Stabilizing an Unstable Economy*, Yale University Press.

[25] Tobin, Lames, 1989. *Review of Stabilizing an Unstable Economy*, Journal of Economic Literature, March.

[26] Calomiris, Charles, 1993. *Financial Factors in the Great Depression*, Journal of Economic Perspectives, Spring.

[27] Charles P. Kindleberger, 1996. *Manias, Panics and Crashes：A History of Financial Crises*, Macmillan.

[28] Jeffrey D. Sachs, 1998. *Alternative Approches to Financial Crisis in Emer-ging Markets*.

[29] B. S. Bernanke&M. Gertler, 1989. *Agency Cost, Net Worth, and Business Fluctuations*. American Economic Review, March.

[30] B. S. Bernanke . M. Gertler&S. Gilchrist, 1994. *The Financial Accelerator and the Flight to Quality*, NBER working paper No. 4789.

[31] B. S. Bernanke . M. Gertler&S. Gilchrist, 1998. *The Financial Accelerator in a Auantitative Business Cycle Framework*. in J. Taylor&M. Woodford (eds), Handbook of Macroeconomics, Vol.1, North Holland, Amsterdam, (11).

第十五章

国际金融监管理论

金融作为现代经济的核心，其运行、发展对一国经济有着重要作用，但时常也会给社会生产以及人们的生活带来痛苦与灾难。作为一种特殊的行业和部门，金融业的运营常常是与金融风险相伴而行的，如金融风险如影相随，金融危机频繁爆发。为了杜绝与防范金融危机，以及确保金融秩序的稳定以及金融体系的安全，国际金融组织和一国政府需要健全与完善有效的金融监管。国际金融监管理论是国际金融理论的一个重要分支，对有效抑制和管理金融风险起着重要作用。

银行以及其他金融机构的不断破产、倒闭等，都已经越来越成为困扰一国政府决策以及该国经济发展的一大因素。根据历史上的相关统计数字，自 1551 年至 1866 年的 316 年时间内，欧洲大约每隔 10 年左右的时间就会发生一次金融危机。除了 20 世纪 30 年代的大危机对世界经济造成严重影响之外，从 1980 年至 1996 年，国际货币基金组织（IMF）181 个成员国中有 133 个都曾经历过重大的金融问题或金融危机。①

第一节　20 世纪金融监管理论的演进

20 世纪国际金融领域的监管实践无非是对金融监管一般理论的具体运用，并对其加以丰富和完善的过程。应当说，20 世纪国际经济是在政府干预思潮与自由放任思潮的相互较量中发展的，这两种思潮的内涵自然会成为经济理论研究的焦点。尽管金融监管本身并不等同于政府干预，但是金融监管理论受政府干预理论强有力的支持与影响，并随着双方争论的此消彼长而不断发生着变化。正如其他经济理论与其实践的相互关系一样，金融监管理论本身也具有很强的实践性，它的产生与发展，主要来源于金融监管实践的发展变化，因此，我们在分析与研究金融监管理论的发展变化过程时，既要分析、探讨当时主流经济学思想及理论的影响，又要考虑当时金融领域的实践活动及监管理念。从这个意义上讲，20 世纪金融监管理论的发展、演变历程可以被看做是各国金融监管实践经验的浓缩与抽象总结的过程。

---

① 陈建华：《金融监管有效性研究》，1 页，北京，中国金融出版社，2002。

一、20 世纪初—20 世纪 30 年代：金融监管理论的萌芽

早期的金融监管并没有固定的制度安排可以遵循。政府对金融活动实施的监管最早可以追溯到 18 世纪初英国颁布的旨在防止证券过度投机的《泡沫法》。1711 年，英国牛津的伯爵——哈利创建了南海公司。该公司除了承接英国政府的债务回报，并可得到政府 6% 的"安全利率"之外，还获得了南海贸易的垄断权以及南美金银矿藏的开采权。正因为如此，该公司的股票价格从 1720 年 1 月的 128 英镑，一直上涨到 6 月的 890 英镑、7 月的 1 000 英镑①。在证券市场存在如此严重的泡沫的情形下，1720 年英国议会颁布了《泡沫法》。该法的通过标志着一国政府对金融活动介入的开始，以至于直到现在，《泡沫法》的许多原则仍然影响着各国金融监管的实践。

尽管如此，但真正意义上的金融监管是与中央银行制度的建立和发展直接相联的。可以这样说，中央银行制度的普遍确立才是现代金融监管的起点。

众所周知，古典经济学以及新古典经济学历来崇尚市场的力量，崇尚"自动均衡理论"中的"自由市场、自由经营、自由竞争、自动调节、自动平衡"五大原则，主张发挥市场机制对经济的自发调节作用，反对政府干预，认为什么也不管的政府才是最会管理的政府，政府只不过是在充当着市场经济"守夜人"的角色。这样，其所推崇的市场"看不见的手"的理念就与中央银行的金融监管职能显得格格不入。

起因于 1797 年英格兰银行宣布停止银行券兑换黄金，并由此引发金块主义与反金块主义之间历经 20 多年的争论，在货币供应上留下了许多问题尚待进一步研究。英国经济学家亚当·斯密提出了著名的"真实票据理论"。该理论认为，只要银行完全按照"真实票据"进行货币发行，主要投资于体现实际生产的短期商业票据，就不会引发通货膨胀或通货紧缩，市场能够自动调节，"看不见的手"能够发挥作用，中央银行没有专门管理货币的必要。英国的另一位经济学家亨利·桑顿在 1797—1825 年的"金块论战"中指出，真实票据的不断贴现，将会导致信用链条的延长以及信用规模的成倍扩张，因此，真实票据原则并不能保证银行有足够的流动性或货币供给弹性，进而避免银行遭到挤提以及引发通货膨胀或紧缩。以真实票据原则发行银行券存在发行过度的危险，应该受到集中的监管。在随后半个多世纪的争论中，桑顿的观点得到了实践的支持与检验，统一货币发行的中央银行在各国纷纷建立。因此，中央银行制度最初建立的目的只是在于统一管理货币发行，而不在于监管整个金融体系，更不会涉及金融机构的微观行为。

另外，古典经济学和新古典经济学主张，货币是"中性的"，对经济没有实质性的影响。因此中央银行统一货币发行的行为只是与政府统一度量衡的行为一样，是为了便利经济活动的开展，其行为俨然是"守夜人"意义上的，而不是实际的政府干预。中央银行的另一项职能——建立全国统一的票据清算系统、协调票据清算在性质上也是如此。

---

① 白钦先、张荔：《发达国家金融监管比较研究》，1 页，北京，中国金融出版社，2003。

统一货币发行和票据清算之后，货币信用的不稳定问题仍然没有消失，许多金融机构常常由于不谨慎的信用扩张而引发金融体系连锁式的波动，进而引起货币扩张或紧缩并制约经济的发展。这与古典经济学和新古典经济学"货币中性"的主张明显相悖。因此，作为货币管理者，中央银行逐渐承担起信用"保险"的责任。作为众多金融机构的最后贷款人为其提供必要的资金支持和信用保证，目的是防止因公众挤提而造成银行连锁倒闭和整个经济活动的剧烈波动。这样，中央银行的职能就从以统一货币发行和提供弹性货币供给为特征的货币管理职能，逐渐衍生出最后贷款人的职能，进而承担起稳定整个金融和经济体系的重任。

"最后贷款人"一词，是巴奈霍特于 1837 年在其《伦巴第街》一书中首次提出的。面对 1847 年、1857 年以及 1866 年英国发生的货币危机，成立于 1694 年的英格兰银行尽管位居该国整个银行业之首，且享有一定的特权，但由于其自身为一家私人盈利机构，所以在危机面前一直不愿意倾其全力对外提供贷款。这样，在银行体系内部不稳定的条件下，承担着"最后贷款人"职能的无私利动机的机构便呼之欲出。经过相当长一段时间的探索与争论，"最后贷款人"的角色最终由银行的银行——中央银行来承担。尽管最后贷款人可以确保金融机构乃至整个金融体系不至于因金融恐慌而崩溃，可以确保为金融机构提供资金融通，并传递与实施金融调控的意图，但中央银行职能的扩大，最后贷款人制度的实施仍然算不上完全意义上的金融监管，它只不过是为中央银行进一步演变为更加广泛金融活动的监管者奠定了基础。中央银行可以通过最后贷款，迫使其他金融机构接受或者遵从其指示，并由此进一步地对金融机构的经营行为进行检查。但这种检查仅仅是基于贷款协议的安排，类似于商业银行对借贷企业所进行的财务及信用检查，而不是行政或法律行为。

20 世纪 30 年代以前的金融监管理论主要集中在中央银行实施货币管理以及防止银行挤兑的政策层面上，而对于金融机构经营行为的管制、监管和干预则很少论及。真正意义上的金融监管是在 20 世纪 30 年代大危机之后才开始出现的。

二、20 世纪 30 年代—20 世纪 70 年代：金融监管理论的发展

20 世纪 30 年代至 70 年代是金融监管理论的发展时期。1929 年 10 月 24 日美国纽约华尔街股票市场的暴跌，迅速波及美国全部产业界，并蔓延到欧洲各国，最终席卷整个西方世界。30 年代席卷整个西方世界大危机的爆发，在使整个西方经济陷入"全部毁灭"边缘的同时，也打破了传统经济学的美妙说教，使得当时占统治地位的自由放任学说不仅在理论上不能自圆其说，而且在政策主张上也束手无策。大危机的严酷现实，一方面，说明古典经济学所崇尚的"看不见的手"无所不能只是一种神话，另一方面，表明金融市场具有很强的不完全性。在金融市场上，由于市场信息的不完全以及金融体系自身的特点，金融市场的运行有时也会出现失灵。从某种意义上说，金融市场失灵则是金融监管理论产生的基石。

与同时期金融监管的一般理论相适应，各国金融监管的实践也需要面对金融市场上存在着的不完整性：

（一）金融体系表现明显的负外部效应

1. 金融机构较高的资本利用率。由于金融机构特别是商业银行存在着较高的资本利用率，因此，其资产的运营规模相对于自身资本就会显得非常庞大。一旦受到来自外部因素的干扰或者其自身的资产运营出现问题，金融机构将会面临巨大的风险。

2. 金融机构出现问题后的高度传染性。金融机构出现问题后的高度传染性，一方面，表现为一家金融机构出现存款挤兑现象时，往往会波及其他的金融机构，进而导致整个金融业挤兑风潮的产生；另一方面，表现为一个或者几个金融机构之间的资金支付系统出现问题，进而造成整个金融机构支付体系的瘫痪。金融机构发生问题后的高度传染性，通常影响着一国经济乃至整个社会的稳定。

3. 金融危机会对实物经济造成严重的损害。金融危机的爆发，往往会迫使商业银行等金融机构减少资金供给，使得各种贷款被大量收回，这对实际生产部门将产生非常不利的影响，使其正常的生产活动遭受严重的打击，进而影响整个国民经济。

（二）金融市场存在着严重的信息不对称

金融市场存在着严重的信息不对称现象，将极大地影响金融交易的透明度。在金融交易的透明度不高的条件下，交易的一方将一直处于弱势地位，这不仅会使其交易成本增加，而且将使其对金融交易"望而却步"，进而减少投资者对金融资产的需求，造成整个金融资源的严重浪费。

（三）金融体系存在着严重的垄断倾向

金融机构出现的规模经济效应，通常会束缚金融机构之间的充分竞争，这将影响整个金融业经营效率的提高，不利于金融资源的有效配置。

正因为如此，大危机过后，立足于市场不完全、主张国家干预政策和重视财政政策的凯恩斯主义取得了经济学的主流地位。正所谓，当市场经济自身的"看不见的手"对市场的调节存在一定缺陷时，必须借助政府的"看得见的手"来加以弥补、修正及完善。就像著名的经济学家萨缪尔森所说的那样："我所做的全部事情，就是为了说明凡是市场做不了的一定要交给政府去做。"[①] 在这一时期，金融监管理论主要是以维护金融体系安全，弥补金融市场的不完全为研究的出发点和主要内容。主张政府干预、弥补市场缺陷的宏观政策理论，以及市场失灵理论和信息经济学的发展进一步证实了强化金融监管的理论主张。这段时期的金融监管理论研究成果是，自由的银行制度和全能的金融机构具有较强的脆弱性和不稳定性，认为银行过度参与投资银行业务，并最终引发连锁倒闭则是经济危机爆发的导火索。

这一时期的金融监管理论主要是顺应了凯恩斯主义经济学对"看不见的手"自动调节机制的怀疑，为20世纪30年代开始的严格而广泛的政府金融监管提供了有力的支持，并成为第二次世界大战后西方主要发达国家对金融领域进一步加强管制的主要依据。在凯恩斯主义宏观经济理论的影响下，传统的中央银行的货币管理职能已经转化为制定和执行货币政策并服务于宏观经济政策目标，金融监管更加倾向于政府的直接管制，并放

---

① 孔祥毅：《宏观金融调控理论》，5页，北京，中国金融出版社，2003。

弃自由银行制度，在法律法规和监管重点上，对金融机构的具体经营范围和方式进行规制和干预逐渐成为这一时期金融监管的主要内容。

三、20 世纪 70 年代—20 世纪 80 年代：金融自由化赋予金融监管理论新的内涵

正如长期服用刺激性药物会对人体产生严重副作用一样，西方经济界长期实施赤字财政政策和扩张性货币政策同样也会带来严重的后果——经济"滞胀"。20 世纪 70 年代，困扰发达国家长达十年之久的经济"滞胀"宣告了凯恩斯主义宏观经济政策的终结，以新古典宏观经济学和货币主义学派、供给学派为代表的自由主义理论和思想开始复兴。市场的失灵并不意味着政府干预必然导致情况有所改善，政府干预也存在着"政府失灵"的现象。市场经济应像诺贝尔经济学奖得主弗里德曼所说"我的全部论证旨在说明一个问题，就是凡是市场能做的一定要交给市场去做"的那样去运行。同样，在金融监管理论方面，金融自由化理论逐渐发展起来并在学术理论界和实际金融部门不断扩大其影响。

金融自由化理论主要从两个方面对 20 世纪 30 年代以后的金融监管理论提出了挑战。一方面，金融自由化理论认为政府实施的严格而广泛的金融监管，使得金融机构和金融体系的效率下降，压制了金融业的发展，最终导致了金融监管的效果与促进经济发展的目标不相符合。另一方面，金融监管作为一种政府行为，其实际效果也受到政府解决金融领域市场不完全性问题能力的限制，市场机制中存在的信息不完全和不对称现象，在政府金融监管过程中同样会遇到，而且可能更加严重，即政府也会失灵。

"金融压抑"和"金融深化"理论是金融自由化理论的主要部分，其核心是放松对金融机构的过度严格管制，特别是消除对金融机构在利率水平、业务范围和经营地域等方面的种种限制，恢复金融业的竞争，以提高金融业的活力和效率。

如果 20 世纪 30—70 年代金融监管理论的核心是金融体系的安全优先的话，那么，金融自由化理论尊崇效率优先的原则。30 年代以前基本不受管制的自由金融体系在 30 年代的大危机中崩溃，导致金融体系的安全性成为人们优先考虑的目标；30—70 年代日益广泛、深入的金融监管，特别是那些直接的价格管制和对具体经营行为的行政管制，严重束缚了金融机构自主经营和自我发展的手脚，而在存款保险制度已充分发挥其稳定作用、银行挤兑现象已经大为减少的情况下，对金融机构效率、效益的要求就日益凸显出来，并超越了安全性目标的重要性。所以，金融自由化理论并不是对政府金融监管的全面否认和摒弃，而是要求政府金融监管作出适合于效率要求的必要调整。

四、20 世纪 90 年代以后：安全与效率并重的金融监管理论

自由主义经济理论的"复兴"，并没有否定市场的固有缺陷。在新经济自由主义兴盛的同时，人们从当今世界各国所实施的经济政策中仍然可以明晰地感觉到浓重的凯恩斯主义色彩。政府对经济的宏观控制与调节职能不是被取消了，而是被改善了。新经济自由主义的经营理论中仍然掺杂着凯恩斯主义政府干预的成分，它们与"政府干预论"

的差异主要体现在干预的范围、手段和方式等方面。因此，无论是在发达国家还是在发展中国家，金融自由化的步伐一直没有停止，在 20 世纪 80 年代后半期和 90 年代初，金融自由化达到了高潮，很多国家纷纷放松了对金融市场、金融商品价格等方面的管制，一个全球化、开放式的统一金融市场初见雏形。

然而从 20 世纪 90 年代初开始，一系列区域性金融危机的相继爆发，迫使人们又重新开始关注金融体系的安全性及其系统性风险，金融危机的传染与反传染一度成为金融监管理论的研究重点。在 1997 年亚洲金融危机爆发以前，面对各国金融开放的热潮，一批有识之士，如斯蒂格利茨和日本的青木昌彦曾经提出的金融约束论，成为金融监管理论进一步发展的标志性文献。对于金融危机爆发的原因，理论界研究甚多。一般倾向于认为，金融自由化和金融管制的放松并不是最主要的，事实证明，很多高度开放的经济体，同时拥有较高的金融自由度和市场稳定性，并且为经济发展提供了效率保证。一些专家认为，问题的关键可能在于，那些实行金融自由化的国家，其政府管理金融活动的能力，以及经济发展和开放策略的顺序可能存在差异。

20 世纪 90 年代的金融危机浪潮推动金融监管理论逐步转向如何协调安全稳定与效率方面。与以往的金融监管理论有较大不同的是，现在的金融监管理论除了继续以市场的不完全性为出发点研究金融监管问题之外，也开始越来越注重金融业自身的独特性对金融监管的要求和影响。这些理论的出现和发展，不断推动金融监管理论朝着管理金融活动和防范金融体系中的风险方向转变。鉴于风险和效益之间存在着替代效应，金融监管理论演变的结果，既不同于效率优先的金融自由化理论，也不同于 20 世纪 30 年代至 70 年代安全稳定优先的金融监管理论，而是二者之间新的融合与均衡。

另外，面对经济一体化、金融全球化的发展，对跨国金融活动的风险防范和跨国协调监管也已成为当前金融监管理论的研究重点。以国际清算银行、国际货币基金组织等为代表的国际金融组织对国际金融监管理论的发展作出了新的贡献。

第二节　金融监管体系、监管原则以及监管目标的界定

金融监管（Financial Supervision and Regulation）主要是指一国中央银行或其他金融监管机构对金融机构所实施的各种监督和管制，包括对金融机构的市场准入、业务范围、市场退出等方面的限制性规定，对金融机构内部组织结构、风险管理和控制等方面的合规性要求，以及一系列相关的立法体系与过程。从监管层面上看，金融监管通常包括金融监督与金融管制两个方面。金融监督（Financial Supervision）是指对金融机构的业务活动以及金融市场上交易行为的监督，目的是使这些活动或者行为合规、合法；金融管制（ Financial Regulation）是指对金融机构的业务活动以及金融市场上的交易行为制定规则，目的是通过这些被监管者的活动或行为来实现监管者的目标。从监管内容上看，金融监管主要有广义和狭义之分。广义的金融监管除了包括对金融体系的监管之外，还包括各金融机构内部的稽核、行业自律性组织的监管；狭义的金融监管仅仅是指

一国中央银行或者其他金融管理当局所实施的监管。除非特别说明，金融监管一般是指狭义的概念。金融监管实际上属于经济管制的一种，但由于金融体系的特殊性，金融监管又不同于一般的经济管制。从某种意义上讲，金融监管理论不过是照搬与套用经济管制的理论，并将其与金融运行的特殊性相结合而已。

一、金融监管体系

金融监管体系往往是指金融监管的职责和权利分配的方式和组织制度。由于各国的历史发展、文化传统以及政治经济制度等方面都存在差异，因此，各国在金融监管体系上也存在着一定程度的差别。金融监管体系主要有两种划分方式，一是按监管机构设立的不同来划分，主要分为单一监管体系和多元监管体系两种；二是按照监管机构的监管范围划分，可分为集中监管体系和分业监管体系两种。一般而言，实行单一监管体系的国家多在监管范围上实行集中统一监管，而实行分业监管的则大多是实行多元监管体系的那些国家。

（一）单一监管体系

单一监管体系是把金融业作为一个相互联系的整体，一般由一个监管机构承担监管职责的一种监管制度。有时又称之为"一元化"监管体系。在这种体系下，金融监管的职责多数是由该国的中央银行来承担。

英国是侧重于实施单一监管体系的国家之一，尽管其在历史上曾经实施过多元监管体系。作为历史上成立时间较为悠久的银行，英格兰银行自1844年《皮尔条例》通过后便获得了凌驾于其他银行之上的权利——货币发行权，随后，更是凭借自身实力和政府支持，逐渐承担起中央银行的各种职能。《1946年银行法》将英格兰银行国有化，并授予其对其他银行的监管权。但这种规定只是抽象意义上的，英格兰银行从未实施过这一权利，大多依靠的是金融业自律和道义劝说。之所以出现上述状况，主要原因在于各金融机构的配合以及英国金融体系的健全、高效和稳定。

以往由英格兰银行、英国证券投资委员会、英国建筑业协会委员会、贸工部等9家机构分别对银行、证券、保险业实施分业监管，自20世纪90年代以来，伴随着金融业的发展而显得力不从心。首先，一家金融机构在受到多个监管机构监督时，往往出现监管业务交叉，同时，又容易出现一定程度的监管真空，这一方面会降低金融监管的效率，另一方面也会提高监管的成本。其次，近年来，伴随着金融环境的日益复杂化，仅仅依靠行业自律和道义劝说，已不足以确保金融机构的稳定。为了适应金融业的发展，1997年，英国的金融监管体系进行了改革，将英格兰等9家监管机构的监管职能移交给新成立的超级监管机构——金融服务局（Financial Service Authority），统一对银行、证券和保险等领域的监管，而英格兰银行则负责制定和执行货币政策。

单一监管体系的优势在于：一是使被监管机构只面对一家监管机构，这样可以避免监管真空和监管交叉，监管效率得以提高，监管成本大为降低；二是监管机构可以准确把握被监管机构存在的问题，全面评估被监管机构存在的风险，为确保金融体系的稳健运营创造条件。

（二）多元监管体系

多元监管体系是指根据金融业内不同的机构主体及其业务范围而分别实施的监管制度。在多元监管体系下，一般由多个金融监管机构共同承担监管职责。

美国是实施多元金融监管体系的代表。美国监管体系的多元化，一方面表现为联邦一级的监管机构是多元的，另一方面表现为美国的 50 个州都设有金融监管机构。它实施的是联邦和州两级多元监管，又称为"双线多头监管体系"。联邦一级的监管机构有 6 个，虽然职能有交叉，但业务各有重点。它们分别是：（1）联邦储备体系，负责管理会员银行和一切银行持股公司。所有国民银行必须加入联邦储备体系，并成为会员银行，州银行可以自行选择是否加入。（2）货币监理局，负责对联邦注册银行的审批和检查。货币监理局隶属于财政部，其经费是独立的，其着重检查银行内部是否有建立在风险管理基础上的内部控制制度，以及各级管理人员的专业管理能力。货币监理局除年度现场检查外，平时靠分析和研究银行的报表，以对银行的经营状况进行严密监控。（3）联邦存款保险公司，主要监督参加保险的非会员银行和已参加保险的州注册储蓄银行，并规定，凡是参加了联邦存款保险的银行都必须接受该公司的检查和监督。（4）联邦住宅贷款银行及其下设的联邦储贷保险公司，管理和监督储蓄银行和储蓄贷款协会。（5）全国信用合作社管理局，管理和监督信用合作社以及协调各管理机构同各州监督官员之间的关系。（6）证券交易委员会，是对证券发行、交易管理的最高机构。其负责发布并解释有关证券的命令、决议，对市场交易进行监督，对证券市场进行管理，对违法者予以制裁，收集、传送有关证券交易的信息。

美国各州有自己的金融管理机构，负责在州注册的金融机构的监管，如注册、业务检查、业务监督、分支机构的设立及关闭等事宜。美国保险业主要是由各州监管，联邦政府只对其未涉及领域进行监管。

美国多元监管体系的优势在于制度严密，管理立法不断出台，金融业运营有章可循。与此同时，该体系的缺点也较明显，如容易造成业务交叉，职责不明，遇事时相互推诿，矛盾冲突不断，内耗严重等。

伴随着金融业混业经营时代的到来，美国金融业的监管也经历着许多新的变化。1999 年 11 月 4 日通过的《金融服务现代化法案》，标志着美国商业银行、证券、保险分业经营格局的终结，美国金融监管也正逐渐步入混业经营的时代。

从监管体系的发展变化来看，金融监管经历着从单一监管到多元监管，再到单一监管的发展轨迹。最初，金融机构种类较少，主要是以商业银行为代表的存款类金融机构，彼此之间没有严格的分业管制，对应的监管机构较少，主要由各国中央银行承担监管职能。后来，由于金融机构种类的增多以及金融业务的多元化，金融监管呈现出多元化的监管体系。到 20 世纪 80 年代以后，伴随着金融市场一体化以及金融管制自由化的发展，各类金融机构之间的界限越发模糊起来，多元化的金融集团以及金融控股公司不断出现。为了统一监管原则，协调多元化的金融监管，多元化的金融监管体系又呈现出向单一监管体系回归的痕迹。1997 年英国成立的金融监管局以及 1999 年美国通过的《金融服务现代化法案》便是很好的例证。

二、金融监管原则

尽管金融监管体系在各个国家会出现差异，但金融监管的基本原则应当是相通的，因为监管原则是各国金融监管机构进行有效监管的指南，各国之间均可以相互彼此借鉴。虽然 1997 年巴塞尔委员会公布的《有效银行监管的核心原则》主要是针对银行业的，但其核心思想早已贯穿和渗透到整个金融监管体系之中，对整个金融业而言，这将是十分有益的。

（一）独立性原则

《有效银行监管的核心原则》指出，在一个有效的银行监管体系下，银行监管机构要有明确的目标和责任，并在操作上享有充分的自主权及资源。从某种意义上讲，独立性原则是确保整个金融监管得以有效进行的前提。

（二）依法监管的原则

尽管各国法律存在差异，但金融行业的特殊性决定了各国的金融监管必须依法进行，否则，健全有效的金融监管将难以维持下去。

（三）"内控"与"外控"相结合的原则

无论从哪个角度来看，来自于金融机构外部的强制的金融监管都是必需的，是确保金融行业得以维系的前提，但仅有外部监管尚不完备，还难以保证监管能够达到预期效果。为此，需要建立与完善各个金融机构的内部控制制度。只有保持内控与外控的相互结合，才能达到金融监管的有效、及时。风险预防就是要求监管者掌握完善的监管手段，以便在银行未能满足审慎要求或当存款人的安全受到威胁时采取措施予以纠正。

三、金融监管目标

现实生活中，人们常常会问"金融监管的动机是什么？"、"金融监管需要达到什么样的结果？"等一些具体问题。正如前面所讲的那样，金融监管不过是经济管制思想在金融领域的具体运用而已。根据经济管制理论，经济管制不外乎要达到以下几种目标：一是消除市场不完全性，促进市场竞争。这是一种在施蒂格勒于 1962 年发表《管制者能管制什么？电力部门的实例》之前颇为流行的理论，俗称为"公共利益理论"。二是管制是被政治家当做争取选票的工具而已，是为特殊利益服务的，是特殊利益集团用以抬高价格或者干预市场以追逐自身利益的工具。此外，它还认为，管制可以纠正市场失灵，这一理论通常被称为"特殊利益理论"，代表性人物主要包括施蒂格勒和匹兹曼等。三是管制政策应倾向于消费者利益的最大化，这一理论被称为"消费者利益论"。四是管制者可以利用管制政策获取最大利益，但无法将管制利益攫取干净，这正如运输业的管制可以使运输业的管理者以及司机均受益一样，这一理论被称为"公共选择理论"。

由此，金融监管的目标就可以界定为：第一，促进竞争与阻止垄断经营。促进竞争与阻止垄断经营的观点是由逖姆·坎培尔（Tim S. Campell）根据公共利益理论提出的。它认为，垄断会损害市场效率，会破坏金融资源的有效配置，因此，需要加强金融监管。第二，保护存款人的利益。保护存款人的利益的观点是由马丝艾斯·德沃特里庞

（Mathias Dewatripont）和吉恩·泰勒尔（Jean Tirole）提出的。它认为，金融管制的目的就在于防止金融机构破产，保持金融业稳定，保护存款人的利益。第三，保证金融业的正常运转。保证金融业的正常运转的理论的代表人物主要有帕垂克·厚纳翰（Patrik Ho-nohan）和帝米垂·威塔斯（Di-mitri Vittas）。第四，维持金融体系的稳健性。卡尔·约翰·林捷瑞恩、吉连·加西亚和马修·I. 萨尔认为，稳健的金融体系可以确保金融机构具有偿还能力。

上述目标的界定已经相应地在各国中央银行以及金融管理当局的相关法律规定中得到了印证。《美国联邦储备法》说明，制定该法的目的之一就是要"建立对银行更有效的监督"。美国货币监理署明确说明其宗旨就是要"建立一个安全与稳定的金融体系，并确保该体系在竞争的市场上为公众提供尽可能多样的金融服务"。《日本普通银行法》说明监管是"以银行业务的公正为前提，以维护信用确保存款者的利益，谋求金融活动的顺利进行，并以银行业务健全而稳妥地运营，有助于国民经济的健全发展为目的"。《法兰西银行法》表明"该银行是国家赋予权力在国家经济及金融政策体制下监控货币及信用供给的工作机构，并确保银行体系的正常运转"。《德国银行法》授权"联邦金融管理局监管所有的信贷机构，以确保银行资产的安全、银行业务的正常运营以及国民经济运转的良好结果"。

从上述几个国家金融监管的法规与实践来看，世界各个主要国家都把建立与维护一个稳健、高效的金融体系作为其实施金融监管的基本目标，至于金融监管的其他目标，则在不同国家以及不同国家的不同发展阶段会有所不同。

第三节　国际金融监管的一般理论

综观国际金融监管理论的发展过程，我们可以发现，金融监管理论所研究与探讨的内容实际上就是金融管制理论的相关内容。换言之，金融监管理论实际上就是金融管制理论，而金融监督只不过是金融管制理论及其规则的具体运用。

严格地讲，到目前为止，金融监管理论自身还未形成一套完整的体系，它无非是用经济管制的一般理论，并结合金融体系的特殊性来阐述金融监管的必要性。金融监管的一般理论主要可以划分为两类：一类是用来说明金融监管的必要性及有效性，这主要包括金融脆弱性理论、公共利益理论以及戴蒙德—迪布维格的银行挤兑模型；另一类则是用来说明金融监管的失灵以及管制需要花费相关的成本，这主要包括管制供求理论、管制寻租理论以及管制成本理论等。

一、公共利益理论

公共利益理论主要是在 20 世纪 30 年代世界经济金融危机出现后提出来的、强调政府加强管制的一种理论。该理论认为，单纯自由竞争的市场机制并不能带来资源的优化配置，个体的行为可能会损害其他人的利益，甚至使整个社会遭受损失。市场本身也存在着不足及缺陷，即所谓的市场失灵。为了解决市场失灵所导致的金融资源不能有效配置的问题，需要借助于外部的力量即政府来解决。管制是消除市场失灵的有效手段。

市场失灵常常表现为：自然垄断、外部效应、信息不对称等。

（一）金融行业中的自然垄断

根据经济学观点，判断某一行业是否具有自然垄断倾向，主要依据就在于其生产函数是否具有规模经济的特征，即其生产的平均成本是否会随着产出的提高而降低。如果某一行业存在着生产的平均成本随着产出的提高而降低的现象，那么，在行业中，生产规模越大的企业越具有竞争优势，因而该行业具有自然垄断的倾向。

由于金融行业的特殊性，很多国家的这一领域都存在着规模经济的特征。在发展中国家，由于信贷市场存在着"信贷配给"现象以及呈现出卖方市场的特征，因而金融行业自然垄断的现象是非常普遍的。这就需要政府进行金融管制，以阻止金融资源的低效率配置。

（二）金融体系的外部效应

外部效应是指提供一种产品或者服务的社会成本或收益与私人成本或收益之间存在着偏差的现象。当私人成本低于社会成本或者私人收益高于社会收益时，则存在负的外部效应；当私人成本高于社会成本或者私人收益低于社会收益时，则存在正的外部效应。

具有正的外部效应的产品就是公共产品，它具有两个主要特征，即共同消费和非排他性。这样，在对公共产品进行消费时，便容易产生"搭便车"以及公共产品供给不足的问题。作为一种公共产品，金融体系中也存在着"搭便车"以及供给不足的问题，这就需要政府强化管制来加以解决，进而达到公共产品的供需平衡。此外，金融体系中还存在着诸如高负债率和资产与负债的期限及风险不相匹配等负的外部效应，这也需要强化管制，从而保持整个金融体系的稳定。

（三）信息不对称

信息不对称是指信息在交易双方之间分布不均衡的现象。在金融交易中，存在着大量的信息不对称现象，如存款人与银行之间、贷款银行与借款人之间、证券投资者与证券发行及销售机构之间、保险人与被保险人之间等都会出现信息不对称的问题。这些现象的存在与发生，一方面造成金融交易风险陡然增加，另一方面还将造成金融市场的低效率以及不完全竞争。为了保证金融市场的稳定、降低金融风险，以及确保交易一方以及社会公众的整体利益，这就需要代表公众利益的国家对金融交易行为进行监督管理。

二、金融脆弱性理论

金融脆弱性理论主要是在20世纪后期，特别是在80年代以来，伴随着金融市场的剧烈动荡以及金融危机的频繁爆发而产生的一种用来解释危机成因、探求金融稳定的理论。该理论认为，金融体系是不稳定的，金融风险无处不在，金融危机在所难免，金融体系本身存在着脆弱性。

金融脆弱性主要有广义和狭义之分。广义的金融脆弱性是指一种趋于高风险的金融状态；狭义的金融脆弱性则是指高负债经营的行业特点决定了金融业具有更容易失败的本性。

金融脆弱性理论主要包括：

（一）明斯基的金融不稳定性理论

明斯基（1985）最先对金融脆弱性问题进行了系统的阐述，从债务—通货紧缩的角度分析了金融脆弱性。他认为，私人信用创造机构特别是商业银行和其他相关的贷款人的内在特性使得它们不得不经历周期性危机和破产浪潮，银行部门的困境又被传递到经济体的各个组成部分，进而产生经济危机。

明斯基将借款企业分为三类：第一类是安全型借款企业，是指企业的预期收入在总体上大于债务额，而且在每一时期内，其预期的收入流也大于到期债务本息。

用不等式可以表达为：$AQi > PCi$（$i = 1, 2, \cdots, n$）

式中，AQi 表示第 i 期的预期准租金，PCi 表示第 i 期的偿债数额。

第二类是投机型借款企业，是指企业的预期收入在总量上大于债务额，但在借款后的前一小段时期内（如 m 期），预期收入小于到期债务本金，但仍大于到期债务利息，该企业仍是可履约企业。

用不等式可表示为：$AQi < PCi$ （$i = 1, \cdots, m$，m 的数值较小）

$$AQi > PCi   （i = m + 1, \cdots, n）$$

$$AQ(y) > PC(y)(i = 1, \cdots, m)$$

式中，$AQ(y)$ 表示第 i 期的准租金，$PC(y)$ 表示第 i 期的到期债务利息。

第三类是高风险型借款企业，又称为蓬齐企业（Ponzi Firm），是指预期收入在总量上大于债务额，但在最后一期之前的每个时期内，其预期收入不仅小于到期债务本金，甚至小于到期利息。直到最后一期即第 n 期，该企业的预期收入方足以偿还前 $n - 1$ 期及第 n 期的到期债务。

用不等式表示：$AQi < PCi$（$i = 1, 2, \cdots, n - 1$）

$$AQi \geq PCi（i = n）$$

$$AQ(y) < PC(y)(i = 1, \cdots, n - 1)$$

$$AQ(y) \geq PC(y)(i = n)$$

很显然，安全型企业的运行是较为稳定的，其所面对的风险也是最低的；而投机型及高风险型企业则不同，其运行是不稳定的，且风险较大。

明斯基认为，经济周期将诱使企业进行高负债经营。起初，银行资金只会流入安全型企业，但随着经济的不断繁荣、扩张，企业的预期收益会上升，这样，投机型以及高风险型企业的银行借款也会不断增加，而且贷款的数量及比例均会超过安全型企业，于是，金融脆弱性问题就会显现出来。一旦经济出现波动，在银行紧缩银根、抬高利率的情况下，投机型企业以及高风险型企业的债务负担就会加重，甚至还会频繁出现资不抵债、破产倒闭的现象，进而加重银行负担，并引起连锁反应，加速金融动荡，危害金融安全，最终导致金融危机。

（二）克瑞格的安全边界理论

为了更好地解释金融脆弱性，克瑞格（1997）引用了"安全边界"一词。安全边界是指银行收取的风险报酬。当不可预测事件使得未来没有重复过去的良好记录时，安全边界能够为银行提供一种保护。仔细研究预期现金收入说明书和计划投资项目承诺书，是确定借贷双方都可以接受的安全边界的一个关键环节。

与借款企业相比，银行家对整体市场环境以及潜在的竞争对手更为熟悉，但银行家所遵从的依据于"摩根规则"而作出的贷款决定，会使得银行家运用不恰当的方法，即凭借着借款人过去的信用记录，来估价安全边界，而不大关注未来预期。由于银行家对借款人过去信用记录的关注提高了，在经济稳定时期，借款人的信用记录得以改善，银行家对借款人固有的怀疑情结会由此削弱，相应地安全边界就会降低。这样，一些先前不能从银行家那里获得贷款或者被要求很高安全边界的借款人，也可以轻易地获得贷款。这样，信用风险的敞口在不断扩大，金融体系的脆弱性不断显现出来。当安全边界减弱到最低程度时，哪怕是经济出现轻微的波动，金融危机也在所难免。

（三）斯蒂格利茨等人的信息不对称理论

斯蒂格利茨等人认为，尽管金融机构可以在一定程度上解决导致逆向选择和道德风险的信息不对称问题，但这要取决于以下两个主要条件：一是储户对金融机构的信心，二是金融机构对借款人进行高效率且低成本的筛选与监督。

当储户对金融机构保持足够的信心时，挤兑存款的行为就不会发生，金融机构便可以将所吸收的零散流动性负债转化为对借款人的非流动性债权，并获取利润。但是，当储户对金融机构失去信心时，储户的提现行为就会发生，并相应地波及其他金融机构乃至整个金融系统，挤兑风潮就会爆发，于是，金融机构不得不纷纷倒闭、破产。

金融机构要想高效率、低成本地筛选借款人，就必须对借款人的投资项目有充分的了解。但由于信息不对称的存在，事实上，金融机构往往不会比借款人更容易了解投资项目的情况。金融机构通常会热衷于经济稳定条件下有着丰厚利润的项目，但恰恰就是这些项目，在经济出现波动时，造成的损失往往会更大。此外，金融机构管理者在经营业绩的奖罚上也存在着明显的不对称性。奖罚的不对称，一方面限制了金融机构对客户进行有效筛选，另一方面也会促使金融机构倾向于从事那些风险高、但一旦成功则收益丰厚的项目。因为一旦成功，管理者则可以获得较高的奖赏；而一旦失败，金融机构所作出的惩罚则相当微弱。

无论从哪个角度看，信息不对称的存在，在增加金融不稳定性的同时，会更加凸显金融系统的脆弱性，进而诱发金融危机。

三、戴蒙德—迪布维格的银行挤兑模型

20世纪30年代大萧条以后，尽管美国采取了适当的制度成功地阻止了银行挤兑，但西方国家大量的经济损失则更多地是因银行挤兑而造成的。银行挤兑的危害，表面上仅仅表现为银行客户突然的大量提款，但实际上，由于银行疲于应付大量提款而不得不提前收回贷款，并在亏本的基础上清算大部分银行资产，进而导致银行破产，生产中

断，货币体系瓦解，社会生产萎缩等现象的发生。美国芝加哥大学教授戴蒙德和华盛顿大学教授迪布维格（Dybvig）于 1983 年共同撰文对银行业的挤兑行为进行分析，用简明的数学公式解析复杂的经济现象，对银行存款合约可以提供优于其他交易市场的资金分配进行论证，同时给出了如何应对银行挤兑的办法。这一模型就是著名的戴蒙德—迪布维格银行挤兑模型。

该模型以博弈论为基础，论证了三个重要的观点：一是银行可以通过吸收活期存款，为那些需要在不同随机时间消费的人们承担更好的风险分担职责；二是活期存款合约具备一种不受欢迎的均衡——银行挤兑，所有的存款人恐慌，快速提款，甚至包括那些如未关注到银行破产而宁愿将存款留在银行的人；三是银行挤兑引发一些经济问题，造成贷款中断，生产停滞。除此之外，模型还提供了传统上应用于停止或阻止银行挤兑的方法，即存款变现的停止以及活期存款的保险等。

戴蒙德、迪布维格首先分析了银行所具备的流动性保障功能。他们认为，银行中介的优势就在于，可以将大量的具有不确定的短期流动性需求的存款人集中起来，在满足其流动性需要的前提下，为其提供长期投资所具有的高收益，因为投资者通常担心短期流动性不足，而不愿意接受较高的长期投资收益。

该模型包括三个时期（$t = 0，1，2$）和单一产品，并将存款人分成两种类型，即类型 1 和类型 2。模型假定，存款人在 $t = 0$ 时期都是相同的，每个人都不知道其在 $t = 1$ 和 $t = 2$ 时的流动性需要。类型 1 的存款人只关心其在 $t = 1$ 的流动性需要，类型 2 的存款人只关心其在 $t = 2$ 的流动性需要。假设在 $t = 0$ 时给每个存款人一个单位的禀赋，如果存款人选择将自身的一个单位直接投资于非流动性的长期资产项目，则在 $t = 2$ 时项目完成后获得的投资报酬为 R。如果投资人在 $t = 1$ 时出现流动性需求，该投资项目将被迫提前清算，此时，存款人只能获得较低的收益 L（$L < 1$）。如果银行可以提供具有流动性保障的存款契约，即在 $t = 1$ 时，该契约保障存款人获得收益 I_1（$I_1 > 1$），而在 $t = 2$ 时获得 I_2（$I_2 > I_1 \geqslant 1$），存款人的流动性需求呈现独立分布，且分布的概率为 p 和 $1 - p$，银行为了保障合约的实现，需要进行以下方式的投资，即将存款总额的 Q 部分投资于回报额为每人 1 个单位的短期流动性资产，而将剩余的 $1 - Q$ 部分投资于长期非流动性项目，每人获得收益 R（$R > 1$）。此时，只要满足 $pI_1 = Q$ 以及（$1 - p$）$I_2 = R$（$1 - Q$），银行的存款合约就可以保证：$1 < I_1 < I_2 < R$。这说明：银行的介入可以使得存款人不再受制于因进行长期投资而使其资金缺乏流动性的考虑，而可以随时获得更高的提前消费的收益 I_1（$I_1 > L$）。银行通过提供存款合约，可以使得存款人之间进行跨期风险分担，并为存款人的流动性偏好提供保险。

银行可以通过提供不同时期，但具有平稳回报的负债来转换缺乏流动性的资产，其合约本身则具有多种均衡。如果存款人的信心是持续的，则可以有效地防范风险；如果存款人出现恐慌，在 $t = 1$ 时提款的存款人超过了预期的概率 P，那么 Q 部分的资金将无法满足存款人的流动性需要，银行将被迫提前清算其自身的非流动性资产。此时类型 2 的存款人（原本在到期时才会提款）也会出于资金安全的考虑，而加入到提款人的行列，挤兑行为将会发生。即使并不是所有的存款人都会提款，但银行必须清算其所有资产以满足提款的需要，这样，银行将会破产倒闭。

戴蒙德—迪布维格模型说明，现代银行可以通过存款合约为消费者提供完全的流动性保障，但同时还证明尽管银行合约是最优的，它还会导致代价高昂的挤兑恐慌。

该模型指出，如果在 $t = 1$ 时提款数量很大的情况下，银行可以暂停存款变现，对该项政策的预期就会通过转移类型 2 存款人提前支取的动机来阻止挤兑，因为消除挤兑的关键在于设法阻止那些并不真正具有流动性需要的存款人参与提款。但这在很大程度上取决于银行对存款人存在的流动性需要的可测性。否则，存款暂停变现只是对流动性压力的暂时缓解，而不能从根本上解决问题。他们认为，政府提供的存款保险可以确保银行合约达到最优，进而避免挤兑行为的发生，因为存款保险保证承诺的回报会支付给所有的提款人，会使得类型 2 的存款人永远不参与挤兑。

戴蒙德、迪布维格认为，对存款保险制度应有明确的认识，建立该制度的目的，并非局限于当有问题的银行破产时保护存款人的利益，而在于保险机构应始终关注银行的日常经营活动，以防止出现破产的风险。同时，存款保险制度的设计应合理、谨慎，否则，存款人由于利益受到保护而弱化对银行的选择和监督，导致道德风险的产生，威胁金融的稳定运行。此外，银行挤兑会对一国银行乃至整个经济造成严重的危害，但通过政府提供的存款保险制度，可以有效地解决金融体系存在的脆弱性问题，保持金融的稳定。

上述模型虽然指出现代银行制度可以为消费者提供流动性风险保障，但也说明了与之相伴的银行挤兑行为有可能同时发生，这在某种程度上印证了银行制度本身存在着一定的不稳定性。此外，为了应对银行挤兑行为，该模型还指出存款保险制度是有效的方法。但事实上，存款保险制度会产生一定的道德风险，银行系统的风险最终都将转嫁到政府以及纳税人身上。为了防范挤兑行为以及道德风险的产生，有效的金融监管是必需的。

四、金融管制失灵理论

市场失灵理论主要是以市场经济"看不见的手"作为理论基础，它主要包括管制俘获理论、管制供求理论以及管制寻租理论三种。

（一）管制俘获理论

管制俘获理论认为政府管制与公共利益无关，管制机构只不过是被管制者俘获的猎物或俘虏而已。大企业或者大资本家控制着金融管制。金融管制在实施之初，其措施一般是有效的，但随着时间的推移，当被管制的行业变得对行政、立法程序非常熟悉时，金融管制机构会逐渐地被它所管制的行业控制，进而为被管制的对象自身带来更高的利益。从这个意义上讲，金融管制机构在开始阶段尚且能够采取措施保护消费者，但后来会被被管制的行业所俘获，进而脱离其当初的目标，成为生产者的保护神。

R. 夏特夫（R. Chatov）于 1978 年构建了一个关于监管的"生命周期"模型，较好地概括了俘获理论的思想和内容。[①] 该模型假设：（1）某些利益集团或者公众在共同利益的驱使下，结成临时联盟，通过影响政治决策过程并影响立法，来设立旨在保护自身或者公众利益的监管机构。（2）新成立的监管机构对被管制者实施符合公众利益的管制。（3）因被管制者较好地削弱了监管者的力量，管制者没能履行好自己的职责，以至于最终将自己置于被管制者的影响之下。

R. 夏特夫将监管的生命周期划分为四个阶段，即产生期——青春期——成熟期——老化期。在产生期，社会公众或者利益集团均要求通过立法产生监管机构。在青春期，由于监管机构经验不足，尽管他们工作时满怀信心，且富有朝气，但随着时间的推移，公众的注意力开始下降，立法机关的支持程度开始减弱。因严格监管而日渐孤立的监管机构不得不开始适应环境，并变得圆滑起来。在成熟期，监管机构与有关各方的冲突逐渐淡化，为谋求相互合作，以至于后来监管机构逐渐将被监管者的利益置于公众利益之上。在老化期，监管机构的行为完全与其为公众利益行为的宗旨相违背，越来越多地倾向于保护被监管者的利益。这样立法机关不得不被迫采取措施，撤销对监管机构的支持。

美国芝加哥学派的经济学家波斯纳认为，管制俘获理论缺乏理论和现实基础，并针对该理论的主要观点提出以下质疑：

第一，该理论的基本点放在"俘获"二字，但实际上，它所描述的管制过程则更像是在管制者与被管制者之间进行讨价还价，而不是谁俘获了谁的问题。

第二，没有理由说明，被管制者是唯一可以影响管制机构的利益集团。

第三，没有理由说明，一个行业只能俘获现有机构，而不能设法创造一家监管机构来保障自身的利益。

第四，该理论不能够解释现实中为什么一个监管机构能够对不同利益相互冲突的行业同时进行监管。

（二）管制供求理论

管制供求理论认为，经济管制是一种产品，它可以被看做是由政府供给，为特定个人或者集团带来收益，并为其所需要的产品。经济管制受供求法则的支配，现行的管制安排是供求两种力量相互作用的结果。

在供给方面，政府提供的管制并非毫无成本，同时，政府也不会像"公共利益理论"所说的那样按照"公共利益"来提供产品。管制的提供主要取决于它对政府是否有利，正如经济学家们常说的那样："政党在决定是否支持某项管制行为时，需要考虑这一行为是否有助于其自己当选或者再当选。"

在需求方面，诸多因素都将影响一个产业对政府管制的需求，例如直接货币补贴、限制或者禁止新竞争者的进入、干预生产等。管制或许能够为一个产业带来利益，但多数情况下将为被管制产业带来麻烦。管制可以是该产业自己争取来的，也可以是别人强加的。无论如何，管制取决于供需双方的共同作用。

---

①　龙超：《证券市场监管的经济学分析》，32 页，北京，经济科学出版社，2003。

　　该理论还认为，管制者存在着管制过度的动机，以逃避管制不力的责任。但这无疑将会增加被管制者的成本，降低被管制产业的效率。

　　按照这一理论，金融领域是否实施金融管制，主要取决于管制者与被管制者双方的需要，即金融管制不是必不可少的。

（三）管制寻租理论

　　寻租理论最早是由克鲁格（Krueger，1974）在探讨国际贸易中的保护主义政策形成原因的一项研究报告中提出来的。"租"或者"经济租"是指生产要素的所有者获得的收入中，超过这种要素机会成本的剩余部分。

　　管制寻租理论强调，管制者与被管制者都在想方设法寻求管制，以谋取私利。按照经济学的观点，寻租是指人类社会中非生产性的追求经济利益的活动，维护既得经济利益，或者对既得利益进行再分配的非生产性活动。在经济领域，寻租活动非常普遍。管制者可以利用行政干预的办法来增加被管制者的利润，以诱使被管制者向这些管制者提供好处；或者提出某项将会使得某些行业遭受损失的政策，迫使这些行业割舍自己的既得利益与管制者共同分享。上述第一种情形被经济学家麦克切斯内（Mcchesney，1988）称为"政治创租"（Political Rent Creation），第二种情形被称为"抽租"（Rent Creation）。

　　寻租活动的存在，影响了市场机制作用的发挥，扭曲了市场资源的有效配置，破坏了市场竞争的公平性。

　　按照这一理论，如果金融领域实施金融管制，则不可避免地会造成寻租行为的发生，这将破坏市场机制的作用，导致资源的低效率配置。

五、管制成本理论

　　新制度经济学派的代表人物道格拉斯·诺斯认为，没有国家就办不成事，但是有了国家也会有很多麻烦。国家的存在是经济增长的关键，但同时也是造成人为经济衰退的根源。

　　管制成本理论认为，政府管制需要耗费资源，是要花费成本的。管制目标的确定以及管制措施的实施，应与管制的成本结合起来考虑。换句话说，有时，实施管制可能是不合算的。

　　管制的成本包括直接资源成本和间接效率损失两部分。直接资源成本主要是指管制机构执行管制过程中所消耗的资源以及被管制者为遵守管制规定而消耗的资源。它包括管制者自己负担的行政成本和被管制者负担的守法成本两个部分。相关研究表明，20世纪70年代，美国各类管制机构的行政成本一直在上升。1971—1979年，按1970年美元的不变价值计算，美国57个管制机构的行政费用增长了一倍多，由1971年的12亿美元上升到1979年的30亿美元。

　　间接效率损失是指由于管制的实施而使得整个社会福利水平出现下降。金融监管导致的效率损失主要包括：

（一）道德风险造成效率损失

管制会使得被管制部门改变行为，或者甘愿冒更大的风险去谋取更大的利润，或者虽无意冒风险但疏于风险防范，致使损失发生的可能性会更大。

（二）管制可能削弱竞争，进而导致低效率

金融管制会限制金融机构的活动范围，会人为地削弱金融机构彼此间的业务竞争，不利于金融机构效率的提高。

（三）管制可能阻碍金融创新，进而导致低效率

一些管制条例在出台的时候，可能是适合当时的发展情况的，但金融领域的发展变化将使得当时合适有效的管制措施变得越发不合时宜。如果金融管制机构仍然坚持这些措施，将可能妨碍金融机构的业务创新，从而束缚金融机构的进一步发展。

（四）管制过于严格，造成效率损失

英国的吉米·高尔（Jim Gower）在著名的《投资者保护评论》报告中指出，实施过于严格的金融管制措施会弄巧成拙，要想使这些条例得到遵从，可能需要付出相当大的代价。如果金融管制过于严格，金融机构的相关业务就有可能被转移到其他的金融中心，进而使得整个国家的利益遭到损失。

无论是直接资源成本，还是间接效率损失，在一定程度上都将影响着管制的具体实施及效果。

就金融监管本身而言，该理论并未彻底地否定实施金融监管的必要，但强调金融监管的实施要考虑其监管成本，不能为了进行监管而不考虑代价。只有这样，才能更好地达到实施金融监管的目的。

从上述金融监管的一般理论分析来看，除了戴蒙德—迪布维格的银行挤兑模型之外，无论是其他的主张政府应进行金融监管的有效理论，还是认为金融监管无效或者金融监管效果会受到其他因素约束的理论，它们仅仅是从金融监管的必要性这一层面来加以分析、论述，并展示其理论内涵的。公共利益理论主要是从金融市场的角度来分析进行金融监管的必要性；金融脆弱性理论则主要是从金融体系自身的特性来分析加强金融监管的必要性。管制俘获理论仅仅是从管制者与被管制者相互关系的方面来讨论管制的不当。管制供求理论以及管制寻租理论则是从金融监管会破坏市场竞争的公平、会影响市场效率的角度来加以分析的；管制成本理论没有简单地肯定或者否定金融监管，但认为金融监管像经济生活中的所有活动一样，都有成本和收益，它强调金融监管的成本难以衡量。

事实上，对金融监管问题的分析研究，除了探讨监管的必要性之外，还有其他方面内容需要加以研究，如金融监管的目标、监管的内容、金融监管的手段及方式等，但上述有关金融监管的这些理论本身并没有探究到金融监管的更深层次领域，这不能不说是一大遗憾。因此，金融监管理论的具体内涵，还需要借助于各国金融监管的实践来加以丰富和完善。

第四节　国际金融监管理论评述

一、20世纪国际金融监管理论演进评述

综观20世纪国际金融监管理论的演绎及发展，我们可以看到，国际金融监管理论实际上经历了一个自我完善、自我更新以及自我提高的过程。伴随着人类社会的向前发展，人们对社会事物的认知程度在不断提高，世界各国金融监管的实践在不断丰富、发展，所有这些都对国际金融监管理论的发展极为有益。20世纪的国际金融监管理论在发展中呈现出以下主要特色。

（一）金融监管理论的发展演变是与主流经济学的思想变化一脉相承的

20世纪西方经济学的主流思想经历着由自由放任到政府严加管制，再到政府放松管制，再到在二者之间寻求平衡的演绎过程。与此相适应，金融监管理论也经历了极为相似的发展过程。从最初人们对市场上出现的证券过度投机行为的认识，一直到18世纪末至19世纪初人们对商业银行信用创造体系的争论，再到20世纪之前有关金融不稳定性的认识，其中政府对金融的监管就经历了由抑制市场上的过度投机到开始关注金融体系自身，直至实施一系列措施，以防范金融体系不稳定的过程，但此时的金融监管主要受主流经济学思想——古典经济学以及新古典经济学的影响，政府从中只不过充当着市场经济"守夜人"的角色。20世纪30年代世界性大危机的爆发，引领与改变着金融监管理论的不断发展。受凯恩斯主义国家干预思潮的影响，金融监管实践逐渐深入到金融机构内部，探寻与研究金融体系的平稳运行问题。此时的金融监管理论强调政府对金融业的干预，强调实施严格的管制，以确保金融体系的稳定。

由于凯恩斯主义国家干预政策的实施，20世纪70年代，西方国家的经济陷入了严重的经济滞胀循环之中。为了摆脱经济的停滞以及严重的通货膨胀状况，西方各国纷纷放弃以前所实施的严格管制措施。此外，金融创新以及金融自由化的发展，也促使世界各国对原有的严格监管进行反思。此时的金融监管正经历着由严格到逐渐放松的发展过程。

20世纪90年代以来，伴随着各国金融危机的频繁爆发，新凯恩斯主义的国家干预思想又有所抬头。金融机构跨区域、跨国家间的竞争日趋激烈，金融系统的不稳定性越发凸显。这样，各国的金融监管正经历着由放松再到严格的过程，只不过此时的严格监管已经不是传统意义上的过分监管，而是介于"严"与"活"之间的审慎监管。

（二）金融监管理论中主张实施监管的思想始终占据着主流

从20世纪金融监管理论的发展历程来看，尽管20世纪60至70年代西方国家经济管制理论中出现或者存在着一些主张削弱乃至放弃监管的声音，如前面谈到的管制俘获理论、管制供求理论、管制寻租理论以及管制成本理论等，甚至在西方各国的金融监管实践过程中也曾一度出现过放松金融监管的现象，但这毕竟不是主流，这仅仅是各国金

融监管理论与实践发展过程中的一段小插曲，它不足以"一叶障目"。从金融系统的特殊性来看，金融产品具有一定的公共产品特性，加之金融市场在很大程度上存在着信息不对称以及金融交易的非透明性，因此，金融体系本身存在的风险是非常巨大的。为了确保金融业的安全，金融监管理论中主张实施监管的依然是主流思想。这些思想正如前面所介绍的金融监管公共利益理论以及金融脆弱性理论等。

（三）金融监管理论总是滞后于金融发展实践

从金融监管理论的发展历程来看，金融监管理论总是落后于金融发展实践，总是被动地去适应金融的发展。从早期的证券过度投机，到商业银行的信用创造，到金融系统不稳定性的凸显，到金融创新与金融自由化，再到金融业的跨区域、跨国发展，金融监管理论总是被动地忙于研究如何防范投机，如何应对金融机构的业务运营，如何适应金融创新与自由化以及区域发展问题。金融监管理论的滞后性主要表现为以下三点：

1. 监管时间的滞后。这主要表现为金融监管理论一直是被动地去研究已经发生或者出现的金融问题。这在金融监管理论的发展演绎中表现得十分明显。

2. 监管方式的滞后。外部监管是金融监管的主要方式，它强调严格的金融立法与法规，对金融机构的业务运营作出了许多具体的规定。但是金融业的运营是非常复杂的，新的情况、新的问题总是不断出现。如果单单依靠外部监管来规范金融机构的业务行为，防范金融风险，这显然是不够的，甚至是不可能的。这就要求强调、规范、健全、完善金融机构的内部监管，以便快速、有效地适应不断变化的情况。20 世纪的金融监管理论过分地强调外部监管，而忽视了对金融机构内部监管的研究。

3. 监管手段与工具滞后。20 世纪 70 年代以来，金融监管当局传统的风险测定以及资产质量评估方法难以适应发展变化了的金融机构业务创新以及衍生工具交易的不断发展，金融监管的手段及工具严重滞后于金融业的快速发展。

（四）金融监管理论总是面临着金融发展与金融稳定的两难选择

综观金融监管理论的发展以及金融监管的实践，各国的金融监管一直处于"放松—监管—再放松—再监管"的循环之中。

20 世纪前及 20 世纪初的金融发展，使得各国政府对各金融机构业务活动的监管基本上处于疏于管理的状态。即使有一定程度的管理，也不过是集中在中央银行这一层面上。这样，金融监管的力度以及层面难以满足金融稳定的需要，原因在于证券市场的金融危机在所难免。

鉴于金融危机对西方各国经济造成的严重影响及危害，政府决策者以及经济学家们逐渐认识到了金融产品的特殊性。面对金融发展与金融稳定的问题，20 世纪 30 年代后西方各国更多地选择了采取措施，以实现金融稳定。各国金融监管的力度及手段得到了加强。金融监管的层次逐渐多元化，由过去的中央银行一元化监管层次向由中央银行、证券监督管理委员会、保险监督管理委员会等机构组成的多元化监管层次发展。与此同时，伴随着金融业的相对稳定，金融机构的业务发展自然会受到一定程度的影响。

20 世纪 70—80 年代，西方各国为了摆脱经济滞胀的影响，纷纷采取措施放松金融管制，金融发展的市场环境变得越来越宽松。金融创新以及金融自由化，又对这种宽松环境的发展起到了推波助澜的作用。各国的金融监管再次迫于金融发展的压力而不得不放松。

20世纪80年代末期以及90年代，金融危机在世界各国再次爆发，世界经济的发展再次陷入低潮。为了摆脱金融危机的影响，以及创建更加稳定的市场环境，政府对金融活动的监管不得不再次加强。

从金融监管的发展过程看，尽管每次金融监管放松、加强的内容，较之上次会有所不同，但金融监管总是面临着金融发展与金融稳定的两难选择。当强调金融发展、放松金融管制时，金融稳定就会出现问题；当重视金融稳定、强化金融监管时，金融发展就会受到影响。

（五）金融监管理论需要关注国际间的金融合作问题

20世纪80年代以来，伴随着金融业的国际化发展，金融业的监管活动需要跨越国界，政府金融监管机构之间乃至各个金融机构之间应进行有益的合作。鉴于各国所实施的监管规则存在差异，需要制定全球统一的监管规则和建立国际性的监管机构。所有这些，都需要国际金融监管理论去研究、探索，去应对金融国际化提出的新要求。十几年来，尽管一些国际组织，如国际清算银行巴塞尔委员会已经对此进行了一些非常有益的尝试，分别于1988年7月颁布了《关于统一国际银行资本衡量和资本标准的协议》，即通常所说的巴塞尔资本协议，于1997年颁布了《有效银行监管的核心原则》及1999年颁布了《多元化金融集团监管的最终文件》等，但国际化的金融活动总会对金融监管提出挑战。20世纪的国际金融监管理论在这一领域尚存在着明显的缺陷。

二、20世纪主要金融监管理论简评

20世纪的金融管制理论虽然并未形成一套完整的体系，但它在阐述金融监管必要性方面作出了卓越的贡献。这每一种理论的提出都是合理性和非合理性的结合体，因此，准确把握每一种金融监管理论的优缺点，对于我们未来更加深刻地认识监管问题将有很大的帮助。

（一）对公共利益理论的简要评价

1. 公共利益理论的贡献。作为一种规范分析框架下的规制经济学主流派系，公共利益理论回答了政府为什么以及应该如何监管的问题，它一方面运用经济理论解释了现实中政府监管的必要性和监管行为，同时，其中许多观点已经深刻地影响了西方政府监管政策的形成与应用，实践表明该理论具有特定的现实意义。

第一，政府代表公共利益进行监管的合理性与现实性。该理论的分析前提是政府是代表公众利益而存在的，政府监管也是从公共需要出发的，这个理论前提假设在很大程度上是合理且具有现实性的。无论在哪一个国家，只要是对于一个由公众选举产生的政府而言，代表公众的利益，从公众利益的角度行使政府权力就是其最根本的属性和特征。因此，既然理论分析的前提成立，那么，一旦市场的脆弱性导致的不公正或低效率使公众的利益受到侵害，政府则义不容辞地具有保护公众的责任，通过制定规则以及行使行政权力，来防止和控制企业的垄断定价或对消费者滥用权力。

第二，公共利益理论与监管制度的形成及其政策应用。从经济监管制度的历史形成和发展的角度来说，政府监管的确在一些方面，例如对垄断企业的价格限定以及确定服务质量、保护消费者权益起到了积极作用。从而使政府监管的公共利益理论得到接受，监管政策不断地得到应用，监管制度也因此形成并逐步完善。

2. 公共利益理论的缺陷

第一，监管者是否始终忠诚并代表公共利益。传统公共利益理论的规范分析是基于"政府代表公共利益"这一前提假设的，然而，正是这个理论前提却率先受到了质疑：政府或监管者真的是从公众利益的需求出发进行监管的吗？对于传统公共利益理论所坚持的"政府代表公共利益"的最基本前提而言，现实中监管者的行为却常常偏离这一"公共利益"轨道，并非始终如一、忠诚地代表公众的利益。相反，更为实际的，是作为"经济人"的监管者对利益集团寻租的理性反应，他们常常使其被利益部门所俘获，从而代表某一特殊利益集团的利益，而非一般公众。可见，在传统的公共利益理论分析过程中，其理想化的色彩过于浓重，忽视也掩盖了对监管者人性的真实描述，以及利益相关者对监管的立法机构、执行机构，甚至整个监管结果的影响，这确是其理论分析不够缜密之处。

第二，监管是否达到保护公共利益的目标与效果。由于传统公共利益理论的基础在于监管的理由是纠正市场失灵以保护公众利益不受侵害，因此在以后理论的规范分析中，其所关注的是政府应如何做，而至于监管的实际表现如何，效果怎样，是否达到了监管的目标，这些则是被忽略的，遗憾的是，一些实证研究的结果表明，在很多情况下，政府监管的理想与现实是背离的。政府监管的实际效果与公共利益理论所宣称的保护公众利益、制约企业不正当获利行为的监管目标往往并不一致，这也正是传统公共利益理论招致批评和质疑的另一方面。

第三，监管方法本身是否有效率。传统公共利益理论认为，监管的实质是政府命令对竞争的取代，力求用监管手段来维持良好的经济秩序，解决市场失灵的问题。因此，确定对垄断企业进行的经济性管制工具一直是传统公共利益理论的主要内容。可问题是，即便承认政府监管的本意是解决市场失灵造成的低效率，但也许监管在纠正市场失灵的过程中，其本身就是失灵的，这个问题也是学界对传统规制理论质疑的原因之一。从一开始，许多经济学家就对规制的效率表示怀疑。20 世纪 60 年代以来，许多经济学家已经注意到传统的政府监管政策在现实经济中运用所产生的诸多弊端，监管不但未能带来预期的效果，反而造成一定程度的资源浪费，形成规制的成本或称为"规制失灵"现象。

另外，传统规制理论在设计价格监管工具时，忽略了两个重要的因素，即一是监管机构与企业间的信息不对称。理论假定政府监管机构完全掌握有关垄断企业生产需求等方面的信息，因此可以作出精确的测算，设计良好的价格监管工具；二是传统理论也未曾考虑到企业与政府之间的博弈行为这一因素。对这些因素的忽视都是传统规制理论分析的缺陷，而这些缺陷将直接导致监管方式的低效率。

（二）对金融脆弱性理论的简要评价

1. 对金融不稳定性理论的评价

（1）金融不稳定性理论的贡献。明斯基 1963 年提出的"金融系统不稳定性假说"开创了金融脆弱性理论研究的先河，经过不断地丰富、完善，越来越为学者接受并得到了广泛的传播。明斯基将金融不稳定理论定位为债务对经济行为的影响的理论。他认为经济周期不是由于外部冲击，而是源自内在波动，市场的预期是不确定性的，在非理性的预期作用下会引起投机狂潮，因此政府对经济的干预是必要的。

（2）金融不稳定性理论的缺陷。虽然 2008 年的金融危机被普遍认为是明斯基危机，但是还有一些学者对其解释力提出了质疑。戴维森（Davidson，2008）认为当前的金融市场不稳定不是明斯基时刻，因为没有发生明斯基所说的预备条件，其中的"预备条件"是指在经济扩张时期，经济会从以对冲型为特征转向以投资型和庞氏为特征。而 Davidson 认为当前的金融市场不稳定是由于大量贷款者试图将按揭贷款证券化而造成的无力偿还贷款问题。托马斯（Thomas Palley，2010）认为金融不稳定假说忽视了金融扩张和金融崩溃的根源是新自由主义。虽然明斯基的理论已基本为当前主流的经济学家所接受，但是他们都忘记了重要的一点，即当前的危机本质上是采取了金融形式的经济危机，造成的结果就是关于金融危机的措施尚未涉及新自由主义这一根本，这将使经济形式长期难以摆脱危机状况。

2. 对安全边界理论的评价。安全边界理论由克瑞格（1997）提出，从银行对贷款的风险报酬分析错误而引发坏账的角度来解释金融危机的爆发。该理论为银行降低信用风险、准确分析借款人的偿债能力提供了有效的理论依据，但是安全边界理论的研究视角过于微观，仅仅从银行收取风险报酬的角度不足以系统地分析金融危机爆发的原因，更不可能总结出完善的金融监管体系。

3. 对信息不对称理论的评价。信息不对称理论由斯蒂格利茨等人提出，从金融机构掌握的信息不足而引起损失的角度分析了金融危机的形成机制。该理论认为金融机构相比于借款人，存在信息不对称的劣势，借款人对于所筹资金的运作情况比金融机构更加清楚。因此需要征信机构的发展和信息披露的规范来降低信息不对称的影响。但是和安全边界理论一样，信息不对称理论同样比较微观，研究中所涉及的影响因素缺乏，对于金融危机、金融监管的解释力不足。

相比于金融不稳定理论，安全边际理论和信息不对称理论不够系统性，其解释力和影响力也有待提高，但是这两个理论从不同的角度凸显了金融系统的脆弱性，丰富了国际金融监管理论。

（三）对戴蒙德—迪布维格的银行挤兑模型的简要评价

1. 戴蒙德—迪布维格的银行挤兑模型的贡献。戴蒙德—迪布维格模型提出了防范银行挤兑的有效措施，即银行存款合约为消费者提供完全的流动性保障以及银行"暂停存款"。他们首次清晰地分析了存款人对流动性的需求和银行所提供的转换服务（将缺乏流动性的银行资产转换为活期存款），为之后的学者在研究银行挤兑危机及国际金融监管理论中拓宽了研究思路。

戴蒙德—迪布维格的银行挤兑模型在 20 世纪国际监管理论发展的进程中具有深远的意义和影响。戴蒙德（Diamond）和迪布维格（Dybvig）利用简单明了的数学模型深入地论证了银行遭受挤兑的原因以及防范挤兑的一些有效措施。对于各国防范银行挤兑危机、维持金融稳定以及加强国际金融监管都有极强的借鉴意义。

2. 戴蒙德—迪布维格的银行挤兑模型的缺陷

（1）戴蒙德—迪布维格模型从微观结构研究银行挤兑现象，没有与宏观经济环境相结合。歌顿（Gorton，1988）的研究加入了对宏观经济运行周期的考量，它把对美国国家银行时代 1863－1913 年期间的银行挤兑进行了实证研究，并质疑了关于戴蒙德—迪布维格模型前提假设的合理性。艾伦（Allen）和盖尔（Gale）继承了歌顿的实证研究结果，他们强化了关于银行挤兑是与宏观经济周期有关的观点，他们的模型证明进入衰退时期伴随着银行流动性危机的可能性会增加，相反经济繁荣阶段银行流动性危机的可能性很低。

（2）戴蒙德—迪布维格模型为静态模型，其对于动态经济中的实用性及解释力不足。Jianping Qi（1994）在探索了戴蒙德—迪布维格模型在动态经济中意义的基础上，他所做的贡献即是将上述模型从静态扩展为一个动态的无限重复的情况。他认为在动态经济中，银行的跨期经营能够获得更平滑的利率，并且能够在没有戴蒙德—迪布维格模型的"交易有限"的假设条件下给存款者提供流动性保险，同时指出政府的干预对保证银行的稳定性是必要的。在新模型中正是由于过度的取款或者缺乏新的存款，银行才会招致挤兑，而这一现象在戴蒙德—迪布维格的一期经济模型中根本不可能发生。这就暗示了"暂停取款"措施并不能如愿达到阻止银行挤兑的效果，政府的干预在保持银行的稳定性中是极其必要的。

（四）对金融管制失灵理论的简要评价

与前三个理论主要论述金融市场自身的脆弱性以及政府监管的必要性不同的是，金融管制失灵理论研究的重点是在政府进行金融监管的情况下，金融管制无法起到预期效果的问题。金融管制失灵理论主要包括了管制俘获理论、管制供求理论以及管制寻租理论。

1. 对管制俘获理论的评价

（1）管制俘获理论的贡献。一些事实表明在某些情况下金融监管是无力的。如在安然事件后，美国国会试图管理表外资产，2002 年通过了《萨班斯—奥克斯利法案》。该法案要求银行对它们的合格的特别目标实体（QSPEs）进行披露，特别是当表外资产对银行的金融状况有实质性影响时。但金融审计标准委员会却受大银行的游说，被大银行俘获，很多措施并未实施。由此可见，管制俘获理论具有一定的现实基础，该理论对于政府监管的执行者有很大的借鉴意义，政府在制定出金融监管法案后，更重要的是如何进行管制。

（2）管制俘获理论的缺陷。管制俘获理论的适用性仍存在争议。毕竟在多数情况下，金融管制的制定者还是处于强势地位的，不能因为少部分的管制俘获案例而过于严格地管制金融市场。金融市场是社会经济中最活跃的因素，过严的管制会扼杀其创造力。

2. 对管制供求理论的评价

（1）管制供求理论的贡献。管制供求理论具有很强的借鉴意义。该理论对政府性质的正确界定，是政府进行金融监管供求分析的理论基础。市场中的行为主体都有其目的，政府作为政治主体的目的是政治利益最大化。而金融监管当局作为政府的构成部分，其监管的目的也是追求政治支持的最大化，为实现这一目的，它就要使监管对大多数经济主体有利。然而，金融监管的实施还受管制需求的影响，在管制需求很低的情况下，再系统的金融监管可能都会失灵。因此，各国政府还要注重刺激行为主体的管制需求，保证金融监管效应的最大化。

（2）管制供求理论的缺陷。斯蒂格勒（Stigler）的监管租金模型存在几个方面的不足：首先不能解释20世纪60年代以来健康、安全的环境和消费者趋于监管的巨大浪潮；其次，监管租金模型只把监管者当成相对被动的一方，假定监管者不会为了租金主动进入市场。然而，经济学家通常忽略了这样一个事实，即政治家想要实现寻得选民和竞选这样的目标就需要立法，因而他们会主动索取租金。波斯纳（Posner）自己也承认监管的需求与供给曲线似乎太难了，以至于无法计量，所以管制供求理论无法被实证。

3. 对管制寻租理论的评价。管制寻租理论是寻租理论在金融监管领域的一种适用解释。寻租理论最早是由克鲁格（Krueger，1974）在探讨国际贸易中的保护主义政策形成原因的一项研究报告中提出来的。管制寻租理论认为，政府管制加剧了市场中的寻租机会，产生了政府及其代理人的租金创造和抽租，造成市场竞争的不完全。寻租的结果会造成不公平，一方面管制者会获得利益，另一方面金融效率也会被大大降低。这样看来，想要通过政府管制来纠正市场失灵就显得不太现实，越是金融管制广泛的国家，寻租问题就越普遍。因此，放松金融管制成为提高金融效率最直接、普遍而有效的途径。

（五）对管制成本理论的简要评价

1. 管制成本理论的贡献。对于该理论的研究，Franks、Schaefer和Staunfor（1998）第一次全面地评估了英国金融管制的直接和间接资源成本，并与美国和法国的金融管制成本进行了比较，分析了金融管制成本对金融管制政策执行效果的影响。他们认为金融管制的间接成本更大，更应该引起政府部门的关注。当政府的金融管制行为干扰市场机制的资源配置作用时，就会引起道德风险、信息不对称等影响整个社会福利水平的危机。其次，若金融管制环节过多，程序过于复杂，就会增加金融企业的运营成本，社会中行贿腐败现象出现，带来金融市场震荡，弱化政府的金融监管效果。因此，政府在制定金融管制政策前，要综合考虑管制成本中涉及的各项成本。管制成本理论并没有否定金融监管的必要性，而是将管制的成本因素加入金融监管的考虑范围，以便政府更加全面地制定金融管制政策，对于政府部门来说，金融管制成本理论有很强的借鉴意义。

2. 管制成本理论的缺陷。管制成本理论中所涉及的成本过多，对于一国政府来说统计一项金融监管所引起的成本额耗费的人力、财力过大，并且很多成本存在预期因素，很难确定。管制成本理论的理论内涵很丰富，但是实施起来的困难很大而制约了其发展。

三、国际金融监管理论的未来发展展望

总体说来，金融监管理论大体是沿着自由放任、加强管制、放松管制、重新管制这样的脉络而发展的。在这些金融监管理论中，虽然"金融体系会影响到整体经济"这样的观点被注意到，但其对金融活动本身的关注度却不够，这使得金融监管理论的发展深度不足，并导致金融监管在处理稳定与发展的关系中难以抉择。从历史上看，特别是 20 世纪 90 年代以来，发展中国家或新兴市场国家更有发生危机的倾向，它们也需要有适合自身发展的金融监管理论。总体来说，可以预见，今后的金融监管理论会朝着以下几个方向发展。

（一）金融监管理论将更加重视金融体系自身的力量，着力于内部约束

金融监管理论不仅需要考虑外部的力量介入来监管金融，更要注重分析金融的本质属性和金融体系特殊的运行机制，例如金融体系内部的激励相容制度，从而探索出一条能让金融机构自觉防范金融风险的监管道路，特别是对金融机构薪酬激励机制的改革。

金融机构的薪酬机制与其他的非金融机构有很大差异。金融机构高管的薪酬结构分为固定收入和可变收入两部分，其中可变收入在数额上可以是固定收入的数倍，其高低主要取决于金融机构的短期经营业绩。正是由于金融机构的这种薪酬机制，刺激了金融机构的高管只盲目追求金融机构的短期利益。众所周知，高收益与高风险从来都是成正比的，金融机构的高管们倾向于投资高风险的项目以得到高收益的回报，而这必然会导致金融机构在长期不甚稳定。可以看出，这样的薪酬激励机制并不是对称的，当高管帮助公司取得收益时，毋庸置疑，他可以享受到高额薪金的回报；但是当高管的行为招致公司亏损时，高管们却由于问责机制的缺乏而逃脱相应的惩罚，这无疑助长了高管选择风险的行为趋势，也为金融机构埋下了大量风险的隐患。

因此，为了更好地解决上述问题，金融监管当局不再放任金融机构内部薪酬的分配制度，着手干预金融高管薪酬制度的设计方面，监管其作出合理有效的薪酬安排。要想改革薪酬激励机制，其最主要的方向就是在薪酬的决定机制和薪酬的结构上。首先，在薪酬决定机制方面，要充分发挥公司治理机制的作用，例如增加股东大会在高管薪酬上的发言权，以及给予薪酬委员会充分的独立性。其次，在薪酬结构的改革上又包括下述三个方面：第一，业绩评估除将财务指标考虑在内外，还应包括风险管理制度、法律法规和职业道德操守，综合考察财务与非财务指标；第二，由于经营管理的风险体现需要一段较长的时间，因而业绩奖金不应一次性发放，而应采取递延形式，并且奖金在公司由于相关决策而承受损失时应予以被追回的权力，这将强化金融高管的责任心，迫使他们不敢盲目追求高收益高风险的产品；第三，业绩奖金应与公司的长期稳定充分挂钩，如采用公司股票或与股票挂钩的奖金发放形式。

（二）金融监管理论将由金融危机预防转向金融安全维护，由单一向全面发展

危机导向性是金融监管理论在产生之初具有的明显特征，相关研究的着眼点主要是增强金融市场的稳定性以降低金融危机爆发的可能性。然而，理论与实践总是存在着不可逾越的鸿沟，这种研究宗旨却导致了研究结果的呆板与滞后，从而弱化了金融监管理

论的指导意义。进入 21 世纪，伴随着金融全球化而来的是风险传递渠道的更加广泛以及风险类型与破坏力的多样化与复杂化。这样的风险积累即使酝酿不成全球危机，也同样会扰乱世界金融秩序。因此，全球化时代下金融监管的根本任务已由危机的预防转变为安全的维护，相应地，金融监管理论的研究也需要遵循这一时代变迁的要求。

　　因此，金融监管开始朝着宏观审慎监管以预防系统性风险的方向发展。宏观审慎监管着眼于整个金融系统，认为整体风险是由单个金融机构的行为累计引起的，关注各家金融机构的风险暴露，采取自上而下的方法进行审慎监管，以减少金融危机事件对宏观经济造成的损失为目标。虽然金融监管的核心理念是审慎监管，但传统的监管理念却表现为微观审慎，即通过对特定金融机构风险的防范和控制来实施监管。显而易见，在缺乏对宏观经济环境整体关注的基础上，对单个金融机构的微观审慎监管并不能保证整个金融体系的安全与稳定。首先，虽然单个金融机构的行为在微观层面上是审慎理性的，但如果这一行为成为大部分金融机构的一致行为，在宏观层面反而可能会影响金融系统的稳定。其次，伴随着金融混业经营而来的是金融系统内各组成部分的内在关联性的加强，这将会导致风险传播的加速，并且无从判断风险的源头，也无法预测风险的接手者，风险在这样的过程中渐渐累积直至发展到无法控制的地步。因此，宏观审慎监管作为微观监管的补充者，可以有效地检测并及时解决金融系统中有可能导致金融不稳定的潜在因素，例如过度的流动性及杠杆率等。

　　（三）金融监管理论的研究将深入拓展至两个领域

　　1. 世界各国的联合监管。随着经济全球化的发展，无国界已成为金融活动的显著特点。金融业的跨国经营、金融资本的跨国流动无疑是把双刃剑，它在便利世界金融供给的同时，也给监管当局带来了更大的困难。各国独立监管已无法有效抵御全球化金融风险，世界各国的联合与协调监管势在必行。

　　2. 发展中国家的金融监管政策选择。随着发展中国家的崛起与经济腾飞，发展中国家的金融监管政策将成为新的阵地。发展中国家与发达国家在经济金融体制与发展路径上有所不同，这就要求对金融监管的研究有异于现有理论。

　　因此，基于上述问题，未来的研究将集中于以下建议：

　　首先，建立多层次的国际监管合作机制。鉴于当前各经济体之间在意识形态、经济体制、金融结构等方面还存有一定的差异，要想成功建立起一个全球统一的金融监管合作体制在短期内是不太可能的，所以应该分层次、分阶段地逐渐推进。

　　其次，创建并运用统一的监管标准和会计准则。统一的监管标准在有效防范跨国金融集团的监管套利行为的同时还便于协调那些地域性业务相对广泛的金融机构的解体过程。而统一的会计标准则帮助各国监管者互通有无，相互了解与协调，避免出现国际间的会计准则套利行为。

　　最后，加强监管的全球信息共享。各国政府应努力加强区域和国际层面的跨境监管合作，强化信息共享机制。例如在金融危机时期，银行监管者之间进行信息共享的重要方式就是双边谅解备忘录。

参 考 文 献

[1] 胡炳志：《中国金融制度重构研究》，北京，人民出版社，2003。

[2] 王广谦：《金融中介学》，北京，高等教育出版社，2003。

[3] 唐旭：《金融理论前沿课题》（第二辑），北京，中国金融出版社，2003。

[4] 孔祥毅：《宏观金融调控理论》，北京，中国金融出版社，2003。

[5] 龙超：《证券市场监管的经济学分析》，北京，经济科学出版社，2003。

[6] 白钦先、张荔等：《发达国家金融监管比较研究》，北京，中国金融出版社，2003。

[7] 林平：《银行危机监管论》，北京，中国金融出版社，2002。

[8] 陈建华：《金融监管有效性研究》，北京，中国金融出版社，2002。

[9] 德沃特里庞、泰勒尔：《银行监管》，中文版，上海，复旦大学出版社，2002。

[10] 刘明志：《银行管制的收益与成本》，北京，中国金融出版社，2003。

[11] 常巍、任少华：《戴蒙德—迪布维格银行挤兑模型述评》，载《经济学动态》，2004（1）。

[12] 李国秀：《危机之后金融监管理论的新变化》，载《时代金融》，2011.

[13] 李成：《金融监管理论的发展演进及其展望》，载《西安交通大学学报（社会科学版）》，2008.

[14] Allen. F&Gale. D. , 1998. Optimal Pinancial Crises, in *Journal of Finance*.

[15] B. S. Bemanke, 1983. Nonmonetary Effects of the Financial Crisis in the Propagation of the Great Depression, *American Economic Review* 73（June）：257 – 276.

[16] Dell Ariccia. G & Marquez. R. , 2005. *Lending Booms and Lending Standards*, *Journal of Finance*，（7）.

[17] Diamond. D. W&Diybvig. P. H. , 1983. *Banks Runs*, *Deposit Insurance*, *and Liquidity*, Journal of Political Economy, vol. 91, No. 3.

[18] Gorton. G. , 1998. Banking Panics and Business Cycles, *Oxford Economic Papers*, 40.

[19] Houben. A. , Kakes. J. &Shinasi. G. , 2004. *Toward a Framework for Safeguarding Financial Stability*, IMF Working Paper.

[20] Lindgren. C. J. , Garcia. G. &Seal. M. , 1996. *Bank Soundness and Macroeconomic Policy*, IMF.

[21] Mishkin. F. S. , 2004. *Can Inflation Targeting Work in Emerging Market Countries?*, NBER Working Paper, No. 10646.

[22] Schwartz. A. , 1995. *Why Financial Stability Depends on Price Stability*, in Economic Affairs.

第十六章

21 世纪初国际金融理论新进展

进入 21 世纪，世界经济和金融全球化进程加速、国际间资本流动愈加自由化，在促进了世界经济繁荣的同时，也带来了新的风险与隐患，这为国际金融理论提供了更加广阔的研究空间。新布雷顿森林体系导致全球经济失衡问题愈演愈烈，同时也为系统性金融危机的发生埋下伏笔。新世纪初相继爆发的次贷危机和欧债危机使得过往的危机理论解释乏力，亟须发展新的理论来指导现实问题，国际金融危机防范与监管也随之成为21 世纪初理论研究的主旋律。新开放经济宏观经济学框架在新世纪里发展更趋完善，为分析国际金融问题奠定了坚实的理论基础。面对 21 世纪以来的种种焦点，学者们纷纷提出了自己的见解，虽然一些观点还不能形成系统的理论体系，但却为未来国际金融理论进一步深化做了重要的铺垫。基于以上思路，本章就 21 世纪以来国际金融理论热点和主流思想观点进行梳理，从全球经济失衡与再平衡、开放经济下的金融危机与监管、新开放经济宏观经济学的发展三个方面探讨。它们各成一体，又相互联系，共同构成了21 世纪国际金融理论的主要内容。

第一节 全球经济失衡与再平衡

近年来，新布雷顿森林体系下的全球经济失衡问题在国际上受到了广泛的关注，本轮全球经济失衡于 20 世纪 80 年代初露端倪，90 年代愈演愈烈，到 21 世纪已经演变为国际经济领域的主要矛盾之一。全球经常账户顺差几乎全部集中于石油输出国、日本、德国和亚洲新兴经济体，而全球净资本流入超过七成流向美国。全球的资金、技术、人才与实物的重新配置给全球经济的发展带来了深刻的变革。

国际货币基金组织罗德里戈·拉托（Rodrigo de Rato，2005）认为全球经济失衡是指"一国拥有大量贸易赤字，与该国贸易赤字相对应的贸易盈余则集中在其他一些国家"，并指出当前全球经济失衡的主要表现是：美国经常账户赤字庞大，债务增长迅速，而日本、中国和亚洲其他主要新兴市场国家对美国持有大量贸易盈余。李扬（2010）综合各家观点，给出全球经济失衡的定义：全球经济失衡是指在全球范围内，以经常账户失衡并且失衡集中在少数国家为核心现象的一系列现象的统称。主要表现是作为国际储备货币发行国的美国经常账户赤字庞大，石油输出国、日本、中国和其他东亚各国等新兴市场国家持有大量经常账户盈余；这些国家的外汇资产的积累改变全球资金流动规模与格局，并影响全球范围的经济金融活动。全球经济失衡体现的是两个层面的资源重新配置，一是实物层面的资源重新配置，再一个是资金层面的资源重新配置。

一、全球经济失衡形成机制的理论研究

美联储副主席科恩（Donald Kohn）认为全球经济失衡的存在不是单一因素的结果，它反映了两种内在推动力：一是美国的产出与支出缺口以及世界其他地方对应的反向缺口；二是对美元资产持续、强烈的需求。然而全球经济失衡形成机制远不止这么简单，它是多种要素作用下在国际经济领域发生的复杂经济现象。

（一）比较优势与生产支出的格局差异

由于新兴市场经济体劳动力资源禀赋丰富，使其在劳动密集型产品的生产上具有比较优势，这些产品的大量出口被认为挤压了美国低技术工人的生存空间而饱受攻击。实际上由于国际垂直专业化分工的发展，这些出口产品往往只有某个中间生产环节在发展中国家完成，在该国实现的经济增加值远低于出口商品总值。20 世纪 80 年代开始，美国、日本等国相继出现了去工业化现象，制造业开始迁移到劳动力成本较低的国家，只留下技术研发、设计、物流、营销等部门在本国，工业生产全球化布局减少了日美贸易摩擦，却加剧了与发展中国家的贸易不平衡。

在产业转移和结构调整的过程中，劳动密集型产品率先被转移到亚洲生产，发达国家转向资本、技术更为密集的产品生产和服务。跨国公司全球化、外包以及供应链重组趋势下，生产要素在新兴国家聚集并向全世界生产产品，出口产品的价值可以看成由外国中间品价值和本国经济增加值两部分构成。哈梅斯（Hummels，2001）最早对垂直专业化分工进行定义并提出相关指标体系，他对垂直专业化分工的衡量标准主要是出口中所包含的进口品与外国附加值的比例。他利用竞争型投入产出模型对 9 个 OECD 国家 1968—1990 年的垂直化专业分工贸易额进行估算，发现国际贸易分工重组总体上是增速发展的，但是在发达国家中体现得不明显。库普曼（Koopman，2008）对哈梅斯的方法进行改进，采用非竞争型投入产出模型计算经济增加值，得出的结论是发达国家生产网络的全球化布局导致新兴发展中国家经常项目顺差上升。技术进步有助于提高资本的边际生产率，相对降低劳动力的边际生产率。资本丰富的发达国家通过劳动密集型产业转移到劳动力丰富的国家，将过剩资本输出国外来实现产业内垂直化分工、资本生产率提高，并获取高投资回报率。从这个角度看，越是资本充足的发达国家，越倾向于将工业转移到劳动力资源禀赋丰富的国家生产，经常项目逆差的可能性就越大。

（二）投资储蓄不平衡理论解释全球经济失衡

由国民收入等式：$Y = C + I + G + NX = C + S + T$，我们可以得到：$NX = (T - G) + (S - I)$。将该净出口改写成净进口，即 $NM = (G - T) + (I - S)$。其中，Y 表示国民收入，C 代表消费，I 代表投资，G 代表政府部门支出，NX 代表净出口，NM 代表净进口，T 代表税收，S 代表储蓄。在该等式中，$(G - T)$ 表示政府的储蓄缺口，如果不考

虑政府部门，投资和储蓄的不平衡就决定了经常账户失衡。投资储蓄不平衡理论最初指向美国国内因素，主要包含双赤字假说和美国国内低储蓄率学说。双赤字假说认为政府部门支出增加导致财政赤字上升，使得利率水平上升，外资流入，美元升值，从而产生经常账户逆差，因而政府的预算赤字间接导致贸易赤字，其政策含义是美国应采取措施缩减财政赤字，以减少贸易赤字。20世纪80年代以来美国长期赤字财政政策导致美元信用的过度扩张，进一步加剧了全球经济失衡的程度，从这个角度看，美国对于全球经济失衡是有责任的。美国国内低储蓄率学说认为美国国内高消费、低储蓄是导致美国国际收支失衡的因素，储蓄率降低是过度支出的结果，它导致了国内投资不足，出口能力下降，形成经常账户赤字。

另一个层面的投资储蓄不平衡是由伯南克（Bernanke）提出的。他并不赞成双赤字假说和美国国内低储蓄说，而将分析的侧重点转向高储蓄的亚洲国家：既然有过度的支出，就必然有过度的储蓄。伯南克提出了全球储蓄过度供应说，该假说认为中国以及亚洲新兴市场国家过度储蓄，大量投资，大规模出口，导致美国的经常账户赤字。新兴国家出口所得的美元资金又以低成本流入美国，一方面推高股价与房价，资产价格上升带来的财富效应刺激了美国人的消费意愿，推动进口增加；另一方面大量资金流入压低了美国国内利率水平，在便利的债务融资条件催化下，抵押贷款规模膨胀，最终导致了过度消费和全球经济失衡，因此新兴国家应该减少储蓄增加支出。

抑制美国各经济部门普遍的寅吃卯粮行为，比起指责亚洲国家过度储蓄无论在理论层面还是操作层面上都更为合理，2007年底美国金融危机以来美国国内储蓄率快速回升，经常项目得到改善便是最有力的佐证。

（三）新布雷顿森林体系下汇率制度的选择

一些学者将全球经济失衡的主要原因归咎于亚洲新兴国家通过有意压低本国汇率实现出口导向型经济发展战略。霍斯曼（Hausmann）认为亚洲国家对汇率制度进行管理，实行以出口为导向的经济发展战略主要有两种原因：一是发展中的亚洲国家需要解决就业和经济增长问题；二是亚洲国家有规避货币错配风险的需要。新布雷顿森林体系提出者杜利（Dooley）、福克兹朗（Folkerts - Landau）和加伯（Garber）认为在当前的货币制度下，美元仍是最重要的储备货币，新兴国家必须大量持有美元资本，用于国际借贷与国际贸易等经济活动的结算，同时为了维持本国货币币值的稳定，新兴国家往往将本币正式或非正式地钉住美元。因此，这些国家为了保证经济发展与币值稳定，实行以出口为导向的经济发展战略。杜利认为当前的世界经济失衡状态是在全球化日益加强趋势下市场选择的结果，美国在政策上向亚洲地区的新兴国家施加货币升值的压力，这种失衡状态便会消失。

对于亚洲国家通过压低本国汇率来实现贸易顺差的论断，一些学者对此提出了质疑。马里恩（Marion，2002）认为随着全球资本流动的加速，东亚新兴国家采用自由浮动汇率制度将导致各国应对货币风险和汇率波动的能力降低，在这种情况下，东亚各国通过国际贸易实现收支顺差，积累大量外汇储备，能够降低外部环境的不稳定性影响。凯瑟琳（Catherine L. Mann）指出在当前的全球经济失衡中，美国对外贸易不平衡不能仅仅归因于亚洲新兴国家，而应归因于美国对外经济中的所有贸易伙伴。麦金农（McKinnon）和施纳布尔（Schnabl）从内部平衡的角度分析了中国对于汇率制度的选择问题，他们认为只有在维持人民币币值稳定的前提下，中国政府的红利支出、增加社会消费和削减税收等行为才能够提高内部购买力。如果中国无法提高内部购买力的话，贸易顺差实际上是被迫增加的，中国政府也就无法主动地对全球经济失衡进行调整。

（四）金融优势差异下的跨国资本流动

一般来说，金融全球化的实现将更有利于资本在全球范围内配置，资本使用效率快速提高，促进经济发展。由于亚洲新兴市场国家超量储蓄流向美国，为美国经常账户赤字融资，全球储蓄与计划投资下相对较高的长期利率，再借助于发达的美元资本市场，种种因素使得本轮全球经济失衡下资金得以大规模流动，这些因素的共同存在形成了全球资金循环机制。在这个资金循环机制中，美国发挥了金融中介的作用：一方面通过发行短期美元债券向这些国家借入更具流动性的资金，另一方面向新兴市场国家提供包括外商直接投资在内流动性较低的长期投资资金。投融资收益率之差实际上是保费收入，说明美国金融中介服务起到了引导全球资金流向的作用（DFG，2004）。

新兴市场国家通常持有大量外汇储备而往往存在货币错配风险和汇率风险，因此它们更重视资金配置的安全性和流动性。从金融资产收益率和金融体系功能观视角来看，根据全球资本流动的动机与规律，美国资本市场的深度、广度，市场流动性，以及美国经济持续强劲使得贸易顺差国愿意持有美元资产。霍斯曼（Hausman，2005）将导致经常账户失衡的因素统统归结为"暗物质"（Dark Matters），指出暗物质包括以下内容：（1）美国通过 FDI 输出技术和知识；（2）美国通过印制美元向全球提供流动性，实际上获取铸币税收益；（3）美国在国际借贷中凭自身实力获得的信用溢价。

二、全球经济失衡可持续性与再平衡机制

（一）可持续论与不可持续论

全球经济失衡是否可持续是全球经济失衡是否需要再平衡的前提。如果可持续，那么就没有必要再平衡；如果不可持续，那么全球经济就需要再平衡。再往前一步，全球经济失衡再平衡的必要性也影响着全球经济失衡的重要性。在此问题上，主要分为两大派：可持续论与不可持续论。

可持续论者大部分认为以美元为储备货币的国际货币制度的存在使新兴国家的贸易顺差成为必要，认为美国的经常账户逆差是可持续和永久性的。净外债的增加对美国的经济和财富增长有明显正向作用，美国用这些资金进行 FDI 等形式的投资，获得较高的收益报酬，这些高企业投资回报率通过资本市场股价的变化反映出来，因此吸引更多的资金流入美国，这种正向的积极的资金循环是可以持续并合理的。可持续论者不担心美国净债务增长的核心在于，美国的净债务总额并没有与债务支付同步增长，美国对外投资收益率明显高于外国对美国投资收益率。卡瓦列罗（Caballero，2006）等提出了有条件的可持续论，他们建立了显性资产供给约束模型，提出了当全球经济失衡满足以下条件时便可持续：（1）不同国家的潜在增长能力不同。（2）不同国家金融市场的完善程度

不同。他们所提出的这两条全球经济失衡可持续的先决条件有很大的影响，目前学者正对这一理论进行深入的研究。

不可持续论者则对全球的资金与实物的双循环体系失衡表现出了忧虑，他们的分析思路分别侧重资金流的不可持续和实物流的不可持续。首先，他们担心美国长期巨额经常项目逆差以及由此导致的美元供给大规模增加，会对美元的币值稳定性提出挑战。美国的经常账户逆差增长太快，高逆差下美元的币值难以持续稳定。一旦投资者认为美国的贸易赤字难以持续时，美元汇率将大幅贬值，这会导致类似布雷顿森林体系的崩溃，终结美国持续已久的贸易赤字。其次，不可持续论者主要关心资金收益率问题。对于美国长期获得低成本融资，他们认为这种情况难以维持。全球经济失衡加剧将导致各国对美国经济信心下降，国际货币基金组织研究局局长罗杰（Roger）认为"一旦私人投资者认为美国贸易赤字难以解决而不愿向其融资，则美元存在破裂性贬值的可能"。不仅如此，奥伯斯特菲尔德和罗格夫还认为"在全球经常账户调整过程中，全球资本市场的深化无法有效阻止美元币值下滑，美元汇率调整更依赖商品市场一体化程度"。

（二）全球经济再平衡：调整路径

所谓全球经济再平衡，不是指完全消除全球经济失衡，使各国经常账户达到平衡状态，而是指在全球经济层面，减少制度性因素对全球经常账户、资金流动与债务关系的扭曲，特别是货币因素对全球经济失衡的影响。全球经济失衡涉及各个国家和地区，具有十分复杂的历史背景和现实原因。这就决定了纠正全球经济失衡的措施必须是全球性的、长期的和复杂的。当前，纠正全球经济失衡的矛盾在于各国经济决策分散性与经济全球化下国际经济协调一致性难以统一。全球经济失衡的根本原因在于参与全球经济活动的主要国家出现内部经济失衡。因此，纠正全球经济失衡就需要各国政府协调一致，制定和实施相应的宏观经济政策，调整内部经济结构和发展战略。但遗憾的是，由于经济主权的存在，各国制定经济政策时往往各自为政，导致各国经济决策分散性与全球化所要求的国际经济协调一致性相矛盾（严启发，2006）。

1. 从斯旺图示看全球经济失衡调整途径

在斯旺图形中，纵轴代表支出转换政策工具，以直接标价法下名义汇率为代表；横轴代表支出变更政策工具，以财政或货币政策为代表。II 线代表实现内部平衡的汇率水平和财政、货币政策宽松度的各种可能组合，该曲线向下倾斜，因为货币贬值和扩张的财政或货币政策都将引起总需求的增加，所以货币贬值需要与紧缩的支出变更政策相组合才能保持内部平衡。II 线右上方代表经济过热，存在通胀压力，左下方则代表需求不足。EE 线代表实现外部平衡的汇率水平和财政、货币政策宽松度的各种可能组合，该曲线向上倾斜，因为货币贬值提高了国际竞争力有助于改善经常项目，而扩张的财政或货币政策增加了总支出倾向于恶化经常项目，因此货币贬值需要与更宽松的支出变更政策相组合才能保持外部平衡。EE 线左上方代表经常项目顺差或大于最优的水平，右下方则代表经常项目逆差或小于最优的水平。II 线和 EE 线的交点处，经济同时实现内部平衡和外部平衡。

以美国金融危机以前的情况为例，美国经济表现为严重外部失衡和经济过热，经济

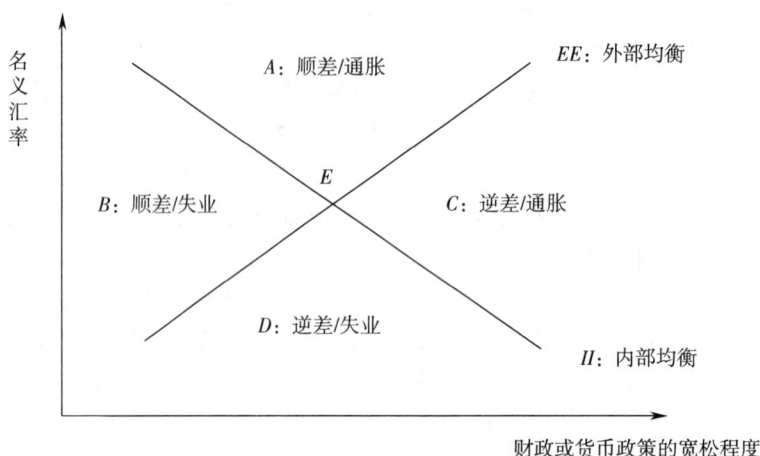

图 16 - 1 经济的内部均衡与外部均衡

处于逆差与通货膨胀并存的 C 区域。从斯旺图示上看，对美国来说，相应的措施有：第一，削减财政赤字、美元贬值。奥伯斯特菲尔德（Obstfeld）和罗格夫（Rogoff）建立的开放经济模型表明，若要消除经常账户赤字，美元实际贬值幅度要达到 16% 到 36%。金伯利（Kinberly, 2010）构建了一个多国多部门动态随机一般均衡模型，同样认为美国紧缩财政、汇率的有序调整对全球经济失衡调整至关重要。然而，单靠美国减少财政赤字或单靠美元贬值都无法实现全球经济软着陆，无论哪一种途径其调整都会对全球经济造成严重的负面影响。但如果将汇率调整与财政紧缩相配合，则能够实现全球经济失衡的平稳和渐进的调整。第二，降低居民消费、提高国民储蓄率。在美国，个人消费或储蓄与房地产市场有非常强的相关性，因此，美国长期利率必须有序地上升，以引导房地产价格的下落，才可能实现美国个人消费需求自主减少。需要指出的是，美国长期利率的有序上升是重要的，如果美国长期利率急剧地上升，虽然有助于美国经济的外部平衡，但长期利率的急剧上升会导致全球其他地区的长期利率上升，这将与其他地区扩大内需的努力相冲突，反而不利于全球经济失衡的调整（施建淮，2006）。此外，在长期中，改善美国经常账户的途径还可以是提升科技创新以及科技产业化的速度，提升比较优势，提高美国的产出能力。

对于新兴国家来说，可采取的措施是：第一，提振内需，促进内需强劲增长。理查德·波特斯（Richard Portes）强调发展中国家要优先发展国内资本市场，促进金融深化，解决金融抑制问题，以拓宽国内投资渠道，使国内储蓄能顺利转化为投资。他还建议有条件的发展中国家推进本币国际化进程，认为如果可以用本币进行国际借贷，则发展中国家会放弃不断累积外汇储备，改变追求经常账户盈余的战略。第二，推动资本输出长期战略。输出资本分享全球比较利益。对发达国家来说，他们通过"资本先发优势"长期分享全球比较利益。新兴国家的外汇储备达到一定的规模时，也应该尽早通过多种途径实现资本的输出。此外，通过资本输出替代产品输出，还能缓解贸易摩擦，还能转变经济增长方式，提高可以利用的外汇资产，提高经济稳定性。第三，改革金融体系，加强金融监管。全球经济失衡程度加剧、金融泡沫积累和金融监管放松三者之间存在密切的关系。因此，金融体系的巩固与完善以及消除金融架构中的缺陷成为降低金融危机爆发可能性的必要手段。"更好的监管"而不是"更多的监管"金融活动应该成为各国的共识（卢瑾，2010）。

2. 改革现有国际货币体系

新兴市场经济体出口导向型的发展战略依赖美国的需求市场，美国的过度消费依赖新兴市场的廉价出口和外汇储备来实现其抑制通胀和低成本融资的目标，形成了相互依赖的共生格局，全球失衡是这一模式的枢纽，而失衡对美元信用的腐蚀使得这一共生模式不可持续。对全球失衡的调整有赖于失衡双方的共同努力，但双方非对称的地位决定了调整压力的不对称，共同利益与个体利益的不一致使得全球失衡调整的博弈很难达到均衡。可见，当前国际货币体系下美国的中心国地位及美元霸权是调整失衡的一个阻力，改革国际货币体系成为调整失衡的重要途径。

菲奥伦蒂尼（Fiorentini）和蒙塔尼（Montani）为解决当前不对称国际货币体系和特里芬两难问题，建立了两个对称的国际货币体系模型，其中一个模型假定所有国家都保留主权货币发行权，另一个模型假定存在一个超主权货币联盟即世界性的中央银行。通过对两个模型的比较分析，认为建立世界央行仍是长远计划，只能有针对性地对当前国际货币体系进行部分改革，而美元贬值和"内在不稳定器"（Built - in Destabilizer）是当前急需解决的两个难题，并提出建立由主要发达国家组成的货币联盟并逐步吸纳其他国家加入和发行 UN 债券以实现 SDR 储备替代美元储备的建议。周小川（2009）提出创造一种与主权国家脱钩，并能保持币值长期稳定的国际储备货币，从而避免主权信用货币作为储备货币的内在缺陷，并认为这是国际货币体系改革的理想目标，当前应考虑充分发挥 SDR 的作用。李稻葵等（2010）认为储备货币多元化是未来国际货币体系改革的可行方向，并提出中国应积极参与到国际货币体系改革，人民币的区域化和国际化则是有效的参与方式。艾肯格林（Eichengreen）表示，国际货币体系的演进有明显的路径依赖特征，通过改革当前国际货币体系来调整全球失衡或许是有效的，但过程却是漫长的。

第二节　开放经济下的危机与监管

21 世纪初的世界经济并非一帆风顺，各国大小风险不断，风险积累导致危机爆发。2007 年由美国次贷危机引发的全球金融危机表明，危机如同病毒变异一般，每一次发生都与以往有所不同，并伴随着程度更加严重的损失，而且越来越难以控制。传统金融危机理论发展已经开始滞后，不足以解释愈加复杂的系统性金融危机，亟待新一代危机理论的出现。与此同时，危机的发生对金融风险防范与监管提出了更高的要求，促进了监管理论的发展。美国次贷危机与之后的欧洲主权债务危机让全球经济付出了惨痛的代价，同时也为理论研究提供了宝贵的案例素材。本节首先对美国次贷危机和欧债危机进行深入剖析，然后讨论应对危机发生的审慎监管要求。

一、美国次贷危机的演进与根源

当世界经济金融领域的评论者们还在大力赞扬美联储主席格林·斯潘高超的把握经济的艺术天分时，谁也没想到之后的调高联邦基金利率会引发波及全球的金融灾难。由于经济明显回升、通货膨胀压力加剧，美联储在 2004 年 6 月至 2006 年 6 月期间，连续17 次调高联邦基金利率，将该利率从 1% 上调至 5.25%。此番调整使得隐藏在证券化下的金融风险暴露无遗，是次贷危机爆发的直接原因。

（一）美国次贷危机的演进

美国次贷危机的演进经历了四个阶段。在第一阶段，由于基准利率上升导致房地产价格下降，进而次级抵押贷款违约率上升，基于次级抵押贷款的金融产品市场价值缩水，次级房贷金融机构遭受账面损失。这一阶段的标志性事件是 2007 年 4 月美国新世纪金融公司破产。第二阶段是流动性短缺。MBS、CDO 等衍生工具价值下跌，投资者不清楚次贷危机的损失究竟有多大，货币市场出现恐慌，于是纷纷抽回资金，短期货币市场上出现流动性短缺，那些依赖短期货币市场的非银行金融机构出现融资问题，不得不通过去杠杆化来缓解。这一阶段的标志性事件是 2008 年 3 月美国第五大投行贝尔斯登申请破产保护。第三阶段是信贷紧缩。由于商业银行自身持有的风险资产出现巨额亏损，以及商业银行旗下的表外投资机构不能继续从短期货币市场融资，商业银行开始收缩贷款，金融机构的混乱局面严重影响投资者预期，股票市场大幅下跌。这一阶段的标志性事件是 2008 年 9 月美国华盛顿互惠银行与美联银行陷入危机。第四阶段是实体经济遭受冲击。在资产价格下跌与信贷紧缩的双重冲击下，美国居民消费与固定资产投资全面下滑。这一阶段的标志性事件是美国经济从 2008 年第三季度起持续负增长（张明，2009）。

随着次贷危机的扩展与深化，投资银行、"两房"、保险公司、商业银行等主要金融机构都遭受了巨额亏损，这些金融机构对于亏损的反映都是去杠杆化。去杠杆化有两种渠道，一是募集新的资本金；二是出售风险资产、提高流动性资产在资产组合中的比重。对于第一种渠道，危机爆发以来，很多金融机构寻求获得私人投资者、主权财富基金以及政府的注资。当所有金融机构均提高对流动性资产的需求时，金融市场上就出现显著的流动性短缺。对于第二种渠道，当商业银行降低风险资产（主要是贷款）的比重时，金融市场上便出现持续的信贷紧缩；当所有金融机构均在市场上抛售股票等风险资产时，在全球资本市场上，不仅各主要股票指数便会大幅下跌，而且短期国际资本会从新兴市场国家撤出，重新流回发达国家。

（二）次贷危机形成根源

世界金融发展史表明，金融危机的爆发往往是经济金融矛盾长期累积的结果，次贷危机也不例外。导致次贷危机形成的根源主要有以下三点。

1. 美联储过分宽松的货币政策以及随之造就的美国房地产市场繁荣。史蒂芬·罗奇（Stephen S. Roach）认为美国次贷危机的根源在于宏观政策的失误。20 世纪 90 年代以来，在信息技术革命的推动下，美国经济经历了二战后的高速增长期，资本市场空前繁荣。2001年互联网泡沫破灭，美国经济出现衰退。为了刺激经济，美联储采取了扩张性的货币政策。从2001年1月至2003年6月连续13次下调联邦基金利率，将其从6.5%下调至1%的历史最低水平。美联储通过下调基准利率来缓冲实体经济下滑无可厚非，问题在于，当实体经济开始复苏时，美联储却没有及时上调基准利率，1%的低利率一直持续到2004年6月。在长期的低利率政策刺激下，美国房地产市场进入前所未有的大牛市，随后货币政策才进入加息周期，房地产价格下跌，次贷违约率上升，次贷危机爆发。美联储过分宽松的货币政策造就了美国房地产市场的过度繁荣，成为次贷危机爆发的导火索。

2. 全球经济失衡为金融市场提供了充足的流动性。全球经济失衡加大了对证券资产的需求，但却达到了无法维系的程度（熊军，2009）。在失衡之前，全球经济持续强劲增长，推动了金融创新，很多新金融工具被开发出来以满足各类投资者的需求，债券市场尤其突出。持续的全球不平衡使外围国家积累了巨额的剩余储蓄需要保值增值，购买美元资产则是主要的方式，因而形成了对美元资产的巨大需求，这一方面造成了一个低利率的环境，刺激了美国国内的消费和投资，加剧了债券融资扩张，另一方面随着这些国家外汇资产规模的增长，其风险偏好程度也在上升，为了追求更高的收益，他们往往选择高风险资产，次级抵押贷款就是其中之一。但是，这种失衡的经济增长模式是不可持续的，必然引发金融危机，以极端的形式将经济带入再平衡阶段。

3. 在融监管缺位下过分发展的金融衍生产品创新。梅拉梅德（Leo Melamed）指出次贷危机源于监管体制的漏洞。放松金融管制激励了金融创新，但却积聚了巨大风险。20世纪70年代以来的金融管制变革包含两方面的内容：一是以放松金融市场管制为主的自由化改革；二是建立针对金融企业的管制。从实践效果来看，在放松金融市场管制的同时，对金融企业的有效监管并没有实现。金融市场管制的放松扩大了金融企业的经营管理决策空间，加大了金融企业的经营风险。与此同时，功能监管更多的是停留在理念上，并没有落到实处，《金融服务现代化法案》的颁布并没有从整体上触动原有金融监管体系的职权划分。虽然美联储被授权对金融控股公司实行伞形监管，但仍然保持了由各监管机构对证券、期货、保险和银行业分别监管的格局，特别是对于如何监管次级贷款抵押证券这类跨市场、跨行业的交叉性金融工具并没有任何要求，现有监管体制存在严重的监管重叠和监管缺位问题。在市场管制放松而功能管制尚未跟进的情况下，金融企业的业务活动大为扩展，各种新的金融产品层出不穷，尤其是美国证券化和结构性投资工具发展迅猛。由于债券具有现金流稳定的特点，技术上容易将风险进行分解、重组、转移，所以债券市场成为金融创新的主战场，绝大部分衍生工具包括掉期、CDO、ABS、MBS、CDS等，都是债券市场的衍生品。债券市场是金融创新最冒进的领域，最终也成为风险聚集最大的市场。

二、欧洲主权债务危机的成因与前景

在美国次贷危机的影响下，2009年下半年希腊主权债务问题逐渐浮出水面。国家过度举债引起市场恐慌，信用恐慌的债权者要求更高收益，大规模借款数额以及借款成本进一步增加本已债台高筑的政府的负债，希腊债务危机在这种恶性循环中愈演愈烈。全球三大评级机构标普、惠誉、穆迪相继调低了希腊的主权信用评级，拉开了欧债危机的序幕。随后爱尔兰、葡萄牙、西班牙、意大利都深陷主权信用危机的泥潭，演变成为整个欧元区的债务危机，发展至今已成为一场影响全球经济复苏的债务风波。对主权债务危机的研究成为国际金融领域的热点。

（一）欧债危机爆发成因

欧洲主权债务危机无疑是美国金融危机的衍生产物，是金融危机的延续和深化，但究其缘由具有明显的欧洲特色。在全球经济一体化的今天，欧债危机爆发的根本原因是欧盟的制度缺陷，而直接原因则是美国金融危机带来的连锁反应。

1. 高福利低增长的支出格局无形中推高了政府债务。欧元之父蒙代尔（Robert A. Mundell）指出，财力不济的国家要效仿财力充沛的国家所实行的养老金和福利计划，这远非其国内财力所能承担。深陷债务危机的国家工业基础薄弱，主要依赖劳动密集型制造业出口和旅游服务业发展，使得经济对外部环境变化的适应能力异常脆弱，在金融危机的影响下增长缓慢。人口结构不平衡，老龄化人口逐渐增多，失业率居高不下，导致巨额的养老基金、失业救助等社会福利支出。国内偷税漏税现象屡禁不止，政府机关和公务人员队伍庞大、臃肿，都加重了政府负担，以致财政连年赤字，最终导致了欧洲债务危机的爆发。

2. 欧元制度性缺陷是造成欧债危机的罪魁祸首。货币政策、财政政策的二元结构。虽然欧元区具有统一的央行和货币政策，却没有统一的财政政策。欧元区各国的货币政策由欧洲中央银行统一制定，为了权衡欧洲各国利益，欧洲中央银行的货币政策制定时滞较长，因而无法运用货币政策来解决各国国内问题。各国在应对危机时，只能过度使用扩张性的财政政策。对财政政策的过分依赖，造成巨额的财政赤字和财务负担，最终使得各政府债台高筑，积重难返（张茉楠，2010）。

各国税收制度不统一，引发资本流向趋同。各国的公司税税率高低不一，德国、法国公司税在30%左右，而位于边缘国家及东欧国家都在20%以下，引发资本的大量趋同流入。世界清算银行（BIS）在2011年年度报告中指出，由于危机国各个经济部门间的发展不平衡，这些资金流入后主要投资在房地产业和旅游业，造成巨大的经济泡沫，后在金融危机的刺激下破裂，使得各国经济增长乏力。

各国利益博弈致使救助效率低下。欧盟由27个国家组成，各个国家经济发展差异很大，政治经济利益更是无法趋同。欧元区创立时没有设置退出机制，现在个别国家出现危机，只能通过欧盟内部协商解决，失去了解决问题的最佳时机，同时降低了整个欧元区的整体利益。此次救助就因德国和法国的分歧，使得欧债危机长期伏案待判，错过了解决问题的时机（丁德圣，2012）。

3. 全球金融危机是欧债危机的爆发直接原因。迈克尔·博尔多（Michael D. Bordo，2009）等人的研究结果表明，金融危机对主权债务危机的影响力在很大程度上取决于一国的储备基础和政府公信力的大小。外币债务占债务总额的比率越高，金融危机引发债务危机的风险就越大。因为在金融危机的冲击下，外币债务的风险暴露更大，这造成了一国显著的永久性产出损失。美国次贷危机导致全球经济衰退，各国纷纷推出救市计划，采用宽松的财政与货币政策，加大私人和政府领域的杠杆化，大规模的举债行为使得政府机构负债增加，财政枯竭，进而出现危机。国际评级机构不断调低主权债务评级，引发了投资者和公众的心理恐慌和悲观预期，而投机者借机炒作的行为更是加速了危机的恶化与发展。

（二）欧债危机的前景

关于欧洲主权债务危机的前景，部分学者持较为消极的态度。霍华德·阿彻（Howard Archer，2010）认为，希腊的问题不仅将传染其他竞争力稍弱的欧洲国家，甚至可能间接拖累北美经济的复苏。各国政府为拯救危机出台的财政紧缩政策如同一把双刃剑，在压缩财政赤字的同时，无疑会拖累经济复苏。努里埃尔·鲁比尼（Nouriel Roubini，2010）认为，欧洲主权债务危机正在由私人部门向主权实体蔓延，这将损害欧洲的经济复苏，而欧元的大幅贬值将阻碍其他国家的对欧出口和经济增长；最糟的结果是欧元崩溃，引发一连串的主权违约，致使金融体系失常，并引发严重经济衰退。而另外一些学者对欧洲主权债务危机的前景持谨慎乐观态度。鲍里斯·库尔内德（Boris Cournede，2010）认为，欧债危机给全球经济复苏带来新的风险和挑战，但全球经济复苏的脚步并不会停止。如果能把危机控制在现有范围内，危机对中国经济和对外贸易的影响将不会太大。埃德蒙德·菲尔普斯（Edmund S. Phelps，2010）分析了欧债危机对美国的影响，认为美国经济没有过分依赖欧元区及周边国家的出口，欧债危机对美国经济的影响其实是利大于弊，欧洲经济的动荡会使更多的资本流向美国，从而美国经济受益。还有些外国学者的观点比较中性。乔尔·纳罗夫（Joel L. Naroff，2010）认为，欧盟的救助措施会产生效果，但是代价会比较高昂；欧债危机也将延缓美国经济复苏的步伐。威廉·布伊特（Willem Buiter，2010）主要分析了欧债危机对世界主要货币的影响，认为欧债危机使欧元走软，让美元变得相对强势，短期内对美元有好处，但从中长期来看对美国经济有消极影响，这将削减美国财政改革的动力；欧债危机有助于减轻人民币升值的外部压力，促使中国将财政政策收紧，摆脱此前的经济过热。

大多数学者认为要解决欧洲主权债务危机必须推动改革，加强监管，完善制度。保罗·克鲁格曼（Paul Krugman，2010）指出，欧洲需要朝着政治联盟的方向迈进，使欧盟各成员国的运作方式跟美国的各个州更加类似。费勒斯通（Kevin Featherstone，2010）表示，为了拯救危机，希腊必须对一些社会监管方面的深层次问题进行改革，建立一个类似于伦敦财政研究机构的组织，用以评估政府预算的设想和计划；同时，应成立一个第三方监管机构，监督政府税收的支出情况和支出效率。此外，联盟必须实行改革，加强对成员国的控制力，实现各成员国经济政策的协调统一，欧盟最终需要变成一个政治组织。努里埃尔·鲁比尼（Nouriel Roubini，2010）综合各家观点，全面分析了欧洲主权债务危机的出路：第一，南欧国家应放松监管，推行自由化改革；北欧国家应刺激需求，恢复经济活力，促进经济增长。第二，采取宽松的货币政策，以防止通缩，增强竞争力。第三，实施主权债务重组计划，同时防范救助计划可能产生的道德风险。第四，大力削减财政赤字，恢复财政收支平衡。第五，对金融业进行改革，由混业经营彻底回归分业经营，稳定金融秩序。第六，赤字国家应增加储蓄与投资，盈余国家应刺激消费，以恢复全球经济的平衡。

三、后危机时代宏微观审慎监管理论现状

金融危机在全球范围内的快速传播，使得国际金融体系的脆弱性逐步增强。21 世纪，在金融全球化背景下随着风险不断暴露，危机隐患不断显现，宏微观审慎监管要求随之受到越来越多的关注。

（一）巴塞尔协议Ⅲ：加强微观审慎监管

2008 年全球金融危机爆发之后，国际社会对巴塞尔资本协议缺陷与不足的认识逐渐加深并形成了一定的共识，巴塞尔银行业监管委员会（简称巴塞尔委员会）为修订巴塞尔资本协议开展了大量研究工作，并就如何提高巴塞尔资本协议在维护金融业的安全与文件中的作用提出了一系列具体的征求建议。2010 年 7 月 26 日，巴塞尔银行监管委员会公布了关于巴塞尔新资本协议的最新修订细节。

此次修订中，巴塞尔委员会围绕金融危机中广受关注和争议的环节和领域展开，其最新发展与完善内容有：

1. 提高资本质量和充足率标准以提高银行吸收损失的能力。巴塞尔委员会计划将银行的一级核心资本充足率（普通股比例）和一级资本充足率由目前的 2% 和 4% 分别提高至 4.5% 和 6%，资本充足率维持 8% 不变，但同时还要求建立 2.5% 的资本留存，且此 2.5% 的资本留存必须为普通股。银行可利用此次设立的资本留存吸收经济和金融危机时所遭受的损失。由此可见，银行日常的一级核心资本充足率将须达到 7%，核心资本充足率将达到 8.5%，资本充足率整体水平也将达到 10.5%，核心资本要求和资本充足要求标准都有大幅提高。另外巴塞尔委员会为提高核心资本质量，提出核心资本必须是普通股本和留存收益，并取消了之前规定的创新混合资本工具可占一级资本 15% 的规定。而为提高非核心资本质量，巴塞尔委员会计划将对二级资本进行整合，进一步规范二级资本的要求与标准，强调二级资本的规定应简单明确且具备吸收损失的功能，并且取消了三级资本的规定。上述规定不仅提高了资本质量，而且还将提高资本的统一性，对于监管者在实践中有效落实资本监管要求提供了更大的便利。

2. 扩大风险覆盖范围以弥补监管漏洞。为弥补在银行账户与资本账户风险监管上的漏洞，巴塞尔委员会计划提高对银行交易账户风险暴露、再证券化和资产支持商业票据流动性的资本要求，如将再证券化产品的风险权重提高了一倍以增加对再证券化产品的风险覆盖。针对交易账户新增风险计提，巴塞尔委员会强调应充分覆盖广泛市场事件所造成的信用损失风险，同时顾及流动性、集中度、相关性和多样性等综合因素对模型的影响。同时，巴塞尔委员会还指出，应运用多种压力测试方法，如情景分析、敏感性分析等来评估模型的合理性。巴塞尔委员会还建议加强银行在衍生品、回购协议和证券化金融业务中的交易对手方风险暴露的资本要求，以此来提高抵御上述风险暴露的资本储备。而针对交易对手的信用风险，巴塞尔委员会计划将提高根据标准法或内部评级法确定的交易对手风险的资本要求，银行还必须核算额外的资本来覆盖预见外盯市交易对手

风险损失。此外，巴塞尔委员会还增加了对手方错向风险的规定，并对具体的交易对手信用风险的管理提出了更为严格详细的规制要求。为加强对场外衍生交易市场的规制，巴塞尔委员建议将场外衍生品合同的结算纳入中央对手结算体系，以便监管者及时把握相关风险动向进而及时制定相应的监管措施，以降低金融体系内的系统性风险。

3. 引进杠杆率监管以弥补资本充足率监管的不足。杠杆率作为一个与风险相对脱钩的、较为简明的银行风险监管指标，在次贷危机后由于其透明、直观等特点被监管机构重新重视。引入杠杆率标准监管，一方面可以弥补资本充足率监管的不足以控制银行的整体风险暴露，另一方面，还可通过限制银行业逐步增高的杠杆率，以防止银行业在去杠杆化过程中对更广范围的金融系统和经济的危害。根据巴塞尔委员会的建议，在杠杆率评估中，资本部分限于一级资本和一级资本的主要部分，资产敞口并非根据风险加权方法来计算，而是根据会计资产负债表来评估资产敞口。由于现行各国的会计标准未统一，为保持杠杆率监管标准的统一，巴塞尔委员建议将会计资本负债表中的资产分为下列具体类别分别评估：高质量流动性资产、衍生品、回购型交易产品和证券化产品，并明确了每类资产的具体评估方法。但对于具体的杠杆率标准，还有待国际社会的谈判和巴塞尔委员会在今后的工作中给予明确。

4. 引入逆周期资本等要求以缓解周期效应。2008 年国际金融危机爆发之后，巴塞尔资本协议的助周期缺陷引起了国际社会的广泛关注，巴塞尔委员会也就如何缓解资本监管的助周期性开展了多项工作。为此，巴塞尔委员会已提出要建立 0~2.5% 的逆周期资本缓冲，该项资本将根据成员国状况要求是普通股或其他能够完全吸收损失的资本。引入逆周期缓冲资本的目的在于在更广泛的宏观审慎目标，在信贷过快增长时期保护银行业，因此，这项资本仅在信贷过快增长进而在系统范围内积累风险时才生效。此外，巴塞尔委员在资本监管标准中大幅提高一级资本和普通股比例、严格二级资本的要求标准和取消三级资本规定等提高资本质量的措施实际也将有利于缓解资本监管的助周期性，尤其是在二级资本要求标准中提高了资本工具的期限，这将限制银行利用短期融资工具补充资本金，提高银行资本抵御市场波动的水平。

5. 构建流动性监管标准。在 2008 年金融危机中，流动性短缺是造成银行损失的另一重要原因，主要表现为银行在去杠杆化过程中导致金融体系的整体流动性紧缺，因而扩大并加速了危机的蔓延，因此，巴塞尔委员在引入杠杆率监管的同时还准备构建全球流动性监管标准。巴塞尔委员会已提议构建包括短期的流动性覆盖比率和长期的净稳定融资比率两项指标的流动性监管标准。其中流动性覆盖比率主要目的在于提高银行短期流动性来应对突发的流动性中断情况；而净稳定融资比率则是用于衡量流动性错配的长期结构化比率，目的在于鼓励银行使用稳定资本来源支持其业务。

6. 规范资本要求的实施步骤。巴塞尔委员会此次对最低资本要求的实施步骤做了详细的安排，就落实各项要求安排了较长时间的过渡。这既考虑到具体实施的可行性和对经济复苏的影响，也吸取了之前巴塞尔资本协议急于实施的教训。

（二）宏观审慎监管理论研究现状

金融监管通常可以分为限制性监管和审慎性监管，而审慎性监管主要包括微观审慎监管和宏观审慎监管两个方面，对于前者来说，巴塞尔委员会对于资本充足率的推崇使微观审慎的监管方式得到极大发展；对于后者，在金融危机之后，随着人们对于系统性风险的认知程度加深，宏观审慎监管被给予更加广泛的关注。

　　"宏观审慎"的起源可以追溯到 20 世纪 70 年代后期库克委员会（现在的巴塞尔委员会的前身）的内部会议纪要中，后来该词也曾出现在英格兰银行的内部文件中。在这一时期，这个名词通常被认为是与宏观经济相联系的监管和管理的一个系统的方向。而对于"宏观审慎"一词的普遍使用，始于 2007 年的金融危机。

　　1. 宏观审慎政策的目标。广义上说，宏观审慎政策旨在维护金融稳定，但是目前学术界对于金融稳定的定义没有达成一个明确的共识。通常而言，金融稳定大体上可以分为两类：一是金融稳定是指金融系统应对外部冲击的稳健性；另一类强调金融困境的内源性本质，将金融稳定描述为金融体系内部应对冲击的弹性，或者说是，应对一般冲击而不是巨大冲击的金融脆弱性。就宏观审慎政策的具体目标方面，一般观点认为，宏观审慎政策的目标是限制系统性危机的风险和成本。布伦纳迈耶（Brunnermeier，2009）认为宏观审慎管理的一个关键性目的，就是扮演了一种对抗的力量，对抗一种循环，即繁荣时期对风险估测自然下降，在随后而来的衰落期风险估测随之上升。另一个观点认为，宏观审慎政策的目的是限制，有重大宏观经济成本的系统性危机的风险（Borio&Drehmann，2009a）。根据这个观点，要理解宏观审慎政策本质，就需要区分宏观审慎和微观审慎管理。

表 16－1　　　　　　　　　　宏观审慎与微观审慎的比较

	宏观审慎	微观审慎
直接目的	防范金融系统危机的爆发	防范单个金融机构危机的爆发
最终目标	避免 GDP 的损失	保护消费者（投资者或存款人）
风险模型	（一定程度上）内生的	外生的
金融机构之间的相关性和共同风险暴露的关系	这种关系是必要的	金融机构间的共同风险暴露被认为是没有联系的
审慎控制的衡量标准	以整个系统范围为单位 实行自上而下的衡量方法	以单个金融机构为单位 实行自下而上的衡量方法

　　资料来源：Borio，2003. Towards a Macroprudential Framework for Financial Supervision and Regulation?，*CESifo Economic Economic Studies*，vol 49，no 2/2003，181－216.

　　宏观审慎政策与微观审慎政策是审慎政策的两大支柱，分别代表审慎管理的两个方面，微观审慎更强调对于个体金融中介机构的管理和监督，认为如果系统内的每一家金融机构都是稳健经营的，那么政策金融体系也是稳定的；而宏观审慎更强调将金融系统看做一个整体，对其中的累积的风险进行系统的管理。

　　2. 宏观审慎政策的工具。宏观审慎的研究领域中，另外一个探讨的重点是宏观审慎工具与其他维护金融稳定宏观经济工具之间，比如财政政策之间的关系。哈农（Hannoun，2010）给出可以维护金融稳定的可供选择的一系列政策（如下表所示）。卡鲁纳

（Caruana，2010）的研究表明，金融管理政策是解决方案重要的部分但是它们本身并不足以解决所有复杂的系统性风险。

表 16 - 2　　　　　　　　　维护金融稳定的可供选择的经济政策

工具	目标	措施
微观审慎政策	限制单个金融机构的风险	资本要求，杠杆率
宏观审慎政策	限制金融体系的风险	逆周期资本附加
货币政策	价格稳定	政策利率，标准回购
	流动性管理	抵押品政策；储备的利息；政策走廊
	调节金融失衡	政策利率；储备要求；外汇储备缓冲
财政政策	管理总需求	税收；自动稳定器；相机抉择逆周期措施
	建立财政缓冲	降低债务水平的措施；对金融体系的征税
资本控制	限制整体的期限错配	限制国外货币资产的种类

资料来源：Hannoun（2010），Towards a Global Financial Stability Framework.

特别是新兴市场国家，宏观审慎工具可能还包括限制系统范围货币错配的措施，旨在遏制资本流入国内金融体系的后果。例如特纳（Turner，2009）研究了开放外汇账户的限制和约束外币资产类型。博里奥（Borio，2007）等分析了金融失衡的累积往往伴随着越来越多份额的净外汇资金。

相比之下，市场化管理旨在减少资本流入的激励机制（Ghosh，2008），其他工具的目标—控制大规模资本流动，会导致国内信用膨胀，不能视为宏观审慎工具本身，但是可以视为支持审慎监管的措施（Ostry，2010），这类工具的一个例子是由珍妮（Jeanne）和科里内克（Korinek）建议的国际借贷庇古税，限制借款者将成本内部化，即其资产负债表上的货币错配产生的资产价格通缩。

雷普洛（Repullo，2009）考察了资本要求的顺周期性，研究了资本要求逆周期如何削弱证券化集中在金融体系中的风险的负面效应。汉森（Hanson，2010）认为危机之前的资本监管存在一个问题，在经济不景气的时候，对银行资本的监管约束可能不足以说服市场继续为问题银行融资。因此他们赞成在经济繁荣时期最低资本比率大大超过经济不景气时期的市场要求。

以往的文献中还分析了许多其他的顺周期来源并建议相关工具。

首先，关于抵押品价值的实践与贷款价值比之间的联系，可以通过最大贷款价值比率解决。博里奥在 2001 年深入讨论了这个联系，并对贷款价值比的管理使用实践进行了回顾。第二是贷款损失拨备，不当的风险评估会削弱银行的资产负债表并放大金融周期性。西蒙尼斯（Jimenez，2006）的研究显示，前瞻性拨备，充分考虑了银行在经营周期中贷款的信用损失。第三是头寸设置、保证金在证券融资中的实践和场外衍生品交易。全球金融体系委员会（Committee on the Global Financial System，CGFS）强调这些实践在金融危机期间的系统范围的影响，并探讨了政策选择对降低金融市场上的那些实践的顺周期影响。

另一方面是横截面维度。横截面维度关注的是在一个时间点上金融系统中风险的分配，特别是源自资产负债表之间的相互关联，类似的风险和相关行为反应等的共同风险暴露。在这个过程中，宏观经济动态是作为外生变量的。关于横截面维度的分析文献非常丰富，例如风险管理方面的系统研究或者系统风险的理论。在这个视角中，重要组成部分包括市场失灵和传播渠道问题。

3. 宏观审慎政策工具的有效性。到目前为止，研究工具实施效应的定量文献还相对匮乏，因而不仅要完善相关的分析，也需要推陈出新，创新更多的宏观审慎管理工具。

博里奥（Borio，2007）等人对很多国家的宏观审慎工具的有效性的官方评估进行了汇编。实施得较为成功的工具就是西班牙的动态拨备机制。在西班牙，配置的效果已被发现对信贷增长只有较小的影响，但是有助于建立逆周期缓冲，这样能帮助银行加强偿付能力。他发现，西班牙的动态机制被证明在当前的金融危机中是有效的，其运作机制加强了个体银行和整个金融体系的弹性。经验数据表明，在经济繁荣时期信贷标准更加宽松，不仅表现在对借款人的筛选方面，也表现在对抵押品的要求方面。出于这方面的考虑，专家建议前瞻性的贷款损失拨备可以作为监管工具，根据经营周期对银行贷款组合的信用风险状况进行充分的考虑。

在以往的研究中，就金融体系和宏观经济之间的联系缺乏模型化的研究，主要是由于收集数据方面的困难，因为这些数据需要对宏观审慎工具进行实证工作。到目前为止，文献中几乎没有这类的数据支持。就美国而言，Lo（2009）建议设立一个新的独立机构收集数据，关于美国金融企业资产负债表内外的资产和负债的市场价格，包括影子银行体系的，这样就能够监督美国银行体系中的杠杆、流动性情况、相关的资产价格，以及投资组合对经济环境变化的敏感性。

赛伯特（Sibert，2010）也建议在欧元区建立一个机构收集类似的这些数据，但是他还指出，这些数据使用有限，因为它们只是表明了金融不稳定的状况，而不是原因，因为系统性风险还不是很清楚，数据的解释、相互关系和影响的测量是有困难的。为了让研究人员和监管机构分析系统性风险暴露，布伦纳迈耶（Brunnermeier，2010）建议定期从被监管的金融机构收集局部均衡的风险敏感性数据和流动性敏感性数据。而后研究者可以使用这些数据建模，测量系统性风险和一般均衡效应。使用个体银行贷款业务、风险暴露、银行同业之间联系包括加拿大银行系统的场外衍生工具的这些数据，高蒂尔（Gauthier，2010）发现，宏观审慎的资本分配机制减少个体银行的违约概率，相当于约25%的系统性危机的可能性，因此认为宏观审慎的资本缓冲能够大幅促进金融稳定。

总之，研究表明宏观审慎政策可以有效地达到他们的目标，但是也有许多注意事项需要提前说明。特别是，关于采取宏观审慎政策的成本、他们的计量方式、潜在的意想不到的效果，我们知道的太少。而且，有许多因素政策制定者没有完全考虑进政策中，例如金融体系对政策变动的一个快速的反应，或者管理框架中的空白等，这些未被考虑的因素会阻碍或完全撤销预期的效果。比如，西蒙尼斯（Jimenez，2012）研究表明动态拨备维持经济衰退时期的信贷增长，但是在经济繁荣的时期，对遏制信贷没有任何益处，可能是因为企业从其他受影响较少的银行或其他金融机构找到替代的信用来源。与此类似，卡罗米瑞（Calomiris，2012）等人的研究显示，英国国有的银行和外国附属公司（被管理的部门）减少借贷响应国家管理者强制要求的更紧的资本要求，但是这种效应被外国常驻分支机构（未被管理的银行）的相反应对措施大大抵消。

第三节　新开放宏观经济学的发展

宏观经济政策和理论发展随着经济金融全球化的推进不断拓展深入，尤其是进入 21 世纪以来，世界经济形势动荡不已，开放条件下的宏观稳定问题受到越来越多的关注。新开放宏观经济学的根本特征在于将名义价格黏性和不完全竞争引入到开放经济的动态一般均衡模型中，为开放经济条件下的一般动态均衡理论提供了良好的微观基础，同时也为分析国际经济政策协调问题提供了新的框架。相较于以往的理论，无论是静态凯恩斯模型，还是弹性价格跨期模型，新开放宏观经济学分析框架能更全面地分析诸如经常账户、汇率、货币财政政策冲击效应的国际影响等问题，它超越了 M－F－D 这一经典分析框架，为国际宏观经济分析提供了一个全新框架。此外，明确的福利分析为使宏观经济政策效果的评估成为可能，并且为研究国际政策协作提供了坚实的基础。

一、新开放宏观经济学标准模型：Obstfeld－Rogoff 模型

OR 模型采用的是两国经济模型，所有居民在 [0，1] 上连续分布，其中 [0，n] 在本国，其他的在外国。模型的效用函数如下：

$$U_t = \sum_{s=t}^{\infty} \beta^{s-t} \left[\log C_s + \frac{\chi}{1-\varepsilon} \left(\frac{M_s}{P_s} \right)^{1-\varepsilon} - \frac{K}{2} y_s(z)^2 \right], 0 < \beta < 1 \tag{16.1}$$

式中，$0 < \beta < 1$ 是贴现因子；χ、ε 和 K 是参数；Cs 和 Ms 分别代表典型经济主体在第 s 期的消费指数和名义货币余额；Ps 是第 s 期一般价格水平；$y_s(z)$ 代表第 s 期产品 z 的产出。世界由本国和外国两个国家组成，本国的经济主体落在 [0，n] 区间，外国的经济主体落在 (n，1] 区间；C 为具备固定替代弹性（CES）消费指数的行为人对各类产品的消费总量，具体形式为

$$C = \left[\int_0^1 C(z)^{\frac{\theta-1}{\theta}} d_z \right]^{\frac{\theta}{\theta-1}} \tag{16.2}$$

两国各种有差异的商品完全对称地进入居民的偏好，不同商品间的替代弹性都为 θ，$\theta > 1$，当 θ 趋于无穷大时，各种商品完全替代。对应的价格指数为

$$P = \left[\int_0^1 P(z)^{1-\theta} d_z \right]^{\frac{1}{1-\theta}} \tag{16.3}$$

从消费指数和价格指数的定义，我们可以得到居民面临的向下倾斜的需求曲线：

$$y(z) = \left(\frac{P(z)}{P} \right)^{-\theta} C^w \tag{16.4}$$

式中，C^w 为世界总消费。

标准模型中不含有资本，居民可以在世界债券市场上进行借贷。r_t 为从 t 期到 $t+1$ 期的债券实际利率，F_t 表示个体进入 $t+1$ 期时所持有的债券数量。这样个体 z 所受到的预算约束条件就为

$$P_t F_t + M_t = P_t (1 + r_{t-1}) F_{t-1} + M_{t-1} + P_t(z) y_t(z) - P_t C_t - P_t T_t \qquad (16.5)$$

为了实现效用最大化目标，居民个体必须选择每一期最优的消费量、货币余额和劳动供给，并且设定最优的产品价格。价格黏性的假定要求价格要提前一期设定，并且在一期之后才能进行调整。这样外生冲击就会造成不同的短期效应和长期影响，使经济呈现出动态调整过程，福利效应是短期冲击和长期影响对效用函数共同作用的结果。

模型中，货币在长期是非中性的。这是因为短期的经常账户盈余会使国内居民的外国净资产出现长期的上升。这样在新的均衡状态下，国内居民的相对消费长期内会保持在较高的水平；外国净资产增加的财富效应使国内的产出反而下降，因此造成了本国贸易条件的永久改善，货币不再长期中性。另一个重要结论是，汇率没有出现超调。在价格黏性的情况下，虽然外生冲击对居民长期和短期的绝对消费水平造成了不同的影响，但是居民对消费的最优选择并没有改变两国的相对消费。一旦出现长期的货币变动，两国相对消费的调整是一步到位，这样两国的相对价格也不会发生变动。所以一价定律最终保证了汇率没有出现动态调整过程。

此外，标准模型还能进行明确的福利分析。由于产出的增加意味着闲暇减少，这将降低居民的效用水平，消费增加的正效用就可能被劳动供给的增加所抵消；所以汇率的支出转移效应和贸易条件的改变就不再是影响福利的最直接因素。由于居民不存在对本国产品的特别偏好，所有产品的替代弹性都相同，所以未预期的货币扩张将对称地增加每一种产品的需求，这样将有效地提高垄断竞争时的均衡产出水平。因此货币扩张在增加本国居民福利的同时，还有一定的溢出效应，会同等程度地增加外国居民的福利水平。

二、新开放宏观经济学理论发展

在 Redux 模型出现之后，有许多研究围绕着这个基准进行了多方面的拓展和深化工作，使新开放宏观经济学理论进一步丰富和完善。

（一）关于价格黏性理论方面的发展

新开放宏观经济学框架下名义黏性是外生的，名义变量主要包括商品价格和工资水平。模型中，名义变量提前一期设定，当外部冲击发生时，当期名义变量保持不变，到了下一期，名义变量才根据需求情况充分进行调整。但是，科塞蒂（Corsetti）和佩森蒂（Pe:senti）指出这样的假定过于简单，较大的需求冲击将使边际成本高于价格，这时厂商将违反参与约束，产出不再由需求完全决定。所以只有把外生冲击的程度局限在一定范围内，这种分析方法才具有合理性和准确性。

本国的扩张性货币政策会增加国内消费需求，在价格黏性条件下会提高产出水平，从而提高本国的消费水平。另一方面，扩张性货币政策会使本币贬值，导致贸易条件恶

化，外国福利水平提高，使外国居民同样享受到本国货币政策的好处。这样汇率的支出转移效应使两国共同分享了扩张性货币政策的好处。这样的结论依赖于模型假定。标准模型中假定国内外商品间的替代弹性都相同，所以货币扩张的效果对本国和外国的影响相同。然而，科塞蒂和佩森蒂发现当国内商品的替代性高于两国之间商品的替代性时，货币扩张对两国的影响就不对称了，这时扩张性货币政策就可能损害本国的福利状况。

名义工资黏性与名义价格黏性并行存在。霍（Hau）把黏性工资引入新模型，假定商品价格灵活调整但名义工资提前决定。由于个体劳动力存在差异，所以要素市场和商品市场都是垄断竞争的。若商品间的需求弹性相同，最优定价决策使厂商把商品价格设定为工资的一个固定加成。因此，当工资黏性时，最优价格也会在短期固定不变，并且此时国际传导机制也和黏性价格的标准模型一致。唯一的不同是，由于两个市场都存在着垄断扭曲，均衡时的产出水平将比原来的均衡水平更低。

如果众多厂商都实行一期黏性价格定价，将导致商品市场上价格水平的剧烈跳跃，这和现实经济不相符合。交错调整就能在保证名义黏性的基础上进行价格的平滑调整，交错调整是指厂商在设定最优价格时同时考虑到其他厂商以前和未来的价格决定。根据卡尔沃（Calvo）对交错价格调整的假定，厂商调整价格的概率为 γ 时，对一个特定的厂商而言，其进行价格调整的间隙为 $1/\gamma$。每个厂商拥有相同的概率来选择是否进行价格调整，这样每一期就只有一部分厂商进行价格调整，价格呈现出平滑变动。克拉里达（Clarida）就在交错价格调整的假定下讨论了最优货币政策问题。

（二）将市场分割和市场定价引入模型的讨论

满足一价定律是标准模型的重要假定。贝茨（Betts）和德弗罗（Devereux）却指出实际汇率的剧烈波动会使得贸易品价格偏离一价定律，有必要放宽这一假定。此外，国际贸易中的贸易保护和壁垒无可避免，出口商可以在不同的市场实行价格歧视。基于此，在标准模型中引入市场分割和市场定价（Price to Market）具有现实意义。

由于名义价格存在黏性，经济冲击到来时一价定律可能不再成立，因此汇率波动也不再具有完全的价格传递效应，这取决于厂商以何种货币进行市场定价。若以生产者所在国的货币定价（Producer Currency Pricing，PCP），则汇率变动对最终消费者的价格传递效应是完全的，进口品价格和汇率同比例变动；若以进口所在国的货币定价（Local Currency Pricing，LCP），这时则没有价格传递效应，进口商品价格不受汇率波动的影响。

贝茨和德弗罗最早研究了当地货币定价对经济的静态影响，之后又把模型发展到一般的动态情况。他们假定市场定价存在，其中一部分厂商选择 LCP，其他厂商则选择 PCP。由于汇率的支出转移效应在厂商实行 LCP 时会消失，这时汇率波动对消费影响将大大减弱。这样就需要汇率有一个较大的变动才能使货币市场重新达到均衡，于是短期内汇率就表现出超调。当经济中不存在 LCP 时，未预期的货币冲击不会造成汇率超调。相对标准的 PCP 模型，由于 LCP 导致了一价定律偏离，从而减小了两国消费变动的相关性，加大了生产波动的相关性。此外，LCP 导致的福利效应也值得关注。当厂商都选择 PCP 时，支出转移效应将使扩张性货币政策的效果外溢，从而使全体居民的福利得到提高。但在 LCP 条件下，货币扩张造成的汇率贬值不会改变贸易条件，降低了外国进口商的实际收入，这样扩张性货币政策损害了外国的福利水平。

在名义价格黏性情况下，出口厂商对市场定价的选择决定了汇率价格传递的程度。汇率价格传递和汇率波动是相互影响的。在随机一般均衡模型中，厂商按照利润最大化目标进行市场定价选择。汇率波动的方差越大，厂商越倾向于采用 PCP；当汇率和边际成本相关性较大时，厂商则倾向于采用 LCP。不仅汇率价格传递程度对货币冲击的传导效果造成影响，货币冲击的发生同样会通过影响厂商的定价方式来影响汇率的价格传递程度。当两国货币供给增长波动差异较大时，两国的出口厂商就会以货币供给增长相对稳定的那一国货币作为定价货币，并在短期内保持价格刚性，这导致了货币政策和价格稳定相关，所以采取相对稳定货币政策的国家将获得价格稳定的好处。

（三）有关汇率问题的解释

国际金融领域的基本问题就是汇率问题，因而也是新开放宏观经济学框架下重要的研究对象。汇率变动将直接影响两国的相对价格，从而对两国生产和消费产生影响。现实中汇率过度波动，以及汇率变化与宏观基本面变化相互分离现象都需要进行深入分析。

标准模型为研究汇率问题提供了一个基本的框架，认为货币供应量、政府购买需求、生产力变动等是影响汇率决定的重要因素。霍发现当本国实行扩张性货币政策造成汇率贬值时，非贸易品削弱了进口商品价格上升带动国内价格指数上涨的能力。为了使国内货币市场达到均衡，需要汇率进一步贬值提高进口商品价格，使国内消费价格指数上涨到实际货币余额供求相等的程度。因而，非贸易品的引入加剧了汇率波动的幅度，这有助于解释为什么汇率波动比价格波动更为剧烈。实证表明汇率变动没有完全的价格传递，消费价格对汇率变动反映不大，汇率的支出转移效应相当小。对进口国来说，汇率波动对国内外产品的相对价格影响不大，因此国内外产品间的替代效应就不明显。当经济遭受外部冲击后，汇率的低价格传递效应将造成汇率的剧烈波动。

德弗罗和恩格尔（Engel）指出实际和名义汇率的过度波动是因为在实际交易中 LCP 消除了汇率变动对价格的传递效用。由于汇率变动对宏观变量的影响较小，导致汇率可能出现剧烈波动。他们揭示了引起汇率剧烈波动的多个必要因素：除 LCP 之外，还需要存在多种商品贸易渠道，以及在外汇市场上噪音交易者的参与，这些因素的共同作用才能使汇率表现出剧烈的波动性，并且汇率的波动和宏观变量的变化相互分离。另一方面，蒂尔（Tille）假设国内商品的替代性不同于国家间商品的替代性，当国家间商品的替代性较小时，会造成汇率波动性增大，同样解释了汇率过度波动现象。

标准模型重点考察外生货币政策对汇率的影响，虽然指出了外国净资产在汇率决定中的作用，但并没有重视。卡瓦洛（Cavalloa）对标准汇率理论模型进行了改进，将重心转向分析外国净资产积累、利率内生和汇率之间的关系。在价格为弹性时，汇率取决于实际国外净资产存量水平；当价格为黏性时，汇率还要受到过去国内生产总值差异的影响。汇率超调是由内生货币政策和资产动态导致而成，而弹性价格环境下长期的相对利率冲击只会使汇率调整不足。科曼（Kollmann）认为价格黏性的开放经济模型难以正确描述现实中实际汇率的特性，于是扩展了模型，加入了可变的加成价格、工资黏性、习惯性因素等，弥补了理论模型不足以解释现实中实际汇率的持续性和易变性的缺陷。

（四）对偏好和技术设定的改进

在国际宏观经济模型中引入微观基础的问题上，偏好的设定对分析结果的影响非常大。标准模型对于偏好和技术的设定过于简单，这使得模型与现实情况差异较大，于是启发了许多学者对基本模型进行扩展。

1. 消费偏好。Redux 模型中假定每个人对国内外商品都具有相同的偏好，从而所有商品是完全替代的。事实上国内外商品的替代性有限，个人对国内外商品的偏好并不完全相同。基于此，沙里（Chari）对基本模型进行了扩展，假定国内最终消费品的生产需要国内外中间产品的投入，对本国来说，最终产品的生产 y 可以由下列式子表示：

$$y = \left[\omega_1 \left(\int_0^1 y_H(i)^\theta d_i \right)^{\frac{\rho}{\theta}} + \omega_2 \left(\int_0^1 y_F(i)^\theta d_i \right)^{\frac{\rho}{\theta}} \right]^{\frac{1}{\rho}} \tag{16.6}$$

式中，y_H 和 y_F 分别表示国内和国外的中间产品；参数 θ 将决定价格高于边际成本的加成；参数 ρ、θ 决定了本国和外国商品之间的替代弹性；而 ω_1、ω_2、ρ 以及 θ 共同决定了进口占国内产出比重。数值模拟表明，国家间商品的替代弹性要小于国内商品之间的替代弹性，并且个人对国内商品的偏好远大于国外商品。

科塞蒂和佩森蒂假定国内外商品之间是单位替代弹性时，货币冲击对宏观经济的影响。由于该模型的分析结果是经常项目始终保持均衡，这就改变了标准模型中偏好必须是线性和对称的假定，可以用来分析国家结构差异对结果的影响；同时，由于贸易条件的变化完全抵消了外生冲击对经济的直接影响，所以货币冲击的影响是有限的。奥伯斯特菲尔德（Obstfeld）和罗格夫（Rogoff）采用了类似的消费指数，假定贸易品和非贸易品，国内商品和国外商品均为单位替代弹性，而国内不同商品的替代弹性为 θ。货币变动造成的需求冲击完全被贸易条件改变的影响所抵消，从而使两国相对消费保持不变。由此得到一个共同的结论：维持价格稳定才是最优货币政策。

贝尼尼奥（Benigno）假定了更为一般的两国商品间的替代弹性而不是单位替代，直接影响了价格稳定政策的最优性。在合作均衡时，如果两国的经济冲击是完全相关的，实施弹性价格分配依然是最优的。否则，政府就会调控贸易条件来提高福利水平。

2. 货币需求的消费弹性。在标准模型中，货币需求的消费弹性并没有影响汇率的波动。在生产者货币定价下，每个国家面对着相同的实际利率和消费增长率，汇率不会发生超调。而在引入非贸易品条件下，货币需求的消费弹性就成为导致超调现象的重要因素。非贸易品的存在削弱了汇率对两国相对价格的调整，当货币需求的消费弹性较小时，个人所持有的最优货币余额就会处于较低水平，使得本国货币需求不足，最终导致短期内本币过度贬值。

在当地货币定价下，一价定律不再成立，货币需求的消费弹性系数也成为汇率剧烈波动的重要因素。贝茨和德弗罗假定两国借贷市场上名义利率相等，在发生冲击时，由于一价定律失效，国际借贷市场出现套利，这样货币需求的消费弹性就会影响利率波动。与多恩布什超调模型类似，利率平价条件要求汇率和利率同时波动，货币需求的消费弹性与汇率波动呈负相关关系。当货币需求的消费弹性小于单位 1 时，汇率超调；当货币需求的消费弹性过大时，汇率调整不足。但当国际借贷市场上实际利率相等时，货币需求的消费弹性就不会影响汇率波动。

（五）引入不确定性因素

Redux 模型是一个包含垄断竞争和价格刚性的两国动态一般均衡模型，主要分析未预期的外生冲击对经济的影响，模型本身并不包含不确定性。在此基础上，研究学者们进一步考虑不确定性因素，纳入了随机分析，把不确定性引入到 C—P 黏性工资模型，从而建立了新开放宏观经济学—动态随机一般均衡（NOEM—DSGE）分析框架，即 NO-EM—DSGE 模型。

模型假定两国货币存量变动都遵循一般对数的随机过程的变动形式，分析结果是，在本国制定商品价格时会将风险升水考虑在内，从而会改善贸易条件，但同时也会减少本国产出，结果两国的福利都增加，这样两国都乐意建立一个最优的全球汇率体系，而且不论国家规模大小都有这样的要求。该模型还证明了货币的不确定性冲击会放大汇率变动的幅度，由此带来的结果是高通货膨胀的国家也会同时面临汇率的巨幅变动。

在随后的拓展中，德弗罗和恩格尔在当地货币定价前提下，利用随机模型比较了浮动汇率制和固定汇率制的福利效应。由于当地货币定价消除了汇率波动对消费的影响，所以相对生产者货币定价，当地货币定价能降低浮动汇率制的运行成本。相反，在生产者货币定价条件下，实行固定汇率制更为有利。

奥伯斯特菲尔德和罗格夫在一个相对简单的两期动态框架下，进一步分析了货币不确定性的问题。通过实证研究他们发现生产者货币定价更加拟合现实情况，于是在生产者货币定价条件下，研究了一国在面临冲击时的汇率制度选择问题。此外，在原有假定条件的前提下，还加入了不完全资本市场的条件。这样在居民不完全风险分担的情况下，使两国货币政策有了协作空间；货币政策协作消除了居民不能完全回避风险的不足，从而共同提高了两国居民的福利水平。

第四节　21 世纪初国际金融理论新进展评述

21 世纪初的国际金融理论的进展是紧密围绕着现实热点问题而展开的。新布雷顿森林体系下的全球经济失衡问题日趋严重，于是学者们对全球经济失衡的形成机制、影响、可持续性以及调整路径进行了广泛研究。两大全球性危机的爆发又将学者的关注点引向危机理论，探寻危机发生的根源、传导机制与应对策略，同时积极探讨审慎监管理论防范危机。在 OR 模型基础上建立起来的新开放宏观经济学框架发展迅速，致力于设定贴近现实的假设条件和理论模型，以便更加准确地分析宏观经济金融问题。然而，理论的沉淀并不能在短时间内做到，现阶段的一些研究成果还没有形成系统体系，但我们仍可以通过对已有的总结梳理，为未来的深入研究做好铺垫。

一、对全球经济失衡的简评

正如第一节的讨论，导致全球经济失衡的主要原因有三类：第一，经济发展的长期因素，如人口结构、资源和技术水平；第二，制度性扭曲，如促进加工贸易发展的出口税收优惠政策、吸引外资投资的税收优惠政策、美国国内宽松的信贷政策；第三，新布雷顿森林体系下的选择结果。对于第一类原因，作为经济发展的长期因素，除非出现了可以产业化的重大科技创新浪潮，否则难以通过调整在短期内得到改变。对于第二类原因，制度性扭曲在不同的国家程度不同地存在着，对于大多数国家来说，这是经济发展的必要阶段，对于改变全球经济失衡的大格局的作用很有限。对于第三类原因，国际货币体系对全球经济失衡的影响最大，其改革难度也最大。国际货币体系改革需要世界主要经济体的协商和共同努力，并需要进行长期的制度改革和实践才能够实现。

在经济全球化与金融一体化的今天，越来越多的因素对全球经济失衡产生作用，而这些因素可能互相影响、互为表里，甚至互为因果；有的起决定性主导作用，有的因素起次要作用；有的是深层次的原因，而有的是浮在表面的现象。从全球经济的实践经验来看，美国金融危机的爆发使各国意识到国际经济需要进行调整，全球经济失衡无疑需要经历再平衡过程，国际货币体系也需要进行必要的改革。而全球经济失衡及其再平衡过程将如何改善全球资源配置，国际货币体系下一步需要进行怎样的改革，以便从根本上解决或削弱产生全球经济失衡的深层机制，这一系列重大问题有待进一步深入研究与探讨。

二、对开放经济下的危机与监管的简评

从历史发展的眼光来看，与70年代以来的其他金融危机相比，美国次贷危机虽然在发生的主体、影响范围及程度方面有所差异，但是本质都是全球经济失衡背景下的货币危机，最终的矛头都指向美元本位制下的国际货币体系所固有的内在缺陷。在现有国际货币体系下，无论美国处于收支盈余、赤字还是平衡状态，都难免会引发金融危机。若美国收支盈余，将迫使他国被动地进行国内信用扩张，这可能会诱发其他国国家发生货币危机；若美国收支处于赤字状态，将迫使美国被动地进行信用扩张，这可能催生资产泡沫与金融危机，次贷危机的发生便是如此；若美国收支平衡，这可能会使其他国家之间为了实现经济增长对有限的美元展开竞争，导致竞争性货币贬值、贸易保护主义盛行，而在竞争中失利的国家发生危机。

在当代的国际金融史中，主权债务危机作为金融危机的一种特有的表现形式频繁发生，尤以欧洲主权债务危机最为严重。欧债危机更多的是政治问题，而非经济问题。欧盟委员会在成立之初基本机制并不完善，没有设立统一的财政、经济联合管理机构，各国之间也缺乏经济协调机制。但也正是因为政治原因，使得欧元区不会崩溃，欧盟各国利益息息相关，一旦欧元崩溃，将会给各国带来难以估量的损失，欧洲央行将会不惜一切代价阻止欧元产生实质危机，而债务重组则是最好的缓解办法。

同时，欧洲主权债务危机也引发了重构欧洲金融监管体系的探讨。其中，构建欧洲

微观和宏观审慎监管体系的做法与当下流行的宏微观审慎监管相结合的理念不谋而合。金融危机的爆发向金融监督和管理界表明，单靠以金融机构资本监管为核心的微观审慎政策方式是不够的，适时采用宏观审慎政策已经成为共识。巴塞尔Ⅲ作为国际金融危机后全球金融改革的重要成果，不但改进了传统金融监管理论只专注于单个金融机构风险而忽视了系统性风险的不足，而且在监管框架设计上，既注重加强微观审慎监管，又注重宏观审慎监管的有机结合。而对于宏观审慎监管理论来说，虽然现已建立了一个完整的理论框架体系，但是框架内的具体内容仍需进一步完善与充实，针对宏观金融风险、系统性金融风险的管理问题有待更深层次的挖掘。

三、对新开放宏观经济学的简评

新开放宏观经济学开辟了国际宏观经济学的新的研究范式。其中，OR 模型（也称 Redux 模型）作为整个分析框架的地基，其贡献最为重要。第一，在关于政策变动对汇率、经常项目和产出影响的分析方面，OR 模型以动态分析方法代替了蒙代尔—弗莱明模型的静态分析，开辟了宏观分析方法的新思路。第二，OR 模型为汇率、经常项目的变动等国际经济学中的基本问题的分析提供了良好的微观理论基础，从而使分析更为完整，并切合实际。不过，在此模型基础上的政策效应分析的结果，有时会和原有的凯恩斯主义框架下的分析结论相悖。第三，OR 模型为政策变化的福利效应分析提供了更为有效、更为明确的分析方法。第四，OR 模型的建立为国际宏观经济理论的发展提供了新的思路和框架，引发了后续的大量理论研究。

虽然新开放宏观经济学模型给出了明确的最优货币政策和汇率制度安排，但是这些结论都强烈依赖于模型参数的具体假设。因而我们应该关注的是这种框架下的研究方法，而不是其结论本身。我们应正确地看待其政策建议，同时这也留给我们更多的实际和理论问题去研究。

参 考 文 献

[1] 张明、付立春：《次贷危机的扩散传导机制研究》，载《世界经济》，2009（8）。

[2] 汤铎铎：《新开放经济宏观经济学：理论和问题》，载《世界经济》，2009（9）。

[3] 王胜、邹恒甫：《新开放经济宏观经济学发展综述》，载《金融研究》，2006（1）。

[4] 李稻葵、尹兴中：《国际货币体系新架构：后金融危机时代的研究》，载《金融研究》，2010。

[5] 李扬、卢瑾：《全球经济失衡形成机制研究新进展》，载《经济学动态》，2010（3）。

[6] 丁德圣：《欧债危机的演进与应对》，载《中国金融》，2012（6）。

[7] 严启发：《也谈纠正全球经济失衡的路径选择》，载《中国金融》，2006（10）。

[8] 张茉楠：《试析发达经济体的主权债务危机风险》，载《国际问题研究》，2010（4）。

[9] 熊军：《次贷危机的性质和原因》，载《当代经济研究》，2009（2）。

［10］保罗·克鲁格曼：《欧元区的致命缺陷》，载《中国物流与采购》，2010 (5)。

［11］Rodrigo de Rato, 2005. *Correcting Global Imbalances：Avoiding the Blame Game*. Remarks at Foreign Policy Association meeting .

［12］Hummels, Ishii & Yi, 2001. *The Nature and Growth Ofvertical Specification in World Trade*. Journal of International Economics.

［13］Koopman, Wang & Wei, 2008. *How Much of Chinese Exports is Really Made in China*. NBER Working Paper No. 14109.

［14］Dooley, Folkerts – Landau & Garber, 2004. *The Revived Bretton Woods System*. NBER Working Paper No . 10332.

［15］Flood & Marion, 2002. *Holding International Reserve in Anera of High Capital Mobility*. IMF Working Paper No . wp0262.

［16］Mckinnon&Schnabl, 2004. *The East Asia Dollar Standard，Fear of Floating，and Original Sin*. Review of Development Economics.

［17］Hausmann&Sturzenegger, 2005. *U. S. and Global Imbalances：Can Dark Matter Prevent A BigBang*？. 11 – 13.

［18］Caballero, Farhi&Gourinchas, 2006. *An Equilibriummodel of Global Imbalancesand Low Interest Rates*. NBER Working Paper No . 11996.

［19］Eichengreen Barry, 2006. *Global Imbalance：The New Economy，The Dark Matter，The Savvy Investor，and The Standard Analysis*. Journal of Policy Modeling, Vol. 28.

［20］Fiorentini Riccardo, Guido Montani, 2010. *Global Imbalances and The Transition To A Symmetric World Monetary System*. Perspectives on Federalism, Vol. 2 (1) .

［21］Michael D. Bordo, Christopher M. Meissner, David Stuckler, 2009. *Foreign Currency Debt，Financial Crises and Economic Growth：A long Run View*. NBER Working Paper 15534.

［22］NourielRoubini, 2010. *Solutions for a Crisis in Its Sovereign Stage*. Financial Times, 6 – 3.

［23］Obstfeld&Rogoff, 2000. *The Six Major Puzzles in International Macroeconomics：Is There a Common Cause*？. In NBER Macroeconomics Annual 2000.

［24］Brunnermeier&Sannikov, 2009. *A Macroeconomic Model with a Financial Sector. Mimeo*, Princeton University, November.

［25］Borio, 2003. *Towards a Macroprudential Framework for Financial Supervision and Regulation*？, CESifo Economic Studies, vol 49, no. 2.

［26］Hannoun, 2010. *Towards a Global Financial Stability Framework*. Speech at the 45th SEACEN Governors' Conference, Siem Reap province, Cambodia, February.

［27］Caruana, 2010b. *Macroprudential Policy：Working Towards a New Consensus*. Remarks at the high – level meeting on The Emerging Framework for Financial Regulation and Monetary Policy jointly organised by the BIS's Financial Stability Institute and the IMF Institute, Washington DC, 23 April.

[28] Turner, 2009. *Currency Mismatches and Liquidity Risk: Diagnosis and Reform.* Paper presented at the EBRD High level workshop on Local currency lending and capital market development in emerging Europe and central Asia. London, 3 December.

[29] Borio&Shim, 2007. *What can (macro -) Prudential Policy do to Support Monetary Policy.* BIS Working Paper No. 242.

[30] Ghosh&Zalduendo, 2008. *Capital Inflows and Balance of Payments Pressures - Tailoring Policy Responses in Emerging Market Economies.* IMF Policy Discussion Paper, PDP/08/2.

[31] Ostry&Reinhardt, 2010. *Capital Inflows: The Role of Controls.* IMF Staff Position Note SPN/10/04.

[32] Olivier Jeanne & Anton Korinek, 2010. *Excessive Volatility in Capital Flows: A Pigouvian Taxation Approach.* American Economic Review, American Economic Association, vol. 100 (2), May.

[33] Repullo&Trucharte, 2009. *Mitigating the Procyclicality of Basel II, in Macroeconomic Stability and Financial regulation: Key Issues for the G20, edited by M. Dewatripont, X. Freixas and R. Portes.* RBWC/CEPR.

[34] Hanson& Stein, 2010. *A Macroprudential Approach to Financial Regulation.* Forthcoming in the Journal of Economic Perspectives.

[35] Jiménez&Saurina, 2006. *Credit Cycles, Credit Risk, and Prudential Regulation.* International Journal of Central Banking 2 (2).

[36] Lo, 2009. *The Feasibility of Systemic Risk Measurements, Had Written Testimony for the House Financial Services Committee on Systemic Risk Regulation,* October.

[37] Sibert, 2010. *A Systemic Risk Warning System.* VoxEU, 16 January.

[38] Brunnermeier&Krishnamurthy, 2010. *Risk Topography. Mimeo,* Princeton University.

[39] Gauthier&Souissi, 2010. *Macroprudential Capital Requirements and Systemic Risk.* Bank of Canada, mimeo.

[40] Gabriel Jiménez & Steven Ongena& José - Luis Peydró&JesúsSaurina, 2012. *Macroprudential Policy, Countercyclical Bank Capital Buffers and Credit Supply: Evidence from the Spanish Dynamic Provisioning Experiments.* Working Papers 628, Barcelona Graduate School of Economics.

[41] Calomiris&Wieladek, 2012. *Does macro - Pru leak? Evidence from a UK Policy Experiment.* NBER Working Paper No. 17822.

[42] Corsetti&Pesenti, 2001. *Welfare and Macroeconomic Interdependence.* Quarterly Journal of Economics, 116.

[43] Hau, 2000. *Exchange Rate Determination: the Role of Factor Price Rigidities and Nontradables.* Journal of international Economics, 50.

［44］ Calvo& Reinhart, 2002. *Fear of Floating.* Quarterly Journal of Economics, 117 (2) .

［45］ Clarida&Gali&Gertler, 2002. *A Simple Framework ForInternational Monetary Policy A-nalysis.* Journal of Monetary Economics, 49.

［46］ Betts&Devereux, 2000. *Exchange Rate Dynamicsina Modelof Pricing to Market.* Journal of international Economics, 50.

［47］ Devereux & Engel, 2002. *Exchange Rate Pass – through, Exchange Rate Volatility, and Exchange Rate Disconnect.* Journal of Monetary Economics, 49.

［48］ Obstfeld&Rogoff, 2000. *New Directionsof Stochasticopen Economy Models.* Journal of international Economics, 50.

［49］ Benigno, 2002. *A Simple Approach to International Monetary policy Coordination.* Journal of international Economics, 57.

［50］ Obstfeld&Rogoff, 1995. *Exchange Rate Dynamic Redux.* Journal of Political Economy, 103.

附录

主要学者译名

A

A. Aftalion 阿夫塔里昂

A. M. Rugman 拉格曼

A. M. Strout 斯特劳特

A. Thirwall 瑟沃尔

Abba Ptachya Lerner 阿巴·勒纳

Adam Smith 亚当·斯密

Adler 阿德勒

Agenor 安格纳

Aghion 阿吉翁

Agnes Benassy – Quere 本纳西

Agodo 安哥多

Aizenman 爱兹曼

Alexandre Kafka 亚历山大·考夫卡

Alfred Marshall 阿尔弗雷德·马歇尔

Aliber 阿利伯

Allan H. Meltzer 梅尔泽

Allen 艾伦

Altman 爱德华·阿尔特曼

Alvin Harrey Hansen 汉森

Amos Tversky 阿莫斯·特维尔斯基

Andrei Shleifer 施雷弗

Ann Schwartz 安娜·施瓦茨

Anne – Marie Gulde 安妮玛丽·古尔德

Anne Y. Kester 凯斯特

Arrau 阿罗

Assaf Razin 拉兹

Assar Lindbeck 林德伯克

Atkinson 阿金斯

B

B. Bosanguet 博赞克特

Baille 稗利

Baillie 贝利

Banerjee 班纳吉

Barberis 巴勃斯

Barnichon 巴尼琼

Barone Adesi 安德赛

Barry Eichengreen 巴里·艾肯格林

Bauman 伯曼

Baymoumi 贝莫尼

Beal Balassa 巴拉萨

Beenstock 比斯托克

Belderbos 贝尔德伯斯

Ben – Bassat A. 巴萨

Benigno 贝尼尼奥

Benoit Coeure 克尔

Benoit Mandelbrot 伯努瓦·曼德尔布罗

Bernanke 伯南克

Bertil Ohlin 俄林

Betts 贝茨

Bhandari 哈达里

Black 布莱克

Blanchard 布兰查德

Bomhoff 鲍门霍夫

Boness 伯尼斯

Boot 布特

Borio 博里奥

Boris Cournede 鲍里斯·库尔内德

Branson 布兰森

Breeden 布林登

Brennan 布伦南

Brunner 布拉纳尔

Brunnermeier 布伦纳迈耶

C

C. D. Fan 范

C. F. Haywood 海伍德

C. Fred Bergsten 弗莱德·伯格斯坦

Caballero 卡瓦列罗

Cagan 卡根

Calomiris 卡罗米瑞

Calvo 卡尔沃

Canzoneri 坎泽乃瑞

Caplin 卡普林

Carl Menger 卡尔·门格尔

Carmen M. Reinhart 卡门·瑞哈特

Carrera 卡雷拉

Caruana 卡鲁纳

Caterburg 凯特伯格

Catherine L. Mann 凯瑟琳

Cavalloa 卡瓦洛

Caves 凯夫斯

Chari 契尔瑞

Charles Poor Kindleberger 查尔斯·普尔·
金德尔伯格

Christian Suter 克里斯蒂安·苏特

Christopher M. Meissner 梅斯纳

Clarida 克拉里达

Clark 克拉克

Corsetti 科塞蒂

Cosander 克桑德

Cox 考克斯

Craig Burnside 克瑞格·伯恩赛德

Crockett 克罗凯特

Cumby 卡比

D

D. Gottlieb 高特里伯

D. North 诺斯

Dale Henderson 代尔·亨德森

Daniel 丹尼尔

David Hume 大卫·休谟

David Ricardo 大卫·李嘉图

Davidson 戴维德森

De Bondt 迪邦特

De Long 迪隆

Dennis Weatherstone 丹尼斯·韦瑟斯通

Desai 德塞

Devereux 德弗罗

Diamond 戴蒙德

Di－mitri Vittas 帝米垂·威塔斯

Domac 多马科

Donald Kohn 科恩

Dooley 杜利

Douglas Gale 道格拉斯·盖尔

Drehmann 德拉曼

Dufey 杜菲

Dunning John 邓宁

E

E. Spitaller 斯博泰勒

Edmund S. Phelps 埃德蒙德·菲尔普斯

Edward S. Shaw 爱德华·肖

Edward Tower 爱德华·托尔

Edwards 爱德华兹

Eichengreen 艾肯格林

L

L. E. Davies 戴维斯

L. Summer 萨默斯

Lloyd A. Metzler 劳埃德·梅茨勒

Laing 莱因

Lane 莱尼

Larrain 拉腊因

Lars 拉斯

Lawrence H. Officer 沃费克尔

Lawrence H. Summers 萨莫斯

Leahy 莱希

Lehmann 莱曼

Leo Melamed 梅拉梅德

Levich 利维兹

Levy – Yeyati 耶亚提

Lintner 林特纳

Lipton. D 利普汤

Lombardo 隆巴多

Loopesko 卢比斯科

Louis Bachelier 路易斯·巴契里耶

Louis T. Wells 威尔斯

Low 罗

Luger 卢杰

Lyons 莱昂斯

M

M. A. Iyoha 埃尤哈

M. C. Kemp 肯普

M. Casson 卡森

M. J. Flanders 弗兰德斯

M. P. Todaro 托达罗

MacDonald 麦克唐纳

Majluf 马吉洛夫

Marion 马里恩

Mark Embrechts 马科·艾布雷茨

Markowitz 马柯维茨

Marston 马斯滕

Martin S. Eichenbaum 马丁·艾肯鲍姆

Masson 马森

Mathias Dewatripont 马丝艾斯·德沃特里庞

Maurice Allais 莫里斯·阿莱

Mayers 迈尔斯

Mcchesney 麦克切斯内

Mendoza 门多萨

Mensch 梅森

Metron H. Miller 莫顿·H. 米勒

Michael C. Jensen 迈克尔·詹森

Michael D. Bordo 迈克尔·博尔多

Milael Bask 巴斯克

Mill 穆勒

Milton A. Iyoha 米尔顿·埃沃哈

Milton Friedman 米尔顿·弗里德曼

Minz 明兹

Mishkin 米什金

Montani 蒙塔尼

Moorthy 莫斯

Morris 莫里斯

Morton 莫顿

Mossin 莫森

Moulton 莫尔顿

Muth 穆斯

Myers 迈尔斯

Myron Scholes 迈伦·斯科尔斯

N

N. P. Marion 马里恩

Nelson 纳尔逊

Nidal Shamroukh 尼达尔·沙姆洛克

Nouriel Roubini 努里埃尔·鲁比尼

O

O. K. Burren 巴伦

O' Connel 奥康内尔

Obstfeld 奥伯斯特菲尔德

Ohash 欧塞

Okuner 奥坤尼

Oudiz 欧蒂兹

Oxelheil 奥克荷姆

P

P. J. Buikley 巴克莱

Patel 帕特尔

Patrik Honohan 帕垂克·厚纳翰

Paul De Grauwe 保罗·德格劳威

Paul Einzig 保罗·艾因其格

Paul Krugman 保罗·克鲁格曼

Paul Masson 保罗·梅森

Paul A. Samuelson 萨缪尔森

Paul Sovic 斯诺维奇

Peria 皮尔亚

Perraudin 帕拉丁

Pesendorfer 佩森都弗

Pesenti 佩森蒂

Peter B. Clark 彼得·克拉克

Peter M. Garber 迦伯

Phillip Dybvig 菲利普·迪布维格

Philip Molyneux 菲利普·莫利纽克斯

Pigott 彼格特

Pill 皮尔

Poirson 普尔森

Poole 普尔

Posner 波斯纳

Poter 波特

R

R. ChatovR. 夏特夫

R. E. Caves 凯夫斯

R. H. Coase 科斯

R. J. Carbaugh 卡包尔

R. Klein 克莱因

R. Nurkse 纳克斯

R. Prebisch 普雷维什

R. Scylla 塞拉

R. Vernon 弗农

R. West 维斯特

Radelet 拉德利特

Ragnar Nurkse 纳克斯

Rahi 瑞

Rajan 拉詹

Ramsey 拉姆赛

Raymond W. Goldsmith 雷蒙德·戈德史密斯

Razin 拉金

Reinhart 雷恩哈特

Repullo 雷普洛

Ricardo Hausmann 理查德·霍斯曼

Richard Portes 理查德·波斯特

Richard Roll 罗尔

Rime 雷姆

Robert A. Mundell 罗伯特·蒙代尔

Robert J. Barro 罗伯特·巴罗

Robert P. Flood 罗伯特·弗拉德

Robert Triffin 罗伯特·特里芬

Robert Z. Aliber 罗伯特·阿利波

Robert Shiller 罗伯特·希勒

Roberts 罗伯茨

Rodrigo de Rato 罗德里戈·拉托

Ronald I. McKinnon 罗纳德·麦金农

Ross 罗斯

Roy Forbes Harrod 哈罗德

Rudiger Dornbusch 鲁迪格·多恩布什

Rupa Duttagupta 如帕杜特古塔

S

S. H. Hymer 海默

S. I. Greenbem 格林鲍姆

Whaley 威利

Willem Buiter 威廉·布伊特

Willen H. Buiter 比特

William H. Branson 布朗森

William L. Silber 西尔柏

Williamson 威廉姆森

Winter 温特

Wolf 沃尔夫

Woo. Wing T. 吴

Wyplose 维普罗斯

Y

Yeongseop Rhee 耶森·瑞

Yeonho Lee 李

Yona Rubinstein 尤娜·鲁宾斯坦

Yoshitomi 尤斯托米